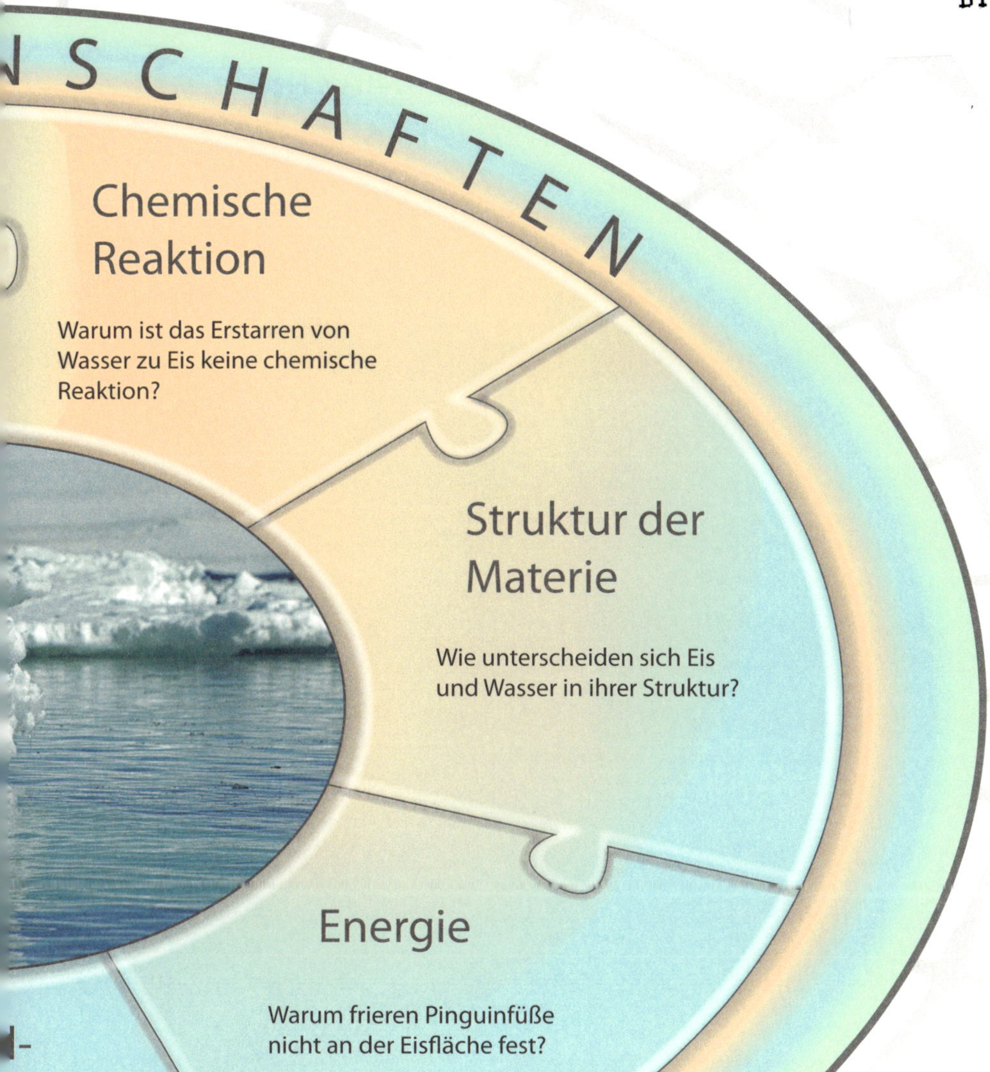

Warum sind Basiskonzepte hilfreich?

Basiskonzepte helfen dir dabei, naturwissenschaftlichen Fragen auf die Spur zu kommen. Indem du Neues gezielt aus den typischen Blickwinkeln betrachtest, findest du etwas wieder, was du so ähnlich schon von woanders her kennst. So verbindest du Neues mit dem, was du schon weißt, kannst es leichter verstehen und behalten.

Biologie | Chemie | Physik

NATUR PLUS 5/6

Ein Lehr- und Arbeitsbuch

Schroedel

Biologie | Chemie | Physik
NATUR PLUS 5/6

Herausgegeben von
Dieter Cieplik, Joachim Dobers, Imme Freundner-Huneke,
Horst-Dietmar Kirks, Siegfried Schulz, Hans Tegen, Annely Zeeb

Autoren:
Gerd-Peter Becker, Hans-Günther Beuck, Joachim Blum, Bernd Braun, Michael Carl, Dieter Cieplik, Heike Claßen, Michael Dahl, Joachim Dobers, Eva Döhring (†), Imme Freundner-Huneke, Dieter Frühauf, Dr. Helmut Gaßmann, Dr. Erwin Graf, Thomas Günkel, Dr. Andreas Heinrich, Jürgen Hietel, Thomas Heppel, Stefan Hochgreve, Ute Jung, Marietta und Dieter Keller, Horst-Dietmar Kirks, Fritz Klöckner, Friederike Krämer-Brand, Silke Kraft, Sandra Kranz, Hauke und Christiane Kruse, Ernst-August Kuhlmann, Dr. Jochen Kuhn, Fritz Lepold, Gisela Lloréns, Erhard Mathias, Dagmar Mehliß, Angelika Meinhold, Rainer Mennenga, Ralph Möllers, Wolfgang Münziger, Christel Mysliworski, Rita Nowakowski, Markus Nutz, Ulrike Preuß, Günter Rabisch, Anke Roß, Jürgen Sautter, Torsten Schleip, Ursula Schmidt, Ralf Schrader, Mariola Schröer, Siegfried Schulz, Bernd Schumacher, Katrin Simper, Barbara Spies, Albert Steinkamp, Dr. Beatrix Stephan-Brameyer, Heide Suk, Hans Tegen, Dorothee Tietge, Sabine Vogt, Reiner Wagner, Michael Walory, Reinhard Wendt-Eberhöfer, Erwin Werthe-bach, Annely Zeeb

Redaktion:
Bettina Glammeier, Iliane Kleine-Boymann, Heidi Witte-Gaedecke

Illustrationen:
Jan Bintakies, H.-J. Feldhaus, Dr. Peter Güttler, Theiss Heidolph, Brigitte Karnath, Joachim Knappe, Langner & Partner, Liselotte Lüddecke, Karin Mall, Tom Menzel, Heike Möller, Kerstin Ploß, Thilo Pustlauk, Barbara Schneider, Ingrid Schobel, Schwanke und Raasch, Susanne Schneider, Werner Wildermuth

Fotos:
Michael Fabian, Hans Tegen

Grundlayout
Atelier *tiger*color Tom Menzel

Umschlaggestaltung:
SINNSALON, Büro für Konzept und Gestaltung

Druck A[1] / 2011

Alle Drucke der Serie A sind im Unterricht parallel verwendbar.

Satz: media service schmidt, Hildesheim
Druck und Bindung: westermann druck GmbH, Braunschweig

ISBN 978-3-507-**76695**-2 P

Aus dem Leben der Tiere
in unserem Umfeld

Aus dem Leben der Pflanzen
in unserem Umfeld

Tiere und Pflanzen
in ihren Lebensräumen

Sonne – Wetter – Jahreszeiten

CINEMAGNUM 3D KINO
Sinne und Wahrnehmung

Körper und Leistungsfähigkeit

Erwachsen werden
PUBERTÄT

Stoffe
im Alltag

Geräte im
Alltag

Methode Hier findest du Methoden, die dir helfen, naturwissenschaftliche Themen zu verstehen und zu bearbeiten.

Pinnwand Hier findest du zusätzlich Bilder und Informationen zum jeweiligen Thema und Aufgaben, die du selbstständig bearbeiten und lösen kannst.

Streifzug Hier findest du weitere Informationen zu Themen, die in anderen Bereichen von großer Bedeutung sind.

Praktikum Hier findest du Versuche, Aufträge und Bastelanleitungen, die du selbstständig oder mit deinen Mitschülerinnen und Mitschülern ausführen kannst.

Lernen im Team Hier findest du Themenvorschläge für die Arbeit in Gruppen. Eine Gruppe bearbeitet jeweils einen Vorschlag. Am Ende stellt jede Gruppe ihre Ergebnisse vor.

Auf einen Blick Hier findest du die Inhalte des Kapitels in kurzer und übersichtlicher Form dargestellt.

Zeig, was du kannst Hier findest du vielfältige Aufgaben zum Wiederholen und Vertiefen der Inhalte des Kapitels.

Weitere Informationen über den Begriff, der mit ▸ gekennzeichnet ist, erhältst du über das Stichwortverzeichnis am Ende dieses Buches.

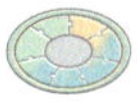 Dieses Symbol führt dich zu den Basiskonzept-Seiten am Ende jedes großen Themenfeldes.

Kennzeichnung der Aufgaben:

 Diese Aufgabe kannst du mit deinem Vorwissen oder mit den Informationen aus dem Buch beantworten.

 Dieses Symbol kennzeichnet eine Aufgabe, bei der du beobachten, untersuchen oder experimentieren musst.

 Um diese Aufgabe zu lösen, nutze weitere Informationsquellen wie Fachbücher, Lexika oder das Internet. Manchmal beinhalten diese Aufgaben auch Arbeitsaufträge, die außerhalb des Klassenzimmers zu erfüllen sind.

1. Diese Kennzeichnung gilt für anspruchsvollere Aufgaben oder Teilaufgaben, bei denen du vorhandenes mit neuem Wissen vernetzen musst.

Die vier Kompetenzbereiche

Dieses Buch soll dir nicht nur naturwissenschaftliches Fachwissen, sondern auch darüber hinausgehende Fertigkeiten und Fähigkeiten, die Kompetenzen, vermitteln. Welche das sind, steht auf dieser Seite. Hier findest du Beispiele für Seiten im Buch, die dir eine bestimmte Kompetenz vermitteln.

Du kannst Aufgaben und Probleme fachbezogen lösen. (Umgang mit Fachwissen)

1. Du kannst Phänomene und Vorgänge beschreiben und erklären. → S. 139, 141, 166, 208
2. Du kannst Fachbegriffe angemessen und korrekt verwenden. → S. 331, 390
3. Du kannst Inhalte ordnen und strukturieren. → S. 56 f., 63, 230
4. Du kannst vorhandenes und neues Wissen miteinander vernetzen. → S. 112, 198, 387 f.

Du kannst Informationen austauschen. (Kommunikation)

1. Du kannst Texte lesen und verstehen. → S. 81
2. Du kannst Informationen genau wiedererkennen. → S. 174, 283, 294
3. Du kannst Untersuchungen dokumentieren. → S. 70, 282
4. Du kannst Daten aufzeichnen und übersichtlich darstellen. → S. 130 ff., 160 f., 268, 282, 321
5. Du kannst recherchieren. → S. 25, 98
6. Du kannst Informationen umsetzen. → S. 236 ff.
7. Du kannst naturwissenschaftliche Sachverhalte beschreiben, präsentieren, begründen. → S. 29, 34, 71
8. Du kannst zuhören und hinterfragen. → S. 305
9. Du kannst kooperieren und im Team arbeiten. → S. 17, 35, 116 ff.

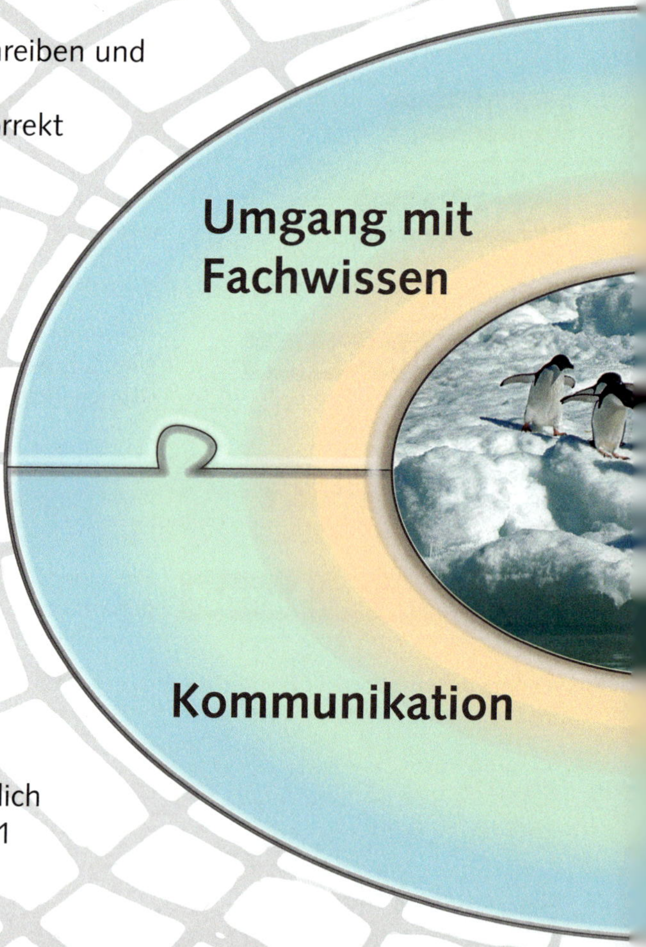

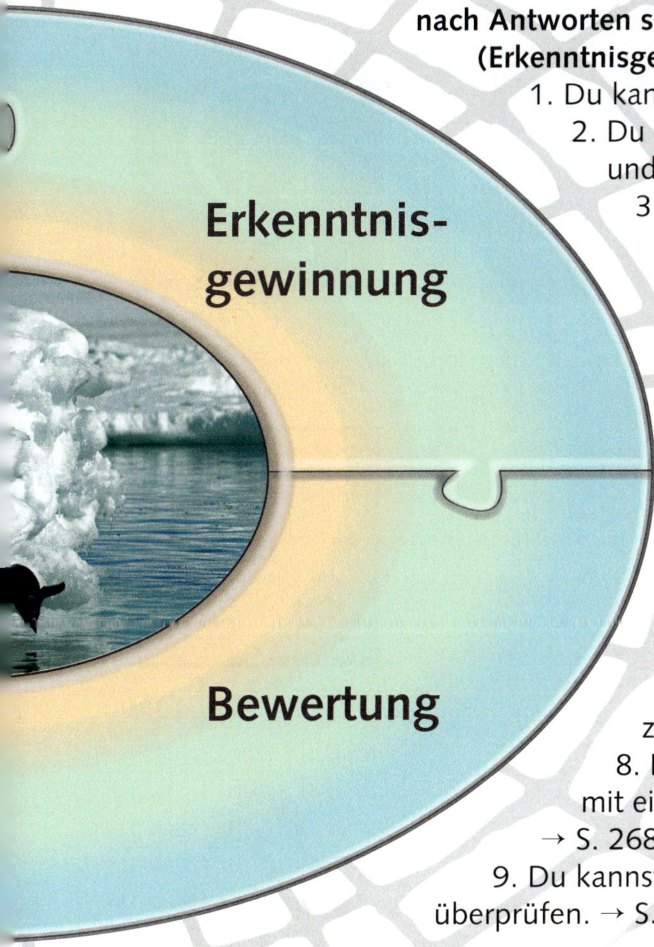
Erkenntnis-
gewinnung
Bewertung

Sicherheitsregeln im Fachraum

1 Blick in einen Fachraum

Die Bedeutung der farbigen Schilder
Die Hinweisschilder zur Unfallverhütung, zur Sicherheit und zur Hilfe sind unterschiedlich farblich gekennzeichnet.

Rot: Hinweisschilder für den Gefahrenfall

Orange: Allgemeine Gefahrensymbole

Gelb: Warnzeichen

Grün: Rettungszeichen

Sicherheitsvorkehrungen im Fachraum
Informiere dich über

- das richtige Verhalten bei Unfällen, bei Feuer und bei Feueralarm.
- den Ort des Not-Aus-Schalters.
- den Ort und den Inhalt des Erste-Hilfe-Kastens.
- den Ort des Feuerlöschers und der Feuerlöschdecke.
- den Ort des Notausganges.
- den Verlauf des Flucht- und Rettungsweges.
- den Ort des Sammelplatzes.

Richtiges Verhalten im Fachraum
In naturwissenschaftlichen Räumen darf nicht getrunken und gegessen werden.

Jacken und Mäntel müssen an der Garderobe aufgehängt werden.

Die Schultaschen sollen so abgestellt werden, dass sie nicht zu Stolperfallen werden.

Bewahre bei Feuer und Unfällen Ruhe. Verlasse den Fachraum auf dem vorgeschriebenen Flucht- und Rettungsweg und gehe zügig bis zum Sammelplatz.

Arbeiten mit dem Stromversorgungsgerät

1. Vergewissere dich, dass der Drehknopf auf Null gestellt ist.
2. Verwende nur Kabel ohne sichtbare Schäden an der Isolierung.
3. Schließe die elektrischen Leitungen an die richtigen Anschlüsse an.
4. Beginne mit dem Experimentieren erst, wenn die Lehrerin oder der Lehrer den Versuchsaufbau abgenommen hat.
5. Erhöhe die Spannung mittels des Drehknopfes in kleinen Schritten.

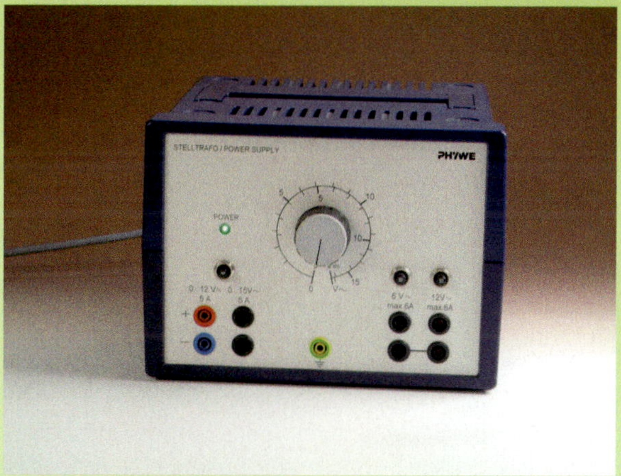

2 Stromversorgungsgerät

Tipps für das Experimentieren

1. Lies die Arbeitsaufträge vor Versuchsbeginn sorgfältig und vollständig durch.
2. Besprich die Versuchsanordnung mit deinen Mitschülerinnen und Mitschülern.
3 Stelle alle Geräte vor Versuchsbeginn bereit. Benutze diese erst nach ausdrücklicher Erlaubnis.
4. Baue alle Geräte übersichtlich und standsicher auf.
5. Bewege die Geräte während des Versuches nicht unnötig.

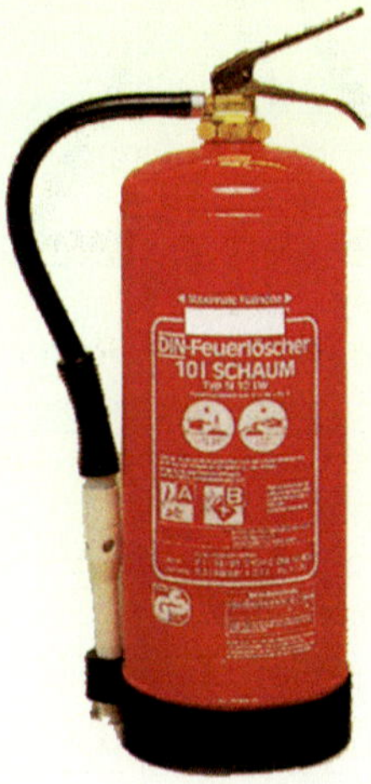

Wichtige Geräte für die Sicherheit

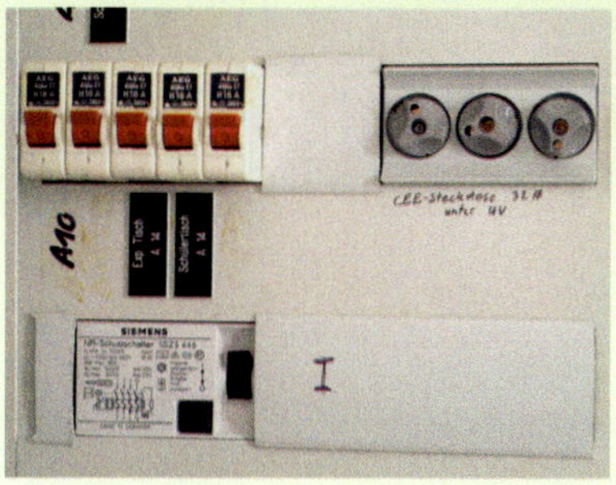

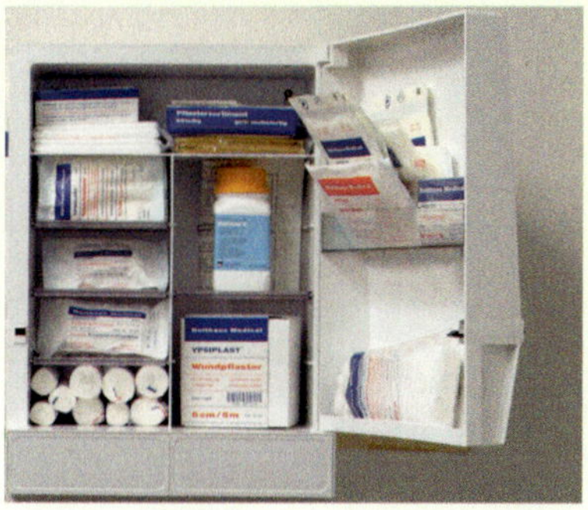

Verhalten beim Experimentieren

1. Beim Experimentieren mit offener Flamme musst du eine Schutzbrille tragen. Lange Haare müssen zusammengebunden werden.
2. Schalte bei Versuchen mit elektrischem Strom die Schaltung erst dann ein, wenn die Lehrerin oder der Lehrer sie abgenommen hat.
3. Verlasse während des Versuches möglichst nicht den Platz deiner Gruppe, damit andere Gruppen bei ihrer Arbeit nicht gestört werden.
4. Hinterlasse nach jedem Experiment den Arbeitsplatz sauber und aufgeräumt.
5. Gib die Versuchsgeräte in die dazu bestimmten Kästen und Fächer zurück.

Methode

Sicheres Experimentieren

Gefahrensymbole

Manche Behältnisse im Haushalt, zum Beispiel die Verpackungen von Reinigungsmitteln oder Klebstoffen sowie Behälter und Gefäße für Chemikalien tragen orangefarbene Symbole. Es sind die bisher verwendeten **Gefahrensymbole.**

Gefahrensymbole zeigen an, welche Gefahren von Stoffen ausgehen. Ein Stoff kann beispielsweise ätzend, reizend oder leicht entzündlich sein. Einige Symbole haben zwei Bedeutungen. Deshalb wird zur genauen Bezeichnung noch ein Kennbuchstabe hinzugefügt (Tabelle 1).

Symbol	Kennbuchstabe und Bedeutung	Gefahrenmerkmale
	T+ Sehr giftig	Bereits die Aufnahme sehr geringer Mengen kann zu sehr schweren Gesundheitsschäden führen.
	T Giftig	Bereits die Aufnahme geringer Mengen kann zu sehr schweren Gesundheitsschäden führen
	Xn Gesundheitsschädlich	Die Aufnahme solcher Stoffe kann zu Gesundheitsschäden führen.
	C Ätzend	Solche Stoffe können das Hautgewebe innerhalb weniger Minuten zerstören.
	Xi Reizend	Diese Stoffe reizen Haut, Augen und Atmungsorgane und können nach mehrstündiger Einwirkung zu Entzündungen führen.
	F+ Hoch entzündlich	Hoch entzündliche Stoffe lassen sich bereits unter 0 °C entzünden.
	F Leicht entzündlich	Leicht entzündliche Stoffe lassen sich unter 21 °C entzünden oder entzünden sich selbst.
	N Umwelt gefährlich	Schädlich für die Umwelt (Boden, Gewässer, Luft, Lebewesen).
	E Explosionsgefährlich	Diese Stoffe können unter bestimmten Bedingungen explodieren.
	O Brandfördernd	Stoffe, die brennbare Materialien entzünden oder ausgebrochene Brände fördern können.

1 Bedeutung der Gefahrensymbole

Neue Gefahrensymbole

Ab 2010 werden nach und nach neue Gefahrenzeichen eingeführt. 9 Symbole mit rotem Rand ersetzen die alten, orangefarbenen Symbole. Das neue **G**lobal **H**armonisierte **S**ystem (GHS) wird weltweit gelten. Auch hier gibt es Zusätze, die Gefahren genauer kennzeichnen. Eine Tabelle zu den neuen GHS-Symbolen findest du am Ende des Buches.

1. Worauf musst du beim Umgang mit Stoffen aus dem Haushalt achten, die folgende Symbole tragen?

a)  b)  c)  d) 

Umgang mit Chemikalien

1. Chemikalien dürfen nicht mit den Fingern angefasst werden.
2. Chemikalien dürfen niemals in Lebensmittelbehältern aufbewahrt werden.
3. Die Versuche werden mit möglichst wenig Chemikalien durchgeführt, weil nur so die Abfallmenge gering bleibt.
4. Chemikalienreste werden nicht in die Vorratsgefäße zurückgegeben. Sie werden in besonderen Abfallbehältern gesammelt.
5. Gefährliche Abfälle werden grundsätzlich extra gesammelt.

Verhalten
1. In naturwissenschaftlichen Fachräumen darf nicht getrunken und gegessen werden.
2. Bei allen Experimenten muss grundsätzlich eine Schutzbrille getragen werden.
3. Geschmacksproben dürfen nicht durchgeführt werden. Den Geruch stellst du durch vorsichtiges Zufächeln fest.
4. Dein Arbeitsplatz soll sauber und aufgeräumt sein. Alle Geräte werden nach der Beendigung des Versuchs wieder gereinigt und weggeräumt.

Experimentiertipps
1. Lies oder besprich die Versuchsanleitung vor Beginn eines Versuchs ausführlich. Befolge sie genau.
2. Stelle alle benötigten Geräte und Chemikalien vor Versuchsbeginn bereit. Benutze sie erst nach ausdrücklicher Erlaubnis.
3. Baue alle Geräte standfest und standsicher auf. Sorge dafür, dass die Vorratsgefäße für Chemikalien sicher stehen.
4. Beachte die vorgeschriebenen Sicherheitshinweise.

Entsorgung von Chemikalien
Chemikalienreste sind oft gefährliche Stoffe und müssen ordnungsgemäß entsorgt werden. Das gilt besonders für Stoffe, die bei chemischen Experimenten anfallen.
Zu den wichtigsten Regeln für einen verantwortungsbewussten Umgang mit Stoffen gehört es, unnötige Abfälle zu vermeiden. Die experimentelle Arbeit muss also im Voraus gut geplant werden – vor allem was die Art und die Menge der verwendeten Stoffe betrifft.
Viele Stoffe dürfen nicht einfach in den Abfluss oder zum Hausmüll gegeben werden. Sie werden in verschiedenen Behältern gesammelt und von Entsorgungsunternehmen abgeholt. Durch das Sammeln in getrennten Behältern wird die endgültige Beseitigung erleichtert oder es wird eine Wiederaufbereitung ermöglicht. Säuren und Laugen werden in gemeinsamen Behältern gesammelt.

2. In welche Behälter werden Reste von
a) Essigsäure,
b) Kochsalz,
c) Benzin,
d) Holzkohle gegeben?

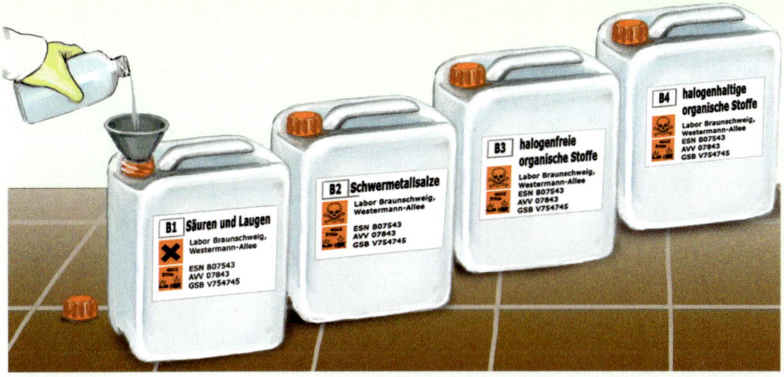

Abfälle

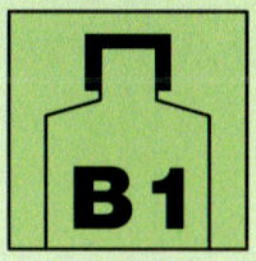

Säuren, Laugen
Beispiele:
Salzsäure
Natronlauge

giftige anorganische Stoffe
Beispiele:
Kupfersulfat
Silbernitrat

organische Stoffe ohne Halogene
Beispiele:
Benzin, Methanol

organische Stoffe mit Halogenen
Beispiele:
Chlorpropan
Bromhexan

wasserlösliche, nicht schädliche Stoffe
Beispiele:
Zucker, Kochsalz

feste, nicht schädliche Stoffe
Beispiele:
Kohle, Eisenwolle

Praktikum

Führerschein für den Gasbrenner

Im naturwissenschaftlichen Unterricht wirst du häufig Versuche durchführen, bei denen Stoffe erhitzt werden. Für diese Versuche werden **Gasbrenner** für Erdgas oder Propangas verwendet. Damit du mit den Gasbrennern gefahrlos umgehen kannst, musst du bestimmte Regeln beachten:

Vorbereitung
- Stelle den Gasbrenner standsicher auf eine feuerfeste Unterlage.
- Schließe den Gasschlauch des Brenners an die Gaszuleitung am Tisch an. Kontrolliere die Standsicherheit.
- Schließe die Gas- und Luftzufuhr des Brenners.

Achtung: Binde lange Haare immer zusammen und trage beim Arbeiten mit dem Gasbrenner eine Schutzbrille.

Inbetriebnahme und Einstellung des Brenners
- Öffne als erstes die Gaszufuhr am Brenner und dann das Gasventil an der Gaszuleitung. Entzünde das ausströmende Gas. Arbeite zügig, aber ohne Hektik.
- Lass das Gas nie unangezündet ausströmen.
- Stelle die Höhe der Gasflamme mit der Gasregulierungsschraube am Brenner ein.
- Öffne danach die Luftzufuhr, bis die blaue Flamme sichtbar wird.
- Öffne die Luftzufuhr weiter, bis die rauschende Brennerflamme zu hören ist.
- Verringere die Luftzufuhr wieder, bis die Höhe der Flamme etwa der Breite deiner Hand entspricht.
- Arbeite mit der blauen, aber noch nicht rauschenden Brennerflamme.

Achtung: Der Gasbrenner darf während des Experimentierens nicht unbeaufsichtigt bleiben. Stelle das Gas nach Beendigung der Arbeit an der Gaszufuhr ab.

Untersuchung der Brennerflamme
Die blaue Brennerflamme besteht aus einem kleineren Innenkegel und einem Außenkegel.

a) Untersuche mithilfe eines dünnen Holzstabes die beiden Flammenkegel. Halte dazu das Stäbchen kurz in den Innenkegel. Bewege es dann langsam von unten nach oben in den Außenkegel. Beschreibe jeweils, was mit dem Holzstab passiert. Achte besonders auf die Ränder der Flamme und auf den Übergang vom inneren zum äußeren Flammenkegel. Wo ist die heißeste Zone der Flamme?
b) Schneide dir aus etwa 2 mm starkem Karton ein 15 cm mal 10 cm großes Rechteck aus. Halte es für kurze Zeit direkt über der Öffnung des Brenners senkrecht in die Flamme. Was beobachtest du?

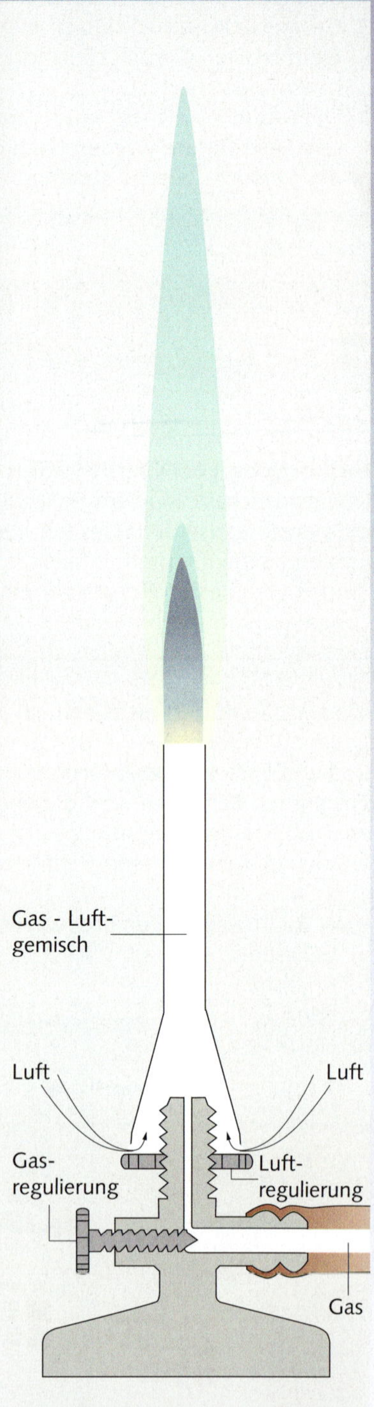

1 Schnitt durch den Gasbrenner für Erdgas oder Propangas

Verschiedene Wärmequellen

Der Gasbrenner für Erdgas und Propangas

Der Kartuschenbrenner

Ein weiterer Gasbrenner, der im naturwissenschaftlichen Unterricht verwendet wird, ist der **Kartuschenbrenner.** Er wird mit Butangas betrieben. In einem Metallbehälter, der Kartusche, befindet sich der Brennstoff in flüssiger Form. Wenn das Gasventil geöffnet wird, tritt dieser Brennstoff als Gas aus.

Beim Kartuschenbrenner muss besonders gut darauf geachtet werden, dass er senkrecht und standsicher auf einer feuerfesten Unterlage steht. Vor dem Anzünden des Gases wird beim Kartuschenbrenner die Luftzufuhr leicht geöffnet. Erst danach wird das Gasventil geöffnet. Das ausströmende Gas-Luft-Gemisch muss sofort entzündet werden. Da Butangas schwerer ist als Luft, fließt es beim Ausströmen nach unten. Wird das Gas nicht sofort entzündet, sammelt es sich auf der Tischplatte. Beim Anzünden des Gases kann es dann zu einer Stichflamme kommen.

Auch hier gilt: Arbeite zügig, aber ohne Hektik!

1. Wo werden Kartuschenbrenner noch als Wärmequelle verwendet?

Die Heizplatte

Nicht alle Stoffe kannst du mit dem Gasbrenner erhitzen. Vor allem, wenn brennbare Flüssigkeiten erhitzt werden müssen, kann es passieren, dass sich die brennbaren Dämpfe an der Brennerflamme entzünden.

Zum Erhitzen brennbarer Flüssigkeiten ist deshalb eine **elektrische Heizplatte** viel besser geeignet, da sich die brennbaren Dämpfe an der elektrisch beheizten Platte nicht so leicht entzünden können.

Stoffe werden erhitzt

Erhitzen von Stoffen im Reagenzglas
- Fülle das Reagenzglas immer nur zu einem Drittel.
- Gib bei Flüssigkeiten Siedesteinchen hinzu.
- Halte das Reagenzglas mit der Reagenzglasklammer am oberen Ende fest.
- Halte das Reagenzglas immer schräg in die blaue Brennerflamme.
- Beginne mit dem Erhitzen in Höhe des Flüssigkeitsspiegels. Schüttle das Reagenzglas leicht hin und her.
- Richte die Reagenzglasöffnung nicht auf dich selbst oder auf andere Personen.

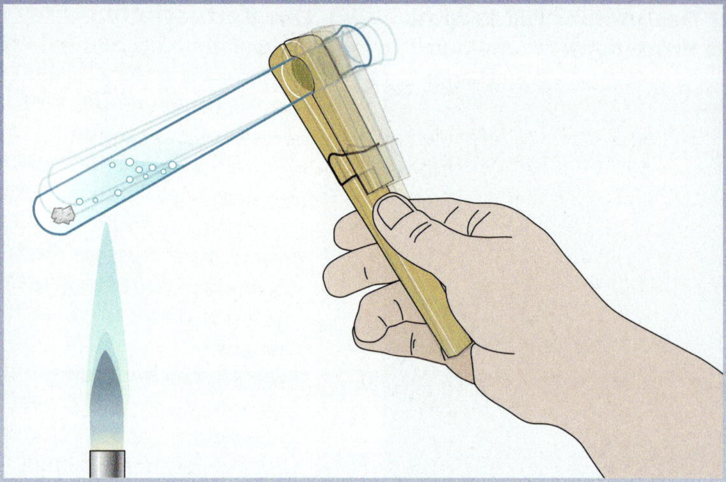

1 So erhitzt du richtig.

Erhitzen von Wasser
Erhitze Wasser im Reagenzglas. Beachte dabei die Regeln zum Erhitzen von Stoffen im Reagenzglas. Beende den Versuch, sobald das Wasser siedet.

Achtung: Gib ein bis zwei Siedesteinchen in das Reagenzglas. So kannst du verhindern, dass heißes Wasser beim Sieden aus dem Reagenzglas spritzt.

Schmelzen von Kerzenwachs
Fülle in ein Becherglas so viel Kerzenwachs, dass der Boden etwa fingerbreit damit bedeckt ist. Stelle das Becherglas auf den Dreifuß mit Drahtnetz und erhitze das Wachs. Beende den Versuch, sobald alles Wachs geschmolzen ist. Du kannst eine Kerze daraus gießen, indem du das Wachs in eine leere Teelichthülle mit Docht gießt.

Schmelzen von Glas
a) Halte ein etwa 30 cm langes Glasrohr an den Enden fest. Erhitze die Mitte des Glasrohres oberhalb des inneren Flammenkegels. Drehe das Glasrohr dabei ständig. Ist das Rohr weich geworden, nimm es aus der Flamme und ziehe beide Enden zügig auseinander.
b) Schmilz ein neues Glasrohr an einem Ende zu. Drehe es dabei in der Flamme und erhitze das Ende so lange, bis es rotglühend ist. Nimm es aus der Flamme und blase sofort am anderen Ende hinein, solange es noch sehr heiß ist. Du kannst das Glas zwischendurch wieder erhitzen, wenn es sich zu sehr abgekühlt hat.

Achtung: Achte darauf, dass sich niemand am heißen Glas verbrennen kann.

2 Schmelzen von Glas

Erhitzen von Spiritus
Fülle ein Reagenzglas zu einem Drittel mit Spiritus und gib ein Siedesteinchen hinein. Stelle das Reagenzglas in ein Becherglas mit Wasser. Stelle dann das Becherglas auf eine Heizplatte und erhitze das Wasser.
Beende den Versuch, sobald der Spiritus siedet.

Gruppen- und Partnerarbeit beim Experimentieren

Im Fachunterricht ist es wichtig, dass ihr Experimente selbstständig plant und durchführt. Dazu wird in einer größeren Gruppe oder zu zweit gearbeitet.

Die **Gruppenarbeit** hat viele Vorteile. So kann jedes Gruppenmitglied Ideen einbringen, die ihr gemeinsam diskutieren könnt. Zudem ist es möglich, Aufgaben untereinander aufzuteilen.

Bei der **Partnerarbeit** experimentiert ihr zu zweit. Dabei kann der Einzelne beim gleichen Versuch mehr tun als bei der Gruppenarbeit. Darüber hinaus ist es oft einfacher, sich zu zweit auf eine Vorgehensweise zu einigen als in einer größeren Gruppe.

1. a) Führt den folgenden Versuch in Gruppenarbeit durch. Erhitzt 2 g Schwefel im Reagenzglas vorsichtig über einer Brennerflamme bis zum Schmelzen. Erhitzt dann bis zum Sieden. Lasst das Reagenzglas danach abkühlen. Beobachtet dabei die Vorgänge im Reagenzglas.
b) Tragt eure Beobachtungen in eine Tabelle ein.

Aggregatzustand	Farbe

c) Besprecht das Ergebnis des Experimentes in der Gruppe.
d) Vergleicht euer Ergebnis mit dem Ergebnis anderer Gruppen.

Wichtige Regeln für die Gruppenarbeit

Plant den Versuch gemeinsam. Jeder in der Gruppe soll verstehen, wie der Versuch durchzuführen ist.

Es redet immer nur ein Gruppenmitglied. Die anderen hören aufmerksam zu.

Habt ihr innerhalb der Gruppe unterschiedliche Vorschläge und Meinungen, diskutiert sie in Ruhe und einigt euch auf eine Vorgehensweise.

Ein Gruppenmitglied holt die Versuchsmaterialien, ohne dabei zu rennen.

Teilt euch die Arbeit während des Experiments auf. Ein oder zwei Gruppenmitglieder führen den Versuch durch, ein oder zwei weitere Mitglieder beobachten und halten die Ergebnisse im Versuchsprotokoll fest.

Experimentiert in Ruhe, sodass die anderen Gruppen nicht gestört werden.

Haltet Ordnung auf dem Experimentiertisch eurer Gruppe.

Wechselt euch bei den Aufgaben ab. Jeder muss beim nächsten Versuch eine andere Aufgabe übernehmen.

Erstellt das Versuchsprotokoll gemeinsam. Jeder in der Gruppe sollte zum Schluss das gleiche Versuchsprotokoll vorliegen haben.

Seid ihr euch nicht einig oder treten in eurer Gruppe beim Experimentieren Konflikte auf, versucht sie zunächst selbst zu lösen.

Holt erst dann eure Lehrerin oder euren Lehrer zu Hilfe, wenn ihr nicht mehr weiterkommt.

Säubert nach dem Versuch die benutzten Geräte nach Anleitung.

Räumt alles ordentlich in die dafür vorgesehenen Behälter und Schränke zurück.

Aus dem Leben der Tiere in unserem Umfeld

Was musst du beachten, wenn du einen Goldhamster zu Hause halten willst?

Woran kann man erkennen, dass Hunde vom Wolf abstammen?

Warum kaut die Kuh ihr Futter zweimal, das Pferd dagegen nur einmal?

Wie gelingt es Vögeln in der Luft zu fliegen?

Wie kommt der Falter an den Nektar der Blüte?

Warum können Fische im Wasser nicht ertrinken?

Ich wünsche mir ein Haustier

1. Warum leben so viele Menschen mit einem Haustier zusammen? Bereitet eine Umfrage vor. Damit könnt ihr Gründe für die Haustierhaltung ermitteln. Schreibt dazu Fragen auf, die eine genaue Antwort ermöglichen.
Führt die Umfrage durch und wertet sie aus. Schreibt die genannten Gründe nach Häufigkeit sortiert auf ein ▸ Plakat.
In einem ▸ Vortrag könnt ihr über eure Ergebnisse berichten.

2. Ihr könnt einen ▸ Lerngang in ein Tierheim planen. Vereinbart einen Termin, damit eure Fragen dort in Ruhe beantwortet werden können.
Informiert euch über folgende Punkte:
- Welche Tiere leben im Tierheim?
- Warum werden Tiere abgegeben?
- Wie sollte man diese Tiere artgerecht halten?

Stellt eure Ergebnisse mit Fotos und Texten auf ▸ Plakaten zusammen. Präsentiert sie in der Klasse.

3. Wer sich ein Haustier anschaffen möchte, sollte sich das genau überlegen. Du kannst eine Liste mit wichtigen Argumenten für und gegen die Anschaffung eines Haustieres anfertigen. Sprecht mit einem Tierhalter über eure Listen und ergänzt oder korrigiert sie gegebenenfalls.

4. Sind Goldhamster, Meerschweinchen und Rennmäuse als Haustiere geeignet?
Begründe deine Meinung.

Goldhamster sind nachtaktiv.

Rennmäuse sind pflegeleicht.

5. Erstelle Listen mit Tieren, die als Haustier besser oder weniger geeignet sind. Begründe deine Zuordnung.

6. Erstelle Pflegetipps zu einzelnen Haustierarten. Suche dazu Informationen in Büchern über Tierhaltung oder im ▸ Internet. Achte dabei besonders auf eine ▸ artgerechte Tierhaltung.

Meerschweinchen als Haustiere

Meerschweinchen lassen sich streicheln und herumtragen. Sie sind als Haustiere auch für Kinder gut geeignet. Natürlich müssen ihre Ansprüche an Unterbringung, Ernährung und Pflege beachtet werden, damit sie sich wohl fühlen.

Meerschweinchen werden etwa 25 cm lang. Sie können fünf bis zehn Jahre alt werden. Das Fell der Meerschweinchen kommt in verschiedenen Farbtönen vor. Je nach Rasse ist es kurz, lang, glatt oder kraus. Die Heimat der Meerschweinschen ist Mittel- und Südamerika. Wildmeerschweinchen leben dort in kleinen Gruppen und wohnen in Erdbauten. Seit über 3000 Jahren werden Meerschweinchen in ihrer Heimat als Haustiere gehalten. Vor etwa 300 Jahren brachten Seeleute einzelne Tiere mit nach Europa.

3 Meerschweinchen sind zutrauliche Heimtiere.

1 Glatthaar- und Angora-Meerschweinchen

Wie hält man Meerschweinchen?

Meerschweinchen sollten mindestens zu zweit gehalten werden. Man muss allerdings darauf achten, dass man kein Pärchen hat. Dann gäbe es schnell zahlreichen Nachwuchs.

Meerschweinchen sollten in einem Metallgitterkäfig mit Kunststoffwanne gehalten werden. Der Käfig muss leicht zu reinigen sein. Die Grundfläche der Wanne sollte mindestens 80 cm x 40 cm betragen. Der Boden wird mit einer Schicht Holzspäne und darüber einer Schicht Heu oder Stroh eingestreut.

Die Tiere brauchen ein Schlafhäuschen und einen rauen Ziegelstein, an dem sie sich die Krallen abwetzen können. Zwei Futternäpfe sind notwendig: einer für Körnerfutter, der andere für Frischfutter wie Salat, Gemüse oder Obst. Eine kleine Raufe mit frischem Heu und ein Mineralleckstein sollten nicht fehlen. Als Tränke dient eine Nippelflasche mit täglich frischem Wasser.

Einmal wöchentlich sollte das Fell gebürstet werden. Meerschweinchen benötigen viel Ruhe, aber auch täglichen Auslauf. Dabei muss man darauf achten, dass sie keine Kabel anknabbern können.

Ein Freigehege im Garten ist ideal, es darf allerdings nicht in der prallen Sonne stehen.

2 Haltung von Meerschweinchen. **A** *Käfigeinrichtung;* **B** *Freigehege*

Der Hund – vom wilden Wolf zum besten Freund

1. Nenne mögliche Gründe, warum Menschen Hunde als Haustiere halten.

2. Führt in eurer Klasse eine Umfrage durch:
a) In welchen Familien werden Hunde gehalten?
b) Welche Hunderassen werden gehalten?
c) Berichtet über die besonderen Eigenschaften eurer Hunde wie Aussehen, Verhalten, Fähigkeiten, Eigenarten.

3. Die auf den Fotos abgebildeten Hunde haben jeweils unterschiedliche „Aufgaben“. Benennt diese und ordnet sie – wenn möglich – bestimmten Hunderassen zu, die speziell für diese Aufgaben gezüchtet wurden. Welche Sinnesorgane oder Fähigkeiten sind jeweils besonders gefordert?

4. **a)** Welcher Hund käme für dich persönlich in Frage?
b) Überlege, welche Ansprüche dein Lieblingshund an dich und die Umgebung stellt.

5. Stelle mit eigenen Worten dar, was mit der Überschrift zu dieser Seite gemeint ist.

6. Wie könnten aus Wölfen zahme Haushunde entstanden sein? Lies im Text auf der folgenden Seite nach und berichte.

7. Suche Informationsmaterial zu den hier abgebildeten und weiteren Hunderassen (Bücher, Zeitschriften, ▸ Internet). Erstelle eine Sachmappe.

8. Beschreibe, wie die Geburt und die Aufzucht der ▸ Welpen bei Hunden ablaufen.

Die Abstammung des Hundes

Man weiß, dass Menschen schon vor mehr als 14000 Jahren Hunde hielten. Der Hund gilt als unser ältestes **Haustier**. Es gibt viele verschiedene Hunderassen, alle stammen sie letztlich vom Wolf ab. Wissenschaftler vermuten, dass Wölfe den Steinzeitmenschen folgten, um an Nahrungsreste zu gelangen. Möglicherweise schafften es die Jäger dabei gelegentlich, junge Wölfe zu fangen und sie zu zähmen.

1 Wölfe

Wölfe brauchen die Gemeinschaft einer Gruppe. Daher kann man sie dazu bringen, sich dem Menschen anzuschließen. Die Menschen erkannten, dass Wölfe für die Jagd nützliche Eigenschaften besitzen. Mit ihrer Nase und dem stark entwickelten **Geruchssinn** sind sie in der Lage, Wild aufzuspüren. Der sehr gute **Hörsinn** ermöglicht ihnen, ▸ Geräusche wahrzunehmen, die wir Menschen nicht hören können. Durch Knurren oder Bellen machen sie auf Gefahren aufmerksam.

2 Unterwerfung

Verhalten im Rudel

Um Hunde richtig zu verstehen, muss man etwas über das Leben der Wölfe wissen, von denen die Hunde abstammen. Wölfe leben zu mehreren in einer Gemeinschaft, dem **Rudel.**

In einem Rudel nimmt jedes Mitglied seinen Platz in einer **Rangordnung** ein. Diese Rangordnung wird durch Auseinandersetzungen zwischen den Tieren festgelegt. Rangniedere Tiere unterwerfen sich dem stärkeren Tier, indem sie sich auf den Rücken drehen und ihre Kehle zum „Biss" anbieten. Wirklich gebissen wird dann jedoch im Normalfall nicht.

Der Leitwolf führt das Rudel. Die Tiere jagen in der Regel gemeinsam. Jagden sind nur dann erfolgreich, wenn die Mitglieder des Rudels eng zusammenarbeiten. Einige Wölfe hetzen ein Beutetier, andere schneiden ihm den Fluchtweg ab und schließlich überwältigen sie es gemeinsam. Das Jagdgebiet, das **Revier,** wird regelmäßig mit Urin und Kot markiert und so gegen Eindringlinge abgegrenzt.

So verhalten sich Hunde

Hunde werden meist einzeln gehalten. Sie sehen im Menschen ihren „Leithund", die Familie ist das Rudel. Haus und Garten stellen das Revier dar, das gegen fremde Personen verteidigt wird. Da der Geruchssinn für den Hund der wichtigste Sinn ist, werden alle Personen erst einmal intensiv beschnüffelt. Aufgeregtes Herumzappeln begreifen Hunde oft als Angriffssignal. Menschen, die weglaufen, werden als „Beutetiere" verfolgt. Begegnen sich Hunde, beschnüffeln sie sich gegenseitig. Dies ist ein wichtiges Begrüßungsverhalten. Männliche Hunde, die **Rüden,** setzen im Revier, aber auch beim Spaziergang, hier und da an Ecken und Bäumen zur Reviermarkierung einige Tropfen Urin ab.

3 Reviermarkierung

Ein Hund bekommt Nachwuchs

1. Stelle die Brutpflege der Hündin von Geburt an zusammen.

2. Informiere dich über „Nesthocker" und „Nestflüchter" und nenne Beispiele.

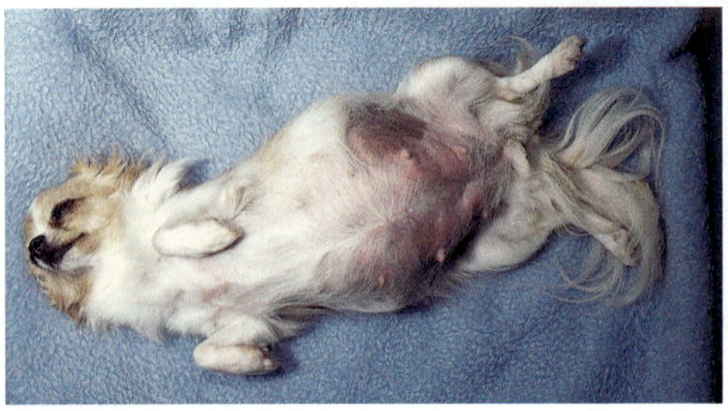

1 Trächtige Hündin

3 Geburtsvorgang: ein Welpe in der Fruchtblase wird durch die Scheide herausgepresst.

Fortpflanzung
Hündinnen werden je nach Rasse zwischen ihrem achten und zwölften Lebensmonat geschlechtsreif und dann normalerweise zwei Mal im Jahr läufig. Diese Läufigkeit dauert jeweils etwa drei Wochen. Wenn sich die Hündin in dieser Zeit mit einem Rüden paart, kann sie trächtig werden. Sie kann Nachwuchs erwarten.

Tragzeit
Die Tragzeit dauert etwas mehr als zwei Monate. Steht dann schließlich die Geburt kurz bevor, wird die Hündin unruhig, schnüffelt an allen Ecken und versucht, ein „Nest" zusammenzuscharren. Bei der Geburt wirft sie dann meist vier bis zehn Jungtiere. Sie heißen **Welpen.** Sie sind von einer Fruchtblase umgeben, die die Hündin aufreißt und frisst. Anschließend beißt sie die Nabelschnur durch und leckt jedes noch nasse Junge trocken.

2 Hündin säugt ihre Welpen.

Brutpflege
Hunde ernähren ihre Jungen in den ersten Lebenswochen mit Muttermilch. Die Welpen werden von der Mutter nicht nur gesäugt, sondern auch geschützt, gewärmt und sauber geleckt. Ein solches Verhalten bezeichnet man als **Brutpflege.** Nach zehn bis zwölf Tagen öffnen sich die Augen der Jungen. Auch die Körperbewegungen werden zunehmend sicherer. Im Alter von drei bis vier Wochen beginnt die Entwöhnung und die Welpen erhalten zusätzlich zur Muttermilch Welpenfutter. Nach und nach nimmt der Anteil der Muttermilch ab und der Anteil an fester Nahrung nimmt zu. Die Welpen sollten von ihrer Mutter getrennt werden, ehe sie acht Wochen alt sind.

Säugetiere
Hunde säugen ihre Jungen mit Milch. Hunde gehören daher zur Gruppe der ▸ **Säugetiere.** Ein weiteres Merkmal der Säugetiere ist die gleichwarme Körpertemperatur und meist auch ein Fell. Außerdem atmen alle Säugetiere über Lungen.

Jungenaufzucht
Neugeborene Welpen sind noch völlig hilflos. Ihre Augenlider sind zunächst noch miteinander verwachsen. Unmittelbar nach der Geburt kriechen sie unbeholfen an den Bauch der Mutter und suchen mit seitlichen Pendelbewegungen des Kopfes nach den Milchzitzen. Haben sie eine Zitze gefunden, beginnen sie mit dem Saugen. Dabei treten sie mit den Vorderpfoten gegen den Bauch der Mutter. Dadurch werden die Milchdrüsen angeregt, Milch zu bilden.

Im Internet nach Informationen suchen

Vielleicht hast du ja schon Erfahrung mit dem Internet, dem **w**orld-**w**ide-**w**eb (www) gesammelt. Hier findest du eine unüberschaubare Fülle von Informationen zu den verschiedensten Themen des Lebens. Vieles ist brauchbar, vieles jedoch auch nicht.

Du hast grundsätzlich zunächst mit zwei Hauptproblemen zu kämpfen:

1. Wie **finde** ich genau das, was ich suche?
2. Wie bekomme ich heraus, ob das, was ich da gefunden habe, **brauchbar** ist?

1. **Finden:** Hier helfen dir so genannte Suchmaschinen, zum Beispiel die Suchmaschine „Blinde Kuh“ (www.blinde-kuh.de). Diese Suchmaschine ist speziell für Kinder. Sie enthält und verweist nur auf Inhalte, die „in Ordnung“ sind.
2. **Brauchbares:** Hier wird die Sache schon schwieriger, und du selbst bist gefragt – ist das, was ich da gefunden habe, für mich jetzt brauchbar?

Wie komme ich dorthin?

1. Adresse www.blinde-kuh.de eingeben.
2. Es erscheint die **Homepage** der „Blinden Kuh“.
3. Im Suchfeld den Begriff Hund eingeben:

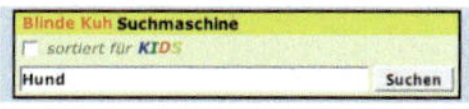

4. Es erscheint eine Reihe so genannter **„Links“**, auf Deutsch „Verbindungen“. Wenn du einen „link“ anklickst, verbindet dich das Programm mit den jeweiligen Informationen.

Was auch passieren kann

Wenn du einen Suchbegriff eingegeben hast, zu dem das Programm keinen Eintrag besitzt, erhältst du eine **Fehlermeldung.**

Das Programm bietet dir dann eine Liste möglicher Gründe an.

- Vielleicht hast du dich einfach nur verschrieben, versuche es erneut.
- Versuche es mit einem ähnlichen Begriff.
- Wenn du gar keinen Erfolg hast, kannst du es natürlich auch mit einer anderen Suchmaschine versuchen (z. B. www.google.de, www.altavista.de, www.fireball.de). Weitere Suchmaschinen oder Lexika wie www.wikipedia.de findest du im Internet.

Pferde leben in Herden

1. Man unterscheidet bei Pferden die Gangarten Galopp, Trab und Schritt. Vergleiche die Abbildungen A, B und C und ordne die jeweilige Gangart zu. Begründe deine Zuordnung. Wenn du Pferde auf der Weide beobachten kannst, versuche die Gangarten wiederzuerkennen.

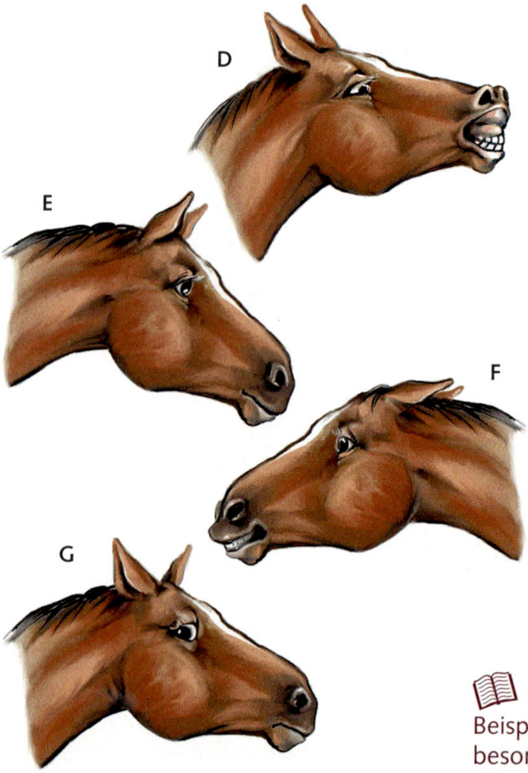

2. Gestaltet ▸ Plakate zu den unterschiedlichen Aspekten der Pferdenutzung, zum Beispiel Pferde als Arbeitstier früher und heute, Urpferd, Pferde im Sport, besondere Rassen oder Rückzüchtungen.

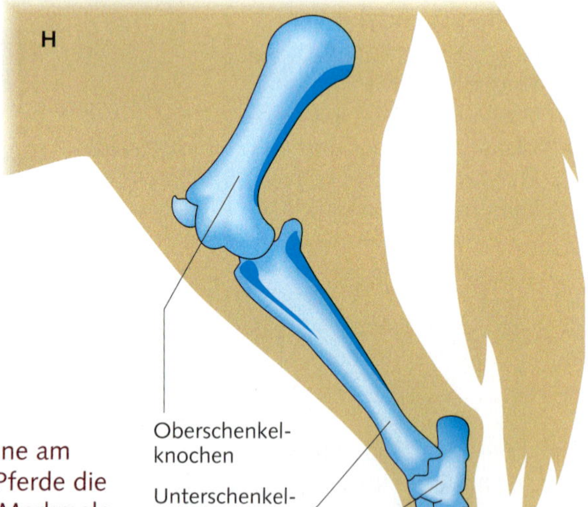

3. Pferde verständigen sich gezielt durch Gesichtsausdruck, Körpersprache und Laute. Die Abbildungen D bis G zeigen eine Auswahl verschiedener Gesichtsausdrücke. Welches Pferdegesicht zeigt Angst, Drohen, Neugier und Flehmen (= Geruch wahrnehmen)? Begründe deine Zuordnung.

4. Nenne am Beispiel der Pferde die besonderen Merkmale einer Herde.

5. Pferde sind Zehenspitzengänger.
a) Erkläre dies anhand der Abbildung H.
b) Vergleiche auch mit dem ▸ Beinskelett des Menschen.

Pflanzenfresser

Pferde sind ▸ Pflanzenfresser. Sie rupfen das Gras mit den Schneidezähnen ab und zermahlen es vor dem Schlucken mit den Backenzähnen. Der Pferdemagen ist klein und kann anders als beim Rind wenig Futter aufnehmen. Pferde müssen daher häufiger gefüttert werden. Auf der Weide bewegen sie sich bis zu 15 Stunden täglich, um Nahrung aufzunehmen.

Wildpferde sind selten

Ähnlich wie bei anderen Nutztieren bemüht man sich heute, durch **Rückzüchtung** verschiedene **Wildpferderassen** zu züchten und auszuwildern. Ein Beispiel hierfür sind die Koniks. Sie stammen vom Wildpferd Tarpan ab, das vor über 100 Jahren ausgerottet wurde. Das letzte echte noch lebende Wildpferd ist das Przwalskipferd. Es war in freier Wildbahn bereits ausgerottet, hat aber in Tierparks überlebt. Inzwischen wurde es in seiner Urheimat Asien wieder erfolgreich ausgewildert.

Kaltblüter als Arbeitspferde

Hast du in den Ferien an der Nordsee schon einmal die Pferde beobachtet, die Kutschen durch den Dünensand ziehen? Hierbei handelt es sich um **Kaltblüter,** die sich durch einen kräftigen und stämmigen Körperbau auszeichnen. Kaltblüter haben ein ruhiges Temperament.
Heute werden sie hauptsächlich als Arbeitspferde zum Ziehen von schweren Lasten genutzt. Im Wald ziehen **Rückepferde** schwere Baumstämme durch enge Wege, die Rückegassen, die für große Traktoren nicht befahrbar sind.

1 **Nutzung. A** *Kaltblüter als Kutschpferd;* **B** *Warmblut als Springpferd;* **C** *Vollblut als Trabrennpferd*

Warmblüter und Vollblüter als Reitpferde

Hauptsächlich werden Pferde heute jedoch zur Freizeitbeschäftigung und im Pferdesport genutzt. Durch ▸ Züchtung entstanden Rassen, die den Ansprüchen als Spring-, Dressur- oder Rennpferd gerecht werden.
Im Reitsport findest du vorwiegend **Warmblüter,** beispielsweise Westfalen, Hannoveraner, Trakehner oder Oldenburger. Das Brandzeichen kennzeichnet die jeweilige Rasse. Beim Galopprennen oder im Trabrennsport dagegen werden **Vollblüter** wie Araber eingesetzt. Sie sind sehr temperamentvoll und schnell. Übrigens kennzeichnen die Begriffe Kalt-, Warm- und Vollblutpferd nur das Temperament der Pferde. Die Temperatur des Blutes ist bei allen Pferderassen gleich.

2 **Przwalskipferde**

Ponys

Kleinwüchsige Pferde nennt man **Ponys.** Hier gibt es ebenfalls verschiedene Rassen wie zum Beispiel Shetland-Ponys oder Exmoorponys.

3 Frei lebende Pferde: Stuten und Fohlen im Merfelder Bruch

Pferde sind Herdentiere

Beobachtest du Pferde auf der Weide, stellst du fest, dass sie nach Möglichkeit zusammen stehen oder laufen und sich manchmal gegenseitig das Fell pflegen. Dabei beknabbern sie vor allem solche Stellen, die sie selbst nicht erreichen. Dieses Verhalten dient auch zur Kontaktpflege. Pferde sind **Herdentiere** so wie ihre wilden Vorfahren. Heute gibt es zum Beispiel etwa 360 weitgehend frei lebende Pferde im etwa 350 ha großen Naturschutzgebiet Merfelder Bruch in der Nähe von Dülmen in Westfalen.

4 Kämpfende Hengste

Die Rangordnung im Pferdeverband

Zu den völlig frei lebenden Pferden gehört das Przwalskipferd. Es lebt in **Familienverbänden**, in denen eine ausgeprägte **Rangordnung** besteht. Ein solcher Verband besteht meistens aus vier bis sechs weiblichen Tieren, den **Stuten,** einem männlichen Tier, dem **Hengst,** und mehreren Jungtieren.
Der **Leithengst** hält die Herde zusammen und darf auch empfangsbereite Stuten decken. Er muss seine Position immer wieder gegenüber jüngeren Hengsten verteidigen. Dabei kommt es oft zu Rivalenkämpfen. Die Rivalen richten sich dabei auf den Hinterbeinen auf und schlagen mit den Vorderhufen aufeinander ein. Verliert einer der beiden, muss er dem siegreichen Rivalen die umkämpften Stuten überlassen. Junghengste werden spätestens bis zum dritten Lebensjahr aus dem Familienverband vertrieben und schließen sich einer „Junggesellengruppe" an oder bilden eine neue Herde.

Sonst wird der Familienverband von einer **Leitstute** geführt, die in der Rangordnung an erster Stelle steht. Bei ihr handelt es sich meist um eine ältere und erfahrene Stute. Sie ist es, die die Herde zu einem neuen Weidegrund oder zu einer Wasserstelle führt. Ein Hengst dagegen bildet den Schluss der Herde. Entfernen sich Tiere, scheucht er sie zur Herde zurück. Droht eine Gefahr, gibt das Leittier ein kurzes Schnauben als Warnung von sich. Wird es ernst, flieht es und alle Pferde des Familienverbandes folgen.

Flehmen gehört zur Körpersprache

Die Körpersprache der Tiere gibt Hinweise über ihr Befinden und ihre möglichen Absichten. Dies ist wichtig für den Zusammenhalt der Herde. Die Stellung der Ohren signalisiert zum Beispiel erhöhte Aufmerksamkeit, Unbehagen, Drohen, Neugier oder Furcht. Wenn ein Hengst die Oberlippe hochzieht und die Schneidezähne sichtbar werden, flehmt er. Der Hengst saugt dabei Luft ein und überprüft die Duftsignale einer Stute. Dabei nimmt er wahr, ob diese Stute paarungsbereit ist.

5 Przwalskiherde in der Mongolei

Einen Steckbrief erstellen

Gesucht wird
der mehrfach vorbestrafte
Ede Klaufix

- etwa 195 cm groß
- strähniges Haar
- Stoppelbart

Früher wurden Räuber und Verbrecher steckbrieflich gesucht. Auf öffentlich ausgehängten Plakaten wurde der Gesuchte abgebildet und kurz beschrieben. So konnte die Bevölkerung wichtige Hinweise geben, die oft zur Festnahme führten. Heute werden Personen zusätzlich mithilfe moderner Medien gesucht, indem Fotos oder Computerzeichnungen und kurze Beschreibungen veröffentlicht werden.

In der Biologie enthalten **Steckbriefe** ebenfalls eine kurze Beschreibung der wichtigsten Merkmale einer Pflanze oder eines Tieres. Eine übersichtliche Darstellung und eine Abbildung ermöglichen es, sich schnell über das Lebewesen zu informieren.

Zebra

Kennzeichen:	Aussehen wie ein kleines Pferd; Fell mit Streifenmuster; 1 m bis 1,50 m groß
Heimat:	Afrika südlich der Sahara, Sudan, Bergregionen Südwestafrikas
Lebensraum:	vor allem in Steppen und Savannen
Nahrung:	Gräser, Blätter, Rinde
Verhalten:	lebt in großen Herden oder kleineren Familienverbänden

Rothirsch

Kennzeichen:	Sommerfell rotbraun, Winterfell graubraun; Körperlänge 1,60 m bis 2,50 m
Lebensraum:	große zusammenhängende Waldgebiete, Heideflächen, Moore
Nahrung:	Pflanzen
Verhalten:	bildet nach Geschlechtern getrennte Rudel; im Herbst schart ein starker Hirsch viele Weibchen um sich, Konkurrenten werden vertrieben

1. Erstelle Steckbriefe zu zwei Tieren aus deinem Umfeld. Orientiere dich an den Beispielen auf dieser Seite.

2. a) Plant einen Besuch in einem Zoo oder einem Tierpark. Wählt euch dort Tiere aus, zu denen ihr Steckbriefe erstellt.
b) Stellt eure Steckbriefe auf einer Ausstellungswand aus.

Rund um das Rind

A

B

D

C

1. a) Vergleiche die beiden Rinderrassen in den Abbildungen A (Rotbunte) und B (Charolais-Rind).
Welche Körpermerkmale unterscheiden sich deutlich?
b) Schließe von den Unterschieden auf die Nutzung.

2. a) Abbildung D zeigt Rinder (Schwarzbunte), die auf der Weide liegen und wiederkäuen. Beschreibe mit Hilfe der Abbildung C, wie Rinder Gras fressen.
b) Beschreibe den Weg der Pflanzennahrung durch die Mägen des Rindes. Verwende dazu die Fachbegriffe aus dem Schema in Abbildung 3.

3. Vergleiche den Weg der Nahrung beim Rind und beim Menschen. Nutze dazu das Schema auf der gegenüberliegenden Seite und die Seiten zur ▸ Verdauung beim Menschen. Nenne Unterschiede.

4. a) Vergleiche die Gebissformen von Hausschwein (E) und Rind (F). Finde Unterschiede und Gemeinsamkeiten heraus.
b) Schließe aus deinen Beobachtungen auf die unterschiedliche Ernährungsweise.

E

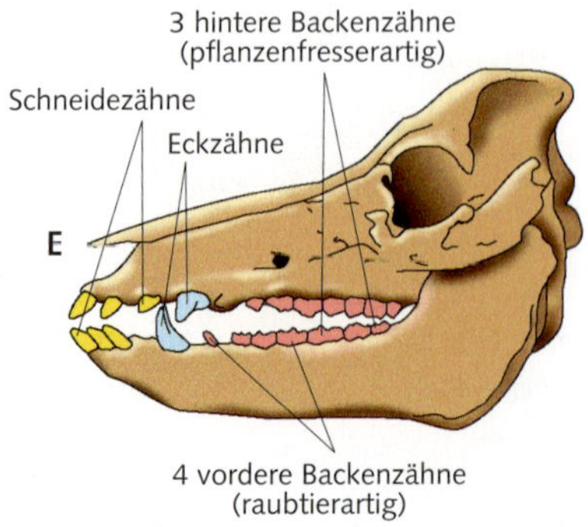

F

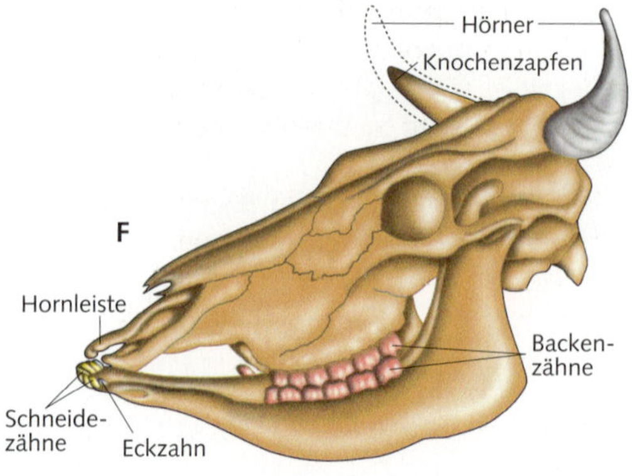

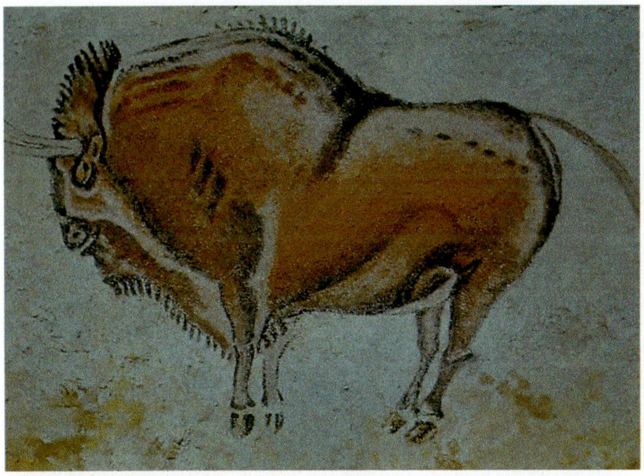

1 Höhlenzeichnung

2 Ausgewilderte Rückzüchtungen des Auerochsen

Vom Urrind zum Zuchtrind

Wie zahlreiche Höhlenzeichnungen belegen, hat es in weiten Teilen Europas bereits in der Jungsteinzeit Rinder gegeben. Sie wurden von Menschen gejagt.

Vor mehr als 6000 Jahren hat der Mensch Auerochsen gezähmt. Sie wurden zu Nutztieren. Diese Wildform, auch **Ur** genannt, ist inzwischen ausgestorben. Heute versucht man Rinderrassen zu züchten, die dem Ur sehr ähnlich sind. Diese **Rückzüchtungen** werden zum Beispiel in Naturschutzgebieten ausgewildert.

Heute gibt es über 800 Rinderrassen, dir durch ▸ Züchtung entstanden sind. In der Milchwirtschaft werden Milchrinder wie die Schwarzbunte bevorzugt, die besonders viel Milch geben. Dagegen sind Mastrinder wie das Charolais-Rind mit dem Ziel gezüchtet, besonders schnell und viel Fleisch anzusetzen. Es gibt auch Rassen, die für beides geeignet sind, so genannte Zweinutzungsrinder wie die Rotbunte.

Rinder sind Pflanzen fressende Wiederkäuer

Rinder sind Pflanzenfresser. Da Grasnahrung vergleichsweise nährstoffarm ist, benötigen sie besonders große Mengen. Sie nehmen täglich bis zu 70 kg Pflanzennahrung auf. Das entspricht mehr als einem Zehntel ihres Körpergewichts.

Rinder haben ein typisches **Pflanzenfressergebiss.** Die Backenzähne sind als breite Mahlzähne ausgebildet. Da im Oberkiefer der Rinder die Schneidezähne fehlen, rupfen Rinder das Gras mithilfe ihrer Zunge und der unteren Schneidezähne ab.
Die Gebissform von Rindern kannst du deutlich von der eines Fleischfressergebisses oder der des Allesfressergebisses eines Schweins unterscheiden.

Weg der pflanzlichen Nahrung

Die schwer verdauliche Nahrung wird unzerkaut geschluckt. Sie gelangt zunächst in den **Pansen,** der bis zu 200 l aufnehmen kann. Hier beginnen die Pflanzen zu gären. Das bedeutet, dass sie von Bakterien zersetzt werden. Aus dem Pansen gelangt die Nahrung in den **Netzmagen**. Von hier werden kleine Futtermengen zurück ins Maul gestoßen, mit Speichel vermischt und zwischen den großen Backenzähnen zermahlen. Ihre Oberfläche weist harte Schmelzfalten auf und wirkt wie eine Reibe. Du kannst beobachten, wie Rinder nach dem Grasen auf der Weide liegen und **wiederkäuen.**
Anschließend gelangt der Nahrungsbrei zur weiteren Verdauung in den **Blättermagen**. Danach beginnt im **Labmagen** mit Hilfe von ▸ Verdauungsenzymen die eigentliche Verdauung. Zum Schluss gelangt der Nahrungsbrei in den etwa 50 m bis 60 m langen Darm. Hier werden die Nährstoffe ins Blut aufgenommen.

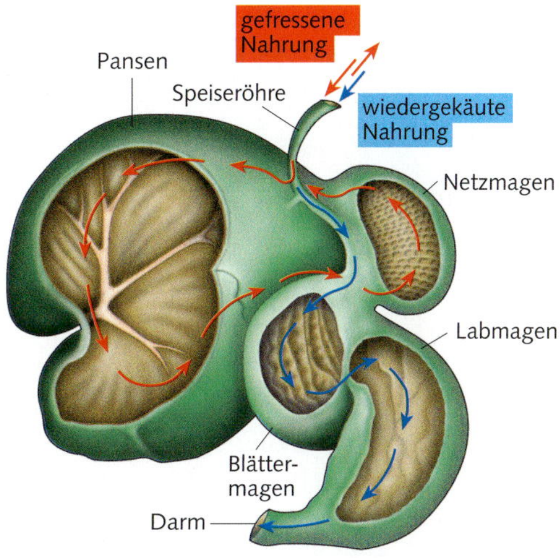

3 Weg der Nahrung durch die Mägen des Rindes

Das Rind als Nutztier

1. Hilf den beiden Schülerinnen bei der Beantwortung ihrer Fragen.

Rezept für selbst gemachten Naturjogurt

Zutaten:
1 l H-Milch
1 Becher Naturjogurt
6–8 Schraubdeckelgläser
1 Thermometer (mind. 50 °C)
1 Kochtopf
1 Heizplatte oder Herd
1 Thermobox

Erhitze die Milch auf ca. 37 °C. Gib in jedes Glas einen Löffel Naturjogurt und fülle anschließend mit der erwärmten Milch auf. Stelle die Gläser für 1 Tag in die Thermobox. Gekühlt schmeckt der Jogurt am besten!

2. Zeichne das Schema der Schlachtteile auf ein ▸ Plakat und ordne verschiedene Fleischprodukte zu, die aus diesen Teilen des Rindes hergestellt werden. Sammle dazu Abbildungen von Fleischprodukten, zum Beispiel aus Werbeprospekten und klebe sie auf.

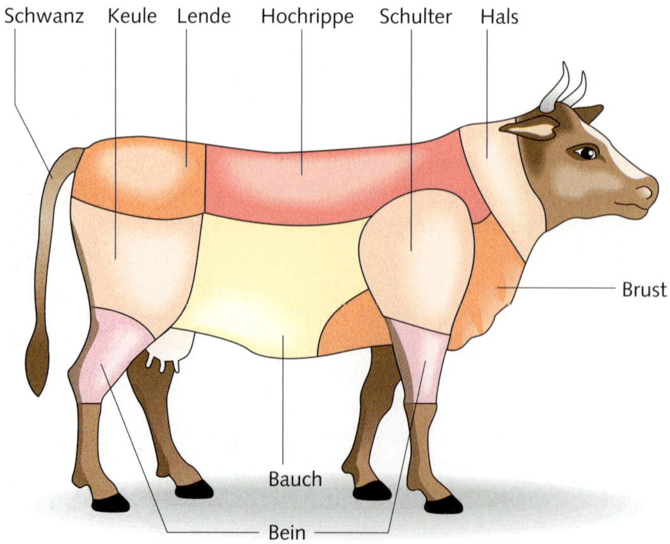

Milch ist ein wichtiges Nahrungsmittel

Neugeborene Kälber ernähren sich in den ersten Wochen ausschließlich von Kuhmilch. Auch für den Menschen ist Milch ein wichtiges Nahrungsmittel. Milch und Milchprodukte sind Lieferanten für ▸ Nährstoffe, Vitamine und Mineralstoffe.
Kühe geben nur Milch, wenn sie zuvor gekalbt haben. Sie produzieren über die Aufzucht der Kälber hinaus weiter Milch, wenn sie regelmäßig zweimal am Tag gemolken werden. Je weiter die Geburt eines Kalbs zurück liegt, desto weniger Milch wird im Euter gebildet.

Von der Melkmaschine in den Supermarkt

Früher wurden Kühe mit der Hand gemolken, heute von Melkmaschinen. Die Milch wird in einem Milchtank gelagert, bis sie von einem Tankwagen abgeholt wird. Da sie leicht verderblich ist, wird sie auf 4 °C heruntergekühlt.
Per Tankwagen wird die Milch in die Molkerei transportiert. Hier wird sie nach einer Prüfung kurz erhitzt und abgefüllt oder zu Butter, Jogurt, Käse, Quark und anderen Produkten weiterverarbeitet.
Im Supermarkt stehen Milchprodukte normalerweise im Kühlregal, da sie sonst verderben. H-Milch muss nicht gekühlt werden, da sie durch ein besonderes Verfahren, das Ultrahocherhitzen, haltbar gemacht wurde.

1 Weg der Milchverarbeitung

Methode

Eine Ausstellung gestalten

Als Abschluss eines Unterrichtsthemas, zum Beispiel über das Rind, könnt ihr eine **Ausstellung** gestalten. So zeigt ihr euren Mitschülerinnen und Mitschülern, woran ihr in der letzten Zeit gearbeitet habt.

Damit die Ausstellung möglichst interessant wird, müsst ihr folgende Punkte berücksichtigen:
- **Was** möchten wir präsentieren?
- **Welche** Ausstellungsstücke möchten wir präsentieren?
- **Wie** können wir die Ausstellungsstücke ansprechend darstellen?

In einem weiteren Schritt macht ihr euch über die folgende Fragestellung Gedanken:

Was gehört in eine Ausstellung?
In eine Ausstellung gehören Bilder, Fotos, selbst geschriebene Texte, Zeichnungen und Modelle zum Ausstellungsthema, aber auch Naturmaterialien. Bei dem Thema „Was liefern uns unsere Rinder?" eignen sich beispielsweise Milchprodukte, Fleischprodukte und Lederwaren.

Dann könnt ihr in die eigentliche Planung gehen. Folgende Punkte helfen euch dabei.

Wie gehe ich beim Gestalten einer Ausstellung vor?
- Wenn ihr das Thema der Ausstellung gefunden habt, entscheidet, an welchem Ort ihr die Ausstellung präsentieren wollt, wie lange sie dauern soll und für wen sie sein soll.
- Sammelt möglichst viele Naturmaterialien. Diese sollten in einem guten Zustand sein.
- Sortiert die Materialien nach Bereichen, zum Beispiel Materialien aus dem Bereich Milchprodukte, Fleischprodukte oder Lederwaren.
- Erstellt einen Plan, in dem ihr festlegt, wo welches Ausstellungsstück stehen soll.
- Beschriftet eure Ausstellungsobjekte und erstellt Plakate als Zusatzinformationen. Achtet darauf, dass man die Informationen gut lesen kann, zum Beispiel durch die Wahl der Schriftfarbe und Schriftgröße.
- Ernennt einen Experten aus eurer Gruppe, der sich mit dem Thema sehr gut auskennt und mögliche Fragen von Mitschülern beantworten kann.

Ausstellung: „Was liefern uns unsere Rinder?"

Einen Lerngang planen

Im naturwissenschaftlichen Unterricht ist es üblich, bestimmte Dinge vor Ort zu untersuchen und in Erfahrung zu bringen. Dazu unternimmt die Klasse einen Lerngang. Zum Thema Nutztiere bietet sich zum Beispiel ein Besuch auf einem Bauernhof an. Bei der Auswahl des Ziels solltet ihr beachten, dass sich nicht jeder Bauernhof für eine Erkundung eignet. Bei reinen Viehzuchtbetrieben wie zum Beispiel in Schweinemastbetrieben ist es häufig nicht möglich, die Ställe zu besichtigen. Zu leicht könnten Tierseuchen oder Infektionen übertragen werden und sich ausbreiten.

Besonders geeignet für eine Erkundung sind daher Schulbauernhöfe, Betriebe, die Gemüse und Obst anbauen oder Höfe, die ökologische Landwirtschaft betreiben. Plane mit deiner Klasse einen Lerngang zu einem landwirtschaftlichen Betrieb in eurer näheren Umgebung. Die folgenden Fragen helfen euch weiter.

Wohin ?
Welche Bauernhöfe in der näheren Umgebung oder in der Region eignen sich für eine Erkundung?

Wie?
Auf welchem Weg und mit welchem Verkehrsmittel erreicht man den Ort?
Wie lange dauert die Fahrt?
Wie hoch sind die Kosten?

Wer?
Bildet Expertengruppen.
Wer stellt die Fragen?
Wer notiert die Ergebnisse?
Wer führt ein Untersuchungsprotokoll?
Wer bereitet die Ausrüstung vor?

Was?
Welche Fragen sollen beantwortet werden?
Wird dazu ein Interview geführt?
Wenn ja: Wer wird interviewt?
Wird eine Untersuchung durchgeführt?
Wenn ja: Was wird untersucht? Wie wird untersucht?

Wie werden die Antworten und Ergebnisse dokumentiert (Notizen, Fotos, Zeichnungen, Ton- und Bildaufzeichnungen)?

Welche Ausrüstung benötigt ihr für euren Lerngang (Untersuchungsinstrumente, Aufnahmegerät, Kamera, Schreibzeug, Gummistiefel ...)?

Wie stellt ihr eure Ergebnisse anderen vor (Wandzeitung, Ausstellung, Artikel für die Schülerzeitung)?

Tiere haben Rechte

Tierheim schlägt Alarm!

Kurz vor den großen Ferien meldet die Leiterin des Tierheims einen riesigen Ansturm. Das Tierheim ist bereits jetzt bis auf den letzten Platz besetzt, erwartet aber noch weitere Neuzugänge in den nächsten Tagen und Wochen. Katzen und Hunde und andere Haustiere werden anonym abgegeben oder sogar ausgesetzt, wenn Familien verreisen, so die Leiterin des Tierheims.
Dabei gibt es in der Umgebung zahlreiche Tierpensionen, die sich auf die Betreuung von Tieren während der Urlaubszeit spezialisiert haben. Grundsätzlich solle sich jeder Tierfreund bereits vor der Anschaffung eines Haustieres genau überlegen, ob er das Tier auch in den nächsten Jahren gut versorgen kann.

Aber auch auf ein anderes Problem weist die Tierheimleiterin hin: Immer häufiger kaufen sich Menschen exotische Tiere. Über kurz oder lang wird es den Besitzern jedoch meist zu aufwändig, diese Tiere artgerecht zu halten und zu pflegen und so landen sie im Tierheim. Erst vor Kurzem wurden ein Leguan, ein Papagei und sogar ein Krokodil abgegeben.

In der letzten Woche wurde zudem wieder ein Wurf junger Katzen in einem Karton vor der Tür gefunden. Die jungen Kätzchen waren halb verhungert und krank. Sie werden zunächst aufgepäppelt. In ein paar Wochen sollen sie in gute Hände abgegeben werden. Interessenten dürfen sich gern bereits jetzt melden.

1. a) Welche Probleme werden in dem Zeitungsartikel beschrieben?
b) Nenne weitere Gründe dafür, dass Menschen Haustiere abgeben oder aussetzen.
c) Nenne Beispiele für die Probleme bei der Haltung exotischer Tiere.

2. Beschreibe und vergleiche mithilfe der Abbildungen die unterschiedlichen Haltungsformen bei Hühnern: Freilandhaltung (A), Bodenhaltung (B und C), Käfighaltung (D).

3. a) Informiere dich über Haushühner und deren natürliches Verhalten.
b) Bewerte, inwieweit Hühner in den unterschiedlichen Haltungsformen ihr natürliches Verhalten zeigen können.

4. Informiere dich über Preise für Eier aus Freilandhaltung, aus Bodenhaltung und aus Legebatterien und erkläre die Unterschiede.

1 Hausschweine in Freilandhaltung

2 Schweinebucht

Tierhaltung

Die artgerechte Haltung von Tieren wird durch das **Tierschutzgesetz** geregelt. Dieses Gesetz gilt nicht nur für heimische oder exotische Haustiere, sondern auch für alle Nutztiere, die in Zucht- oder Mastbetrieben gehalten oder transportiert werden.

Freilandhaltung

Beobachtest du zum Beispiel Hausschweine in der Freilandhaltung, so kannst du feststellen, dass sie sich gern im Schlammbad suhlen, um sich abzukühlen und um Ungeziefer loszuwerden. Schweine sind dennoch sehr saubere Tiere. In ihren eigenen Mist würden sie sich nicht freiwillig legen. Hausschweine leben wie ihre wilden Artgenossen, die Wildschweine, in Familienverbänden und brauchen viel Platz. Sie sind Allesfresser und ernähren sich sowohl von Pflanzen als auch von kleineren Bodentieren und Aas. In der Freilandhaltung können Schweine ihr natürliches Verhalten zeigen.

Haltung in Großbetrieben

Für große Mastbetriebe spielen andere Aspekte eine wichtige Rolle. Um die Kosten für die Fleischproduktion möglichst gering zu halten, werden die Tiere in engen Buchten gehalten. Mastschweine sind so gezüchtet, dass sie besonders schnell viel Fleisch ansetzen. Verlassen sie nach einem halben Jahr den Mastbetrieb, wiegen sie durchschnittlich 110 kg und sind damit so schwer, dass ihre Beine das Gewicht kaum tragen können. Sie werden mit Viehtransportern zu einem Schlachthof transportiert.
Zahlreiche Nutztiere werden zumeist nicht im selben Stall geboren, in dem sie anschließend gehalten oder gemästet werden. Während zum Beispiel in einem Betrieb Ferkel produziert werden, hat sich ein anderer Betrieb auf die Schweinemast spezialisiert.

Die Art der Schweinehaltung und die Größe des Mastbetriebes haben also Einfluss auf die Qualität und auf den Preis von Fleisch und Fleischprodukten.

3 Schweinetransport

§ 2 Tierhaltung

Wer ein Tier hält, betreut oder zu betreuen hat,
- muss das Tier seiner Art und seinen Bedürfnissen entsprechend angemessen ernähren, pflegen und verhaltensgerecht unterbringen,
- darf die Möglichkeit des Tieres zu artgemäßer Bewegung nicht so einschränken, dass ihm Schmerzen oder vermeidbare Leiden oder Schäden zugefügt werden,
- muss über die für eine angemessene Ernährung, Pflege und verhaltensgerechte Unterbringung des Tieres erforderlichen Kenntnisse und Fähigkeiten verfügen.

4 Auszug aus dem Tierschutzgesetz

Wie sich Vögel fortpflanzen

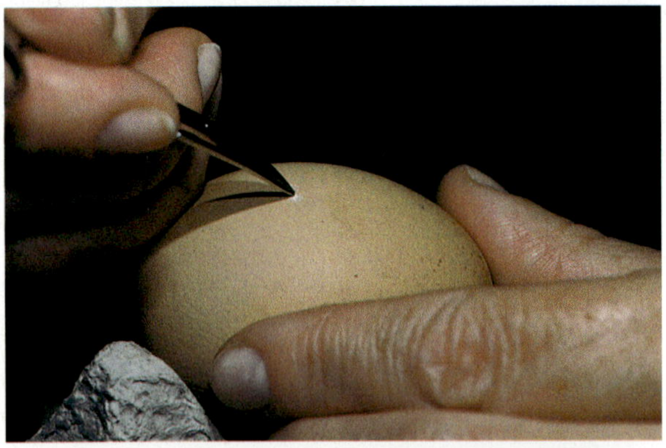

1. Untersucht ein Hühnerei.
Dazu benötigt ihr ein rohes Hühnerei, einen Eierkarton, einen Teelöffel, eine spitze Schere, eine Pinzette, eine flache Schale oder Untertasse und eine Lupe.

a) Legt das rohe Ei in die Mulde eines Eierkartons. Klopft mit dem Teelöffel vorsichtig auf die Oberseite des Eies, so dass in der Kalkschale Risse entstehen und die darunter liegende Haut möglichst nicht beschädigt wird.
Löst nun mit der Pinzette die Kalkschale Stückchen für Stückchen ab, bis eine Öffnung wie in der Abbildung entsteht. Schneidet die Schalenhäute vorsichtig mit der Schere auf.

b) Benennt die Bestandteile des Eies, die ihr durch die Öffnung erkennen könnt. Die Abbildung unten hilft euch dabei.

c) Zeichnet die Lage der Eibestandteile und beschriftet sie.

d) Dreht das offene Ei leicht hin und her und achtet auf die Lage des Dotters. Beschreibt eure Beobachtung.

e) Gießt den Inhalt des Eies vorsichtig in die Schale oder die Untertasse. Sucht die Keimscheibe auf der Dotterkugel.
Zieht vorsichtig mit der Pinzette an den Eischnüren. Was beobachtet ihr?

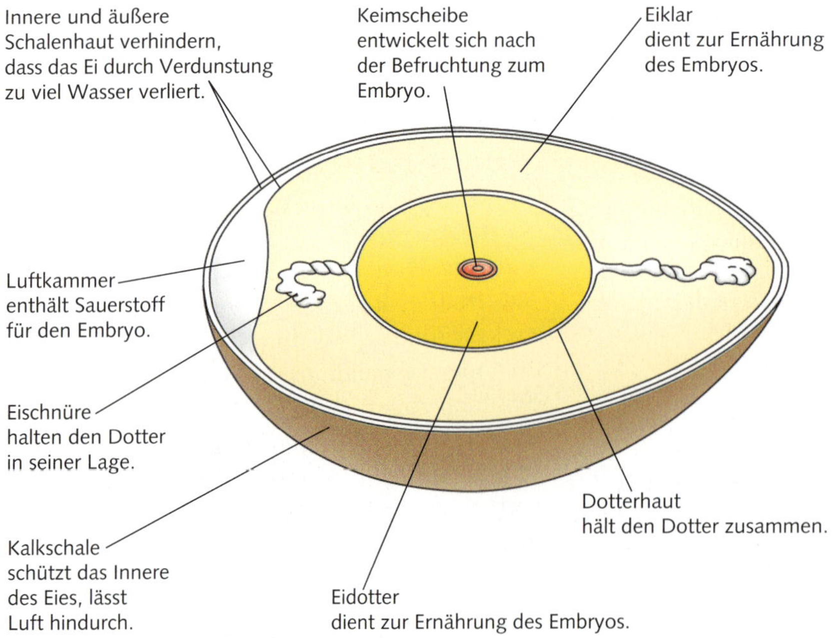

2. Untersucht ein gekochtes Ei. Welche Eibestandteile findet ihr wieder?

3. Halte ein größeres Stück von der Eischale und von den Schalenhäuten gegen das Licht.

a) Welche Beobachtung machst du?

b) Überlege die Bedeutung für den Vogelembryo.

4. Auf der rechten Seite ist die Entwicklung vom Ei bis zum neugeborenen Vogel dargestellt. Schreibe zu jedem Entwicklungsstadium einen kurzen Text.

5. Nenne andere Wirbeltierarten, die sich im Ei entwi-

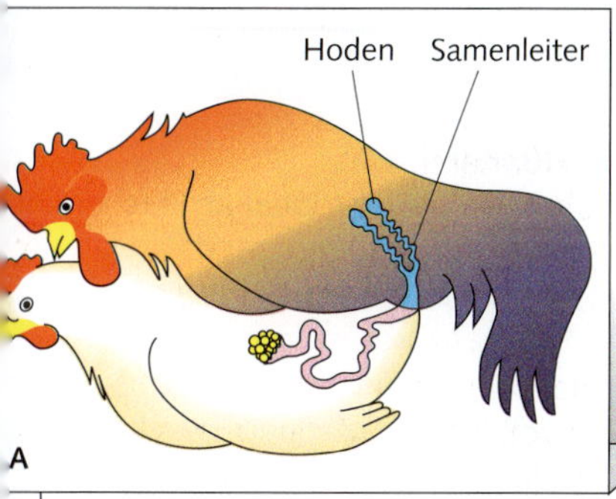

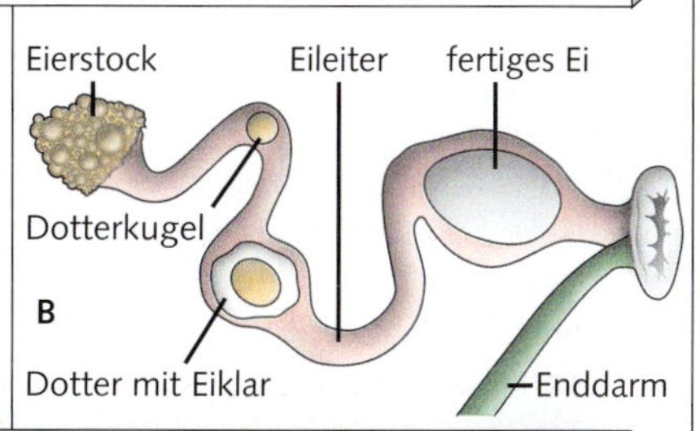

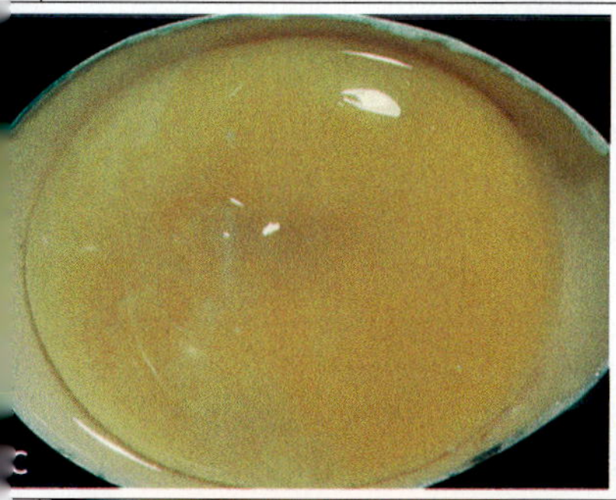

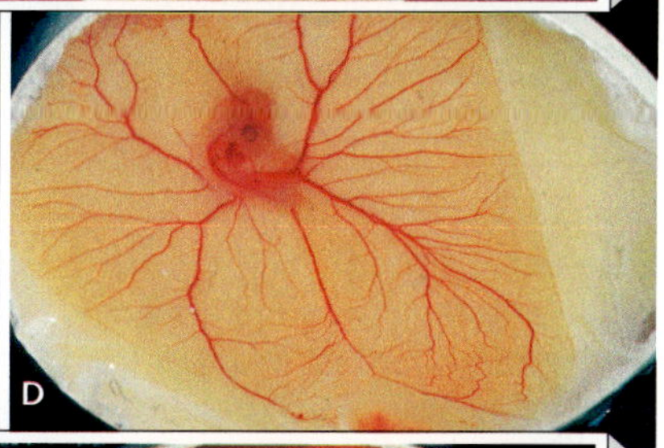

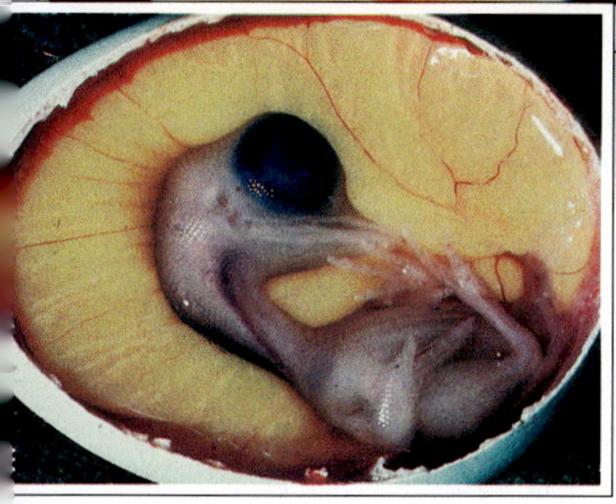

Vom Ei zum Küken. A *Paarung;*
Eientstehung; **C** *Dotter mit Keimscheibe;*
Embryo am 6. Bebrütungstag;
Embryo am 12. Bebrütungstag;

Von der Eizelle zum Ei

Alle Vögel entwickeln sich im Ei. Die Entwicklung eines Hühnereies beginnt im **Eierstock** der Henne. Dort wachsen winzige **Eizellen** zu Dotterkugeln heran. An deren Oberfläche befindet sich die **Keimscheibe** mit dem Kern der Eizelle. Die Dotterkugeln wandern nun einzeln durch den Eileiter und entwickeln sich zu einem vollständigen Ei. Nacheinander kommen das Eiklar, die Schalenhäute und die Kalkschale dazu. Kurze Zeit später legt die Henne das Ei.

Wie entsteht ein Küken?

Ein Küken entsteht nur, wenn das Ei vorher **befruchtet** wurde. Dies geschieht bei der Paarung. Der Hahn hockt auf einer Henne und beide pressen ihre Geschlechtsöffnungen aufeinander. So gelangen zahlreiche männliche Geschlechtszellen, die **Spermien**, in den Eileiter und wandern Richtung Eierstock zu einer Dotterkugel.
Die Befruchtung ist erfolgt, wenn der Zellkern eines Spermiums mit dem Zellkern einer Eizelle verschmilzt.

Die Henne bebrütet das Ei

Zum Heranwachsen des Embryos ist eine Temperatur von 38 °C bis 40 °C notwendig. Dazu hockt die Henne auf den Eiern und wärmt sie mit ihrem Körper. Mit dem Schnabel wendet sie die Eier, damit sie gleichmäßig durchwärmt werden. Dabei halten die **Eischnüre** den Dotter so, dass die Keimscheibe immer oben, also in der Nähe der Wärmequelle, bleibt. Aus der Keimscheibe entwickelt sich in etwa drei Wochen das Junge. In dieser Zeit liefern **Dotter** und **Eiklar** alle Nährstoffe, die es zum Wachstum braucht.

Das Küken schlüpft

Am 21. Bruttag drückt das Küken von innen die Kalkschale mit dem **Eizahn**, einem Höcker auf dem Schnabel, auf und schlüpft aus dem Ei.

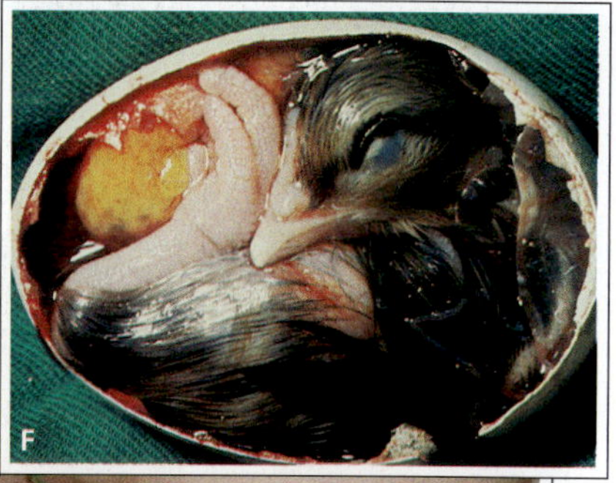

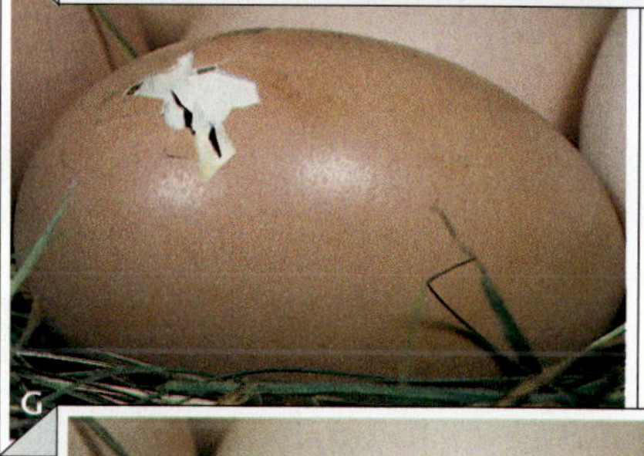

F *Embryo am 19. Bebrütungstag;*
G *Aufbrechen der Kalkschale;*
H *und* **I** *Küken schlüpft;*
J *der Federflaum trocknet*

Vögel – Wirbeltiere in Leichtbauweise

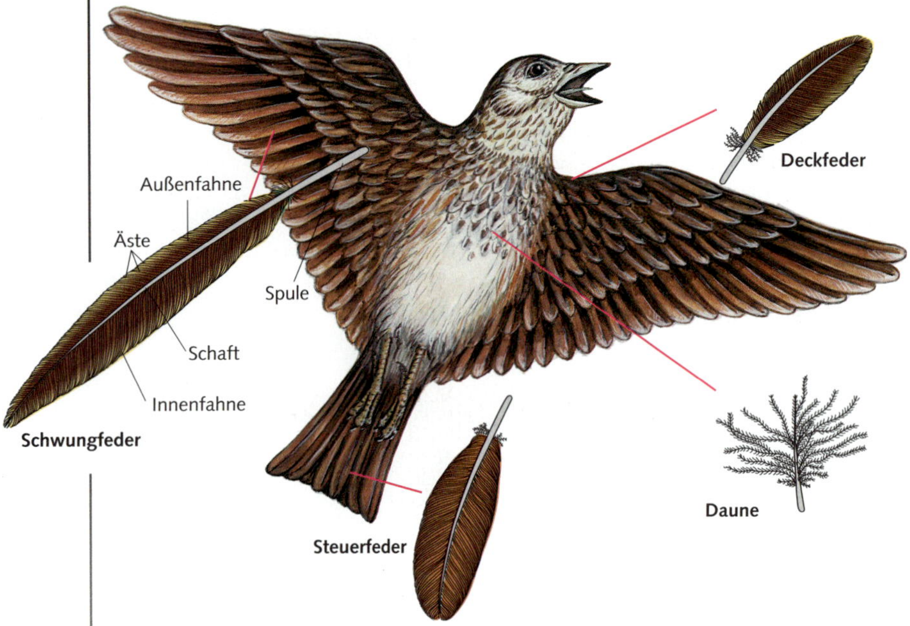

Federkleid

Der Vogelkörper ist ideal an das Leben in der Luft angepasst. Er ist **stromlinienförmig** gebaut und fast ganz von einem **Federkleid** bedeckt, nur Schnabel und Füße sind ohne Gefieder. Durch die dachziegelartige Anordnung der Federn werden Unebenheiten ausgeglichen. So kann die Luft ohne großen Widerstand vorbeiströmen. Unter den **Deckfedern** bilden die **Daunenfedern** eine wärmende Schutzschicht. Sie schließen viel Luft ein und bewahren den Vogel vor Wärmeverlust. Die Schwanzfedern dienen der Steuerung im Flug. Man bezeichnet sie daher auch als **Steuerfedern.** Die Flügel besitzen große, zum Fliegen notwendige **Schwungfedern.** An ihnen kann man besonders gut den Aufbau einer Feder erkennen. Von einem hohlen Schaft zweigen nach beiden Seiten viele Federäste ab. Sie bilden die Fahnen. Von jedem Federast zweigen wiederum Strahlen ab. Sie sind, wie bei einem Klettverschluss, miteinander verzahnt.

1. In der Abbildung sind die unterschiedlichen Federn eines Vogels dargestellt. Welche Aufgaben haben sie?

2. Beschafft euch möglichst viele unterschiedliche Vogelfedern. Benutzt dabei Schutzhandschuhe. Betrachtet sie genau und sortiert sie nach gemeinsamen Merkmalen. Begründet eure Zuordnung.

3. Untersucht das Skelett eines Brathähnchens.
a) Vergleicht die Knochen mit der Abbildung des Vogelskelettes.
b) Versucht einen Oberarmknochen des Hähnchens zu zerbrechen. Benutzt dabei Arbeitshandschuhe und Schutzbrille.
c) Durchtrennt verschiedene Knochen des Flügel- und Beinskelettes mit einer Laubsäge. Beschreibt und zeichnet den Knochenaufbau.
d) Vergleicht den durchtrennten Knochen des Hähnchens mit nebenstehender Abbildung von Säugetierknochen, die quer aufgeschnitten sind.
e) Welchen Vorteil bringt der Knochenbau der Vögel?

4. Beschreibe die Anpassung der Vögel an das Leben in der Luft. Berücksichtige dabei den Körperbau, die Ernährungsweise und die Fortpflanzung.

Skelett

Eine weitere Anpassung an den Lebensraum Luft ist das geringe Körpergewicht. Vögel haben ein Knochenskelett wie alle anderen Wirbeltiere. Trotzdem ist ein Vogel wesentlich leichter als ein Säugetier gleicher Größe. In den großen Röhrenknochen befindet sich Luft. Dadurch sind sie erheblich leichter als die mit Mark gefüllten Säugetierknochen. Ein Netzwerk aus knöchernen Verstrebungen verleiht ihnen Stabilität.
Die Wirbelsäule ist starr, da alle Wirbel von der Brust bis zum Schwanz miteinander verwachsen sind. Dadurch können Vögel während des Fluges die richtige Körperhaltung bewahren.

Auch die Rippen und das Brustbein sind fest miteinander verbunden. An dem kielförmig gebauten Brustbein sitzen die starken Brustmuskeln, mit denen die Flügel bewegt werden.

Luftsäcke
Eine besondere Einrichtung bei Vögeln sind die **Luftsäcke.** Sie zweigen von der Lunge ab und liegen zwischen den Muskeln und Organen des Rumpfes. Einige reichen bis in die Knochen. In den Luftsäcken kann der Vogel zusätzlich Luft aufnehmen. Dies macht ihn in Bezug auf sein Körpervolumen leichter als ein Säugetier.

Ernährungsweise
Auch die Ernährungsweise der Vögel ist dem Fliegen angepasst. Vögel fressen häufig. Dabei nehmen sie aber immer nur kleine Mengen an Nahrung zu sich. Die Nahrung wird rasch verdaut. Unverdauliche Reste werden schnell ausgeschieden. So wird der Körper nicht durch zusätzliches Gewicht belastet.

Fortpflanzung
Sogar die Art der Fortpflanzung dient der Gewichtsverminderung. Vögel pflanzen sich mithilfe von Eiern fort. Diese reifen nicht gleichzeitig, sondern nacheinander. Sie werden mit zeitlichem Abstand gelegt. So spart der Vogel Gewicht.

Außerdem entwickeln sich die Jungen außerhalb des Vogelkörpers. Auch das bringt im Vergleich zu den Säugetieren eine Gewichtseinsparung.

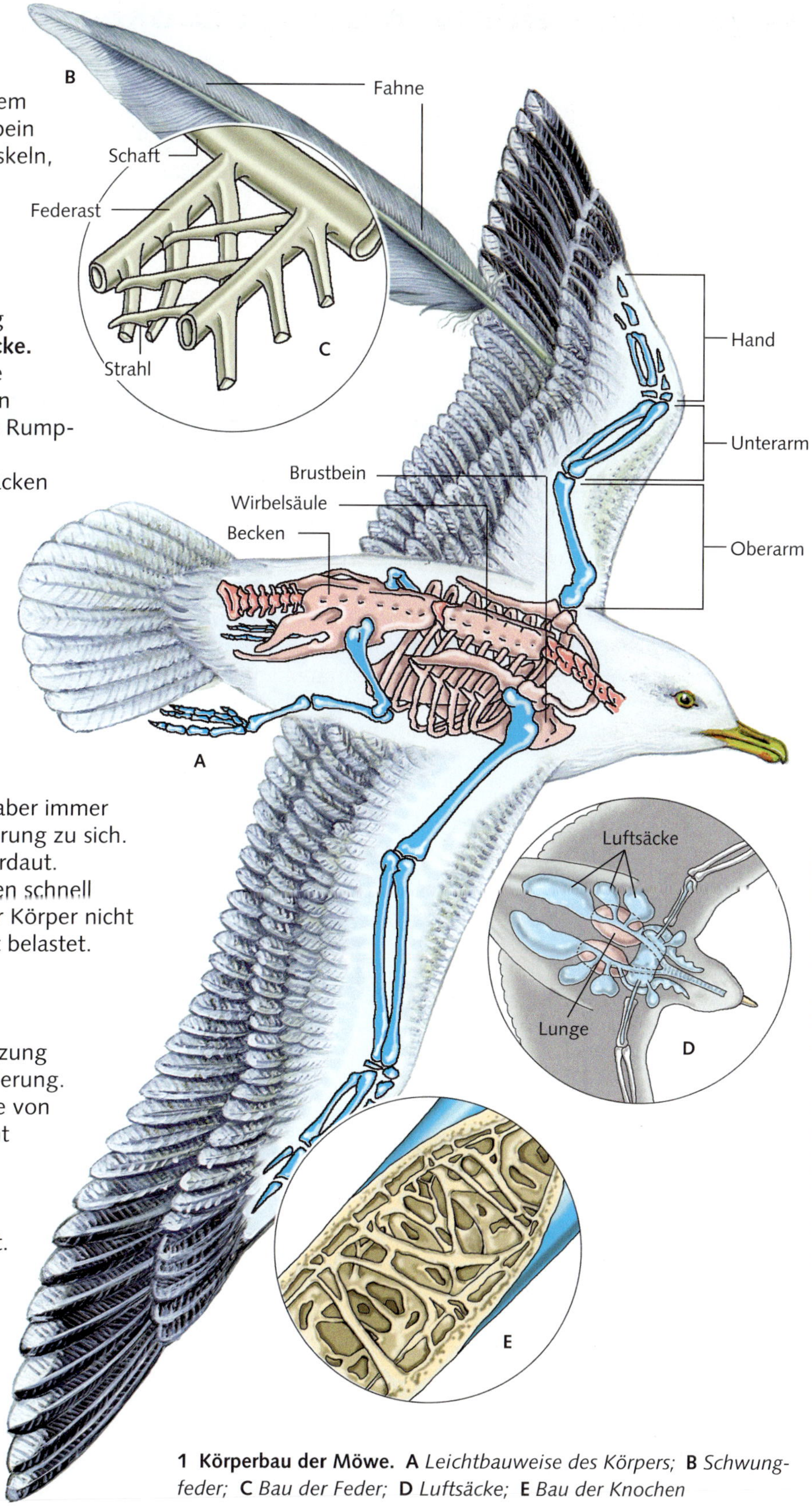

1 Körperbau der Möwe. **A** *Leichtbauweise des Körpers;* **B** *Schwungfeder;* **C** *Bau der Feder;* **D** *Luftsäcke;* **E** *Bau der Knochen*

Kriechtiere – einmal mit, einmal ohne Beine

1. Beschreibe anhand der Abbildung, wie sich Eidechsen fortbewegen.

2. Die nebenstehenden Abbildungen A, B und C zeigen Stationen aus der Entwicklung von Zauneidechsen. Beschreibe die Abbildungen.

3. Informiere dich in Tierbüchern, Lexika und im Internet.
a) Erstelle einen Steckbrief von der Zauneidechse, in dem besonders die Merkmale der Angepasstheit an den Lebensraum enthalten sind.
b) In warmen Ländern gibt es mehr und größere Kriechtierarten als bei uns. Nenne Gründe für diese Erscheinung und nenne Beispiele dafür.

4. Vergleiche die Entwicklung der Eidechsen mit der Entwicklung von Lurchen und der Entwicklung von Vögeln. Lege eine Tabelle für jede Tiergruppe an und notiere Unterschiede und Gemeinsamkeiten.

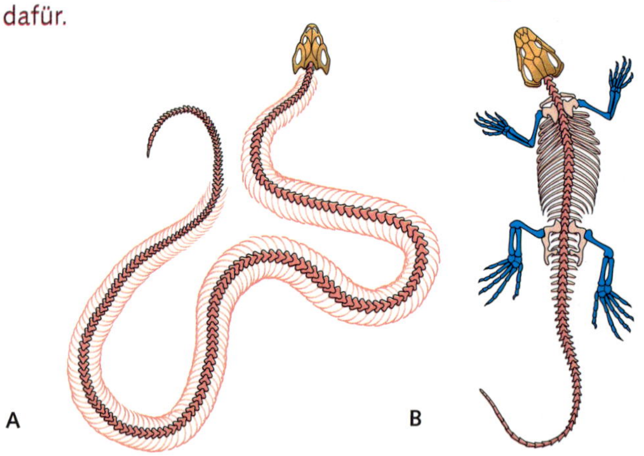

5. Vergleiche das Skelett einer Schlange (A) mit dem Skelett einer Eidechse (B). Welche Gemeinsamkeiten, welche Unterschiede kannst du feststellen? Fertige eine Tabelle an.

6. Eidechsen und Schlangen sind ▸Wirbeltiere. Erkläre diese Aussage anhand der Abbildungen A und B.

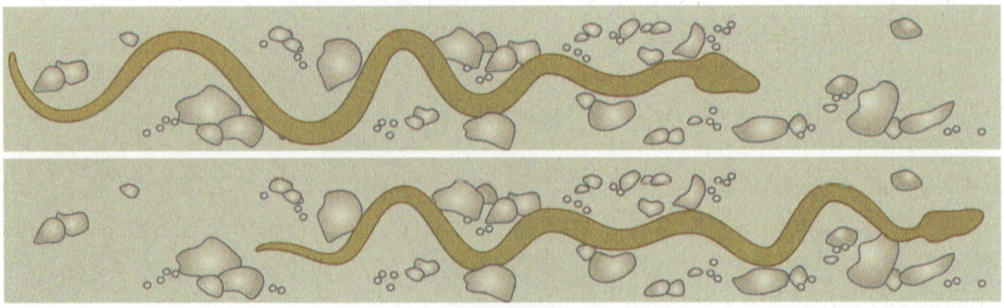

7. Beschreibe anhand des Informationstextes und der Abbildungen oben, wie sich die Ringelnatter fortbewegt.

Lebensräume und Lebensbedingungen → S. 122/123

1 Zauneidechsen: Männchen oben, Weibchen unten

Was sind Eidechsen?

An warmen und trockenen Sommertagen kann man manchmal Zauneidechsen beobachten, wie sie sich schnell fortbewegen. Die kurzen Beine stehen seitlich am Körper, der Bauch berührt fast den Boden. Mit schlängelnden Körperbewegungen kriechen die Eidechsen flink auf dem Boden und auch an Mauern und Bäumen. Eidechsen werden der Klasse der Kriechtiere zugeordnet. In unserer Heimat leben hauptsächlich die Zauneidechse und die Waldeidechse.

Eidechsen sind wechselwarme Tiere

Eidechsen haben eine Haut aus festen Hornschuppen. Sie schützt vor Austrocknung und Verletzungen. Weil dieser Schuppenpanzer nicht mitwächst, müssen sich Eidechsen von Zeit zu Zeit häuten. Unter der abgestreiften Haut hat sich bereits die neue Haut gebildet. Bei warmem sonnigem Wetter können sich Eidechsen schnell und ausdauernd bewegen. Bei niedrigen Temperaturen ist auch ihr Körper kalt und sie liegen starr in ihrem Versteck. Die Körpertemperatur der Eidechsen ist von der Umgebungstemperatur abhängig, sie sind somit **wechselwarm**. Den Winter überstehen sie in ▸ Winterstarre in einem Versteck.

Wovon ernähren sich Eidechsen?

Eidechsen können gut sehen und hören. Besonders gut entwickelt ist ihr Geruchssinn. Mit ihrer Zunge, die sie in kurzer Abfolge hervorstrecken, können sie Beutetiere riechen. Haben sie durch das „Züngeln" eine Beute wahrgenommen, stoßen die Eidechsen blitzschnell zu und verschlingen sie unzerkaut. Zauneidechsen fressen Fliegen, Heuschrecken, Würmer und Spinnen.

Fortpflanzung

Zauneidechsen leben als Einzelgänger. Nur zur Fortpflanzungszeit sind Weibchen und Männchen für kurze Zeit zusammen. Etwa vier Wochen nach der Paarung legt das Weibchen an einer warmen Stelle im Boden fünf bis 15 Eier ab. Anschließend verscharrt es das Gelege. Die Eier werden durch die Wärme des Bodens ausgebrütet. Sie sind von einer weichen, schützenden Haut umgeben. Die Entwicklung dauert etwa acht Wochen. Nach dem Schlüpfen sind die jungen Zauneidechsen sofort selbstständig und können alleine nach Nahrung suchen.

2 Haut der Zauneidechse. A *Häutung;* **B** *abgestreifte Haut*

Auch Schlangen sind Kriechtiere

Ebenso wie die Eidechsen gehören auch Schlangen zu den ▸ Kriechtieren. Bei uns leben Ringelnatter, Schlingnatter und Kreuzotter. Sie sind selten geworden und stehen unter Naturschutz. Wird eine Schlange beim Sonnenbaden überrascht, schlängelt sie sich lautlos davon. Wie kann sie sich ohne Beine so wendig fortbewegen?

Schlangen laufen auf den Rippen

Schlangen haben eine Wirbelsäule mit vielen beweglichen Wirbeln und Rippenpaaren. Seitlich am Körper verlaufen starke Muskeln. Sie bewegen beim „Schlängeln" die Rippen nacheinander nach vorne. Dabei werden die Schuppen auf der Bauchseite aufgerichtet, in den unebenen Boden gestemmt und verankert. Werden die Schuppen anschließend wieder angelegt, schiebt sich der Schlangenkörper nach vorn. Schlangen brauchen also eine raue Oberfläche zur Fortbewegung. Auf Glas würden sie hin und her rutschen, ohne vorwärts zu kommen.

A

Ringelnattern verschlingen Frösche

Ringelnattern erkennt man an den hellen Flecken hinter dem Kopf. Sie können nicht nur auf dem Boden kriechen, sondern auch in Sträuchern und Bäumen klettern und ausgezeichnet mit seitlichen Schlängelbewegungen schwimmen und tauchen. Ringelnattern leben meist in feuchten Gebieten. Sie ernähren sich hauptsächlich von Fröschen, Molchen und kleineren Fischen. Hat eine Ringelnatter beispielsweise einen Frosch wahrgenommen, nähert sie sich lautlos und stößt dann plötzlich mit dem Kopf zu. Die nach hinten gerichteten Zähne packen den Frosch fest. Die Beute wird unzerkaut verschlungen.

Kreuzottern sind Giftschlangen

Eine Kreuzotter erkennt man an dem dunklen Zickzackband auf dem Rücken. Sie ist eine Giftschlange. Meist lauert die Kreuzotter unbeweglich auf Beute, zum Beispiel eine Maus. Kommt ein Beutetier in ihre Reichweite, beißt die Kreuzotter mit ihren **Giftzähnen** blitzschnell zu. Bevor sie zubeißt, richten sich in ihrem Oberkiefer zwei Giftzähne auf, die sonst in einer Hautfalte verborgen sind. Beim Schlangenbiss wird Gift durch eine kleine Öffnung in den Zähnen in die Beute gespritzt. Das Gift ist für die Maus tödlich.
Die Kreuzotter verschlingt auch Beutetiere, die größer als ihr Kopf sind. Dazu kann sie Ober- und Unterkiefer „aushängen". Das ist nur möglich, weil die beiden Hälften ihres Unterkiefers vorn nur durch ein elastisches Band miteinander verbunden sind. Sie können deshalb seitlich auseinanderweichen und unabhängig voneinander bewegt werden. Auf diese Weise kann sich das Maul so vergrößern, dass das Beutetier durchpasst. Durch schiebende Bewegungen wird das Beutetier nach und nach verschlungen.

Die Kreuzotter gehört zu den **lebend gebärenden** Kriechtieren. Die Jungen besitzen schon bei der Geburt voll entwickelte Giftdrüsen und Giftzähne.

B

C

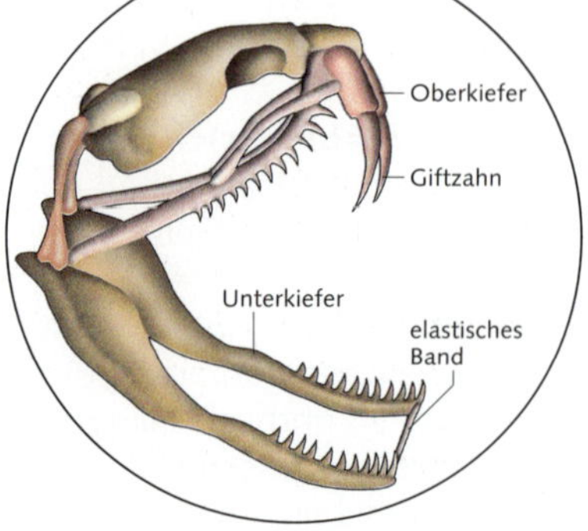

3 Kreuzotter. A *Schlängelbewegung;* **B** *Kopf mit Giftzähnen;* **C** *Kopfskelett*

Einheimische Kriechtiere

Name: Europäische Sumpfschildkröte
Vorkommen: in stehenden oder langsam fließenden Gewässern; Ostdeutschland (selten)
Aussehen: 25 cm lang; dunkler Panzer mit gelben Tupfen; Kopf und Beine können unter den Panzer zurück gezogen werden
Nahrung: Kleintiere

Name: Blindschleiche

Name: Mauereidechse
Vorkommen: in trockenen, felsigen Gebieten des Rheintals und seinen Nebentälern
Aussehen: bis 20 cm lang; Schuppenkleid überwiegend bräunlich
Nahrung: Kleintiere

Name: Smaragdeidechse
Vorkommen: sonnige Lebensräume mit vielen Steinen; vorwiegend Süddeutschland (selten)
Aussehen: größte einheimische Eidechse; bis 40 cm lang; Schuppenkleid überwiegend grünlich mit schwarzen Punkten
Nahrung: Kleintiere

Name: Schlingnatter (Glattnatter)
Vorkommen: Wälder, Gebüsche; stellenweise häufigste einheimische Schlange
Aussehen: bis 75 cm lang; Schuppenkleid braun oder grau mit mehreren Reihen dunkelbrauner Flecken
Nahrung: vorwiegend Eidechsen; ungiftig

1. Worin unterscheiden sich Schildkröten von anderen Kriechtieren?

2. Informiere dich über die Blindschleiche und ergänze zu der Abbildung einen ▸ Steckbrief.

3. Erstelle einen ▸ Steckbrief von der ▸ Kreuzotter und von der ▸ Ringelnatter. Vergleiche die Tiere und stelle die Unterschiede und die Gemeinsamkeiten in einer Tabelle dar.

Lurche lieben es feucht

1. Beschreibe anhand der Abbildungen die Fortbewegung der Frösche im Wasser und auf dem Land.

2. Welche Übungen im Sport erinnern an die Fortbewegungen von Fröschen?

3. Beschreibe anhand der Abbildung auf der nebenstehenden Seite, auf welche Weise der Frosch Beute fängt.

4. Eine Fliege sitzt still auf einem Seerosenblatt in Reichweite eines Frosches. Sie wird trotzdem nicht gefressen. Erläutere.

5. Vergleiche das Skelett des Frosches mit dem Skelett von ▸ Eidechsen, ▸ Vögeln und ▸ Fischen. Wie ist das Skelett an die Lebensweise angepasst?

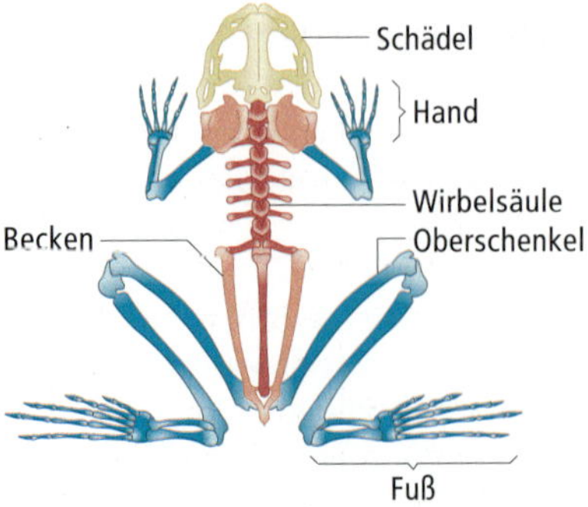

1 Skelett des Frosches

Leben zwischen Wasser und Land

An warmen Frühsommerabenden kann man häufig in der Nähe von Teichen und Tümpeln das laute Quaken von **Wasserfröschen** hören. Schallblasen seitlich am Kopf verstärken die Geräusche. Männchen des Wasserfrosches versuchen mit ihrem „Froschkonzert" die Weibchen zur Paarung ins Wasser zu locken. Nähert man sich einem Frosch, springt er ins Wasser und taucht unter.

Da Frösche sowohl im Wasser als auch auf dem Land leben, zählt man sie zu den **Lurchen** oder **Amphibien.** In der griechischen Sprache bedeutet dieses Wort „in beidem lebend". Zu dieser Tiergruppe gehören auch Kröten, Unken, Salamander und Molche.

2 Beutefang beim Wasserfrosch

Schutz vor Feinden

Wasserfrösche sind hervorragend an ihre Umgebung angepasst. Wenn sie unbeweglich am Ufer eines Tümpels auf dem Blatt einer Seerose sitzen und auf Beute lauern, erkennt man sie kaum. Ihre Körperoberseite mit der grün-schwarzen Zeichnung verschwimmt fast mit dem Untergrund. Wegen dieser **Tarnfärbung** werden Frösche häufig von ihren Feinden übersehen. Gleichzeitig nimmt der Frosch jede Annäherung eines Feindes wahr. Frösche können gut hören und spüren Erschütterungen des Bodens. Die großen Augen sitzen oben auf dem Kopf und ermöglichen einen guten Rundumblick nach vorn und hinten.

Fortbewegung an Land und im Wasser

An Land bewegen sich Frösche meist hüpfend oder springend vorwärts. Bei Sprüngen drücken sie die langen Hinterbeine kräftig gegen den Boden ab und strecken den Körper. So können sie bis zu einem Meter weit springen. Bei der Landung federn die vorgestreckten kurzen Vorderbeine den Sprung ab. Im Wasser können sich Frösche schnell und geschickt fortbewegen. Beim Schwimmen ziehen sie beide Hinterbeine gleichzeitig an und stoßen sie dann kräftig nach hinten. Zwischen den fünf Zehen spannen sich dabei die **Schwimmhäute**. Die kurzen Vorderbeine sind eng an den Körper angelegt. Der Froschkörper nimmt so eine stromlinienförmige Gestalt an.

Frösche „schießen" ihre Beute ab

Frösche jagen alles, was sich bewegt und die passende Größe hat. Insekten und Würmer sind ihre Hauptnahrung. Hat ein hungriger Frosch zum Beispiel eine Fliege erblickt, verfolgt er zunächst die Beute mit den Augen. Befindet sie sich im richtigen Abstand, dreht er sich in Richtung des Ziels. Dann schleudert er blitzschnell die vorne im Maul angewachsene Zunge heraus. Die Fliege wird „abgeschossen" und bleibt an der klebrigen **Klappzunge** haften. Anschließend wird die Zunge zurückgezogen und die Beute unzerkaut verschluckt. Frösche haben keine Zähne.

Wie Frösche atmen

Frösche können lange Zeit tauchen. Im Wasser gelangt der Sauerstoff direkt durch die dünne Haut in die Blutgefäße. Eine solche Atmung bezeichnet man als **Hautatmung**. An Land atmen die Frösche zusätzlich mit der Lunge. Durch ständiges Heben und Senken der Kehlhaut saugen sie Luft durch die Nasenlöcher in den Mundraum, anschließend wird die Luft in die Lungen heruntergeschluckt. Frösche sind also auch **Lungenatmer**. Sie können somit sowohl im Wasser als auch auf dem Land leben. Frösche halten sich wie die anderen Lurche außerhalb des Wassers meist dort auf, wo es feucht ist. Der Schleim aus Schleimdrüsen in der Haut hält die Hautoberfläche feucht und verhindert, dass der Körper austrocknet. Daher werden Lurche auch als **Feuchtlufttiere** bezeichnet. Ihre Körpertemperatur passt sich der Umgebungstemperatur an. Lurche sind ▸ wechselwarme Tiere.
Den Winter verbringen Lurche eingegraben im Boden oder im Uferschlamm in einer ▸ Winterstarre. Die Sauerstoffversorgung erfolgt dann ausschließlich über die Haut.

Vom Ei zum Frosch

Wasserfrösche locken ihre Weibchen durch Froschkonzerte an. Grasfrösche dagegen lassen nur ein leises Knurren hören, wenn sie im März für einige Tage in ihren Laichgewässern um Weibchen werben. Wird ein Weibchen angelockt, so springt das Männchen auf dessen Rücken und umklammert es mit beiden Vorderbeinen. Kurz darauf beginnt das Weibchen mit der Eiablage. Während es bis zu 4000 Eier ins Wasser ablegt, stößt das Männchen eine milchige Spermienflüssigkeit aus, die die Eier befruchtet. Alle Eier kleben in einem Laichklumpen zusammen. Jedes Ei ist von einer Gallerthülle umgeben, in der sich die befruchtete Eizelle teilt und der Embryo entwickelt.

Kaulquappen verändern sich ständig

Nach ein bis zwei Wochen schlüpft eine etwa sechs Millimeter lange Larve, die **Kaulquappe**. Zunächst bleibt sie an der Eihülle hängen, von der sie sich jetzt ernährt. Mit zunehmender Größe wächst auch ihr Ruderschwanz, mit dem sie sich fortbewegt. Sie atmet mithilfe büschelartiger Außenkiemen am Kopf.
Nach etwa drei Wochen verschwinden die Außenkiemen. Sie werden von einer Hautfalte überwachsen. So entstehen Innenkiemen wie bei Fischen. Mit ihren Hornzähnchen raspelt die Kaulquappe den grünen Belag von Pflanzen und Steinen ab. Nach gut fünf Wochen ist sie etwa vier Zentimeter lang. Die Hinterbeine beginnen zu wachsen. Danach entwickeln sich die Vorderbeine. Die Kiemen bilden sich zurück, und die Lungen beginnen zu arbeiten.

Ein Frosch hat sich entwickelt

Nach etwa 12 Wochen hat sich aus der Kaulquappe ein zwei Zentimeter großer Frosch entwickelt. Diesen Gestaltwandel bezeichnet man als **Metamorphose**. Der junge Frosch ernährt sich jetzt von Insekten, Würmern und Schnecken. Nach drei Jahren können sich Grasfrösche fortpflanzen.

1 Paarung und Entwicklung des Grasfrosches

Einheimische Lurche

Grasfrosch

Aussehen: glatte Haut, heller Bauch; Schwimmhäute nicht ganz bis zu den Zehenspitzen; Länge ca. 10 cm
Lebensraum: Feuchtwiesen, Wälder, Parkanlagen
Lebensweise: Überwinterung im Wasser oder an Land; relativ häufig

Laubfrosch

Aussehen: glatte Haut, heller Bauch, Rücken laub-grün bis grau-braun, dunkler Seitenstreifen; Zehenspitzen mit Haftscheiben; Länge bis zu 5 cm
Lebensraum: Feuchtwiesen, Waldränder, Parkanlagen
Lebensweise: tag- und dämmerungsaktiv; sonnt sich gerne; bei Regen unter Blättern; guter Kletterer, nur zur Paarungszeit im Wasser; Überwinterung unter Steinen

Erdkröte

Aussehen: trockene, warzige Haut; Rücken bräunlich gefleckt, Bauch schmutzig-weiß; Länge bis 13 cm
Lebensraum: Wälder, Gärten, Wiesen
Lebensweise: Überwinterung an Land; im Frühjahr oft lange Laichwanderungen; nachtaktiv

1. Gib an, wodurch sich Schwanzlurche und Froschlurche unterscheiden.

2. Außerhalb von Europa gibt es Lurche wie den Ochsenfrosch, den Goliathfrosch oder den Tigersalamander. Sie sind sehr groß. Es gibt aber auch Lurche wie den Erdbeerfrosch, der sehr klein ist. Erstelle von solchen Lurcharten mit außergewöhnlichen Körpergrößen jeweils einen ► Steckbrief und gestalte dazu ein ► Plakat.

3. Manche Lurche wie der Feuersalamander und die Baumsteigerfrösche (Pfeilgiftfrösche) scheiden Gifte über Hautdrüsen aus. Sammle im ► Internet Informationen über diese Tatsache. Halte zu diesem Thema einen kurzen ► Vortrag.

Feuersalamander

Aussehen: Haut schwarz mit gelben Flecken; Länge bis 25 cm
Lebensraum: hügeliges Gelände mit Laubwald und Gestrüpp in Gewässernähe
Lebensweise: bei Regenwetter aktiv; hält Winterschlaf in demselben Versteck; lebt gesellig
Larvenentwicklung: Befruchtete Eier entwickeln sich im Körper der Weibchen, Larven mit Außenkiemen werden ins Wasser ablegt; bei der Metamorphose der Larven bleibt der Schwanz erhalten.

Teichmolch

Aussehen: Schwanz seitlich abgeplattet; Kopf gelblich-weiße Seitenstreifen; Länge ca. 11 cm
Lebensraum: während der Laichzeit im Wasser, sonst in gewässernahen Gärten oder Wäldern
Lebensweise: Überwinterung an Land und im Wasser; nachtaktiv

Fische – angepasst an das Leben im Wasser

1. Wie heißen die Körperteile des Karpfens? Finde die entsprechenden Bezeichnungen.

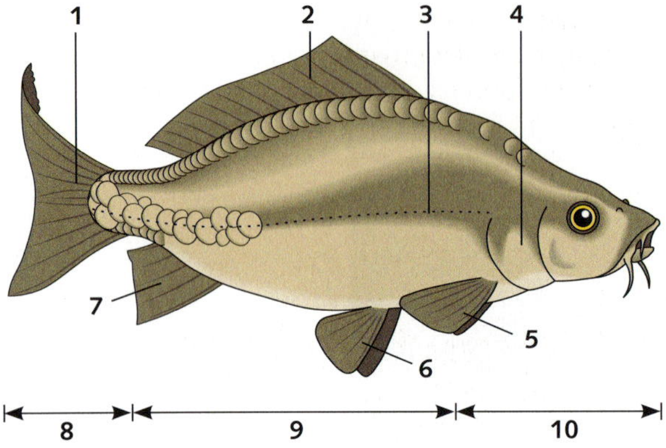

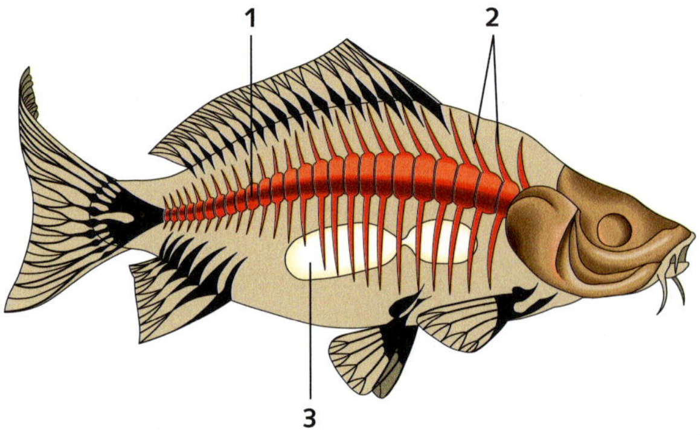

2. Beobachte die Art der Fortbewegung bei Fischen im Aquarium oder in einem Teich. Fertige ein Beobachtungsprotokoll an.

3. Informiert euch über unterschiedliche Körperformen von Fischen. Stellt Beispiele auf einem ▸ Plakat dar.

4. Nenne zwei Besonderheiten der Haut, die den Körper des Fisches schützen.

5. Baut zwei Modelle der „Fischhaut" mit verschiedenen Schuppenanordnungen. Orientiert euch beim Bau an den nebenstehenden Abbildungen.

a) Schneidet aus dickerer Pappe Schuppen aus (etwa dreimal so groß wie ein Fingernagel). Klebt sie mit Fotokleber in unterschiedlicher Anordnung auf groben Stoff.

b) Überprüft, wie sich die unterschiedliche Anordnung der Schuppen auf die Eigenschaften der „Fischhaut" auswirkt.

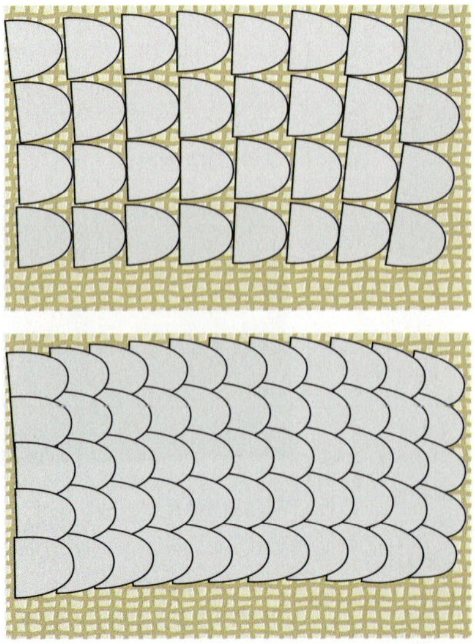

6. Wie gelingt es den Fischen, sich in unterschiedlichen Tiefen des Gewässers aufzuhalten? Führt dazu den folgenden Versuch durch.

a) Baut mithilfe der Abbildung ein Schwimmblasenmodell.

b) Blast den Ballon unterschiedlich stark auf. Beschreibt eure Beobachtungen.

c) Erläutert anschließend anhand des Ergebnisses, wie die Schwimmblase eines Fisches funktioniert.

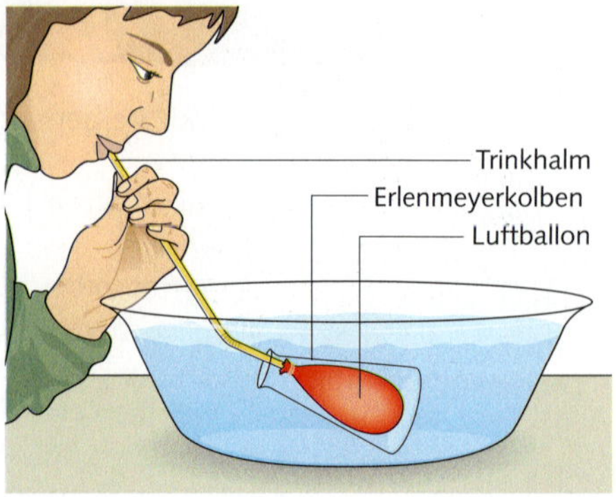

Körperform

Bei Goldfischen, die zu den karpfenartigen Fischen gehören, kann man leicht beobachten, wie sie mühelos durchs Wasser gleiten, bewegungslos verharren und dann wieder mit wenigen Schwanzschlägen davonschwimmen. Ihr Körper ist lang gestreckt, und der Kopf geht ohne Hals in den Körper über. Er verschmälert sich zum Kopf- und zum Schwanzende. Durch diese **Stromlinienform** können sich die Fische besonders leicht im Wasser fortbewegen.
Aber nicht alle Fischarten sind so gebaut. In den Meeren leben auch Arten mit abweichenden Körperformen, beispielsweise Plattfische wie Schollen.

1 Goldfisch

Haut und Seitenlinienorgan

Die Haut von Fischen ist von einer glitschigen Schleimschicht bedeckt. Diese fördert das mühelose Gleiten durchs Wasser. In der Haut liegen dünne, dachziegelartig übereinander liegende Knochenplättchen, die **Schuppen.** Sie schützen den Körper vor Verletzungen.
An den Seiten sieht man in einer Linie angeordnete Poren. Sie führen zu Sinneszellen des **Seitenlinienorgans.** Mit ihnen können Fische kleinste Änderungen der Wasserströmung wahrnehmen und so bei Dunkelheit Hindernissen ausweichen.

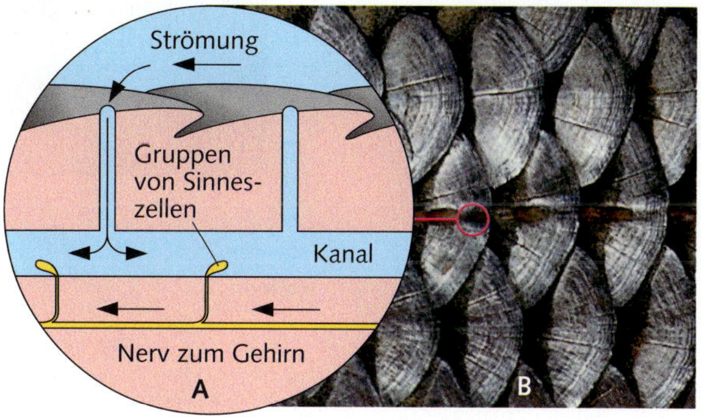

3 Seitenlinienorgan. A *Haut im Querschnitt (Schema);* **B** *Schuppen (Foto)*

Flossen

Mit den Flossen bewegen sich die Fische fort und steuern auch ihre Körperlage. Die Fortbewegung ermöglichen Muskeln, die sich abwechselnd zusammenziehen und wieder erschlaffen. Dadurch verursachen sie ein starkes Hin- und Herschlagen des Schwanzes mit der Schwanzflosse. Diese drückt gegen das Wasser und der Fisch wird dabei schlängelnd vorwärts getrieben. Brust- und Bauchflossen dienen vor allem der Steuerung. Rücken- und Afterflossen verhindern wie der Kiel eines Schiffes das seitliche „Umkippen".

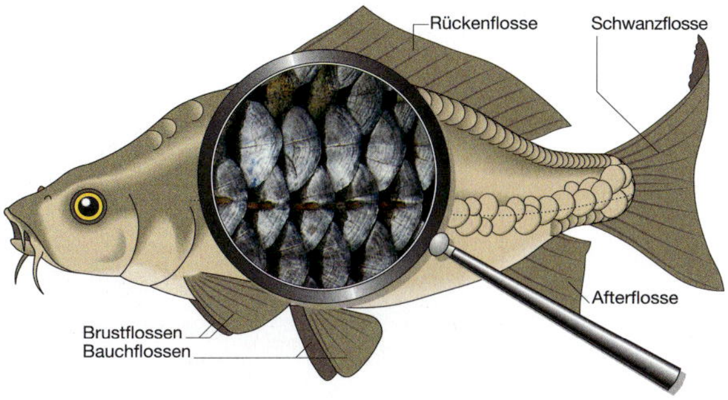

2 Karpfen *(äußerer Bau)*

Schwimmblase

Ein Fisch kann bewegungslos im Wasser schweben. Dies wird durch die Schwimmblase, einen gasgefüllten Hautsack, erreicht. Schwimmt der Fisch in tieferes Wasser, wird die Schwimmblase durch den zunehmenden Schweredruck des Wassers zusammengedrückt. Dabei wird Gas an feine Blutgefäße in der Wand der Schwimmblase abgegeben. Beim Aufsteigen gelangt Gas aus den Blutgefäßen in die Schwimmblase. Sie wird vergrößert. So erhält der Fisch Auftrieb und kann nach oben schwimmen.

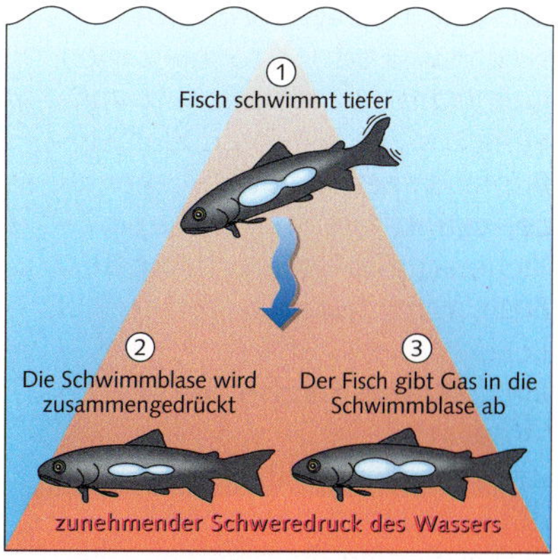

4 Auftrieb im Wasser

Fische atmen unter Wasser

1. Untersuche die Kiemen eines Fisches mit einer Lupe. Beschreibe ihren Aufbau.

2. Halte einen kurzen ▸ Vortrag über die Atmungsvorgänge eines Fisches.
a) Erläutere dabei seine Atembewegungen und beschreibe den Weg des Atemwassers. (A: Einatmung, B: Ausatmung)
b) Wodurch werden die empfindlichen Kiemen geschützt?

3. Wasserpflanzen in Aquarien dienen nicht nur zur Dekoration. Erläutere ihre Aufgabe (▸ Fotosynthese).

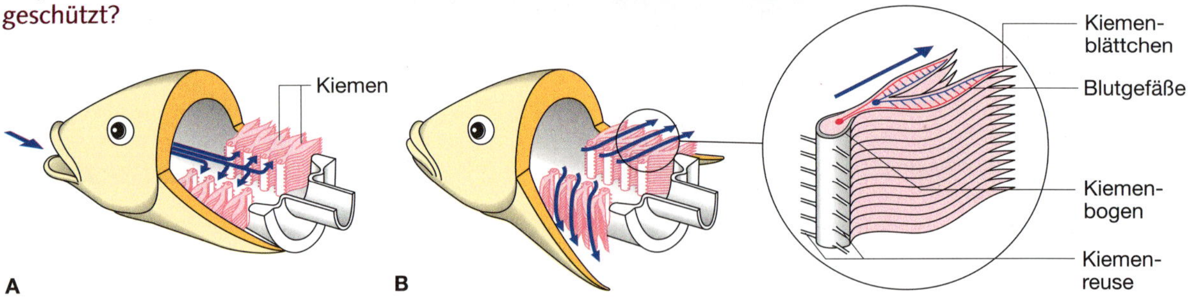

Atmungsorgane der Fische

Die Atmungsorgane der Fische sind die **Kiemen.** Sie liegen an den Kopfseiten und sind nach außen durch die Kiemendeckel geschützt.
Die Kiemen bestehen aus vier knöchernen Kiemenbögen. An jedem Kiemenbogen sitzen feste Kiemenreusen. Sie halten Schweb- und Schmutzteilchen zurück und dienen für die zarten Kiemenblättchen als Schutz vor Verletzungen.Die roten Kiemenblättchen befinden sich gegenüber den Kiemenreusen. Sie sind fächerartig aufgeteilt. In ihnen fließt durch feine Blutgefäße Blut.

Wie atmen Fische unter Wasser?

Beim Atmen öffnet und schließt der Fisch ständig sein Maul. Dabei werden die Kiemendeckel angelegt und abgespreizt.
Öffnet der Fisch sein Maul, strömt Wasser durch die Mundhöhle zu den Kiemenblättchen. Dort wird Sauerstoff, der im Wasser gelöst ist, vom Blut aufgenommen. Im Blut gelöstes Kohlenstoffdioxid wird an das Wasser abgegeben. Diesen Vorgang bezeichnet man als ▸ **Gasaustausch.**
Schließt der Fisch sein Maul, wird das Wasser an den Kiemenbögen vorbei nach außen gedrückt.
Bei der Kiemenatmung muss also ständig frisches Wasser an den Kiemen vorbeiströmen.

Die Kiemen müssen feucht sein

Die meisten Fischarten sind bei der Atmung darauf angewiesen, dass die Kiemen feucht und damit funktionsfähig sind. An Land verkleben sie und der Fisch erstickt.

Atmen auch an Land?

Einige Fischarten bilden Ausnahmen. Aale zum Beispiel können sich über kurze Strecken auf feuchten Wiesen fortbewegen. Warum ersticken sie nicht?
Bei diesen Fischen öffnet sich der Kiemendeckel nur wenig. So bleiben die Kiemen auch auf dem Trockenen längere Zeit feucht. Zusätzlich können Aale Sauerstoff über die Haut aufnehmen, sodass sie einige Zeit an Land überleben können.

1 Aal

Wie Fische sich fortpflanzen

1. Beschreibe die einzelnen Stadien der Entwicklung eines Fisches am Beispiel der Bachforelle. Fertige zu jeder Entwicklungsstufe eine Skizze an.

2. Nicht alle Fische pflanzen sich so fort wie die Bachforelle. Sucht Beispiele für andere Arten der Fortpflanzung und Entwicklung bei Fischen und stellt sie auf Plakaten dar (zum Beispiel Hai, Seepferdchen).

3. Welche Vorteile bringt es für den Hai, lebende Junge zur Welt zu bringen?

Bachforellen zur Laichzeit

Bachforellen leben als Einzelgänger in klaren, sauerstoffreichen Gewässern. Nur von Oktober bis Januar finden sich Männchen und Weibchen zur Fortpflanzung zusammen. Mit kräftigen Schlägen der Schwanzflosse baut das Weibchen eine Mulde im Bachbett. In diese Bodenvertiefung legt es etwa 2000 gelbliche Eier, den **Laich.** Unmittelbar danach gibt das Männchen darüber die Spermienflüssigkeit ab. Die Spermien schwimmen zu den Eizellen, die sich in den Eiern befinden, und befruchten sie. Nach der Befruchtung kümmert sich das Forellenpaar nicht mehr um die Eier.

Vom Ei zum Jungfisch

In jedem befruchteten Ei entwickelt sich ein **Embryo**. Nach etwa zwei Monaten schlüpfen aus den Eiern **Forellenlarven.** Diese besitzen noch nicht die vollständige Gestalt eines Fisches. In einem Dottersack am Bauch der Larven ist ein Nahrungsvorrat für die ersten Tage enthalten. Innerhalb von sechs Wochen sind die unvollkommenen Larven zu voll ausgebildeten **Jungforellen** herangewachsen. Wenn der Dottersack aufgezehrt ist, sind alle Flossen ausgebildet und die Schwimmblase ist funktionsfähig. Die 2,5 cm lange Jungforelle ernährt sich von Kleinlebewesen im Wasser.

1 Entwicklung der Bachforelle.
A *Bachforellenpaar;* **B** *Eier;* **C** *schlüpfende Larve;* **D** *Larven mit Dottersack;* **E** *Jungforelle*

2 Haie gebären lebende Junge.

Lebend aus dem Mutterleib

Guppys und einige Haiarten bringen lebende Junge zur Welt. Die Jungtiere schlüpfen im Mutterleib aus dem Ei. Wenn sie geboren werden, sind sie schon recht selbstständig und daher besser vor Feinden geschützt. So überlebt eine größere Zahl von Jungtieren.

Wirbellose Tiere in unserem Umfeld

1. Auf dieser Doppelseite sind zahlreiche wirbellose Tiere abgebildet. Die einzelnen Tierarten oder Tiergruppen sind nummeriert. Ordne den im Text genannten Wirbellosen die richtigen Ziffern zu.

2. Nicht zu allen abgebildeten wirbellosen Tieren finden sich im nebenstehenden Informationstext entsprechende Hinweise. Benenne die noch fehlenden Tiere wie den Weberknecht mithilfe von Bestimmungsbüchern.

3. Erstelle zu einigen Arten einen Steckbrief. Nutze dazu auch das Internet.

4. a) Bildet Teams zum Kennenlernen von wirbellosen Tieren. Stellt zusammen, welches Untersuchungsmaterial ihr benötigt. Sucht euch einen Lebensraum in eurer Umgebung aus und ermittelt die dort vorkommenden wirbellosen Tiere.
b) Erstellt zu einigen Arten einen Steckbrief. Nutzt das Internet.
c) Tragt eure Ergebnisse der Klasse vor.

5. Ermittele, wie viele Beine
a) ein Steinläufer,
b) ein Sandschnurläufer haben kann.

6. Spinnentiere, Krebstiere, Insekten und Tausendfüßer fasst man zu einer gemeinsamen Gruppe, den Gliederfüßern, zusammen. Erläutere, wie es zu dieser Entscheidung gekommen ist.

Wirbellose Tiere

Bei einer Wanderung durch die Natur begegnen wir meist größeren Tieren wie Fröschen, vielleicht einer Eidechse, Wildkaninchen, Eichhörnchen oder verschiedenen Vögeln. Diese Lebewesen sind **Wirbeltiere,** denn sie besitzen ein knöchernes Innenskelett mit einer Wirbelsäule.
Viele Menschen denken zuerst an Wirbeltiere, wenn sie nach Tierarten gefragt werden. Bedenkt man jedoch, wie viele aller Tierarten zu den Wirbeltieren gehören, so sind es nur etwa 5 %. Dagegen gehören 95 % aller Tierarten zu den **wirbellosen Tieren.** Manche von ihnen wie beispielsweise Insekten besitzen ein den Körper stützendes, festes Außenskelett. Bei einem Gang entlang einer Wiese können wir verschiedenen wirbellosen Tieren begegnen. Oft sind sie allerdings sehr klein.

Insekten

Wir beobachten Schmetterlinge, die über die Wiese gaukeln oder sich auf Blüten niederlassen. Auch Honigbienen und Hummeln fliegen von Blüte zu Blüte. Schwebfliegen „stehen" wie Hubschrauber über den Pflanzen und landen plötzlich auf einer Blüte. Eine Libelle mit großen Augen und schlankem Hinterleib fliegt in schnellem Flug an uns vorbei. Sie ist auf der Jagd nach kleinen Blütenbesuchern. Marienkäfer haben Blattläuse aufgespürt und vertilgen diese. Eine Streifenwanze saugt Pflanzensäfte aus einem Pflanzenstängel. Vor uns stößt sich ein Grünes Heupferd mit seinen beiden kräftigen Sprungbeinen und ausgebreiteten Flügeln ab und landet ein paar Meter weiter in der Wiese. Unterhalb einer Weide entdecken wir im Gras einen metallisch grünblau gefärbten Moschusbock.

So verschieden die Tiere auch aussehen, sie alle sind **Insekten.** Weltweit kennt man etwa 1,5 Millionen Arten und täglich werden neue entdeckt. Auffällige Merkmale dieser Tiergruppe sind die drei Beinpaare am mittleren der drei Körperabschnitte sowie die beiden Fühler am Kopf.

Spinnentiere

Am Wegrand springt ein kleines Tier fort, das zunächst wie ein Insekt aussieht. Bei genauem Hinsehen entdecken wir jedoch vier Beinpaare. Dies ist ein Kennzeichen für **Spinnentiere.** Es handelt sich um eine Springspinne, die kein Fangnetz baut, sondern ihre Opfer im Sprung erbeutet.

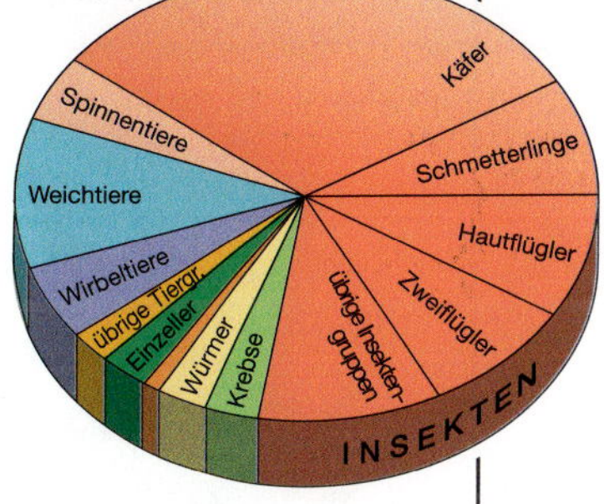

2 Artenreichtum der einzelnen Tiergruppen

Krebstiere

Unter Steinen verborgen stoßen wir auf lichtscheue 5 mm bis 15 mm große Asseln. Diese vom Rücken zum Bauch hin abgeplatteten Tiere leben vorwiegend von Pflanzenresten. Der ursprüngliche Lebensraum dieser **Krebstiere** dürfte vor vielen Millionen Jahren das Wasser gewesen sein. Als Landasseln haben sie die Kiemenatmung beibehalten. Ihnen genügt ein feuchter Ort zum Atmen. Ein anderes Krebstier lebt im Wasser. Es ist der Wasserfloh.

Tausendfüßer

Heben wir einen größeren Stein auf, kommen darunter Steinläufer zum Vorschein. Im Gegensatz zum dreigeteilten Insektenkörper zeigen diese **Tausendfüßer** eine deutliche Zweiteilung in Kopf und aus gleichartigen Ringen bestehenden Rumpf. Jeder der 15 Körperringe besitzt ein gegliedertes Beinpaar. Steinkriecher sind Räuber, die Asseln und Spinnentiere erbeuten. Der Sandschnurfüßer dagegen hat etwa 50 Körperringe mit jeweils zwei Beinpaaren. Er ernährt sich von Planzen- und Tierresten.

Weichtiere

An einem schattigen und feuchten Ort kriecht eine Bänderschnecke eine Pflanze empor. Sie gehört ebenso wie die Wasserschnecke und Teichmuschel zu den **Weichtieren,** die eine Kalkschale bilden.

Ringelwürmer

Auch in der Erde leben wirbellose Tiere. Der Regenwurm mit seinem aus einzelnen Ringen bestehenden Körper gehört dazu. Er ist ein **Ringelwurm.**

1 Wirbellose Tiere in ihren Lebensräumen

Wie Tiere geordnet werden

Gans

Fliege

Kammmolch

Regenwurm

Heupferd

Lachs

Fledermaus

Gorilla

	Fische	Lurche
Klasse		
Fortbewegung	schwimmen	springen, kriechen, schwimmen
Atmung	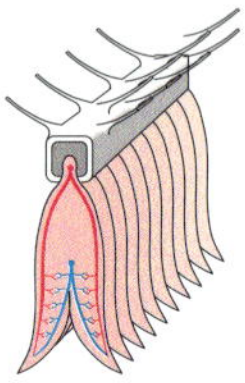 Kiemenatmung	blau: Luftwege rosa: Gewebe für den Gausaustausch 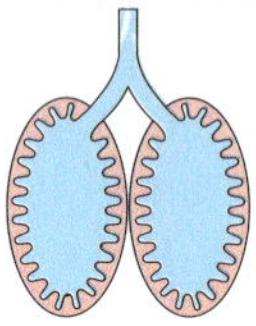 Kiemenatmung bei Larven; Lungen- und Hautatmung bei erwachsenen Tieren
Körperbedeckung	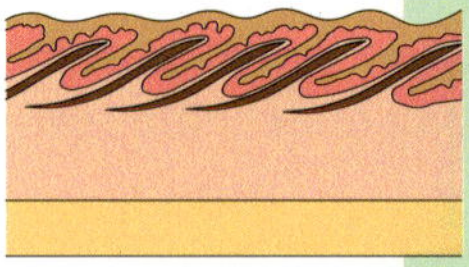 Knochenschuppen in Haut	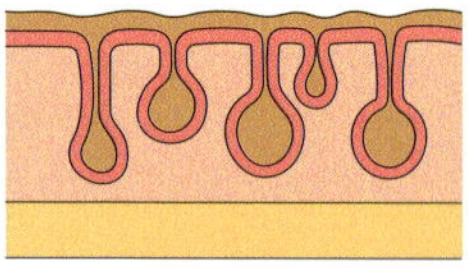 schleimbedeckte, Haut
Körpertemperatur	wechselwarm	wechselwarm
Fortpflanzung/Entwicklung	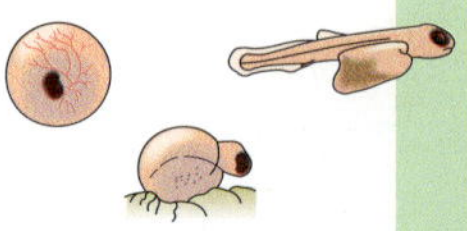 Befruchtung außerhalb des Körpers; aus Eiern entwickeln sich Larven	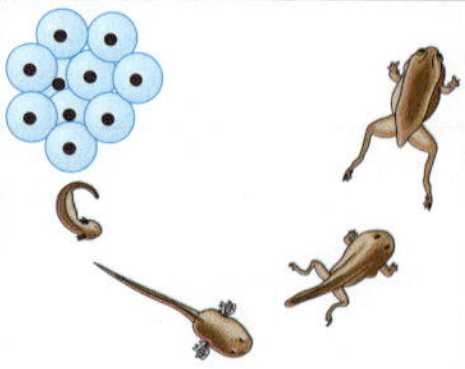 innere Befruchtung bei Schwanzlurchen, äußere bei Froschlurchen; aus Eiern entwickeln sich Larven

1. a) Ordne die abgebildeten Tiere zu Gruppen.
b) Nach welchen Gesichtspunkten hast du geordnet?
c) In der Wissenschaft werden Tiere zum Beispiel danach geordnet, ob sie eine Wirbelsäule haben oder nicht. Ordne die Tiere auf dieser Seite jeweils dem Stamm der wirbellosen Tiere oder dem Stamm der Wirbeltiere zu.

2. Sammle aus Zeitschriften oder auf Internetseiten Tierbilder. Ordne die Bilder nach Gruppen und klebe sie in dein Heft. Begründe dein Ordnungsschema.

Kreuzotter

Hirschkäfer

Teichfrosch

Schnecke

Aal

Zaunkönig

Tintenfisch

Mauereidechse

Kriechtiere	Vögel	Säugetiere

laufen, kriechen, schwimmen	fliegen, laufen, schwimmen	laufen, schwimmen, fliegen
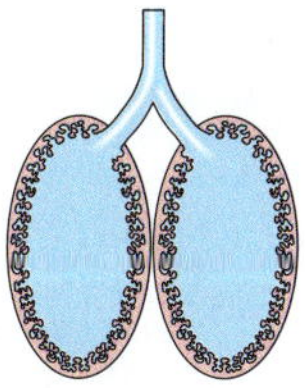 Lungenatmung	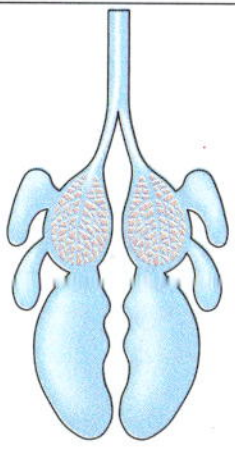 Lungenatmung	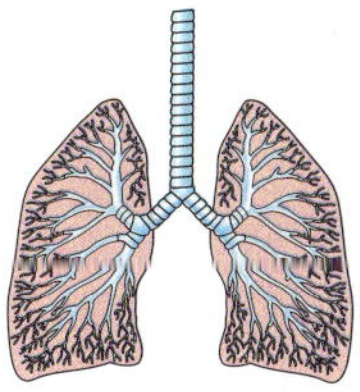
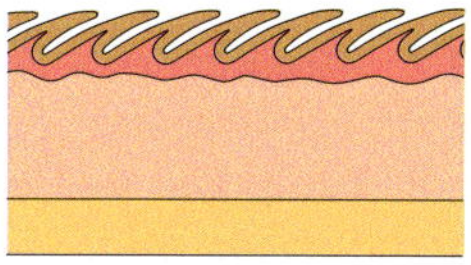 Haut mit Hornschuppen	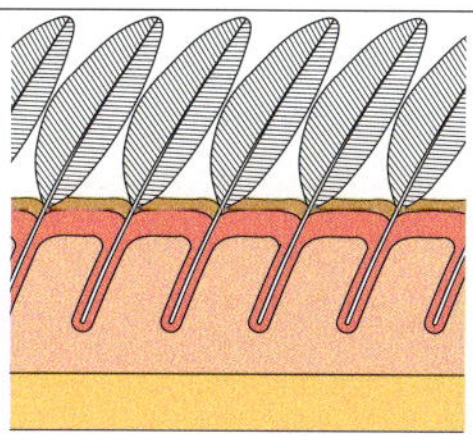 Haut mit Federn	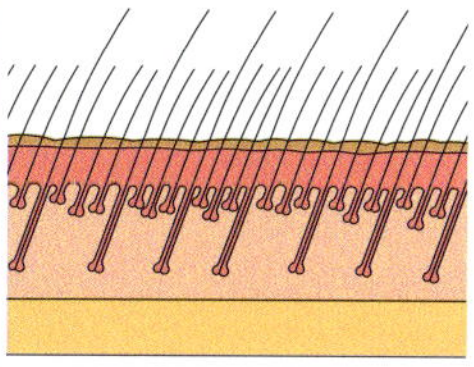 Haut mit Haaren
wechselwarm	gleichwarm	gleichwarm
 innere Befruchtung; Eier mit pergamentartiger Schale werden im Boden vergraben	 innere Befruchtung; Eier mit harter Kalkschale werden ausgebrütet	 innere Befruchtung; Embryo entwickelt sich im Mutterleib; lebendgebärend; Jungen werden gesäugt

3. Betrachte die links abgebildete Tabelle über Körperbau und Leistungen der Wirbeltiere.

a) Vergleiche die Atmungsorgane der Wirbeltiere miteinander. Nenne wesentliche Unterschiede zwischen Kiemen- und Lungenatmung.

b) Beschreibe den Aufbau der Haut bei den Lurchen. Vergleiche diesen dann mit dem Aufbau bei einem Kriechtier. Schließe aus dem Hautaufbau, welchen Lebensraum Lurche und welchen Kriechtiere bevorzugen.

c) Beschreibe die Fortpflanzung und Entwicklung bei den verschiedenen Wirbeltierklassen und vergleiche sie miteinander.

d) Ordne die oben abgebildeten Tiere den Wirbeltierklassen in der Tabelle zu.

Aus dem Leben der Tiere in unserem Umfeld

Haustiere und Nutztiere
Tiere, die in der Obhut des Menschen leben, nennt man Haustiere. Zu ihnen gehören Nutztiere wie Rinder und Hühner. Sie versorgen uns mit Nahrung oder Kleidung. Tiere müssen artgerecht gehalten werden.

Hunde
Alle Hunde stammen vom Wolf ab. Sie besitzen einen ausgeprägten Geruchs- und Gehörsinn. Als Rudeltiere brauchen sie die Gemeinschaft einer Gruppe. Hunde gehören zu den Säugetieren mit Brutpflege.

Pferde
Pferde stammen von Wildpferden wie dem Przewalski-Pferd ab und sind Herdentiere. Sie werden hauptsächlich zur Freizeitbeschäftigung und im Pferdesport genutzt. Pferde sind Pflanzenfresser.

Tierhaltung
Nutztiere werden oft in Großbetrieben gehalten, um die Kosten gering zu halten. Durch Züchtung können beim Nutztier Rind größere Fleisch- oder Milcherträge erzielt werden.

Rinder
Die wilden Vorfahren der Rinder heißen Auerochsen. Rinder sind Nutztiere: Milchrinder liefern Milch, Mastrinder Fleisch. Rinder haben ein Pflanzenfressergebiss. Der Wiederkäuermagen eines Rindes besteht aus Pansen, Netz-, Blätter- und Labmagen.

Vögel
Zur Fortpflanzung legen Vögel Eier. Durch Flügel, Federn und die Leichtbauweise des Skeletts sind Vögel an das Fliegen angepasst. Sie haben einen stromlinienförmigen Körper. In Luftsäcken, die mit den Lungen verbunden sind, kann der Vogel zusätzlich Luft aufnehmen.

Kriechtiere
Kriechtiere entwickeln sich aus Eiern, aus denen vollständig entwickelte Tiere schlüpfen. Die wechselwarmen Tiere haben eine Haut mit Hornschuppen. Eidechsen laufen auf Beinen. Schlangen und Blindschleichen kriechen schlängelnd auf Bauchschuppen.

Fische
Der stromlinienförmige Körper der Fische ist mit Schuppen bedeckt. Die Bewegung erfolgt mit Flossen. Eine Schwimmblase unterstützt das Schweben im Wasser. Fische atmen mit Kiemen. Zur Fortpflanzung werden Eier im Wasser befruchtet. Aus ihnen schlüpfen Fischlarven.

Lurche
Lurche sind Feuchtlufttiere. Die Atmung erfolgt über Lungen und durch die Haut. Die Eier der Lurche entwickeln sich im Wasser. Aus ihnen schlüpfen Larven. Die Umwandlung der Larven mit Kiemen zu Lurchen mit Lungen nennt man Metamorphose.

Wirbellose Tiere
Die Vielfalt der wirbellosen Tiere ist groß. Zu ihnen gehören Insekten, Spinnentiere, Krebstiere, Tausendfüßer, Weichtiere und Ringelwürmer.

Aus dem Leben der Tiere in unserem Umfeld

1. Welche Aussagen sind zutreffend?
Menschen halten Tiere,
a) um sich an ihnen zu erfreuen,
b) damit sie zahm werden,
c) um nicht einsam zu werden,
d) damit sie nicht aussterben,
e) um sich von ihnen zu ernähren.

2. Welche Tiere sind Haustiere?
Ente, Stubenfliege, Hausratte, Goldhamster, Goldfisch, Pitt-Bull-Terrier, Esel, Pony, Hahn, Hausmaus, Wildpferd, Wellensittich, Hausspinne, Perserkatze, Silberfischchen, Schwein, Pute.
Begründe deine Antworten.

3. Griechische Landschildkröten sind als Haustiere beliebt.

Sie stammen aus dem Mittelmeerraum und sind an das dortige Klima angepasst. Vom Herbst bis zum Sommer halten sie Winterschlaf. Sind sie als Haustiere geeignet? Begründe.

4. Begründe, warum sich Hunde leicht dem Menschen unterordnen.

5. Nenne vier Beispiele, bei denen der Mensch die besonderen Fähigkeiten von Hunden nutzt.

6. Welche Aussagen treffen zu?
a) Pferde ergreifen bei Gefahr schnell die Flucht.
b) Das Przewalski-Pferd spannt man vorwiegend vor Kutschen.
c) Warmblutpferde haben eine höhere Körpertemperatur als Kaltblutpferde.
d) Pferde sind Herdentiere.

7. Die Tabelle zeigt die Veränderung der durchschnittlichen jährlichen Milchleistung von Kühen in Litern.

Jahr	l
1810	1200
1850	1600
1910	2100
1950	2500
1975	4000
1994	5200
2009	8000

a) Erstelle aus den Werten ein ▸ Liniendiagramm. Trage dazu auf der waagerechten Achse die Jahreszahlen ein und auf der senkrechten Achse die Literleistung (1 cm ≙ 1000 l).
b) Beschreibe die Veränderungen und erkläre diese.

8. Benenne die einzelnen Teile eines Vogeleies und die jeweiligen Aufgaben.

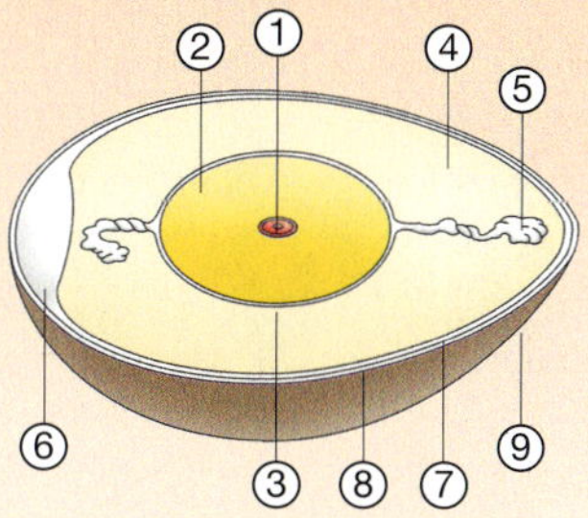

9. Vögel sind Wirbeltiere in Leichtbauweise. Was macht Vögel so leicht? Wähle aus.
Stromlinienform, Federn aus Horn, kräftige Flugmuskulatur, keine Zähne, starkes Brustbein, Schnabel aus Horn, Luftsäcke, starre Wirbelsäule, luftgefüllte Knochen, kleines Kopfskelett, dünne Knochen, fehlende Harnblase, schnelle Verdauung, Entwicklung der Jungen außerhalb des Körpers, Reifung und Ablage einzelner Eier.

10. Was versteht man unter einem Schlangenhemd?

11. Bei Kälte und wenn es sehr heiß ist, begegnen uns im Freien keine Eidechsen. Nenne dafür Gründe.

12. Benenne die mit Ziffern gekennzeichneten Teile des Skeletts eines Froschlurches.

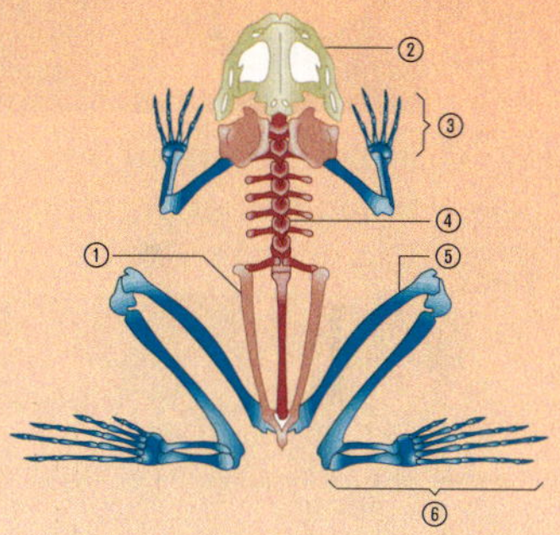

13. Erkläre den Fachausdruck Amphibium.

14. Ein Frosch springt ins Wasser und taucht erst nach 50 min auf. Wie ist das möglich?

15. Erkläre den Begriff Metamorphose an einem Beispiel.

16. Beschreibe, auf welche Weise ein Frosch seine Beute fängt.

17. Erkläre, weshalb Fische an Land ersticken.

18. Die Fortbewegung der Fische im Wasser unterstützen bestimmte Körperbaumerkmale. Nenne wenigstens drei Merkmale.

19. Was haben Lachs und Aal gemeinsam? Erkläre.

Imker stellen oft ihre Bienenkästen in blühende Obstplantagen. Warum tun sie das?

Wie entsteht aus einer Kirschblüte eine Kirsche?

Wie kommt der Zucker in die Zuckerrübe?

Was kann man alles aus Kartoffeln machen?

Aus dem Leben der Pflanzen in unserem Umfeld

Die Taubnessel ist eine typische „Hummelblume" – aber was heißt das genau?

Wie werden Früchte und Samen verbreitet?

Wir betrachten und untersuchen Pflanzen

1. Grabt zwei kleine, häufig vorkommende Pflanzen aus der Umgebung der Schule vorsichtig aus. Nehmt sie mit ins Klassenzimmer und vergleicht sie miteinander. Welche Teile haben alle Pflanzen gemeinsam?

2. Zeichnet eure Pflanzen oder den Klatschmohn sorgfältig ab und beschriftet die einzelnen Teile. Der Text hilft euch, die passenden Begriffe zu finden.

3. Stellt eure Pflanzen in der Klasse vor. Wenn ihr den Namen nicht wisst, könnt ihr in einem ▸ Bestimmungsbuch nachschlagen. Dort findet ihr noch weitere interessante Informationen über eure Pflanzen.

4. Überlegt euch einen Versuch, mit dem ihr zeigen könnt, dass die Pflanze in ihrem Stängel Wasser nach oben zu den Blättern und Blüten leitet.
Tipp: Verwendet für euren Versuch weiß blühende Pflanzen wie ein Fleißiges Lieschen. – Wasser kann man mit Tinte färben.

5. Ihr seht hier einen Versuchsaufbau, mit dem die Verdunstung von Wasser bei einer Pflanze nachgewiesen werden kann. Baut den Versuch nach und stellt den Aufbau an einen hellen Standplatz im Klassenzimmer. Beobachtet den Versuch einige Tage und haltet fest, was sich verändert hat. Erklärt eure Beobachtungen.

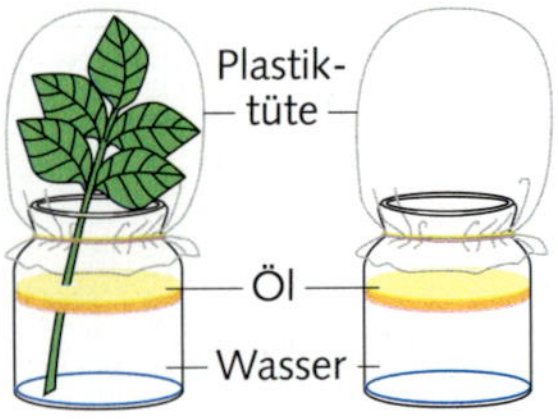

1 Klatschmohn

Blütenpflanzen
Alle Teile der Pflanzen, die über dem Boden zu sehen sind, bilden den **Spross.** Er besteht aus der Sprossachse, den Blättern und den Blüten. Alle Pflanzen, die diesen Grundbauplan zeigen, sind **Blütenpflanzen.** Aus den **Blüten** entwickeln sich ▸ Früchte und ▸ Samen.

Beim Klatschmohn nennt man die Sprossachse **Stängel.** Er ist grün wie bei allen **krautigen Pflanzen.**

Bei **Sträuchern** verzweigt sich die Sprossachse kurz über dem Boden in mehrere verholzte Seitenstämme.

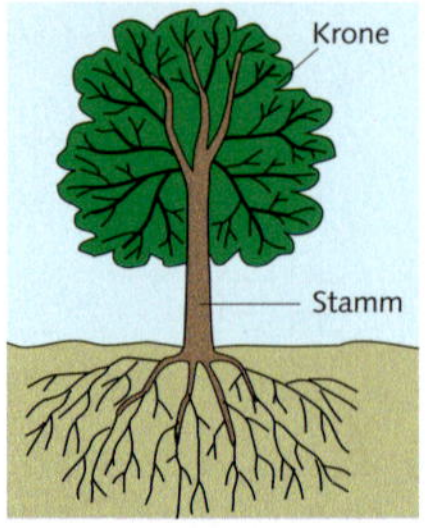

Bäumen haben eine verholzte Sprossachse, den Stamm. Oben befindet sich die Baumkrone mit Ästen und Zweigen.

In der Sprossachse verlaufen die Leitungsbahnen, in denen Wasser, Mineralstoffe und Nährstoffe transportiert werden.

Blätter
In den **Blättern** verzweigen sich die Leitungsbahnen. Man kann sie als Blattadern sehen. An den Blattunterseiten befinden sich winzige Spaltöffnungen. Durch sie verdunstet die Pflanze Wasser. Mithilfe von Sonnenlicht, Wasser und Kohlenstoffdioxid aus der Luft stellen Pflanzen in den grünen Blättern Nährstoffe her, die sie zum Wachsen benötigen. Außerdem bilden sie Sauerstoff, den alle Lebewesen zum Atmen brauchen. Diesen Vorgang bezeichnet man als ▸ Fotosynthese.

Wurzeln
Die **Wurzel** besteht häufig aus einer Hauptwurzel und vielen Nebenwurzeln mit feinen Wurzelhaaren. Sie verankert die Pflanze im Boden und nimmt Wasser und Mineralstoffe aus dem Boden auf.

Worin unterscheiden sich Tulpe, Rosskastanie und Haselstrauch?

Tulpe

Rosskastanie

Haselstrauch

1. Eine Tulpe, eine Rosskastanie und ein Haselstrauch unterscheiden sich voneinander. Nennt einige Merkmale. Lest dazu den Text auf der nebenstehenden Seite.

2. Ordnet die Pflanzen auf dieser Seite in unterschiedliche Gruppen. Nennt weitere Pflanzen, die eurer Meinung nach zu den einzelnen Gruppen gehören. Begründet eure Zuordnungen.

3. a) Sucht im Umfeld eurer Schule nach Pflanzen, die zu einer der von euch gefundenen Gruppen gehören. Große Pflanzen könnt ihr fotografieren, kleine Pflanzen könnt ihr sammeln und pressen (**Herbarium**).
b) Findet die Namen eurer Pflanzen mithilfe eines **Bestimmungsbuches** heraus. Dort gibt es auch zusätzliche Informationen. Gestaltet Plakate zu den Pflanzengruppen.

Margerite

Holunder

junger Apfelbaum

Untersuchungen an Blüten

1. Fertige von dem abgebildeten Längsschnitt der Kirschblüte eine Zeichnung an und beschrifte diese.

2. Betrachte eine Kirschblüte mit der Lupe. Suche die einzelnen Blütenteile und notiere ihre Anzahl. Die Ergebnisse lassen sich übersichtlich in einer Tabelle darstellen.

Anzahl	Kirsche	Raps
Kelchblätter		
Kronblätter		
Staubblätter		
Stempel		

3. Untersuche die Blüten anderer Pflanzen. Beginne mit einer Apfelblüte, einer Rapsblüte oder einer Blüte des Wiesenschaumkrauts. Notiere ebenfalls die Anzahl der gefundenen Blütenteile und vergleiche sie mit deinen Aufzeichnungen über die Kirschblüte. Beschreibe Ähnlichkeiten und Unterschiede.

4. Von Blüten kann man Legebilder anfertigen. Du brauchst dazu
- eine Lupe
- eine Pinzette
- ein Stück durchsichtige Klebefolie (8 cm x 8 cm)
- schwarzen Zeichenkarton

Lege die Folie mit der Klebeseite nach oben auf den Tisch. Nimm die Pinzette und zupfe von deiner Blüte nach und nach die einzelnen Bestandteile der Blüte ab und ordne sie auf der Folie so wie in der Abbildung dargestellt. Drücke sie leicht an.

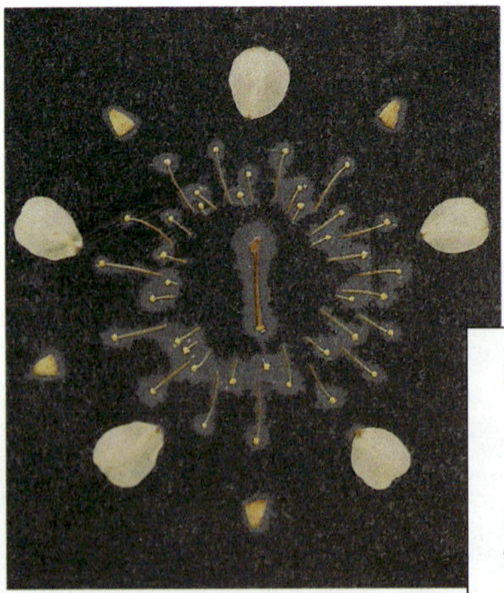

Drehe nun die Klebefolie mit den daran haftenden Blütenteilen um und klebe sie auf den Zeichenkarton. Stellt man die Anordnung der Blütenteile zeichnerisch vereinfacht dar, erhält man einen **Blütengrundriss** oder ein Blütendiagramm. Im Blütengrundriss sind die einzelnen Blütenteile farblich gekennzeichnet.

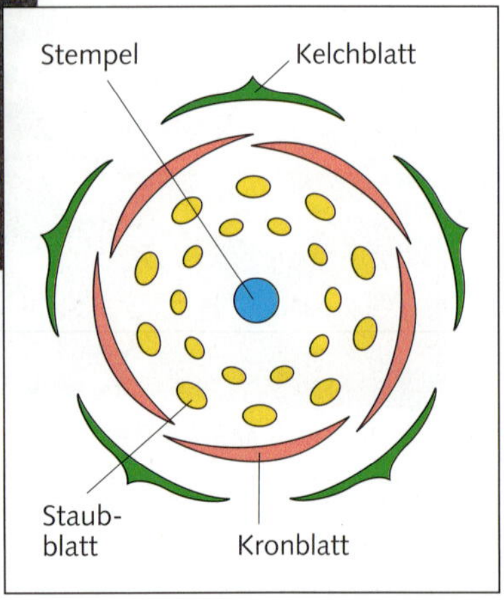

Lebensräume und Lebensbedingungen → S. 122/123

Im Mai blühen die Kirschbäume. Wenn man einzelne Blüten genauer betrachtet, kann man erkennen, wie sie gebaut sind.

Kelch- und Kronblätter
Die äußere Hülle besteht aus fünf grünen **Kelchblättern.** Sie sitzen am Rand des kelchförmigen Blütenbodens. Bei Knospen und geschlossenen Blüten schützen sie das Blüteninnere.
Wenn die Blüten geöffnet sind, sieht man die fünf weißen **Kronblätter.** Sie locken Bienen und andere Insekten an.

Staubblätter
Im Blüteninneren befinden sich etwa 30 fadenförmige **Staubblätter.** Jedes Staubblatt besteht aus einem Staubfaden und einem Staubbeutel. Im Staubbeutel wird der Blütenstaub oder Pollen gebildet. Er besteht aus winzig kleinen ▸ Pollenkörnern, in denen sich die männlichen Geschlechtszellen entwickeln. Staubblätter sind daher die männlichen Blütenorgane.

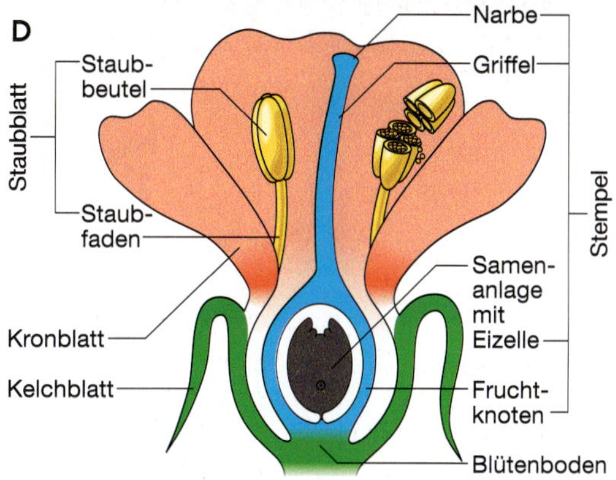

1 Kirschblüte. A *Blütenzweig;* **B** *Knospe;* **C** *Blüte;* **D** *Schema der Kirschblüte*

Stempel
Aus der Mitte der Blüte ragt der **Stempel** heraus. Deutlich lassen sich die klebrige Narbe, der Griffel und der verdickte Fruchtknoten unterscheiden. Wenn man den Stempel längs aufschneidet, kann man die Samenanlage erkennen. Sie enthält eine Eizelle. Der Stempel ist also das weibliche Blütenorgan. Aus ihm entwickelt sich später die Kirsche.

Viele Blüten scheiden am Blütenboden eine zuckerhaltige Flüssigkeit, den **Nektar,** aus. Nektar und Pollen sind Nahrungsquellen für Insekten und locken diese an.

Obwohl Blüten unterschiedlicher Pflanzenarten sehr verschieden aussehen, findet man bei fast allen Blütenformen die gleichen Bestandteile.

Aus dem Geschlechtsleben der Pflanzen

Zwitterblüten

Bei den meisten Pflanzen befinden sich die männlichen und weiblichen Blütenorgane zusammen, direkt nebeneinander in einer Blüte. So auch bei der Kirschblüte. In solchen Blüten werden die Narben von jüngeren Blüten mit Pollen von älteren Blüten bestäubt.

Getrenntgeschlechtliche einhäusige Pflanzen

Bei manchen Pflanzen wie etwa Haselsträuchern sind die weiblichen und männlichen Blüten voneinander getrennt. Die gelblichen Kätzchen bestehen aus männlichen Pollenblüten. Die weiblichen Stempelblüten erkennt man an den roten pinselartigen Narben. An jedem Haselstrauch findet man jedoch männliche und weibliche Blüten. Solche Pflanzen nennt man einhäusig, da sich die beiden Blütenarten sozusagen „im gleichen Haus“ befinden.

Getrenntgeschlechtliche zweihäusige Pflanzen

Bei der Salweide entwickeln sich die weiblichen und männlichen Blüten an unterschiedlichen Pflanzen. Sie befinden sich sozusagen „in zwei Häusern“. Solche Pflanzen nennt man deshalb zweihäusig. Bekannt sind die leuchtend gelben Kätzchen, die man schon bald im Frühjahr sieht. Dies sind die männlichen Pollenblüten. Sie produzieren nur Nektar und Pollen. Weniger auffällig sind die weiblichen Pflanzen. Die Kätzchen sind graugrün und bestehen aus vielen einzelnen Stempelblüten. Auch sie locken mit Nektar Insekten an.

1. Erläutere, warum die Staubblätter in jungen, geöffneten Kirschblüten meist noch keinen Pollen abgeben.

2. Die Kiwipflanze gehört zu den zweihäusigen Nutzpflanzen.
a) Worauf muss ein Bauer achten, wenn er eine Kiwiplantage anlegen will?
b) Um was für eine Blüte handelt es sich bei der abgebildeten Kiwipflanze? Begründe.

Kiwi

Blüten und Insekten

Die Sprache der Pflanzen
Pflanzen können sich mit anderen Lebewesen verständigen. Sie senden optische Signale sowie Gerüche aus, die eine ganz bestimmte Bedeutung haben. Während der Blütezeit locken Pflanzen durch Farben, Düfte und besondere Blütenformen Insekten an. Ihre Botschaft lautet: In meinen Blüten ist Nahrung in Form von Pollen oder Nektar zu finden. Als Gegenleistung übertragen die Insekten den Pollen auf andere Blüten und bestäuben diese. Einige Pflanzen und Insekten haben sich besonders gut aneinander angepasst.

Die **Taubnessel** hat Blüten mit einem langen, röhrenförmigen Kelch. Der Nektar wird am Blütenboden abgesondert. Mit ihren langen Rüsseln können Hummeln den Nektar aufsaugen. Dabei wird ihr Rücken mit Pollen beladen.

Die Blütenröhre der **Roten Lichtnelke** ist sehr tief und eng. Schmetterlinge sind auf solche Blüten spezialisiert. Mit ihren besonders langen Rüsseln saugen sie Nektar vom Blütenboden und fliegen zur nächsten Blüte. Dabei übertragen sie Pollen.

1. Was versteht man unter der Sprache der Pflanzen?

2. a) Beschreibe, wie Taubnessel und Lichtnelke bestäubt werden.
b) Welchen Vorteil hat diese enge Beziehung zwischen einzelnen Arten? Welcher Nachteil kann sich daraus ergeben?

Von der Blüte zur Frucht

🔍 **1.** Beobachtet die Entwicklung der Kirschen an einem Baum. Erstellt ein Naturtagebuch.

2. Beschreibe den Vorgang der Bestäubung bei einer Kirschblüte. Was muss als nächstes geschehen, damit sich nach einigen Wochen eine reife Kirsche entwickelt?

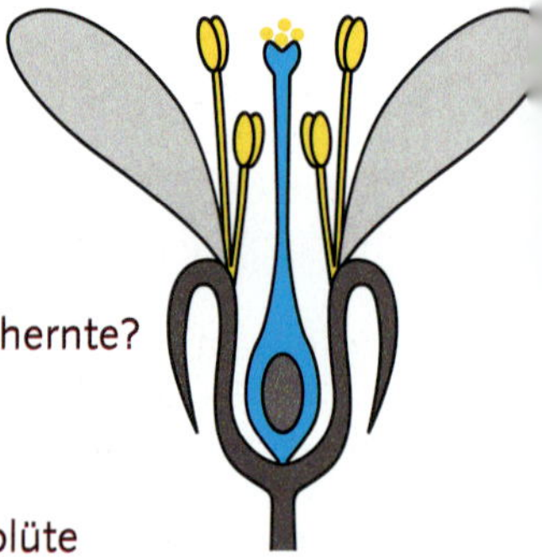

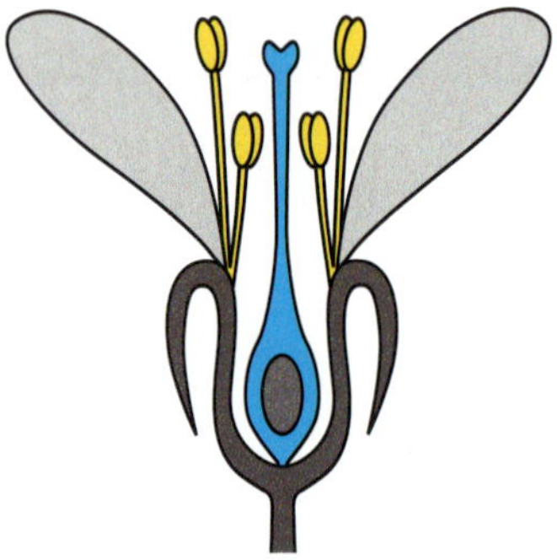

3. In welchem Jahr gibt es wohl die beste Kirschernte? Begründe deine Meinung.

Jahr 1: Der Frühling ist warm, aber sehr regnerisch und windig.

Jahr 2: Der Frühling ist warm. In der Zeit der Kirschblüte gibt es mehrere Nächte mit starkem Frost.

Jahr 3: Der Frühling ist warm und der Wind weht nur schwach.

4. Es gibt Pflanzen, die durch den Wind bestäubt werden. Zu ihnen gehört zum Beispiel die Hasel, die bereits im Februar blüht. Die Laubblätter entwickeln sich erst später.

a) Begründe, warum diese zeitliche Abfolge für die Pflanze sinnvoll ist.

b) Nenne andere Pflanzen, die durch den Wind bestäubt werden.

🔍 **5.** Untersucht verschiedene Früchte wie Äpfel, Birnen, Aprikosen, Kirschen oder Stachelbeeren. Ihr könnt sie dazu aufschneiden, den Längsschnitt mit der Lupe betrachten und zeichnen. Ordnet sie in drei Gruppen und begründet eure Zuordnung.

Tipp: Verwendet die folgenden Begriffe:

Bestäubung
Bei der Nahrungssuche fliegen Bienen von Blüte zu Blüte. Dabei besuchen sie über einen längeren Zeitraum hinweg nur Blüten einer Pflanzenart. An ihren behaarten Körpern bleiben viele **Pollenkörner** haften. Bei weiteren Blütenbesuchen tragen sie die Pollenkörner auf die klebrige Narbe anderer Blüten der gleichen Art. Diesen Vorgang nennt man **Bestäubung.**
Zu den Pflanzen, die durch Insekten wie die Biene bestäubt werden, gehören viele Obstbäume, Sträucher und Wildkräuter.

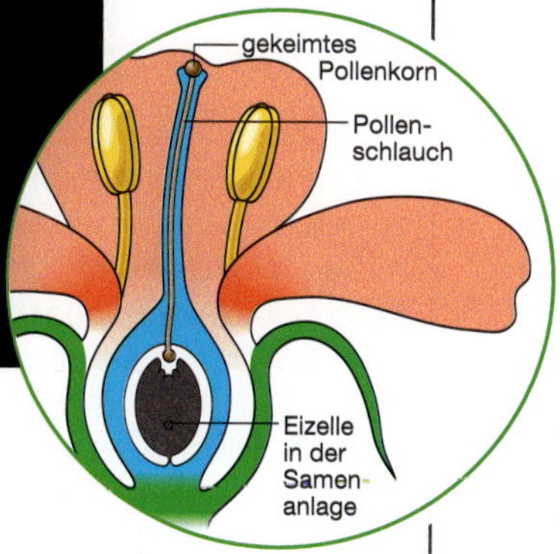

1 Bestäubung und Befruchtung

Befruchtung
Nach der Bestäubung keimen die Pollenkörner auf der Narbe. Mithilfe des Mikroskops kann man erkennen, dass sich aus jedem Pollenkorn ein Pollenschlauch entwickelt. Dieser wächst durch den Griffel bis ins Innere des Fruchtknotens.
Der Pollenschlauch, der am schnellsten wächst, dringt in die Samenanlage ein. Hier öffnet er sich und setzt eine männliche Geschlechtszelle frei. Sie verschmilzt mit der Eizelle. Das Verschmelzen des männlichen Zellkerns mit dem Zellkern der weiblichen Eizelle nennt man **Befruchtung.**

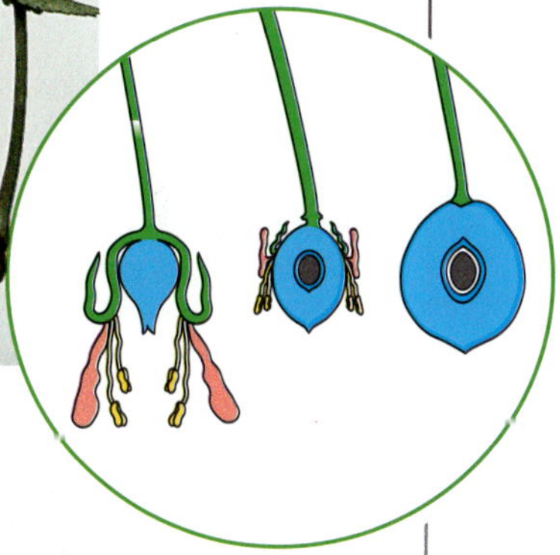

2 Entwicklung der Früchte

Von der Frucht zum Samen
In den Wochen nach der Befruchtung entwickelt sich aus der Blüte die **Frucht,** zum Beispiel eine Kirsche. Zuerst werden die Kronblätter der Blüte braun und fallen ab. Der Griffel und die Narbe vertrocknen. Der Fruchtknoten wird immer dicker und man erkennt mit der Zeit die Kirsche. Am Anfang ist sie noch grün. Aus der Wand des Fruchtknotens entwickelt sich die glatte Außenhaut, das rote Fruchtfleisch und die steinharte innere Fruchtwand um den Kirschkern. Daher werden Kirschen als **Steinfrüchte** bezeichnet. Im Inneren des Kirschkerns hat sich aus der Samenanlage mit der befruchteten Eizelle der **Samen** gebildet.

Gelangt ein Kirschkern in den Boden, kann daraus ein neuer Kirschbaum heranwachsen.

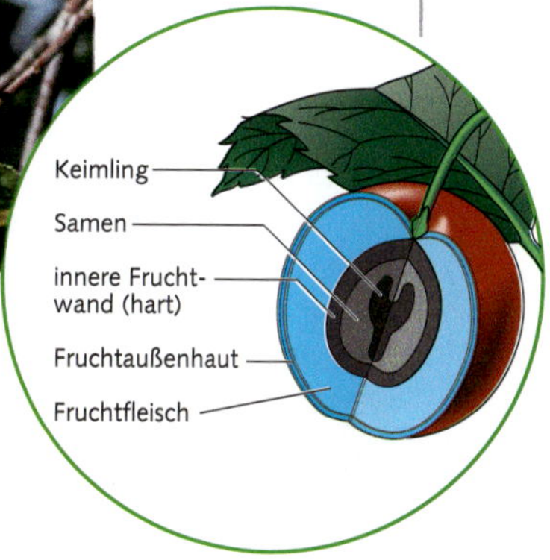

3 reife Kirschen

Lebensräume und Lebensbedingungen → S. 122/123

Aus Samen entwickeln sich Pflanzen

1. Beschreibe, wie sich aus einem Samen eine Pflanze entwickelt.

2. Füllt ein Marmeladenglas randvoll mit trockenen Feuerbohnen. Gebt dann ebenfalls bis zum Rand Wasser hinzu. Verschließt das Glas mit dem Deckel und stellt es in einen Eimer. Beschreibt eure Beobachtungen nach ein bis zwei Tagen. Erklärt das Versuchsergebnis.

3. Wie ist der Samen einer Feuerbohne aufgebaut? Legt dazu Samen der Feuerbohne etwa zwei Tage lang ins Wasser. Untersucht die gequollenen Samen mit der Lupe. Entfernt die Samenschale vorsichtig mit einem Küchenmesser. Klappt dann die beiden Hälften auseinander und betrachtet die Innenseiten. Beschreibt, zeichnet und beschriftet.

4. Wenn ihr wissen möchtet, wie eine Feuerbohne wächst, braucht ihr
- Samen der Feuerbohne
- Blumenerde
- Marmeladengläser
- Wasser
- Papier, Bleistift und Lineal

Legt die Bohnen zwei Tage lang ins Wasser. Füllt Erde in eure Marmeladengläser. Drückt die Bohnensamen ganz am Rand etwa vier Zentimeter in die Erde, sodass ihr die Samen von außen sehen könnt. Beschriftet die Gläser mit euren Namen und stellt sie hell und warm auf. Haltet die Erde feucht.

a) Messt und schreibt in einer Tabelle vier Wochen lang jeden zweiten Tag die Länge des Keimstängels auf.

b) Fertigt ein ▸ Liniendiagramm über das Wachstum eurer Pflanze an.

5. Überlegt euch Versuche, mit denen ihr herausfindet, welche der Bedingungen Wasser, Wärme, Erde, Licht und Luft für die Keimung eines Samens notwendig sind. Begründet eure Vorgehensweisen. Führt die Versuche durch. Protokolliert eure Beobachtungen. Zieht anschließend Rückschlüsse, welche der genannten Bedingungen zum Keimen notwendig sind.

Bau eines Samens

Aus den ▸ Blüten von Feuerbohnen entwickeln sich ▸ Früchte mit Samen, die Bohnen. Lässt man eine Bohne einige Zeit im Wasser quellen und klappt dann die Hälften auseinander, sieht man im Inneren ein kleines Pflänzchen, den **Embryo.**
Er besteht aus zwei winzigen Laubblättern, der Keimwurzel und dem Keimstängel. Die beiden weißlichen Hälften der Bohne werden **Keimblätter** genannt. Sie speichern die ▸ Nährstoffe, die zur Keimung nötig sind. Der Keimling benötigt daher zum Keimen kein Licht.

In trockenem Zustand kann ein Samen lange Trockenzeiten oder Frost ohne Schaden überstehen. Wenn er aber in Wasser oder feuchte Erde gelegt wird, nimmt er Wasser auf und quillt. Bei der **Quellung** wird der Samen größer und schwerer. Dadurch entsteht ein starker Druck, der die Erde um den Samen herum lockert. So kann das kleine Pflänzchen den Boden leichter durchdringen.

Der Samen keimt

Die Keimung vollzieht sich ohne Licht in der feuchten Erde. Nach einigen Tagen platzt die Samenschale auf und die **Keimwurzel** bricht durch. Sie dringt senkrecht in die Erde ein und bald bilden sich Seitenwurzeln.
Erst jetzt streckt sich der **Keimstängel** und wächst aus der Samenschale heraus nach oben. Nach einigen Tagen durchbricht der Keimstängel mit den Laubblättern die Erdoberfläche.

Die Pflanze wächst

Nach der Keimung beginnt die Bohnenpflanze zu wachsen. Sie bildet grüne Blätter und nutzt jetzt das Sonnenlicht zur ▸ Fotosynthese. Bei Trockenheit muss die Pflanze gegossen werden. Über ihre ▸ Wurzeln leitet sie das Wasser und die Mineralstoffe in die Zellen der grünen ▸ Blätter.

Blütenpflanzen wie die Feuerbohne haben zwei Keimblätter. Deshalb nennt man sie auch **zweikeimblättrige Pflanzen**. Die Samen anderer Pflanzen, zum Beispiel der Gräser, haben nur ein Keimblatt. Sie sind einkeimblättrig.

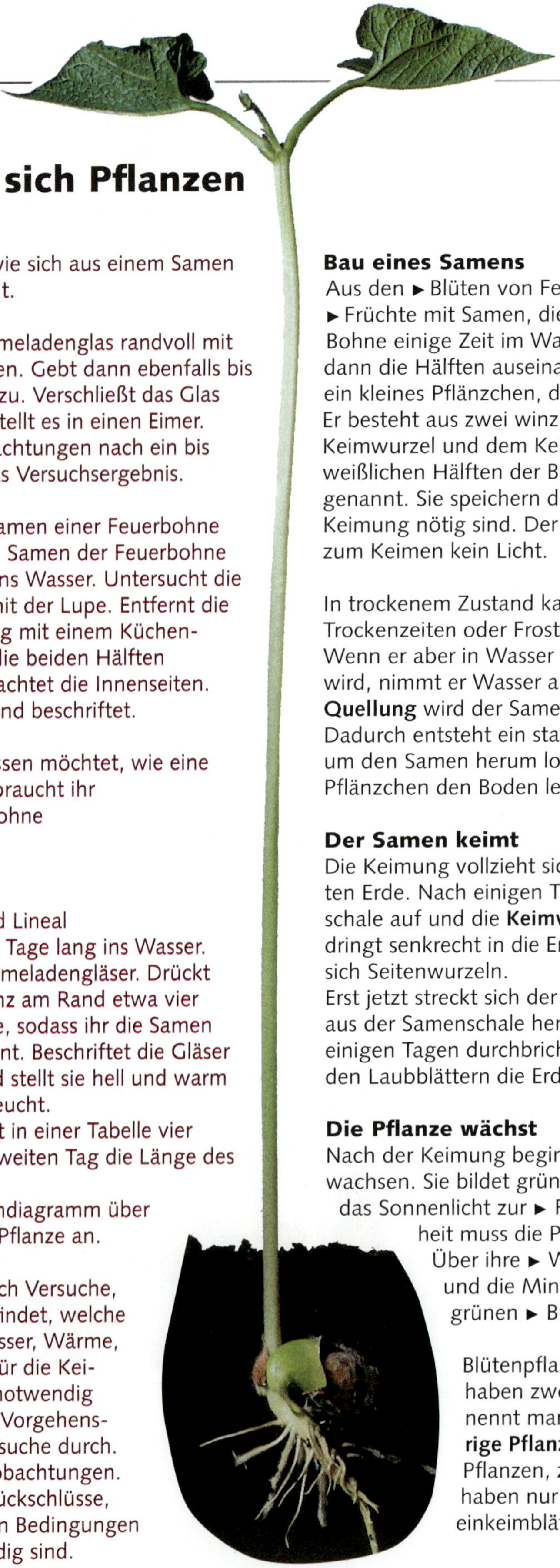

1 Feuerbohne

Ein Plakat entsteht

Methode

Plakate begegnen uns ständig. Mit großen auffallenden Bildern oder Schriften werben viele für Produkte, Firmen, Vereine oder auch politische Parteien. Manche informieren auch nur zu bestimmten Themen. Alle haben etwas gemeinsam: Sie fallen sofort auf. Und wir erkennen schnell, worum es geht.

Hast du Informationen zu einem bestimmten Thema gesammelt, kannst du sie auf einem **Plakat** zeigen.

Was du beim Erstellen eines Plakates beachten musst und wie du vorgehst:
- Erstelle eine Skizze, die zeigt, wie dein Plakat gestaltet werden soll.
- Ordne die Inhalte, die du zeigen möchtest, nach der Wichtigkeit.
- Bedenke: Der Platz ist begrenzt!

Finde eine passende Überschrift. Schreibe diese groß und deutlich auf das Plakat. Sie sollte auch aus einem Abstand von drei bis vier Metern gut lesbar sein.

Verwende nur einige ausgewählte Bilder. Diese sollten einfach gestaltet sein.

Für den Hintergrund des Plakats eignen sich viele Farben. Die Schrift muss sich vom Hintergrund jedoch gut abheben.

Plane nur so viel Text ein, wie unbedingt nötig ist.

Schreibe den Text möglichst mit dem Computer oder handschriftlich ordentlich mit einem dicken Stift.

Verwende für die Beschriftung nicht zu viele unterschiedliche Farben.

Lebensräume und Lebensbedingungen → S. 122/123

Eine Sachzeichnung anfertigen

Manchmal ist es sinnvoll, Dinge, die du in der Natur beobachtest, zu zeichnen. Zeichnungen schaffen Klarheit, wenn Beschreibungen allein nicht ausreichen und helfen dir, diese Beobachtungen einzuprägen.

Was musst du beachten?

- Betrachte einen Gegenstand oder Vorgang genau, bevor du ihn zeichnest.
- Achte auf das Wesentliche, unterscheide Wichtiges von Unwichtigem.
- Arbeite bei der Zeichnung genau und ordentlich.
- Eine gute biologische Zeichnung stellt komplizierte Zusammenhänge klar und vereinfacht dar.

Was benötigst du?

Einen spitzen Bleistift, Buntstifte, ein Lineal, unliniertes Papier.

So wird es gemacht:

1. Gib deiner Zeichnung eine passende Überschrift und beschrifte sie mit deinem Namen, deiner Klasse und dem Datum.
2. Deine Zeichnung darf nicht zu klein werden.
3. Zeichne erst die Umrisslinien und Flächen, dann die Feinheiten. Achte auf die Form und die Lage der Teile sowie die Größenverhältnisse.
4. Benutze Buntstifte, um Wichtiges zu kennzeichnen.
5. Beschrifte die Einzelheiten. Schreibe die Begriffe neben die Zeichnung. Verbinde beides mit geraden Linien.

Ungeschlechtliche Vermehrung

Ausläufer

Die Erdbeere bildet lange Ausläufer. Das sind oberirdische Seitensprosse, die von der Mutterpflanze wegwachsen. Die an den Ausläufern heranwachsenden Tochterpflanzen werden zunächst durch die Ausläufer mit Nährstoffen versorgt. Haben die Tochterpflanzen Blätter und Wurzeln ausgebildet, können sie sich selbst versorgen. Die Ausläufer, also die Verbindungen zur Mutterpflanze, vertrocknen.

Vermehrung durch Sprossknollen

Die Sprosse einiger für uns wichtiger Nutzpflanzen bilden unterirdische Sprossknollen. Ein Beispiel dafür ist die Kartoffel. Nutzt der Mensch die Kartoffel nicht für seine Ernährung oder als Viehfutter, dient sie als „Saatgut". Aus jeder Knolle wächst im folgenden Jahr eine neue Pflanze heran.

Ungeschlechtliche Vermehrung

Blütenpflanzen vermehren sich durch Samen. Manche sind jedoch in der Lage, sich zusätzlich ohne Ausbildung von Samen zu vermehren. Diese ungeschlechtliche Vermehrung erfolgt zum Beispiel durch Ausläufer wie bei der Erdbeere. Kartoffelpflanzen bilden Sprossknollen und Tulpen bilden Brutzwiebeln. Viele Zimmerpflanzen kann man über Blattstecklinge vermehren. Da nur eine Elternpflanze existiert, entstehen Nachkommen mit identischen Erbeigenschaften der Elternpflanzen.

1. Erkläre an Beispielen, was man unter „ungeschlechtlicher Vermehrung" versteht.

2. Nenne andere Pflanzen, die sich ungeschlechtlich vermehren. Beschreibe, wie dies geschieht.

Vermehrung durch Blattstecklinge

Gärtnereien für Zimmerpflanzen vermehren einige Pflanzen wie Dickblattgewächse oder Usambaraveilchen über Blattstecklinge. Dazu werden Blätter oder Blattteile von voll entwickelten Pflanzen abgeschnitten und in feuchte Erde gedrückt. Die Pflanzenteile bilden schnell Wurzeln und kleine Blättchen und können anschließend verpflanzt werden.

Vermehrung durch Zwiebeln

Wenn man im Frühjahr blühende Tulpen haben möchte, muss man im Herbst Tulpenzwiebeln in die Erde stecken. Aus ihnen treiben die Tulpen aus und verbrauchen die in den ▸ Zwiebeln gespeicherten Nährstoffe. Während der Wachstumsphase im Sommer bildet jede Tulpe mit Hilfe ihrer grünen Blätter Nährstoffe. Einen Teil davon verbraucht sie selbst. Was übrig bleibt, wird in einer neuen Zwiebel, der Ersatzzwiebel, gespeichert. Aus ihr treibt dann im nächsten Jahr wieder eine neue Tulpe aus. Gleichzeitig können auch noch Brutzwiebeln zwischen den Zwiebelschalen entstehen, aus denen ebenfalls weitere Tulpen heranwachsen. So blühen im Frühling immer wieder Tulpen, obwohl man nur wenige gesteckt hat.

Wie verbreiten sich Pflanzen?

1. Beschreibe, was du auf den beiden Fotos rechts siehst und stelle einen Zusammenhang zwischen ihnen her.

2. a) Betrachte eine Löwenzahnfrucht mit der Lupe und zeichne. Wozu dienen die einzelnen Teile der Frucht?
b) Betrachte den unteren Teil der Frucht vom Löwenzahn ohne das Schirmchen mit einer ▸ Stereolupe.
Überlege dir einen Versuch, mit dem du die Bedeutung deiner Entdeckung demonstrieren kannst.
Tipp: Benutze mehrere Löwenzahnfrüchte ohne Schirmchen, ein Blatt Papier und ein Wolltuch.

3. Benenne die Pflanzen, deren Samen unten abgebildet sind. Benutze dazu ein Bestimmungsbuch.

4. Viele Früchte werden durch den Wind verbreitet.
a) Sammelt Flugfrüchte von Bäumen und führt Flugversuche durch. Welche Einrichtungen haben die Flugfrüchte, damit sie möglichst lange in der Luft bleiben können?
b) Zeichnet einige Flugfrüchte und erstellt ▸ Steckbriefe der dazugehörenden Pflanzen.
c) Baut einzelne Flugfrüchte als ▸ Modell nach. Benutzt Papier oder andere geeignete Materialien. Probiert die Flugkünste eurer Modelle aus und berichtet.

5. Unten siehst du Früchte von Klette (A), Eberesche (B) und Hasel (C). Diese werden durch Tiere verbreitet. Wie geschieht die Verbreitung der gezeigten Früchte, und welche Tiere kommen dafür in Frage?

6. Nenne weitere Pflanzenarten, deren Früchte auf die gleiche Weise verbreitet werden.

A

B

C

Lebensräume und Lebensbedingungen → S. 122/123

Warum müssen Pflanzensamen verbreitet werden?

Überlegt euch einmal, was passieren würde, wenn alle Samen von Pflanzen senkrecht zu Boden fielen und dort keimen würden. Die kleinen Pflanzen stünden so dicht, dass sie weder ausreichend Licht noch Wasser oder ▸ Mineralstoffe bekämen. Deshalb sind die Samen oder Früchte von Pflanzen mit den unterschiedlichsten Einrichtungen ausgestattet, die den Transport und das Keimen in einiger Entfernung von der Mutterpflanze ermöglichen.

Verbreitung durch den Wind

Die Samen von Pflanzen wie dem Löwenzahn oder vieler Bäume werden durch den Wind verbreitet. Ihre Früchte besitzen fallschirmartige oder flügelartige Fortsätze. Nach der Landung verhaken sie sich auf dem Untergrund, keimen und wachsen zu einer neuen Pflanze heran.

Selbstverbreitung

Pflanzen wie Ginster, Springkraut oder Bohnen verbreiten sich von selbst. Wenn ihre Früchte reif sind, trocknen sie aus und brechen auf. Die Hüllen der Früchte verdrehen sich dabei und schleudern die Samen heraus.

1 Selbstverbreitung beim Springkraut

2 Veilchensamen werden von Ameisen verbreitet

Verbreitung durch Tiere

Manche Früchte wie beispielsweise die Kletten haben kleine Widerhaken, mit denen sie sich am Fell von Tieren verhaken. Andere Früchte locken Vögel und andere Tiere mit leuchtenden Farben und zuckerhaltigem Fruchtfleisch an. Die Tiere fressen dann die Früchte. Die in den Früchten liegenden Samen haben unverdauliche Schalen und werden mit dem Kot der Tiere an anderer Stelle ausgeschieden.
Auch Ameisen tragen zur Samenverbreitung bei. Veilchensamen haben beispielsweise nahrhafte Anhängsel. Wenn die Ameisen die Samen zu ihrem Bau schleppen, fressen sie unterwegs das Anhängsel und lassen den Samen liegen. Andere Tiere wie Eichhörnchen oder Eichelhäher, die im Herbst Nüsse als Wintervorrat vergraben und sie dann später nicht mehr wiederfinden, tragen ebenfalls zur Samenverbreitung bei.

Verbreitung durch Wasser

Wasserpflanzen wie der Wasserhahnenfuß haben Schwimmfrüchte. Sie enthalten Luft und können mit der Strömung weit fortgetrieben werden.
Auch Kokosnüsse mit ihrer harten, wasserfesten Schale werden über das Wasser verbreitet.

3 Verbreitung durch Wasser bei Kokospalmen

Die Kartoffel – eine vielseitige Knolle

1. Informiere dich über die Heimat und die heutige Verbreitung der Kartoffel. Trage das Ergebnis in die Kopie einer Weltkarte ein.

2. Führt auf dem Wochenmarkt oder im Supermarkt ein Interview mit den Verkäufern von Kartoffeln. Warum gibt es so viele Sorten? Notiert euch einige Sortennamen und deren Eigenschaften.
Erklärt, wie es zu der Vielfalt der Kartoffelsorten kommt.
Dokumentiert eure Ergebnisse in einer ▸ Ausstellung über die Kartoffel.

3. a) Kartoffeln enthalten Stärke. Führt zum Beweis dieser Aussage einen ▸ Stärkenachweis durch. Fertigt ein Versuchsprotokoll an.
b) Ihr könnt Kartoffelstärke selbst gewinnen. So geht ihr vor:
- rohe Kartoffeln reiben und mit 500 ml Wasser verrühren,
- den Brei in ein Baumwolltuch geben und gut auspressen,
- die ausgepresste Flüssigkeit fünf Minuten ruhen lassen, 200 ml Wasser hinzufügen, wieder ruhen lassen und dann die Flüssigkeit vom Bodensatz vorsichtig abgießen,
- diesen Vorgang zwei- bis dreimal wiederholen, bis der Bodensatz weiß ist,
- den Bodensatz auf einem flachen Teller trocknen lassen.

4. Was kann man aus Kartoffeln machen? Erstellt eine Liste. Beschreibt die Produkte und erklärt ihre Verwendung. Verwendet die Abbildungen und den Informationstext.

5. Erkundet einen Supermarkt und erstellt eine Liste mit Produkten, die aus Kartoffeln hergestellt werden. Wer findet die meisten?

6. Viele Menschen mögen Produkte aus Kartoffeln. Aber nicht alle Zubereitungsformen sind gesund. Erstellt eine Tabelle mit gesunden und ungesunden Zubereitungsformen. Begründet eure Zuordnung. Einige Hinweise findet ihr im Text.

Die Kartoffel – eine wichtige Nutzpflanze

Speisekartoffeln stammen von Wildkartoffeln ab. Ihre Heimat ist das Hochland von Peru und Bolivien. Die Indianer dort nutzen die Kartoffel schon seit Jahrtausenden zur Ernährung. Nach Europa gelangten die ersten Kartoffelpflanzen etwa 1560 als Zierpflanzen.

Inzwischen gilt die Kartoffel als eine der wichtigsten Nutzpflanzen. Man hat viele Kartoffelsorten mit unterschiedlichen Eigenschaften gezüchtet. Neben Speisekartoffeln gibt es auch Futterkartoffeln für die Mästung von Haustieren. Andere Kartoffelsorten verwendet man zur Produktion von Industriestärke. Daraus werden etwa Wäschestärke, Klebstoffe, Verpackungsmaterial und Alkohol hergestellt. In Supermärkten werden viele Produkte aus Kartoffeln angeboten, etwa Pommes frites oder Kartoffelchips. Durch die Art ihrer Zubereitung enthalten diese Produkte viel Fett und können daher bei häufigem Genuss zu Übergewicht führen. Gesunde Zubereitungsformen sind zum Beispiel Pellkartoffeln oder Salzkartoffeln.

Kartoffeln wachsen aus Sprossknollen

An Kartoffeln, die im Winter im kühlen Keller gelagert werden, entwickeln sich im Frühjahr weiße Triebe. Sie wachsen aus den Knospen, den „Augen". Diese liegen in kleinen Vertiefungen der Kartoffelschale. An den Trieben kann man kleine Blättchen, Knospen und sogar feine Wurzeln finden. Die Kartoffelknolle ist also keine Wurzel, sondern eine **Sprossknolle,** ein verdickter Abschnitt der Sprossachse.
Auf ähnliche Weise wie im Keller treiben Saatkartoffeln in der Erde. Sie werden im Frühjahr in flache Pflanzlöcher gelegt und mit Erde bedeckt. Einige Triebe durchbrechen die Erde, ergrünen und entwickeln sich zu einer blühenden Pflanze. Die nach der Blüte an der Sprossachse entstehenden Früchte sind **giftig.** Sie dürfen nicht verzehrt werden.

Kartoffelknollen sind Stärkespeicher

Die unterirdischen Sprosse bleiben weiß. Sie bilden ▸ **Ausläufer.** Diese verdicken sich an den Enden zu zahlreichen Knollen. In den Knollen speichert die Kartoffelpflanze vor allem ▸ **Stärke,** aber auch Mineralstoffe, Vitamine und etwas Eiweiß. Im Herbst sterben die oberirdischen Teile der Kartoffelpflanze ab. Die Knollen an den unterirdischen Ausläufern werden geerntet.

1 Kartoffelknolle.
A *frisch geerntet;* **B** *treibend*

2 Kartoffelpflanze

Lebensräume und Lebensbedingungen → S. 122/123

Getreide – Grundlage für viele Lebensmittel

1. Beschreibe anhand der Abbildungen und der Texte auf der nebenstehenden Seite die Getreidearten. An welchen Merkmalen kannst du sie unterscheiden?

2. Getreidearten liefern die wichtigsten Grundnahrungsmittel für den Menschen. Erstellt eine Mindmap zum Thema „Getreide und daraus hergestellte Produkte". Benutzt dazu die Informationen auf der nebenstehenden Seite.

3. Welche Teile des Weizenkorns werden für Vollkornmehl verwendet, welche für Auszugsmehl? Welche Vorteile hat Vollkornmehl für die Ernährung? Haltet einen kurzen ▸ Vortrag.

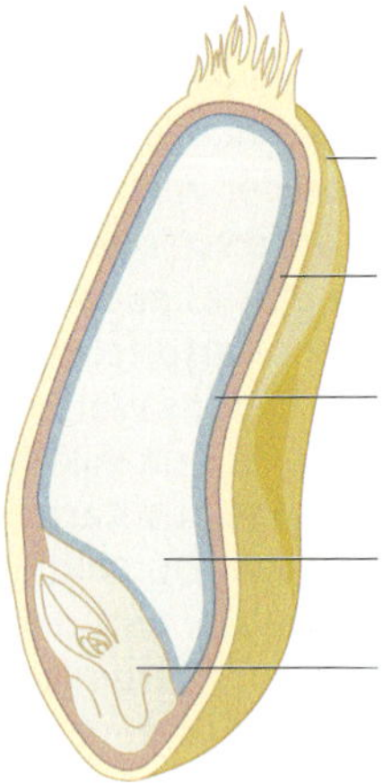

A

B

4. Abbildung A zeigt eine Urform des gezüchteten Weizens (B). Beschreibt und vermutet, wie die heutigen ertragreichen Getreidesorten entstanden sein könnten. Welche Merkmale hat der Mensch im Verlauf seiner Zuchtversuche ausgewählt?

5. Auch Hirse (C) und Reis (D) zählen zu den Gräsern, die für die menschliche Ernährung von Bedeutung sind. Erstellt ▸ Steckbriefe zu beiden Pflanzen.

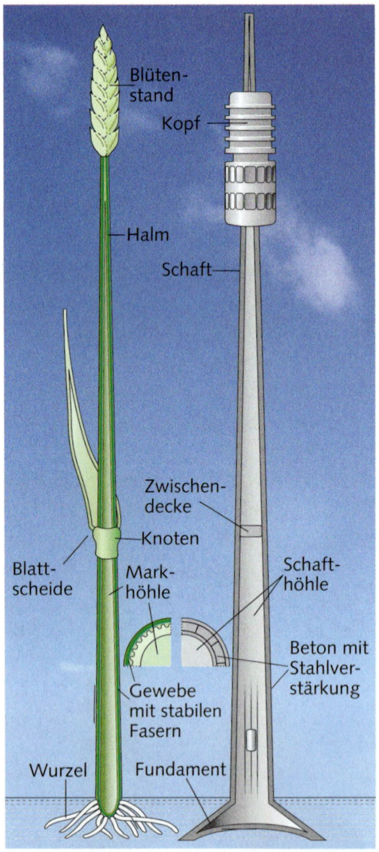

C

D

6. Für Techniker sind Getreidehalme Vorbilder für Bauwerke wie Fernsehtürme. Vergleicht Getreidehalm und Turm. Schreibt auf, welche Ähnlichkeiten bestehen.

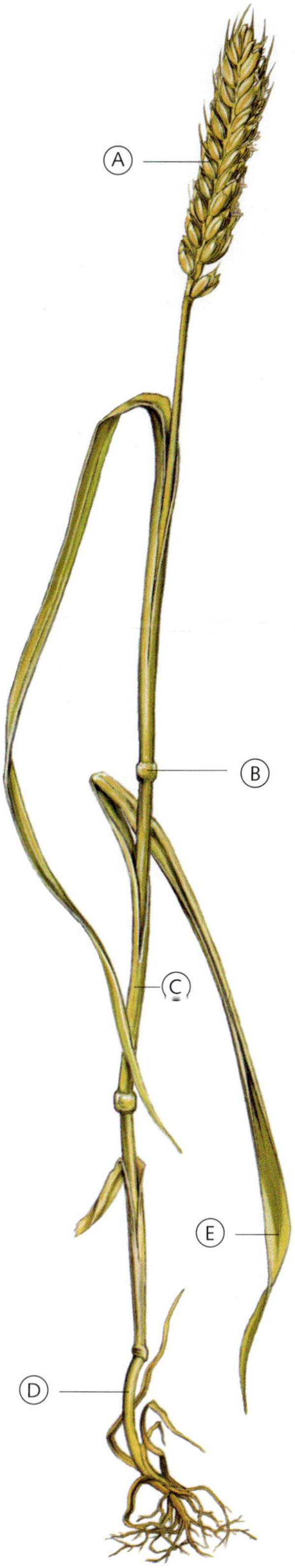

1 Weizenpflanze. A *Ähre;* **B** *Knoten;* **C** *Blattscheide;* **D** *Halm;* **E** *Blatt*

Körner dienen unserer Ernährung

Seit mehr als 6000 Jahren baut der Mensch Getreide an. Genutzt werden vor allem die Körner. Mehr als ein Drittel unseres gesamten Nahrungsbedarfs wird aus ihnen gedeckt. Die Körner der Getreidepflanzen speichern ▸ Stärke.

Getreide gehört zu den Gräsern

Die Getreidearten gehören zu den Gräsern. An einer Weizenpflanze erkennt man alle Merkmale der **Gräser**: Der lange dünne Stängel, der Halm, ist wegen seiner elastischen Fasern im Innern so biegsam, dass er an seinem oberen Ende eine große Ähre tragen kann ohne abzuknicken. Er ist innen hohl. Knoten, die dicke Querwände bilden, machen den Halm sehr stabil. Die Umwicklungen des Blattes um den Stängel nennt man Blattscheiden. Sie vergrößern die Stabilität zusätzlich.

Vom Korn zum Getreideprodukt

Zu Mehl vermahlen lassen sich Getreidekörner vielfältig nutzen. Das aus **Weizen** hergestellte Mehl wird für helles Brot, Nudeln, Gries und Backwaren bevorzugt verwendet. Bei der Mehl-Herstellung werden Samenschale und Keimling ausgesiebt, man spricht dann vom Auszugsmehl. Beim Sieben gehen viele für die Ernährung wertvolle Bestandteile wie Vitamine, Eiweißstoffe und Ballaststoffe verloren. Dies geschieht nicht, wenn das ganze Korn zu Vollkornmehl vermahlen wird.

Roggen dient ebenfalls als Brotgetreide. Produkte der **Gerste** sind Malz zur Herstellung von Bier und Malzkaffee sowie Graupen. **Hafer** wird zur Herstellung von Haferflocken und als Viehfutter genutzt. In Südostasien gehört **Reis** zu den wichtigsten Grundnahrungsmitteln. Eine weitere Getreideart ist die **Hirse.** Sie liebt wie der Reis die Wärme. Ihre Hauptanbaugebiete liegen in Afrika und Asien. Der **Mais,** eine alte Nahrungspflanze der Indianer, gehört ebenfalls zu den Getreidearten. Er wurde wie die Kartoffel von den Spaniern von Südamerika nach Europa gebracht. Mais wird in Europa vorwiegend als Viehfutter angebaut.

Züchtung und Auslese

Menschen haben gezielt Wildgräser angebaut und daraus erste Kulturformen unserer heutigen Getreidearten gezüchtet. Züchtungsziele waren mehr und größere Körner in einer Ähre auf festem Stängel. Die Körner geeigneter Pflanzen wurden ausgelesen und anschließend weiterkultiviert. So entstanden durch ▸ Züchtung Getreidearten, die an unterschiedliche Klima- und Bodenbedingungen angepasst sind.

2 Getreidearten

Versuche planen, durchführen und protokollieren

Problemstellung

Am Anfang eines Versuchs steht die Fragestellung. Bei diesem Beispiel geht es um die Frage, ob und in welchen Teilen Pflanzen das Kohlenhydrat Stärke gespeichert haben.

Planung

Jetzt ist es wichtig, dass ihr euch Gedanken darüber macht, wie der oder wie die Versuche ablaufen sollen. Hier geht es um den Stärkenachweis.
Ihr erstellt eine Versuchsplanung. Stellt zusammen, welche Geräte und **Materialien** für diesen Versuch erforderlich sind.
Erkundigt euch, ob bei dem Versuch **Sicherheitsbestimmungen** zu beachten sind: zum Beispiel Umgang mit ätzenden und/oder entzündlichen Flüssigkeiten. Bei allen Experimenten mit Chemikalien muss grundsätzlich eine **Schutzbrille** getragen werden.

Überlegt, wie der Versuch aufgebaut werden muss. Zeichnet für den **Versuchsaufbau** eine Skizze, in der dargestellt ist, wie die Geräte und Materialien gehandhabt werden. Beschreibt mit eigenen Worten, wie ihr den Versuch aufbaut.

Durchführung

Ist die Planung abgeschlossen, könnt ihr den Versuch durchführen. Schreibt die **Versuchsdurchführung** sehr genau auf, damit der Versuch auch von jemandem durchgeführt werden kann, der nicht am Unterricht teilgenommen hat. **Beobachtungen** und Messwerte werden notiert.

Versuchsprotokoll

Haltet den Versuchsablauf in einem Protokoll fest. Dies kann in Textform, in Tabellen oder Zeichnungen erfolgen. Darin muss zum Ausdruck kommen, ob die Problemstellung des Versuches geklärt werden konnte. Könnt ihr mithilfe des Experiments auch weitergehende Schlussfolgerungen gewinnen, so werden diese ebenfalls in der Auswertung festgehalten.

Versuchsdurchführung mit der Iodprobe

Versuchsprotokoll 2.3.2011

Problemstellung: Welche Pflanzenteile von Nutzpflanzen haben Nährstoffe in Form von Stärke gespeichert?

Material:
Speicherorgane von Nutzpflanzen wie Kartoffel, Zwiebel, Mais (gequollen), Apfel; scharfes Messer; Iod-Kaliumiodidlösung (färbt Stärke blau); Petrischalen; Pipette

Versuchsaufbau:

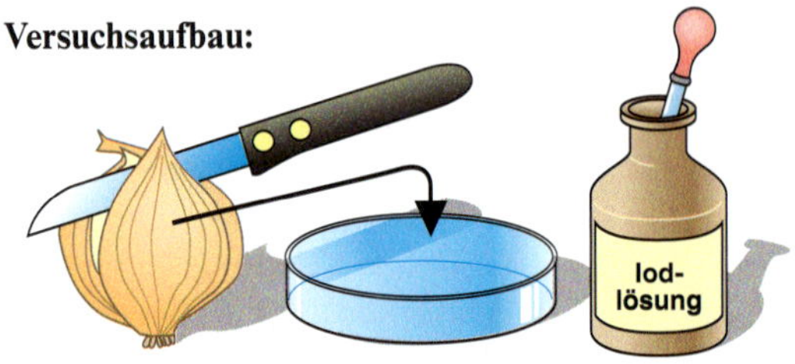

Versuchsdurchführung:
Wir schneiden Speicherorgane von Nutzpflanzen auf und legen die Hälften in Petrischalen. Dann prüfen wir mit Iod-Kaliumiodidlösung, ob Stärke im jeweiligen Pflanzenorgan gespeichert ist.
Wir tropfen Iod-Kaliumiodidlösung auf ein aufgeschnittenes Speicherorgan. Färbt sich dieses blauviolett, sind Nährstoffe in Form von Stärke gespeichert.

Beobachtung:

Speicherorgan	Zwiebel	Mais	Kartoffel	Apfel
blau-violette Färbung	X	X	X	–

Versuchsergebnis:
Zwiebel, Mais und Kartoffel enthalten Stärke, der Apfel jedoch nicht.

Einen Sachtext lesen und verstehen

Die folgende Lesetechnik hilft dir dabei, einen Text zu verstehen und den Inhalt zu behalten.

1. Überfliege zunächst den Text. Dabei kannst du erst einmal feststellen, worum es in dem Text geht und was du bereits kennst.

2. Lies den Text dann noch einmal gründlich. Mache nach schwierigen Abschnitten eine kleine Pause und denke noch einmal über das Gelesene nach.

3. In dieser Phase benutzt du außerdem Stift und Papier. Hast du ein Arbeitsblatt zu bearbeiten, markiere wichtige Aussagen und Begriffe mit einem Textmarker.
Hast du einen Text aus dem Schulbuch vorliegen, schreibe dir wichtige Aussagen und Begriffe auf einem Notizzettel auf.

4. Abschnitte oder Begriffe, die du nicht verstanden hast, markierst du mit einem Rotstift. Frage deine Mitschülerinnen und Mitschüler oder deine Lehrerin oder deinen Lehrer um Rat oder lies in einem Lexikon nach.

5. Nachdem du den Text durchgearbeitet hast, gehst du deine Notizen noch einmal genau durch. Du kannst jetzt mit deinen Notizen verschiedene Aufgaben erledigen, zum Beispiel Fragen beantworten, ein Plakat erstellen oder einen Kurzvortrag halten.

Die Zuckerrübe – Lieferant von Rübenzucker

Neben Kartoffeln und Getreide gehört die Zuckerrübe zu den wichtigsten Nutzpflanzen.
Im Frühjahr sät der Landwirt die Rübensamen aus. Daraus entwickeln sich die Rübenpflanzen mit ihren verdickten Pfahlwurzeln. Diese werden im Laufe des Jahres größer und schwerer. Die grünen Blätter der Zuckerrübe bilden mithilfe der Sonnenenergie aus Wasser und Kohlenstoffdioxid Traubenzucker, der als Speicherstoff in die Rüben geleitet wird. Dort entsteht durch chemische Prozesse der Rübenzucker. Der Zuckergehalt einer Zuckerrübe kann bis zu einem Fünftel ihres Gesamtgewichtes ausmachen.
Im Herbst werden die Zuckerrüben geerntet. Von einem Hektar lassen sich 10 t bis 40 t Rüben ernten. Die Zuckerrüben werden zur Zuckerfabrik gebracht, dort gewaschen, zu Rübenschnitzeln zerkleinert, gekocht und ausgepresst. Dabei erhält man den Rübensaft. Diesem muss nun noch durch Eindampfen das Wasser entzogen werden. Der eingedickte Saft wird zu Kristallzucker, Würfelzucker, Puderzucker und Kandis weiterverarbeitet. Nebenprodukte sind Sirup und Alkohol. Ausgelaugte Rübenschnitzel und Pressrückstände verarbeitet man zu Viehfutter oder sie gelangen in Anlagen zur Erzeugung von Biogas.

Beispiel:
Hier kannst du sehen, wie man wichtige Begriffe und Wörter in einem Text zur Zuckerrübe markiert und dann in einen Notizzettel einträgt.

Zuckerrübe
- wichtige Nutzpflanze
- Aussaat Rübensamen
- Rübenpflanze
- verdickte Pfahlwurzel
- grüne Blätter produzieren Traubenzucker
- Speicherstoff Rübenzucker
- Rübenernte 10 t bis 40 t pro ha
- Zuckerfabrik
- Rübenschnitzel
- Rübensaft
- Produkte: Zucker wie Kristallzucker oder Würfelzucker und Nebenprodukte (Sirup, Alkohol)
- Viehfutter und Biogas

Züchtung von Pflanzen

1. Nenne Gründe, warum Menschen Tiere und Pflanzen züchten.

vom Wildkohl zum Kohlrabi

2. Erklärt die Auslesezüchtung am Beispiel des Kohlrabis.

3. Durch Auslesezüchtungen entstanden aus dem Wildkohl zahlreiche Kohlsorten. Tragt in eine Tabelle die abgebildeten Kohlsorten und das geänderte Organ ein. Nehmt die Abbildungen der gegenüberliegenden Seite zu Hilfe.

4. Die unten stehende Abbildung zeigt eine Kohlsorte, bei der das gleiche Organ wie beim Blumenkohl durch Züchtung verändert wurde.

a) Wie heißt die Kohlsorte?

b) Welches Organ wurde besonders gezüchtet?

5. Durch Auslesezüchtung wurden viele Apfelsorten gezüchtet. Allein in Deutschland gibt es über 2000 verschiedene Sorten.

a) Notiert die Sorten in einem Supermarkt.

b) Beschreibt sie und gestaltet ein ▸ Plakat.

6. Auch bei den Blumen haben Menschen aus Wildformen viele Kulturformen gezüchtet. So gibt es Rosen in vielen Farben und Formen. Fragt in einem Blumenladen, welche Rosensorten es gibt. Wo werden die Rosensorten angebaut, die wir in Deutschland kaufen können? Recherchiert im ▸ Internet und stellt eure Ergebnisse vor.

Von der Wildpflanze zur Nutzpflanze

Der Wildkohl, der in Deutschland heute nur noch auf Helgoland vorkommt, ist ein Beispiel dafür, wie aus einer Wildpflanze eine Nutzpflanze entstanden ist. Wildkohl wurde schon vor mehr als 4000 Jahren angebaut. Der Mensch bemerkte dabei wahrscheinlich einige Wildkohlpflanzen, die einen dickeren Stängel oder besonders schmackhafte Blätter hatten. Diese Pflanzen wählte er für seine Ernährung aus und baute sie bevorzugt an.

Auslesezüchtung

Die Auslesezüchtung fängt also mit dem Anbau von bestimmten Wildpflanzen an. Nur die Nachkommen der Wildpflanzen, bei denen die gewünschten vorteilhaften Eigenschaften wie zum Beispiel die Größe oder der Geschmack besonders deutlich ausgebildet sind, werden für den weiteren Anbau ausgewählt. Über Samen werden die ausgewählten Pflanzen vermehrt und erneut ausgesät. Dieser Vorgang erfolgt über viele Jahrzehnte.

Der Wildkohl und einige Zuchtformen

Mithilfe der Auslesezüchtung gelang es dem Menschen, zahlreiche neue Kohlsorten zu züchten, die jedoch kaum noch Ähnlichkeit mit dem Wildkohl haben. Aus Wildkohlpflanzen mit besonders wohlschmeckenden Blättern züchtete der Mensch den Grünkohl. Aus Pflanzen mit verkürzten und verdickten Nebentrieben entstand der Rosenkohl. Bei der Züchtung des Blumenkohls und des Brokkolis waren Pflanzen mit dickfleischigen Blüten das Zuchtziel. Den Kohlrabi züchtete der Mensch aus Formen des Wildkohls, der besonders dicke Stängel ausgebildet hat.

Vielfalt der Sorten

Aus vielen weiteren Wildpflanzen hat der Mensch Nutz- und Zierpflanzen gezüchtet. Aus der Wildform des Apfels entstand durch Auslesezüchtung eine fast unüberschaubare Vielfalt von Apfelsorten. Besonders auffällig ist die Vielfalt der Sorten auch bei Blumen, zum Beispiel bei Rosen.
Die Rosen, die wir hier in den Blumenläden kaufen können, stammen allerdings nur selten aus heimischen Kulturen. Rosen und viele andere Blumenarten werden vor allem in den Entwicklungsländern in Afrika, Asien und Südamerikas angebaut.
Von dort gelangen die Schnittblumen mit Transportflugzeugen zunächst auf den weltgrößten Blumenmarkt nach Amsterdam und werden von da aus auf die verschiedenen europäischen Länder verteilt.

1 Wildkohl und Zuchtformen. A *Blumenkohl;* **B** *Rosenkohl;* **C** *Grünkohl;* **D** *Kohlrabi*

Aus dem Leben der Pflanzen in unserem Umfeld

Blütenpflanzen
Eine typische Blütenpflanze besteht aus Wurzel und Spross mit Blättern.
Die äußere Hülle der Blüte setzt sich meist aus Kelchblättern und Kronblättern zusammen.
Im Innern der Blüte befinden sich die Staubblätter und der Stempel, der in Fruchtknoten, Griffel und Narbe unterteilt werden kann.

Bestäubung und Befruchtung
Blüten werden von Insekten oder vom Wind bestäubt. Dabei wird Pollen von einer Blüte auf eine andere der gleichen Art übertragen. Bei der folgenden Befruchtung verschmilzt die männliche Geschlechtszelle aus dem Pollenschlauch mit der Eizelle in der Samenanlage.

Nach der Befruchtung entwickelt sich aus dem Fruchtknoten die Frucht, die einen oder mehrere Samen enthält.

Samen und Wachstum
Samen enthalten einen Embryo. Dieser entwickelt sich bei der Keimung zum Keimling, der aus Keimwurzel, Keimstängel und Keimblättern besteht.

Zur Keimung eines Samens sind Wasser, Luft und Wärme nötig. Zum anschließenden Wachstum braucht die Pflanze außerdem Sonnenlicht und Mineralstoffe.

Einheimische Nutzpflanzen
Die Sprossknollen der Kartoffel enthalten Stärke, die der Mensch für seine Ernährung nutzt. Neben Speisekartoffeln gibt es auch Futterkartoffeln für die Tiermast. Andere Kartoffelsorten verwendet man zur Produktion von Industriestärke.

Unsere Getreidearten zählen zu den Gräsern. Häufig angebaute Arten sind Weizen, Roggen, Gerste, Hafer und Mais. Ihre Körner bilden die Grundlage für viele Lebensmittel, dienen aber auch als Tierfutter.

Verbreitung und Vermehrung
Die Verbreitung von Früchten und Samen kann durch den Wind, Wasser, Tiere und Menschen oder durch Selbstverbreitung erfolgen. Auf diese Weise können Pflanzen neue Standorte und Lebensräume besiedeln.
Manche Pflanzen können sich auch ohne Ausbildung von Samen vermehren. Diese ungeschlechtliche Vermehrung kann durch Ausläufer, Erdsprosse, Sprossknollen, Wurzelknollen, Zwiebeln oder Stecklinge erfolgen.

Züchtung von Nutzpflanzen
Die Auslesezüchtung beginnt mit dem Anbau von Wildpflanzen. Von diesen werden dann die Samen der Pflanzen mit den gewünschten Eigenschaften ausgewählt und für den weiteren Anbau verwendet. So entwickeln sich schließlich Pflanzen, bei denen die gewünschten Eigenschaften deutlich ausgeprägt sind.

Aus dem Leben der Pflanzen in unserem Umfeld

1. a) Ordne den Zahlen im Bauplan einer Blütenpflanze die entsprechenden Begriffe zu.
b) Nenne die Aufgaben der einzelnen Pflanzenteile.

2. a) Ordne den Zahlen in der folgenden Abbildung die entsprechenden Begriffe zu.
b) Nenne die Aufgaben der verschiedenen Blütenteile.

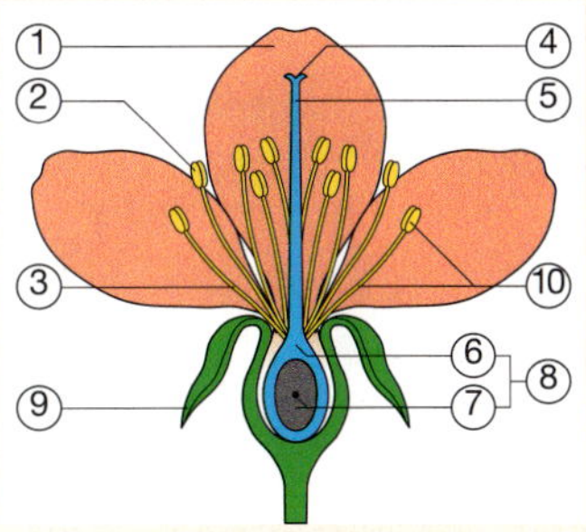

3. Insekten besuchen die Blüten von Obstbäumen, von Hasel und Erle jedoch nicht. Nenne den Grund.

4. Männliche Haselblüten müssen mehr Pollen bilden als Kirschblüten. Erkläre.

5. Schreibe auf, welche Versuche du durchführen musst, um Keimungsbedingungen zu untersuchen.

6. Ordne beim Samen der Feuerbohne den Zahlen die richtigen Begriffe zu.

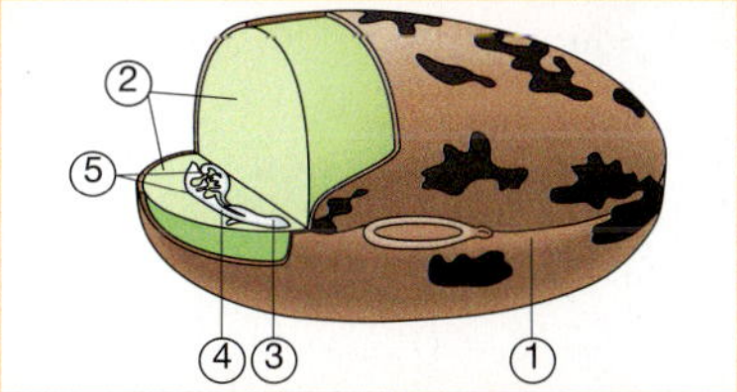

7. a) Schreibe ein Wachstumsprotokoll der Feuerbohne.
b) Fertige daraus ein ▸ Diagramm auf Kästchenpapier.

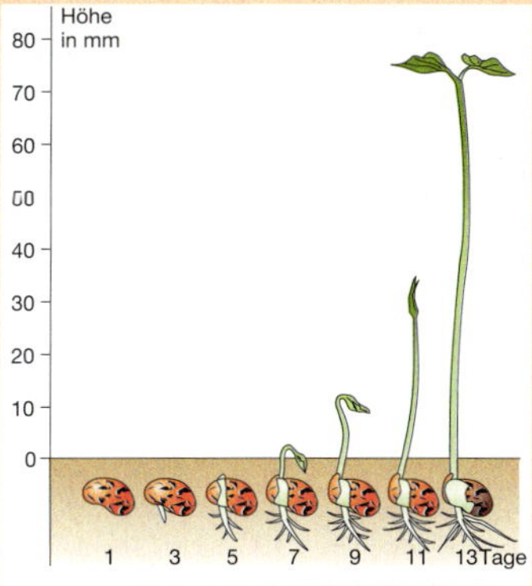

8. Die abgebildeten Früchte und Samen stammen von Feldahorn, Birke, Himbeere, Ginster, Wasserhahnenfuß und Löwenzahn.
a) Ordne die Namen den Früchten und Samen zu.
b) Wie werden die abgebildeten Früchte und Samen verbreitet?

9. a) Nenne drei Formen der ungeschlechtlichen Vermehrung mit je einem Beispiel.
b) Um welche Form ungeschlechtlicher Vermehrung handelt es sich hier?

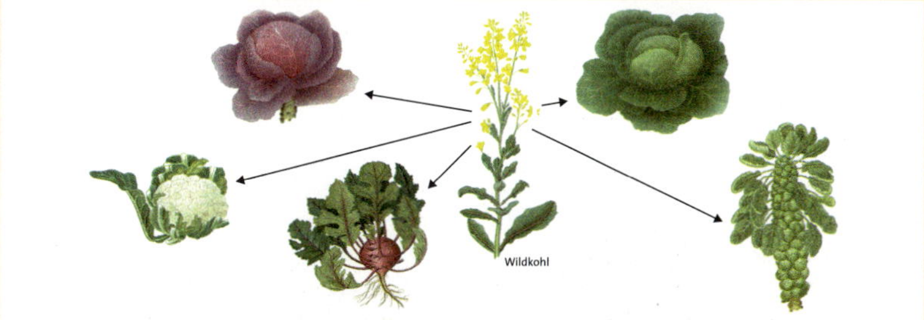

10. Viele unserer Nutzpflanzen hat der Mensch durch Auslese gezüchtet. Zeige in einem ▸ Kurzvortrag, welche Sorten aus Wildkohl entstanden sind und welche Teile uns als Nahrung dienen.

Warum hat man gerade diesen Baum unter Naturschutz gestellt?

Warum ist Teichwasser manchmal fest, manchmal flüssig und manchmal sogar gasförmig?

Wie verständigen sich Ameisen untereinander?

Tiere und Pflanzen in ihren Lebensräumen

Welche Tiere nutzen einen einzeln stehenden Baum?

Weshalb hängen die beiden Kleinlibellen zusammen?

Wie schützen sich Pinguine in der Antarktis vor der enormen Kälte?

Was gibt es auf unserem Schulgelände?

Rote Waldameise 9 mm–12 mm

1. a) Die Fotos links zeigen Pflanzenarten, die auf dem Schulgelände oft zu finden sind. Benenne sie.

b) Überlege, welche Lebensbedingungen an ihren Standorten herrschen. Beschreibe.

2. Bildet Gruppen und untersucht einzelne Lebensräume auf eurem Schulgelände. Wie viel Licht erhalten die Pflanzen? Ist der Boden ausreichend feucht oder eher trocken? Gibt es einen Schutz vor zu starkem Wind? Legt eine Tabelle an und tragt die Ergebnisse ein.

Tipp: Nutzt – wenn an der Schule vorhanden – auch Licht-, Wind- und Feuchtigkeitsmessgeräte. Lasst euch die Bedienung durch eure Lehrkraft zeigen.

Lebensraum	Licht	Temperatur	Feuchtigkeit	Boden
Rasen	sonnig/ halbschattig	warm/ heiß	gering	
Teich				
Pflaster				

Wolfsspinne 3 mm–7 mm

Mistkäfer bis 20 mm

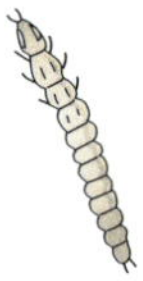

Käferlarve bis 25 mm

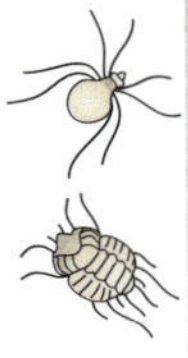

Milben bis 2 mm

3. Viele Tiere auf dem Schulgelände führen ein verborgenes Leben. Sie leben in Ritzen, Spalten und unter Steinen, unter Laub, im Humusboden, auf Pflanzen, an Mauern.

a) Sammele Tiere in einem Schraubglas mit wenig Erde oder Bodenproben. Gib diese in eine flache Schale und betrachte sie mit einer Lupe. Beschreibe, was du entdeckst. Benenne einige.

b) Überlege und erkläre: Wovon ernähren sich die verschiedenen Bodentiere?

c) Begründe, warum man Bodentiere nicht zu lange in einem kleinen, verschlossenen Schraubglas halten darf.

1 „Lebloses“ Schulgelände?

Lebensräume auf dem Schulgelände
Ein Schulgelände ohne Pflanzen und Tiere wäre undenkbar. Auch dort, wo Beton und Steine das Bild bestimmen, finden sich erstaunlich viele verschiedene Lebensräume, wie beispielsweise Rasenflächen, ein ▸ Teich oder ein großer ▸ Baum.
Als **Lebensraum** bezeichnet man ein Gebiet, das durch seine Besonderheiten bei Feuchtigkeit, Licht, Boden und ▸ Temperatur von der Umgebung abgegrenzt ist. In jedem Lebensraum ist eine besondere Gemeinschaft von Pflanzen und Tieren zu finden.

Lebensraum Pflasterritzen
Manche Pflanzen, zu denen auch die **Trittpflanzen** zählen, wachsen in mit Sand gefüllten Ritzen zwischen Pflastersteinen. Hier müssen sie so manchen „Fußtritt“ ertragen. Auch extreme Hitze und Trockenheit machen ihnen zu schaffen. Regenwasser kann im sandigen Boden schnell versickern.
Dicht am Boden liegende Blattrosetten und harte Stängel schützen sie vor Beschädigungen durch Fußgänger. Eine tief in die Erde reichende Pfahlwurzel versorgt die Pflanzen mit Wasser auch aus tieferen Bodenschichten.

2 Trittpflanzen: ① Löwenzahn, ② Breitwegerich, ③ Hirtentäschelkraut

Methode

Umgang mit Lupe und Stereolupe

Regeln zum Gebrauch einer Lupe

Becherlupe

1. Schließe beim Betrachten des Objektes das eine Auge und sieh mit dem anderen durch die Lupe hindurch.

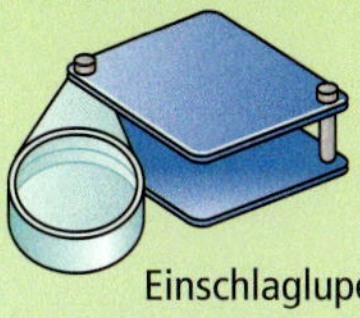

Einschlaglupe

2. Verändere langsam den Abstand zwischen Lupe und Objekt oder Lupe und Auge, bis du das Objekt gut erkennen kannst. Eine Becherlupe eignet sich besonders für sich bewegende Tiere.

Regeln zum Umgang mit einer Stereolupe
Manchmal möchtest du Einzelheiten sehen, die dir eine Lupe nicht vermitteln kann. Mit einer Stereolupe kannst du meist 20- bis 40-fach vergrößern und Objekte räumlich sehen.
1. Lege das zu untersuchende Objekt in eine kleine Glasschale. Bedecke diese mit einer Glasscheibe.
2. Passe beide Okulare deinem Augenabstand an.
3. Drehe das Triebrad zunächst so weit nach unten, bis das Objekt etwa einen Zentimeter über dem Objekt ist.
4. Blicke nun durch beide Okulare. Drehe während des Betrachtens das Objekt langsam nach oben, bis du das Objekt scharf siehst.

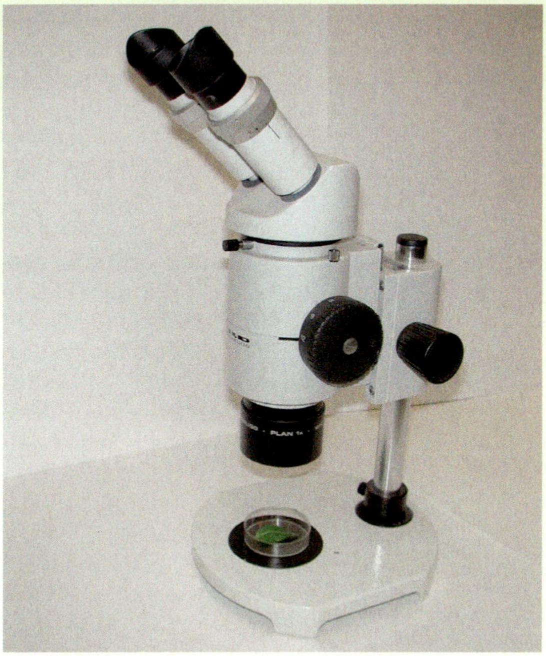

Tiere beobachten und bestimmen wie die Profis

Vorbereitung
Zur Beobachtung von Tieren müsst ihr euch gut vorbereiten. Drei Dinge solltet ihr vor der Beobachtung klären:

1. Welche Tiere sollen beobachtet werden und wo finde ich sie?
2. Wann ist die beste Beobachtungszeit (Tages- und Jahreszeit)?
3. Welche Kleidung brauche ich (zum Beispiel feste Schuhe oder Regenkleidung)?
4. Welche Ausrüstung brauche ich?

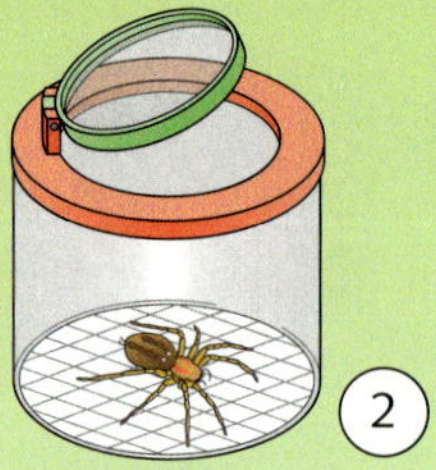

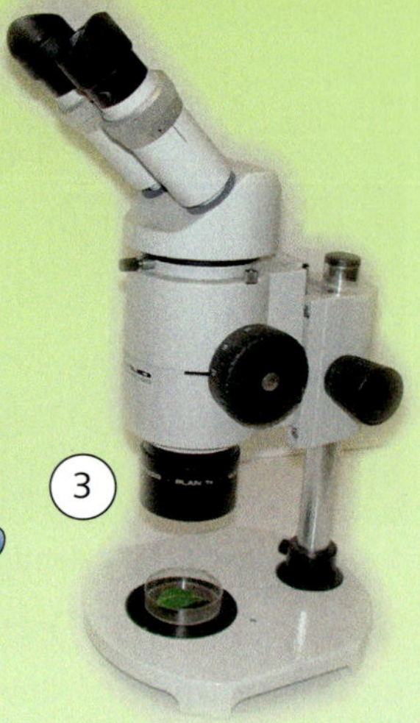

Verhalten beim Beobachten
Tiere in der freien Natur sind häufig sehr scheu. Deshalb solltet ihr darauf achten, dass ihr sie nicht verscheucht. Wenn ihr euch ruhig verhaltet und keine hastigen Bewegungen macht, habt ihr gute Chancen, Tiere über einen längeren Zeitraum beobachten zu können.

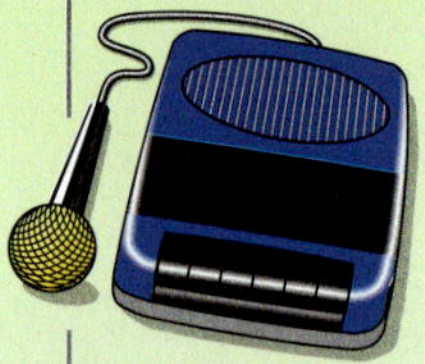

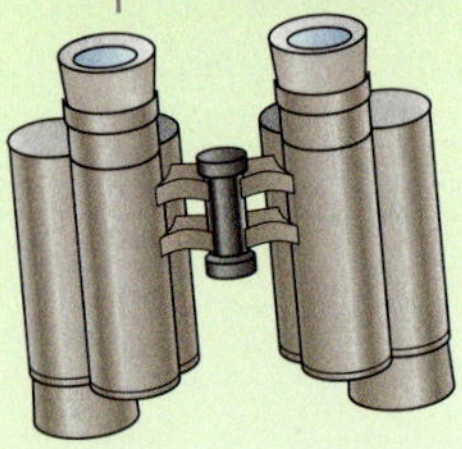

Ausrüstung
Vögel und Säugetiere sind häufig nur auf größere Entfernung zu beobachten. Mit einem **Fernglas** kann man sie „näher" heranholen und so ungestört betrachten. Kleinere Tiere lassen sich mit einer ▸ Lupe bestens beobachten. Eine **Leselupe** ① erfüllt häufig schon diesen Zweck. Da viele Tiere wie Insekten oder Spinnen versuchen zu entkommen, eignen sich **Dosenlupen** ② hierzu besonders gut. Wenn ihr spezielle Einzelheiten wie Insektenaugen oder Spinnenhaare erkennen wollt, benötigt ihr eine ▸ **Stereolupe** ③ , die eine starke Vergrößerung ermöglicht. Dieses Instrument ist sehr empfindlich und schwer zu transportieren. Deshalb sollte es besser im Unterrichtsraum verwendet werden. Geräusche oder Tierstimmen wie den Gesang verschiedener Vögel könnt ihr mit einem **Kassettenrekorder** oder **MP3-Aufnahmegerät** aufzeichnen und später auswerten.

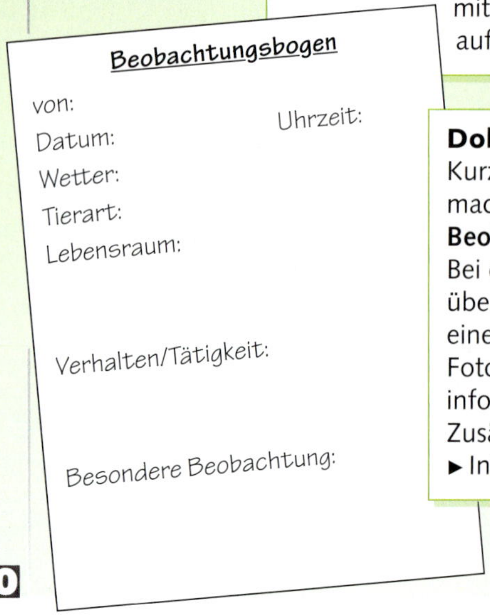

Dokumentation
Kurze, aber exakte Notizen helfen euch, die in der Natur gemachten Beobachtungen zu dokumentieren. Praktisch ist ein **Beobachtungsbogen.**
Bei der Auswertung tragt ihr eure Ergebnisse zusammen und überlegt, wie ihr sie euren Mitschülern mitteilen wollt. Ihr könnt einen ▸ **Steckbrief** von Tieren erstellen und Zeichnungen oder Fotos hinzufügen. Ihr könnt auch ▸ **Plakate** gestalten, die informativ sind und zugleich das Klassenzimmer verschönern. Zusätzliche Informationen aus Bestimmungsbüchern oder dem ▸ Internet können eure Forschungsergebnisse ergänzen.

A

Im Umfeld eurer Schule begegnen euch viele Tiere. Je genauer ihr hinschaut, desto mehr Arten werdet ihr entdecken. Aber wie bekommt ihr heraus, wie sie heißen? Das ist ein Fall für Tierdetektive. Wichtig ist, dass ihr die Tiere möglichst genau betrachtet.

B

Dabei ermittelt ihr, ob es sich um ein **Wirbeltier** oder ein wirbelloses Tier handelt. Alle Wirbeltiere besitzen ein gegliedertes **Skelett** aus Knochen oder Knorpeln, das sie stützt. Als Hauptstütze dient ihnen eine Wirbelsäule. Alle Fische, Lurche, Kriechtiere, Vögel und Säugetiere sind Wirbeltiere.

C

D

1 Verschiedene Wirbeltiere. A *Grasfrosch;* **B** *Kleiber;* **C** *Maulwurf;* **D** *Bachforelle;* **E** *Ringelnatter*

Tiere, die keine Wirbelsäule besitzen, heißen ▸ **Wirbellose.** Bei ihnen werden die weichen Körperteile oft durch eine äußere Hülle geschützt und in einer stabilen Form gehalten. So eine Außenhülle kann ein Panzer (zum Beispiel Käfer), eine Schale (zum Beispiel Schnecken) beziehungsweise eine mehr oder weniger feste Haut (zum Beispiel Regenwürmer) sein.
Ein wichtiges Merkmal, auf das Tierforscher bei der Bestimmung wirbelloser Tiere zurückgreifen, ist die Anzahl der Beine.

Beispielsweise haben alle Insekten drei Beinpaare und Spinnentiere vier. Ermittelt also zunächst die Anzahl der Beinpaare, um euer Tier zu bestimmen. Der untenstehende **Bestimmungsschlüssel** hilft euch dabei.

Um eure Detektivarbeit fortzuführen, benötigt ihr weitere Informationen, die ihr aus bebilderten **Bestimmungsbüchern** oder im ▸ Internet (zum Beispiel www.natur-lexikon.com) beziehen könnt.

E

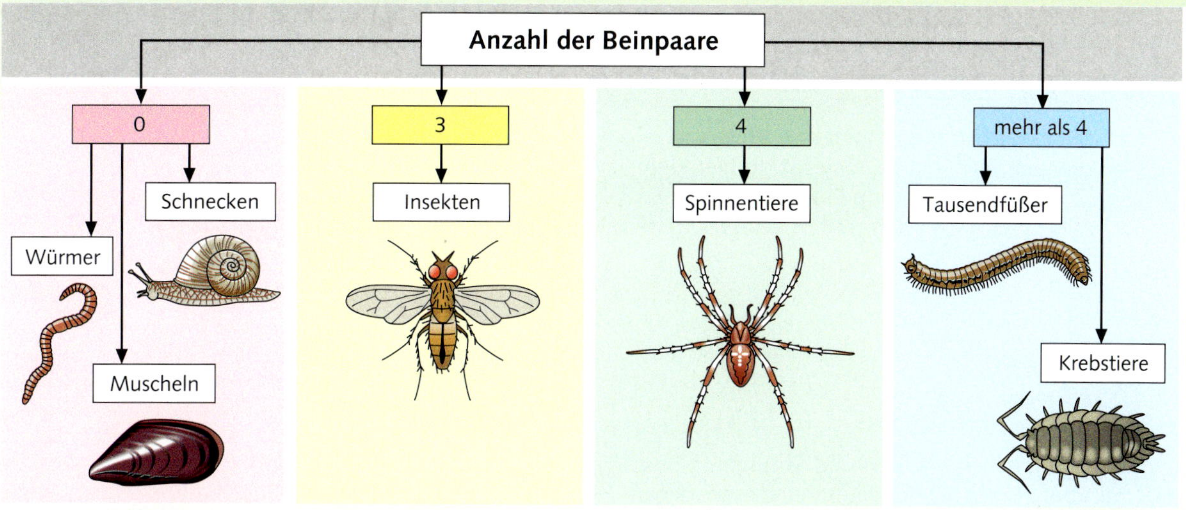

2 Einfacher Bestimmungsschlüssel für Wirbellose

Wie Baumdetektive vorgehen

1 Eiche

2 Fichte

Im Umfeld deiner Schule wachsen eine Menge Pflanzen. Wenn du ihre Namen herausfinden willst, gibt es ein paar Tipps, die dir die Arbeit erleichtern können.

Zuerst schaust du dir die ganze Pflanze an. Entscheide, ob du einen ▸**Baum,** einen ▸**Strauch** oder eine ▸**krautige Pflanze** vor dir hast.

Wenn du erkannt hast, dass eine Pflanze entweder ein Baum oder ein Strauch ist, kannst du die **Wuchsform** betrachten. Manche Bäume wie eine Eiche sind schon an diesem Merkmal zu erkennen. So hat eine Eiche eine sehr breite Krone mit starken, knorrigen Ästen. Eine Fichte dagegen hat eine viel schlankere Krone und ihre Äste wachsen bogenförmig nach oben.

Als echter Baumdetektiv wirst du dir jedoch vor allem die Blätter genauer ansehen. Entscheide zuerst, ob dein Baum **einfache** oder **zusammengesetzte Blätter** besitzt.
Bei zusammengesetzten Blättern wachsen an einem Blattstiel mehrere kleine Teilblättchen.

Betrachte dann die **Form der Blätter.**
Es gibt ganz unterschiedliche Formen.

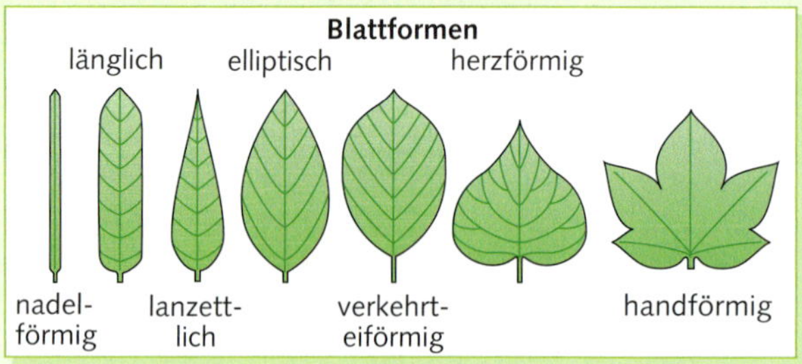

Jetzt kannst du dir noch den **Blattrand** genauer ansehen. Oft siehst du hier kleine Zähnchen oder runde Einbuchtungen. Es gibt aber auch noch weitere Möglichkeiten.

Beim Bestimmen von Bäumen und Sträuchern muss man immer mehrere Merkmale miteinander vergleichen. Wenn du dabei sorgfältig vorgehst, sollte es dir mit einiger Übung leicht fallen, die Bäume und Sträucher in der Umgebung deiner Schule zu bestimmen. Wenn du über einen Baum mehr als den Namen erfahren möchtest, kannst du zusätzlich ein Bestimmungsbuch für heimische Pflanzen verwenden.

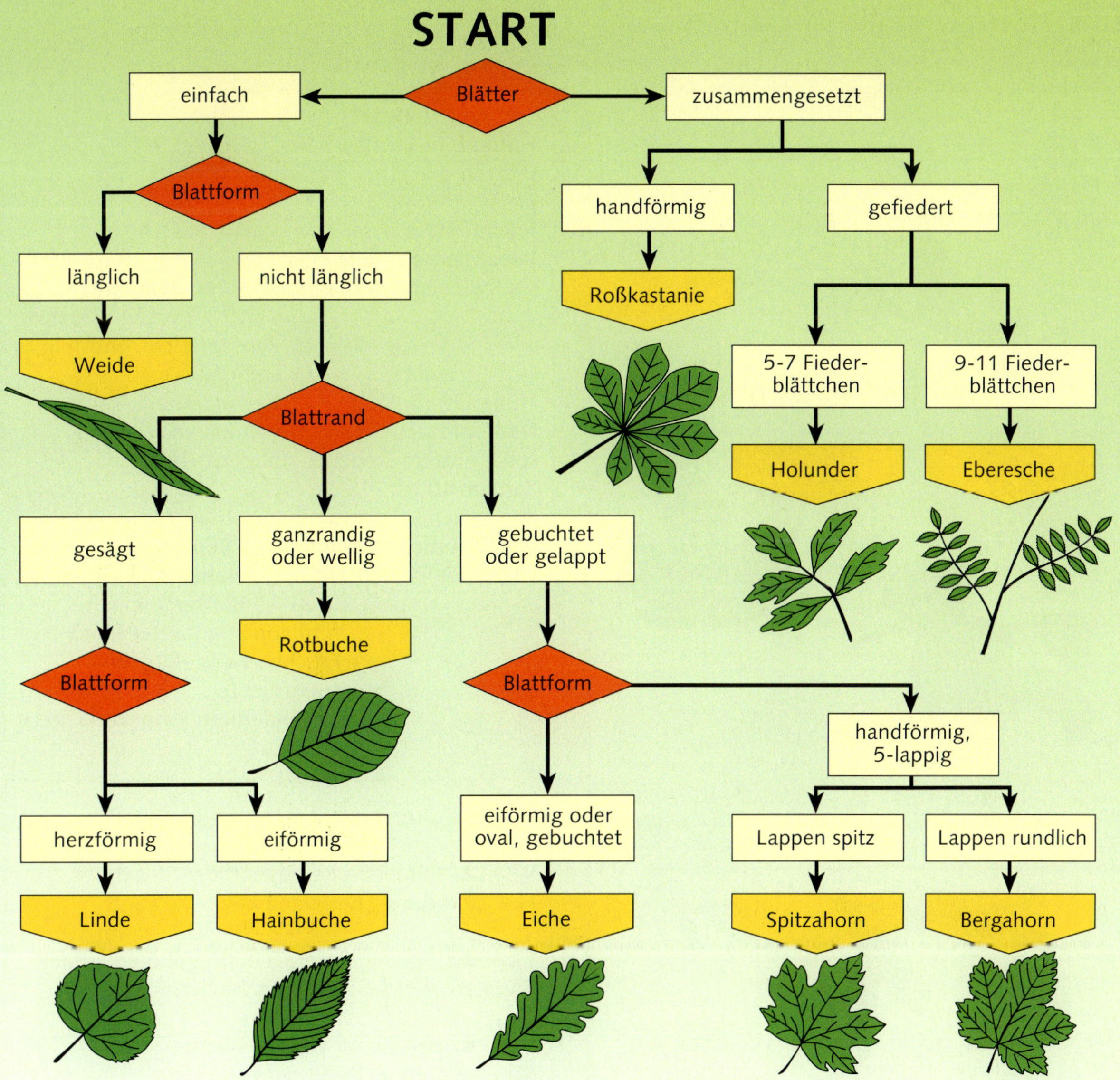

Wenn du eine Sammlung getrockneter Blätter aufbewahren möchtest, kannst du ein **Herbarium** anlegen. Beachte dabei folgende Hinweise:

1. Lege die Blätter einzeln zwischen die Seiten einer Tageszeitung. Achte darauf, dass sie nicht geknickt sind. Schreibe dann auf einem Zettel Datum und Fundort auf und lege ihn dazu.
2. Beschwere den Zeitungsstapel mit Büchern, damit die Blätter gepresst werden.
3. Nimm die Blätter nach etwa zwei Wochen wieder heraus und klebe sie auf weißes Papier oder Zeichenkarton.
4. Klebe auf jede Seite nur ein Blatt und beschrifte die Seiten sorgfältig mit Namen, Fundort, Datum und besonderen Merkmalen der Pflanze.

Hier gibt es weitere Informationen: www.baumkunde.de

Bäume und Sträucher

Hasel
Höhe: 2 m – 6 m
Blätter: einfach, herzförmig, gesägter Rand
Frucht: Haselnuss
Besonderheit: reife Nüsse sind wichtige Tiernahrung

Lärche
Höhe: 25 m – 30 m
Nadeln: kurz und weich, in Büscheln
Zapfen: 2 cm, eiförmig, stehend
Besonderheit: Nadeln werden im Herbst abgeworfen

Fichte
Höhe: 30 m – 40 m
Nadeln: stachelig spitz, einzeln stehend
Zapfen: 10 cm – 15 cm hängend
Besonderheit: häufig verwendetes Bauholz

Bergahorn
Höhe: 20 m – 25 m
Blätter: einfach, fünflappig, gesägter Rand
Frucht: zwei geflügelte Nussfrüchte
Besonderheit: Propellerflieger!

1. Ordne die Steckbriefe den Bildern zu.

2. Für einen Baum fehlt der Steckbrief. Hier sind die ▸ „Baumdetektive" gefragt!

3. Welche dieser Gehölze gehören zu den Bäumen, welche zu den Sträuchern?

4. Fertige für weitere Bäume auf dem Schulgelände ▸ Steckbriefe an.

5. Sammle im Winter knospende Zweige und versuche sie zu bestimmen.

Die Rosskastanie:
Ein Baum in Zahlen

Höhe: bis 25 m
Kronendurchmesser: bis 10 m
Anzahl der Blätter: 250 000
Fläche der Blätter: 2500 m²
Wasserverdunstung pro Tag: 250 l
Holzproduktion pro Tag: 500 g
Sauerstoffproduktion in den ersten 25 Wachstumsjahren: 45 t

junge Kastanie, rotblättrige Form

Winterknospen

Heckensträucher mit Früchten

6. Baumrallye

- Markiert auffällige Bäume und Sträucher des Schulgeländes mit Nummernkärtchen.
- Tragt die Nummern auf einer Übersichtszeichnung des Schulgeländes ein.
- Eure Mitschülerinnen und Mitschüler suchen die so markierten Gehölze auf und versuchen sie zu bestimmen wie die ► „Baumdetektive".

7. Rinden-Rubbelbilder

- Sucht Bäume mit einer interessanten Borke.
- Befestigt weißes Papier am Stamm (**Tipp:** Kreppband!).
- Rubbelt mit Wachskreide oder Zeichenkohle vorsichtig über das Blatt.
- Findet eure Mitschülerinnen und Mitschüler die Bäume auf dem Schulgelände mithilfe eurer Zeichnung wieder?

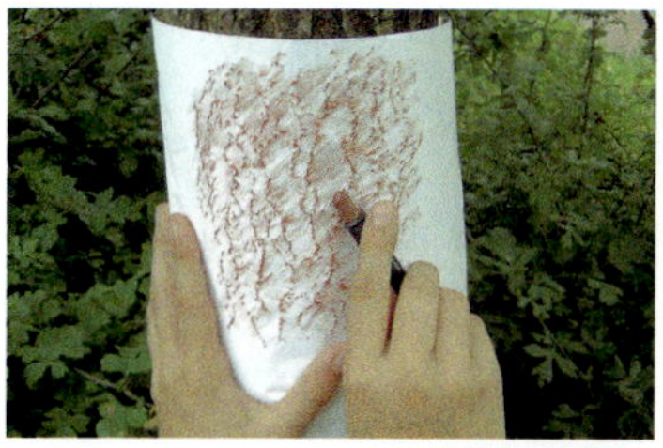

Der Baum als Lebensraum

Waldkauz
Lebensraum (LR): Wälder, ...
Nahrung (N): Mäuse, ...
Besonderheiten/
Verhalten (B): ...
Feinde (F): ...

1. a) Fertige nach dem Muster rechts die im Baum auf der rechten Seite fehlenden Steckbriefe an.
b) Zeichne auf eine große Pappe den Umriss eines Baumes. Gestalte aus den Steckbriefen und weiterem Bildmaterial eine Collage vom „Lebensraum Baum“.

2. Oben siehst du ein Eichhörnchen, rechts Eichelhäher, Eichenwickler und Eichengallwespe. Finde heraus, auf welche Weise diese Tiere die Eiche als Lebensraum nutzen. Berichte.

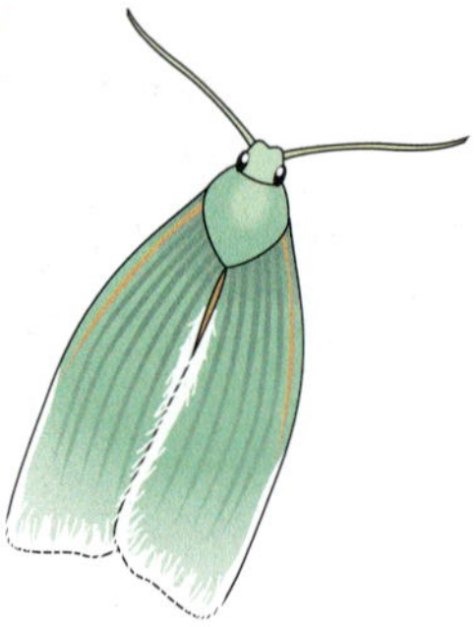

3. Die kugelförmigen Gebilde, die sich auf der Unterseite vieler Eichenblätter finden, sind durch die Eiablage der Eichengallwespe entstanden. Untersuche im Sommer und Frühherbst Eichen- und Buchengallen. Zeichne und beschrifte einen Querschnitt.

4. Die vom Specht ins Holz gezimmerten Bruthöhlen finden bald schon „Nachmieter“. Finde mithilfe des Buches heraus, wie
▸ Fledermäuse die Quartiere nutzen könnten.

5. a) 2009 wurde der Berg-Ahorn zum „Baum des Jahres“ gewählt. Finde heraus, welcher Baum im aktuellen Kalenderjahr der „Baum des Jahres“ ist. Weshalb wurden beide ausgewählt?
b) Schreibe einen Steckbrief zum Baum des Jahres.

6. Stelle in einer Tabelle zusammen, wie unterschiedliche Tierarten die Eiche als Lebensraum nutzen, ohne sich dabei gegenseitig Konkurrenz zu machen.

Teil der Eiche	genutzt von	genutzt als
Baumkrone	Trauerschnäpper	Ausguck zur Insektenjagd
Baumstamm		

Bäume und Sträucher sind unverzichtbar

Bäume und Sträucher erfüllen auf dem Schulgelände wichtige Aufgaben: Sie spenden Schatten und filtern Staub aus der Luft. Sie schützen vor Lärm und versorgen uns mit Sauerstoff. Und nicht zuletzt verschönern sie den Schulhof.

Eine Eiche – Lebensraum und Nahrungsquelle

Für viele Tierarten sind Bäume einzigartige Lebensräume. Auf einer einzigen Eiche hat man über 250 Vogel-, Säugetier- und Insektenarten nachgewiesen! Sie alle nutzen den Baum als Lebensraum, jede Art jedoch auf ihre ganz besondere Weise: als Unterschlupf, als Rast- und Brutraum oder auch nur zur Nahrungssuche. Verschiedene Tierarten können so problemlos nebeneinander leben, ohne sich gegenseitig **Konkurrenz** zu machen.

Am Beispiel der auf einer Eiche lebenden Vögel lässt sich dies gut verdeutlichen.

Der **Trauerschnäpper** nutzt die obersten Äste der Baumkrone als Ausguck und fängt von dort aus Fluginsekten.
Der **Baumläufer** klettert in Spiralen den Baumstamm empor und sucht dabei in den Ritzen der Borke nach Insekten und deren Larven.
Die **Blaumeise** hängt auf der Suche nach Kleintieren mit dem Bauch nach oben an den äußersten Ästen der Baumkrone.
Die **Singdrossel** findet Würmer und Schnecken auf dem schattigen, feuchten Boden am Fuße des Baumes.
Der nachtaktive **Waldkauz** nutzt die Eiche als Ruheplatz während des Tages.

Säugetiere und Insekten nutzen bestimmte Bereiche der Eiche als Lebensraum. So legt die **Waldmaus** ihren Bau im dichten Geflecht der Wurzeln an. Erst in der Dämmerung geht sie auf Nahrungssuche. Der **Baummarder** hingegen bewohnt als hervorragender Kletterer verlassene Baumhöhlen und Nester in der Baumkrone.

Der **Maikäfer** frisst mit Vorliebe die jungen Blätter der Eiche. Bei massenhaftem Vorkommen kann er erheblichen Schaden anrichten. Beim **Braunen Bär**, einem häufig vorkommenden Nachtfalter, sind es die bärenartig behaarten Raupen, die sich vom Eichenlaub ernähren.

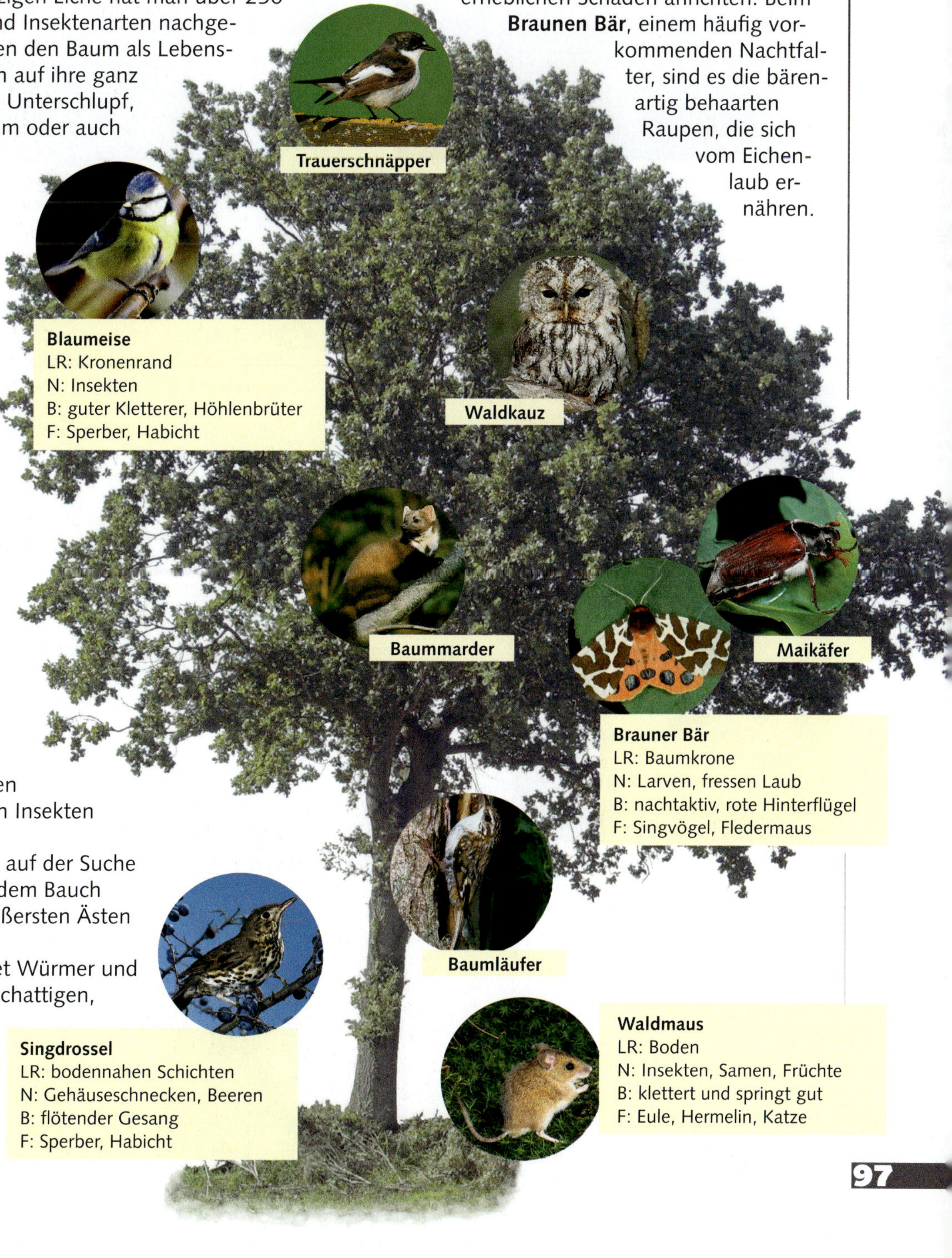

Unterwegs im Wald

1. Wendet euch an das zuständige Forstamt oder die Jägerschaft. Dort könnt ihr für einen ▸ Lerngang durch den Wald einen Termin und Treffpunkt ausmachen. Überlegt, was ihr mitnehmen müsst.

2. a) Wälder können verschieden aussehen. Betrachte die Abbildungen und finde heraus, welche Unterschiede zwischen ihnen bestehen.
b) In welchem der beiden Wälder leben wohl mehr unterschiedliche Tier- und Pflanzenarten? Begründe deine Vermutungen.

3. a) Erstelle eine Sachmappe zum Wald. Sammle dazu Informationen aus Zeitschriften oder Prospekten.
b) Fertige für deine Sachmappe ein ▸ Herbarium mit Blättern von Laubbäumen.

4. a) Sammelt Abbildungen von Pflanzen und Tieren, die im Wald leben.
b) Bildet Gruppen und überlegt euch, nach welchen Gesichtspunkten ihr die Pflanzen und Tiere ordnen könntet. Gestaltet ein Plakat.
c) Erklärt, wie ihr die Pflanzen und Tiere geordnet habt.
d) Vergleicht die einzelnen Plakate. Welche Ordnungsmuster gibt es?

5. Welche Aufgaben hat ein Jäger im Wald? Befragt dazu einen Jäger aus eurer Gegend. Bereitet eure Fragen vor dem Interview vor, haltet die Antworten stichwortartig fest und erstellt anschließend ein Plakat.

Wenn wir in einen Mischwald aus Laub- und Nadelbäumen hineingehen, nehmen wir zunächst ein scheinbares Durcheinander verschiedener Bäume, Sträucher und Kräuter wahr. Sehen wir jedoch genauer hin, lässt sich eine gewisse Ordnung erkennen, die sich auch in anderen Mischwäldern wiederholt.

Wurzelschicht
In dieser Schicht bedeckt Laub den Boden. Es wird von verschiedenen Bodenlebewesen wie Regenwürmern und anderen Kleinstlebewesen zersetzt, wobei sich mineralstoffreicher Boden bildet. In der Laubstreu suchen Wildschweine nach Eicheln und Bucheckern. Dabei wühlen sie diese Schicht um und mischen sie mit dem Waldboden. Im tieferen Untergrund sind Baumwurzeln verankert. Sie geben den Bäumen Halt und versorgen sie mit Wasser und Mineralstoffen. Unter der Erdoberfläche leben Rötelmäuse und Käferlarven.

Moosschicht
Auf dem Boden wachsen verschiedene Moosarten und Pilze. Die Moose erfüllen im Wald eine wichtige Aufgabe. Sie speichern das Niederschlagswasser und geben es nur langsam an den Boden ab. Viele Kleintiere wie Schnecken, Käfer, Spinnen und Ameisen suchen hier Nahrung und Unterschlupf.

Krautschicht
Diese Schicht, in der verschiedene Gräser und Wildkräuter zu finden sind, wird etwa einen Meter hoch. Auch Farne und Keimlinge von Bäumen wachsen hier. Die Zusammensetzung der Kräuter hängt von den jeweils herrschenden Lichtverhältnissen ab. Viele Pflanzen wie das Buschwindröschen blühen bereits im Frühling, wenn die Bäume noch kein Laub tragen.

1 Stockwerke im Laubmischwald

Die Insekten wie Wildbienen, Fliegen und Schmetterlinge sind dann in den Blüten auf Nahrungssuche. Auch Füchse und Dachse sind hier zu finden.

Strauchschicht
Hier findet man wenige Arten, die Schatten vertragen wie Hasel, Holunder, Faulbaum und junge Laubbäume. Je mehr Licht durch die Baumkronen dringt, um so üppiger wachsen sie. Sie erreichen eine Höhe von etwa fünf Metern. Einige Vogelarten wie Amsel, Buchfink und Zilpzalp nisten in dieser Schicht. Raupen, die sich von den Blättern ernähren, sind eine willkommene Beute für sie.
In der Strauchschicht sind auch die Wildschweine anzutreffen. Sie sind **Allesfresser.** Rothirsche und Rehe ernähren sich von Pflanzen und Pilzen und werden deshalb als **Pflanzenfresser** bezeichnet. Wenn es zu viele große Pflanzenfresser im Wald gibt, können sie vor allem jungen Bäumen und Büschen großen Schaden zufügen, indem sie die frischen Triebe fressen. Deshalb müssen Jäger die Anzahl der großen Waldtiere unter Kontrolle halten.

Baumschicht
Diese Schicht überragt alle anderen Stockwerke des Waldes. Sie kann bis zu 40 m hoch werden. Die Baumkronen der Eichen und Rotbuchen überragen fast alle anderen Baumarten wie Hainbuche, Feld- und Bergahorn. Ganz oben in den Wipfeln nisten Habicht und Mäusebussard, wo sie meist vor dem Baummarder geschützt sind.
In der Baumrinde finden Kleiber und Baumläufer Kleintiere als Nahrung. Der Buntspecht holt Käfer und Larven mit seiner klebrigen Zunge aus den Bohrgängen im Holz. Die Tiere nutzen die verschiedenen Stockwerke ganz unterschiedlich.

Gemeinsam stark: Waldameisen

1. a) Suche im Wald einen Ameisenhaufen. Wo wurde er angelegt? Berichte über Form, Größe und Material.
b) Ameisenhaufen werden oft durch Drahtgitter geschützt. Begründe diese Maßnahme.
c) Verfolge eine Ameisenstraße. Wie weit reicht sie? Wohin führt sie? Was transportieren die Ameisen?
d) Wedele mit einem Papiertaschentuch über einer Ameisenstraße oder lege es für einige Minuten auf den Ameisenhaufen. Beobachte und beschreibe die Reaktionen der Ameisen. Rieche danach am Tuch.
e) Erkläre, warum Ameisen im Wald als Nützlinge angesehen und geschützt werden.

2. Waldameisen besitzen keinen Giftstachel, können aus ihrer Hinterleibsdrüse aber eine ätzende Flüssigkeit verspritzen.
a) Worum handelt es sich dabei? Wozu wird sie eingesetzt?
b) Welche dir gut bekannte Pflanze „wehrt" sich mit dem gleichen Gift?

3. a) Unter Steinen oder Gehwegplatten findest du oft schwarze Wegameisen. Hebe eine Handvoll Erde mitsamt der Ameisen in ein Einmachglas. Gestalte ein Mini-Terrarium wie abgebildet. Das Wasser in der großen Schüssel sollte bis zum Tellerrand reichen. Als Futter dienen mit Honig bestrichene Brot- oder Fruchtstückchen.
b) Beobachte, wie die Ameisen ihr neues Gelände erkunden, sich verständigen und Gänge bauen.

4. a) Beschreibe den inneren Bau eines Ameisenhaufens.
b) Warum werden Eier, Larven und Puppen an verschiedenen Stellen gelagert?
c) Welche Maßnahmen sind bei regnerischer und kalter Witterung nötig?

5. a) Nenne Unterschiede zwischen den abgebildeten Ameisenformen der roten Waldameise.
b) Stelle unter Zuhilfenahme des Textes eine Tabelle über die Mitglieder des Ameisenstaates und ihre Aufgaben zusammen.

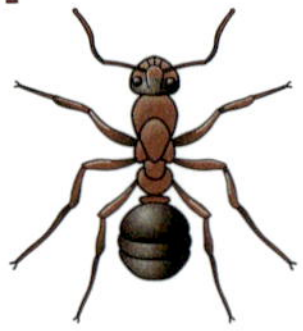
Arbeiterin

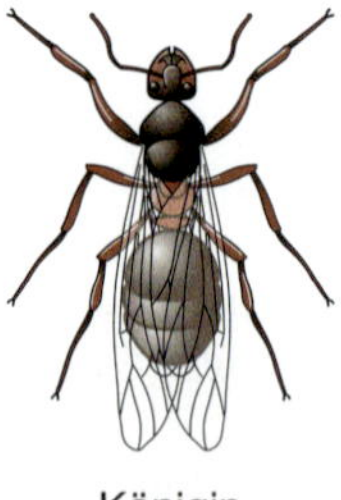
Königin

Männchen

Lebensräume und Lebensbedingungen → S. 122/123

Reger Verkehr auf dem Waldboden

Aufmerksame Beobachter entdecken am Waldboden oft Hunderte von Ameisen, die sich auf ganz bestimmten Bahnen, den **Ameisenstraßen,** bewegen. Unermüdlich transportieren diese Insekten Baumaterial und Nahrung in eine bestimmte Richtung. Die Wege zum Bau und zu den Nahrungsquellen werden durch Duftstoffe markiert. Oft sieht man auch, dass Ameisen sich gegenseitig betasten und mithilfe ihrer Fühler verständigen. Folgt man einer solchen Ameisenstraße, gelangt man zum Hügelnest der **roten Waldameise.**

Ameisen leben in Staaten

Ihr Nest, den **Ameisenhaufen,** errichten die Insekten häufig über morschen Baumstümpfen oder an Baumstämmen. Unzählige Nadeln, Ästchen und Rindenstücke werden zu einem kegelförmigen Hügel von oft über einem Meter Höhe aufgeschichtet. Ebenso tief reicht das Nest auch in die Erde hinein. Im Inneren befinden sich zahlreiche Kammern, die durch Gänge miteinander verbunden sind. Ein solcher Bau ist das bei weitem größte Bauwerk, das Insekten bei uns errichten. Hier leben so viele Einzeltiere wie Menschen in einer Großstadt – bis zu 500000.

Teamwork im Ameisenstaat

Innerhalb des Ameisenstaates herrscht eine strenge Arbeitsteilung. Die meisten Aufgaben werden von **Arbeiterinnen** übernommen. Dies sind unfruchtbare Weibchen ohne Flügel. Einige von ihnen erkunden als Sammlerinnen neue Nahrungsquellen, gehen auf Jagd und schaffen Beutetiere herbei. Pflegerinnen versorgen die Nachkommenschaft mit Futter. Auch müssen Eier, Larven und Puppen ständig an Plätze transportiert werden, an denen Feuchtigkeit und Temperatur für ihre Entwicklung günstig sind. Bauarbeiterinnen schleppen Fichtennadeln und anderes Nestmaterial, reparieren Schäden und erweitern den Bau. Als wahre „Schwerstarbeiter" können Ameisen – oft auch in Teamarbeit – Lasten transportieren, die ein Vielfaches ihres eigenen Körpers wiegen. **Wächterinnen** mit besonders starken Kieferzangen schließlich verteidigen die Eingänge des Baus gegen Feinde und fremde Ameisen. Dennoch fallen zahlreiche Ameisen auch ihren Fressfeinden wie Zaunkönig, Igel und Grünspecht zum Opfer.

1 Arbeitsteilung im Ameisenstaat. A *Sammlerin auf Beutefang;* **B** *Pflegerinnen bei der Brutfürsorge;* **C** *Hochzeitsflug;* **D** *Honigtauernte in einer Blattlauskolonie*

Ameisen auf „Hochzeitsflug"

Im Mai oder Juni verlassen ganze Schwärme geflügelter Ameisen das Nest für ihren „Hochzeitsflug". **Jungköniginnen** werden von den **Männchen** begattet und erhalten einen Spermienvorrat, der für ihre etwa 20-jährige Lebenszeit ausreicht. Während die Männchen nach der Paarung sterben, werfen die Königinnen ihre Flügel ab und kehren ins Nest zurück. In jedem Bau leben einige hundert fruchtbare Königinnen, die während ihrer Lebenszeit unzählige Eier legen. Wird ein Volk zu groß, gründen einige Königinnen mit einem Teil der Arbeiterinnen ein neues Nest.

Unverzichtbare Helfer im Wald

Ein großes Volk benötigt pro Tag zwischen 10000 und 100000 Beutetiere. Weil in einem Radius von 20 m bis 50 m um den Bau mit einer Massenvermehrung von Forstschädlingen kaum zu rechnen ist, schätzt der Förster die Ameisen als Helfer bei der **Schädlingsbekämpfung.** Auch deshalb sind Waldameisen streng geschützt.

Auf gute Partnerschaft!

Ameisen ernähren sich außerdem von den zuckerhaltigen Ausscheidungen der Blattläuse, dem **Honigtau.** Einige Ameisenstraßen führen bis in die Kronen von Bäumen, wo Blattläuse durch das Betrillern mit den Fühlern regelrecht „gemolken" werden. Als Gegenleistung für den süßen Nahrungssaft verteidigen die Ameisen die Blattläuse gegen Fressfeinde wie den Marienkäfer und seine Larven. Eine solche Beziehung zu beiderseitigem Nutzen wird **Symbiose** genannt.

Nahrungsbeziehungen im Wald

1. a) Wie heißen die abgebildeten Bewohner des Waldes? Zu welchem von ihnen gehört der Ausschnitt des Steckbriefes?
b) Finde heraus, wie die einzelnen Tierarten leben und erstelle weitere ▸ Steckbriefe.

Aussehen: kräftiger Schnabel, ...
Nahrung: in Rindenspalten verborgene Insekten und Insektenlarven; benötigt im Winter ausreichend Baumsamen
Fressfeinde: zählt zur Nahrung von Sperber und Waldkauz
Brutraum: Altbaumbestände mit hoch gelegenen Bruthöhlen
Spezialisierung: kann kopfüber den Stamm hinunterklettern; entdeckt so auch Beute, die sich in nach oben abstehender Borke versteckt
Überwinterung: Jahresvogel (Standvogel)

2. a) Im Ökosystem Wald sind viele Lebewesen durch „Fressen und Gefressenwerden" miteinander verknüpft. Schreibe aus Abbildung 2 mehrere Nahrungsketten heraus. Schreibe wie im folgenden Beispiel: Fichtenzapfen → Specht → ...
b) Das Foto rechts zeigt die beiden letzten Glieder einer Nahrungskette:
... → Eichhörnchen → Bussard.
Wie könnte der Anfang der Nahrungskette ausgesehen haben? Notiere sie vollständig.

1 Nahrungskette

Der Wald - ein Lebensraum für viele Tiere

Mischwälder bieten vielen Tierarten Nahrung, Wohnraum und Versteck. Hier können beispielsweise bis zu 70 Vogelarten nebeneinander leben, weil sie den gemeinsamen Lebensraum nutzen, ohne sich gegenseitig Konkurrenz zu machen. Der Buntspecht zum Beispiel zimmert Brut- und Wohnhöhlen in morsche Stämme, während die Blaumeise verlassene Höhlen als „Nachmieter" bezieht. Seine Nahrung sucht der Specht unter der Borke, die Blaumeise an den Zweigen.

Wer frisst wen? – Nahrungsketten

Pflanzen nutzen die ▸ Energie der Sonne zur Produktion von ▸ Nährstoffen. Sie brauchen die Nährstoffe zum Überleben und Wachsen. Pflanzen bilden die Lebensgrundlage für alle Menschen und Tiere.
An den Blättern einer Eiche fressen hellgrüne Raupen. Sie sind aus den Eiern des Eichenwicklers geschlüpft. Dass die Raupen nicht gleich ganze Bäume kahl fressen, ist unter anderem den Blaumeisen zu verdanken. Sie hüpfen auf der Suche nach Insekten von Ast zu Ast, entdecken die nahrhaften Raupen und fressen sie.
Blaumeisen stehen auf dem „Speisezettel" des Sperbers. Stehen Lebewesen so in einer Räuber-Beute-Beziehung zueinander, dass eines dem anderen als Nahrung dient, nennt man dies eine **Nahrungskette.**

Nahrungsnetze

Blaumeisen fressen neben Raupen auch Spinnen und Pflanzensamen. Sie selbst werden nicht nur vom Sperber, sondern auch von Waldkauz und Baummarder erbeutet. Der Baummarder wiederum frisst neben Singvögeln auch Eichhörnchen und Waldmäuse. Meist hat ein Tier also mehrere Beutetiere und selbst auch verschiedene Fressfeinde. Diese vielseitigen Verknüpfungen einzelner Nahrungsketten bilden ein **Nahrungsnetz.**

2 Nahrungsnetz

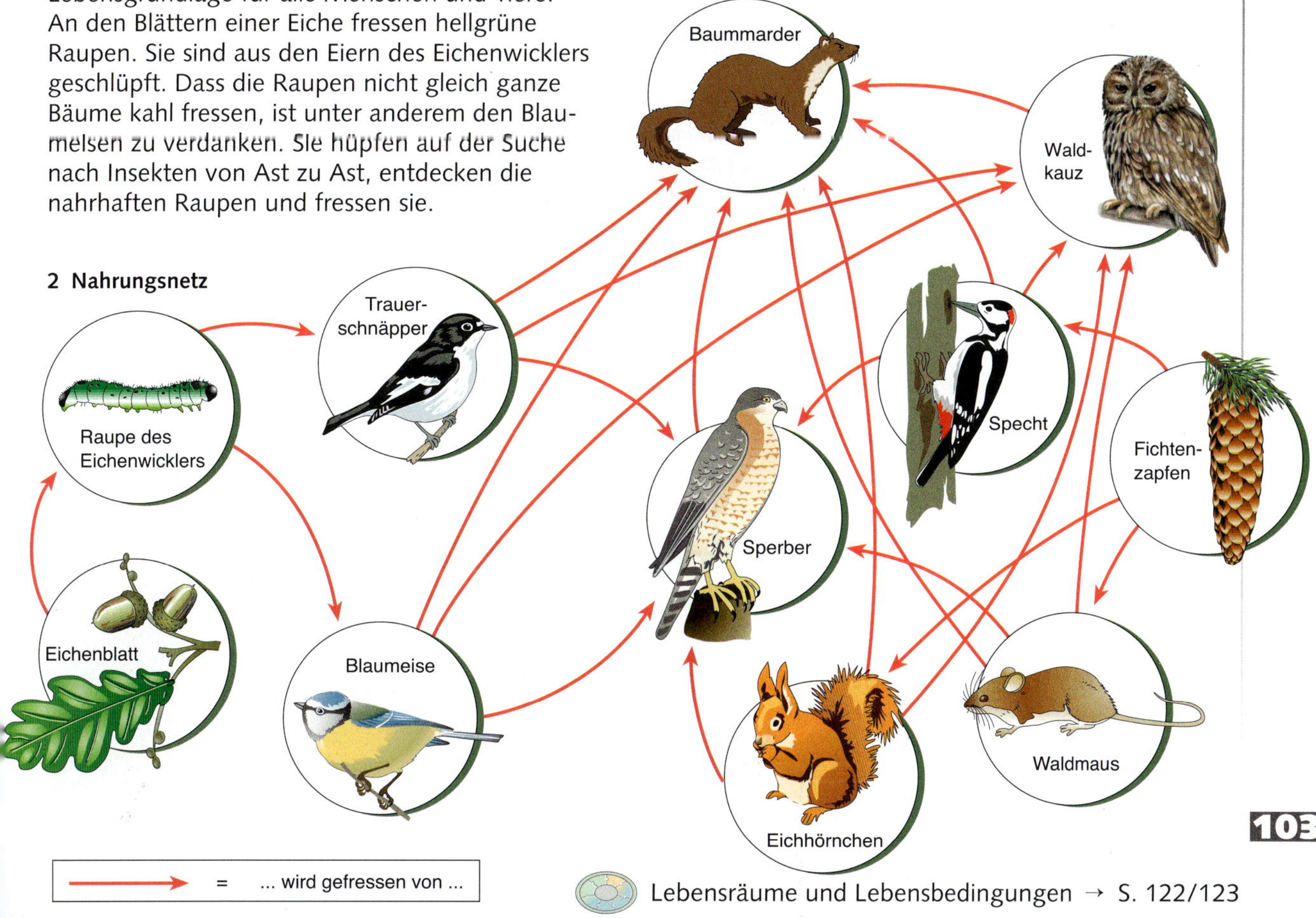

Lebensräume und Lebensbedingungen → S. 122/123

Der Teich als Lebensraum

1. Messt mithilfe eines Maßbandes den zu untersuchenden Teich aus und fertigt von diesem auf einem DIN-A4-Blatt eine ungefähr maßstabsgetreue Grundrisszeichnung an. Diese benötigt ihr später für weitergehende Arbeiten.

2. Bildet eine Fotogruppe, die Fotos vom Teich macht. Haltet charakteristische Teichmerkmale in Fotos für die Sachmappe fest. Ihr könnt auch eine Videokamera nutzen.

3. a) Bildet Teams. Legt Uferabschnitte fest. Bestimmt dort auffällige Pflanzen. Ihr braucht dazu Bestimmungsbuch und Schreibmaterial. Haltet die Ergebnisse auf einem Beobachtungsbogen fest.
b) Tragt eure Ergebnisse in eine Grundrisszeichnung vom Teich ein. Verwendet für die einzelnen Pflanzenarten jeweils ein anderes farbiges Symbol.

4. Gestaltet von einigen Uferpflanzen für die Sachmappe einen ▸ Steckbrief. Berücksichtigt dabei, welche Ansprüche die Pflanzen jeweils an ihren Lebensraum stellen.

5. a) Bildet Teams und verteilt euch um den Teich. Beobachtet, welche Tiere sich dort aufhalten und wie sie sich verhalten.
b) Bestimmt die Tiere und notiert sie.
c) Sucht nach Gründen, weshalb sich die Tiere gerade dort aufhalten.

6. Fertigt von einigen Tieren einen ▸ Steckbrief für die Sachmappe an.

7. Welche Pflanzenzonen erkennst du in unten stehendem Foto?

8. a) Bildet Teams, um Kleintiere des Teiches zu fangen. Hierfür benötigt ihr Kescher, Gläser, Glasdeckel (zum Beispiel Petrischalen), Lupen und ein Bestimmungsbuch.
b) Zieht den Kescher mehrmals durch das Wasser und übertragt die gefangenen Kleintiere in das mit Wasser gefüllte Glas.
c) Ihr könnt ein Tier auch in eine mit Wasser gefüllte Petrischale übertragen und es dann mit der Lupe oder dem Binokular betrachten.
d) Bestimmt einige der Tiere. Setzt alle Tiere danach wieder in den Teich.

1 Rohrkolben mit Libellen (Paarungsrad)

Lebensraum Teich

Teiche sind wertvolle Lebensräume mit besonderen Pflanzen- und Tierarten, die wir meist nur an und in solchen stehenden Gewässern finden. Teiche sind oft in Dörfern, Kleinstädten und Parkanlagen zu finden, jedoch auch als Schulteich auf einem Schulgelände. Wenn wir es zulassen, kann sich an den Ufern und im Wasser ein vielfältiger Pflanzenwuchs mit typischen Pflanzenzonen entwickeln.

Pflanzen in der Röhrichtzone

Den Teich umgibt ein Gürtel verschiedenster Pflanzenarten. Hier wachsen zum Beispiel Schilfrohr, Rohrkolben, Schwertlilie, Froschlöffel und Pfeilkraut. Schon zeitig im Frühjahr leuchten die gelben Blüten der Sumpfdotterblume. Diese Pflanzen sind an das Leben am und im Wasser angepasst. Viele solcher Sumpfpflanzen besitzen ausladende oder tiefe Stängel- und Wurzelsysteme, mit denen sie sich im schlammigen Untergrund verankern. Selbst wenn der Wasserspiegel im Sommer sinken sollte, vertrocknen die Pflanzen nicht. Ihre Blätter sind meist großflächig, ziemlich dünn und weisen kaum einen Verdunstungsschutz auf.

Tiere in der Röhrichtzone

Zwischen den im Wasser stehenden Stängeln tummeln sich im Frühsommer frisch geschlüpfte Molche und ▸ Kaulquappen von Fröschen und Kröten.
Wenn man still am Ufer sitzt, kann man auch zahlreiche Insektenarten wahrnehmen. Zu ihnen gehören Libellen. Die Blaugrüne Mosaikjungfer zum Beispiel erreicht eine Länge von 8 cm und eine Flügelspannweite zwischen 2 cm und 11 cm. Begegnen sich zwei Männchen, kommt es zu einem Luftkampf. Paarungsbereite Libellen dagegen vereinigen sich zu einem Paarungsrad und lassen sich an einem Pflanzenstängel nieder. Das Weibchen legt seine Eier dicht unter der Wasseroberfläche an Wasserpflanzen ab.
Besonders auffällig sind flink auf der Wasseroberfläche hin und her flitzende Wasserläufer. Ihre Beine tragen am Ende viele kleine Härchen, die es ihnen ermöglichen, auf dem Wasser zu laufen.

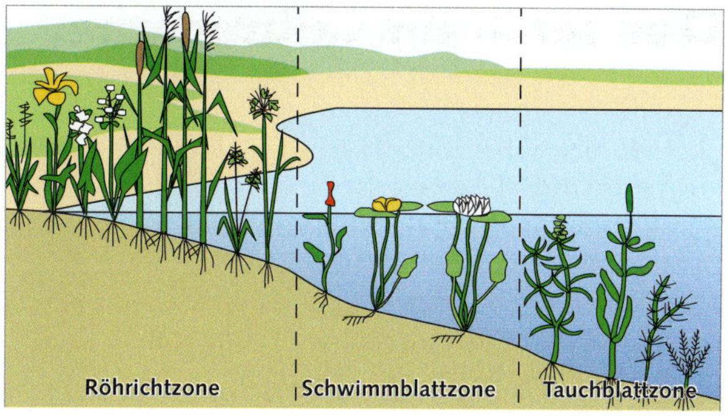

2 Teichquerschnitt mit Pflanzenzonen

Lebewesen in der Schwimmblattzone

Die auffälligsten Pflanzen der Schwimmblattzone sind die Seerosen mit den weißen und die Teichrosen mit den gelben Blüten. Ihre Blätter enthalten luftgefüllte Hohlräume, sodass sie wie ein Schlauchboot auf dem Wasser schwimmen können. Von den Blättern führen lange Stängel zu den Wurzeln, mit denen sie sich im Teichboden verankern. In dieser Zone sind auch Froschbiss und Teichlinsen zu finden.
Fische verstecken sich im Schutz dieser Pflanzen. Wasserschnecken raspeln von den Pflanzen den Algenbewuchs ab. Auf den Blättern ruhen Libellen und Käfer. Frösche halten dort nach Nahrung Ausschau.

Lebewesen der Tauchblattzone

In diesem Bereich ist vom Ufer aus kein Pflanzenwuchs erkennbar. Trotzdem gibt es unterhalb der Wasseroberfläche Kammlaichkraut, Hornblatt oder Tausendblatt. Sie liefern neben Grünalgen den Tieren unter Wasser den lebensnotwendigen Sauerstoff.

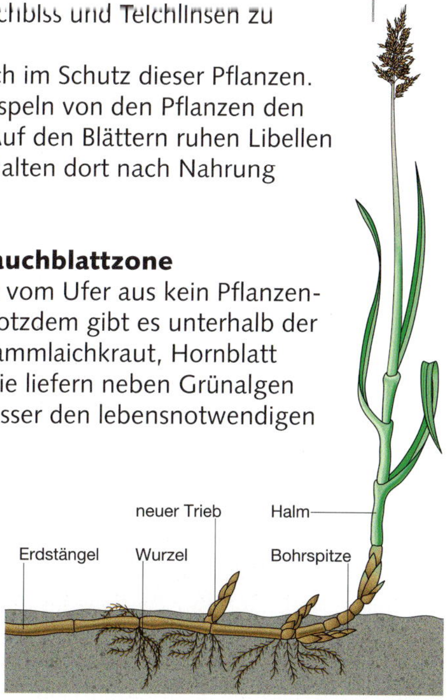

3 Schilfrohr mit Ausläufern

Wasser – eine alltägliche, ganz normale Flüssigkeit

1. Versuche, mithilfe eines kleinen Stückes Löschpapier eine Büroklammer zum Schwimmen zu bringen. Benutze als Flüssigkeit etwas Spiritus in einer kleinen Petrischale. Lege das Löschpapier mit der Büroklammer vorsichtig auf die ruhige Oberfläche der Flüssigkeit.

2. a) Wiederhole Versuch 1 mit Wasser. Vergleiche deine Beobachtungen.
b) Teste auch andere Flüssigkeiten aus der Küche, zum Beispiel Speiseöl.

Tipp
Falls das Löschpapier nicht von alleine untergeht, stoße es behutsam unter der Klammer weg.

3. Für viele Insekten ist die in Versuch 2 gefundene Eigenschaft des Wassers lebensnotwendig. Beschreibe diese Eigenschaft des Wassers.

4. Stelle Glasröhrchen mit unterschiedlichem Durchmesser in Spiritus. Beschreibe deine Beobachtung.

1 Wasser hat eine besondere Oberfläche.

5. Wiederhole den Versuch 4 mit Wasser und vergleiche deine Ergebnisse. Formuliere daraus einen Je-desto-Satz.

6. Färbe Wasser mit blauer Tinte und stelle eine weiße Tulpe mit einem etwa 10 cm langen Stängel hinein. Beobachte viermal im Abstand von 15 min, was geschieht. Zeichne deine Beobachtungen auf.

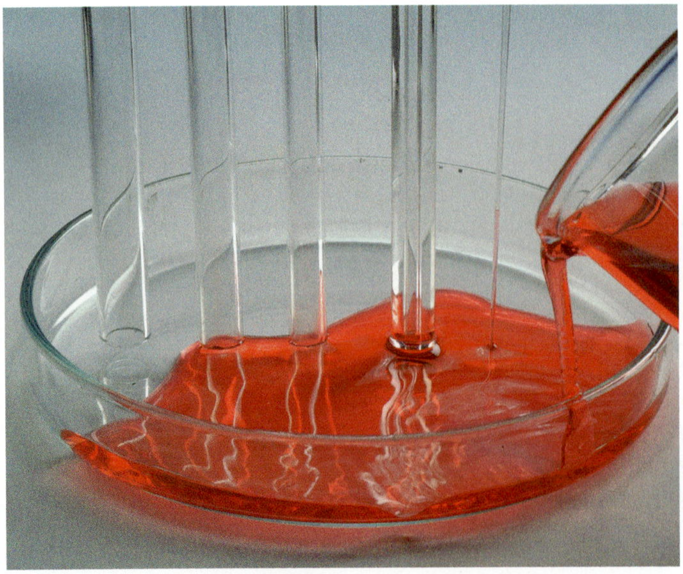

2 Wasser in dünnen Röhrchen

7. Schmelze eine kleine Menge Kerzenwachs in einem Becherglas. Gib dann ein kleines Stück festes Wachs dazu. Beschreibe deine Beobachtungen.

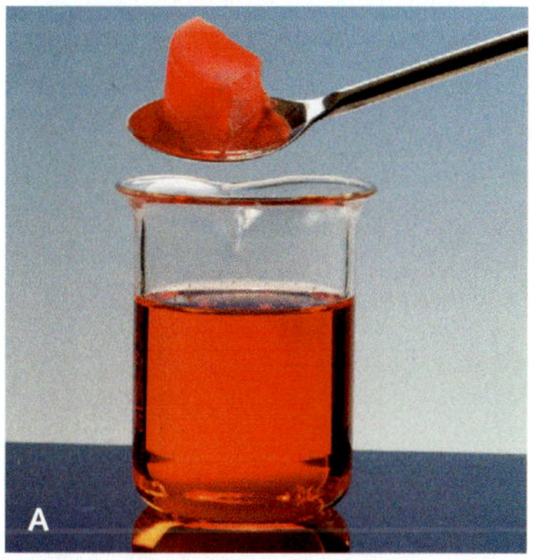

8. Fülle ein Becherglas mit Wasser und gib ein großes Stückchen Eis hinein. Vergleiche deine Beobachtung mit Versuch 7. Welche besondere Eigenschaft hat festes Wasser?

9. Welche Tiere könnten ohne die in Versuch 8 gefundene Eigenschaft des Wassers nicht überleben?

3 **A** *Festes Wachs in flüssigem Wachs;* **B** *Eis in Wasser*

10. Erstelle eine Liste mit Stoffen und Gegenständen, die das Wasser transportieren kann. Unterscheide dabei sichtbare Stoffe, zum Beispiel Holz, von unsichtbaren Stoffen.

11. Auf dem Wasserweg erreichen uns unterschiedliche Waren aus fremden Ländern. Finde mindestens 10 Beispiele.

4 **Wasser transportiert Vieles.**

12. Nenne unterschiedliche Gewässer, auf denen Schiffe verkehren können.

13. Welche Stoffe und Materialien werden mit unseren Abwässern aus den Haushalten wegtransportiert?

14. Welche anderen schwimmenden Transportmittel gibt es noch? Stelle sie in einer Übersicht zusammen.

Die Oberflächenspannung

Kleine Wassermengen bilden stabile, beim Fallen fast kugelförmige Tropfen. Es sieht so aus, als würden sie wie durch eine Haut zusammengehalten.
Diese **Oberflächenspannung** bewirkt, dass Insekten auf einer Wasseroberfläche laufen können und dass kleine Gegenstände, die eigentlich schwerer sind als Wasser, darauf schwimmen können.

Die Adhäsion

Zwischen ▸ Wasser und vielen anderen Materialien herrscht eine Anziehungskraft, die **Adhäsion.** Deshalb haften Wassertropfen an einer Fensterscheibe und deshalb wird das Wasser an einer Gefäßwand hochgezogen.
In dünnen Röhren, **Kapillaren** genannt, steigt das Wasser entgegen der Schwerkraft nach oben, und zwar umso höher, je dünner sie sind.

Schwimmen auf Wasser

Gibst du etwas festes Frittierfett in bereits geschmolzenes Fett in der Fritteuse, dann geht es unter. Das ist bei allen Stoffen so – nur nicht bei Wasser. Hier schwimmt der feste Stoff, das Eis, auf der Flüssigkeit. Ein Stück Eis nimmt mehr Raum ein als die gleiche Menge Wasser. Das Eis ist leichter als das flüssige Wasser und schwimmt deshalb. Dies wird ▸ Anomalie des Wassers genannt.

Aggregatzustände und ihre Übergänge

1. a) Gib fünf Eiswürfel in ein 100 ml-Becherglas und erhitze es auf kleiner Stufe auf einer Heizplatte. Miss die Temperatur des Wassers, wenn alles Eis geschmolzen ist. Notiere die gemessene Temperatur.
b) Erhitze das Wasser auf größerer Stufe weiter. Kontrolliere dabei die Wassertemperatur und notiere die Siedetemperatur.
c) Halte mit Handschuhen ein weiteres Becherglas im Abstand von 15 cm über das erste Becherglas, während das Wasser siedet. Was beobachtest du? Erkläre die Erscheinung.

2. Wie haben sich Eis und Wasser in Versuch 1 jeweils verändert? Nenne die Unterschiede zum Ausgangszustand.

3. a) Was wird aus Wasserdampf, wenn er sich abkühlt?
b) Was wird aus Wasser, wenn es sich sehr stark abkühlt?

4. a) Wasser kann gefrieren, sieden oder kondensieren. Gib jeweils den alten und neuen Aggregatzustand des Wassers an.
b) Beschreibe die Übergänge beim Abkühlen und Erwärmen von Wasser bei den entsprechenden Temperaturen.

Ein Wintertag – Eiszapfen hängen an der Dachrinne. Von ihnen tropft Wasser auf den Boden. In der Küche erhitzt du Wasser, um dir einen heißen Tee zu machen. Sobald das Wasser dampft, gießt du den Tee auf.

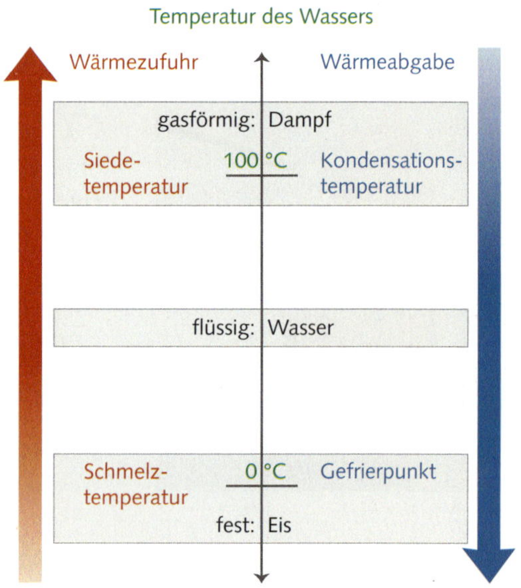

2 Veränderung der Aggregatzustände des Wassers

Aggregatzustände des Wassers

Das Wasser ist dir an diesem Wintertag in verschiedenen Formen begegnet. Beim Eiszapfen hat sich festes Wasser gebildet, nämlich Eis. Schmilzt der Eiszapfen, so wird das Wasser flüssig. Den Tee gießt du auf, sobald das Wasser anfängt gasförmig zu werden.
Wasser kann drei verschiedene Zustandformen einnehmen: **Fest** als Eis, **flüssig** als Wasser und **gasförmig** als Wasserdampf. Diese drei Zustände heißen ▸ **Aggregatzustände**.

Änderung der Aggregatzustände

Wird Eis erwärmt, so schmilzt es. Es geht bei 0 °C vom festen Zustand in den flüssigen Zustand über. Die Temperatur 0 °C heißt ▸ **Schmelztemperatur** des Wassers.
Wird das Wasser jetzt weiter erhitzt, so siedet es bei 100 °C und geht in den gasförmigen Zustand über. Die Temperatur 100 °C heißt ▸ **Siedetemperatur** des Wassers.
Wird der Wasserdampf abgekühlt, so wird er bei 100 °C wieder flüssig. Das ist die ▸ **Kondensationstemperatur** des Wassers. Beim weiteren Abkühlen wird das Wasser bei 0 °C fest. Das ist die ▸ **Erstarrungstemperatur** des Wassers. Sie wird auch als **Gefrierpunkt** bezeichnet.

1 Ein Stoff – verschiedene Zustände

3 Schnee ist festes Wasser.

Lebensräume und Lebensbedingungen → S. 122/123

Manchmal fast in Ruhe, manchmal quicklebendig

1. Versuche mit einem Holzstäbchen zu durchdringen
a) den Wasserdampf, der aus einem Kochtopf entweicht,
b) das Wasser in einem Becherglas,
c) einen Eiswürfel aus dem Gefrierfach.
Beobachte und vergleiche die Ergebnisse.

2. Du möchtest von deinem Platz im Raum die Tür erreichen. Unterscheide dabei folgende Fälle: Deine Mitschülerinnen und Mitschüler
a) stehen mit den Armen zu einer Gruppe eingehakt vor der Tür.
b) sind nicht mehr eingehakt und bewegen sich vor der Tür leicht hin und her.
c) verteilen sich im Raum.
d) In welchem Fall kannst du den Raum am besten verlassen?

3. a) Vergleiche die Ergebnisse aus Versuch 2 mit denen aus Versuch 1.
b) Ordne die Fälle a) bis c) der Versuche 1 und 2 den Aggregatzuständen fest, flüssig und gasförmig zu.

4. Gib in einen mit Wasser gefüllten Standzylinder ein Körnchen Kaliumpermanganat. Rühre das Wasser nicht um. Beschreibe, was du siehst
a) nach 1 min,
b) nach 3 min,
c) nach 10 min.

5. Erkläre die Vorgänge von Versuch 4 mithilfe des ▸ Teilchenmodells und der Teilchenbewegung.

Wasserteilchen ziehen sich gegenseitig an
Wasser besteht, wie alle anderen Stoffe auch, aus ganz kleinen ▸ Teilchen. Sie heißen beim Wasser Wassermoleküle. Zwischen den einzelnen Wassermolekülen bestehen gegenseitige Anziehungskräfte. Diese Kräfte können stärker oder schwächer wirken.

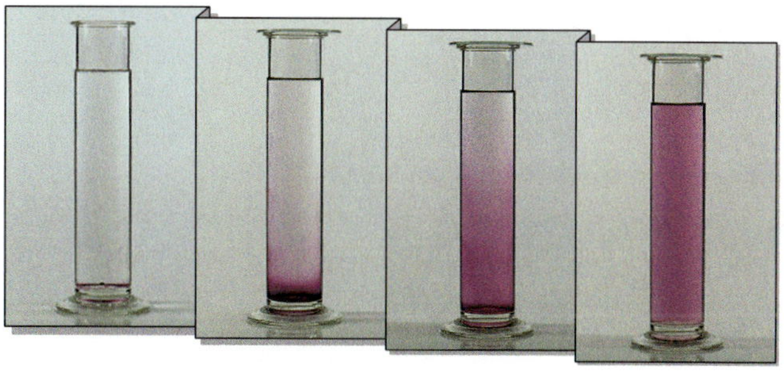

1 Kaliumpermanganat löst sich auf.

Die Wassermoleküle sind in ständiger Bewegung
Wassermoleküle bewegen sich ständig. Dazu brauchen sie aber ▸ Energie. Ist im Wasser nur wenig Energie in Form von ▸ Wärme enthalten, dann ist es im festen Zustand. Es ist Eis. Hier bewegen sich die Wassermoleküle wegen der gegenseitigen Anziehungskräfte und ihrer geringen ▸ Bewegungsenergie nur sehr wenig um ihren festen Platz.
Wird das Eis erwärmt, so wird ihm Energie zugeführt. Diese Energiezufuhr bewirkt, dass die Moleküle sich weiter weg bewegen können. Dadurch wirken die Anziehungskräfte nicht mehr so stark. Das feste Wasser geht in den flüssigen Zustand über. Die Moleküle sind beweglicher als im Eis. Wird noch weiter Wärme zugeführt, so können sich die Moleküle immer weiter voneinander weg bewegen, bis sie bei einer Temperatur von 100 °C die Anziehungskräfte überwunden haben. Jetzt können sie sich ganz frei bewegen. Das Wasser ist gasförmig.

2 Wasser in seinen Aggregatzuständen. A *fest;* **B** *flüssig;* **C** *gasförmig*

Lebensräume und Lebensbedingungen → S. 122/123

Spezialisten im Eis

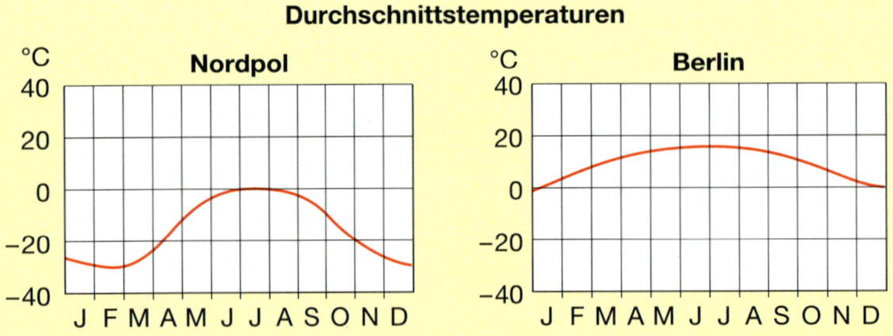

Durchschnittstemperaturen am Südpol

Monat	J	F	M	A	M	J	J	A	S	O	N	D
°C	– 29	– 40	– 54	– 59	– 57	– 57	– 59	– 59	– 59	– 51	– 38	– 28

1. a) Die Klimadiagramme zeigen Durchschnittstemperaturen am Nordpol und in Berlin. Beschreibe die Temperaturen im Jahresverlauf in einem kurzen Text.
b) Fertige mithilfe der Angaben in der Tabelle ein ▸ Diagramm für den Südpol an.
c) Wie unterscheiden sich Sommer und Winter in den Polargebieten? Welche Unterschiede bestehen zwischen Nord- und Südpol? Notiert eure Ergebnisse.

2. a) Plant in Teamarbeit einen einfachen ▸ Versuch, durch den ihr herausfinden könnt, wie Fell, Federn und Fett vor Kälte schützen. Führt den Versuch durch.
b) Schreibt ein ausführliches Versuchsprotokoll.
c) Wenn ihr herausfinden wollt, warum Pinguine bei extremer Kälte dicht beieinander stehen, könnt ihr einen Modellversuch mit mehreren zusammengebundenen Reagenzgläsern durchführen. Ein Reagenzglas mit warmem Wasser steht für einen Pinguin.
Tipp: Die abgebildeten Gegenstände sind nützlich bei der Versuchsdurchführung.

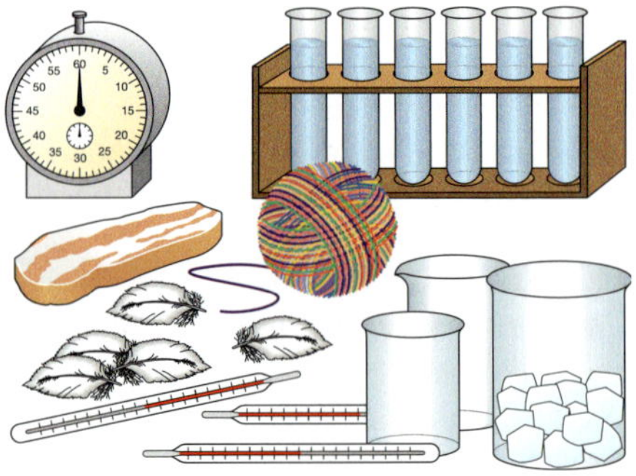

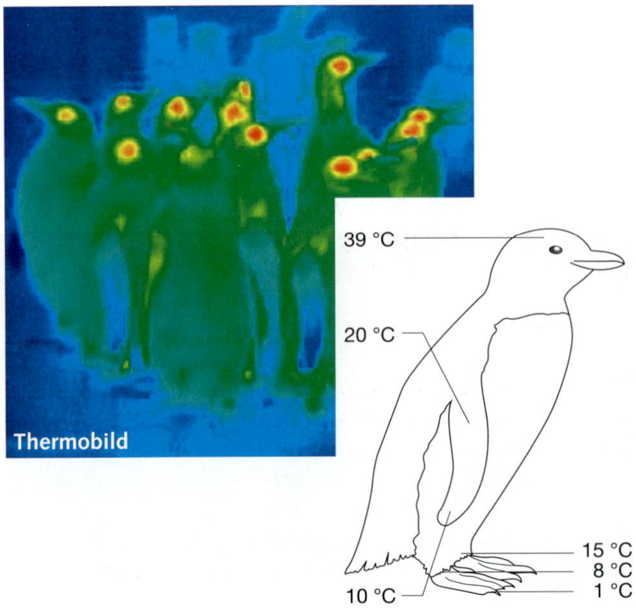

3. Eisbären und Pinguine sind perfekt an ihre Lebensräume angepasst.
Informiere dich über Anpassungsmerkmale. Bilde einen Eisbären und einen Pinguin jeweils auf einem DIN-A3-Blatt Papier ab. Kennzeichne körperliche Besonderheiten durch Pfeile und kurze Texte.

4. Fertige Lebensbilder des Eisbären und des Kaiserpinguins an. Sammle dafür Informationen zu folgenden Stichwörtern: Nahrung, Überwinterung, Zusammenleben mit Artgenossen, Aufzucht der Jungen, Gefahren. Gestaltet Plakate. Präsentiert sie in der Klasse.

5. Warum friert der Pinguin auf dem Eis nicht fest? Das Thermobild der Pinguine gibt dir Hinweise.

Lebensräume und Lebensbedingungen → S. 122/123

Eisbären leben in der Arktis

Das Nordpolargebiet, die **Arktis,** ist ein eisbedecktes Meer. Von Oktober bis März herrschen Dunkelheit, strenger Frost und eisige Schneestürme.
Eisbären sind für das Leben in der Arktis gut ausgerüstet. Ihr Körper ist mit dichtem Fell bedeckt, nur Nasenspitze und Fußballen sind unbehaart. Das Fell wirkt weiß, weil die äußeren Haare hohl sind. Dadurch wird die Wärmeisolation erhöht. Die dunkle Haut nimmt Wärme von außen auf.
Eisbären bewegen sich geschickt auf Schnee und Eis. Die breiten, krallenbewehrten Tatzen und Schwimmhäute zwischen den Zehen wirken wie Schneeschuhe. Mühelos klettern Eisbären auf Eisschollen oder Eisberge. Von dort aus nehmen sie Beute selbst aus größter Entfernung wahr.
Auch im Wasser können sie sich sehr gut fortbewegen. Die Stromlinienform ihres Körpers trägt dazu bei, dass sie ausdauernd und schnell schwimmen können.

Eisbären überwintern in selbst gegrabenen Schneehöhlen. Dort bringen die Bärinnen ihre Jungen zur Welt. Während der Wintermonate zehren die Eisbären von ihrer bis zu 4 cm dicken und 100 kg schweren Fettschicht unter der Haut. Die Zellen dieses braunen Fettgewebes sind in der Lage, durch chemische Umwandlung von Fetten Wärme zu erzeugen. Im Frühjahr sind die Eisbärenmütter abgemagert. Sie begeben sich auf die Jagd nach Robben und selten nach Walrossen.

2 Eisbären

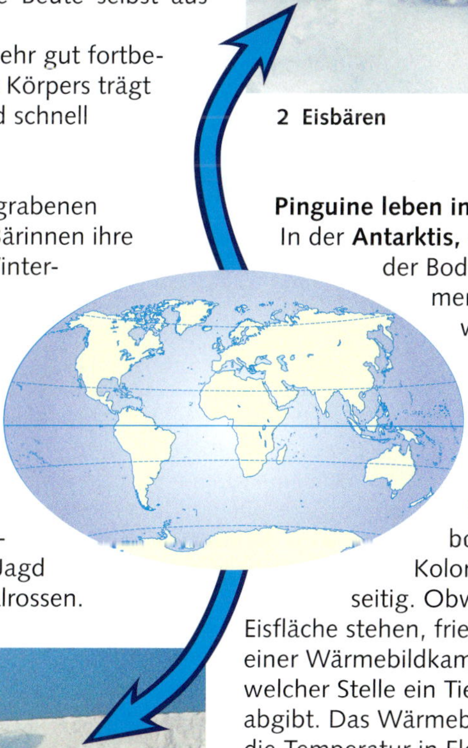

1 Kaiserpinguine

Pinguine leben in der Antarktis

In der **Antarktis,** dem Kontinent am Südpol, ist der Boden ständig gefroren. Im Sommer wird es selten über –10 °C warm. Im Winter, der im Mai beginnt, sinken die Temperaturen bis auf –50 °C.

Die **Kaiserpinguine** suchen jetzt ihre Brutplätze auf dem Eis auf. Viele Tiere stehen dicht beieinander und bilden eine Kolonie. So wärmen sie sich gegenseitig. Obwohl Pinguine lange auf der Eisfläche stehen, frieren ihre Füße nicht fest. Mit einer Wärmebildkamera kann man untersuchen, an welcher Stelle ein Tier Wärme an die Umgebung abgibt. Das Wärmebild von Pinguinen zeigt, dass die Temperatur in Flossenflügeln, Beinen und Füßen wesentlich niedriger ist als im Körperkern und im Kopf. Über die Füße wird kaum Wärme an die Umgebung abgegeben, sodass das Eis unter den Füßen der Pinguine nicht schmilzt. Diese Anpassungserscheinung sorgt auch dafür, dass der Wärmeverlust der Tiere sehr gering ist.

Ein weiteres Anpassungsmerkmal sind die Pinguinfedern. Sie liegen schuppenartig übereinander. Durch diese Anordnung entsteht eine wasserundurchlässige Schicht. Darunter liegende Daunen schützen den Körper vor Unterkühlung.
Ebenso wie bei den Eisbären sorgt eine dicke Fettschicht für Schutz vor Kälte und dient als Energiereserve.

Lebensräume und Lebensbedingungen → S. 122/123

Spezialisten in der Wüste

1. Wüsten gibt es nicht nur in Afrika, sondern auch in anderen Erdteilen. Sucht euch mithilfe eines Atlasses ein oder zwei Wüsten heraus. Informiert euch zum Beispiel im Internet über die Besonderheiten dieser Lebensräume.

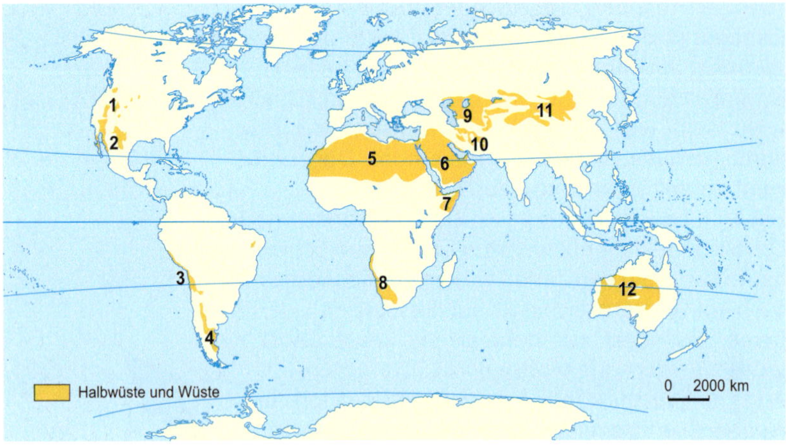

2. Sicherlich hast du schon etwas über Wüsten gehört, gelesen oder Berichte im Fernsehen darüber gesehen. Berichte, was du über Wüsten weißt. Erstelle eine Mindmap zum Thema.

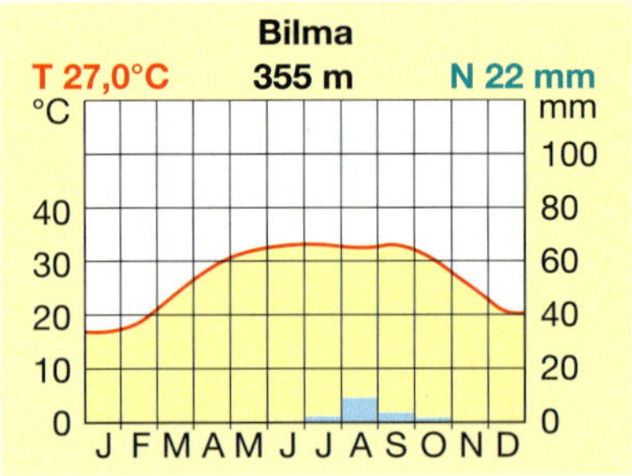

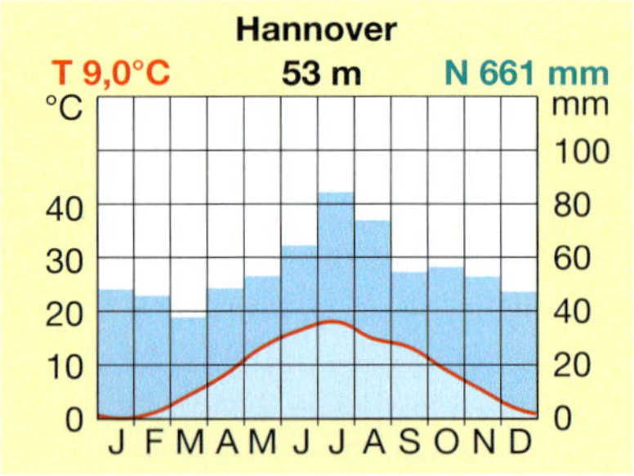

3. Wüsten sind extreme Lebensräume. Mit welchen Umweltbedingungen müssen Pflanzen, Tiere und Menschen in der Wüste zurechtkommen? Stellt euer Wissen auf einem ▸ Plakat übersichtlich dar.

4. Bilma ist eine Stadt in Niger. Sie liegt in der Sahelzone. Hannover ist eine Stadt in Niedersachsen. Welche Informationen liefern euch die beiden Diagramme? Vergleicht Jahrestemperaturen und Niederschläge von Bilma mit denen von Hannover.

5. Sucht in Lexika, Erdkundebüchern, Fachbüchern oder im ▸ Internet nach Pflanzen und Tieren, die in Wüsten leben. Ihr könnt euch auch in Gartenbaufachgeschäften und in Zoos oder Botanischen Gärten erkundigen. Erstellt ▸ Steckbriefe ausgewählter Pflanzen und Tiere. Stellt besonders heraus, wie sie an die extremen Bedingungen des Wüstenlebens angepasst sind.

6. Die Abbildung zeigt Abschnitte vom Saguarokaktus. Erkläre das unterschiedliche Aussehen.

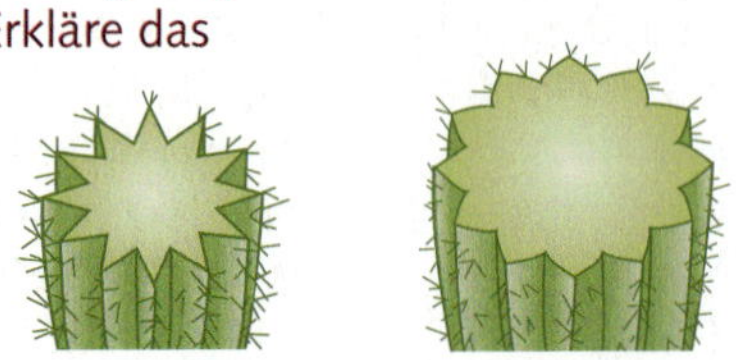

A *nach längerer Trockenheit* **B** *nach Regen*

7. Die Hauswurz hat dicke, fleischige Blätter und kurze Wurzeln. Sie braucht nur wenig Wasser. Damit ähnelt die Hauswurz den Wüstenpflanzen.

a) Vergleiche die Hauswurz mit den „Lebenden Steinen" auf der nebenstehenden Seite. Suche nach Gemeinsamkeiten.

b) An welchen Standorten kommt die Hauswurz bei uns vor? Begründe deine Meinung.

1 Dromedar, angepasst an extreme Hitze und Dürre.
A *Fell;*
B *lange Wimpern;*
C *verschließbare Nüstern;*
D *Hornschwielen an den Gelenken;*
E *breitflächiger Fuß*

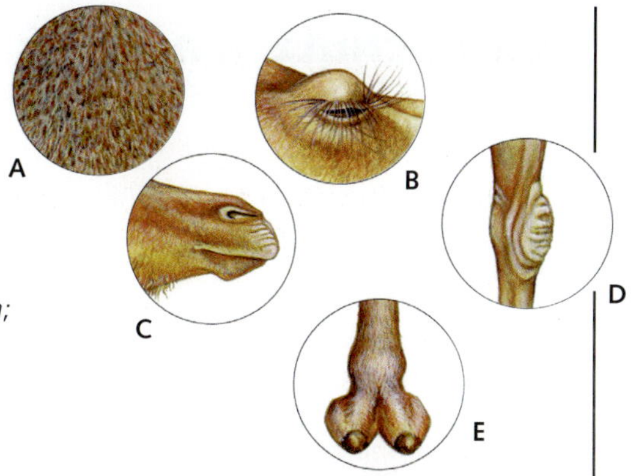

Dromedare – ein Leben in der Hitzewüste

Dromedare sind in mehrfacher Weise an den extremen Lebensraum Wüste angepasst. Ein dichtes Fell schützt sie nachts vor Kälte und tagsüber vor Hitze. Außerdem können sie ihre Körpertemperatur bis auf 42 °C ansteigen lassen. Erst dann beginnen sie zu schwitzen.
Die Ohren sind durch dichte Behaarung, die Augen durch lange Wimpern vor Flugsand geschützt. Die Nasenlöcher sind verschließbar. Breitflächige Füße verhindern ein Einsinken in den Sand. Hornschwielen an Füßen, Beingelenken und Brust schützen vor der Hitze des Bodens.

Ein Dromedar kommt bis zu einer Woche ohne Wasser aus. An Wasserstellen kann es in wenigen Minuten bis zu 100 Liter Wasser aufnehmen. Von diesem Wasser zehrt das Dromedar dann auf dem Weitermarsch. Das im Höcker gespeicherte Fett kann als „Reserve“ genutzt werden.

Der Wüstenfuchs – kleiner ist besser

Der Wüstenfuchs ist deutlich kleiner als unsere einheimischen Füchse. So kann er sich tagsüber in seinen Bau zurückziehen, wo es nicht so heiß wird. Größere Höhlen wären schwerer zu finden oder zu bauen. Nachts geht er auf die Jagd. Sein Fell schützt sowohl vor Kälte als auch vor Hitze. Er hat keine Schweißdrüsen, schwitzt also nie. Das spart Wasser. So reicht ihm in der Regel das in seinen Beutetieren enthaltene Wasser zum Überleben.

Wüstenpflanzen

Auch Pflanzen sind an die extremen Umweltbedingungen angepasst. Sie wenden unterschiedliche Überlebenstricks an. Manche haben dicht unter der Erdoberfläche ein riesiges Wurzelsystem, mit dem sie jeden Regen- oder Tautropfen aufsaugen. Bäume wie die Akazien dringen hingegen mit ihren Wurzeln bis zu 35 m tief direkt bis zum Grundwasser vor.

Kakteen sind ausgezeichnete Wasserspeicher. Der Saguarokaktus zum Beispiel sammelt in seinem „Stamm“ einige tausend Liter Wasser, sodass er bis zu zwei Jahre Trockenheit überleben kann. Mit bis zu 15 m Höhe und einem Gewicht von zehn Tonnen ist er der Riese unter den Kakteen.

„Lebende Steine“ zeigen eine besondere Überlebensstrategie. Da sie in ihren dickfleischigen Blättern viel Wasser sammeln, werden sie gern von durstigen Tieren gefressen. Weil sie aber durch ihr steinähnliches Aussehen hervorragend an die Umgebung angepasst sind, werden sie von den Tieren oft übersehen.

2 Wüstenfuchs (Fennek)

3 Wüstenpflanzen.
A *Saguaro;* **B** *„Lebende Steine“*

Naturschutz fängt vor der Haustür an

1. Die drei Schüler stehen vor dem recht verwitterten Schild. Es ist nicht mehr zu lesen, wie man sich im Wald verhalten soll. Du weißt es sicherlich? Informiere dich zum Beispiel beim Förster und entwirf ein neues Schild mit den wichtigsten Hinweisen.

A

2. **a)** Wähle ein gefährdetes heimisches Wildtier aus, zum Beispiel Biber (A), Wolf (B), Fischotter (C), Luchs (D). Finde heraus, weshalb sein Bestand gefährdet ist, und schlage geeignete Schutzmaßnahmen vor.
b) Überlege, wer sich durch diese Schutzmaßnahmen beeinträchtigt fühlen könnte, und begründe dies.

C

B

D

3. Zeichne einen Garten, in dem sich Igel, aber zum Beispiel auch Frösche, Kröten, Insekten und verschiedene Vögel wohlfühlen. Informiere dich dazu zuerst über die Lebensweise und die Bedürfnisse dieser Tiere.

4. **a)** Informiere dich über die Bedeutung des Schildes „Naturschutzgebiet".
b) Welche Naturschutzgebiete gibt es in deiner näheren Umgebung? Was gilt dort als besonders schützenswert?

Bach ist nicht gleich Bach

Folge dem Bachlauf auf dieser Seite. Abbildung 1 zeigt, dass der Bach in diesem Bereich, im **Unterlauf,** sehr gradlinig verläuft. Die Ufer sind hier ausgemäht und das Wasser kann schnell fließen. Rechts und links liegen Viehweiden und stark gedüngte Wiesen. Die Ausscheidungen der Tiere und die Düngerreste werden mit dem Regen in den Wasserlauf gespült. Bachlebewesen sind in diesem Teil kaum zu finden, da sie den hohen Nährstoffeintrag durch Dünger nicht vertragen.

1 Begradigter Bachlauf im Unterlauf

Naturschutzarbeit ist notwendig

Natürliche Lebensräume verschwinden auch, wenn neue Bau- oder Industriegebiete entstehen oder Straßen gebaut werden. Der Mensch schränkt die natürlichen ▸ Lebensräume der Tiere und Pflanzen immer stärker ein oder vernichtet sie sogar. Hier setzt Naturschutzarbeit an.
Zum Beispiel werden Fangzäune für ▸ Kröten an stark befahrenen Straßen errichtet. Auf dem Weg zu ihren Laichorten werden die Kröten in Sammeleimer entlang der Fangzäune gelenkt und anschließend über die Straße getragen. Naturnahe Gärten bieten Igeln und anderen Tieren Nahrung und Überwinterungsmöglichkeiten. Fledermauskästen bieten ungestörte Schlafplätze und ersetzen so Unterschlupfmöglichkeiten in alten Gebäuden und hohlen Bäumen.
Auch du kannst dich in verschiedenen Naturschutzprojekten engagieren und dazu beitragen, dass Lebensräume für Pflanzen, Tiere und Menschen geschützt und erhalten werden. Zahlreiche Umweltschutz- und Naturschutzverbände wie zum Beispiel der NABU und der BUND bieten Aktionen und Arbeitsgruppen für Kinder und Jugendliche an.

Abbildung 2 zeigt den **Oberlauf** des Baches. Hier, in der Nähe seiner Quelle, wurde der Bach renaturiert. Er schlängelt sich jetzt natürlich durch die Landschaft. Steine liegen im Bachbett. Schwarzerlen wurden angepflanzt. Sie vertragen es, mit den Wurzeln im Wasser zu stehen. Die Wurzeln befestigen das Ufer und bieten gleichzeitig Versteckmöglichkeiten für Fische und andere Bachbewohner. Die Baumkronen spenden Schatten. Das Laub bietet eine Nahrungsgrundlage für Pflanzen fressende Kleinstlebewesen im Bach.

2 Renaturierter Bach im Oberlauf

Lernen im Team

Planung eines Projektes mit der ganzen Klasse

Lernen im Team bedeutet selbstständige Arbeit in Gruppen. Dabei wird ein solches Projekt entweder innerhalb eines Faches oder fächerübergreifend erarbeitet. Es läuft meistens über mehrere Unterrichtsstunden.

Bearbeitet mit der ganzen Klasse folgende Punkte:

- Notiert das Thema des Projektes.
- Gliedert selbstständig das Projektthema in Teilthemen, die euch interessieren.
- Bildet Gruppen aus Schülerinnen und Schülern, die sich für das jeweilige Thema interessieren.
- Trefft eine Zeitabsprache: Wann sollte jede Gruppe ihre Aufgabe beendet haben?

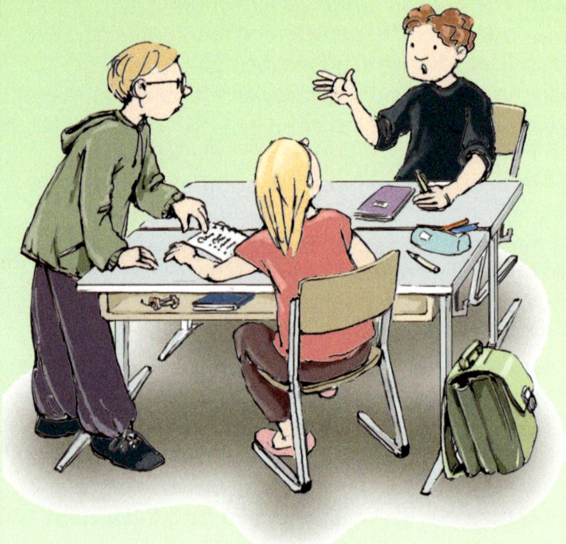

Tipp

Manchmal passiert es, dass ihr bei der Bearbeitung eures Themas nicht weiterkommt. Geht dann einen Schritt zurück und überlegt euch, ob ihr das Thema anders bearbeiten könnt. Oder wählt eine neue Arbeitsweise.

Planung der Aufgaben im Team

- Überlegt, welche Arbeiten in welcher Reihenfolge durchgeführt werden sollten.
- Verteilt die Aufgaben im Team und berücksichtigt dabei die Fähigkeiten und Neigungen der einzelnen Teammitglieder.
- Trefft eine Zeitabsprache und bestimmt einen Zeitwächter.
- Wählt einen Gruppensprecher, der bei Diskussionen beispielsweise mit anderen Gruppen die Gesprächsleitung übernimmt.

Arbeitsformen und -materialien

- Sammelt Fotos, Bilder und Texte. Nutzt dabei Bücher und Internetquellen.
- Überlegt, ob es Versuche gibt, die bei der Erfüllung der Aufgabe helfen.
- Erstellt eine Materialliste für das praktische Arbeiten.
- Plant, wenn möglich, Fachleute zu befragen.
- Sucht bei Bedarf Hilfestellung durch eure Fachlehrerin oder euren Fachlehrer sowie durch Eltern.

Die Arbeit im Team

- Jeder erfüllt den Arbeitsauftrag gewissenhaft, für den er sich gemeldet hat.
- Überprüft in regelmäßigen Abständen, ob bei der Herstellung mehrerer Einzelteile, die zu einem größeren Werkstück zusammengefügt werden müssen, keine Fehler aufgetreten sind.
- Achtet auf die Zeit. Die Arbeiten müssen rechtzeitig fertig werden. Der Zeitwächter hilft, auf die Zeit zu achten.
- Probiert fertige Arbeiten und Versuche aus. Funktioniert etwas nicht, müsst ihr noch einmal einen Schritt zurückgehen.
- Löst kleinere Probleme in der Gruppe selbst, bei größeren hilft die Lehrerin oder der Lehrer weiter.

Tipp
Sollte ein Teammitglied während der Arbeitsphase krank werden und nicht mehr teilnehmen können, müsst ihr euren Arbeitsplan umstellen und die Aufgaben neu verteilen.

Die Präsentation des Teams
Am Ende des Projektes erfolgt eine Vorstellung der Ergebnisse. Überlegt euch, mit welchen Mitteln eure Arbeiten am besten präsentiert werden können:

- Plakate
- Diagramme
- Vorträge
- Ausstellungsstücke
- Experimente
- Computerpräsentation

Die Vorstellung der Ergebnisse kann stattfinden für

- die Klasse
- die Jahrgangstufe
- die Schule
- die Eltern oder eine größere Öffentlichkeit.

Jede Gruppe bestimmt die Teammitglieder, die bei der Vorstellung genau festgelegte Aufgaben übernehmen. Jedes Teammitglied soll bei der Vorstellung der Ergebnisse helfen. Der Gruppensprecher moderiert die Darbietung des Teams.

Wir schützen Lurche

Zu den ▸ Lurchen zählen Kröten, Unken, Frösche und Molche. Sie wandern im Frühling von ihren Winterlebensräumen zu den Laichgewässern. Ihre Wanderwege führen oft über Straßen, wo viele von ihnen überfahren werden. Wie man Lurchen helfen und sich aktiv für den Naturschutz einsetzen kann, könnt ihr gut mit der ▸ Methode „Lernen im Team" erarbeiten.

Erkundigt euch bei der zuständigen Naturschutzbehörde oder bei einer Naturschutzgruppe des NABU oder BUND nach Projekten, bei denen es um die Betreuung eines Krötenzauns geht. Befragt die Betreuer und begleitet sie bei ihrer Arbeit. Denkt bei der Arbeit im Freien stets zur Sicherheit an das Tragen einer Warnweste.

Gruppe 1: Informationen über Lurche sammeln
Um Informationen zu erhalten, können eurem Team folgende Fragen helfen: Wie können wir die verschiedenen Arten der Lurche unterscheiden? Welche auffälligen Merkmale weisen sie auf? Welche Unterschiede gibt es zwischen männlichen und weiblichen Tieren? Informiert euch dazu in Tierbüchern, Lexika und im ▸ Internet über häufig vorkommende Lurcharten wie Wasserfrosch, Grasfrosch, Erdkröte, Kreuzkröte und Rotbauchunke. Erstellt zu jeder Tierart einen ▸ Steckbrief. Damit ihr die Tiere bestimmen könnt, benötigt ihr gegebenenfalls ein Bestimmungsbuch.

Gruppe 2: Einen Krötenzaun erkunden
Zum Erkunden des Krötenzauns kann euer Team den Betreuern folgende Fragen stellen: Wie werden die Lurche gefangen? Wie viele Tiere sind es beispielsweise in einer Woche? Warum steht der Krötenzaun nur auf einer Straßenseite? In welchen Monaten wird der Zaun errichtet? Hat das Wetter Einfluss auf die Wanderung der Lurche? Welchen? Ordnet eure Informationen für einen kurzen ▸ Vortrag, den ihr vor der Klasse haltet.

Gruppe 3: Der Lebensraum der Lurche
Durchstreift mit einem Betreuer die Landschaft beiderseits der Straße, wo der Krötenzaun aufgebaut ist. Achtet darauf, dass ihr nicht auf einen Lurch tretet. Untersucht den Waldboden auf wandernde Lurche. Lasst euch das Laichgewässer und das Winterquartier der Lurche zeigen. Beschreibt das Laichgewässer. Schätzt, wie weit es vom Winterquartier entfernt ist. Kann man schon Laich entdecken? Wie sieht er aus? Wo wird er abgelegt? Welches auffällige Verhalten zeigen weibliche und männliche Kröten? Ordnet eure Informationen. Schreibt einen Bericht. Zeichnet eine Karte, in der ihr das Laichgewässer, die Straße, den Krötenzaun und das Winterquartier eintragt. Ihr benötigt Schreibmaterial und einen Fotoapparat. Haltet einen kurzen ▸ Vortrag vor der Klasse.

Ausstellung über die Wanderung und den Schutz der Lurche
Gestaltet mit den Ergebnissen der einzelnen Teams eine ▸ Ausstellung über die Wanderung und den Schutz der Lurche. Ihr braucht Plakatkarton, Fotos, die angefertigten Steckbriefe, Fotokleber und Filzschreiber. Heftet die Plakate an eine Stellwand und präsentiert sie in der Pausenhalle.

Wir schützen Insekten

Schmetterlinge, Hummeln und andere Insekten sind in ihrem Bestand gefährdet. Die Ursachen liegen im Rückgang des Nahrungsangebots und dem Verlust von geeigneten Nist- und Versteckmöglichkeiten. Wir können mit einfachen Mitteln zur Verbesserung dieser Situation in unseren Gärten und auf dem Schulgrundstück beitragen.

Gruppe 1: Haus für Schmetterlinge

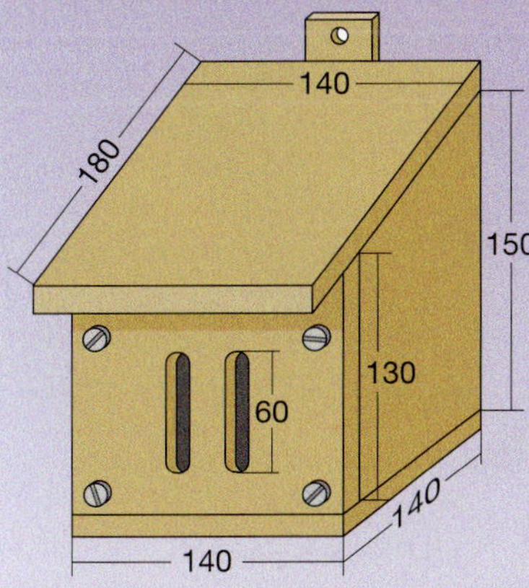

a) Materialliste: 80 cm x 20 cm Kieferleimholzplatte 18 mm dick, eine Stichsäge, eine Holzraspel, einen Schraubendreher, einen Bohrer von 10 mm Ø, 4 Schrauben 30 mm, wasserfesten Holzleim
b) Bauteile: 1 Dach 180 mm x 140 mm, 1 Boden 140 mm x 140 mm, 2 Seitenteile 150/130 mm x 122 mm, 1 Rückwand 150 mm x 140 mm, 1 Frontwand 130 mm x 140 mm, 1 Aufhängeleiste 250 mm x 50 mm
c) Bauanleitung: Für die Einschlupflöcher bohren wir jeweils zwei gegenüberliegende Löcher im Abstand von 60 mm und sägen den Zwischenraum 10 mm breit aus. Wir leimen die Teile zusammen. Nur die Frontwand wird mit vier Schrauben befestigt, damit wir den Kasten reinigen und kontrollieren können.

Der richtige Platz sollte etwa 2 m hoch, an einer Wand oder in einem Baum sein und eine sonnige, windgeschützte Südlage haben.

Gruppe 2: „Wilde Ecke" für Insekten
a) Futterpflanzen: In einigen Bereichen des Gartens können Wildstauden wie Wiesenkerbel, Wilde Möhre oder Distel gepflanzt werden. Samenmischungen dieser und vieler anderer Wildkräuter kann man im Blumenhandel oder in einer Samenhandlung kaufen. Auch die Große Brennnessel sollte angepflanzt werden, da sie eine wichtige Futterpflanze für viele Schmetterlingsraupen darstellt. Durch das Anlegen einer Hecke mit geeigneten Wildgehölzarten wird der Lebensraum für Schmetterlinge und zahlreiche andere Insekten erweitert.

b) Nisthilfe: In einer abgelegenen Ecke des Gartens graben wir alte, unbehandelte Zaunpfähle oder Baumstämme ein. Mit verschiedenen Bohrern von 3 mm–8 mm Ø versehen wir das Holz an der Südseite mit vielen etwa 8 cm tiefen Löchern. Darin können Wildbienen, Grab- und Faltenwespen ihre Brut aufziehen.

Gruppe 3: Hummel-Nistkasten
a) Materialliste: bereits genannte Werkzeuge, Hammer und Stecheisen, eine Leimholzplatte von 80 cm x 25 cm, 4 Schrauben 30 mm

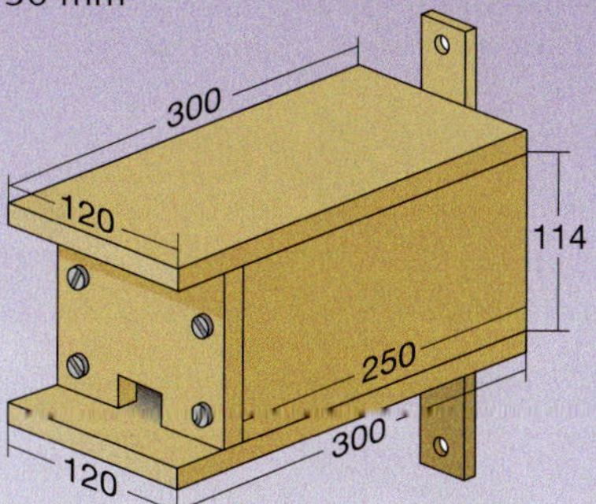

b) Bauteile: 2 Platten (Boden/Dach) 300 mm x 120 mm, 2 Seitenwände 250 mm x 114 mm, 1 Frontwand 120 mm x 114 mm, 1 Rückwand 114 mm x 84 mm, 1 Aufhängeleiste 250 mm x 45 mm x 18 mm
c) Bauanleitung: In die Frontplatte sägen wir zwei 15 mm tiefe Einschnitte im Abstand von 35 mm und stechen das Flugloch aus. Nachdem wir die Seiten, den Boden und das Dach zusammengeleimt haben, schrauben wir die Frontplatte und die Leiste an. Wir füllen den Innenraum zur Hälfte mit trockenem Moos. Diese Nisthilfe hängen wir an einen ähnlichen Platz wie den des Schmetterlingskastens.

Tiere und Pflanzen in ihren Lebensräumen

Lebensräume
Lebensräume sind Gebiete, die sich durch ihre Besonderheiten wie Feuchtigkeit, Temperatur, Licht- und Bodenverhältnisse mit ihrer jeweils eigenen Tier- und Pflanzenwelt von ihrer Umgebung abgrenzen.

Ein Baum als Lebensraum
Bäume sind in unserem Umfeld unverzichtbar. Sie spenden Schatten, filtern Luft, sorgen für Luftfeuchtigkeit, produzieren Sauerstoff und schützen vor Lärm.

Bäume gehören zum Lebensraum vieler Tierarten. Mit einer ausgewachsenen Eiche stehen über 250 Vogel-, Säugetier- und Insektenarten in Beziehung. Sie nutzen auf, an und in ihr unterschiedliche Bereiche zur Nahrungssuche, als Rast- und Brutraum und als Unterschlupf.

Lebensraum Wald
Laubmischwälder setzen sich aus verschiedenen Baumarten zusammen. Die Stockwerke gehören zum Lebensraum verschiedener Tiere. Licht- und Temperaturverhältnisse sind ausschlaggebend für das unterschiedliche Aussehen während eines Jahres.

Nahrungsbeziehungen
Über das Prinzip „Fressen und Gefressenwerden" (Räuber-Beute-Beziehung) sind die Lebewesen in Nahrungsketten und Nahrungsnetzen miteinander verbunden. Pflanzen bilden den Anfang jeder Nahrungskette.

Ein Teich als Lebensraum
Ein Teich ist ein wertvoller Lebensraum für verschiedene Tiere. Bestimmte Vögel, Lurche, Fische, Insekten, Schnecken sowie Sumpf- und Wasserpflanzen sind auf dieses Feuchtgebiet angewiesen. Bei einem naturnahen Teich lassen sich vom Ufer zur freien Wasserfläche hin die Röhrichtzone, die Schwimmblattzone und die Tauchblattzone unterscheiden.

Extreme Lebensräume
Eisbären und Pinguine sind an den Extremlebensraum Polargebiet angepasst. Vor der Kälte sind sie beispielsweise durch ein dichtes Fell oder ein warmes Federkleid geschützt.
Dromedare und Wüstenfüchse können durch andere Anpassungen mit den extremen Bedingungen in der Wüste leben.

Naturschutz
Der Naturschutz sichert die Lebensgrundlage für Pflanzen, Tiere und Menschen. Ein begradigter Bach kann beispielsweise in seinen natürlichen Verlauf zurückgebaut werden. Wer die Natur achtet, sorgt für die Zukunft vor. Naturschutzgebiete erhalten natürliche Lebensräume. Pflanzen und Tiere sollen sich darin entfalten können.

Tiere und Pflanzen in ihren Lebensräumen

1. In deinem Umfeld gibt es verschiedene Baumarten. An deren Blättern oder Nadeln erkennst du, wie sie heißen. Nenne die Namen der abgebildeten Bäume.

2. Benenne die Schichten des Waldes und ordne ihnen folgende Arten zu: Fliegenpilz, Frauenhaarmoos, Wurmfarn, Holunder, junge Eiche, alte Eiche, Sauerklee, Springschwanz.

3. a) Was ist in dem Ameisenstaat los? Schreibe anhand der Nummern einen zusammenhängenden Bericht.
b) Weshalb sind Bauten der Waldameisen geschützt? Begründe ausführlich.

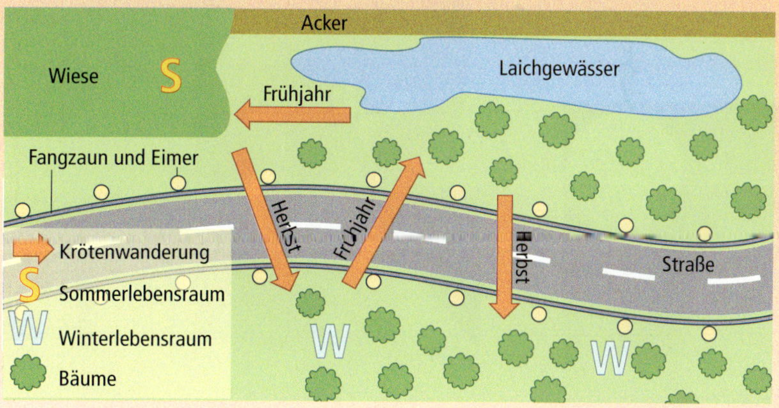

4. Unterteile das Teichufer vom Land zum Wasser in unterschiedliche Zonen und nenne für jede Zone eine typische Pflanzenart.

5. Nenne die Angepasstheiten von Schwimmblättern und Tauchblättern bei Wasserpflanzen an ihren Lebensraum.

6. Beschreibe mithilfe der Karte, zu welcher Jahreszeit die Kröten in welchem Lebensraum leben oder wohin sie wandern.

7. Informiere dich über Tiere und Pflanzen in extremen Lebensräumen. Wähle ein Beispiel und erstelle einen Steckbrief, der auch die speziellen Anpassungen an den Lebensraum beinhaltet.

Lebensräume und Wechselwirkung

Struktur der Materie

Energie

Wechselwirkung

2. Wärme kann Vieles bewirken. Nenne Beispiele, die zeigen, dass Wärme eine Form von Energie ist.

Wärme als Energieform

1. Erkläre mithilfe des Teilchenmodells, wie derselbe Stoff fest, flüssig und gasförmig sein kann.

Aggregatzustände

4. Obwohl er keine Pflanzen frisst, würde ein Sperber ohne Pflanzen verhungern.

a) Erkläre diesen scheinbaren Widerspruch und zeige, wie die verschiedenen Pflanzen und Tiere eines Waldes zu einem System verbunden sind.

b) Wieso könnten auch viele Pflanzenarten ohne Tiere nicht überleben? Erkläre das an Beispielen.

Nahrungskette mit Räuber-Beute-Beziehung

3. Eisbären fressen sich für den Winter eine dicke Speckschicht an. Im Frühjahr sind sie dann abgemagert. Wo bleibt das Fett und welche beiden wichtigen Aufgaben erfüllt es?

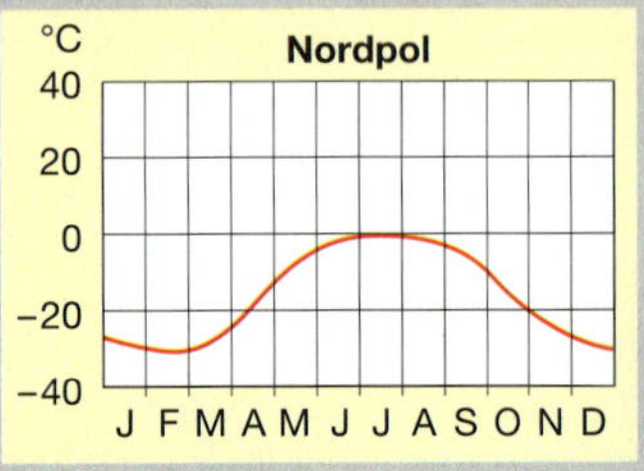

Temperatur, abiotische Faktoren

Regulation der Körpertemperatur, Wärmeisolation

5. Alleine kann eine einzelne Ameise nicht lange überleben. Wieso sind Ameisen dann nicht schon längst ausgestorben?

Tierverbände

ebensbedingungen

System

Struktur und Funktion

Entwicklung

Fortpflanzung

7. Stelle die Fortpflanzung von Eidechsen und Samenpflanzen einander gegenüber. Nenne Gemeinsamkeiten und Unterschiede.

Keimung, Wachstum

6. Sowohl die Fallschirmchen einer
isteblume als auch die unterirdischen Knollen
ner Kartoffelpflanze spielen jeweils eine
chtige Rolle bei der Entwicklung dieser
lanzen.
Beschreibe, welche Rolle das jeweils ist.
Nenne jeweils wichtige
sonderheiten in der
uktur der Fallschirm-
en und der Kartoffel-
olle und erkläre deren
nktion.

Samenverbreitung, Fortpflanzung

Überdauerungsform

8. a) Beschreibe den Bau einer Kirschblüte.
b) Nenne und beschreibe alle wichtigen Teile und ihre Funktion.
c) Zeige, wie die ganze Blüte durch ihre Struktur an ihre Funktion angepasst ist.
d) Welche Rolle spielen die Bienen bei der Fortpflanzung der Kirschblüte? Wie ist der Bau der Biene an diese Rolle angepasst?

Blütenpflanzen, Blütenbestandteile

Arten der Fortpflanzung

Warum ist die Sonnenstrahlung notwendig, aber auch gefährlich?

Welche Messdaten sind für eine verlässliche Wettervorhersage notwendig?

Weshalb verlieren Laubbäume im Herbst ihre Blätter?

Warum haben Pflanzen grüne Blätter?

Warum ziehen einige Vogelarten im Herbst in den Süden?

Warum schützt das Eis die Blüten vor Erfrierungen?

Sonne – Wetter – Jahreszeiten

Warm oder kalt – Empfinden von Temperaturen

1. Du stehst unter der Dusche und lässt heißes Wasser auf deinen Rücken laufen. Wie empfindest du im ersten Moment die Temperatur des heißen Wassers?

2. Baue den rechten Versuch nach. Lege eine Hand in die Schüssel mit kaltem Wasser und die andere Hand in die Schüssel mit sehr warmem Wasser. Warte eine Weile und prüfe dann mit beiden Händen gleichzeitig die Temperatur des lauwarmen Wassers in der mittleren Schüssel. Beschreibe deine Empfindungen.

3. Zum Lüften wird im Winter ein Fenster im Klassenraum geöffnet. Warum möchten einige Schülerinnen und Schüler, dass es sofort wieder geschlossen wird?

4. Beschreibe zwei Situationen, wo das unterschiedliche Empfinden von Wärme eine Rolle spielt.

5. Nenne Wörter wie „heiß" und „kalt", mit denen du Temperaturen beschreiben kannst. Ordne sie in eine sinnvolle Reihenfolge.

1 Heiß oder kalt?

Temperatur

Mit den winzigen ▸ Kälte- und Wärmekörperchen in unserer ▸ Haut empfinden wir unterschiedliche Temperaturen. Diese ▸ Sinnesorgane geben uns an, ob wir gerade kalte, warme oder heiße Gegenstände berühren oder ob unsere Umgebung warm oder kalt ist.

Temperatursinn

Es ist aber sehr schwer abzuschätzen, wie kalt oder heiß etwas wirklich ist, denn unsere Haut lässt sich täuschen. Die Kälte- und Wärmekörperchen reagieren nur auf Temperaturunterschiede, sie vergleichen Temperaturen.
Dieser Vergleich ist dir schon bekannt. Wenn du an einem heißen Sommertag in ein Haus gehst, empfindest du das Innere des Hauses als angenehm kühl. Betrittst du dasselbe Haus mit der gleichen Temperatur im Winter, empfindest du es als angenehm warm.
Diese überraschende Wärmeempfindung lässt sich auch mit Wasser unterschiedlicher Temperatur erleben (Bild 1). Der Temperatursinn wird getäuscht, weil die eine Hand vorher im kalten Wasser war und die andere im heißen Wasser war.

Unsere Nase lässt sich besonders gut täuschen

Die Kälte- und Wärmekörperchen sind in der Haut unterschiedlich verteilt. Auf einer Fläche von 1 cm x 1 cm gibt es meistens 5 Kältekörperchen und 2 Wärmekörperchen. Nur in der Nasenspitze sieht es anders aus. Dort gibt es auf dieser Fläche 13 Kältekörperchen und nur ein Wärmekörperchen.
Die Kältekörperchen vergleichen Temperaturen bis 36 °C, die Wärmekörperchen beginnen mit ihrem Empfinden erst bei 35 °C.

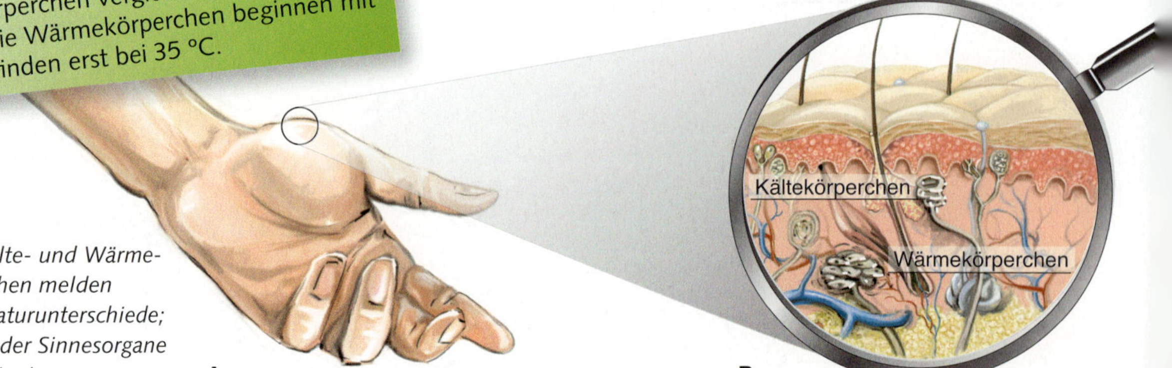

A B

2 A Kälte- und Wärmekörperchen melden Temperaturunterschiede; B Lage der Sinnesorgane in der Haut

Messen von Temperaturen

Achtung! Flüssigkeitsthermometer bestehen aus Glas und sind zerbrechlich!

1. Beschreibe ein Flüssigkeitsthermometer. Nenne die Aufgaben der einzelnen Teile.

2. a) Suche in deiner Umgebung möglichst viele unterschiedliche Orte, an denen du die Temperatur messen kannst. Schätze zuerst die Temperatur, bevor du sie misst. Schreibe sie auf. Notiere danach auch die gemessenen Werte.
b) Vergleiche die Werte miteinander. Erkläre die Unterschiede.
c) Stelle die gemessenen Werte in einem ▸ Säulendiagramm dar. Benutze dazu die ▸ Methode „Messen und die Werte anschaulich darstellen".

3. Vergleiche ein Flüssigkeitsthermometer mit einem digitalen Thermometer. Finde Vorteile und Nachteile im Aufbau und bei der Benutzung heraus.

4. Finde Beispiele, bei denen es wichtig ist, eine bestimmte Temperatur genau einzuhalten.

5. a) Mit welcher besonderen Angabe werden Lufttemperaturen an kalten Wintertagen gekennzeichnet?
b) Finde weitere Beispiele für diese Art der Temperaturangabe.

6. In Wetterberichten wird oft die „gefühlte Temperatur" genannt. Sie kann bis zu zehn Grad von den vorausgesagten Temperaturen abweichen. Was verstehst du unter der „gefühlten Temperatur"?

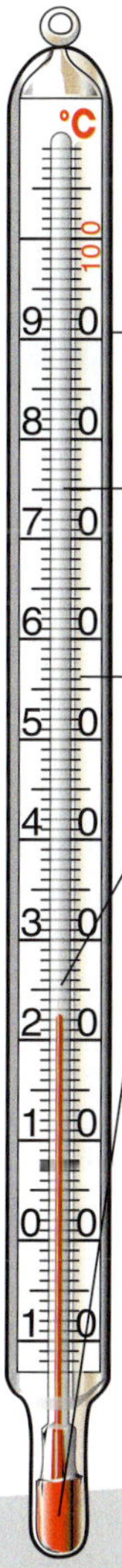

Thermometer

Mit unserem Temperatursinn können wir keine genauen Temperaturen angeben. Es muss ein Messgerät eingesetzt werden, mit dem du Temperaturen messen kannst, ein **Thermometer.**

Flüssigkeitsthermometer

Glaskörper: Ein Glasrohr schützt die inneren Bauteile.

Steigrohr: In einem dünnen Glasrohr befindet sich farbige Flüssigkeit, die sich auf und ab bewegen kann.

Skala: Sie besteht aus vielen Strichen unterschiedlicher Länge. Neben jedem 10. Strich steht eine Zahl.

Thermometerflüssigkeit: Sie ist der Zeiger des Thermometers. An ihrem Ende wird die Temperatur abgelesen

Vorratsbehälter: Er ist mit einer farbigen Flüssigkeit gefüllt und mit dem Steigrohr verbunden. Er ist der Messfühler des Thermometers.

Digitale Thermometer

Außer analogen Thermometern wie Flüssigkeitsthermometern gibt es auch **digitale Thermometer.** Diese funktionieren mit Elektrizität und benötigen deshalb eine Batterie.

Messen und Ablesen von Temperaturen

- Tauche den Messfühler vollständig in die Flüssigkeit ein.
- Warte beim Messen, bis sich die Thermometerflüssigkeit nicht mehr bewegt.
- Schaue beim Ablesen der Temperatur senkrecht auf die Skala.
- Nimm beim Ablesen der Temperatur das Thermometer nicht aus der Flüssigkeit heraus.

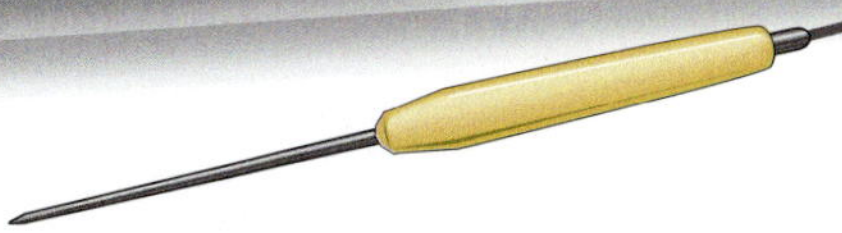

Die Celsius-Skala

1. Überlege dir eine Möglichkeit, ein Thermometer zu bauen, das Temperaturen von 0 °C bis 100 °C anzeigt. Stelle deinen Vorschlag vor.

2. a) Fülle ein hohes Becherglas mit 50 ml Wasser. Halte ein Thermometer ohne Skala so in das Becherglas, dass es den Boden des Becherglases nicht berührt. Erhitze das Wasser bis zum Sieden und beobachte dabei die Flüssigkeitssäule des Thermometers.
b) Markiere die höchste Stelle, bis zu der die Flüssigkeitssäule des Thermometers gestiegen ist, mit einem wasserfesten Filzstift.

3. a) Halte das Thermometer aus Versuch 2 in das Auslaufrohr eines Trichters und fülle den Becher des Trichters mit zerstoßenem Eis. Warte, bis die Flüssigkeitssäule im Thermometer ihre Höhe nicht mehr verändert.
b) Markiere die Stelle am Thermometer, bis zu der die Flüssigkeitssäule gesunken ist, mit einem wasserfesten Filzstift.
c) Erläutere deine Beobachtung.

4. Schreibe an die untere Markierung 0 °C und an die obere Markierung 100 °C. Teile den Abstand zwischen den beiden Markierungen in 100 gleiche Teile ein.
Hinweis: Am einfachsten ist es, den Abstand zuerst in 10 gleiche Teile zu teilen und jedes dieser 10 Teile erneut in 10 Teile aufzuteilen.

5. Stelle mehrere Bechergläser mit Wasser unterschiedlicher Temperaturen bereit. Miss die Wassertemperatur in jedem dieser Bechergläser
a) mit dem Thermometer mit der selbst hergestellten Skala,
b) mit einem gekauften Thermometer.
c) Vergleiche die Ergebnisse der beiden Messungen miteinander. Deute mögliche Abweichungen.
d) Welchen Sinn hat eine Skala beim Thermometer?

1 Die Siedetemperatur

2 Die Schmelztemperatur

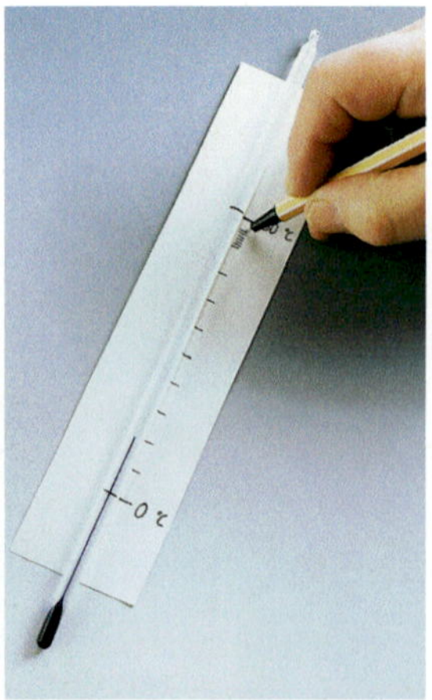

3 Dazwischen 100 Teile

Unterschiedliche Messwerte

Die ersten Thermometer hatten ganz unterschiedliche Skalen. Solange für verschiedene Messungen immer dasselbe Thermometer verwendet wurde, konnten die Messwerte miteinander verglichen werden. Unterschiedliche Thermometer ergaben jedoch unterschiedliche Messwerte.

Einheitliche Messwerte

In Europa werden heute Thermometer mit der **Celsius-Skala** verwendet. Diese Skala wird durch die ▸ **Schmelztemperatur** und die ▸ **Siedetemperatur** von Wasser festgelegt. Dabei ist mit der Schmelztemperatur die Temperatur gemeint, bei der Eis schmilzt. Bei der Siedetemperatur verdampft das Wasser. Diese Temperatur erhöht sich nicht, auch wenn dem Wasser weiter Wärme zugeführt wird. Bei gleichem Luftdruck sind Schmelz- und Siedetemperatur von Wasser auf der ganzen Erde gleich. Sie werden daher **Fixpunkte** genannt.
Die Schmelztemperatur des Wassers wird mit 0 °C und die Siedetemperatur mit 100 °C bezeichnet. Das Zeichen °C bedeutet Grad Celsius. Der Abstand zwischen diesen Temperaturen ist auf der Celsius-Skala in 100 gleiche Teile eingeteilt.

Bei 0 °C und 100 °C ist lange noch nicht Schluss

Damit auch Temperaturen über 100 °C und unter 0 °C gemessen werden können, wird die Celsius-Skala nach oben und unten mit gleicher Einteilung fortgesetzt. Temperaturen unter 0 °C werden mit einem Minuszeichen angegeben, zum Beispiel –5 °C.

Die Kelvin-Skala

1. a) Lies aus Bild 1 die Kelvin-Werte für –100 °C, –50 °C, 50 °C und 77 °C ab.
b) Lies auch die Celsius-Werte für 100 K, 150 K und 250 K ab.

2. Begründe, warum es unsinnig wäre, ein Thermometer mit einer Celsius-Skala bis –300 °C zu bauen.

3. Bestimme den Temperaturunterschied zwischen 80 °C und 35 °C; –25 °C und 15 °C.

Absoluter Nullpunkt
Daniel Fahrenheit und Anders Celsius hatten Thermometerskalen für den Alltagsgebrauch entwickelt. Diese Skalen sind für die Arbeit von Wissenschaftlern allerdings nicht sehr geeignet. Minus-Temperaturen machen die Rechnungen unnötig kompliziert. So schlug der englische Physiker William Thomson, der spätere Lord Kelvin, eine Skala ohne Minus-Grade vor.

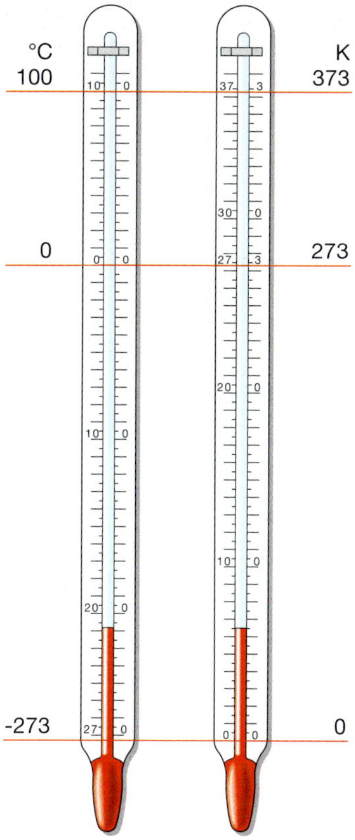

1 Thermometer mit Celsius- und Kelvin-Skala

Der absolute Temperatur-Nullpunkt
Durch Berechnungen hatte Thomson herausgefunden, dass es eine Temperatur gibt, die nicht unterschritten werden kann.

Auf der Celsius-Skala liegt diese Temperatur bei –273,15 °C. Sie wird als **absoluter Temperatur-Nullpunkt** bezeichnet.
Thomson hat ihr auf seiner Skala den Wert 0 zugeordnet. Die Abstände für 1 Grad hat er aber ebenso gewählt wie Celsius.

Die Thermometerskala von Thomson hat sich in der Wissenschaft durchgesetzt. Sie wird zu Ehren ihres Erfinders nach seinem späteren Titel **Kelvin-Skala** genannt. Der absolute Temperatur-Nullpunkt wird mit 0 K (0 Kelvin) bezeichnet.

In diesem Buch werden Temperaturunterschiede und Temperaturänderungen immer in Kelvin (K) angegeben.

Streifzug

Lord Kelvin of Largs

William Thomson (1824–1907), later Lord Kelvin, was born in Belfast in Ireland. William's mother died when he was six years old and from that time on he has been brought up by his father.
William had never visited a school in his life. His father, a professor of mathematics in Glasgow, taught him. William studied in Cambridge and Paris, before he became himself professor at Glasgow University. At this time he was 22 years old. The studies of William Thomson led him to propose an absolute scale of temperature in 1848.
William Thomson designed many new devices, including the mirror-galvanometer. That was very important for the telegraph transmissions in transatlantic submarine cable. Thomson's participation in the telegraph cable project was the reason that he was knighted in 1866. He created himself the title Lord Kelvin of Largs. The Kelvin is the river which runs through the grounds of Glasgow University and Largs is the town on the Scottish coast where Thomson spent his last years.

to bring up – erziehen; to study – studieren; to visit – besuchen; to propose – vorschlagen; scale – Gradeinteilung; device – Gerät; to design – entwickeln; including – einschließlich; transmission – Übertragung; submarine cable – Unterwasserkabel; the knight – der Ritter; participation – Mitwirkung; reason – Grund; to spend – verbringen

Messen und die Werte anschaulich darstellen

1. Übertrage die Tabelle in dein Heft. Gib jeweils die Messgeräte an, mit denen die angegebenen Größen gemessen werden. Notiere auch die Einheit, in der die Größe angegeben wird.

Größe	Messgerät	Einheit
Zeit		
Länge		
Temperatur		

Das richtige Messgerät
Wenn du die Länge eines Bleistiftes, die Temperatur der Luft im Klassenraum oder die Zeit, die seit Beginn des Unterrichts vergangen ist, bestimmen willst, kannst du die Größen jeweils abschätzen. Diese Werte werden aber in der Regel ungenau sein, da sich unsere ▸ Sinnesorgane täuschen lassen. Zuverlässigere Ergebnisse erhältst du, wenn du die Größen mit einem geeigneten Messgerät misst.

Geeichte Messgeräte
Das Fieberthermometer liefert genauere Werte als ein normales ▸ Thermometer. Fieberthermometer müssen die Temperatur sehr genau anzeigen. Die Messgenauigkeit ist vom Gesetzgeber vorgeschrieben und wird überprüft. Es ist ein **geeichtes Gerät.** Alle Messgeräte, die beim Verkauf von Waren oder im Bereich Sicherheit und Gesundheit eingesetzt werden, müssen geeicht sein. Ihre Messgenauigkeit wird in regelmäßigen Abständen vom Eichamt kontrolliert.

Messfehler
Um Fehler beim Messen zu vermeiden, muss das Gerät vorschriftsmäßig eingesetzt werden.
Bei Temperaturmessungen von Flüssigkeiten wird die Flüssigkeit umgerührt, um eine gleichmäßige Wärmeverteilung zu bekommen. Ablesefehler werden durch senkrechtes Schauen auf die Skala vermieden.

Darstellung von Messwerten im Säulendiagramm
Temperaturen verschiedener Körper kannst du beispielsweise in einem **Säulendiagramm** darstellen. Dazu zeichnest du eine Hochachse, auf der du die Temperatur abträgst. Auf der Rechtsachse zeichnest du jetzt jeweils die Säulen für die Temperaturen von Fensterscheibe (F), Wand (W), Tisch (T) und Heizkörper (H) bis zur entsprechenden Temperaturangabe auf der Hochachse. Die Säulen kannst du farbig darstellen oder unterschiedlich schraffieren.

2. a) Erhitze 100 ml Wasser in einem hohen Becherglas etwa 5 min über der kleinen Brennerflamme. Miss danach jeweils die Temperatur des Wassers, indem du das Thermometer vorsichtig
- knapp unter die Wasseroberfläche eintauchst,
- ganz knapp bis über den Becherglasboden und
- bis zur Wassermitte eintauchst.

b) Rühre das Wasser um und miss jeweils erneut.
c) Erkläre die Ergebnisse deiner Messungen.

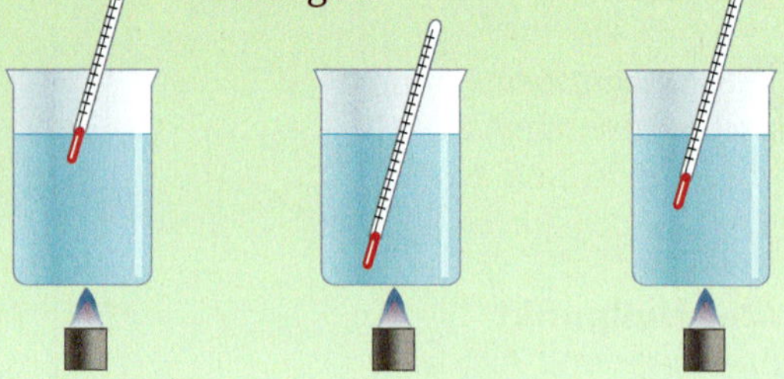

1 Drei Messungen – gleiche Werte?

3. a) Fülle ein Becherglas halb voll mit Wasser und stelle ein Thermometer in das Wasser. Lies die Wassertemperatur
- gerade stehend ab,
- auf dem Boden sitzend ab,
- auf Augenhöhe mit dem Thermometer ab.

b) Vergleiche die Ergebnisse und begründe, welches der Ablesungsverfahren das richtige ist.

4. Miss deine Körpertemperatur unter der Achsel mit einem Fieberthermometer und einem Digitalthermometer. Vergleiche die Werte.

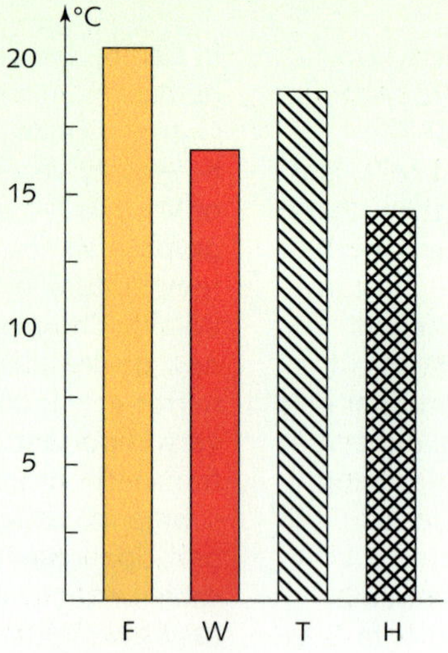

2 Säulendiagramm

5. a) Miss mithilfe des Digitalthermometers im Fachraum die Temperatur der Fensterscheibe, der Wand, des Tisches und des Heizkörpers. Notiere die Werte in einer Tabelle.
b) Erstelle aus den Werten der Tabelle ein Säulendiagramm wie in Bild 2.

6. Übertrage die Tabelle A in dein Heft und ergänze die fehlenden Werte mithilfe des Diagramms. Lies dazu die Temperaturen aus dem Zeit-Temperatur-Diagramm in Bild 5 ab.

7. Zeichne auf Karopapier ein Zeit-Temperatur-Diagramm mit den Werten aus der Tabelle B. Nimm Bild 5 als Vorlage.

8. Übertrage die Tabelle B in dein Heft und trage auch die Werte ein, die nicht gemessen wurden.

Zeit in s	0	10	20	30	40	50	60
Temperatur in °C		25		34		45	

3 Tabelle A

Zeit in s	0	10	20	30	40	50	60
Temperatur in °C	15		23		31		39

4 Tabelle B

9. Warum ist eine Zeiteinteilung in Sekunden bei der Messung der Temperaturen für einen ganzen Tag nicht sinnvoll?

Das Zeit-Temperatur-Diagramm
Du erwärmst eine Flüssigkeit und misst ihre Temperatur zu bestimmten Zeiten. Daraus ergeben sich viele Messwerte, die du in eine **Tabelle** eintragen kannst (Bild 3).

Eine übersichtliche Darstellung für diese Messwerte ist ein **Zeit-Temperatur-Diagramm.** Das ist ein **Liniendiagramm,** in dem die Temperaturen eingezeichnet sind, die zu bestimmten Zeitpunkten gemessen wurden (Bild 5).

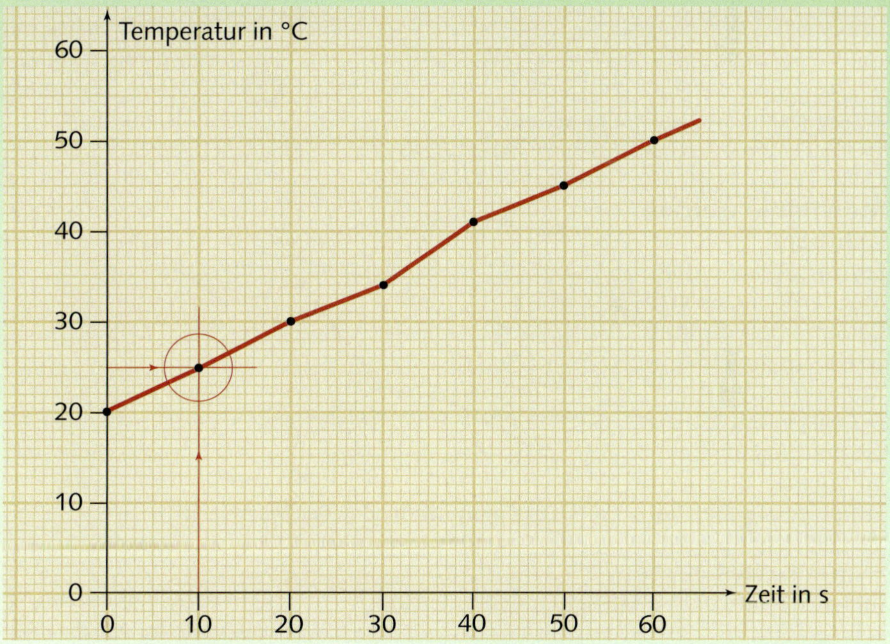

5 Das Zeit-Temperatur-Diagramm ist ein Liniendiagramm.

So wird das Zeit-Temperatur-Diagramm erstellt
Auf der Rechtsachse trägst du die Zeiten in s auf und auf der Hochachse die Temperaturen in °C.

Einteilung der Achsen
Du musst die beiden Achsen geeignet einteilen. Suche dazu die jeweiligen niedrigsten und höchsten Werte für die Zeit und für die Temperatur heraus, die du notiert hast. Nutze zum Auftragen dieser Werte die ganze Länge der Achsen.

Gemessene Werte eintragen
Für das Messwertepaar (10 s|25 °C), das du eintragen willst, suchst du zuerst den Zeitwert 10 s auf der Rechtsachse. Dort zeichnest du dünn eine Linie senkrecht nach oben. Am Temperaturwert 25 °C auf der Hochachse zeichnest du eine Linie waagerecht nach rechts, bis du auf die senkrecht gezeichnete Linie triffst. Hier markierst du den Schnittpunkt. Ebenso verfährst du mit allen anderen Paaren von Messwerten. Dann verbindest du jeweils zwei benachbarte Punkte mit einem Lineal.

Werte ablesen, die gar nicht gemessen wurden
Wie hoch war die Temperatur nach 45 s? Diesen Wert hast du nicht gemessen, du kannst ihn aber trotzdem angeben: Gehe zum Zeitpunkt 45 s, also zur Mitte zwischen 40 s und 50 s. Von dort gehst du dann senkrecht nach oben, bis du auf die Verbindungslinie deiner Punkte kommst. Wenn du nun waagerecht nach links gehst, kannst du die Temperatur auf der Hochachse ablesen.

Ausgleichsgeraden

Zeit in s	0	20	40	60	80	100
Temperatur in °C	22	34	38	65	60	75

1 Tabelle: Messwerte

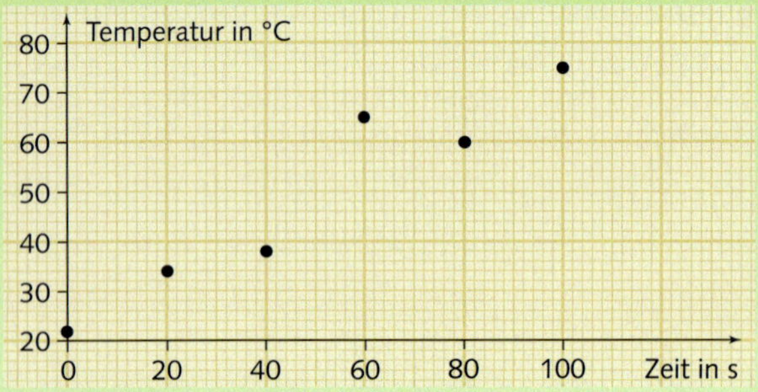

2 Diagramm: Eintragen der Messwerte

1. a) Erhitze 100 ml Wasser 2 min im Becherglas und miss die Temperaturerhöhung im Abstand von 20 s. Notiere die Werte in einer Tabelle.
b) Trage die Messwerte in ein Zeit-Temperatur-Diagramm ein und verbinde die Punkte. Beschreibe den Grafen, der dabei entsteht.
c) Trage die gleichen Messwerten erneut in ein Diagramm ein. Zeichne aus den Messpunkten eine Ausgleichgerade. Beschreibe deine Vorgehensweise.
d) Lies an der Ausgleichsgeraden für die in der Messung verwendeten Zeiten die Temperaturwerte ab. Trage die abgelesenen Werte in eine Tabelle ein. Vergleiche die Werte mit den gemessenen Werten aus dem Versuch a). Was stellst du fest?
e) Diskutiere, warum das Zeichnen der Ausgleichsgeraden sinnvoll ist.

Messfehler werden sichtbar

Bei Versuchen in der Mechanik und Elektrizitätslehre hast du Messwerte ermittelt und in Tabellen festgehalten. Du hast vermutet, dass die im Diagramm eingetragenen Messwerte auf einer Geraden liegen. Für die Abweichungen waren Ablesefehler oder ungenaue Messgeräte verantwortlich.

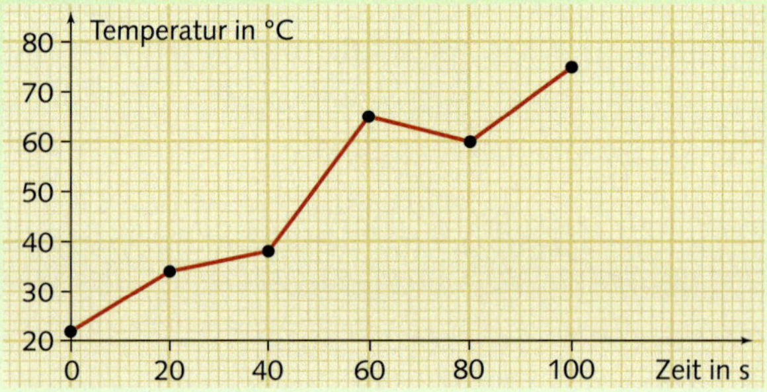

3 Diagramm: Verbinden der Messwerte

Verbinden der Messwerte

Die Messwerte aus Tabelle 1 sind im Diagramm 2 als Punkte dargestellt. Wenn diese Punkte verbunden werden, entsteht ein Graf, der schon sehr viel anschaulicher ist als die einzelnen Punkte sind (Bild 3). Werte zwischen den gemessenen Werten, die du dem Grafen entnimmst, sind bei dieser Methode jedoch häufig nicht korrekt. Du darfst sie in deine Versuchsauswertung nicht einbeziehen. Immerhin sind aber grobe Messfehler gut erkennbar.

Die Gerade dazwischen

- Versuche annähernd genau zwischen den Messpunkten eine Gerade zu zeichnen.
- Achte darauf, dass die Punkte, die nicht auf dieser **Ausgleichsgeraden** liegen, möglichst nahe am Verlauf des Grafen liegen.

Die Summe der Abstände aller Punkte oberhalb der Geraden sollte dabei genauso groß sein wie die Summe der Abstände unterhalb der Geraden. Die Punkte auf der Geraden stellen ideale Messwerte dar (Bild 4).

Jetzt kannst du aus dem Verlauf der Ausgleichgeraden die Messwerte in eine neue Tabelle (Bild 5) eintragen und die Genauigkeit deiner Messwerte mit den idealen Werten vergleichen.

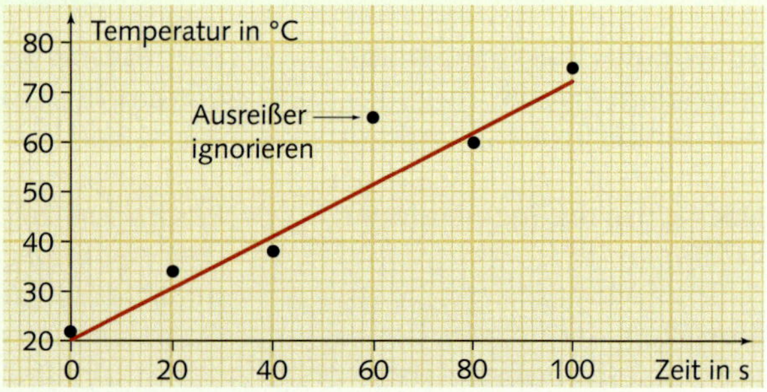

4 Diagramm: Einzeichnen der Ausgleichsgeraden

Zeit in s	0	20	40	60	80	100
Temperatur in °C	20	30	42	52	62	72

5 Tabelle: Ideale Werte

Thermometer und ihre Skalen

Florentiner Thermometer

Die ersten Thermometer wurden in Italien gebaut und als **Florentiner Thermometer** auch nach Nordeuropa verkauft.
Die Thermometer (Bild 1) bestanden aus einem kugelförmigen Ausdehnungsgefäß, das mit farblosem Weingeist gefüllt war. Das aufgesetzte 11 cm lange Glasröhrchen war geschlossen. Die Thermometer-Skala am Glasröhrchen bestand aus angeschmolzenen Emailletröpfchen.

Zum Ablesen der Temperatur wurden einfach aufwärts die Tröpfchen von 1 bis 50 gezählt. Der Bereich zwischen Anfang und Ende der Skala war in unterschiedliche Abstände eingeteilt. Jedes Thermometer zeigte daher bei derselben Temperatur ganz unterschiedliche Gradzahlen an. Die Werte verschiedener Thermometer waren nicht vergleichbar. Es gab keine ▸ Fixpunkte. Deshalb begannen die Thermometer-Skalen mit der niedrigsten und endeten mit der höchsten Jahrestemperatur. Diese Temperaturen waren natürlich nicht in jedem Jahr und nicht überall gleich.

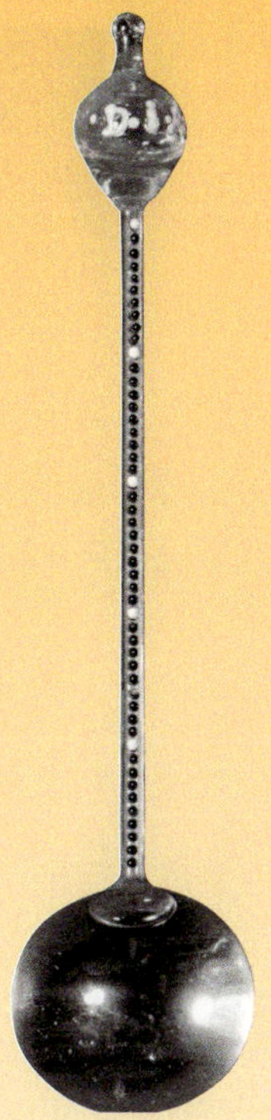

1 Florentiner Thermometer

Fahrenheit- und Celsius-Skala

Der Erste, der mehrere Thermometer mit genau gleicher Skala bauen konnte, war Daniel Fahrenheit (1686–1736) aus Danzig. Er lernte die Florentiner Thermometer in Amsterdam während seiner Ausbildung zum Kaufmann und zum Glasbläser kennen. Fahrenheit gelang es, gleichmäßig dicke Glasrohre herzustellen. Als unteren Fixpunkt (0 °F) wählte er die tiefste Temperatur, die er mit einer Mischung aus Schnee und Salmiak künstlich herstellen konnte (–17,8 °C). Als zweiter Fixpunkt ergab sich die Schmelztemperatur des Eises (0 °C) mit 32 °F. Die Körpertemperatur des Menschen (96 °F) diente als Kontrollpunkt. Als dritten Fixpunkt wählte er die Siedetemperatur von Wasser (212 °F). Den Bereich zwischen Schmelz- und Siedetemperatur teilte er in 180 gleiche Teile ein.
Die **Fahrenheit-Skala** wird heute noch in den USA verwendet. Die Temperaturen werden in Grad Fahrenheit (°F) angegeben. Die Skala ist aber ein wenig angepasst worden. Auf der Fahrenheit-Skala beträgt die Körpertemperatur des Menschen 98 °F, Wasser gefriert bei 32 °F und siedet bei 212 °F.

Der Schwede Anders Celsius (1701–1744) teilte den Abstand zwischen den Fixpunkten des Wassers in 100 gleiche Teile. Allerdings hatte er den Gefrierpunkt mit 100 Grad und die Siedetemperatur mit 0 Grad bezeichnet. Seit etwa 1780 wird die ▸ Celsius-Skala in ihrer heutigen Form verwendet.

Herstellung heute

Noch heute gibt es den Beruf Thermometermacher. Der Thermometermacher verarbeitet die in der Glashütte hergestellten dünnen Röhrchen und Glasscheiben aus Milchglas und stellt damit Flüssigkeitsglasthermometer her.
Angewendet werden die von ihm hergestellten Thermometer im Haushalt, in der Industrie, für meteorologische Messungen, in Forschungseinrichtungen, Laboratorien und in der Medizin.

Ein Thermometer für die ganze Welt

Die Thermometer werden in alle Welt verkauft. Durch die festgelegten Fixpunkte kann das Thermometer an jedem Ort der Erde genau geeicht werden.

Umrechnungen von Temperatureinheiten

Temperatur in °F: $T_F = \frac{9}{5} \cdot T_C + 32$

Temperatur in °C: $T_C = \frac{5}{9} \cdot (T_F - 32)$

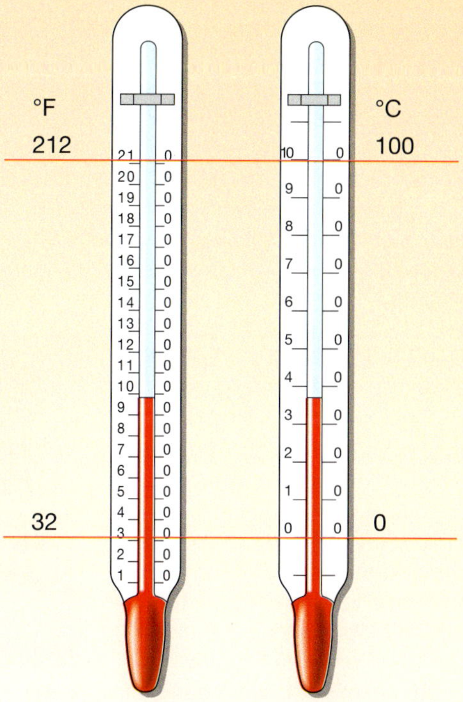

2 Fahrenheit-Skala und Celsius-Skala

Jeder Körper hat ein Volumen

1. a) Schätze die Länge ℓ, die Breite *b* und die Höhe *h* eines Paketes. Schätze sein Volumen *V*.
b) Miss nun Länge, Breite und Höhe des Paketes und berechne sein Volumen. Vergleiche die Ergebnisse mit deinen Schätzungen aus a). Gut geschätzt?

2. Miss mit einem 10 ml-Messzylinder eine bestimmte Menge Wasser ab. Fülle es in einen 25 ml-Messzylinder und in einen 50 ml-Messzylinder. Lies jeweils das Volumen ab und vergleiche. Mit welchem Gefäß ist der Wert am genauesten zu bestimmen?

3. a) Bestimme nacheinander das Volumen folgender Körper mit der Differenzmethode: Stein, Schlüssel, Anspitzer und Radiergummi.
b) Begründe den Namen Differenzmethode.

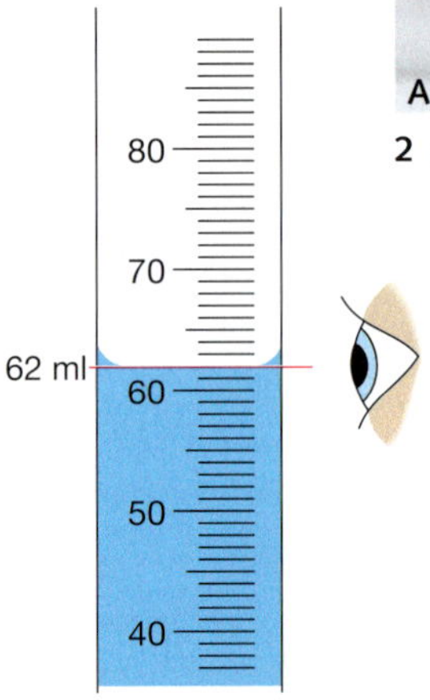

1 Richtiges Ablesen

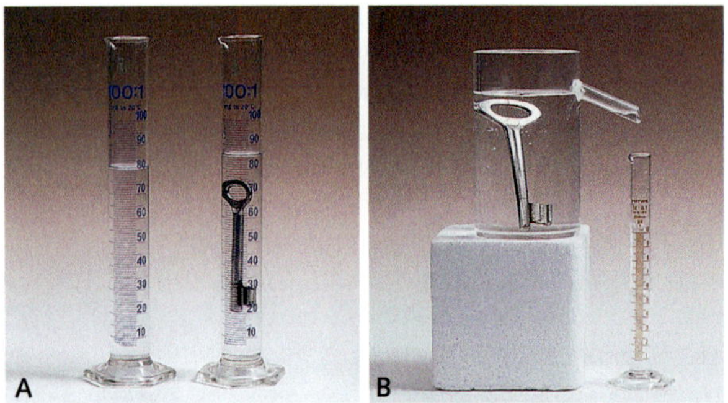

2 A *Differenzmethode;* **B** *Überlaufmethode*

4. Fülle ein Überlaufgefäß randvoll mit Wasser. Stelle einen Messzylinder unter den Ablauf und miss das Volumen aller in Versuch 3 aufgezählten Körper.

5. Wieso kannst du mit der Differenz- oder der Überlaufmethode das Volumen eines Kieselsteins bestimmen?

6. Überlege dir einen Versuch, mit dem du das Volumen eines Korkens bestimmen kannst.

Eine wichtige Körpereigenschaft – das Volumen
Jeder Körper braucht seinen Platz. Der Raum, den er beansprucht, heißt **Volumen *V*.** Eine kleine Fliege hat ebenso ein Volumen wie ein großes Flugzeug, nur braucht sie weniger Platz. Die Worte klein oder groß reichen natürlich nicht aus, um das Volumen anzugeben. Du musst messen, wenn du das Volumen genau bestimmen möchtest.
Feste Körper wie der Ziegelstein behalten stets ihre Form, wenn nicht eine Kraft darauf einwirkt. Daher bleibt das Volumen gleich.
Eine Flüssigkeit kannst du aus einer Flasche in ein Glas füllen, schon hat der Körper eine andere Form. Die Größe des Volumens bleibt dabei erhalten.
Gase können als Körper ihre Form und gleichzeitig ihr Volumen verändern. Sie nehmen immer den gesamten Raum ein, der ihnen zur Verfügung steht. Deshalb lässt sich das Volumen nur angeben, wenn du das Gefäß ausmisst, in dem das Gas enthalten ist.

3 Alle Körper haben ein Volumen. A *feste Körper;* **B** *flüssige Körper;* **C** *gasförmige Körper*

Ein Körper verdrängt den anderen
Wenn beim Handballspielen zwei Spielerinnen zusammenstoßen, merken sie leicht: Wo ein Körper ist, kann kein zweiter sein. Ein Körper müsste schon dem anderen weichen. Bei Flüssigkeiten gilt das auch: Wenn du dich in die Badewanne legst, steigt Wasser an den Seiten hoch. Es gibt so viel Raum frei, wie dein Körper braucht.
Auch die Luft weicht aus, wenn du ein Zimmer betrittst. Wieder hast du so viel Platz, wie für deinen Körper benötigt wird.

Das Volumen wird gemessen

Das Volumen *V* eines Ziegelsteins oder eines Paketes lässt sich leicht bestimmen, weil beide Körper die Form eines Quaders haben (Bild 5).

Das Volumen einer Flüssigkeit kannst du mit einem Messzylinder bestimmen. Dazu gießt du die Flüssigkeit hinein, stellst den Messzylinder auf eine waagerechte Fläche und liest in der Höhe des Flüssigkeitsspiegels das Volumen ab. Beim Ablesen musst du Messfehler vermeiden. Der Flüssigkeitsspiegel zieht sich am inneren Rand des Gefäßes nach oben. Den richtigen Wert des Volumens erhältst du, wenn du an der tiefsten Stelle des Flüssigkeitsspiegels abliest (Bild 1).

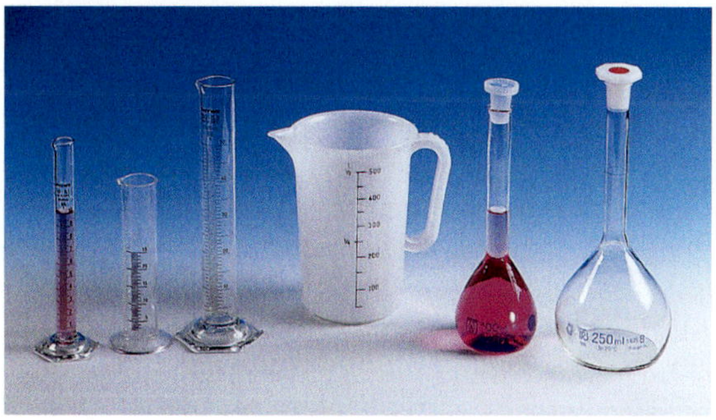

4 Messgeräte für Flüssigkeiten

Das Volumen unregelmäßiger fester Körper

Das Volumen eines Kieselsteins kannst du mit einem Messzylinder bestimmen. Dazu musst du zunächst so viel Wasser einfüllen, dass der Stein vollständig untertauchen kann. Dann liest du unter Vermeidung von Messfehlern das Wasservolumen ab.
Danach tauchst du den Stein vorsichtig ins Wasser und liest den neuen Wasserstand ab.
Du erhältst das Volumen des Steins, wenn du die Differenz aus den Werten der zweiten und der ersten Messung bildest. Diese Möglichkeit der Volumenbestimmung heißt **Differenzmethode** (Bild 2A).

Die verschiedenen Einheiten des Volumens

Allgemein wird das Volumen *V* von Körpern in Kubikmeter (m^3), Kubikdezimeter (dm^3), Kubikzentimeter (cm^3) oder Kubikmillimeter (mm^3) angegeben.
Das Volumen von Flüssigkeiten oder Gasen wird oft in Hohlmaßen angegeben: Liter (l), Zentiliter (cl) oder Milliliter (ml).

Du kannst das Volumen des Kieselsteins auch mit der **Überlaufmethode** messen. Dazu füllst du ein Überlaufgefäß so lange mit Wasser, bis es überläuft. Dann stellst du einen Messzylinder unter den Ablauf. Nun hängst du den Stein ganz hinein und fängst das verdrängte Wasser auf. Das Volumen des aufgefangenen Wassers ist so groß wie das Volumen des Steins (Bild 2B).

Eine Formel für das Volumen

Streifzug

Das Volumen eines Quaders

Ein Ziegelstein ist ein Quader. Du kannst sein Volumen bestimmen, indem du dessen Länge ℓ, Breite *b* und Höhe *h* misst. Dann musst du rechnen. Das Volumen *V* ist das Produkt aus Länge mal Breite mal Höhe: Volumen = Länge · Breite · Höhe.
Dafür kannst du kurz schreiben: $V = \ell \cdot b \cdot h$.

Volumen des Ziegelsteins:

$$V = 23\ \text{cm} \cdot 11\ \text{cm} \cdot 6\ \text{cm} = 1518\ \text{cm}^3.$$

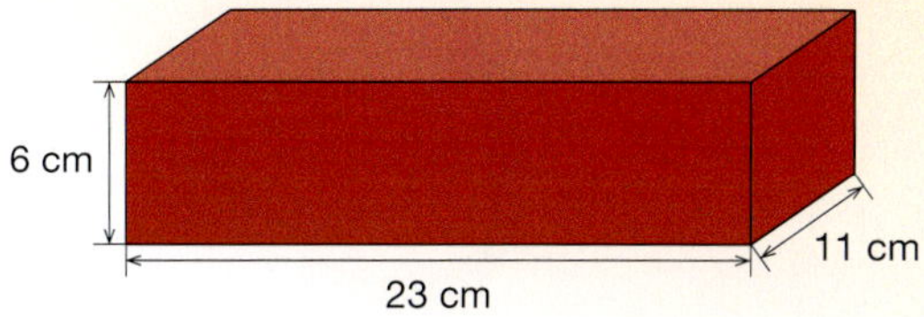

5 Die Maße eines Ziegelsteins

Größen und ihre Maßeinheit

Die Ausdrücke Volumen, Länge, Breite, Höhe heißen **Größen.** Zu einer Größe gehören der gemessene Zahlenwert und die Maßeinheit, zum Beispiel 3 cm oder 5 l oder 40 cm^3.
Bei der Berechnung des Volumens musst du alle 3 Größen in der gleichen Maßeinheit schreiben.

Volumeneinheiten

1 Kubikmillimeter	1 mm^3	
1 Kubikzentimeter	1 cm^3	= 1000 mm^3
1 Kubikdezimeter	1 dm^3	= 1000 cm^3
1 Kubikmeter	1 m^3	= 1000 dm^3
1 Milliliter	1 ml	
1 Zentiliter	1 cl	= 10 ml
1 Liter	1 l = 100 cl	= 1000 ml

Beachte: 1 l = 1 dm^3; 1 ml = 1 cm^3

Jeder Körper hat eine Masse

1. a) Schätze, wie viel Reiskörner die gleiche Masse ergeben wie
- eine Büroklammer,
- eine Tintenpatrone,
- ein Radiergummi.

b) Bestimme die Masse der Büroklammer, der Tintenpatrone, des Radiergummis und von 20 Reiskörnern und überprüfe deine Schätzung.

2. Beschreibe, wie du im Supermarkt auf einer elektronischen Waage die Masse von fünf Äpfeln bestimmen kannst.

3. a) Erkundige dich, welche Waagen ihr zu Hause habt.
b) Sieh nach, wie groß die Masse eines Körpers jeweils sein darf, damit du ihn noch mit der Waage bestimmen kannst.

4. a) Ein Wägesatz enthält folgende Wägestücke: ein 1 g-, zwei 2 g-, ein 5 g- und ein 10 g-Stück. Welche Massen kannst du damit bestimmen?
b) Welche Wägestücke müsste der Wägesatz haben, damit du einen Körper mit einer Masse von 119 g wiegen kannst?

5. Beschreibe, wie du die Masse folgender Tiere bestimmen könntest:
a) Hund oder Katze;
b) Papagei oder Wellensittich.

6. Du hast zwei Körper, die ungefähr die gleiche Masse haben. Du hast aber keine Waage. Im Keller findest du Bretter, Nägel, Fäden, Waschpulver und Werkzeug. Überlege dir eine Möglichkeit, wie du genau feststellen kannst, welcher der beiden Körper die größere Masse hat.

Was wird gemessen?
„Max, hol schnell ein Kilogramm Tomaten!" Wie viel ist das? Für Max ist das kein Problem, denn die elektronische Waage im Supermarkt zeigt das Gewicht an. Am Morgen hat sich Max schon selbst auf eine Waage gestellt. Er wollte sein Gewicht überprüfen.
Wenn du einen Brief ausreichend frankieren willst, legst du ihn auf eine Briefwaage. Dann kannst du sein Gewicht ablesen und die richtige Briefmarke aufkleben.
Es gibt sogar Athleten, die große Gewichte in die Höhe stemmen. Sie heißen Gewichtheber.

Waage misst Masse
Alle reden von Gewicht und doch meint jeder etwas anderes. Max muss beim Einkauf wissen, wie viel er nach Hause trägt. Am Morgen will er ablesen, wie schwer er ist. Der Gewichtheber prüft, wie stark er ist. In den Naturwissenschaften sind alle drei Messungen gleichberechtigt. Mithilfe einer Waage kann die **Masse *m*** eines Körpers bestimmt werden. Dieses Wort ersetzt also den umgangssprachlichen Ausdruck Gewicht.

Masse des Körpers bestimmen
Zur Bestimmung der Masse brauchst du eine Waage. Darauf legst du den Körper und wartest, bis die Anzeige ruhig steht. Jetzt kannst du die Masse *m* in Kilogramm (kg) oder Gramm (g) ablesen. Das geht leicht, wenn die Waage den Wert gleich anzeigt wie eine elektronische Waage, Personenwaage oder Briefwaage.

Wiegen durch Anhängen
Die Masse eines festen Körpers kannst du auch bestimmen, wenn du ihn an eine **Paketwaage** wie in Bild 1 hängst. Er dehnt dabei eine Feder ein bestimmtes Stück aus. Am Ende der Feder befindet sich ein Zeiger, der auf einer Skala die Masse des Körpers anzeigt.

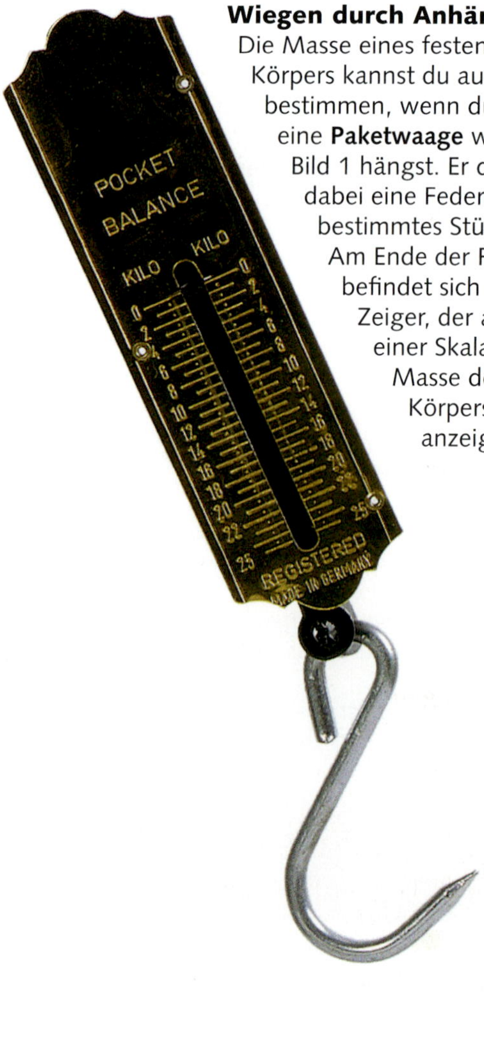

1 Paketwaage

Massenvergleich
Es gibt aber auch Waagen wie die **Balkenwaage** (Bild 2), die keinerlei Anzeigen haben. Wenn du damit eine Masse bestimmen willst, brauchst du einen Vergleichskörper, von dem du die Masse kennst. Solche Vergleichskörper befinden sich in einem **Wägesatz.**

Um einen Körper zu wiegen, legst du ihn auf eine Waagschale der Balkenwaage. Auf die andere Schale legst du so viele Wägestücke, bis die Waage im Gleichgewicht ist. Dazu musst du so lange kleinere oder größere Wägestücke auflegen, bis der Zeiger der Waage in der Mitte der Skala zur Ruhe kommt. Die Werte der einzelnen Wägestücke brauchst du nun nur noch zu addieren. Die Summe ergibt dann die Masse des Körpers.

2 Balkenwaage im Gleichgewicht

1 Karat = 0,2 g

Als es noch keine Wägesätze gab, wurden zum Wiegen von kleinen Körpern als Vergleichsmassen oft getrocknete Weizen- oder Gerstenkörner genommen, deren Massen als jeweils gleich angesehen wurden.
Die Masseneinheit Karat bei Diamanten geht zurück auf die Masse eines Samenkorns des Johannisbrotbaumes. Das hat eine Masse von etwa 0,2 g.

Wiegen mit Waagen

Pinnwand

Laufgewichtswaage

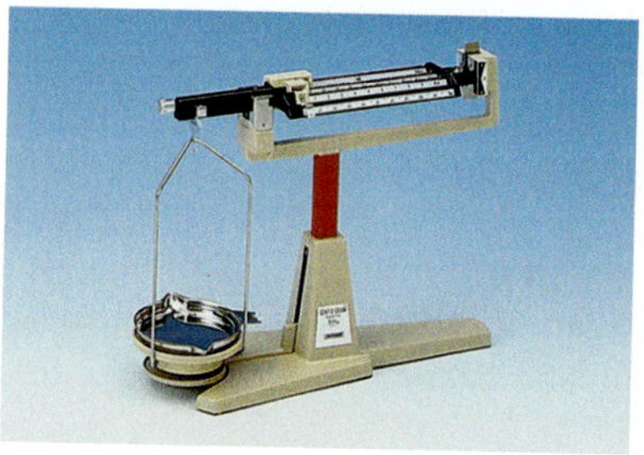

Bei dieser Waage musst du die Laufgewichte bei den entsprechenden Kerben einhängen und die Einzelwerte addieren.

Briefwaage

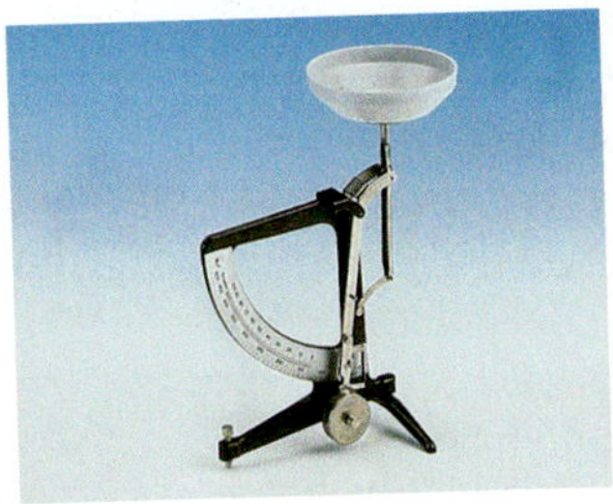

1. Erkundige dich, wie groß die Masse bei einem Standard- und Kompaktbrief höchstens sein darf.

In diesem Wägesatz für Balkenwaagen findest du Wägestücke von 1 g bis 500 g. Für Zwischenwerte sind Gramm-, Zehngramm- und Hundertgramm-Stücke enthalten.

2. a) Besorge dir ein Glas und bestimme die Masse des Glases. Fülle nun das Wasser hinein und bestimme jetzt die Masse von Glas und Wasser. Subtrahiere dann die Masse des Glases von der Gesamtmasse.
b) Bestimme auf diese Weise auch die Masse von anderen Flüssigkeiten.

Masseeinheiten

1 Milligramm	1 mg	
1 Gramm	1 g	= 1000 mg
1 Kilogramm	1 kg	= 1000 g
1 Tonne	1 t	= 1000 kg

3. Lege nacheinander verschiedene Körper wie Holzklötze, Steine oder Schrauben auf eine Briefwaage und bestimme jeweils die Masse. Halte die Werte in einer Tabelle fest.

4. Bestimme die Massen der Körper aus Versuch 3 auch mit einer Balkenwaage und einer Laufgewichtswaage. Halte die Werte in einer zweiten und dritten Tabellenspalte fest und vergleiche sie miteinander. Welche Waage zeigt die Masse am genauesten an?

5. Bestimme die Masse von 200 ml Wasser.

Ausdehnung durch Wärme

1. a) Fülle einen Stehkolben randvoll mit Wasser und erwärme ihn. Beobachte dabei den Wasserstand und notiere.
b) Stelle den Stehkolben nach dem Erwärmen in ein Gefäß mit Eiswasser. Beobachte den Wasserstand erneut. Erkläre deine Beobachtungen.

2. a) Baue den Versuch nach Bild 3 auf. Achte darauf, dass zu Beginn alle Flüssigkeiten im Steigrohr gleich hoch stehen und die gleiche Temperatur haben.
b) Stelle die drei Stehkolben gleichzeitig in warmes Wasser. Beobachte und notiere die Veränderungen.
c) Warum ist es wichtig, dass alle drei Kolben in demselben Wasserbad erwärmt werden?

3. Wie müsste die Skala eines selbst gebauten Thermometers geändert werden, wenn du als Flüssigkeit statt Wasser Alkohol verwenden würdest?

4. Welche der Flüssigkeiten aus Versuch 2 wäre als Füllung in einem Thermometer geeignet, um kleine Temperaturunterschiede anzuzeigen?

5. Warum sind Getränkeflaschen nie vollständig gefüllt?

1 **Wasser wird erwärmt.**

Flüssigkeiten dehnen sich aus

Werden wie in Bild 3 die jeweiligen Höhen in den Steigrohren untersucht, dann zeigt sich, dass sich Flüssigkeiten bei Erwärmung ausdehnen. Die gleiche Menge Flüssigkeit braucht mehr Platz, das ▸ Volumen vergrößert sich.

Verschiedene Flüssigkeiten dehnen sich beim Erwärmen unterschiedlich stark aus. Bei gleicher Erwärmung dehnt sich Alkohol fast fünfmal mehr aus als Wasser.
Umgekehrt ziehen sich die Flüssigkeiten wieder zusammen, wenn sie abgekühlt werden.

2 **Wasser wird abkühlt.**

3 **Ausdehnung verschiedener Flüssigkeiten.**
A *Wasser;* **B** *Glycol;*
C *Spiritus*

Die Ausdehnung von Wasser

1 Temperaturen in Eiswasser

1. a) Fülle einen hohen Standzylinder zur Hälfte mit kaltem Wasser und gib Eis hinzu. Beschreibe den Versuchsaufbau.
b) Miss ohne inzwischen umzurühren nach etwa 20 min die Temperaturen in verschiedenen Tiefen. Notiere die Messwerte und erkläre sie.

2. Bringe Kerzenwachs in einer Teelichthülle zum Schmelzen. Gib dann ein kleines Stück festes Wachs hinein. Notiere die Beobachtungen und gehe auf die Unterschiede zu Versuch 1 a) ein.

3. Fülle eine leere Teelichthülle mit Wasser und eine zweite gleich hoch mit flüssigem Kerzenwachs. Stelle beide ins Gefrierfach. Nimm sie nach einiger Zeit heraus und beschreibe das Aussehen der beiden Oberflächen. Deute deine Beobachtungen.

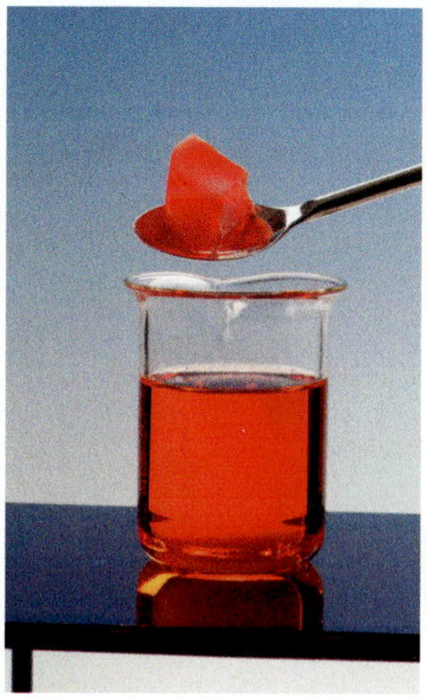

2 Festes und flüssiges Wachs

Wasser verhält sich anders

Eis schwimmt immer oben auf dem Wasser. Das ist schon etwas Besonderes, denn bei allen anderen Stoffen ist es genau umgekehrt. Hier sinkt der feste Körper in der Flüssigkeit auf den Boden. Gibst du beim Zinngießen festes Zinn in das schon flüssige Metall, so sinkt der feste Körper sofort nach unten. Das Gleiche geschieht mit festem Fett, wenn du es zu bereits geschmolzenem Fett in einer Fritteuse gibst.

Die Anomalie des Wassers

Wasser dehnt sich beim Erstarren aus. Das unterscheidet diesen Stoff von allen anderen Stoffen. Aus 1 l Wasser werden 1,1 l Eis.

In der Umgebung von Eiswürfeln hat Wasser eine Temperatur von etwa 0 °C (Bild 1). Am Boden des Standzylinders hat das Wasser dagegen eine Temperatur von 4 °C. Bei allen anderen Flüssigkeiten würdest du auf dem Boden die tiefste Temperatur messen. Wasser bildet auch hier wieder eine Ausnahme: Wasser von 4 °C ist schwerer als die gleiche Menge Wasser von 0 °C und sinkt deshalb nach unten.
Diese Abweichungen des Wassers zum Verhalten anderer Stoffe heißen **Anomalie des Wassers.**

Die Anomalie in der Natur

In der Natur ist die Anomalie des Wasser von großer Bedeutung. Stehende Gewässer und ruhig fließende Flüsse gefrieren bei Frost immer von oben zu und können nicht bis auf den Grund zufrieren.
Im Winter halten sich Fische und andere Wasserlebewesen am Grund von Teichen, Seen und Flüssen auf. So können sie trotz zugefrorener Gewässer überleben.

Dichte

Bei allen Stoffen sind das Volumen und die Masse proportional zueinander. Der Proportionalitätsfaktor ist die Dichte ρ (griech. Buchstabe, gelesen rho).

$$m = \rho \cdot V \Leftrightarrow \rho = \frac{m}{V}$$

Bei 4 °C hat Wasser sein geringstes ▸ Volumen und somit seine größte Dichte. 1 cm^3 Wasser hat dann die ▸ Masse 1 g. Die Dichte von Wasser beträgt somit $\rho = 1\ \frac{g}{cm^3}$ (bei 4 °C).
Ist die Dichte eines Stoffes $\rho > 1\ \frac{g}{cm^3}$, dann ist er schwerer als Wasser. Ist die Dichte $\rho < 1\ \frac{g}{cm^3}$, ist der Stoff leichter als Wasser.

feste Stoffe (bei 20 °C)	**Dichte ρ in $\frac{g}{cm^3}$**
Holz (Eiche)	0,5...0,8
Grafit	1,9...2,3
Papier	0,7...0,9
Silber	10,5
Flüssigkeiten (bei 20 °C)	**in $\frac{g}{cm^3}$**
Benzin	0,68...0,72
Glycerin	1,26
Meerwasser	1,02
Spiritus	0,83
Gase (bei 0 °C)	**in $\frac{g}{l}$**
Chlor	3,214
Luft	1,29
Kohlenstoffdioxid	1,977
Wasserstoff	0,0899

Auswirkungen der Anomalie

Wasser von 4 °C ist am schwersten und sinkt nach unten.

1. Wie wirkt sich die Anomalie des Wassers in einem See im Winter aus?

Feld im Herbst

Dasselbe Feld im Frühjahr

2. Beschreibe anhand der Fotos, wie die Folgen der Anomalie des Wassers in der Landwirtschaft ausgenutzt werden.

Frostaufbrüche: Wasser dringt in alle Ritzen im Asphalt ein und gefriert dort. Da Eis mehr Raum benötigt als Wasser, wird der Straßenbelag aufgesprengt.

3. Was würde mit den Fischen passieren, wenn Seen von unten nach oben zufrieren würden?

4. Warum wird der Scheibenwaschanlage im Auto während des Winters ein Frostschutzmittel zugefügt?

5. Warum darfst du eine volle Mineralwasserflasche nicht zum Kühlen in das Gefrierfach eines Kühlschrankes legen?

Wenn im Winter Rohre frei liegen und das Wasser daraus nicht abgelassen wurde, kann es zu einem Rohrbruch kommen.

6. Erkläre die Entstehung eines Wasserrohrbruches.

Volumenänderung bei Gasen

1. a) Baue den Versuch nach Bild 1 auf. Notiere deine Beobachtungen.
b) Nimm die Kerze weg. Notiere die Veränderungen.
c) Kühle den Erlenmeyerkolben mit kaltem Wasser ab. Beobachte und erkläre die Veränderungen.

2. a) Entferne das Glasrohr aus Versuch 1 aus dem Stopfen und gib einen kleinen Tropfen gefärbtes Wasser so in das Glasrohr hinein, dass er in die Nähe des Knicks gelangt. Stecke das Glasrohr wieder in den Stopfen und erwärme den Kolben mit deinen Händen. Beschreibe, was passiert.
b) Kühle den Erlenmeyerkolben ab und beobachte den Tropfen. Erkläre deine Beobachtungen.

3. a) Stelle den Erlenmeyerkolben aus Versuch 2 zusammen mit einem Thermometer in kaltes Wasser. Markiere die Position des Tropfens und notiere die Temperatur.
b) Erwärme das Wasser und markiere die Position des Tropfens bei einer Erwärmung von jeweils 5 K. Fahre damit fort, bis der Tropfen kurz vor dem Ende des Rohres steht.
c) Stelle den Erlenmeyerkolben und das Thermometer wieder in kaltes Wasser und vergleiche die Position des Tropfens und die Thermometeranzeige. Berichte über deine Beobachtungen.

4. a) Warum musst du in Versuch 1 Wasser zu Hilfe nehmen, um die Ausdehnung der Luft zu zeigen?
b) In Versuch 3 hast du ein Gasthermometer gebaut. Beschreibe die Funktionsweise.

5. a) Demonstrationsversuch: Drei gleiche Kolbenprober werden jeweils mit der gleichen Menge Luft, Erdgas und Kohlenstoffdioxid gefüllt. Dann werden sie in Eiswasser gestellt (Bild 2).
b) Die Kolbenprober werden aus dem kalten Wasser herausgenommen und in warmes Wasser gestellt. Beschreibe deine Beobachtungen.
c) Was folgt aus deinen Beobachtungen für die Ausdehnung verschiedener Gase?

6. Wie bekommst du Wasser in ein Reagenzglas, das mit einem durchbohrten Stopfen versehen ist? Probiere aus.

1 Erwärmung von Luft

Erwärmung des Gasgemisches Luft
Gase dehnen sich beim Erwärmen aus. Das kannst du an dem Gasgemisch Luft untersuchen. Doch weil Luft unsichtbar ist, sind Versuche damit nicht ganz einfach. Du siehst nicht, was beim Erwärmen geschieht. Hältst du jedoch das Glasrohr des erwärmten Kolbens ins Wasser, siehst du Blasen aufsteigen. Das kann nur die erwärmte Luft aus dem Kolben gewesen sein. Luft dehnt sich demnach bei Erwärmung aus. Im Vergleich zu Wasser dehnt sich die Luft sogar zehnmal so stark aus.

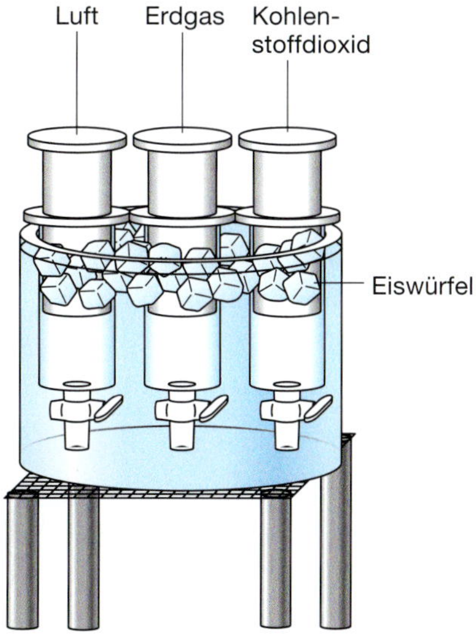

Erwärmung unterschiedlicher Gase
Untersuchst du die Ausdehnung beim Erwärmen verschiedener Gase, zeigt sich, dass sich alle Gase bei gleicher Erwärmung gleich stark ausdehnen (Bild 2). Beim Abkühlen ziehen sich alle Gase wieder zusammen.

2 Erwärmung von Gasen

Erwärmung fester Gegenstände

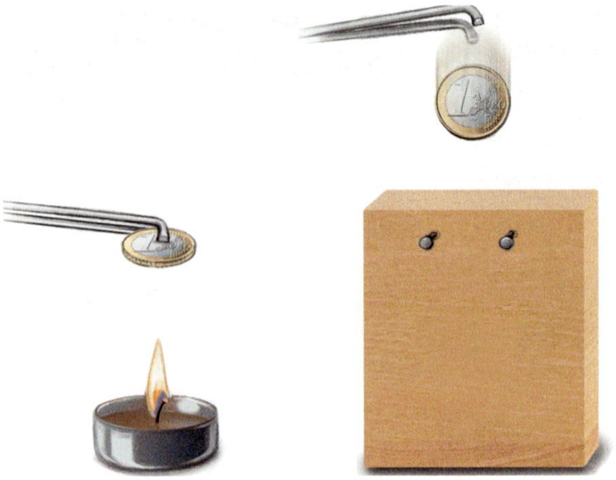

1 Passt die Münze hindurch?

2 Ein heißer Sommer

1. a) Schlage zwei Nägel wie in Bild 1 so in ein Holzbrett, dass eine Münze gerade noch hindurchpasst.
b) Erwärme die Münze und versuche, ob sie zwischen den Nägeln durchrutscht.
c) Kühle die Münze ab und wiederhole den Versuch. Berichte über deine Beobachtungen und erkläre.

2. a) Spanne einen Eisendraht wie in Bild 3 straff zwischen zwei Halterungen ein. Erwärme den Draht auf der ganzen Länge vorsichtig mit einem ▸ Gasbrenner und beobachte.
b) Kühle den Draht ab. Beschreibe jeweils deine Beobachtung.

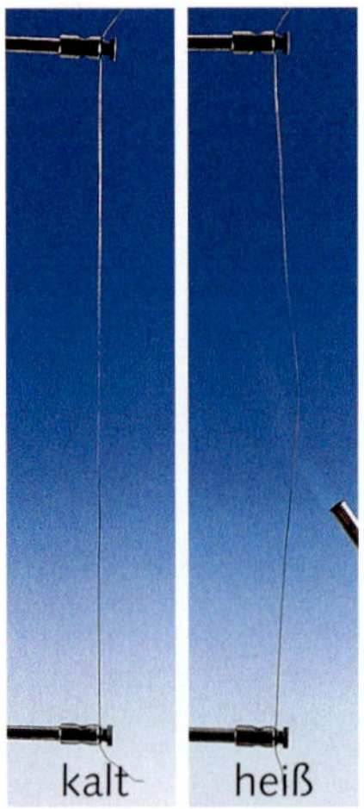

3 Ein Draht wird erhitzt.

3. a) Halte eine Metallkugel wie in Bild 4 in eine Brennerflamme und lege sie dann auf den Ring.
b) Kühle die heiße Kugel mit Eiswasser ab. Lege sie dann erneut auf den Ring.
c) Beschreibe jeweils deine Beobachtungen.

Längenausdehnung

Erwärmst du einen straff gespannten Draht, kannst du eine Längenzunahme beobachten. Umgekehrt zieht sich dieser Draht beim Abkühlen wieder zusammen. Der Schienenstrang in Bild 2 erfährt bei großer Erwärmung auch eine Längenzunahme, die zu großen Verwerfungen im Gleisbett führen kann.

Ausdehnung nach allen Seiten

Die Münze verhält sich genauso wie der Draht. Ihr Durchmesser vergrößert sich bei Erwärmung und schrumpft bei Abkühlung. Erwärmst du eine Kugel, so kannst du die Ausdehnung in alle Richtungen besonders gut beobachten. Die heiße Kugel passt nicht mehr durch den Ring, wie immer du sie auch drehst.

Bei genauer Messung könntest du feststellen, dass auch der erwärmte Draht und die erwärmte Münze sich nach allen Seiten hin ausdehnen. Umgekehrt ziehen sich alle Gegenstände bei Abkühlung wieder zusammen.

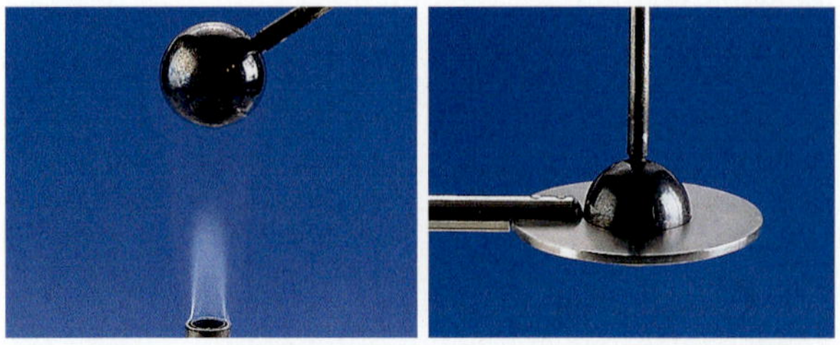

4 Eine Kugel wird erwärmt.

Längenausdehnung in der Technik

Rohrleitungen in Industrieanlagen müssen oft hohe Temperaturunterschiede aushalten. Deshalb werden sie entweder in Abständen zu Schleifen gezogen (Bild links) oder mit zieharmonika-ähnlichen Zwischenstücken versehen (Bild rechts). Dadurch können sich Rohre beim Erwärmen oder Abkühlen ausdehnen oder zusammenziehen, ohne dass sie dabei zerstört werden.

Auch Brücken ändern durch Temperaturschwankungen ihre Länge. Deshalb werden beim Bau Spalten zwischen der Straße und der Brücke eingeplant. Diese Spalten heißen **Dehnungsfugen.** Die Stoßstellen werden mit Eisenblechen überdeckt, die mit Zähnen ineinander greifen (Bild links). So können die Autos leicht über die Fugen hinwegrollen.

Damit bei der Längenänderung keine Schäden an den Auflagestellen der Brücke entstehen, wird sie zusätzlich auf Gleitlagern beweglich gelagert.

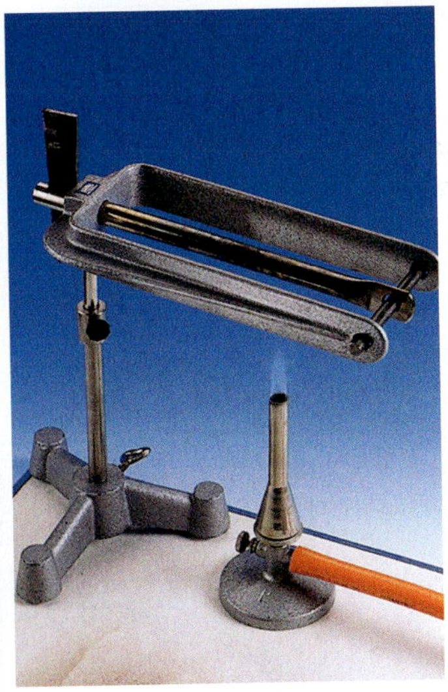

1. a) Demonstrationsversuch: Die Mittelstange des Bolzensprengapparates wird an der Vorderseite mit einem Querbolzen aus sprödem Gusseisen befestigt. An der Rückseite wird sie mit einem Keil eingespannt. Dann wird die Mittelstange mit der Brennerflamme gleichmäßig erhitzt. Dabei muss der Keil noch weiter eingetrieben werden. Dann bleibt der Apparat zum Abkühlen stehen.
b) Beschreibe deine Beobachtung. Wie kommt es zur Zerstörung des Querbolzens?

2. Überlege, warum der Keil am hinteren Ende der Mittelstange beim Erwärmen weiter eingeschlagen werden muss.

3. Schneide aus Pappe zwei Zahnreihen aus, wie im linken Bild auf dem zweiten Zettel zu sehen ist. Klebe sie so auf zwei Kartons, dass die Zähne über den Rand der Kartons hinaus stehen. Lege die Zahnreihen gegeneinander und fahre dann mit einem Spielzeugauto über diesen Spalt bei „Sommer-" und bei „Wintertemperatur".

4. a) Suche in eurer Schule Dehnungsfugen zwischen den Gebäudeteilen. Womit sind sie gefüllt?
b) Warum sind Dehnungsfugen nötig?

Das Bimetall-Thermometer

1. a) Lege zwei 20 cm lange und 1,5 cm breite Streifen aus Kupfer und Nickel nebeneinander. Klemme sie an einem Ende fest ein und erwärme sie gleichmäßig mit der Brennerflamme. Beschreibe die Beobachtungen und erkläre die Unterschiede.
b) Lege die beiden Metallstreifen aufeinander und verschraube sie an mehreren Stellen fest miteinander. Spanne sie an einem Ende fest ein. Was wird mit dem Streifen beim Erwärmen passieren? Überprüfe deine Vermutung.

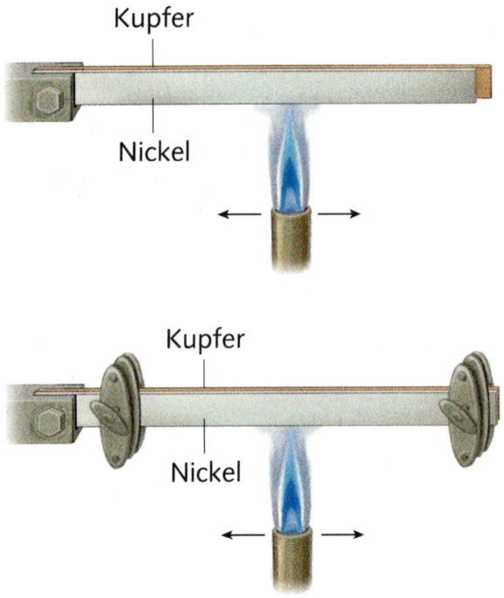

1 Bimetallstreifen

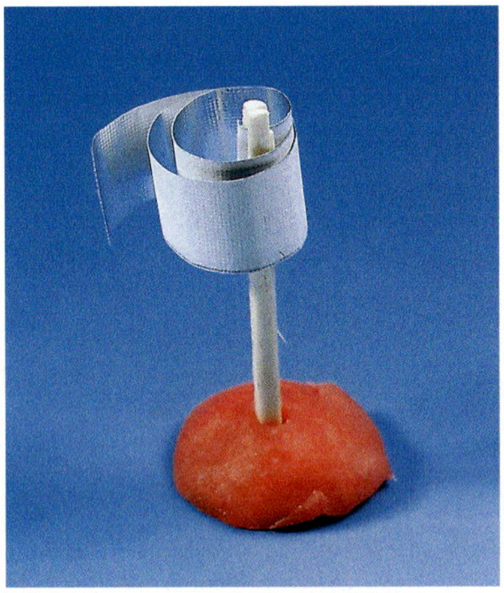
2 Spirale aus Kaugummipapier

2. a) Klemme einen möglichst langen Streifen aus Kaugummipapier an einem Ende in ein aufgespaltenes Hölzchen. Halte den Streifen in die Nähe einer Kerzenflamme und lass ihn dann abkühlen. Beschreibe die Beobachtung.
b) Wickle den Streifen zu einer Spirale auf und wiederhole die Erwärmung und Abkühlung. Begründe deine Beobachtungen.
c) Was geschieht beim Erwärmen, wenn du jetzt die Spirale andersherum aufwickelst?

3. Erkläre, warum sich ein Streifen aus Bimetall beim Erwärmen und beim Abkühlen jeweils in entgegengesetzter Richtung krümmt.

4. a) Finde heraus, welche zwei Metalle sich jeweils am besten zur Herstellung eines Bimetallstreifens eignen.
b) Welche Verbindungstechniken zwischen den verschiedenen Metallen eines Bimetallstreifens gibt es?

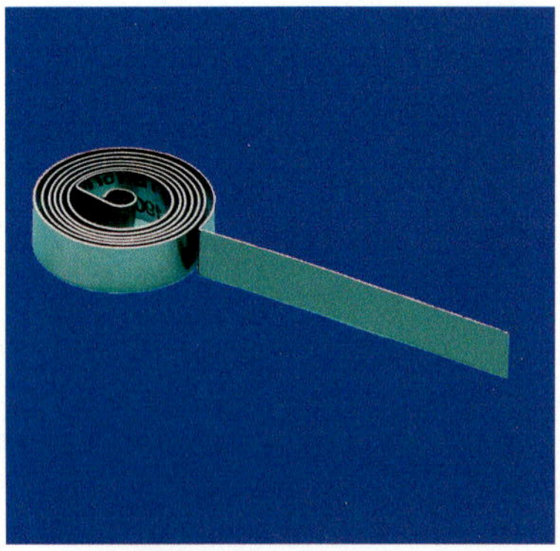
3 Bimetallspirale

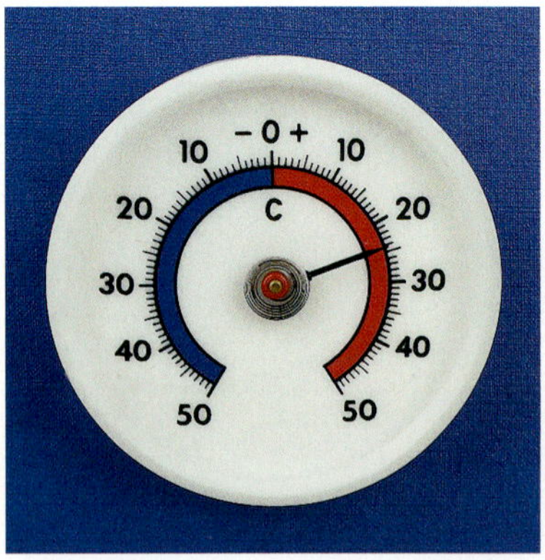

4 Bimetall-Thermometer

Zwei Metalle werden erwärmt

Was geschieht, wenn zwei verschiedene, miteinander verbundene Metallstreifen erwärmt werden? Der Streifen, der sich am stärksten ausdehnt, muss sich krümmen, denn durch die feste Verbindung mit dem anderen Streifen kann er sich nicht gerade ausdehnen. Ein solches Bauteil aus fest miteinander verbundenen unterschiedlichen Metallstreifen heißt **Bimetallstreifen.**
Ein Kupferstreifen dehnt sich beim Erwärmen stärker aus als ein Nickelstreifen. Sind beide fest miteinander verbunden, dehnt sich der Bimetallstreifen beim Erwärmen zum Nickelstreifen hin. Die Länge des Kupferstreifens ist dann größer als die Länge des Nickelstreifens.

Wie krümmt sich die Spirale?

Wenn bei einer Spirale aus Kaugummipapier das Papier außen ist, weitet sich die Spirale auf, weil sich die Aluminiumschicht stärker ausdehnt als das Papier.

Ähnlich verhält sich eine Bimetallspirale (Bild 3), die als Messfühler in einem **Bimetall-Thermometer** eingesetzt wird (Bild 4).

Feuermelder

Wo Feuer ist, entsteht auch Wärme. Die Feuerwarnanlagen, die ihr in diesem Projekt bauen könnt, reagieren auf diese Wärme. Sie lösen aber auf unterschiedliche Weise Alarm aus.

Gruppe 1:
Ein Bimetall gibt Alarm

Der Schlitten wird zunächst von einem Riegel festgehalten.
Wird das Bimetall erwärmt, so biegt sich seine obere Kante nach hinten und schiebt den Riegel fort.

Wenn der Schlitten von Nagel zu Nagel rutscht, wird das Pendel bei jedem Nagel zur anderen Seite gerissen. Es lässt dann die Glocke klingen. Es gibt Alarm.

1 Bereit zur Schlittenfahrt

Gruppe 2: Feuermelder wachsweich

Kugelschreiberfedern mit Schrauben an den Enden bilden Klöppel. Wird die Achse gedreht, so schlagen die Klöppel gegen die Glocke. Es gibt Alarm.

Das Wägestück würde die Achse drehen, kann es aber nicht, weil die Holzleiste den Mechanismus blockiert. Die Holzleiste wird von einem Zwirnsfaden gehalten. Das eine Ende des Fadens ist mit Stearin getränkt und um eine Stecknadel gewickelt worden. Solange das Stearin fest bleibt, kann sich die Achse nicht drehen. Wenn es heiß wird, wird das Stearin weich.

2 Wenn sich der Faden löst, gibt es Alarm.

3 Noch ist die Sprengkapsel nicht geplatzt.

Gruppe 3: Ein Feuermelder mit Sprengkapsel

Das Backaromafläschchen ist mit abgekochtem Wasser gefüllt. Es darf keine Luftblase enthalten, am besten haltet ihr es zum Füllen unter Wasser.
Die Scharniere pressen den Verschluss fest gegen die Öffnung. An dem Fläschchen ist ein kleiner Eimer mit Steinen aufgehängt. Solange das Fläschchen heil ist, hält es die Öffnung des Eimers oben. Zersprengt das erwärmte Wasser das Glas, so kippt der Eimer, die Steine fallen auf ein Blech und geben so Alarm.

Sonne, Wolken, Niederschläge

1 Die Erde und ihre Lufthülle

2 Der Mond hat keine Lufthülle.

3 Wasserdampf trifft Glasscheibe.

1. a) Vergleiche anhand der Bilder 1 und 2 die Ansichten von Erde und Mond aus dem Weltall.
b) Warum sind vom Weltall aus auf der Mondoberfläche mehr Einzelheiten zu erkennen als auf der Erde?

2. Erwärme Wasser, bis es siedet. Halte eine Glasscheibe über das siedende Wasser. Was kannst du beobachten?

3. Warum beschlagen nach dem Duschen mit heißem Wasser oft Spiegel und Fenster?

4. Informiere dich über die verschiedenen Wolkenarten und gestalte ein Plakat dazu.

5. Erläutere die Luftbewegungen in einem Hoch- und in einem Tiefdruckgebiet.

Wie entsteht das Wetter?
Auf der Mondoberfläche können die ▸ Temperaturen sehr unterschiedlich sein. Die Oberfläche der sonnenzugewandten Seite kann sich bis auf 120 °C erwärmen. Dagegen kann die Temperatur auf der sonnenabgewandten Seite auf –150 °C sinken.

Solche extremen Temperaturen treten auf der Erde nicht auf. Sie werden durch die Lufthülle und die großen Wasserflächen auf der Erdoberfläche verhindert. Wettererscheinungen wie ▸ Wind und Regen sorgen ebenfalls für einen Austausch von kalter und warmer ▸ Luft. Auf dem Mond gibt es weder Regen noch Wind, da er keine Lufthülle hat.

Die Ursachen für das Wetter
Nur wenn **Sonneneinstrahlung**, **Luft** und ▸ **Wasser** zusammenwirken, kann das ▸ Wetter entstehen. Deswegen kann auf dem Mond auch kein Wetter herrschen.

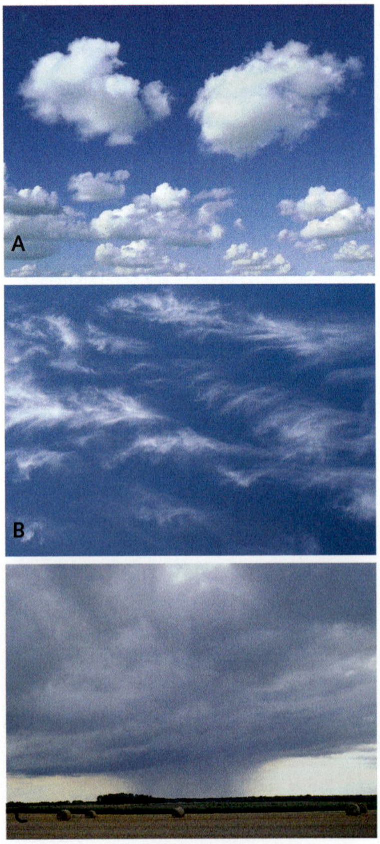

4 **Wolken. A** *Haufenwolken*; **B** *Federwolken*; **C** *Regenwolken*

Luftfeuchtigkeit
Die Wäsche auf der Leine trocknet nach einer Weile, weil ▸ Wasserteilchen in die Luft entweichen. Das Wasser ist dann in der Luft gespeichert. Je mehr Wasserteilchen in der Luft vorhanden sind, desto größer ist die **Luftfeuchtigkeit**.

Kühlt sich die Luft ab, bilden sich aus den gespeicherten Wasserteilchen kleine Wassertröpfchen, die in der Luft schweben. Du kannst sie als Nebelschwaden sehen.

Warum regnet es?
Durch die Sonnenstrahlung erwärmt sich die Luft über der Erdoberfläche. Die erwärmte Luft steigt in kältere Luftschichten auf. Dort bilden sich **Wolken**. Je mehr feuchte Warmluft aufsteigt, desto stärker ist dieser Prozess. Die Wassertröpfchen in den Wolken werden immer größer und schwerer und können bald nicht mehr in der Luft schweben. Sie fallen dann als **Regen** zur Erde.

Schnee und Hagel

In sehr großer Höhe bestehen die Wolken oft nicht aus Wassertropfen, sondern aus ▸ Eiskristallen. Fallen diese durch Wasserwolken, können sie zu **Schneeflocken** anwachsen. Wenn auch die unteren Luftschichten kalt sind, dann fallen die Schneeflocken bis auf den Erdboden. Sind die unteren Luftschichten zu warm, dann tauen die Flocken wieder und es regnet.

5 Starker Schneefall

Manchmal sind sogar Sommergewitter mit heftigem Hagel verbunden. Hagelkörner entstehen, wenn Regentropfen in großer Höhe bei sehr tiefen Temperaturen zu Eis werden. Die Hagelkörner sind dann so schwer, dass sie schnell zur Erde fallen und trotz der hohen Temperatur vorher nicht auftauen.

6 Hagelkörner

Hoch- und Tiefdruckgebiet

Die Lufthülle der Erde drückt auf alle Pflanzen, Tiere, Menschen und Gegenstände auf der Erdoberfläche. Diesen ▸ **Luftdruck** kannst du aber nicht spüren, weil er von allen Seiten wirkt und gleich groß ist.

Die Luft über einem Gebiet der Erde ist nicht überall gleich warm. Da warme Luft leichter ist als kalte Luft, steigt sie nach oben. Warme, leichtere Luft übt einen niedrigeren Druck aus, es entsteht ein **Tiefdruckgebiet**. Ein Bereich mit hohem Luftdruck wird als **Hochdruckgebiet** bezeichnet. Oft werden die beiden verschiedenen Druckgebiete einfach **Tief** und **Hoch** genannt. Große Druckgebiete, die das Wetter stark beeinflussen, erhalten Namen, die in jedem Jahr der Reihenfolge des Alphabetes folgen.

Die Luft in Hoch- oder Tiefdruckgebieten führt immer eine Drehbewegung aus. Auf der Nordhalbkugel drehen sich die Tiefs entgegen dem Uhrzeigersinn, die Hochs im Uhrzeigersinn. Ein Tief bringt meist Wolken und Niederschläge mit sich. Beim Aufsteigen der warmen Luft entstehen durch die Luftfeuchtigkeit Wolken. Bei einem Hoch dagegen lösen sich die Wolken durch die herabsinkende Luft auf und die Sonnenstrahlen können ungehindert zur Erde gelangen.

Warmfront und Kaltfront

Die Berührungsfläche zwischen Luftmassen unterschiedlicher Temperaturen wird als **Front** bezeichnet.

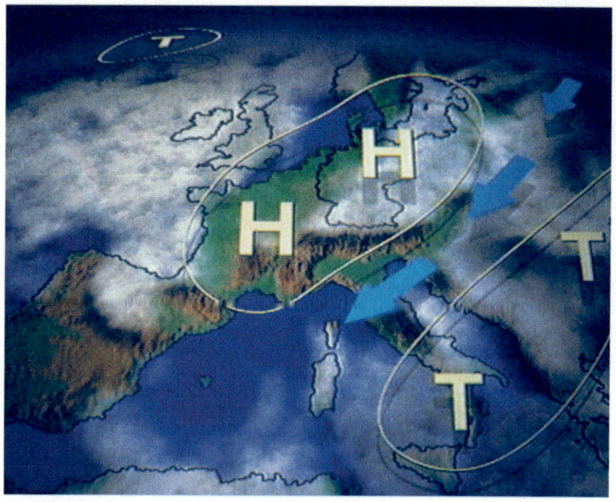

7 Satellitenbild mit Hoch- und Tiefdruckgebieten

Bei einer **Kaltfront** trifft kalte Luft auf warme Luft. Da die kalte Luft schwerer ist als die warme Luft, schiebt sie sich unter die Warmluft und drängt diese nach oben. Dabei entstehen sehr schnell große Wolken und es können heftige Niederschläge auftreten. Die Temperaturen über diesem Gebiet sinken.

Bei einer **Warmfront** trifft Warmluft auf kalte Luft. Die leichtere Warmluft schiebt sich über die Kaltluft. Beim Aufsteigen kühlt sie sich ab. Dadurch entstehen auch bei einer Warmfront Wolken und es können Niederschläge auftreten. Danach steigen die Temperaturen oft an.

Der Wasserkreislauf der Natur

Sonne – Wetter – Jahreszeiten → S. 194/195

1. Beschreibe den Wasserkreislauf in der Natur.

2. Was bewegt die riesigen Wassermengen im natürlichen Wasserkreislauf?

3. Bei den Pflanzen beginnt ein eigener Kreislauf. Beschreibe diesen Wasserkreislauf.

4. Skizziere den künstlichen Wasserkreislauf, in dem das Wasser vorkommt, das wir im Haushalt benutzen.

5. In welchen Niederschlagsformen kommt Wasser zur Erde zurück?

Wasser – fest, flüssig, gasförmig

1. Gib einen Eiswürfel in ein 100 ml-Becherglas. Stelle das Becherglas auf eine Ceranplatte oder auf ein Keramik-Drahtnetz mit einem Gasbrenner darunter.
Erhitze mit kleiner blauer Flamme, bis das Becherglas leer ist. Beobachte alle Vorgänge und notiere sie.

2. Woraus schließt du, dass bei Versuch 1 Wasserdampf entstanden ist? Bedenke, Wasserdampf ist unsichtbar.

3. Zähle Nahrungsmittel auf, die mit siedendem Wasser zubereitet werden.

4. **a)** Flüssiges Wasser hat andere Eigenschaften als festes Wasser. Nenne die Unterschiede.
b) Gasförmiges Wasser hat andere Eigenschaften als flüssiges Wasser. Nenne auch hier die Unterschiede.

5. Nenne Beispiele aus dem Alltag, wo Wasser in seinen verschiedenen Aggregatzuständen genutzt wird.

6. Gib die Alltagsnamen für festes und gasförmiges Wasser an.

1 **Heißes Wasser tropft auf Eis.**

Aggregatzustände
Heißes Wasser tropft auf einen Eisblock und höhlt ihn aus. Wasser fließt heraus, Wasserdampf steigt auf. Den kannst du nicht sehen, denn Wasserdampf ist unsichtbar. Du siehst nur den feinen Nebel, der daraus entsteht. Hier zeigt sich das Wasser in seinen drei verschiedenen Zustandsformen: **fest, flüssig** und **gasförmig.** Diese drei Zustandsformen sind die ▸ **Aggregatzustände** des Wassers.

Schmelztemperatur
Ob ein Stoff fest, flüssig oder gasförmig ist, hängt von seiner Temperatur ab. Du weißt, dass Wasser unter 0 °C Eis bildet. Beim Erwärmen des Eises schmilzt es bei 0 °C. Es wird flüssig. 0 °C ist die ▸ **Schmelztemperatur** des Wassers. Bei dieser Temperatur geht Wasser vom festen in den flüssigen Zustand über.

Siedetemperatur
Beim weiteren Erwärmen siedet das Wasser bei 100 °C und verdampft.
100 °C ist die ▸ **Siedetemperatur** des Wassers. Bei dieser Temperatur geht das Wasser vom flüs-sigen in den gasförmi-gen Aggregatzustand über.

Schmelzen und Erstarren

1. Fülle ein Reagenzglas zur Hälfte mit klein geschnittenem Kerzenwachs. Stelle das Reagenzglas in ein Becherglas mit etwa 60 °C warmem Wasser. Miss die Temperatur des Wachses im Abstand von 20 s, bis es vollständig geschmolzen ist (Bild 2A). Notiere die Messwerte in einer Wertetabelle.

2. Nimm das Reagenzglas mit dem geschmolzenen Wachs aus dem Wasserbad. Lass es an der Luft abkühlen. Miss die Temperatur des Kerzenwachses im Abstand von 20 s. Notiere die Messwerte. Bewege das Thermometer vorsichtig, damit es nicht im Wachs festklebt (Bild 2B).

3. Zeichne mit den Messwerten aus den Versuchen 1 und 2 ein Zeit-Temperatur-Diagramm. Vergleiche die Versuchsergebnisse.

4. Elektrische Anschlüsse werden häufig gelötet. Nenne Vorteile solcher Lötverbindungen.

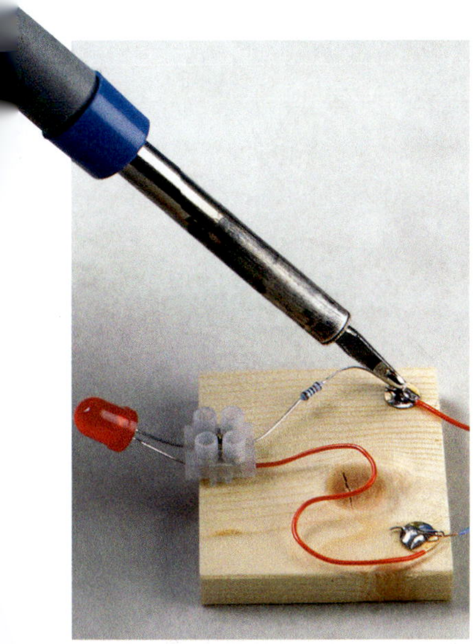

1 An der Lötstelle erstarrt geschmolzenes Lötzinn.

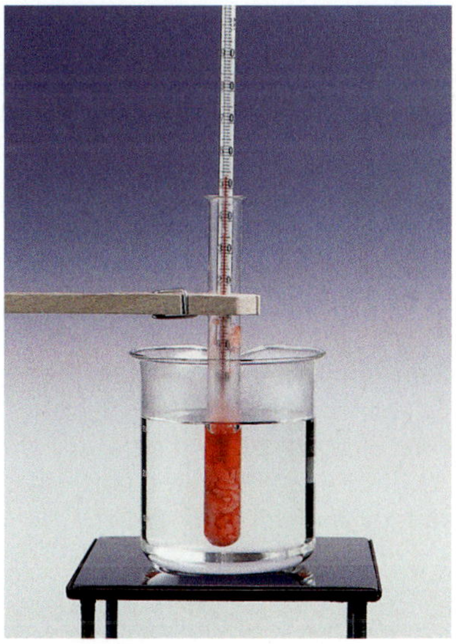

2 A *So werden die Schmelztemperatur …*

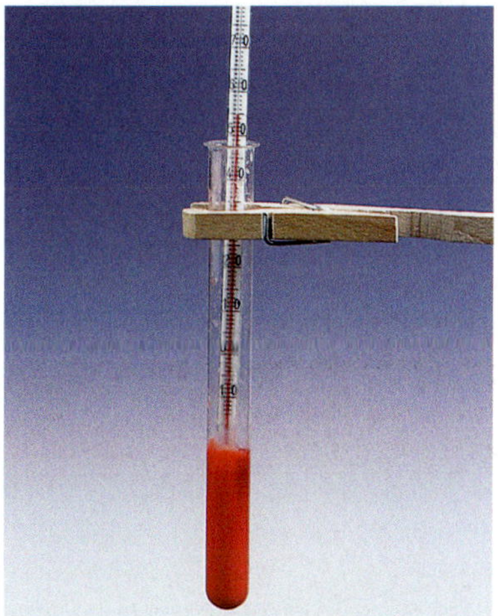

2 B *… und die Erstarrungstemperatur von Kerzenwachs bestimmt.*

Die Erstarrungstemperatur

„Temperatur um 0 °C – Glatteisgefahr." Bei dieser Meldung im Verkehrsfunk weiß jeder Verkehrsteilnehmer, was ihn auf der Straße erwartet.
Du weißt, dass Wasser bei 0 °C zu Eis erstarrt. 0 °C ist die ▸ **Erstarrungstemperatur** von Wasser. Sie ist gleich der Schmelztemperatur. Beim Wasser wird meistens vom Gefrieren statt vom Erstarren gesprochen. Deshalb wird die Temperatur 0 °C auch **Gefrierpunkt** des Wassers genannt.

Schmelz- und Erstarrungsvorgänge kannst du nicht nur beim Wasser beobachten. In der Küche wird Fett in der Fritteuse geschmolzen. Es erstarrt wieder beim Abkühlen.
Aus geschmolzener Schokolade kannst du eine Tortenglasur oder mit kleinen Förmchen sogar Pralinen gießen.

Schmelz- und Erstarrungstemperaturen lassen sich für viele Stoffe sehr genau messen. Sie sind eine wichtige messbare Stoffeigenschaft. Dadurch können die Stoffe voneinander unterschieden werden.

3 Aus flüssiger Schokolade werden Pralinen.

Verdampfen und Kondensieren

1. a) Gib Wasser und ein Siedesteinchen in ein Becherglas. Erhitze bis zum Sieden. Beobachte alle Veränderungen im Wasser.
b) Miss die Temperatur des Wassers während des Siedens einige Male. Was stellst du fest?

2. Gib 100 ml Wasser und ein Siedesteinchen in einen Erlenmeyerkolben. Verschließe den Erlenmeyerkolben mit einem durchbohrten Stopfen, in dem ein etwa 40 cm langes Glasrohr steckt (Bild 1). Bringe das Wasser zum Sieden und beobachte die Vorgänge im Glasrohr.

3. Halte einen kalten Gegenstand in Wasserdampf. Vorsicht! Der Gegenstand wird sehr heiß. Was beobachtest du?

4. Erhitze Wasser in einem Becherglas auf etwa 85 °C. Lösche die Brennerflamme. Fülle ein Reagenzglas zu einem Viertel mit Spiritus und gib ein Siedesteinchen hinzu. Stelle das Reagenzglas in das Becherglas (Bild 3). Miss die Temperatur vom Spiritus einige Minuten lang. Was fällt dir auf?

5. In der Tabelle 2 sind die Schmelz- und Siedetemperaturen einiger Stoffe zusammengestellt. Welchen Aggregatzustand haben diese Stoffe jeweils bei Raumtemperatur (20 °C)?

6. Gib für jeden Stoff aus der Tabelle 2 an, zwischen welchen Temperaturen er den flüssigen Aggregatzustand hat.

7. Warum werden die Glühfäden in Glühlampen aus dem Metall Wolfram hergestellt?

► **Siedesteinchen** verhindern, dass das siedende Wasser aus dem Gefäß herausspritzt!

Wasser verdampft

Wenn du auf dem Küchenherd Wasser erhitzt, kannst du leicht feststellen, ob es siedet. Das Wasser bewegt sich dann heftig und verdampft. Der Wasserdampf bildet am Boden des Topfes große Blasen. Diese steigen an die Oberfläche.

Wasserdampf kondensiert

Hältst du ein kaltes Becherglas in Wasserdampf, so bilden sich schnell Wassertropfen. Der Wasserdampf wird am Glas abgekühlt und wird dabei zu flüssigem Wasser, er kondensiert. Das Becherglas wird sehr heiß, denn Wasser kondensiert bei 100 °C.

Die ► **Kondensationstemperatur** des Wassers ist gleich der Siedetemperatur, die ebenfalls 100 °C beträgt.
Bei jedem Stoff stimmen Siedetemperatur und Kondensationstemperatur überein. Jedoch haben unterschiedliche Stoffe auch unterschiedliche Kondensations- und Siedetemperaturen. Spiritus hat eine tiefere Siedetemperatur als Wasser, die von Eisen liegt bedeutend höher.

Jeder Stoff hat seine eigene Siedetemperatur. Sie ist eine wichtige Stoffeigenschaft.

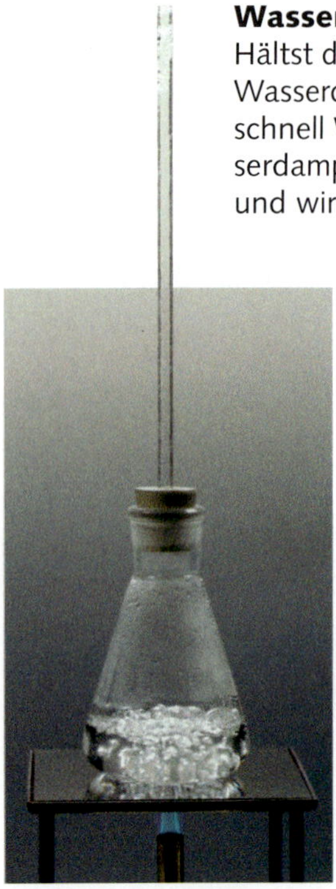

1 Verdampfen und Kondensieren von Wasser

Stoff	Schmelztemperatur	Siedetemperatur
Sauerstoff	−218 °C	−183 °C
Methan (Erdgas)	−182 °C	−161 °C
Alkohol (Spiritus)	−114 °C	78 °C
Wasser	0 °C	100 °C
Schwefel	119 °C	444 °C
Kochsalz	801 °C	1440 °C
Quecksilber	−39 °C	357 °C
Zinn	232 °C	2270 °C
Gold	1064 °C	3080 °C
Eisen	1537 °C	2730 °C
Wolfram	3400 °C	5900 °C

2 Schmelz- und Siedetemperaturen einiger Stoffe

3 Bestimmung der Siedetemperatur von Spiritus

Aggregatzustände und Teilchenmodell

1. Erkläre die Aggregatzustände und ihre Übergänge am Beispiel der brennenden Kerze.

2. Welchen Aggregatzustand hat das Wachs im weißen Rauch der ausgeblasenen Kerze? Beachte, dass Wachsdampf unsichtbar ist.

3. Erkläre mit dem Teilchenmodell, warum Flüssigkeiten keine feste Form haben, sondern sich jedem beliebigen Gefäß anpassen.

4. Lässt du eine Parfümflasche offen stehen, so breitet sich der Duft des Parfüms im ganzen Raum aus. Erkläre diesen Vorgang mithilfe des Teilchenmodells.

Der Aggregatzustand lässt sich mit dem Teilchenmodell erklären
Stoffe bestehen aus kleinen unsichtbaren Teilchen. Mithilfe dieser Modellvorstellung lässt sich das Verhalten eines Stoffes im festen, flüssigen und gasförmigen Zustand erklären.

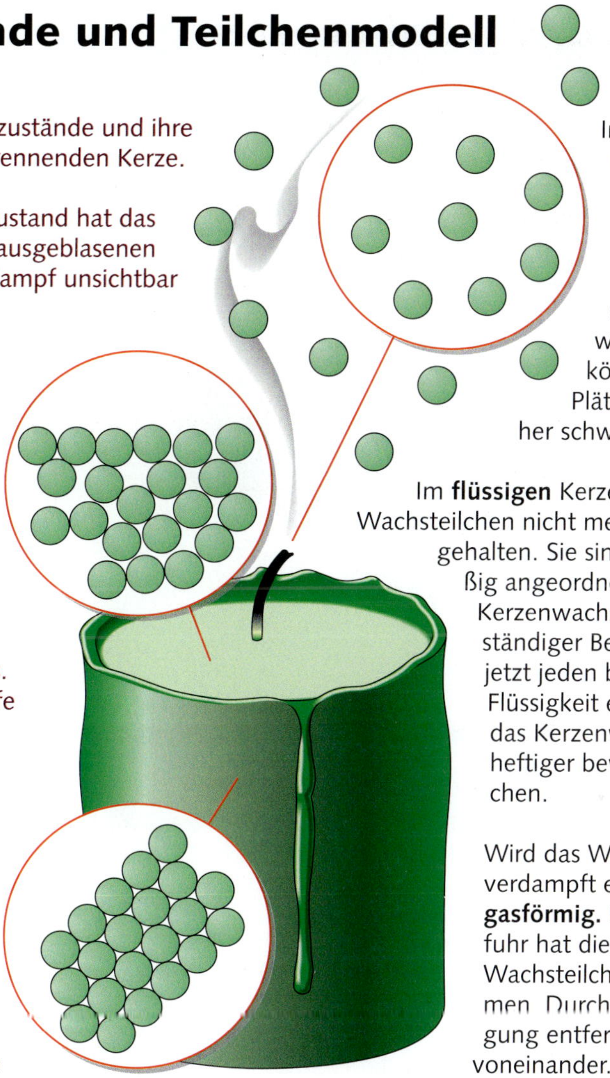

1 Die drei Zustandsformen von Kerzenwachs im Teilchenmodell

Am Beispiel einer Wachskerze soll dies erklärt werden. Die Kerze hat längere Zeit gebrannt und wurde gerade ausgeblasen.

Im **festen** Wachs der Kerze sind die Teilchen regelmäßig angeordnet. Sie liegen so dicht nebeneinander, dass sie sich nicht frei bewegen können. Sie können aber an ihren Plätzen ein wenig hin und her schwingen.

Im **flüssigen** Kerzenwachs werden die Wachsteilchen nicht mehr so fest zusammengehalten. Sie sind nicht mehr regelmäßig angeordnet. Im flüssigen Kerzenwachs sind die Teilchen in ständiger Bewegung. Sie können jetzt jeden beliebigen Platz in der Flüssigkeit einnehmen. Je heißer das Kerzenwachs ist, umso heftiger bewegen sich die Teilchen.

Wird das Wachs noch heißer, verdampft es, das Wachs wird **gasförmig.** Durch die Wärmezufuhr hat die Bewegung der Wachsteilchen stark zugenommen. Durch diese schnelle Bewegung entfernen sie sich weit voneinander. Jeder Zusammenhalt zwischen den Wachsteilchen ist verlorengegangen. Sie verteilen sich in der Luft.

2 Die Aggregatzustände und die Zustandsänderungen bei Kerzenwachs

Sonne – Wetter – Jahreszeiten → S. 194/195

Auf direktem Wege von fest zu gasförmig

1. Gib in ein großes Reagenzglas etwas Indigo. Spanne das Reagenzglas am Stativ ein. Erhitze den Boden mit der Brennerflamme. Protokolliere deine Beobachtungen.

2. Erkläre, warum du den Geruch eines Duftspenders wahrnehmen kannst, obwohl es sich um einen Feststoff handelt.

3. Beschreibe die Sublimation von Trockeneis mithilfe des Teilchenmodells.

4. Beschreibe und erkläre die Vorgänge auf Bild 1.

1 **Iod sublimiert und resublimiert.**

Von fest zu gasförmig

An der Eisoberfläche haben sich die fest miteinander verbundenen Wasserteilchen im Eis von den anderen Wasserteilchen getrennt. Sie sind als Wasserdampf in die Luft entwichen. In der Luft haben sie sich dann verteilt. Das gefrorene Wasser hat den Aggregatzustand flüssig übersprungen.

Dieser direkte Übergang vom festen in den gasförmigen Zustand heißt **Sublimation**. Eis sublimiert zu Wasserdampf.

Auch Iod sublimiert. Wird festes Iod erhitzt, entsteht unmittelbar violetter Ioddampf (Bild 1).

Es geht auch umgekehrt

Bei Frost bildet sich oft Reif. Oberflächen überziehen sich mit einer Schicht aus glitzernden Eiskristallen. Diese Eiskristalle sind direkt aus dem Wasserdampf in der Luft entstanden.

Der Übergang von gasförmig zu fest heißt **Resublimation.** Auch Ioddampf resublimiert an einer gekühlten Oberfläche (Bild 1).

Wo ist das Eis geblieben?

Vielleicht hast du es schon einmal beobachtet: Eine kleine Wasserpfütze ist über Nacht zu Eis gefroren. Doch nach einigen Tagen ist das Eis verschwunden. Es kann nicht geschmolzen sein, denn die ▸ Temperatur lag immer unter 0 °C. Nach und nach ist das Eis an der Oberfläche zu Wasserdampf geworden.

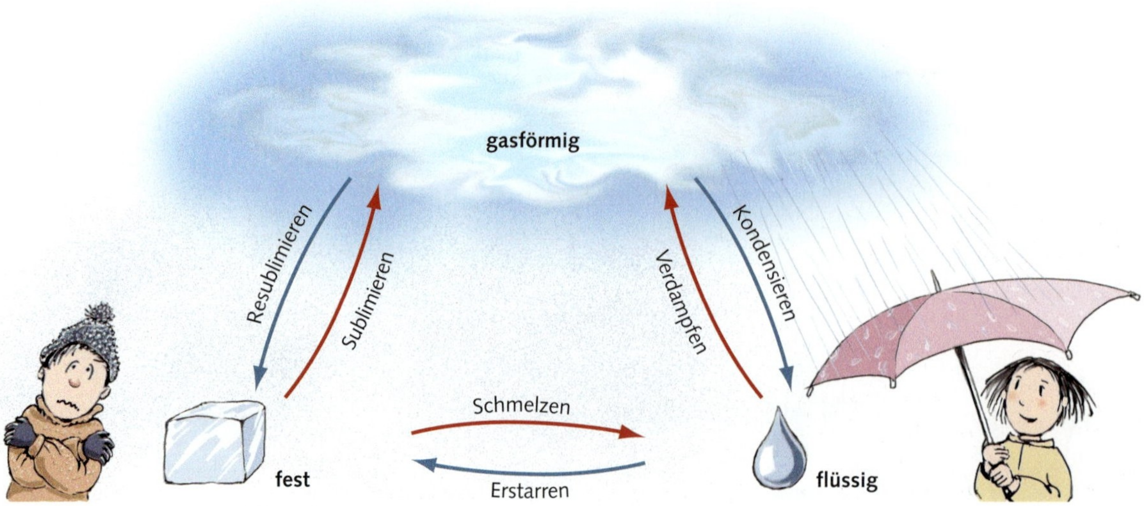

2 **Die Aggregatzustände und ihre Übergänge**

Von fest zu gasförmig und zurück

In der Kälte des Weltraums hat der **Komet** keinen Schweif. Es gibt nur einen festen Kern aus Staub, Eis und anderen Stoffen. Nähert sich der Komet der Sonne, erwärmt er sich. Es bildet sich Wasserdampf durch die ▸ Sublimation von Eis, dabei werden auch große Mengen Staub frei. Das ist dann der Staubschweif des Kometen.

Durch **Gefriertrocknung** lassen sich viele Stoffe wie Lebensmittel, Kaffee und auch Blutplasma schonend haltbar machen.
Für löslichen Kaffee wird trinkfertiger Kaffee tiefgefroren. Der gefrorene Kaffee kommt in eine Apparatur, die luftleer gepumpt wird. Das gefrorene Wasser ▸ sublimiert und der Kaffee bleibt in Form von goldbraunen Körnchen zurück.

Wird feuchte Luft durch einen Kälteeinbruch stark abgekühlt, bilden sich Eiskristalle auf Ästen, Grashalmen, Hochspannungsleitungen und vielen anderen Gegenständen. Es entsteht **Raureif.**

Wird das gasförmige Kohlenstoffdioxid auf etwa –80 °C abgekühlt, geht es in den festen Aggregatzustand über, es ▸ resublimiert. Festes Kohlenstoffdioxid wird **Trockeneis** genannt. Es wird zum Kühlen, aber auch in Nebelmaschinen eingesetzt. Zusammen mit Wasser lässt sich ein Nebel erzeugen, der besonders fein und dicht ist. Er ist schwerer als Luft und breitet sich deshalb dicht über dem Boden aus.

1. Wie kommt der lange Staubschweif eines Kometen zustande?

2. Auf welche Weise würdest du Früchtemüsli herstellen?

3. Warum wird festes Kohlenstoffdioxid als Trockeneis bezeichnet?

4. Warum vereist der Kühlschrank?

Wind und Wetter

1. Entzünde eine Kerze und halte sie vor einer spaltbreit geöffneten Tür in verschiedenen Höhen. Was kannst du beobachten?

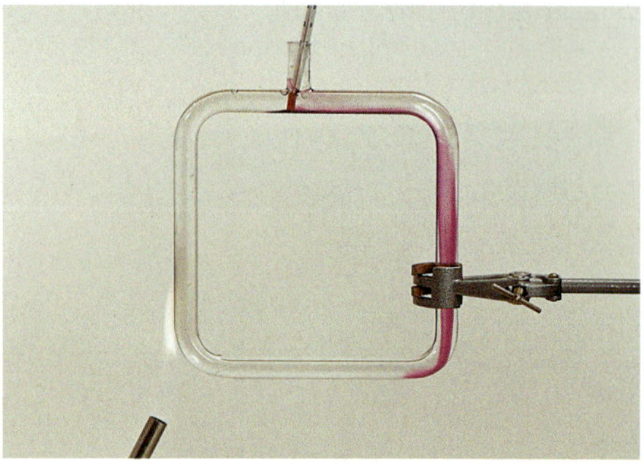

1 Wasser im Glasrohr wird erhitzt.

2. a) Fülle ein Glasrohr wie in Bild 1 mit Wasser und spanne es in ein Stativ. Gib eine Spatelspitze Farbpulver dazu und stelle ein Thermometer in die Öffnung.

b) Erhitze das Glasrohr an einer unteren Ecke mit einer kleinen Flamme. Beobachte und lies die Temperatur mehrfach ab.

c) Stelle die Flamme unter die andere Ecke. Beschreibe und begründe deine Beobachtungen.

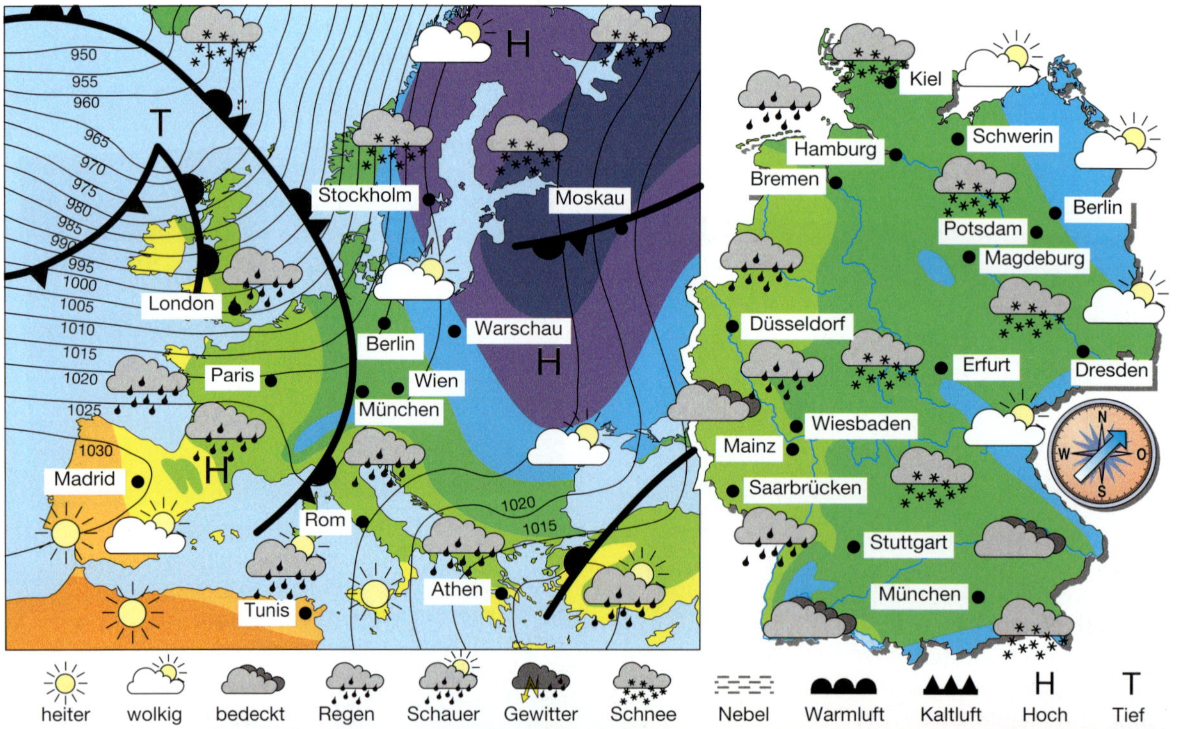

Temperaturen in °C	-20 bis -15	-15 bis -10	-10 bis -5	-5 bis 0	0 bis 5	5 bis 10	10 bis 15	15 bis 20	20 bis 25	25 bis 30	30 bis 35	35 bis 40

2 Vereinfachte Wetterkarte aus einer Tageszeitung

3. Beschreibe die in Bild 2 abgebildete Wetterlage
a) von Europa,
b) von Deutschland.

4. Erläutere die Wetterlage für Nordrhein-Westfalen in Bild 2. Schreibe eine kurze ▸ Wettervorhersage.

5. Begründe, aus welcher ▸ Jahreszeit die Karte stammen könnte.

Wie entsteht der Wind?

Die ▸ Sonne erwärmt nicht nur den Erdboden, sondern auch die Luft darüber. Die erwärmte Luft steigt nach oben und es kann ein Tief entstehen. Die aufgestiegene Luft schiebt sich in großer Höhe über andere Luftmassen. So entsteht gewissermaßen ein Luftberg. Dort ist der Luftdruck erhöht und es entsteht ein Hoch.

Die Luft in einem Hochdruckgebiet drängt am Boden dorthin, wo die Luft weniger dicht ist, also dorthin, wo das Tiefdruckgebiet ist. Die Luft steigt im Tief durch Erwärmung auf, zieht nach oben zum Hoch, steigt hier ab und weht in Bodennähe zum Tief zurück. Diese Luftbewegungen zwischen zwei Gebieten mit unterschiedlichem Luftdruck kennst du als **Wind**.

3 Hier wird es windig!

Je stärker die Luft über dem Erdboden erwärmt wird, desto häufiger entstehen Tiefdruckgebiete. Deshalb gibt es wegen der starken Sonneneinstrahlung sehr viele Tiefs in der Nähe des Äquators. In Mitteleuropa wird das Wetter oft durch Tiefdruckgebiete, die über dem Nordatlantik entstehen, beeinflusst. Dort gibt es eine aus Süden kommende, warme ▸ Meeresströmung. Es ist der **Golfstrom**. Durch den Golfstrom wird die Luft über dem Ozean viel stärker erwärmt als an anderen Stellen. Deshalb entstehen dort sehr viele Tiefs.

4 Hurrikan Katrina

Hurrikan oder Taifun?

Hochdruckluft kann nicht auf direktem Weg in ein Tiefdruckgebiet wehen. Wegen der Erddrehung zieht sie im Kreis um das Tief. Dabei entstehen linksdrehende Wirbel.
Über den tropischen Meeren kann besonders viel feuchtwarme Luft aufsteigen. Da dies sehr schnell geschieht, geraten die Luftmassen in heftige Drehung. Es entsteht eine Wolkenspirale, die viel Luft ansaugt. Daraus können sich gefährliche **Wirbelstürme** entwickeln.
In einem Wirbelsturm bewegen sich die Luftmassen mit Geschwindigkeiten von bis zu 300 $\frac{km}{h}$.

Die vor der Westküste Afrikas entstehenden Wirbelstürme werden **Hurrikans** genannt. Sie bewegen sich von ihrem Entstehungsgebiet aus auf die Karibik und den Süden der USA zu.
Im Westen des Pazifischen Ozeans treten ähnliche Wirbelstürme auf. Sie heißen dort **Taifune**. Durch Wirbelstürme werden jährlich Schäden in Millionenhöhe verursacht.

Was steht in einer Wetterkarte?

Eine Wetterkarte muss kein Buch mit sieben Siegeln sein. Symbole und Linien haben genau festgelegte Bedeutungen. Mit ihrer Hilfe kannst du sogar die Wetterkarte in einer ausländischen Zeitung richtig lesen.

Das Zentrum eines ▸ Hochdruckgebietes wird mit einem **H**, das eines ▸ Tiefdruckgebietes mit einem **T** gekennzeichnet. Darum herum verlaufen in immer größeren Abständen geschlossenen Linien, die **Isobaren**. Sie verbinden Orte mit gleichem ▸ Luftdruck.

Die stärkeren Linien markieren Fronten und Luftströmungen. Zieht kalte Luft mit einer ▸ Kaltfront heran, werden die Linien mit kleinen Dreiecken versehen.
Wird eine ▸ Warmfront dargestellt, so sind die Linien mit kleinen Halbkreisen gekennzeichnet.
Neben den ▸ Temperaturen werden auch Symbole für Bewölkung, Windrichtung und Niederschläge in eine Wetterkarte eingetragen.

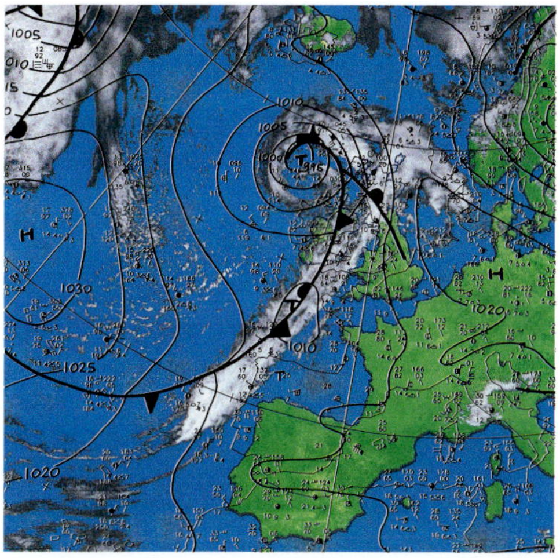

5 Satellitenbild mit Wetterkarte

Wetterbeobachtung

Wetterberichte kennst du aus dem Fernsehen, dem Rundfunk oder aus Zeitungen. Zur Erstellung der Berichte werden an vielen Messstationen Informationen zum Wetter gesammelt. Über den ganzen Tag verteilt werden in regelmäßigen Abständen die Windrichtung, die Windgeschwindigkeit, die Lufttemperatur, der Luftdruck, die Luftfeuchtigkeit und die Niederschlagsmenge gemessen.
Satelliten fotografieren aus dem Weltall die Wolken und ihre Bewegungen. Die Bilder werden zur Erde gesendet und dort ausgewertet. Aus allen gesammelten Informationen werden Vorhersagen über die Wetterentwicklung erstellt. Dabei helfen auch die über einen langen Zeitraum gemachten Erfahrungen. Trotz genauer Messungen und trotz des großen technischen Aufwands lässt sich das Wetter nicht ganz genau voraussagen.

1 Satellitenfoto

2 Messung. A *der Temperatur;* **B** *des Luftdrucks;* **C** *der Niederschlagsmenge;* **D** *der Luftfeuchtigkeit*

Die Temperatur
Die Temperatur wird mit einem ▸ **Thermometer** gemessen. Die Messung erfolgt an einer schattigen Stelle. Oft befindet sich das Thermometer in einer gut belüfteten Wetterstation.

Der Luftdruck
Du hast schon von „Hochdruckgebieten über den Azoren" oder einem „Tiefdruckgebiet über Island" gehört. Je nach den Bewegungen der Luft und ihrer Verteilung herrscht an den einzelnen Orten ein unterschiedlicher Luftdruck. Das Messgerät für den ▸ Luftdruck heißt **Barometer.**

Die Niederschlagsmenge
In der Zeitung ist zu lesen: „Bei einem Gewitter gingen in drei Stunden 40 Liter Regen pro Quadratmeter nieder."
Wird ein Liter Flüssigkeit auf 1 m^2 verteilt, so steht das Wasser in einem **Regenmesser** 1 mm hoch.

Die Luftfeuchtigkeit
Wasser liegt in der Luft in Form von Wasserdampf vor. Den Anteil dieses Dampfes an der Luft wird als ▸ Luftfeuchtigkeit bezeichnet. Wetterstationen verfügen über ein Messgerät für die Luftfeuchtigkeit, ein **Hygrometer.**

Schon seit langer Zeit beobachteten die Menschen das Wetter und fertigten Aufzeichnungen darüber an. Viele Erfahrungen wurden in „Bauernregeln" formuliert. Dabei spielen oft besondere Tage des Jahres wie der Siebenschläfer eine Rolle. Aus dem Wetter an diesem Tag werden Vorhersagen über die weitere Wetterentwicklung getroffen. Heute beschäftigt sich die **Meteorologie** mit Wetterbeobachtungen, Wetteraufzeichnungen und Wettervorhersagen.

In diesem Projekt sollt ihr selbst in Gruppen Beobachtungen zum Wetter durchführen und diese mit den Beobachtungen anderer Teams vergleichen.
Jede Gruppe hat dabei die gleichen Aufgaben.

Aufgaben für alle Gruppen

1. Sammelt aus einer Zeitung über einen Zeitraum von einer Woche Wetterberichte. Vergleicht die Vorhersagen mit euren Beobachtungen. Welche Abweichungen gab es?

2. Informiert euch im Internet über Wetterstationen in eurer Region. Welche Daten werden dort erfasst? Wo werden die Daten ausgewertet?

3. Jeder Teilnehmer der Gruppe ist für eine bestimmte Tätigkeit zuständig: allgemeine Beschreibung des Wetters und der Bewölkung, Messung von Temperatur, Luftdruck, Niederschlagsmenge oder Luftfeuchtigkeit.

4. Welche Größen mit welchen Messgeräten gemessen werden können, erfahrt ihr von eurer Lehrerin oder eurem Lehrer. Überlegt in der Gruppe, in welcher Form die gemessenen Werte und Beobachtungen erfasst werden.

„Regnet es am Siebenschläfer, dann regnet es sieben Wochen lang."

5. Jedes Teammitglied macht sich mit der von ihm zu untersuchenden Größe und dem Messgerät vertraut.

„März trocken, April nass, Mai lustig von beidem was, bringt Korn in'n Sack und Wein ins Fass."

6. Beschreibt den anderen Gruppenmitgliedern, wie ihr eure Messung durchführen werdet.

7. Führt die Beobachtungen in der Schule oder zu Hause durch. Erfasst die Werte und tragt sie in eine Tabelle ein.

„Wenn die Bäume zweimal blühen, wird sich der Winter bis Mai hinziehen."

8. Jedes Gruppenmitglied teilt die ermittelten Werte den anderen Teammitgliedern mit und erläutert ihnen die Werte.

9. Stellt die Beobachtungen und Messergebnisse der Gruppe zusammen. Überlegt gemeinsam Möglichkeiten, wie ihr eure Werte den anderen Teams präsentieren könnt.

„Pankrazi, Servazi und Bonifazi sind drei frostige Bazi und zum Schluss fehlt nie die kalte Sophie."

10. Vergleicht die Ergebnisse der einzelnen Gruppen miteinander. Überlegt gemeinsam, welche Fehler die Messungen beeinflussen können.

11. Stellt eure Ergebnisse in der Klasse vor. Diskutiert die Ursachen unterschiedlicher Ergebnisse bei den verschiedenen Gruppen.

Eine Folie anfertigen

Wenn du das Ergebnis deiner Arbeit im Unterricht vorstellen willst, kann eine Folie dabei eine große Hilfe sein. Beim Erstellen der Folie musst du auf einige Dinge achten. Fertige zunächst einen Entwurf in Originalgröße an.

Gestaltung

Schreibe die Überschrift groß und unterstreiche sie.

Gliedere den Inhalt sinnvoll.

Wähle die Schriftgröße so, dass jeder den Text gut lesen kann.

Achte besonders auf die richtige Schreibweise von Fachbegriffen.

ZEIT-TEMPERATUR-DIAGRAMM

Die Veränderung der Temperatur im Verlauf eines Tages kann in einem Diagramm dargestellt werden. Dazu wird die Temperatur mehrfach an derselben Stelle mit demselben Thermometer gemessen. Ort und Datum der Messungen müssen immer angegeben werden.

Ort: Sportplatz — Datum: 12.04.2010

Messwerte

Uhrzeit	8 Uhr	11 Uhr	14 Uhr	17 Uhr	20 Uhr	23 Uhr
Temperatur in °C	12,9	19,2	22,6	23,3	22	17,9

Diagramm

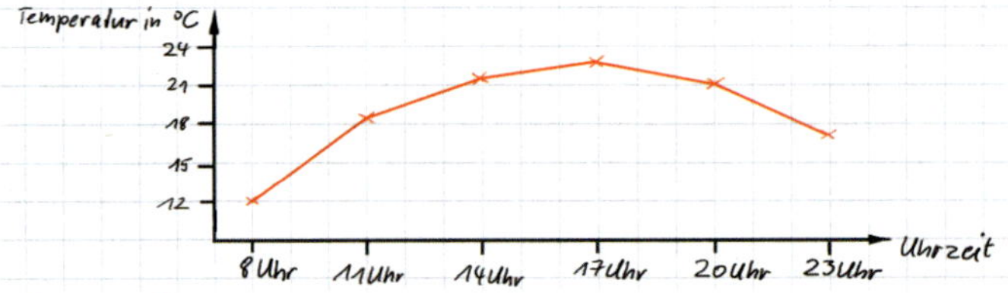

Auswertung

Die niedrigste Temperatur wurde in den frühen Morgenstunden gemessen. Danach ist die Temperatur bis zum frühen Nachmittag angestiegen. Zwischen 14 Uhr und 17 Uhr war es am wärmsten. Erst am Abend und in der Nacht wurde es wieder etwas kälter.

Übersichtlichkeit

Veranschauliche den Text durch Zeichnungen. Aufwändige Bilder kannst du auf die Folie kopieren.

Schreibe nicht zu viel Text.

Verwende verschiedene Farben, um Wichtiges hervorzuheben.

Vortrag mithilfe einer Folie

- Halte Blickkontakt zu deinen Zuhörern.
- Gib deinen Zuhörern Zeit, den Text zu lesen und die Zeichnungen zu betrachten.
- Erläutere die Zeichnungen und den Text. Achte darauf, dass du nicht nur vorliest. Benutze zum Zeigen auf der Folie einen Stift.

Tipp

Bastele dir aus Pappe einen Rahmen für die Folie. Lege zuerst den Rahmen und dann die Folie auf den Overhead-Projektor. Durch den Rahmen wird der Rand abgedunkelt und deine Folie ist besser zu lesen.

Über das Wetter berichten

1. Schreibe die Wettervorhersage für die Tage in Bild 1 in Worten auf.

2. Nenne weitere Symbole für die Wettervorhersage und erkläre ihre Bedeutung.

3. Berichte über das Wetter am vergangenen Wochenende.

1 **Wetterbericht in der Zeitung**

Die Wettervorhersage

In der Zeitung kannst du jeden Tag den Wetterbericht mit Wettervorhersage lesen. Ein großer Teil der Informationen wird in Form von Symbolen dargestellt. Diese Symbole beschreiben den Temperaturverlauf, die zu erwartende Bewölkung oder mögliche Niederschläge.

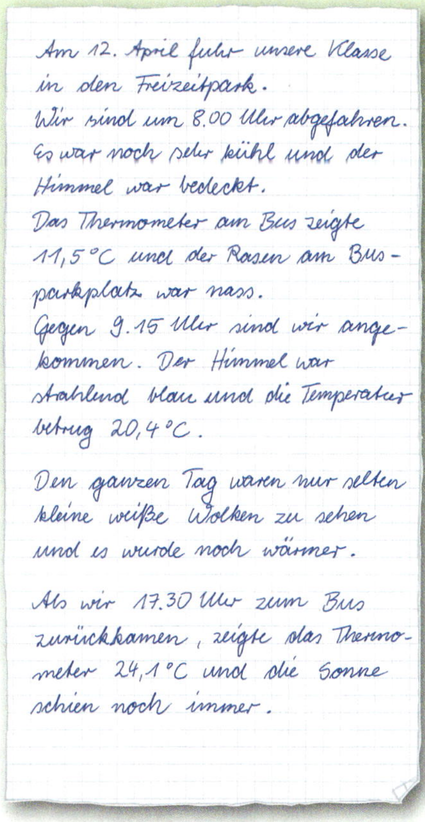

Am 12. April fuhr unsere Klasse in den Freizeitpark.
Wir sind um 8.00 Uhr abgefahren. Es war noch sehr kühl und der Himmel war bedeckt.
Das Thermometer am Bus zeigte 11,5 °C und der Rasen am Busparkplatz war nass.
Gegen 9.15 Uhr sind wir angekommen. Der Himmel war strahlend blau und die Temperatur betrug 20,4 °C.

Den ganzen Tag waren nur selten kleine weiße Wolken zu sehen und es wurde noch wärmer.

Als wir 17.30 Uhr zum Bus zurückkamen, zeigte das Thermometer 24,1 °C und die Sonne schien noch immer.

2 **Bericht über das Wetter**

Über ein Ereignis berichten

Ein Bericht soll möglichst genau Auskunft über ein Ereignis geben. Er muss verständlich sein. Achte beim Verfassen eines Berichtes auf folgende Regeln:

- Berichte über die Vorgänge in der richtigen Reihenfolge.
- Berichte sachlich nur das, was wirklich geschehen ist.
- Berichte über die Vorgänge in der Vergangenheitsform.

Ein Bericht über das Wetter erstellen

Berichte über das Wetter sind eine besondere Form der Berichterstattung. Auch dabei musst du einige wichtige Regeln einhalten:

- Beginne deinen Bericht immer mit der Angabe des Ortes und des Zeitraumes, für den du über das Wetter berichten willst.
- Vermeide allgemeine Umschreibungen wie „Das Wetter war schön."
- Berichte genau über Temperaturverlauf, Bewölkung, Windstärke und Niederschläge.
- Achte auf die richtige zeitliche Reihenfolge in deinem Bericht.
- Gliedere deinen Bericht in mehrere Abschnitte, wenn du über einen längeren Zeitraum berichtest.

Die Jahreszeiten

1. Welche Monate werden den einzelnen Jahreszeiten zugerechnet?

2. Erkläre anhand von Bild 3, wie es zu den Jahreszeiten auf der Nordhalbkugel der Erde kommt.

3. Wie groß ist der Winkel zwischen der Erdachse und der Erdumlaufbahn?

4. Wieso gibt es auf der Nordhalbkugel und der Südhalbkugel der Erde zur selben Zeit unterschiedliche Jahreszeiten?

5. Erkläre mit Bild 1, warum es auf der Erde zur gleichen Zeit unterschiedlich warm ist.

1 **Die Sonne ist schuld an den verschiedenen Temperaturen.**

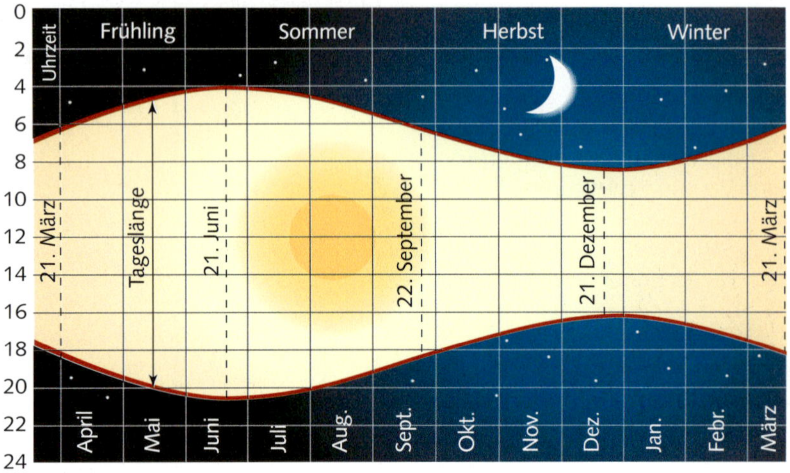

2 **Jahreszeiten und Tageslänge**

6. a) In Bild 2 kannst du senkrecht die Stunden eines Tages und waagerecht die Monate eine Jahres ablesen. Was stellen das gelbe Feld und die blauen Felder dar?
b) Die Darstellung beginnt und endet mit dem 21. März. Warum ist das ein besonderes Datum?
c) Lies den Beginn von allen vier Jahreszeiten ab.
d) Wie ändert sich die Tageslänge in den Jahreszeiten jeweils?
e) Wann ist der längste Tag im Jahr? Wann geht an diesem Tag die Sonne auf und wann unter? Wie lang ist die Zeit dazwischen?
f) Was haben Frühlingsanfang und Herbstanfang gemeinsam?
g) Warum ist der wärmste Monat im Jahr meistens der Juli und der kälteste Monat der Januar?
h) Bestimme mithilfe von Bild 2 und einem Jahreskalender die Länge der einzelnen Jahreszeiten in Tagen. Was fällt dir auf?

Umrechnungen:
1 a = 365 d 1 d = 24 h 1 h = 60 min = 3600 s 1 min = 60 s

7. Zähle verschiedene Kalenderarten auf und gib deren Aufgaben an.

8. a) Der Mond dreht sich in 27,3 Tagen einmal um sich selbst und einmal um die Erde. Vergleiche diese Drehung mit der Drehung der Erde.
b) Wie oft dreht sich der Mond in einem Jahr um sich selbst?

9. In wie viele Monate würdest du ein Jahr einteilen, damit sie alle gleich lang sind?

10. Welche Bedeutung haben die Monatsnamen?

11. Wie heißt ein Jahr mit 366 Tagen?

12. a) Wie viele Sekunden hat ein Tag?
b) Wie viele Stunden (Minuten, Sekunden) hat ein Jahr?
c) Wie viele Stunden hat eine Woche?

13. Rechne in die Ein-heiten um, die in den Klammern angegeben sind: 120 h (d), 360 min (h), 5 min (s), 150 min (h), 15 min (h), 240 s (min), 730 d (a), 24 min (h), $\frac{3}{4}$ h (min), $\frac{1}{2}$ d (h), 1,5 h (min), 48 min (h)

14. Was bedeuten die folgenden Zeitangaben?
1 : 25 h; 4 : 45 min;
2 : 15 : 23 h; 2 : 15 s

3 Jahreszeiten auf der Erde

Frühling, Sommer, Herbst und Winter

Endlich Frühling! Die Tage werden wieder länger und die Sonne steigt höher hinauf. Dann kommt der Sommer. Es ist warm und du kannst dich auf das Baden im Freien freuen. Im Herbst wird geerntet und schließlich im Winter kannst du Schlitten fahren. Wie kommt es zu der unterschiedlichen **Sonnenscheindauer** und warum steht die Sonne nicht immer gleich hoch über dem Horizont?
Du weißt, die Erde dreht sich um die Sonne und um sich selbst. Die **Erdachse** steht aber nicht senkrecht auf der Erdumlaufbahn, sondern ist leicht geneigt. Das erkennst du an jedem Globus (Bild 4).

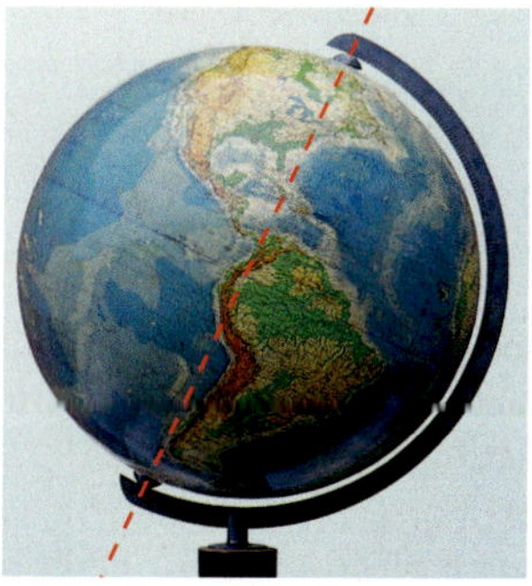
4 Ein Globus ist geneigt.

Der Kalender

Die Beobachtung der Sonne und vor allem des Mondes führte schon in der frühen Geschichte der Menschen zur Einteilung des Jahres und damit zum Kalender. Es gab früher verschiedene **Kalender.** Der heute gebräuchliche ist der gregorianische Kalender, nach Papst Gregor XIII. benannt. Bei diesem Kalender ist das Jahr in 12 Monate oder 365 Tage eingeteilt. Das Wort Monat weist darauf hin, dass die wiederkehrende gleiche Stellung des Mondes maßgebend war für die Einteilung des Jahres. Ein Tag ist durch die Eigendrehung der Erde festgelegt. Leider harmonieren die Anzahl der Tage und der Monate im Jahr nicht miteinander. Ein Jahr hat 365,25 Tage. Deshalb gibt es alle vier Jahre ein Schaltjahr.
Die Länge der Monate ist durch das Sonnenjahr gegeben. Papst Gregor der XIII. hat 1582 festgelegt, dass es Monate mit 30 Tagen und 31 Tagen gibt. Der Februar wurde mit 28 Tagen oder 29 Tagen der kürzeste Monat.

Sonnenstand und Tageslänge

Durch diese Neigung ist die Nordhalbkugel der Erde eine Zeit lang mehr der Sonne zugeneigt. Dann herrscht dort Sommer und auf der Südhalbkugel ist Winter. Im Laufe des Jahres ändert sich das allmählich und nach einem halben Jahr wird die Südhalbkugel stärker beschienen. Dann herrscht dort Sommer (Bild 3).

Aus diesem Wechsel zwischen Sommer und Winter ergibt sich die unterschiedliche Sonnenscheindauer und damit die unterschiedliche Länge der Tage. Denn die Neigung der Erdachse bleibt bei jeder Stellung zur Sonne immer gleich. Du erkennst leicht, die Höhe der Sonne, der **Sonnenstand,** ist abhängig von der Länge des Tages (Bild 2).

Die Zeiteinheiten

Die Zeiten Jahr und Tag sind nun geklärt. Wie aber kommt es zur Einteilung eines Tages in 24 Stunden? Diese Einteilung stammt von den Babyloniern. Sie benutzten ein Zahlsystem, das auf der Zahl 6 und ihren Vielfachen aufgebaut war. Daraus ergab sich die Stundenzahl des Tages. Etwa ab dem 14. Jahrhundert hat sich diese Einteilung bei uns durchgesetzt. Seitdem wird eine Stunde in 60 Minuten und eine Minute in 60 Sekunden eingeteilt.

Abkürzungen der Zeiteinheiten

Jahr	a	lateinisch	annus – das Jahr
Tag	d	lateinisch	dies – der Tag
Stunde	h	lateinisch	hora – die Stunde
Minute	min	lateinisch	minutus – zerstückelt
Sekunde	s	lateinisch	secundus – der Nächste

Sonne – Wetter – Jahreszeiten → S. 194/195

Die Natur im Jahreslauf

1. a) Was erkennst du auf dem Foto? In welcher Jahreszeit wurde es aufgenommen? Begründe deine Aussage.
b) Wie heißt die weiß blühende Pflanze, die den Boden bedeckt und die vergrößert dargestellt ist?
c) Beschreibe mit Hilfe des Informationstextes, warum sie den Lichtverhältnissen an ihrem Standort gut angepasst ist.

2. a) Pflanzt im Herbst Blumenzwiebeln im Umfeld eurer Schule ein und haltet euch genau an die Pflanzanweisungen.
b) Zeichnet einen Plan mit den Pflanzorten und tragt jeweils die gepflanzten Arten ein.
c) Beobachtet im Frühjahr, wann welche Pflanzen austreiben. Führt ein Naturtagebuch.
d) Fotografiert die Pflanzen und gestaltet eine Ausstellung.

A

3. a) Betrachte die Bilder. In welchem Monat wurden sie jeweils aufgenommen? Begründe deine Aussagen.
b) Suchte für jeden Monat im Jahr ein typisches Bild und erstelle ein ▸ Plakat.

D

B

C

4. Die meisten Jungtiere kommen im Frühjahr zur Welt. Welchen Vorteil hat ein solcher Geburtstermin für die Tiere? Stelle den Sachverhalt an einem Beispiel dar.

Im Frühling treiben die Frühblüher aus

Buschwindröschen haben weiße Blüten und kommen in Laubwäldern häufig vor. Sie treiben aus, wenn die Sonne im Frühjahr den Waldboden erreicht und blühen schon im März. Dies ist möglich, da die Pflanzen des letzten Jahres durch die Vorgänge der ▸ Fotosynthese ausreichend ▸ Nährstoffe gebildet hatten. Diese Nährstoffe wurden in einem unterirdischen Stängel, dem **Erdspross,** gespeichert und werden jetzt im Frühjahr zum Austrieb verbraucht. Die frischen Blätter bilden nun mit Hilfe des Sonnenlichts wieder neue Nährstoffe, die für das nächste Jahr gespeichert werden. Während die Buschwindröschen blühen, entwickeln sich auch aus den ▸ Knospen der Bäume neue Triebe mit Blättern und Blüten.

Auch Tulpen und Schneeglöckchen gehören zu den **Frühblühern.** Als Speicherorgane haben sie **Zwiebeln.** Im Sommer scheinen die Frühblüher im Wald verschwunden zu sein. Da die Bäume und Sträucher ab April ein dichtes Blätterdach ausbilden, verwelken die oberirdischen Teile. So überdauern die Frühblüher den Rest des Jahres als unterirdische Speicherorgane.

1 Frühblüher Schneeglöckchen

Auch die Tiere nutzen den Frühling

Im Frühling kommen die ▸ Zugvögel wieder zurück und Singvögel wie die Amsel beginnen schon früh am Morgen zu singen. Die Vogelmännchen grenzen mit ihrem arttypischen Gesang ihr Revier ab und locken Weibchen an. Es folgt die Paarung und der Nestbau. Nach der Eiablage brüten die Vögel die Eier aus und im Frühling und Frühsommer schlüpfen die Jungen. Höhlenbrüter wie die Blaumeisen benutzen zur Brut gern Nistkästen, die in Gärten aufgehängt werden können.

2 Reh mit Kitz

Auch alle anderen heimischen Tierarten beenden ihre jeweilige Form der Überwinterung. Lurche und Kriechtiere paaren sich und legen ihre Eier ab. Wildtiere wie Rehe oder Füchse bringen ihre Jungen zur Welt. Alle Jungtiere haben nun viele Monate Zeit, sich zu entwickeln und kräftig genug zu werden, um den nächsten Winter überleben zu können.

Sommer – die Zeit der Insekten

Bis zur Sommermitte haben die meisten Pflanzen aufgehört zu wachsen und stecken ihre Nährstoffe jetzt in die Produktion von ▸ Samen. Während des Sommers kann man viele ▸ Insekten beobachten. Auf artenreichen Wiesen finden sie unterschiedliche Lebensräume und genug Nahrung. Schmetterlinge wie das Tagpfauenauge oder der Zitronenfalter legen Eier an ihre jeweiligen Futterpflanzen. Aus diesen Eiern entwickelt sich dann eine neue Schmetterlingsgeneration.

3 Tagpfauenauge

Herbst – die Vorbereitung auf den Winter beginnt

Der Spätsommer und der Herbst ist die Zeit der Pilze, die beispielsweise Schnecken als Nahrung dienen. Viele Tierarten fressen sich jetzt ein dickes ▸ Fettpolster an und suchen sich geschützte Stellen, an denen sie überwintern können.
Auch die Pflanzen bereiten sich jetzt auf den Winter vor. Laubbäume schützen sich beispielsweise durch Laubfall und Knospenbildung.

Sonne – Wetter – Jahreszeiten → S. 194/195

Pflanzen verhungern ohne Sonnenlicht

1. Erläutere die Aussage: „Alle Lebewesen auf der Erde würden ohne das Sonnenlicht verhungern."

2. Erkläre den Vorgang der Fotosynthese mithilfe der Abbildungen und des Informationstextes.

3. Bringe einen beblätterten Fliederzweig in ein Gefäß mit Wasser. Stelle das Gewicht zu Beginn des Versuches und nach zwei Stunden fest. Entferne nun vom Zweig die Hälfte der Blätter und wiederhole den Versuch.
a) Was stellst du fest?
b) Erläutere das Versuchsergebnis.

4. Wenn ihr überprüfen wollt, ob in einer Pflanze bei Sonnenlicht in den Blättern Stärke gebildet wird, könnt ihr folgendes Experiment durchführen: Umwickelt ein Blatt an einer Stelle mit Alufolie. Stellt die Pflanze über Nacht dunkel. Belichtet das Blatt am nächsten Morgen mehrere Stunden lang. Geht dann weiter wie im folgenden Schema vor:

Beschreibt das Blatt am Ende des Versuchs und erklärt das Versuchsergebnis.

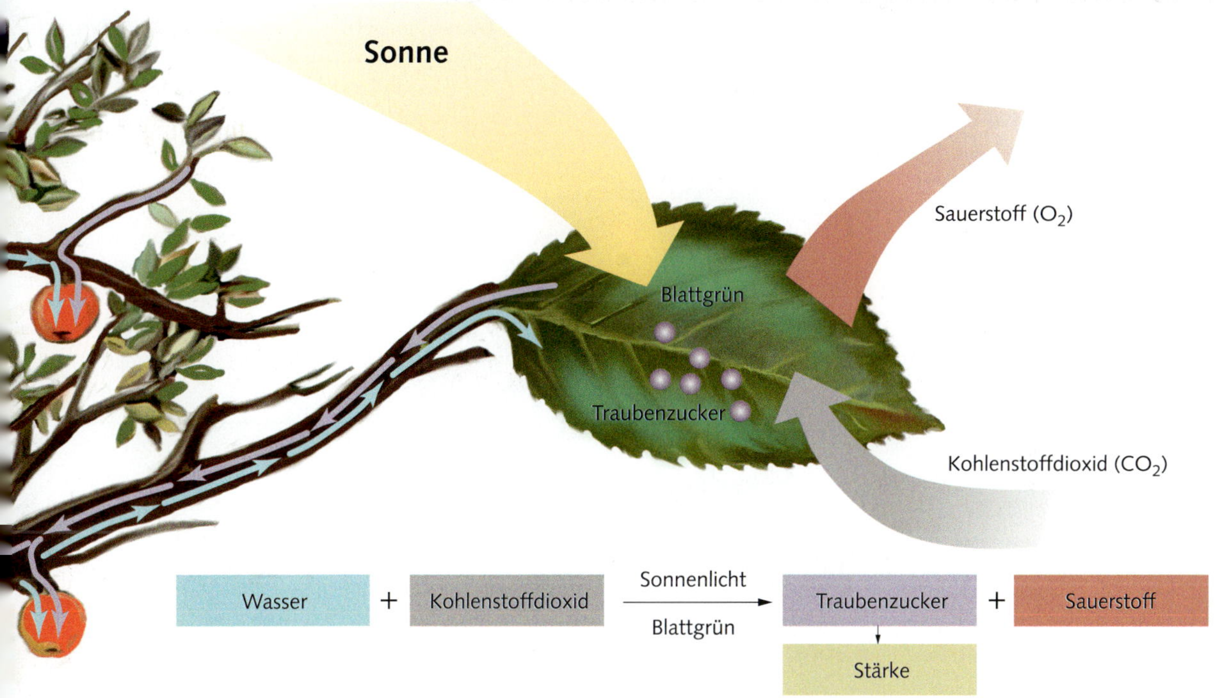

Pflanzen sind die einzigen Lebewesen, die ihre Nahrung selbst produzieren. Das geschieht vor allem in den grünen Laubblättern.

Was im Blatt passiert

In den „Blattgrünkörnern" der Blätter befindet sich ein grüner Farbstoff, der **Chlorophyll** genannt wird. Mithilfe des Chlorophylls nutzen die Blätter das Sonnenlicht zur Herstellung von Traubenzucker.
Im Traubenzucker ist also ein Teil der Sonnenenergie gespeichert. Als Ausgangsstoffe für die Herstellung von Traubenzucker benötigt die Pflanze Wasser (H_2O) und Kohlenstoffdioxid (CO_2). Wasser wird über die Wurzeln aufgenommen und gelangt über Leitungsbahnen in Stamm, Ästen, Zweigen und Blattadern ins Blattinnere. Kohlenstoffdioxid nimmt das Blatt über kleine Öffnungen in den Blattflächen, die Spaltöffnungen, direkt aus der Luft auf.

Dieser Aufbauvorgang, bei dem aus Wasser und Kohlenstoffdioxid Traubenzucker entsteht, ist eine **Synthese.** Weil die Pflanze dabei das Sonnenlicht (griechisch: photos = Licht) nutzt, spricht man von **Fotosynthese.** Neben Traubenzucker entsteht bei der Fotosynthese auch noch Sauerstoff. Den Sauerstoff gibt das Blatt über die Spaltöffnungen direkt an die Luft ab. Er dient Pflanzen, Tieren und Menschen zur Atmung. Aus dem Traubenzucker und den Mineralstoffen, die die Pflanzen mit dem Wasser aus dem Boden aufnehmen, können die Pflanzen alle Nährstoffe aufbauen, die sie selbst zum Leben und Wachsen brauchen. Dazu gehören Eiweiße und Fette sowie Zellulose, die der Hauptbestandteil der Zellwände von Pflanzenzellen ist.

Nährstoffe werden gespeichert

Pflanzen speichern die gebildeten Nährstoffe in den Wurzeln, in Früchten oder Knollen. In Früchten wie Äpfeln befindet sich vor allem ▸ Traubenzucker. Deshalb schmecken sie süß. In Zwiebeln und Möhren ist ebenfalls Traubenzucker gespeichert. In ▸ Kartoffeln oder ▸ Getreide wird der gebildete Zucker in Form von ▸ Stärke gespeichert. Stärke setzt sich aus vielen einzelnen Zuckerbausteinen zusammen.
Bohnen oder Linsen enthalten viel Eiweiß und manche Samen wie Nüsse enthalten Fett als Speicherstoff. Außerdem liefern uns Pflanzen Vitamine und andere Stoffe, die unser Körper nicht selbst herstellen kann.

Pflanzen sind also als **Erzeuger** oder Produzenten von ▸ Nährstoffen und Sauerstoff für das Leben von Tieren und Menschen unverzichtbar. Sie selbst könnten ohne die Energie der Sonne nicht leben. Über Nahrungsketten wird die Energie der Sonne an andere Lebewesen, die **Verbraucher** oder Konsumenten, weitergegeben.

Sonne – Wetter – Jahreszeiten → S. 194/195

Arbeiten mit dem Mikroskop

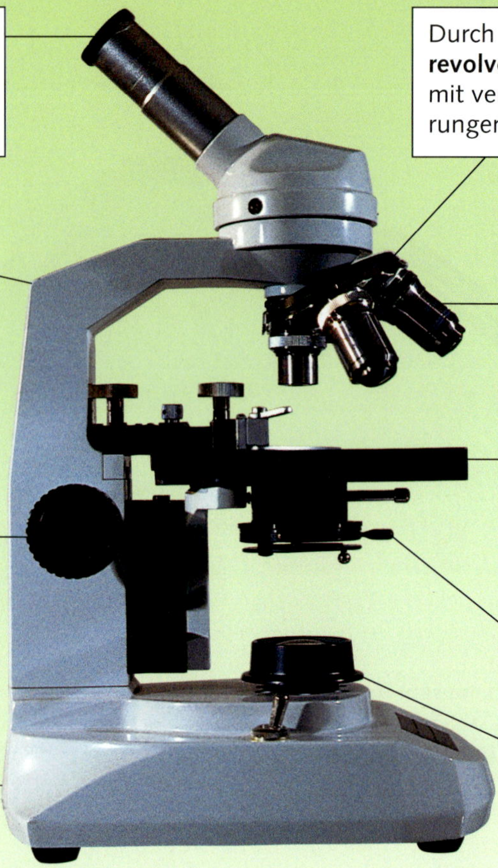

1 Lichtmikroskop

Sicherer Umgang

Ein Mikroskop ist ein wertvolles Gerät, mit dem man sorgfältig umgehen muss. Mache dich darum mit ihm vertraut, bevor du anfängst zu mikroskopieren. Beachte diese Sicherheitshinweise:

2 Sicherer Transport

- Trage das Mikroskop aufrecht und sicher mit einer Hand am Stativ und der anderen Hand am Fuß des Mikroskops.
- Fasse nie an die Linsen des Okulars oder der Objektive. Für die Reinigung ist nur die Lehrkraft zuständig.
- Das Objektiv darf nie auf das Objekt stoßen. Vor allem bei der größten Vergrößerung musst du aufpassen.

Die Vergrößerung

Auf dem Objektiv kann man ablesen, wie viel mal das Objektiv das Bild des Objekts vergrößert, z. B. x 40. Dieses Bild wird dann durch das Okular noch einmal vergrößert. Wenn man auf dem Okular x 10 abliest, so wird das Bild noch zehnfach vergrößert.

Die Gesamtvergrößerung des Mikroskops erhältst du durch Multiplizieren der beiden Vergrößerungen von Objektiv und Okular. In unserem Beispiel:

$$40 \times 10 = 400$$

Bei dieser Einstellung vergrößert das Mikroskop also 400-fach.

Gute Lichtmikroskope vergrößern bis zu etwa 1000-fach.

Erste Untersuchungen
Mikroskopiere zuerst ein Trockenpräparat, das du einfach auf den Objektträger legst. Untersuche zum Beispiel ein Haar mit Haarwurzel, eine Feder, eine Fischschuppe oder einen Insektenflügel.
Auch Salzkristalle, Sandkörner oder ein abgezupfter Fetzen Papier sind interessante Objekte.
Tipp: Wenn du die Objekte von der Seite mit einer kleinen Taschenlampe beleuchtest, siehst du sie besonders deutlich.

C

A

Für Nasspräparate zum Beispiel von Pflanzenteilen setzt du mit dem Finger oder einer Pipette einen Tropfen Wasser in die Mitte des Objektträgers, gibst das Objekt hinein und deckst es mit einem Deckgläschen ab.

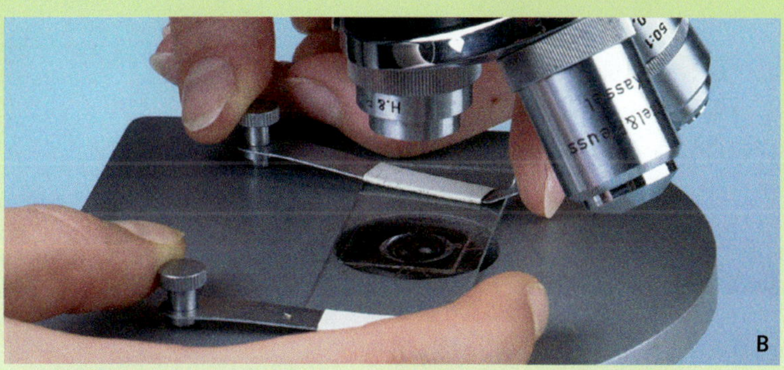

B

3 Anfertigung eines Trockenpräparates. A *Trockenpräparat;* **B** *auf dem Objekttisch;* **C** *Kochsalzkristalle*

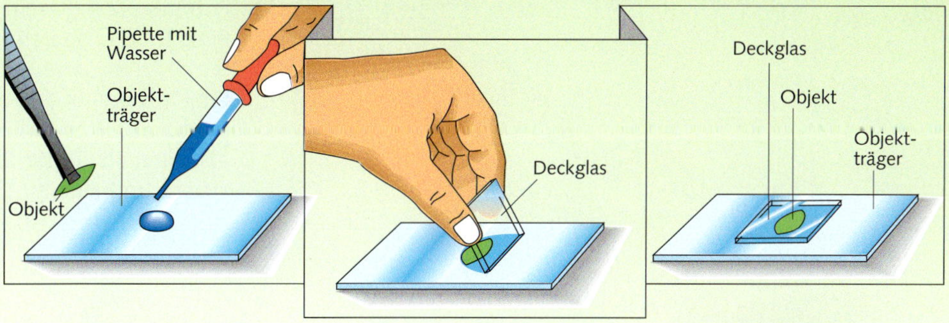

4 Anfertigung eines Nasspräparates

Regeln zum richtigen Mikroskopieren
1. Schalte die Beleuchtung ein.
2. Stelle mit dem Objektivrevolver die kleinste Vergrößerung, also das kürzeste Objektiv, ein.
3. Lege den Objektträger so auf den Objekttisch, dass das Präparat direkt über der beleuchteten Öffnung liegt.
4. Schaue durch das Okular und drehe am Grobtrieb, bis das Bild scharf zu sehen ist. Mit dem Feintrieb kannst du nachregulieren.
5. Regle mit der Blende die Helligkeit und den Bildkontrast.
6. Suche durch Verschieben des Objektträgers auf dem Objekttisch einen geeigneten Bildausschnitt.
7. Erst wenn das Bild scharf ist, darfst du mit dem Objektivrevolver die nächste Vergrößerung einstellen. Dann brauchst du die Bildschärfe nur noch mit dem Feintrieb nachzuregulieren.

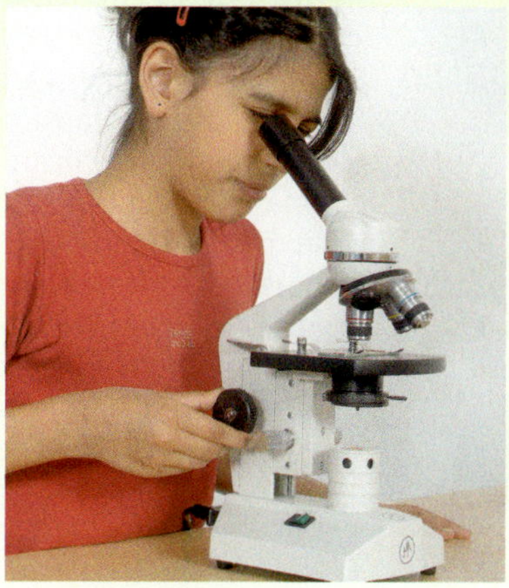

Präparieren und Färben

Hier siehst du, wie man ein Objekt zum Mikroskopieren vorbereitet, also wie ein mikroskopisches **Präparat** hergestellt wird.
Bei manchen sehr durchscheinenden Objekten treten die Strukturen im mikroskopischen Bild erst nach dem **Färben** deutlich hervor.

Präparation von Zwiebelhautzellen

1. Schneide eine Zwiebel zweimal längs durch, sodass du vier Teile erhältst. Entnimm eine Zwiebelschuppe.

2. Schneide an der Innenseite mit der Rasierklinge ein Raster in das Gewebe ein. Die kleinen Vierecke, die dabei entstehen, sollten eine Kantenlänge von etwa 4 mm besitzen.

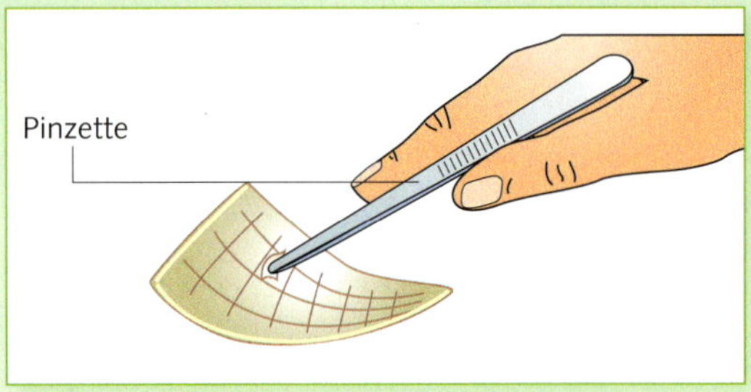

3. Entnimm aus diesem Viereck mit der Pinzette das oberste feine Häutchen und lege es ohne Falten auf den Objektträger in einen Wassertropfen. Decke das Präparat mit einem Deckgläschen ab. Tupfe überschüssiges Wasser mit einem Stück Filterpapier ab.

Färben des Präparates

Ein häufig benutzter Farbstoff ist Methylenblau. Er färbt besonders die Zellkerne und auch das Zellplasma hellblau. Der Farbstoff kann mittels Pipette vorsichtig auf das Präparat getropft werden, bevor es mit dem Deckgläschen luftblasenfrei abgedeckt wird.

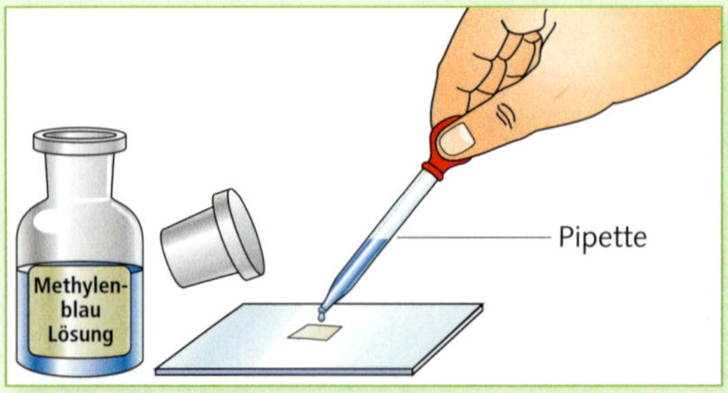

Achtung: Schutzbrille tragen!

Alternativ kannst du das Präparat auch direkt in einen Tropfen Farblösung legen und anschließend mit dem Deckgläschen abdecken.

Eine mikroskopische Zeichnung anfertigen

Wenn du ein gutes Präparat unter dem Mikroskop hast, lohnt es sich, eine Zeichnung anzufertigen, die das zeigt, was du gesehen hast.

Zeichne das Objekt möglichst genau. Achte zum Beispiel bei Zellen auf ihre Form und auf die Lage der Zellbestandteile.
Bei deiner Zeichnung kannst du zudem manches deutlicher hervorheben, als es vielleicht zu sehen ist: Zum Beispiel grenzt du die Vakuole durch eine durchgehende Linie ab, auch wenn dies nicht überall scharf im Bild zu sehen ist.

1 Foto von Zwiebelhautzellen unter dem Lichtmikroskop

Lege deine Zeichnung **möglichst groß** an, mindestens auf einer halben Seite.

Notiere den Namen des **Objektes**, das **Datum** und deinen **eigenen Namen**. Halte bei mikroskopischen Zeichnungen die eingestellte Vergrößerung und die Art der Vorbereitung des Objekts fest.

Zeichne mit **Bleistift** auf **weißem Papier.** Verwende zum farbigen Markieren Buntstifte.

Zeichne deutlich mit **durchgehenden Linien**, strichele nicht.

Beschrifte die gezeichneten Bestandteile des Objektes mit den entsprechenden **Fachbegriffen.**

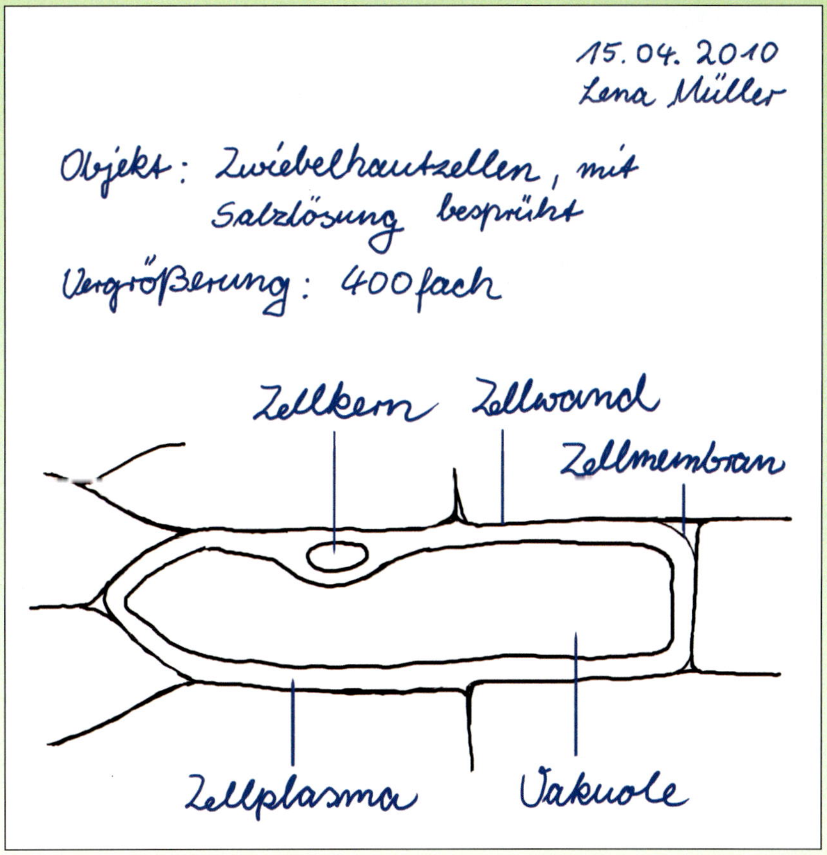

1. Überprüfe: Welche der Zeichenregeln gelten auch dann, wenn du von einem anderen biologischen Objekt wie einer Pflanze, einer Blüte oder einem Insektenflügel eine nichtmikroskopische Zeichnung anfertigen möchtest?

2. Fertige von demselben mikroskopischen Objekt ein Mikrofoto und eine Zeichnung an. Welche Vorteile hat das Foto, welche die Zeichnung?

Die Zelle – Grundbaustein aller Lebewesen

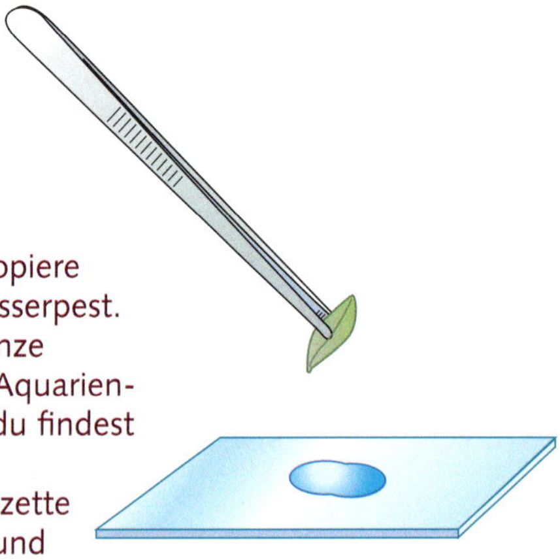

1. Mikroskopiere Blättchen der Wasserpest. Diese Wasserpflanze bekommst du in Aquariengeschäften oder du findest sie in Teichen.
Zupfe mit der Pinzette ein Blättchen ab und lege es in einen Tropfen Wasser auf den Objektträger. Decke das Blättchen mit einem Deckgläschen ab. Mikroskopiere und zeichne die Zellen der Wasserpest. Beachte dabei die Methodenseiten zum richtigen Arbeiten mit dem ▸ Mikroskop und zum Anfertigen einer ▸ mikroskopischen Zeichnung.

2. a) Untersuche Zellen aus deinem eigenen Mund unter dem Mikroskop.
Schabe dazu mit einem abgeschnittenen Trinkhalm am Inneren deiner Wange entlang und streiche das Abgeschabte auf die Mitte eines Objektträgers. Gib darauf einen Tropfen des Farbstoffs ▸ Methylenblau und decke mit einem Deckgläschen ab.
b) Mikroskopiere und zeichne die Zellen der Mundschleimhaut. Beachte dabei die Methodenseiten zum Arbeiten mit dem ▸ Mikroskop, ▸ Präparieren, Färben und Anfertigen einer ▸ mikroskopischen Zeichnung.

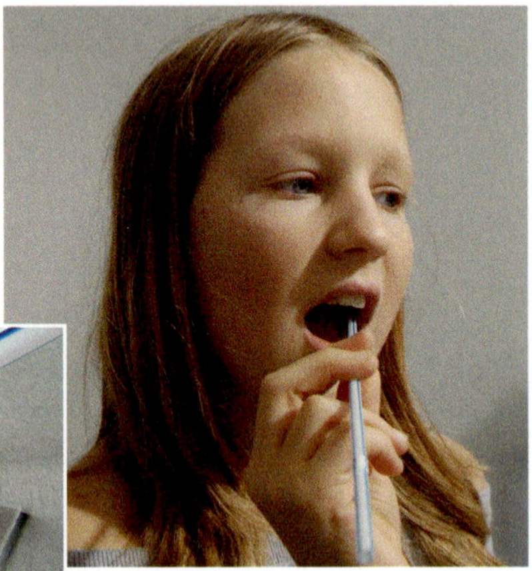

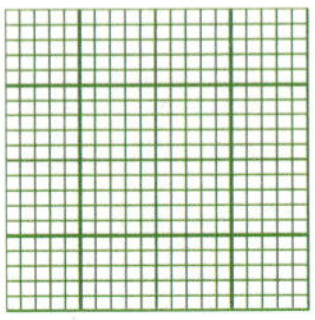

3. Erforsche die Zellgröße. Kopiere dazu Millimeterpapier auf eine durchsichtige Folie. Schneide ein Folienstück wie nebenstehend aus und lege es auf den Objektträger.
Fertige darauf wie gewohnt das Zellpräparat an, zum Beispiel von der Wasserpest, von der Zwiebelhaut oder der Mundschleimhaut. Mikroskopiere und schätze ab, den wievielten Teil eines Millimeters eine Zelle etwa lang ist.

4. Erstelle eine Tabelle mit den Bestandteilen einer typischen Pflanzenzelle und den Funktionen, die die verschiedenen Teile für die Zelle erfüllen.

5. Vergleiche pflanzliche und tierische Zellen. Nenne Gemeinsamkeiten und Unterschiede.

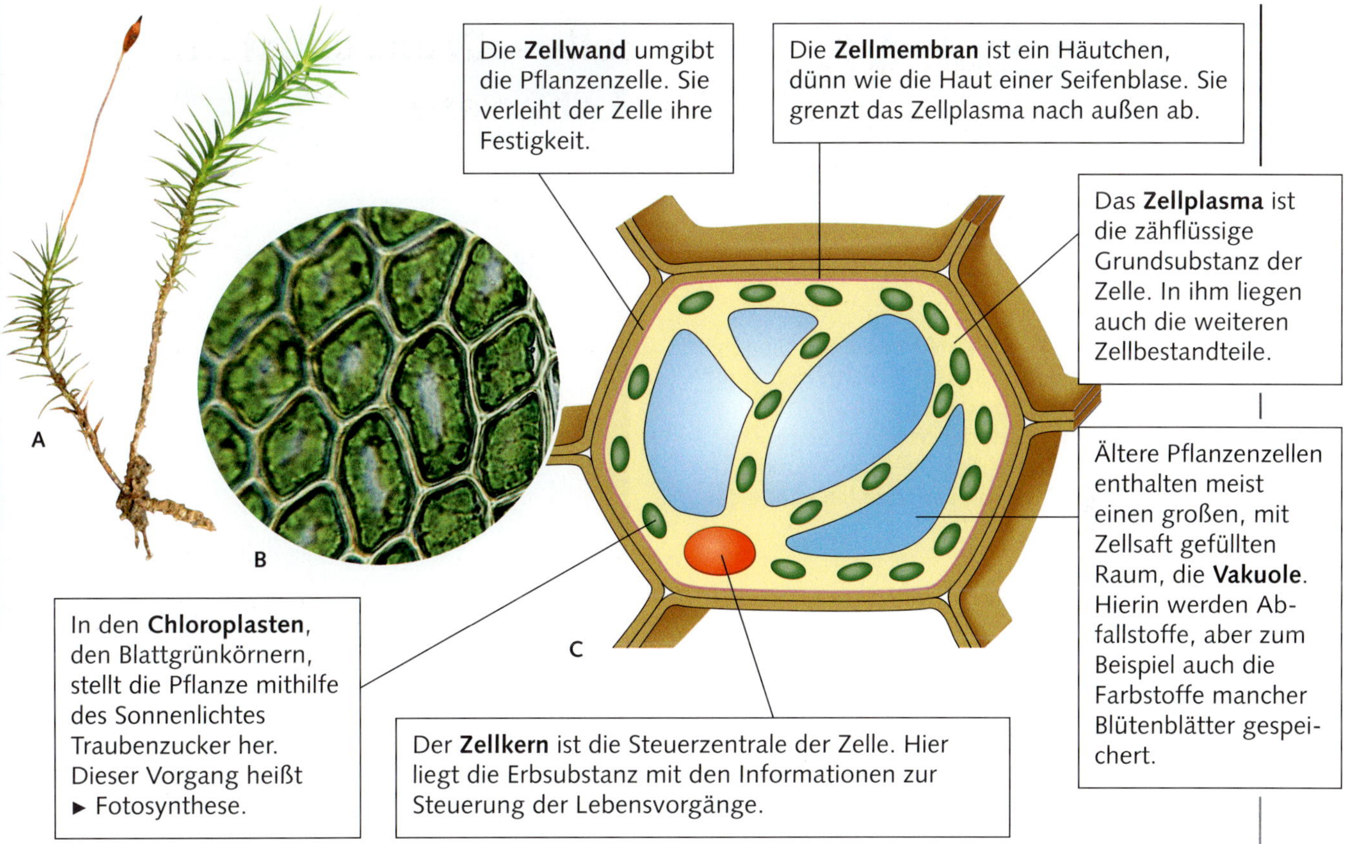

1 Bau einer Pflanzenzelle. A *Moospflanze mit Blättchen;* **B** *Moosblattzellen 100-fach vergrößert;* **C** *Schema*

Untersucht man Pflanzen und Tiere genauer und bringt ihre Organe oder dünne Schnitte davon unter das Mikroskop, so stellt man fest, dass alle Pflanzen, Tiere und auch Menschen aus **Zellen** bestehen. Häufig liegen gleichartige Zellen dicht nebeneinander und bilden ein Gewebe.

Pflanzenzellen

Im Blatt der Wasserpest oder in der Zwiebelhaut erkennst du die Zellen als mauerartiges Muster bereits mit der schwächsten Vergrößerung. Bei stärkerer Vergrößerung werden der typische Aufbau und einige Bestandteile der Pflanzenzellen erkennbar. Zellkern, Chloroplasten und Vakuolen sind solche Zellbestandteile. Sie erfüllen, ähnlich wie die Organe eines Menschen, bestimmte Funktionen im Leben der Zelle. Man nennt sie daher **Zellorganellen.**

Zellen von Tieren

Tierische Zellen haben keine Zellwand, die ihnen eine feste Form gibt. Auch große Vakuolen und Chloroplasten fehlen. Ansonsten verfügen sie über die gleichen Bestandteile mit denselben Funktionen wie bei den Pflanzenzellen.

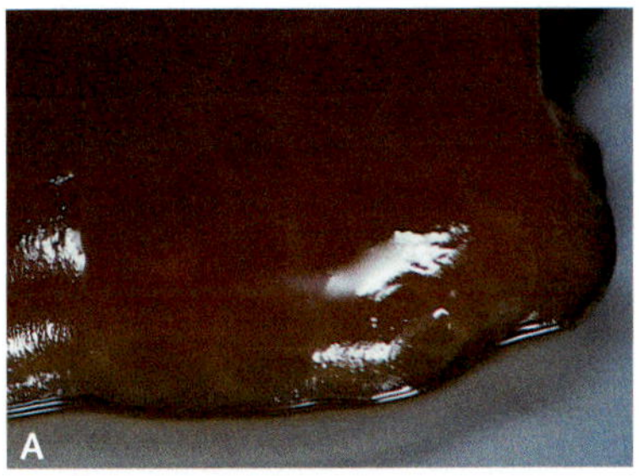

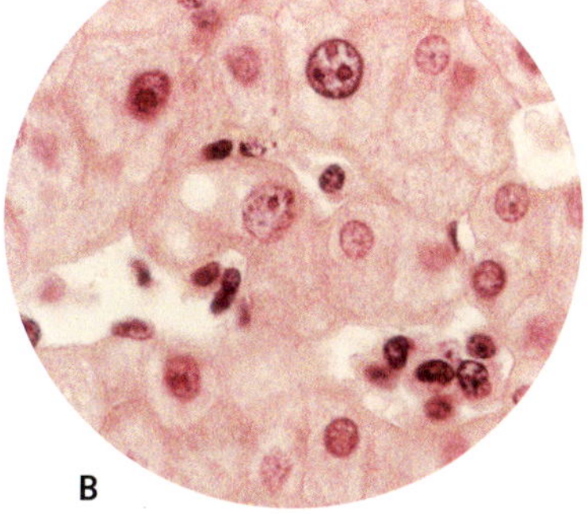

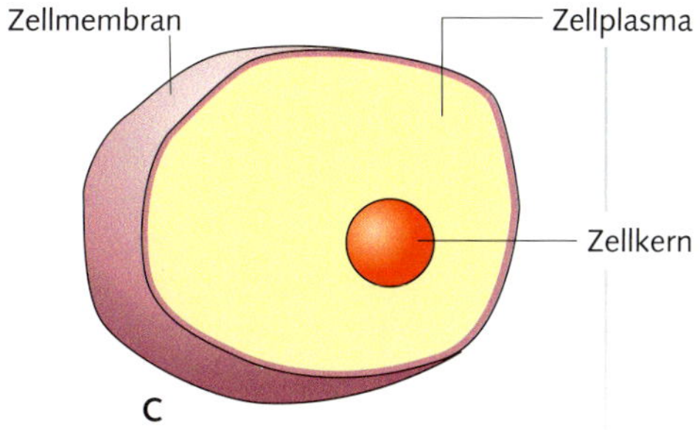

2 Bau einer Tierzelle. A *Leber (Ausschnitt);* **B** *Leberzellen (100-fach vergrößert);* **C** *Schema*

Sonne – Wetter – Jahreszeiten → S. 194/195

Bäume und Tiere im Herbst

1. Beschreibt, woran ihr erkennt, dass der Herbst kommt. Ihr könnt dazu ▸ Plakate mit Zeichnungen und Fotos gestalten.

2. a) Viele Vogelarten fliegen im Herbst in den Süden. Welche kennst du? Warum tun sie das? Informationen findest du im Text auf der nächsten Seite.
b) Informiere dich über die Zugziele einiger Arten und schätze die Länge der Zugwege.

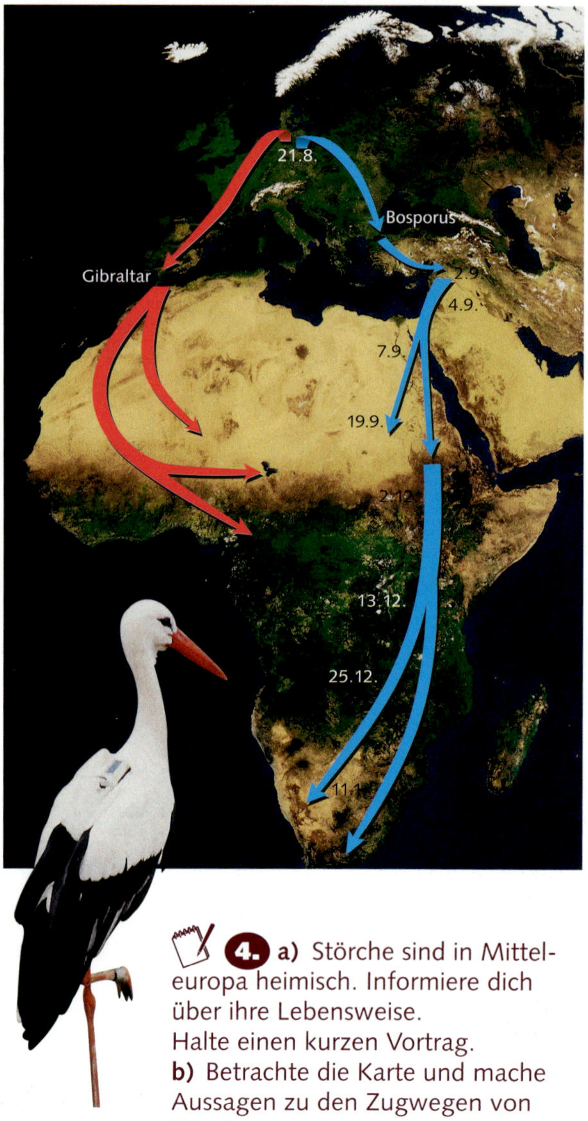

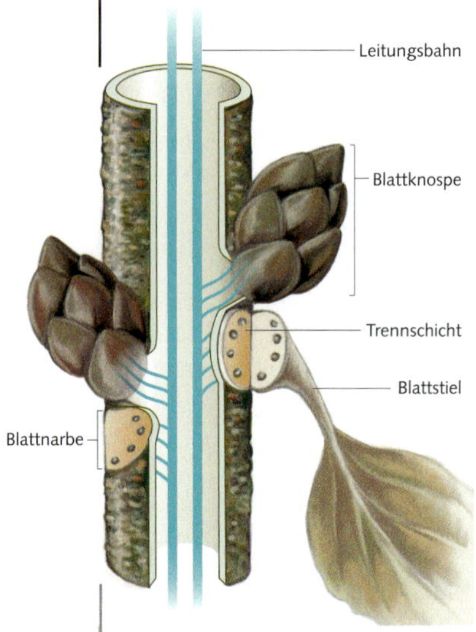

3. Im Spätherbst genügt schon ein Windstoß, um Blätter von den Bäumen zu lösen. Wie ist das möglich? Die Abbildung und der Text auf der nächsten Seite geben dir Hinweise.

4. a) Störche sind in Mitteleuropa heimisch. Informiere dich über ihre Lebensweise. Halte einen kurzen Vortrag.
b) Betrachte die Karte und mache Aussagen zu den Zugwegen von Störchen.

5. Warum ist es für Laubbäume wichtig, dass im Herbst alle Blätter abfallen? Überlege dir in diesem Zusammenhang, was mit Wasser bei Minusgraden passiert und welche Auswirkungen dieser Vorgang haben kann. Sammelt eure Vermutungen und tragt sie in der Klasse vor.

Warum Blätter im Herbst abfallen
Im Sommer bilden die grünen ▸ Blätter bei der ▸ Fotosynthese mithilfe von Licht aus Wasser und Kohlenstoffdioxid Nährstoffe. Die Nährstoffe werden in der Pflanze verteilt und zum Beispiel in den ▸ Früchten gespeichert. Zudem verdunstet ein Baum über die Blätter täglich viele hundert Liter Wasser, das er mit seinen ▸ Wurzeln der Erde entnimmt.
Im Winter aber können Blätter für einen Baum lebensgefährlich werden: der Boden ist oft gefroren, sodass die Bäume kein Wasser mehr aufnehmen können. Sie müssten „verdursten", wenn weiterhin Wasser aus den Blättern verdunsten würde. Außerdem würde das Wasser in den Blättern ebenfalls gefrieren und die feinen Leitungsbahnen zerstören. Ohne Blätter ist der Baum auch bei Schneefall gut geschützt. Der Schnee würde auf den Blättern liegen bleiben. Dies könnte dazu führen, dass der Baum unter dem schweren Gewicht zusammenbricht.

Dort, wo sich die Blätter vom Zweig lösen werden, wächst zunächst eine **Trennschicht** aus Korkzellen, die später das Eindringen von Wasser verhindert. Wenn die Blätter vom Blattrand her zu trocknen beginnen, hängen sie nur noch lose an dieser „Sollbruchstelle". Jetzt genügt ein Windstoß und die Blätter fallen ab. Sie hinterlassen gut sichtbare Blattnarben. Zur Ausbildung der Trennschicht werden Energie und Baustoffe benötigt, die über Leitungsbahnen transportiert werden. Knicken blatttragende Äste oder Zweige ab, wird der Transport unterbrochen, die Trennschicht kann sich nicht vollständig ausbilden und die Blätter fallen nicht ab.

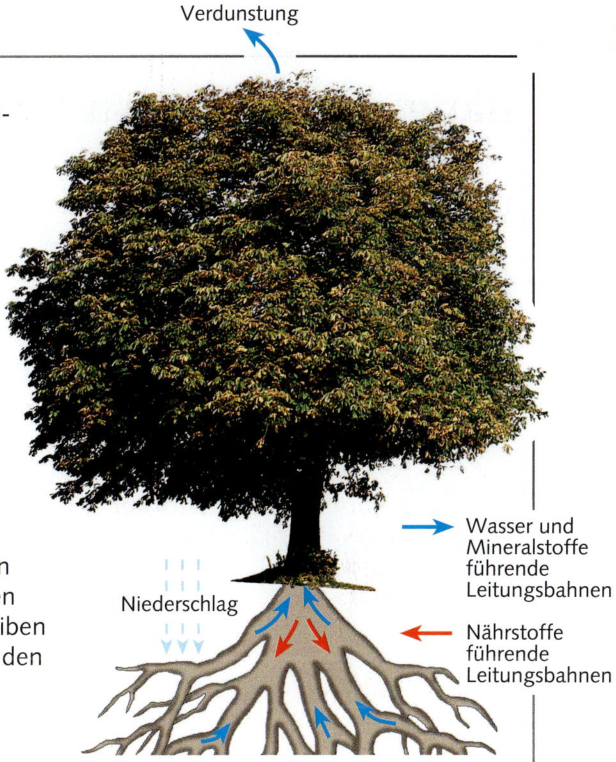

1 Rosskastanie im Herbst

Warum Laubbäume bunt werden

Bevor die Blätter abfallen, baut der Baum den grünen Farbstoff in den Blättern ab. Die Abbauprodukte transportiert er in den Stamm und die Wurzeln. Dort stehen sie für den erneuten Blattaustrieb im nächsten Frühjahr zur Verfügung. Zurück bleiben gelbe und rote Farbstoffe, die sich auch im Sommer schon in den Blättern befinden, aber von Blattgrün überdeckt werden.

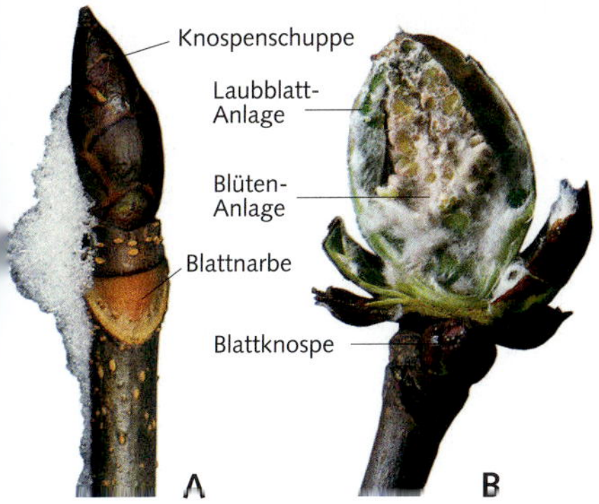

2 Kastanienknospen im Winter
A *Zweigende mit Knospen;* **B** *Blütenknospe (Längsschnitt)*

Was in den Knospen steckt

Nach dem Laubfall beginnt die Winterruhe. In den Knospen sind aber bereits wieder Blätter und Blüten angelegt. Im Winter umhüllen harte, ledrige Knospenschuppen die zarten Sprossteile und schützen sie vor dem Austrocknen sowie vor Nässe und Krankheitserregern. Im Inneren der Knospen befinden sich haarige Fasern. Sie schützen die Sprossteile vor Kälte

Strategien bei Tieren

Manche Tierarten fressen sich dicke **Fettpolster** an. Andere legen sich im Herbst **Nahrungsvorräte** für den Winter an und suchen Plätze, an denen sie vor der Kälte geschützt überwintern können.
Tiere wie das Eichhörnchen oder der Eichelhäher sammeln Vorräte. Der Eichelhäher kann bis zu zehn Eicheln in seinem Kehlsack transportieren und noch eine im Schnabel. Die Früchte versteckt er im Boden, Rindenspalten oder Ritzen. Da er aber nicht alle Verstecke wiederfindet, können viele der Eicheln auskeimen und zu neuen Bäumen heranwachsen.

3 Eichelhäher

Zugvögel verlassen ihre Brutgebiete

Schon Ende August kann man beobachten, wie sich Rauchschwalben auf Leitungsdrähten sammeln. Sie verlassen ihre Brutgebiete bei uns, weil sie im Winter nicht mehr genügend Insekten als Nahrung finden würden. Auch andere Vögel wie Störche oder Stare ziehen im Herbst in wärmere Gebiete, um der Kälte und dem Nahrungsmangel im Winter zu entgehen. Einige Arten wie die Störche fliegen bis Südafrika. Der **Vogelzug** wird durch die abnehmende Tageslänge, die zurückgehenden Temperaturen und den Nahrungsmangel gegen Ende des Sommers ausgelöst. Außerdem besitzen Zugvögel eine „innere Uhr", die den ungefähren Zeitpunkt des Abflugs angibt. Während des Flug orientieren sich die Vögel am Stand der Sonne, nachts am Sternenhimmel und am Magnetfeld der Erde.

Aktiv durch den Winter

1. Auf dieser Seite sind zwei Tierarten abgebildet, die im Winter nicht aktiv sind. Finde heraus, um welche es sich handelt und begründe deine Entscheidung.

2. Im Winter schützen wir uns mit besonderer Kleidung vor der Kälte.
Welche Schutzeinrichtungen helfen Tieren bei Kälte?

3. „Tatsächlich sollten sich Vogelfreunde darüber im klaren sein, dass Winterfütterung und Naturschutz zwei Paar Schuhe sind", erklärt der NABU-Vogelexperte.
a) Recherchiere im Internet und suche das Zitat. Finde heraus, wie der Experte das meint. Erkläre.
b) Fertige eine Tabelle mit Gründen für und gegen eine Fütterung von Vögeln im Winter an.
c) Nimm Stellung: Würdest du im Winter Vögel füttern oder nicht? Begründe deine Meinung.

4. Beschreibe die Unterschiede zwischen Sommerfell (A) und Winterfell (B) des Hermelins.

5. Manche Tiere sind im Winter besonders gefährdet. Nenne Maßnahmen, mit denen wir den Tieren im Winter helfen können.

6. Ein Zitronenfalter hängt bei Frost an einem Ast. Erkläre, warum er nicht erfriert.

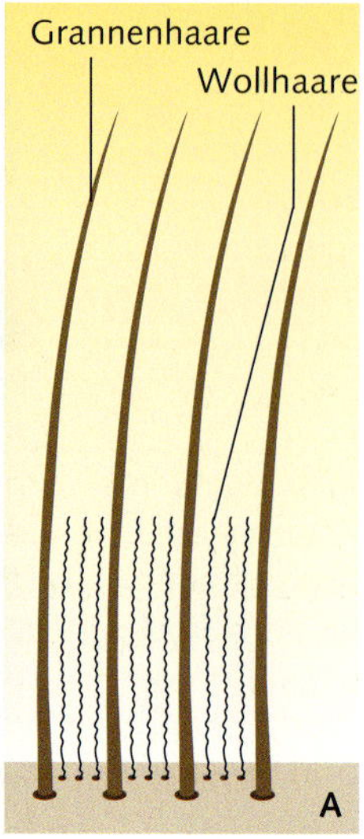

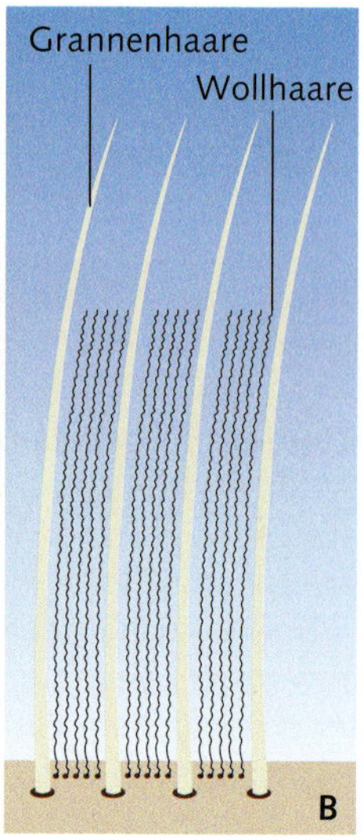

Sonne – Wetter – Jahreszeiten → S. 194/195

Nicht alle einheimischen Tiere haben wie die ▸ Zugvögel die Möglichkeit, in den warmen Süden zu fliegen, um dort den Winter zu verbringen. Deshalb sind sie an die lebensfeindliche Winterzeit auf unterschiedliche Weisen angepasst.

1 Fuchs

Winteraktive Tiere

Rehe, Wildschweine und Füchse sind den Winter über aktiv. Sie brauchen auch während der Wintermonate Nahrung. Damit sie Energie sparen, bewegen sie sich aber möglichst wenig. Viele Säugetiere haben sich im Herbst, wenn es zahlreiche Früchte gibt, ein Winterpolster angefressen. Das hilft ihnen, ungünstige Bedingungen wie beispielsweise hohen Schnee oder Dauerfrost zu überstehen.

Während wir uns mit Mänteln oder Schals vor Kälte schützen, bekommen diese Arten ein besonders dichtes **Winterfell.** Das Haarkleid der Tiere wird im Herbst nach und nach ausgetauscht und durch einen dichteren Pelz mit zusätzlichen langen Wollhaaren ersetzt. Zwischen den Haaren wird Luft festgehalten. Sie ist ein schlechter Wärmeleiter und dient dadurch als Isolierschicht. Wir kennen diesen Felltausch von Hunden und Hauskatzen. Aber auch Wildtiere wie Wölfe und Hasen schützen sich so. Im Frühjahr wird dann ein neues Sommerfell gebildet. Beim Hermelin unterscheidet sich das Winterfell auch in der Farbe vom Sommerpelz. Im Winter ist der Pelz weiß wie der Schnee und dient so gleichzeitig der Tarnung.

2 Aufgeplustertes Rotkehlchen

Während Zugvögel den Winter über in wärmere Regionen ziehen, bleiben **Standvögel** bei uns. Auch sie gehören zu den winteraktiven Tierarten. Wir können sie häufig auf ihrer Nahrungssuche beobachten. Amseln, Rotkehlchen und Stieglitz sind solche Standvögel. Aber auch Greifvögel wie der Mäusebussard verbringen den Winter hier. Bei hohen Minustemperaturen plustern Standvögel ihr Gefieder auf und speichern Luft zwischen den ▸ Federn. Unsere Daunenjacken funktionieren nach dem gleichen Prinzip.

3 Meisen am Futternetz

Frostschutzmittel im Tierreich

Würde die Körperflüssigkeit im Tierkörper gefrieren, könnten sich feine Eiskristalle bilden und die Körperzellen zerstören. Um das Gefrieren zu verhindern, produzieren einige Tiere eine Art „Frostschutzmittel". Diesen „Trick" benutzen einige Frösche und Insektenarten. Blattläuse können so Temperaturen von –14 °C überleben. Der Zitronenfalter übersteht kurzfristig sogar Temperaturen von –20 °C.

Tierschutz im Winter

Gerade im Winter sollten Störungen vermieden werden, die den Wildtieren zusätzlichen Stress bereiten. Die Energievorräte könnten dann durch Aufwecken oder Fluchtreaktionen zu früh aufgebraucht werden. Da viele Tiere im Winter geschützte Plätze in Laubhaufen, Höhlen oder Baumstämmen aufsuchen, können wir ihnen helfen, indem wir unsere Gärten möglichst naturnah gestalten und Überwinterungsmöglichkeiten schaffen.
Viele Naturfreunde bieten den Tieren im Winter zusätzliche Nahrungsquellen an. So werden Vögel mit Vogelfutter versorgt. An Futterstellen lassen sich die Tiere leicht beobachten. Allerdings sollte nur bei starkem Frost und geschlossener Schneedecke regelmäßig gefüttert werden.

Überleben auf Sparflamme

1. Obwohl viele Tiere nicht in wärmere Länder ziehen können, kann man sie im Winter nicht sehen. Nenne Beispiele für solche Tierarten. Wo halten sie sich im Winter auf?

2. Beschreibe die Unterschiede zwischen Winterruhe, Winterstarre und Winterschlaf. Erstelle eine Tabelle.

3. Tiere wie Zauneidechse, Siebenschläfer und Eichhörnchen haben unterschiedliche Methoden entwickelt, um im Winter den Energieverbrauch zu senken. Haltet kurze ▸ Vorträge über die drei Tierarten und ihre Energiesparmaßnahmen im Winter.

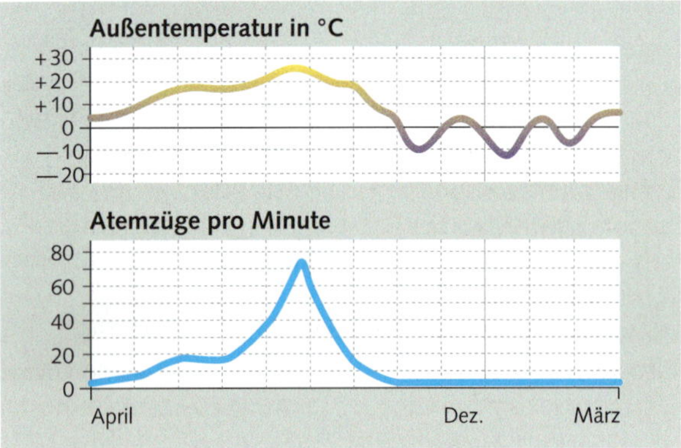

4. Vergleiche die drei Diagramme, in denen der Jahresverlauf der Außentemperatur und die Körperfunktionen von drei Tierarten mit unterschiedlichen Winteranpassungen dargestellt sind. Ordne sie den Begriffen Winterruhe, Winterstarre und Winterschlaf zu. Begründe deine Entscheidung.

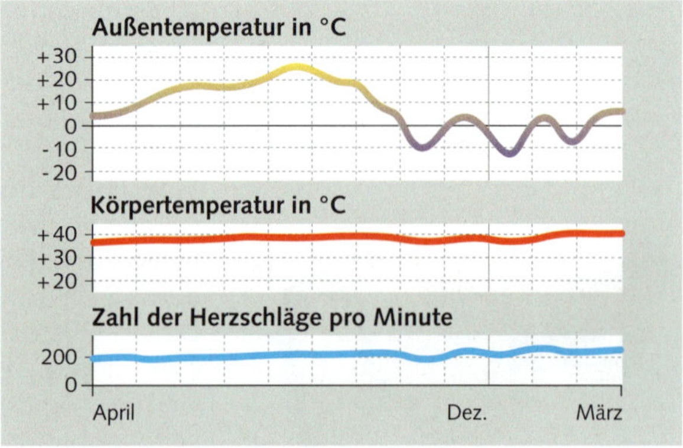

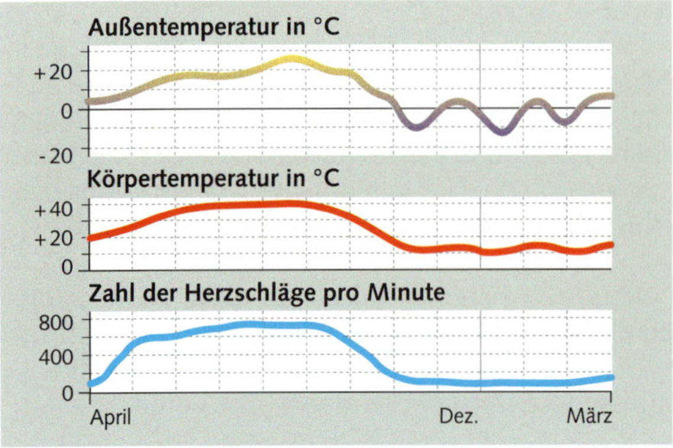

5. Erkläre, weshalb sich Zauneidechsen im Gegensatz zu Igeln im Herbst kein spezielles Fettgewebe anlegen.

Im Winter ist das Nahrungsangebot für Tiere stark eingeschränkt. Sie können deshalb auch nur wenig ▸ Energie über die Nahrung zu sich nehmen. Es gibt verschiedene Möglichkeiten, wie Tiere Energie sparen.

1 Feldhamster

Winterschlaf

Kleinere ▸ Säugetiere wie Igel, Fledermäuse, Siebenschläfer oder Feldhamster verschlafen die kalte Jahreszeit in frostsicheren Verstecken. Sie verbringen dort den ganzen Winter, bis im Frühjahr wärmere Temperaturen einsetzen. Igel überwintern in Laubhaufen und Feldhamster in Schlafkammern unter der Erde. Fledermäuse suchen sich frostgeschützte Höhlen und Siebenschläfer nutzen häufig Nistkästen für Vögel oder Baumhöhlen als Winterquartiere. Dort senken sie ihren Energiebedarf auf ein Minimum. Der Pulsschlag und die Atmung werden stark verringert. Die Körpertemperatur sinkt bis auf 5 °C ab. Die meisten Winterschläfer leben in dieser Zeit von den im Herbst angefressenen Fettreserven.

2 Dachs

Winterruhe

Säugetiere wie das Eichhörnchen sieht man im Winter nur selten. Sie verschlafen einen Großteil der kalten Jahreszeit in kugelförmigen Nestern, den **Kobeln.** Dieser ist mit Laub und anderen Materialien auspolstert. In den Schlafphasen nehmen Körpertemperatur und die Zahl der Herzschläge nur minimal ab. Von Zeit zu Zeit erwachen die Eichhörnchen aus ihrer Winterruhe. Sie fressen dann Nüsse, Eicheln und Bucheckern, die sie im Herbst gesammelt und versteckt oder vergraben haben.

Auch Dachse und Bären halten in geschützten Unterkünften Winterruhe. Sie legen sich jedoch keine Vorräte an, sondern fressen sich im Sommer eine dicke Speckschicht an. Während des Winters dient diese Fettreserve als Energiequelle. Wenn die Tiere vorrübergehend erwachen, gehen sie zusätzlich auf die Suche nach Fressbarem.

Winterstarre

Bei wechselwarmen Tieren wie ▸ Kriechtieren, ▸ Lurchen oder ▸ Fischen ist die Körpertemperatur von der Umgebungstemperatur abhängig. Den Tieren fehlt ein schützendes Fell oder Federkleid. Um nicht zu erfrieren, graben sich beispielsweise Kröten ins frostsichere Erdreich ein. Fische suchen den wärmeren Gewässergrund auf. Dort fallen sie in Winter- oder Kältestarre und alle Lebensaktivitäten, die Energie benötigen, werden nahezu eingestellt. Auf das Anlegen von Energiereserven im Herbst sind diese Tiere also nicht angewiesen. Wenn jedoch bei extrem kalten Temperaturen die Ruheplätze gefrieren, können sich die Tiere nicht bewegen, um sich tiefer einzugraben. Sie sterben dann den Erfrierungstod.

3 Karpfen

Die verschiedenen Formen der Energie

1 Die Feuerstellen ändern sich.

1. Erkläre mithilfe der Bilder 1 A–D, wie sich das Heizen von Räumen im Laufe der Zeit verändert hat.

2. Nenne verschiedene Möglichkeiten zu heizen und gib jeweils Vorteile und Nachteile an.

3. Erstelle eine Übersicht über verschiedene Energieträger und ihre gespeicherte Energie.

Energieträger
Bei der Entwicklung vom Feuer in der Höhle bis zur Zentralheizung in unseren Wohnungen haben sich viele Veränderungen ergeben. Eines aber ist geblieben: Die Menschen brauchen zum Heizen einen Brennstoff, mit dem sie die gewünschte Wärme gewinnen können. Früher wurde Holz oder Kohle verbrannt. Heute wird zum Heizen Erdgas, Heizöl oder Biogas genutzt. Solche Stoffe werden **Energieträger** genannt. Die in ihnen enthaltene Energie wird durch Verbrennung hauptsächlich in Wärme umgewandelt.

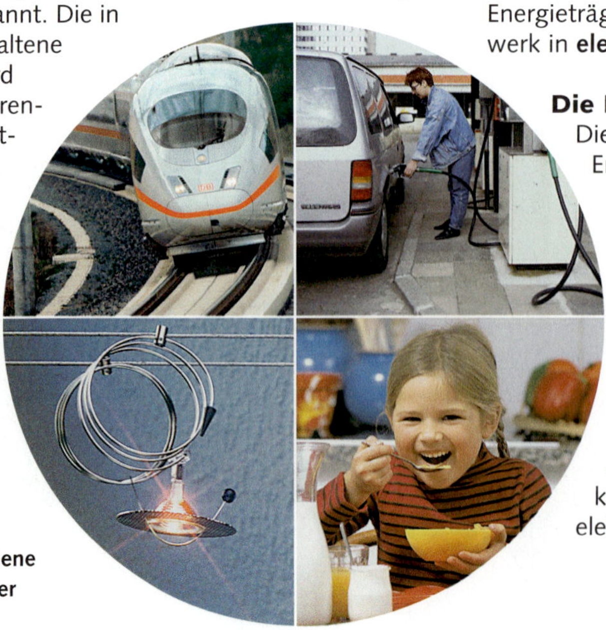

2 Verschiedene Energienutzer

Energieformen
Ein Auto wird durch seinen Motor in Bewegung gesetzt. Das wird durch den Kraftstoff als Energieträger möglich. Dadurch kann das Auto Lasten transportieren und Höhenunterschiede überwinden. Die Energie, die im Kraftstoff gespeichert ist, heißt **chemische Energie.**

Auch ein ICE nutzt chemische Energie verschiedener Energieträger. Doch sie muss erst in einem Kraftwerk in **elektrische Energie** umgewandelt werden.

Die Energie der Sonne
Die Sonne stellt uns zwei Formen von Energie zur Verfügung, **Wärme** und **Licht.**

Die Wärme der Sonne lässt einen Teil des Wassers auf der Erde verdunsten. Wenn das Wasser als Regen zurückkehrt und sich in einem Bergsee sammelt, hat es **Höhenenergie.** Wasser kann in einem Fluss zu Tal fließen, dann hat es **Bewegungsenergie.**

Mit der Energie des fließenden Wassers kann ein Kraftwerk betrieben werden, das elektrische Energie erzeugt.

Das Licht der Sonne wird gewandelt

1. Verbinde eine Solarzelle mit einem geeigneten Kleinstmotor und beleuchte sie mit einer Lampe. Prüfe mit den Fingern die Temperatur des Motors vor, bei und einige Zeit nach dem Einschalten. Beschreibe deine Beobachtungen.

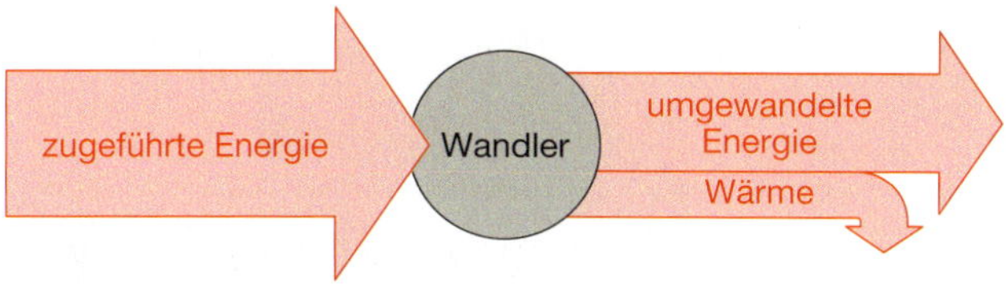

Energieumwandlung
Technische Geräte und Maschinen benötigen unterschiedliche Formen der Energie. Beim Einsatz der Geräte und Maschinen wird Energie von einer Form in eine andere Form umgeformt. Dieser Vorgang heißt **Energieumwandlung.** Das Gerät, in dem dies erfolgt, ist der **Energiewandler.**

Mithilfe von ▸ Solarzellen als Wandler wird das Licht der Sonne in elektrische Energie und in Wärme umgewandelt. Ein kleiner Teil des Lichtes wird von der Oberfläche der Solarzelle zurückgeworfen.

Energieflussdiagramm
Der Vorgang der Umwandlung lässt sich in einem **Energieflussdiagramm** darstellen. Darin stellt der von links kommende Pfeil die **zugeführte Energie** dar. Der Kreis symbolisiert den Wandler. Nach rechts verläuft der Pfeil mit der **umgewandelten Energie.**

Erwünscht – nicht erwünscht
Bei jeder Umwandlung tritt neben der **erwünschten Energie** auch Wärme, oft als **unerwünschte Energie,** auf.
Die zugeführte Energie kann nie vollständig in Energie der erwünschten Form umgewandelt werden. Wenn die entstehende Wärme nicht genutzt werden kann, wird sie an die Umwelt abgegeben.

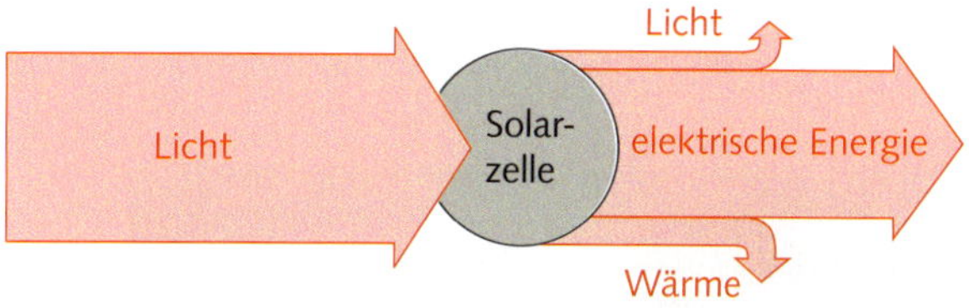

Zusammensetzung des Sonnenlichtes

Streifzug

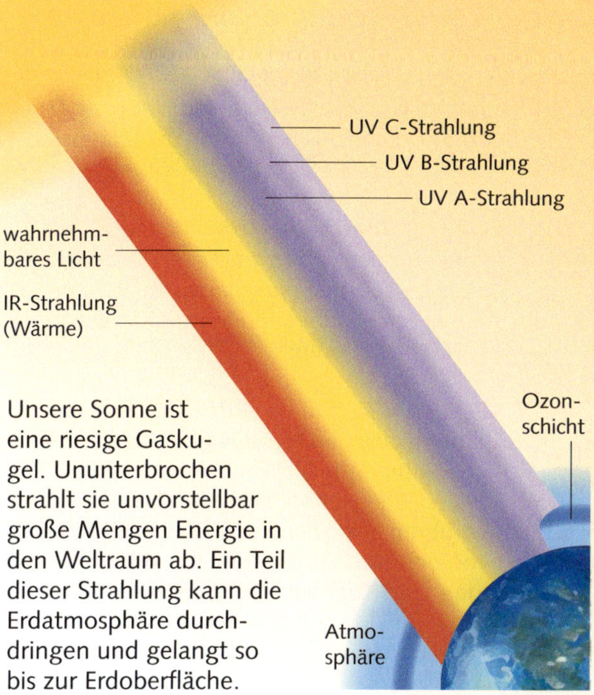

Unsere Sonne ist eine riesige Gaskugel. Ununterbrochen strahlt sie unvorstellbar große Mengen Energie in den Weltraum ab. Ein Teil dieser Strahlung kann die Erdatmosphäre durchdringen und gelangt so bis zur Erdoberfläche.

Das Licht der Sonne
Einen bestimmten Bereich des Sonnenlichtes können unsere Augen wahrnehmen. Er sorgt für die Helligkeit auf der Erde.
Das Sonnenlicht enthält noch zwei weitere Bereiche. Die Infrarotstrahlung, kurz **IR-Strahlung,** kannst du als Wärme wahrnehmen. Der ultraviolette Anteil des Sonnenlichtes, die energiereiche **UV-Strahlung,** ist für den Menschen nicht wahrnehmbar.
Das Sonnenlicht aller drei Bereiche ist Voraussetzung für die Entstehung und Entwicklung des Lebens auf der Erde.

UV-Strahlung wird weiter unterteilt
Die UV-Strahlung wird nochmals in die drei Bereiche A, B und C eingeteilt. Dabei können die UV A- und UV B-Strahlung die Erdatmosphäre durchdringen. Bei zu starker und zu langer Einwirkung können diese beiden Bereiche der UV-Strahlung zu Haut- oder Augenschäden führen.
Die UV C-Strahlung wird durch die Erdatmosphäre geschluckt.

Sonne – Wetter – Jahreszeiten → S. 194/195

Arten des Wärmetransportes

1. a) Durch welche Meeresströmung wird das Klima in Europa am stärksten beeinflusst?
b) Welche klimatischen Besonderheiten treten dadurch auf?

2. Wodurch können Meeresströmungen entstehen?

3. Beschreibe mithilfe von Bild 2 den Wärmetransport beim Kochen.

4. Nenne für die drei Arten des Wärmetransportes weitere Beispiele.

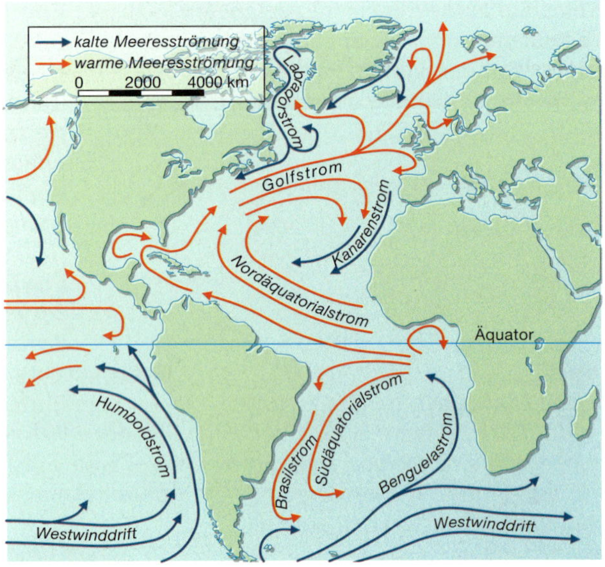

1 Meeresströmungen

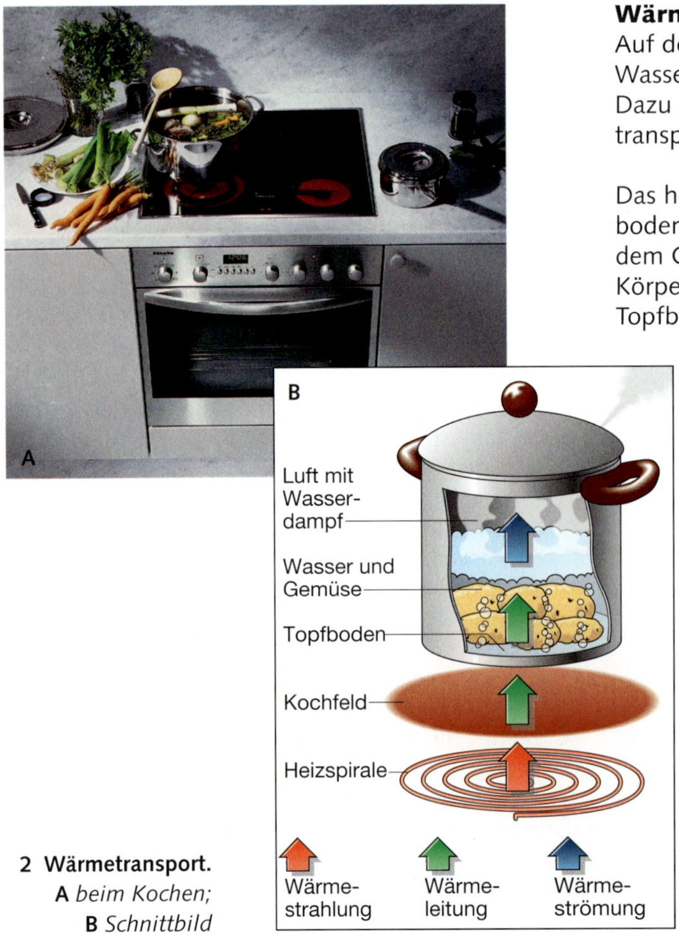

2 Wärmetransport.
A *beim Kochen;*
B *Schnittbild*

Wärmeübertragung

Auf dem Kochfeld eines Herdes steht ein Topf mit Wasser und Gemüse, das erwärmt werden soll. Dazu muss die Wärme der Kochstelle zum Wasser transportiert werden.

Das heiße Kochfeld gibt die Wärme an den Topfboden weiter. Von dort gelangt sie zum Wasser mit dem Gemüse im Kochtopf. Berühren sich alle Körper, wird die Energie vom Kochfeld an den Topfboden und vom Topfboden an das Wasser weitergegeben. Dabei wird keiner der Körper bewegt. Diese Form der Wärmeübertragung heißt ▸ **Wärmeleitung.**

Auch das Wasser im Topf und die Luft oberhalb des Wassers nehmen Wärme auf und transportieren sie nach oben weiter. Dabei erfolgt der Energietransport durch ▸ **Wärmeströmung.**

Bei einem Ceranfeld wie in Bild 2 wird die Wärme von den Heizspiralen erzeugt, die sich unter dem Glaskeramikkochfeld befinden. Die Heizspiralen und das Kochfeld berühren einander nicht. Die Wärme wird von den Heizspiralen durch ▸ **Wärmestrahlung** zum Kochfeld transportiert.

Sonne – Wetter – Jahreszeiten → S. 194/195

Wärmeleitung

1. a) Lege Streichhölzer wie in Bild 1 A auf ein Kreuz aus Eisen, Kupfer und Messing. Erhitze wie im Bild mit einer Gasflamme. Was beobachtest du?
b) Wie gelangt die Wärme von der Gasflamme zu den Streichholzköpfen?

2. Fülle ein Reagenzglas mit Wasser. Gib Eiswürfel hinein und drücke sie mit einem Draht nach unten (Bild 1 B). Erhitze das Wasser am oberen Rand des Glases. Welche Schlussfolgerungen kannst du aus deinen Beobachtungen ziehen?

3. a) Stelle wie im Bild 1 C Körper aus verschiedenen Materialien in ein Glas mit heißem Wasser. Berühre nach einiger Zeit das obere Ende der einzelnen Körper. Was stellst du fest?
b) Sortiere die verwendeten Materialien in einer Tabelle nach guten und schlechten Wärmeleitern.
c) Trage jeweils drei weitere Körper ein.

4. Warum erwärmt sich kalte Milch, wenn sie auf dem Frühstückstisch steht?

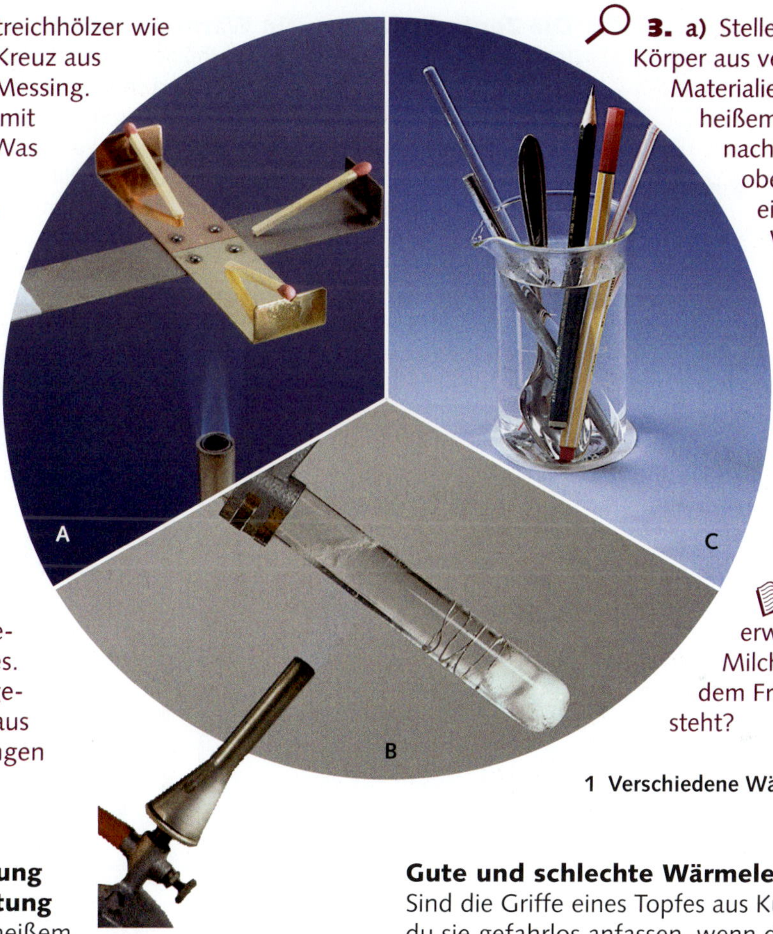

1 Verschiedene Wärmeleiter

Energieübertragung durch Wärmeleitung

Ein Metalllöffel in heißem Tee oder die Suppenkelle im Topf erwärmt sich sehr schnell. Zwischen Körpern, die einander berühren, wird die Wärme durch **Wärmeleitung** übertragen.

Die Energieübertragung erfolgt immer vom wärmeren zum kälteren Körper. Die Temperaturen der Körper gleichen sich durch die Energieübertragung an. Besteht kein Temperaturunterschied mehr, endet die Wärmeleitung.

Wird ein Körper nur an einer Stelle erwärmt, so findet innerhalb des Körpers ein Temperaturausgleich durch Wärmeleitung statt. Die ▸ Teilchen der erwärmten Stelle bewegen sich heftiger. Wenn sie mit langsameren Teilchen ihrer Umgebung zusammenstoßen, wird die Energie innerhalb des Körpers weitergeleitet. Dadurch sinkt die Temperatur der erwärmten Stelle. An den Stellen, die vorher nicht erwärmt wurden, steigt die Temperatur.

Gute und schlechte Wärmeleiter

Sind die Griffe eines Topfes aus Kunststoff, kannst du sie gefahrlos anfassen, wenn du den Topf vom Herd nimmst. Bei Metallgriffen musst du einen Topflappen benutzen.
Metalle sind gute, Kunststoffe schlechte **Wärmeleiter.** Im Topflappen befinden sich Luftpolster, die die Wärmeleitung behindern. Luft ist ein schlechter Wärmeleiter.

Menschen und Tiere nutzen diese Eigenschaft der Luft aus. Katzen und Hunde bekommen in der kalten Jahreszeit ein dickeres Fell, Vögel plustern bei Kälte ihr Gefieder auf. Genau wie bei einem Skipullover werden dadurch viele Luftpolster eingeschlossen.

Flüssigkeiten als Wärmeleiter

Wasser in tiefen Seen erwärmt sich durch die Sonne nur an der Oberfläche. Je tiefer du im Gewässer tauchst, desto kühler wird es. Die gleiche Erscheinung kannst du auch bei anderen Flüssigkeiten feststellen. Flüssigkeiten sind ebenfalls schlechte Wärmeleiter.

Wärmeströmung

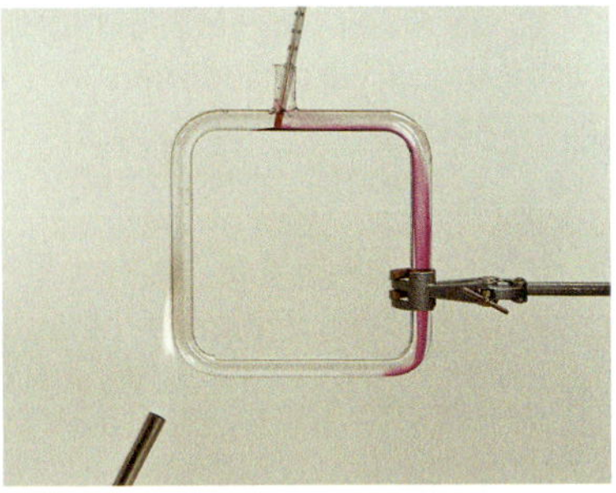

1 Warmes Wasser steigt auf.

1. a) Fülle ein Glasrohr wie in Bild 1 mit Wasser und einem Kristall Kaliumpermanganat. Gib ein Thermometer in die Öffnung. Stelle eine Flamme unter eine Ecke des Glasrohres. Beobachte und lies die Temperatur mehrfach ab.
b) Stelle die Flamme unter die andere Ecke. Beschreibe deine Beobachtung und begründe sie.

2. Beschreibe die Luftströmung anhand von Bild 2.

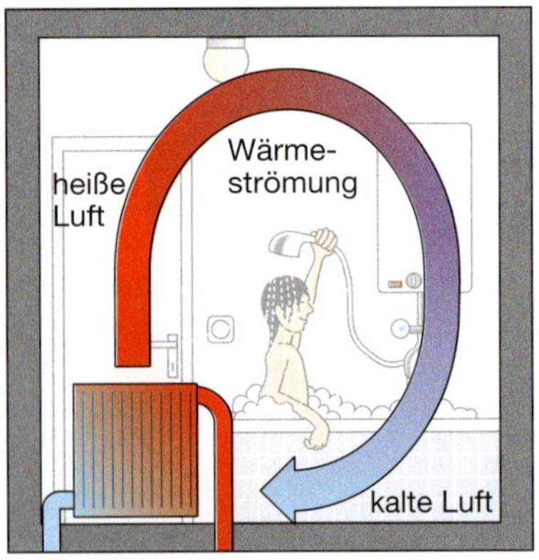

2 Luftströmung

3. a) Aus welchen Teilen besteht die Zentralheizung?
b) Beschreibe den Weg des Wassers. Begründe die Temperaturunterschiede des Wassers.

4. Warum bilden sich an den Wänden oberhalb von Heizkörpern dunkle Stellen?

Die Zentralheizung – ein Wärmekreislauf

In vielen Häusern ist eine Zentralheizung wie in Bild 3 eingebaut. Kessel und Brenner der Heizungsanlage stehen im Keller. Oberhalb des Brenners liegen die spiralförmig angeordneten Rohre für das Heizungssystem. Diese Rohre sind mit Rohrleitungen außerhalb des Kessels verbunden, die von dort zu den mit Wasser gefüllten Heizkörpern in den einzelnen Räumen führen. Im Heizkessel wird meistens Öl oder Gas verbrannt. Dabei wird das Wasser im Kessel erwärmt und mithilfe einer Pumpe durch die Rohrleitungen zu den Heizkörpern transportiert. Die Wärme wird durch das strömende Wasser mitgeführt. Bei der **Wärmeströmung** bewegt sich der Körper, dessen innere Energie verändert wird. Der Heizkörper, der vom warmen Wasser durchströmt wird, erwärmt sich und gibt Wärme an die Luft im Raum weiter. Das Wasser kühlt sich ab, sinkt im Heizkörper nach unten und fließt zum Kessel zurück. Die Hinleitung zum Heizkörper ist deshalb, wie in Bild 3 dargestellt, wärmer als die Rückleitung und jeder Heizkörper ist oben wärmer als unten.

Erwärmung der Luft

Die Luft im Raum wird ebenfalls durch Wärmeströmung erwärmt. Der Heizkörper gibt seine Wärme an die ▸ Teilchen der Luft ab. Sie bewegen sich heftiger. Dabei stoßen die Teilchen mit den langsameren Teilchen kälterer Luft zusammen und die Energie wird übertragen. Dadurch erwärmt sich die Luft oberhalb des Heizkörpers, steigt auf und strömt an der Zimmerdecke zur anderen Raumseite. Durch weitere Zusammenstöße verringert sich die Energie der Teilchen. Die Luft kühlt ab und sinkt wieder nach unten. Kalte Luft strömt am Fußboden in Richtung Heizkörper nach.

3 Zentralheizung

Sonne – Wetter – Jahreszeiten → S. 194/195

Wärmestrahlung und Wärmespeicherung

1. Fülle zwei Reagenzgläser zur Hälfte mit Wasser und stelle sie im Abstand von 10 cm vor eine starke Reflektorlampe. Stelle wie in Bild 1 ein Blatt Papier vor das linke Glas. Miss die Temperatur des Wassers. Schalte die Lampe ein und miss nach 5 min erneut die Temperatur des Wassers. Erkläre deine Beobachtung.

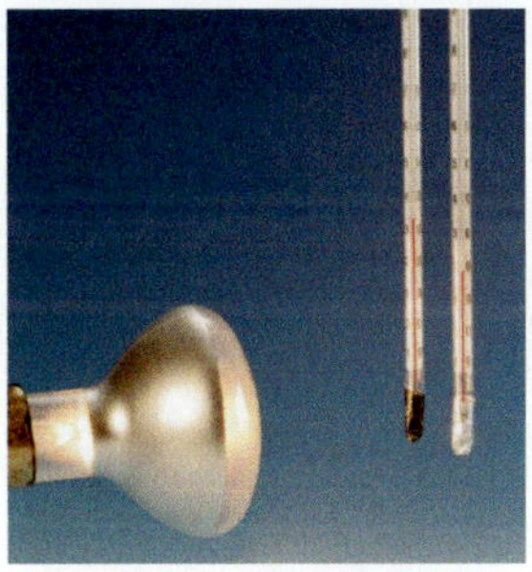
2 Hell oder dunkel?

3. a) Erhitze wie in Bild 3 in einem Wasserbad von 70 °C gleiche Mengen Sand, Wasser und Öl.
b) Nimm die Gläser nach 5 min aus dem Wasserbad. Stelle jedes in ein 50 ml-Becherglas mit 30 ml Wasser mit Zimmertemperatur. Miss nach 5 min die Temperatur des Wassers in den Bechergläsern. Welcher Stoff hat die meiste Wärme abgegeben, welcher Stoff hatte vorher die meiste Wärme aufgenommen und gespeichert?

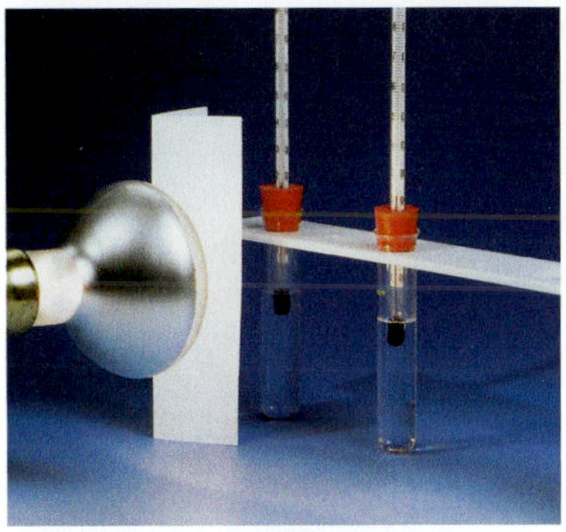
1 Erwärmung durch Strahlung

2. Nimm zwei gleichartige Thermometer und umwickle die Thermometergefäße mit Alufolie. Beruße die Folie an einem Thermometer (Bild 2). Stelle beide Thermometer für 5 min im gleichen Abstand vor eine Reflektorlampe. Was beobachtest du?

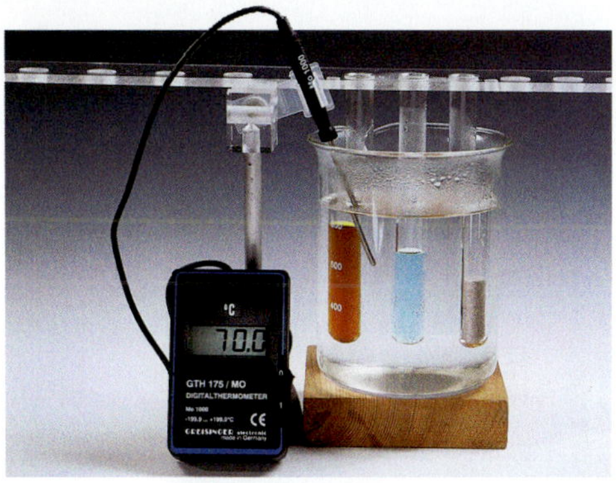

3 Stoffe speichern Wärme.

Wie kommt Wärme von der Sonne zur Erde?

Stehst du vor einem Lagerfeuer oder Kaminfeuer, so wird die dem Feuer zugewandte Körperseite erwärmt. Obwohl du keinen Kontakt zur ▸ Wärmequelle hast, spürst du die Wärme. Auch die Wärme, die von anderen Wärmequellen wie Herdplatte oder Glühlampe abgegeben wird, kannst du spüren, ohne dass du diese Wärmequellen berührst.

Die Sonne versorgt die Erde mit Wärme, obwohl sie 150 Millionen km entfernt ist. Zwischen Erde und Sonne befindet sich aber kein ▸ Stoff, der die Wärme transportieren könnte. Die Wärme kommt durch **Wärmestrahlung** zur Erde.

Die Wärme wird mit dem ▸ Licht der Sonne zur Erde übertragen. Trifft die Strahlung auf einen ▸ Körper mit heller oder glatter Oberfläche, so wird ein Teil davon zurückgeworfen. Dieser Teil wird ▸ **reflektiert**.
Trifft die Strahlung auf einen Körper mit dunkler oder rauer Oberfläche, so wird die auftreffende Wärme aufgenommen. Sie wird von dem Körper ▸ **absorbiert**. Deshalb erwärmen sich dunkle Körper in der Sonne stärker als helle Körper.

Wärme kann gespeichert werden

Wird gleichen Mengen von Stoffen wie Sand, Wasser oder Öl die gleiche Wärmemenge zugeführt, so haben sie anschließend unterschiedliche Temperaturen. Dem Wasser muss noch weiter Wärme zugeführt werden, damit es die Temperatur des Öls erlangt. Wasser kann also bei gleicher Endtemperatur wie das Öl mehr Wärme aufnehmen. Es kann mehr **Wärme speichern**.

Wasser ist deshalb zur **Wärmespeicherung** im Haushalt gut geeignet. Es wird bei der Heizung eingesetzt, um möglichst viel Wärme vom Heizkessel im Keller zu den Heizkörpern in den Zimmern transportieren zu können.

Bestimmt hast du schon einmal an kalten Wintertagen eine Wärmflasche im Bett gehabt. Sie ist mit heißem Wasser gefüllt und hat Wärme gespeichert, die sie dann an deine kalten Füße abgeben kann.

4 Wärmflasche

Sonne – Wetter – Jahreszeiten → S. 194/195

Die Energie der Sonne wird zu elektrischer Energie

1 Energieumwandlung in einer Großanlage ...

2 ... in einer kleineren Anlage ...

Energievorräte nehmen ab
Die Vorräte der ▸ Energieträger wie Erdöl, Erdgas und Kohle sind begrenzt. Schon heute ist absehbar, wann diese Vorräte verbraucht sein werden. Deshalb ist es ganz wichtig, Energieträger zu nutzen, die erneuerbar sind wie Wind, Holz oder Sonne.

Schon seit Tausenden von Jahren wird die Energie der Sonne genutzt, sei es zum Trocknen von Wäsche oder zur Gewinnung des Salzes aus dem Meerwasser.

Die meisten Geräte, die im Haushalt oder in der Industrie benutzt werden, werden mit ▸ elektrischer Energie betrieben. Auch dabei ist es sinnvoll, die Energie der Sonne zu nutzen.

1. a) Lege eine Solarzelle in die Sonne. Schließe an die Solarzelle einen Gleichstrom-Kleinstmotor an. Was beobachtest du?
b) Decke die Solarzelle nacheinander mit einer Glasscheibe, mit einem Papiertaschentuch und mit einem Heft ab. Beobachte dabei das Verhalten des Motors.

2. Beleuchte eine Solarzelle mit angeschlossenem Motor mit einer starken Reflektorlampe. Lass das Licht aus verschiedenen Winkeln auf die Solarzelle treffen. Beobachte dabei den Motor.

3. Wo werden Solarzellen eingesetzt?

4 Ein kleines Missverständnis

3 ... und im Miniformat.

Fotovoltaik
Mithilfe von **Solarzellen** lässt sich Licht der Sonne in elektrische Energie umwandeln. Die Technik der Erzeugung von elektrischer Energie durch Licht heißt **Fotovoltaik**.
Solarzellen wandeln bis zu $\frac{1}{5}$ der eingestrahlten Sonnenenergie in elektrische Energie um. Dabei ist auch entscheidend, in welchem Winkel die Strahlen auftreffen und ob Schatten auf die Zellen fällt.

Solarzellen werden in ganz unterschiedlichen Größen gebaut. Meist ist aber die Energie, die eine Zelle liefert, zu gering für den technischen Einsatz. Dann werden einfach mehrere Solarzellen zusammengeschaltet.

Sonne – Wetter – Jahreszeiten → S. 194/195

Mini-Solaranlagen

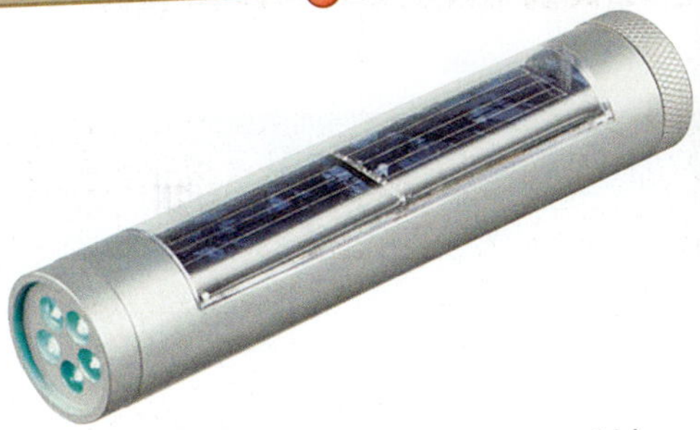

Eine **Solartaschenlampe** enthält einen Akku. Der Akku wird bei Sonneneinstrahlung über die Solarzellen aufgeladen. Dazu muss die Lampe 6 h bis 10 h in der Sonne liegen. Die Taschenlampe besitzt keine Glühlampen, denn die würden zu viel Energie benötigen. Es werden LEDs verwendet, die bei geringem Energiebedarf viel Licht aussenden. LEDs kennst du als Handybeleuchtung.

1. Welchen Vorteil bieten Solartaschenlampen, wenn sie austauschbare Akkus enthalten?

Eine **Solarjacke** mit Solarzellen ist eine praktische Angelegenheit. So kann ein Handy oder MP3-Player direkt an die Zellen angeschlossen werden.
Die Zellen müssen allerdings sehr dünn und biegsam sein. Sonst wäre die Jacke zu steif und damit unbequem. Etwa 100 dieser Solarzellen übereinander ergeben die Dicke einer herkömmlichen Solarzelle.

2. Warum sind bei der Solarjacke eingebaute Akkus sinnvoll?

Dieser **Solarrucksack** ermöglicht die Energieversorgung verschiedener elektronischer Geräte wie Mobiltelefon, PDA, Digitalkamera oder MP3-Player.
Die ▸ elektrische Energie kann auch in einem Lithium-Akku gespeichert werden.

3. Überlege, wie der Solarrucksack mit einigen Zusatzteilen bei einer anstrengenden Wanderung dir Erfrischung bereiten könnte.

Der **Solartaschenrechner** benötigt nur sehr wenig Energie, um die gewünschten Rechnungen auszuführen. Mehrere dünne Solarzellen wandeln die Sonneneinstrahlung oder die Einstrahlung der Raumbeleuchtung in elektrische Energie um.

4. Wie reagiert der Solartaschenrechner bei zu geringer Sonneneinstrahlung?
a) Er halbiert die Rechenergebnisse.
b) Er gibt falsche Ergebnisse aus.
c) Er schaltet sich ab.

Es wird wärmer – leider!

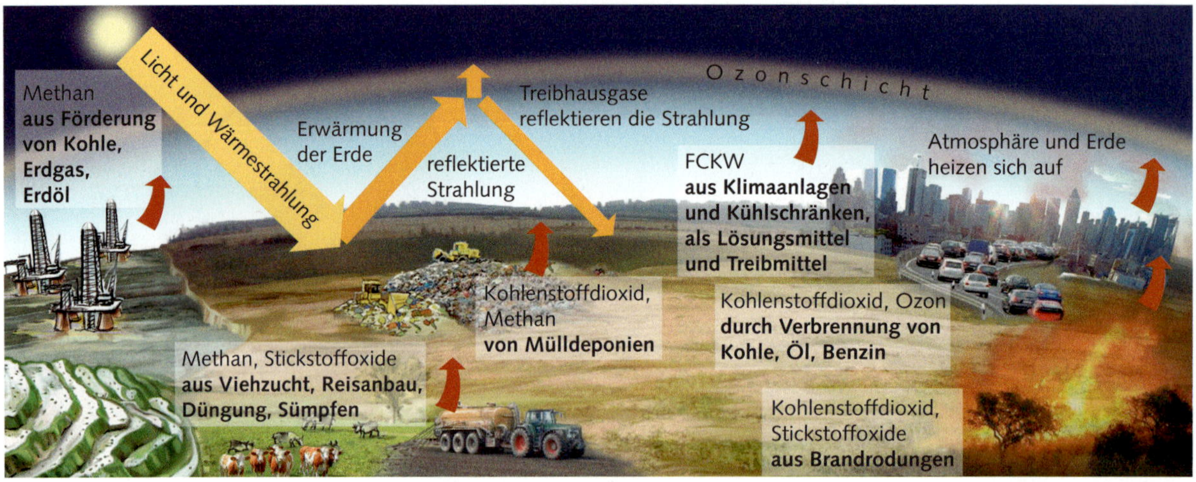

1 Verursacher des zusätzlichen Treibhauseffektes

1. Nenne mögliche Ursachen und Folgen der Klimaveränderung.

2. Erkläre den Unterschied zwischen dem natürlichen und dem zusätzlichen Treibhauseffekt.

Der natürliche und zusätzliche Treibhauseffekt

▸ Wasser, Boden und Luft werden tagsüber von der Sonne erwärmt und geben nachts die aufgenommene Energie in Form von ▸ Wärmestrahlung in Richtung Weltall ab. Da Wolken und Gase der Lufthülle ähnlich wie das Glasdach eines Gewächshauses wirken, kann nur ein Teil der Wärme ins Weltall gelangen. Das ist der **natürliche Treibhauseffekt**. Durch ihn bleibt die Durchschnittstemperatur auf der Erde bei 15 °C. Ohne ihn würde die Durchschnittstemperatur –18 °C betragen. Seit einiger Zeit steigt die Durchschnittstemperatur der Erde. Ursache dafür ist das vermehrte Auftreten von bestimmten Gasen in der Lufthülle, die die Wärmeabstrahlung ins Weltall noch zusätzlich behindern. Sie werden **Treibhausgase** genannt (Bild 1). Es entsteht der vom Menschen verursachte **zusätzliche Treibhauseffekt**. Hauptverursacher sind die Gase Kohlenstoffdioxid, Stickstoffoxide, Methan und Fluor-Chlor-Kohlenwasserstoffe (FCKW).

Auswirkungen

Durch das verstärkte Vorhandensein dieser Gase entstehen vermehrt Unwetter, das Eis der Polregionen schmilzt ab und lässt den Meereswasserspiegel ansteigen. Viele Pflanzen und Tiere können in der dann immer wärmer werdenden Umgebung nicht mehr existieren.

Praktikum

Bau eines Treibhauses

1. Kleide zwei gleiche Schuhkartons mit Hartschaumplatten aus. Bringe je ein Thermometer an. Decke den zweiten Karton mit einer Glasplatte ab. Bestrahle beide Kartons 10 min mit je einer starken Reflektorlampe und lies die Innentemperaturen ab. Erkläre die Temperaturunterschiede.

2. Gib statt der Thermometer je eine Petrischale, deren Boden mit feuchter Watte bedeckt ist, in die Kartons. Gib Kressesamen auf die Watte, stelle die Kartons an einen sonnigen Platz und beobachte die Schalen zwei Wochen lang. Erkläre die Ergebnisse.

Schutz vor UV-Strahlung

Die Sonnenstrahlung besteht nicht nur aus Wärme und wahrnehmbarem Licht. Sie enthält auch ultraviolettes Licht, das du mit dem Auge nicht wahrnehmen kannst. Dieses Licht kennst du als ▸ **UV-Strahlung.**

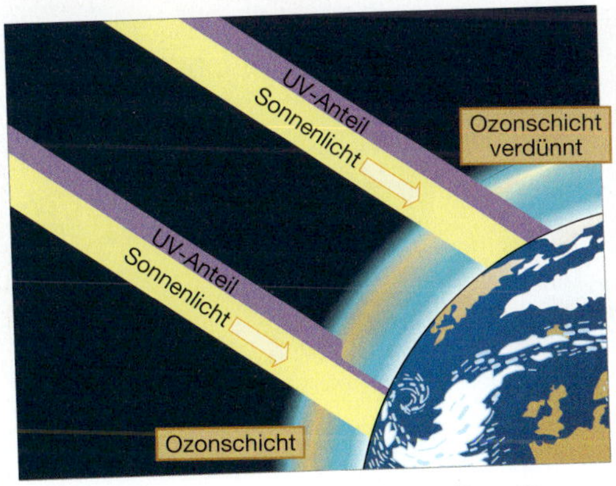

Ozon ist eine Form des Sauerstoffes. Ozon bildet sich in der Atmosphäre in großer Höhe und absorbiert dort die gefährliche UV-Strahlung der Sonne. Schadstoffe in der Luft, vor allem die FCKW, schädigen diese Schicht. Dadurch werden die Strahlen nicht mehr so stark absorbiert und gelangen stärker auf die Erde. Die stärker einfallende UV-Strahlung kann Ursache für die Entstehung von Hautkrebs sein.

1. Über welchen Ländern ist die Ozonschicht besonders stark geschädigt? Atlas und Internet helfen dir bei der Beantwortung der Frage.

Sonnenschutzmittel schützen deine Haut vor gefährlicher UV-Strahlung. Der Lichtschutzfaktor gibt die Stärke des Schutzes an. Mit dem **Lichtschutzfaktor** 10 geschützt kannst du zehn Mal länger in der Sonne bleiben als ungeschützt. Je höher der Lichtschutzfaktor ist, desto besser bist du geschützt.

3. Nenne weitere Möglichkeiten, sich vor gefährlicher UV-Strahlung zu schützen.

4. Nenne Berufe, bei denen die Menschen verstärkt der UV-Strahlung ausgesetzt sind.

2. Wodurch und weshalb schützen sich diese Personen vor zu starker Sonneneinstrahlung?

5. Welche Auswirkungen können zu lange Sonnenbäder haben? Unterscheide dabei zwischen Kurzzeitfolgen und Langzeitfolgen.

6. Welche Bedeutung haben Hautvorsorgeuntersuchungen?

7. Informiere dich über die Heilungschancen bei Hautkrebs.

Wärmedämmung

Eine gute **Wärmedämmung** soll verhindern, dass ein Körper ▸ Wärme abgibt und dadurch abkühlt. Eine gute Wärmedämmung kann aber auch verhindern, dass ein Körper Wärme aufnimmt und dadurch wärmer wird. Wärmedämmung soll also einen unerwünschten Wärmeübergang verzögern. Einige Möglichkeiten der Wärmedämmung werdet ihr in diesem Projekt kennen lernen.

1 Diese Stoffe stehen als Dämmmaterial zur Auswahl.

Gruppe 1: Kaltes soll kalt bleiben

Ein Kühlschrank muss gut wärmegedämmt sein. Findet heraus, welche Stoffe sich zur Wärmedämmung beim Kühlschrank eignen.
Stellt 250 ml-Bechergläser in je ein 1000 ml-Becherglas. Füllt den Raum zwischen den Seitenwänden und Böden mit einem Stoff aus dem Angebot von Bild 1 aus. Gebt dann in jedes 250 ml-Glas 3 Eiswürfel und deckt die Gläser mit einem Uhrglas ab. In welchem Becherglas schmelzen die Eiswürfel zuerst, in welchem zuletzt? Schreibt die Reihenfolge auf. Welche Stoffe eignen sich also gut zur Wärmedämmung beim Kühlschrank?

2 Wärme ist unerwünscht.

Gruppe 2: Warmes soll warm bleiben

Wenn ein Backofen gut wärmegedämmt ist, muss er nicht so oft nachheizen. Welche Stoffe eignen sich zur Wärmedämmung beim Backofen?
Stellt 250 ml-Bechergläser in je ein 1000 ml-Becherglas. Füllt den Raum zwischen den Seitenwänden und Böden mit einem Stoff aus dem Angebot von Bild1 aus. Gebt dann in jedes 250 ml-Glas 200 ml Wasser von 60 °C und deckt die Gläser mit einem Uhrglas ab. Messt nach je 4 min die Wassertemperaturen in den Gläsern und tragt die Werte in die Tabelle ein. Welche Stoffe würdet ihr für die Wärmedämmung beim Backofen nehmen?

Dämmstoff	Temperatur in °C nach				
	4 min	8 min	12 min	16 min	20 min
1					
2					
3					
4					
5					
6					
7					
8					

3 Wärme wird unterschiedlich abgegeben.

Gruppe 3: Schutz vor Wärme und Kälte

Das Schiff der Familie Freitag ist durch einen kräftigen Sturm auf ein Felsenriff getrieben worden und liegt halb versunken vor dem Strand einer unbewohnten Insel. Die Eltern haben sich mit ihren Kindern auf die kleine Insel retten können. Hier finden sie Trinkwasser und Nahrung. Die Tage sind heiß, nachts wird es aber empfindlich kalt. Familie Freitag überlegt, wie sie sich am Tage vor der Hitze und nachts vor der Kälte schützen kann. Die Kinder haben da eine Idee: An Bord des Schiffes …, Hütte …!

Ihr ahnt bestimmt schon, was den Kindern eingefallen ist. Wie würdet ihr auf der Insel eine Hütte bauen? Die Hütte soll tagsüber Wärme abhalten, nachts aber ein Auskühlen verhindern. Was würdet ihr zum Bau einer brauchbaren Hütte vom Schiff holen?

Baut nach euren Ideen Hüttenmodelle aus verschiedenen Stoffen.

4 Robinsons Nachfolger

Als Sonnenersatz könnt ihr eine Reflektorlampe verwenden. Überprüft durch Temperaturmessungen, welche Stoffe sich hier zur Wärmedämmung eignen. Vielleicht findet ihr auch Material, das tagsüber Wärme speichert und nachts wieder abgibt.

Gruppe 4: Wärmedämmung in der Natur

Wildschwein, Amsel und viele andere Tiere müssen im Winter auch bei sehr niedrigen Temperaturen ihre Körpertemperatur auf einem bestimmten Wert halten. Wie gelingt ihnen das?

a) Gebt in ein großes Becherglas Eiswasser. Füllt ein großes Reagenzglas mit Wasser, ein zweites mit der gleichen Menge weichem Kokosfett. Steckt in beide Reagenzgläser ein Thermometer und stellt sie in das Becherglas mit Eiswasser.
Messt nach 8 min die Temperatur des Eiswassers, des Fetts und des Wassers in den Reagenzgläsern. Erklärt die Messergebnisse.

b) Füllt zwei 250 ml-Erlenmeyerkolben mit 40 °C warmem Wasser. Verschließt die Kolben mit je einem Gummistopfen, in dem ein Thermometer steckt. Lasst einen Kolben im Raum stehen. Stellt den zweiten Kolben in eine mit Daunen gefüllte Frischhaltetüte und bindet sie am Kolbenhals zu. Lest nun nach jeweils 5 min die Temperaturen ab und vergleicht. Erklärt die Ergebnisse.

Wie schützt sich also das Wildschwein vor Wärmeverlust?

Welche anderen Tiere schützen sich im Winter ähnlich?

5 Der Wildschweintrick

6 Der Amseltrick

Wie schützt sich also die Amsel vor Wärmeverlust?

Schlagt nach, wie sich andere Tiere im Winter schützen.

Sucht weitere Beispiele für Überlebensstrategien von Tieren im Winter.

Sonne – Wetter – Jahreszeiten

Name	Größe	Name der Einheit	Einheit	Gesetz	Umrechnungen	Messgeräte
Länge	ℓ	Meter	m		1 km = 1000 m; 1 m = 100 cm; 1 cm = 10 mm;	Lineal, Maßband
Zeit	t	Sekunde	s		1 h = 60 min = 3600 s; 1 min = 60 s	Uhr
Masse	m	Kilogramm	kg		1 kg = 1000 g; 1 g = 1000 mg	Waage
Volumen	V	Kubikmeter; Liter	m^3 l	$V = \ell \cdot b \cdot h$	1 m^3 = 1000 dm^3; 1 dm^3 = 1 l; 1 l = 1000 ml; 1 ml = 1 cm^3	Messbecher, Messzylinder
Temperatur	T	Grad Celsius Kelvin	°C K		–273,15 °C = 0 K 0 °C = 273,15 K	Thermometer

Erwärmung und Abkühlung
Feste Gegenstände, Flüssigkeiten und Gase dehnen sich beim Erwärmen nach allen Seiten hin aus und ziehen sich beim Abkühlen wieder zusammen.

Wasser nimmt bei 4 °C den geringsten Raum ein. Es dehnt sich beim Erstarren aus. Diese Besonderheit wird als **Anomalie des Wassers** bezeichnet.

Das Wetter
Zur Wetterbeobachtung und zur Wettervorhersage werden die Temperatur, der Luftdruck, die Niederschlagsmenge, die Luftfeuchtigkeit, die Windrichtung und die Windgeschwindigkeit gemessen. Wichtige Hilfen zur Vorhersage sind die Messergebnisse aus Wetterstationen und die Beobachtung durch Wettersatelliten.

Wasser und seine Aggregatzustände
Wasser bewegt sich in der Natur in einem ständigen **Kreislauf,** der von der Sonne angetrieben wird. Wasser gibt es in den drei **Aggregatzuständen** fest, flüssig und gasförmig.

Bei der Schmelztemperatur geht das Wasser vom festen Zustand in den flüssigen Zustand über. Der Vorgang heißt **Schmelzen.** Der umgekehrte Vorgang heißt **Erstarren.**

Bei der Siedetemperatur geht das Wasser vom flüssigen Zustand in den gasförmigen Zustand Wasserdampf über. Dieser Vorgang heißt **Verdampfen.** Der umgekehrte Vorgang heißt **Kondensieren.**

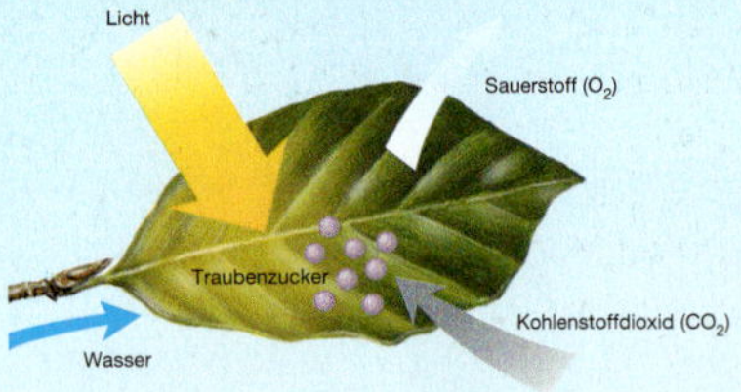

Fotosynthese der Pflanzen
Aus Kohlenstoffdioxid der Luft und Wasser aus dem Erdboden stellen Pflanzen mithilfe von Blattgrün (Chlorophyll) Traubenzucker her. Dabei entsteht Sauerstoff, der an die Luft abgegeben wird. Dieser Vorgang heißt **Fotosynthese.** Der Traubenzucker wird zu weiteren organischen Stoffen umgebaut.

Tiere im Jahreslauf
Die Jahreszeiten beeinflussen die Tiere. Die meisten Jungtiere werden im Frühjahr geboren. Der Sommer ist die Zeit der Insekten. Im Herbst verlassen die Zugvögel ihre Brutgebiete. Viele Arten fressen sich Fettpolster an, andere entwickeln ein Winterfell oder legen Nahrungsvorräte an. Säugetiere überwintern aktiv oder halten Winterschlaf und Winterruhe. Wechselwarme Tiere überwintern in Winterstarre.

Wärmetransport
Wärme wird durch Leitung, Strömung oder Strahlung transportiert.

Die Sonnenenergie kommt in Form von **Wärmestrahlung** zur Erde. Es ergibt sich der **natürliche Treibhauseffekt.** Der **zusätzlichen Treibhauseffekt** erhöht die Durchschnittstemperatur auf der Erde.

Mithilfe von **Solarzellen** wird die Sonnenenergie in elektrische Energie umgewandelt.

Sonne – Wetter – Jahreszeiten

1. a) Zeichne ein Flüssigkeitsthermometer und beschrifte alle Teile.
b) Warum kannst du Temperaturen nicht ohne Skala messen?
c) Warum bewegt sich die Thermometerflüssigkeit beim Messen von Temperaturen?

2. Warum würde ein mit Wasser gefülltes Thermometer zwischen 4 °C und 0 °C falsche Werte anzeigen?

3. Was wird in einem ▸ Zeit-Temperatur-Diagramm dargestellt?

4. a) Nenne die drei Aggregatzustände.
b) Wie heißt Wasser in den Zuständen fest und gasförmig?

5. Zeichne die folgende Grafik ab und ergänze sie.

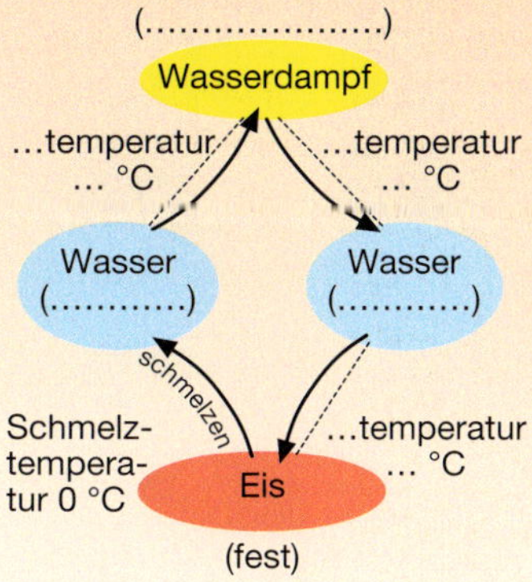

6. Schreibe aus einem Wetterbericht die Messergebnisse zur Temperatur, zum Luftdruck, zur Niederschlagsmenge, zur Luftfeuchtigkeit, zur Windrichtung und zur Windstärke auf. Vergleiche sie mit den Vorhersagen in der Zeitung des vergangenen Tages.

7. Erkläre die Begriffe Kaltfront und Warmfront.

8. Beschreibe anhand der Rosskastanie, welche Entwicklungsmerkmale in den Jahreszeiten zu beobachten sind.

9. Welche Aussagen sind richtig? Die Fotosynthese
a) ist die Atmung der Pflanzen.
b) ist der Aufbau von Kohlenstoffdioxid und Wasser.
c) ist abhängig vom Licht.

10. „Das Zellplasma ist die zähe Flüssigkeit im Inneren der Zelle. Es ist umhüllt von ..." Setze die Beschreibung der Pflanzenzelle fort. Verwende dabei wichtige Fachbegriffe.

11. Die Tabelle zeigt die Umgebungstemperatur, die Körpertemperatur und die Anzahl der Herzschläge eines Igels in zwei unterschiedlichen Jahreszeiten.
Um welche Jahreszeiten handelt es sich jeweils? Begründe deine Aussage.

Jahreszeit	a)	b)
Umgebungstemperatur	2 °C	17 °C
Körpertemperatur	5 °C	35 °C
Herzschläge in 1 min	19	300

12. Tiere überwintern auf unterschiedliche Weise. Erkläre die Begriffe und nenne jeweils zwei Beispiele für
a) aktive Überwinterung,
b) Winterruhe,
c) Kälte- oder Winterstarre.

13. Wie kann die Wärme der Sonne durch das luftleere Weltall zu uns kommen?

14. a) Nenne drei Verursacher des zusätzlichen Treibhauseffektes.
b) Was bewirkt der zusätzliche Treibhauseffekt?

Sonne - Wetter -

Struktur der Materie

Energie

Wechselwirkung

Wärmeausdehnung und Teilchenbewegung, Einfaches Teilchenmodell

1. a) Ist es möglich, mit nur einem einzelnen Teilchen einen Aggregatzustand zu beschreiben? Begründe deine Entscheidung.

b) Wie wird mit dem Teilchenmodell die Struktur einer Wachskerze für die verschiedenen Aggregatzustände der Kerze dargestellt?

2. Erläutere an mindestens drei Abbildungen von dieser Doppelseite, welche Rolle die Energie jeweils spielt.

Übertragung und Speicherung von Energie

3. Wie kann in einer Flüssigkeit Energie gespeichert sein? Beschreibe mehrere Möglichkeiten.

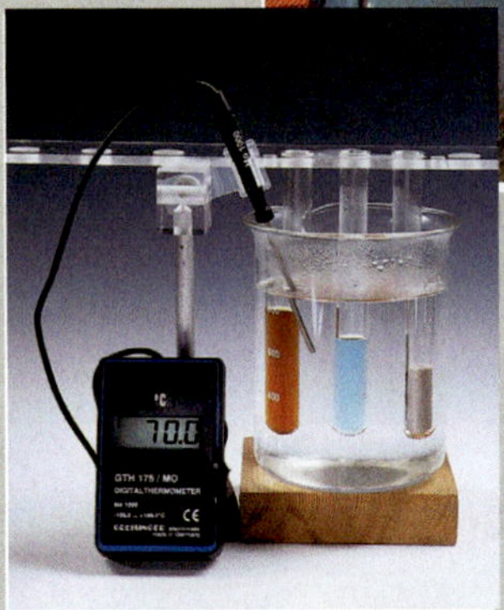

Energieumwandlung

4. Eine Fotovoltaikanlage wandelt Energie um. Erkläre und zeige, welche Formen von Energie dabei vorkommen.

Reflexion und Absorption von Wärmestrahlung

5. Was bewirken die verschiedenen Bereiche des Sonnenlichts auf der Erde? Nimm zur Beantwortung der Frage die Basiskonzepte Energie, Wechselwirkung und System zu Hilfe.

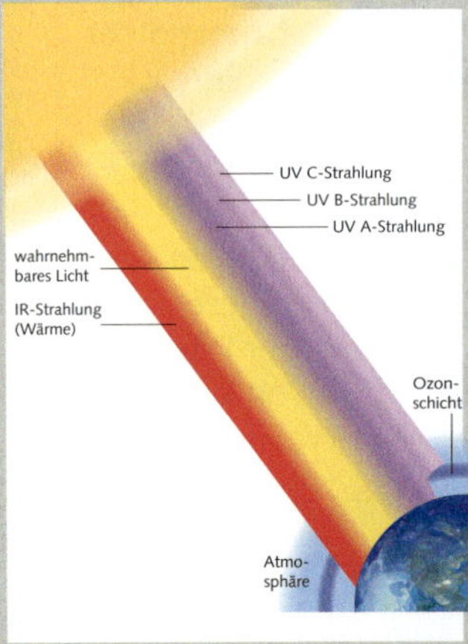

6. Rechts siehst du drei Abbildungen.
a) In allen drei Fällen wird innerhalb des Systems Wärme transportiert. Erläutere jeweils wie.
b) Wieso zischt der Dampf aus dem Topf? Erkläre mithilfe des Teilchenmodells.
c) In zwei der drei Abbildungen ist ein Kreislauf gezeigt. Erläutere diese Kreisläufe und erkläre, was sie antreibt.

7. Wäre es möglich, dass du schon einmal etwas getrunken hast, das vorher jemand anderes getrunken hat?

Sonnensystem

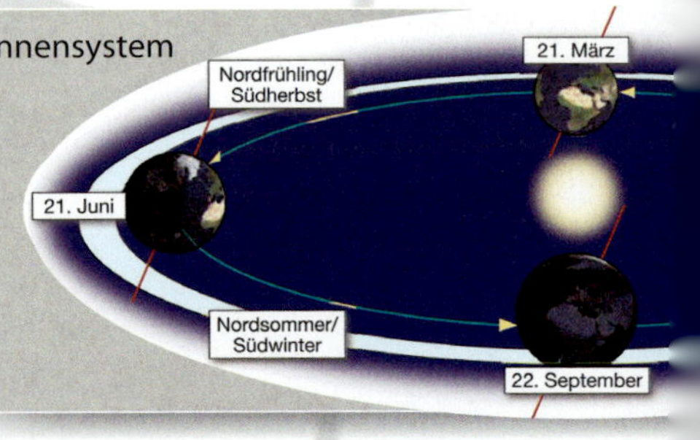

ahreszeiten

Struktur und Funktion

Entwicklung

System

Wärmetransport als Temperaturausgleich

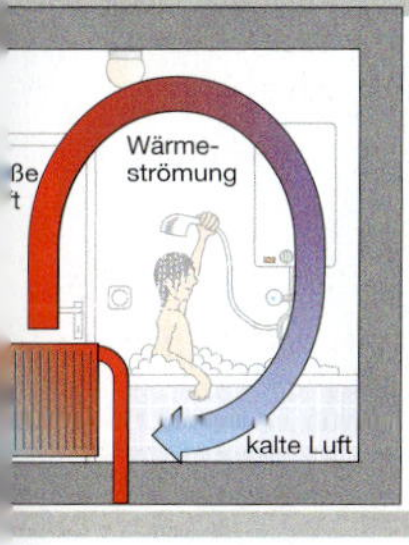

Wärmekreislauf

8. Um die Entstehung der Jahreszeiten verstehen zu können, musst du die Erde als Teil des Sonnensystems betrachten. Erkläre diese Aussage. Fertige dazu Skizzen der Position von Sonne, Erde und Erdumlaufbahn an.

9. In der Abbildung siehst du eine Pflanzenzelle und ihre Bestandteile. Nenne die besonderen Eigenschaften, die diese Bestand-teile jeweils haben. Zeige am Beispiel der Zellwand genauer, wie diese Eigenschaften und die Funktion des Bestandteils zusammenhängen.

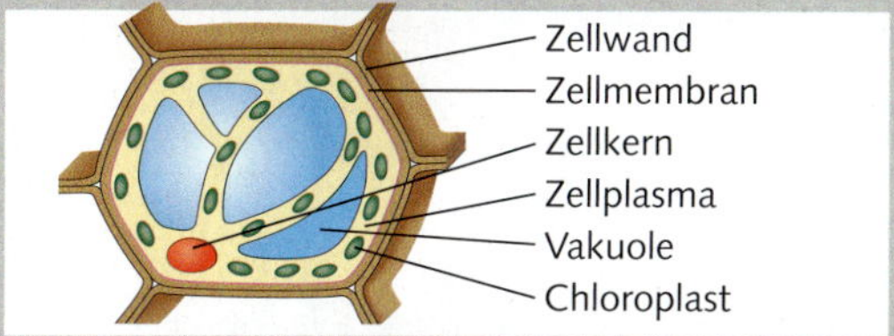

Pflanzenzelle

10. Blätter sind flache Pflanzenorgane, die eine geringe Masse, aber eine große Oberfläche haben. Erkläre, wieso sie mit dieser Form besonders gut an ihre Funktion angepasst sind.

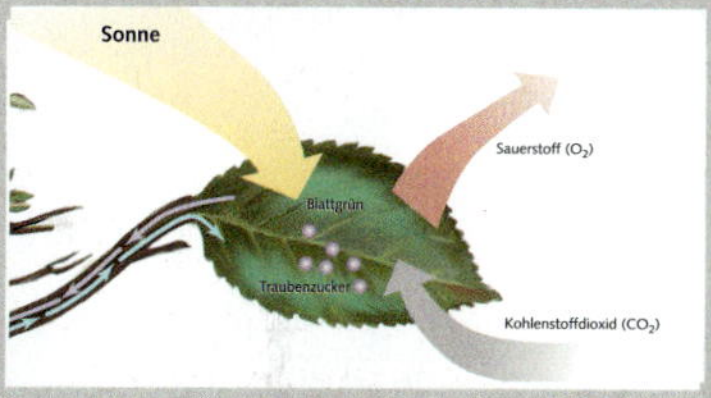

Blattaufbau

11. Die beiden Abbildungen zeigen Angepasstheiten, durch die Tiere und Pflanzen den Winter überstehen.
a) Erläutere, worin jeweils der Trick besteht, also worin der Vorteil der jeweiligen Angepasstheit besteht.
b) Welche Basiskonzepte spielen hierbei eine besonders wichtige Rolle? Begründe deine Entscheidung.

Überwinterungsstrategie, Angepasstheit

Speicherstoffe, Angepasstheit

Sinne und Wahrnehmung

Wie gelangt das Licht ins Auge? Wie sehen wir? Können wir uns auf unsere Wahrnehmung verlassen? Wie orientieren sich blinde Menschen?

Wie arbeiten Wahrnehmung und Reaktion zusammen? Kann dieser Lärm wirklich schaden? Messgeräte helfen weiter. Wie kann man Ohren und Augen schützen?

Kirmes, Party oder Popkonzert – tolle Erlebnisse. Wie nehmen wir die verschiedenen Sinneseindrücke wahr und was bewirken sie in uns?

Die Umwelt erleben

1. Auf einer Kirmes wirken viele Sinneseindrücke auf dich ein.
a) Nenne solche Sinneseindrücke.
b) Ordne jeweils das Sinnesorgan zu, das diesen Eindruck ermöglicht.
c) Beschreibe, wie die Kirmesbetreiber versuchen, das Erlebnis der Besucher gezielt zu beeinflussen.

2. Nenne Geruchs- und Geschmacksrichtungen, die dich auf einer Kirmes zum Naschen verführen könnten. Nenne auch Dinge, die du nicht magst.

3. a) Schließe die Augen und stelle dir eine Kirmesszene vor.
Beschreibe, was du wohl alles hören würdest.
b) Schließe danach für etwa eine Minute die Augen und achte auf alle Geräusche, die du jetzt hörst.
Schreibe sie möglichst genau auf.

4. „Das Auge isst mit" heißt es oft.
Hilf mit bei der Beschriftung der Zuckerstangen. Welches Schild gehört wohin? Wie hast du das erkannt?

5. Wie beeinflusst die Farbe eines Lebensmittels unser Geschmacksempfinden? Ihr könnt dies durch ungewöhnliche Kombinationen von Farbe und Geschmack testen.
Stellt dazu aus 250 g Puderzucker und einem Esslöffel Wasser Zuckerguss her. Verteilt ihn auf mehrere Schälchen und färbt verschiedene Portionen mit Lebensmittelfarbe rot, orange, gelb, grün und blau. Überlegt dann, welchen Portionen ihr Geschmack durch Zitronen-, Erdbeer- oder Waldmeisteraroma geben wollt. Bestreicht mit dem Zuckerguss einfache Butterkekse. Führt dann Geschmackstests durch. Bei welchen Proben werden die Geschmacksrichtungen erkannt und deutlich geschmeckt, bei welchen nicht? Versucht eine Erklärung für eure Ergebnisse zu finden.

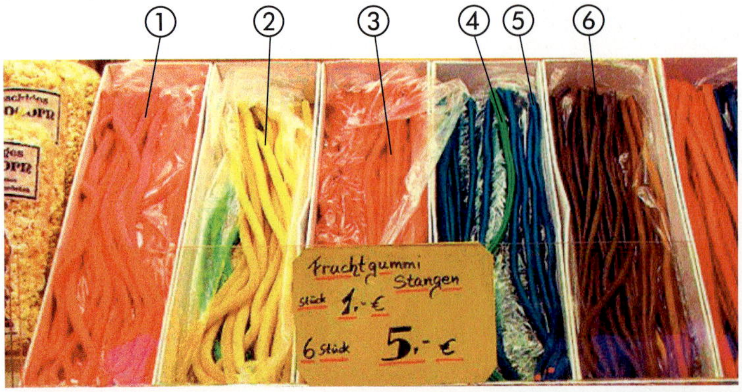

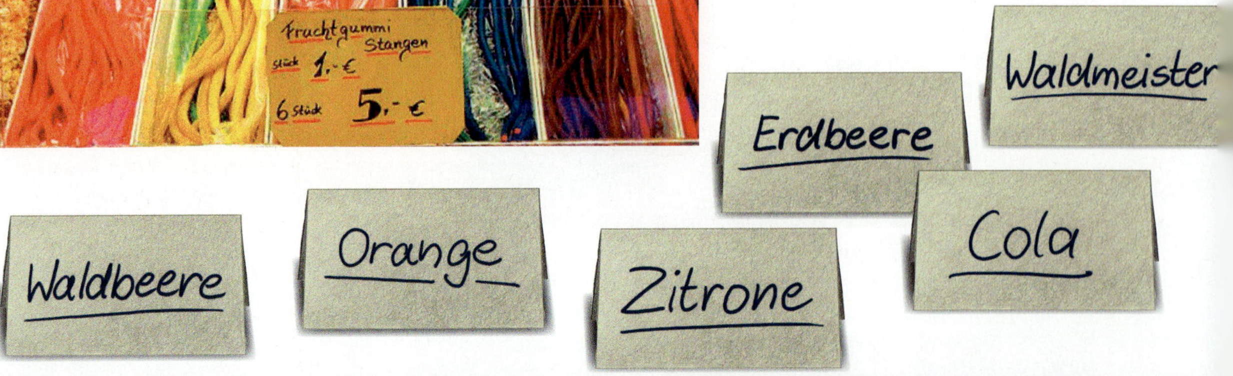

Auf dem Weg zur Kirmes hören wir schon von Ferne die laute Musik. Da muss was los sein. Die Musik sorgt für gute Stimmung. Kommen wir näher, werden wir über Lautsprecher aufgefordert, etwas zu erleben. Bunte Lichter wecken unsere Aufmerksamkeit, Gerüche verlocken uns oder stoßen uns ab. Auf dem Karussell lassen wir uns in weichen Polstern nieder und halten uns an kalten Metallgriffen fest – und los geht's.

Das Auge

Mit unseren ▸ Augen nehmen wir Lichtreize auf. Mehrere Millionen Nervenzellen leiten die Informationen in Form elektrischer Impulse an das Gehirn. Hier werden sie zu Bildern verarbeitet. Es werden Farben und Formen, Entfernungen und Bewegungen erkannt.

1 **Sinnesorgane. A** *Auge;* **B** *Ohr;* **C** *Nase;* **D** *Zunge;* **E** *Haut*

Zusammenspiel der Sinne

Ein solches Erlebnis und auch die Orientierung in unserer Umwelt ist durch das Zusammenspiel unserer Sinne möglich. Jedes Sinnesorgan kann jedoch nur bestimmte Reize aufnehmen. Die Informationen über die Umwelt werden dabei in elektrische Impulse umgesetzt und durch die Nerven an das Gehirn weitergeleitet. Dort werden die Informationen verarbeitet und führen zu einer Wahrnehmung.

Das Ohr

In Form von Luftschwingungen empfangen unsere ▸ Ohren Schall. Die Schwingungen reizen die Sinneszellen, die dann ebenfalls Nervenimpulse verursachen, die zum Gehirn geleitet und dort verarbeitet werden. So können wir Musik hören, Gespräche verstehen und uns im Straßenverkehr zurechtfinden. Im Ohr befindet sich außerdem der ▸ Gleichgewichtssinn, der auf die Schwerkraft reagiert. Wir brauchen ihn, um uns geordnet im Raum bewegen zu können. Auf einem Karussell wird der Gleichgewichtssinn auf eine harte Probe gestellt.

Nase und Zunge

Sie sind für die Aufnahme von Geruchs- und Geschmacksreizen zuständig. Im Gehirn werden die Eindrücke zu einer umfassenden Geruchs- und Geschmacksempfindung verarbeitet.

Die Haut

Sie ist ein besonders vielfältiges Sinnesorgan. Über die ▸ Haut nehmen wir Tast-, Druck-, Wärme-, Kälte- und Schmerzreize auf. Das Gehirn sorgt dafür, dass die entsprechenden Nervenimpulse verarbeitet und als Empfindungen wahrgenommen werden.

Viele Reize – eine Wahrnehmung

Die Kirmes erleben wir als frohes Fest, staunen über die Farbeffekte, halten uns an den Händen und wippen im Takt der lauten Musik. Alle diese Reize beeinflussen unsere Stimmung.

Gleicher Reiz – gleiche Wahrnehmung?

Aber die Stimmung kann auch unsere Wahrnehmung beeinflussen: laute Musik erleben wir als störend, wenn wir uns unterhalten wollen oder Ruhe brauchen.

Sinne und Wahrnehmung → S. 248/249

Wie wir sehen

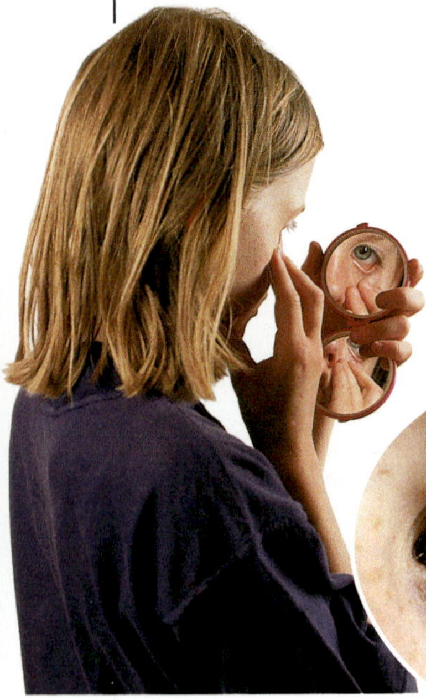

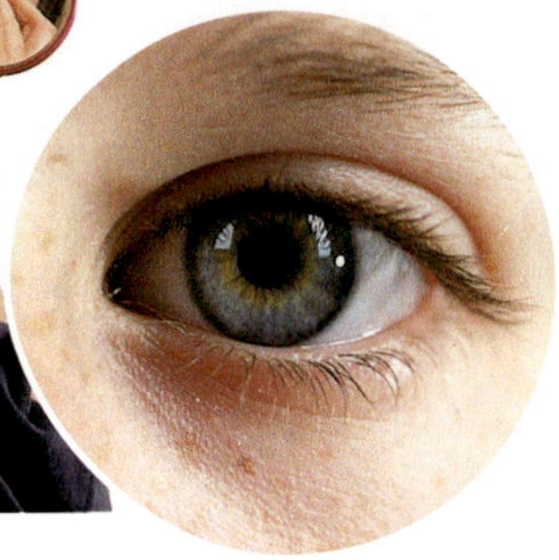

1. a) Welche Teile des Auges kannst du im Taschenspiegel erkennen? Fertige eine beschriftete Skizze an.
b) Nenne die Aufgaben der Teile, insbesondere ihre Schutzfunktion.
c) Beobachte im Spiegel, in welche Richtungen sich das Auge bewegen lässt.

Augenbraue
Augenlid
Wimpern
Hornhaut
Iris
Pupille

2. a) Beim Weinen „läuft" einem auch die Nase. Erkläre.
b) Wenn Sandkörnchen oder Wimpern ins Auge gelangen, beginnt das Auge heftig zu tränen. Was wird dadurch erreicht?

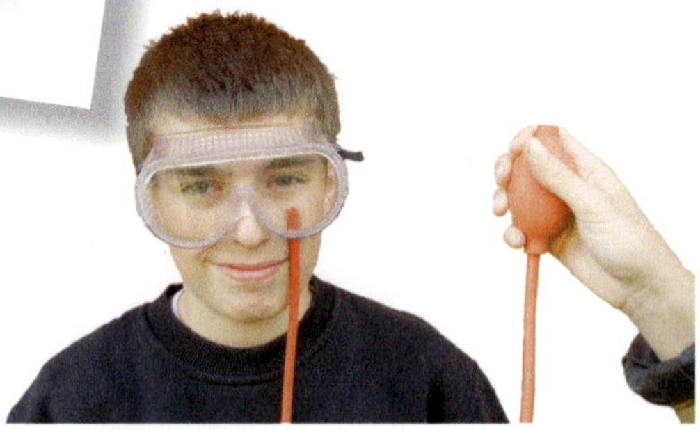

3. Deine Versuchspartnerin oder dein Versuchspartner bläst mit Gummischlauch und Blasebalg unerwartet Luft seitlich in eine Schutzbrille. Wie reagiert das Auge? Was sagt die Reaktion aus über die Schutzfunktion der Lider in Alltagssituationen?

Guter Schutz für empfindliche Augen

Das Auge ist ein wichtiges, aber auch ein sehr empfindliches Sinnesorgan. Verschiedene Schutzeinrichtungen sorgen dafür, dass das Auge stets leistungsfähig bleibt.
Die Einbettung in die mit Fett ausgepolsterte, knöcherne **Augenhöhle** bewahrt es vor Stößen und Schlägen. Nähern sich Fremdkörper wie etwa eine Fliege dem Auge, so schließen sich blitzschnell die **Augenlider.** Dieser Schutzreflex bewahrt das Auge vor Verletzungen. Auch bei zu grellem Licht und starkem Wind kneifen wir die Augen zusammen. Die Lider verhindern auf diese Weise, dass das Auge geblendet wird oder austrocknet. Die **Augenbrauen** leiten Regen- oder Schweißtropfen zu den Seiten ab. Die **Wimpern** schützen vor Staub.

Tränenflüssigkeit für klare Sicht

Die salzig schmeckende **Tränenflüssigkeit** wird in der Tränendrüse produziert. Alle 5 s bis 10 s erfolgt ein Lidschlag, der die Flüssigkeit gleichmäßig auf dem Auge verteilt. Auf diese Weise wird die empfindliche Hornhaut ständig feucht gehalten. Nur dadurch bleibt sie klar und das Auge beweglich. Würde die Hornhaut austrocknen, wäre sie bald schon trüb. Außerdem spült die Tränenflüssigkeit Schmutz und Krankheitserreger aus dem Auge.
Danach fließt die Tränenflüssigkeit durch die Tränenkanäle in den Tränensack und schließlich in die Nasenhöhle. Beim Weinen muss man sich deshalb oft die Nase putzen.

Der äußere Bau des Auges

Nur wenige Teile des Auges sind von außen sichtbar. Im Zentrum erkennt man zunächst einen farbigen Ring. Wenn man von blauen, grünen oder braunen Augen spricht, so ist damit die Farbe dieser **Regenbogenhaut,** der **Iris,** gemeint. In ihrer Mitte befindet sich eine dunkle, runde Öffnung, die **Pupille.** Hier dringt das Licht ins Auge ein.

Das links und rechts von der Iris sichtbare Weiße des Auges wird von der Lederhaut gebildet. An der Vorderseite des **Augapfels** geht die Lederhaut in die durchsichtige, stark gewölbte **Hornhaut** über.

Der innere Bau des Auges

Hinter der Pupille befindet sich – von außen unsichtbar – die durchsichtige **Linse.** Das Innere des Augapfels wird vom gallertartigen, ebenfalls durchsichtigen **Glaskörper** ausgefüllt.

Die Wand des Augapfels besteht aus drei Schichten: Ganz außen liegt die weiße und feste **Lederhaut.** Als schützende Kapsel gibt sie dem Auge seine runde Form. Seitlich setzen die sechs Augenmuskeln an. Mit ihnen kann das Auge in alle Richtungen bewegt werden.

Die mittlere Schicht heißt **Aderhaut.** Ihre Blutgefäße versorgen das Auge mit Sauerstoff und Nährstoffen.

Ganz innen, dem einfallenden Licht zugewandt, liegt die **Netzhaut.** Hier sitzen lichtempfindliche Sinneszellen. Dort, wo der Sehnerv das Auge verlässt, befinden sich keine Sinneszellen. Diese Stelle heißt **blinder Fleck.**

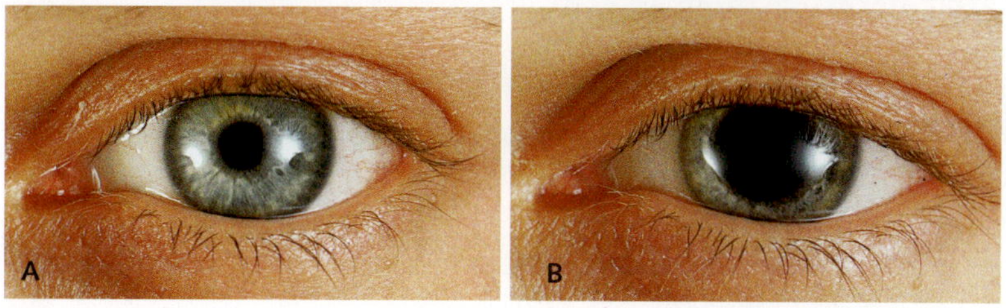

2 Die Iris regelt den Lichteinfall ins Auge. A *Hellreaktion;* **B** *Dunkelreaktion*

Immer die optimale Lichtmenge

Die Iris regelt die **Hell-Dunkel-Anpassung** des Auges. Bei hellem Licht ziehen sich ringförmig verlaufende Muskeln in der Iris zusammen. Die Pupille wird dadurch kleiner, der Lichteinfall ins Auge verringert sich. Durch diesen „automatischen" Pupillenreflex wird verhindert, dass das Auge geblendet wird. Ist wenig Licht vorhanden, reagiert das Auge umgekehrt: Die Pupille wird größer, mehr Licht kann in das Auge eindringen. Auf diese Weise können wir auch bei geringer Helligkeit und in der Dämmerung noch sehen.

Vom Auge ins Gehirn

Auf der Netzhaut entsteht ein Bild, das auf dem Kopf steht und seitenverkehrt ist. Von den Sinneszellen der Netzhaut wird Licht in Nervensignale umgewandelt. Diese Erregungen gelangen über den **Sehnerv** zum Gehirn. Das **Gehirn** wertet alle ankommenden Informationen aus. Es erfasst die Gestalt und Form eines Gegenstands ebenso wie dessen Farben oder Bewegungen. Auch nehmen wir durch die Leistung des Gehirns ein aufrechtes Bild wahr und können bekannte Dinge und Personen erkennen.

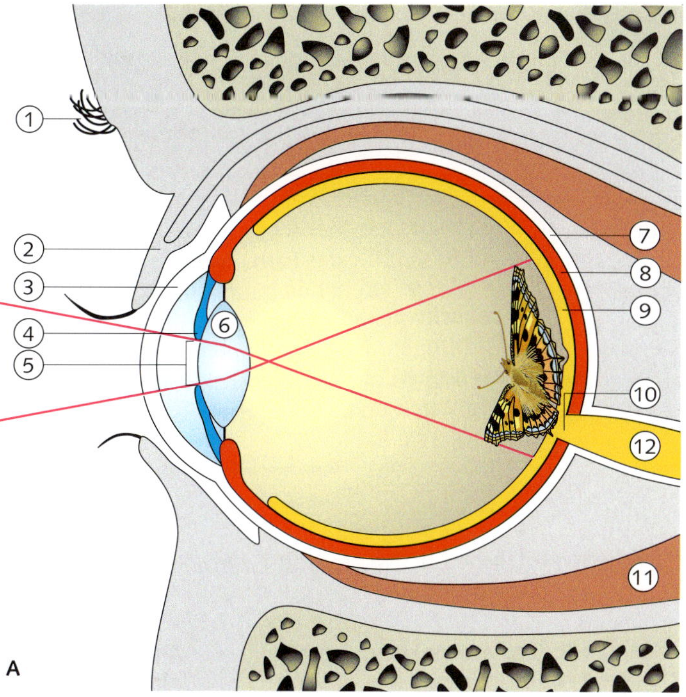

① Augenbraue
② Augenlid mit Wimpern
③ Hornhaut
④ Iris
⑤ Pupille
⑥ Linse
⑦ Lederhaut
⑧ Aderhaut
⑨ Netzhaut
⑩ blinder Fleck
⑪ Augenmuskel
⑫ Sehnerv

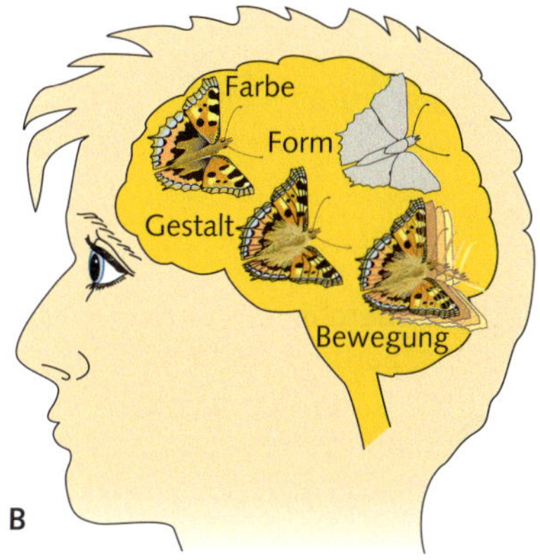

1 Auge und Sehvorgang. A *Bau des Auges;* **B** *vom Auge ins Gehirn*

Licht und Farben

Mithilfe von Glaskanten, Kristallen, Wassertropfen oder auch CDs lässt sich das weiße Licht der Sonne oder einer Glühlampe in alle Farben des Regenbogens zerlegen.

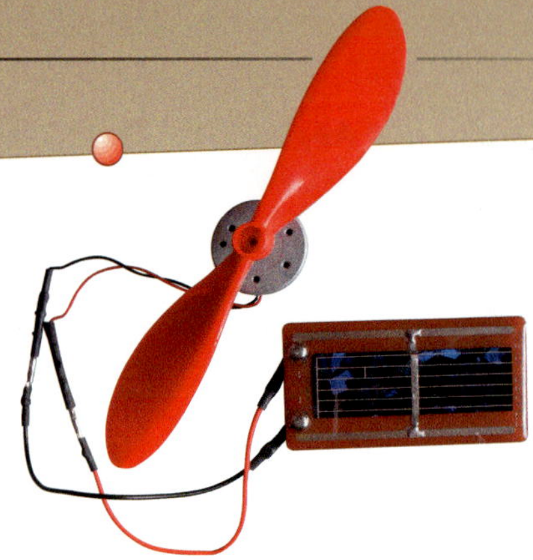

Licht ist eine Form von ▸ **Energie.** Das bemerken wir, wenn wir einen kleinen Elektromotor an eine Solarzelle anschließen. Sobald Licht auf die Solarzelle fällt, dreht sich der Motor. Je mehr Licht darauf fällt, umso schneller dreht er sich.
Fällt Licht auf eine Lichtsinneszelle im Auge, löst dieser Reiz eine elektrische Reaktion aus.

Ein solches **Spektrum** enthält alle Farben, die wir sehen können. Für das **Farbensehen** sind bestimmte Sinneszellen im Auge verantwortlich. Sie sind für rotes, grünes oder blaues Licht besonders empfindlich. Aber es gibt auch Bereiche des Lichtspektrums, die wir nicht sehen können: Infrarotlicht (IR) und Ultraviolettes Licht (UV).
Infrarotlicht wärmt gut und wird in Infrarotlampen zum Beispiel für medizinische Zwecke verwendet. UV-Licht ist der Anteil des Sonnenlichtes, der Sonnenbrand hervorrufen kann.

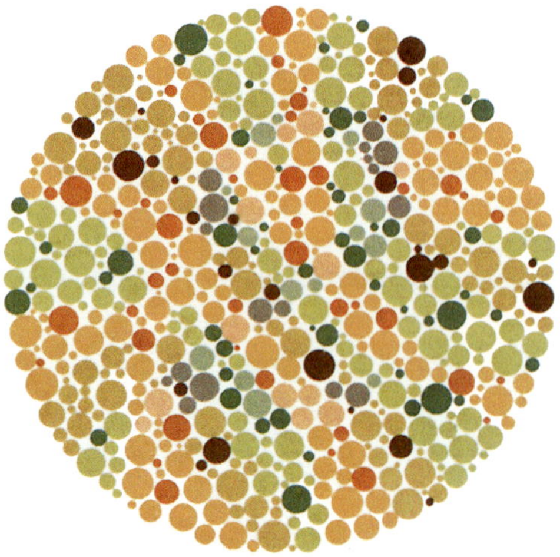

Bei manchen Menschen ist ein bestimmter Zapfentyp für das Farbensehen defekt. Diese Menschen haben häufig eine **Rot-Grün-Sehschwäche** und können rote und grüne Färbungen nicht gut unterscheiden.
Menschen mit eingeschränktem Farbsehvermögen erkennen in der obigen Abbildung eine Zahl.

1. Recherchiere im Internet weitere Farbsehtests. Nützliche Stichworte: Rot-Grün-Blindheit, Farbsehtest, Farbenblindheit.

2. Führe deinen Mitschülerinnen und Mitschülern das Farbspektrum vor, in das sich Sonnenlicht oder Lampenlicht zerlegen lässt. Probiert verschiedene Methoden aus.

Die Augen sind empfindlich

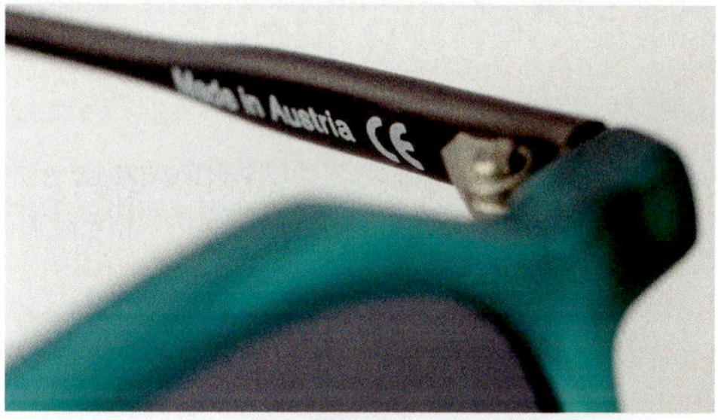

1. Unsere Augen sind im täglichen Leben vielen Gefahren ausgesetzt. Nenne mögliche Gefahrenquellen und erkläre geeignete Schutzmaßnahmen.

2. Augen müssen vor sehr grellem Licht oder vor schädlicher UV-Strahlung geschützt werden.
a) Nenne Situationen, in denen dies nötig ist.
b) Worauf muss man beim Kauf einer Sonnenbrille achten?

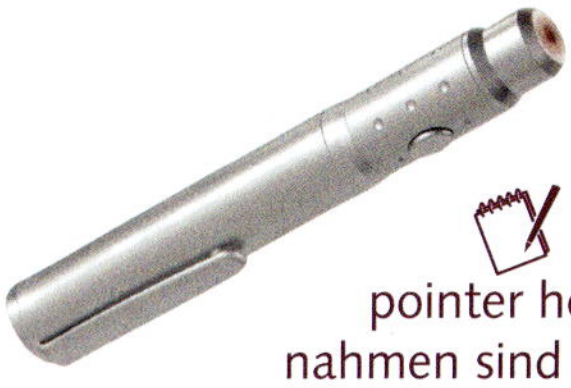

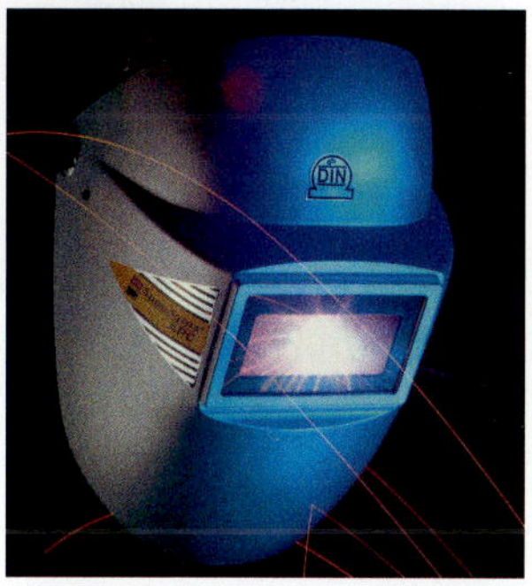

3. Als praktischer „Zeigestock" ist der Laserpointer heute weit verbreitet. Welche Vorsichtsmaßnahmen sind beim Umgang mit Laserpointern zu beachten? Informiere dich und berichte.

Schutz für unsere Augen

Nicht in allen Situationen reichen die Schutzeinrichtungen unserer Augen aus, um sie vor Schäden zu bewahren. In vielen Berufen, aber auch in der Freizeit müssen **Schutzbrillen** oder Visiere benutzt werden. So muss man bei bestimmten Arbeiten im Labor zusätzlich zum Laborkittel eine Schutzbrille tragen, um die Augen zum Beispiel vor heißen oder ätzenden Chemikalien zu schützen.
Beim Schweißen sind der helle Lichtbogen, Funkenflug oder abspringende Teilchen gefährlich. Schutzvisiere von Waldarbeitern bestehen oft aus feinmaschigen Gittern, die vor Holzsplittern und Astteilen schützen.

1 Schutzbrillen im Labor

Licht kann gefährlich werden

Durch den Blick in die Sonne oder in andere starke Lichtquellen können die Augen Schäden erleiden. Bindehautentzündungen, Hornhauttrübungen oder bleibende Netzhautschäden sind mögliche Folgen.
Sonnenbrillen sollen nicht nur die Blendwirkung der Sonne verhindern, sondern auch vor dem unsichtbaren, aber gefährlichen ultravioletten Licht (UV-Strahlung) schützen. Manche Sonnenbrillen leisten dies nicht. Sie stellen sogar eine zusätzliche Gefahr dar, weil die getönten Gläser eine ▸ Hell-Dunkel-Anpassung des Auges bewirken. Bei geöffneter ▸ Pupille fällt dann noch mehr UV-Licht ins Auge. Daher ist beim Kauf von Sonnenbrillen auf Prüfzeichen wie das CE-Siegel, das GS-Zeichen oder die Hinweise „100 % UV-Schutz" oder „UV 400" zu achten.
Schon kurzes Hineinschauen in das Licht eines **Laserpointers** kann zu Schäden an der Netzhaut führen, denn Laserlicht ist extrem gebündelt und besonders intensiv.
Auch wenn manche Augenverletzungen harmlos erscheinen, ist es besser, gleich einen Augenarzt aufzusuchen. Eine Verletzung kann, wenn sie nicht sofort und richtig behandelt wird, zu einer Sehverschlechterung und sogar zur Erblindung führen.

2 Waldarbeiter mit Schutzhelm und Visier

Das Gehirn sieht

1. a) Zeichne auf die Vorderseite einer Pappscheibe oder eines Bierdeckels einen Vogel, auf die Rückseite einen auf dem Kopf stehenden Käfig. Befestige seitlich zwei Schnüre, verdrille sie und ziehe sie anschließend auseinander. Was beobachtest du?
b) Wiederhole den Versuch mit unterschiedlichen Drehgeschwindigkeiten. Erkläre deine Beobachtung. Vergleiche mit der Filmtechnik.

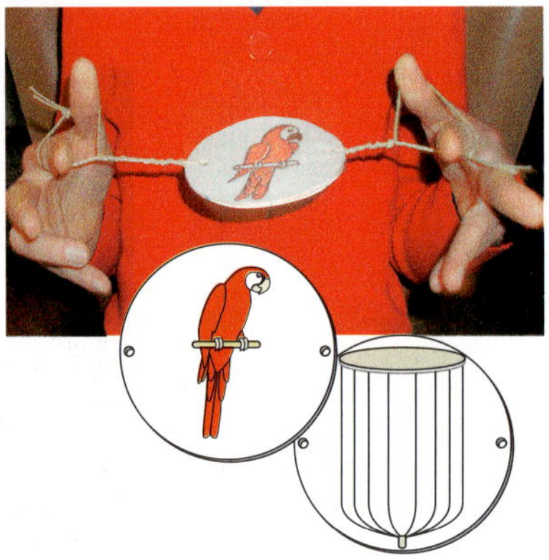

2. Halte dein Buch in etwa 40 cm Entfernung vor die Augen. Betrachte es zunächst mit dem rechten, dann mit dem linken Auge.
a) Was stellst du fest?
b) Deute deine Beobachtung.

1 Filmstreifen

Aufrechte Bilder

Wir haben bereits erfahren, dass das Bild auf der ▸ Netzhaut eigentlich auf dem Kopf steht. Trotzdem sehen wir alle Gegenstände in ihrer richtigen Lage. Erst das Gehirn sieht das Bild so wie es ist. Schon dies macht deutlich: Das Gehirn ist wichtig für das Sehen.

Bewegte Bilder

Bei jedem einzelnen Bild werden die Sinneszellen der Netzhaut erregt. Diese Erregung klingt aber erst nach einer 18tel Sekunde wieder ab. Die Sinneszellen sind also ein bisschen „träge". Folgt das nächste Bild schnell genug, also bereits während der noch abklingenden Erregung, entsteht im Gehirn der Eindruck einer kontinuierlichen **Bewegung.** Deshalb scheint der Vogel im Versuch oben im Käfig zu sitzen, wenn die Scheibe schnell genug rotiert. In Film und Fernsehen wird die Trägheit der Sinneszellen ausgenutzt: Hier werden sogar 25 Bilder pro Sekunde gezeigt, so dass wir glauben, Bewegungen zu sehen.

Räumliches Sehen

Da unsere Augen etwa 10 cm auseinander liegen, liefern sie leicht unterschiedliche Bilder des betrachteten Gegenstandes. Dennoch sehen wir nicht zwei getrennte Bilder, sondern ein einziges, räumliches Bild. Diese Zusammensetzung leistet das Gehirn in einem kleinen Bereich am Hinterkopf, in der Sehrinde. Das **räumliche Sehen** ermöglicht auch abzuschätzen, wie weit ein Gegenstand entfernt ist.

Optische Täuschungen

Das Gehirn speichert Seheindrücke als Muster. Personen und Gegenstände werden erkannt, indem das Gehirn das aktuelle Bild mit den gespeicherten Mustern vergleicht. Widersprechen die neuen Bilder den bisherigen Erfahrungen, kommt es zu **optischen Täuschungen.**

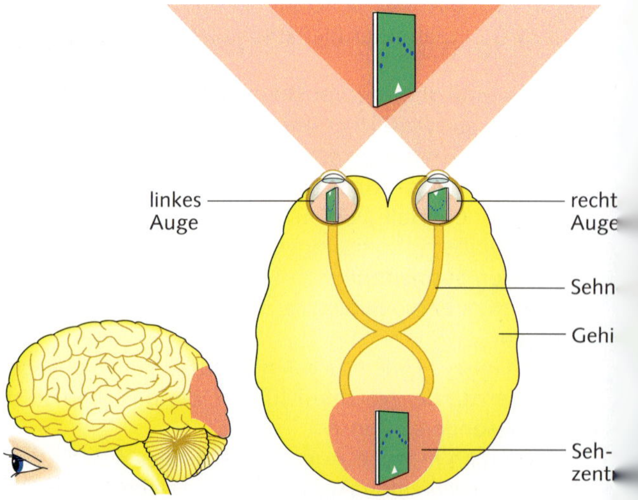

2 Räumliches Sehen (Schema)

Optische Täuschungen

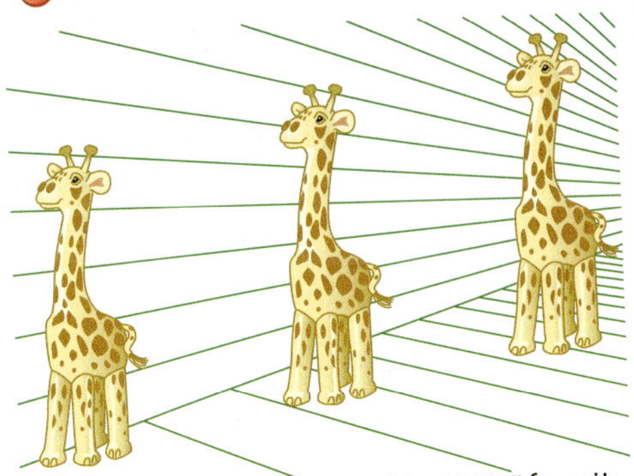

Welche Giraffe ist am größten? Prüfe mit dem Lineal.

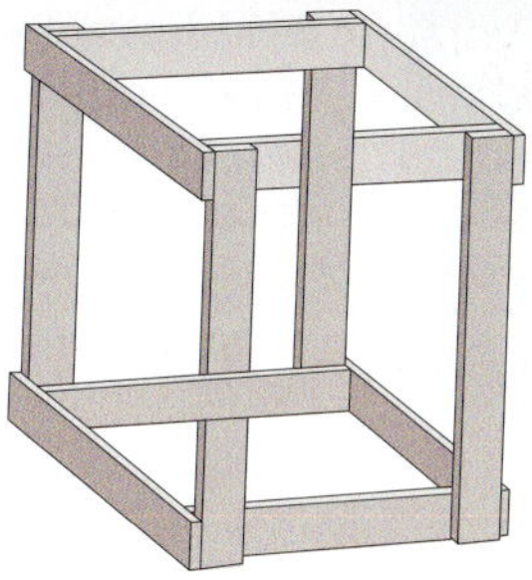

Warum nennt man dies eine „verflixte Kiste"?

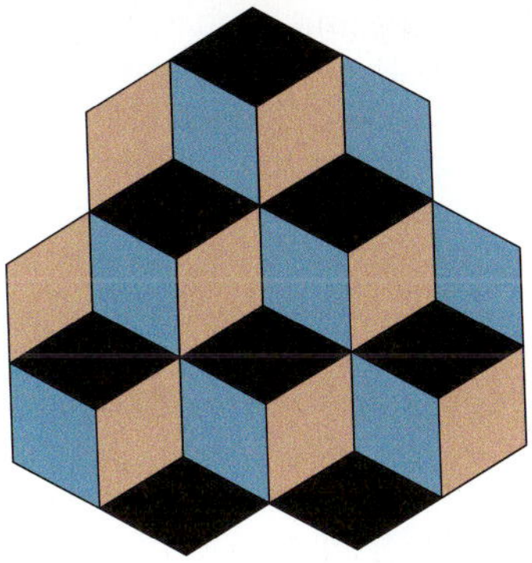

Erkennst du sechs oder sieben Würfel? Die schwarzen Flächen sind entweder oben oder unten.

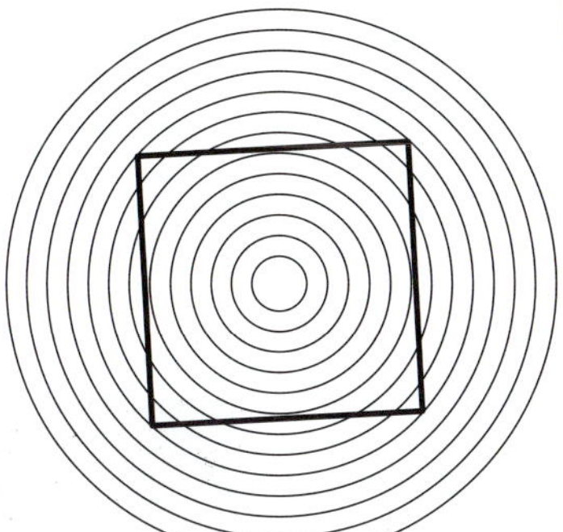

Handelt es sich hier um ein Quadrat? Überprüfe mit dem Lineal.

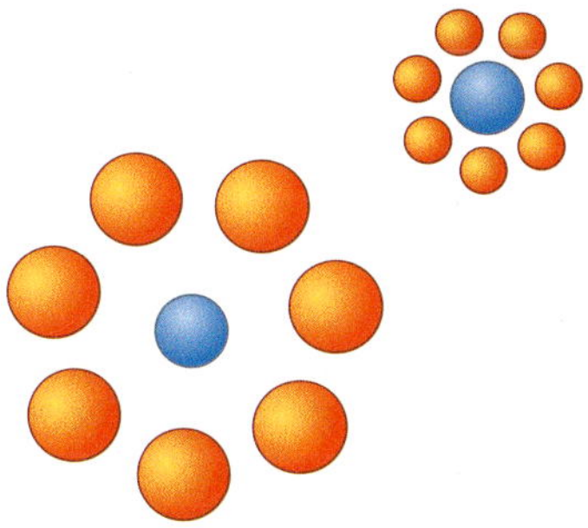

Welcher blaue Kreis ist größer?

Siehst du einen Kerzenständer oder zwei Gesichter?

Wie optische Täuschungen entstehen

Umspringbild: Zwei sich widersprechende Bilder können nicht gleichzeitig gesehen werden. Das Gehirn muss sich für das eine oder das andere „entscheiden".

Täuschung durch Perspektive: Im Hintergrund zusammenlaufende Linien deutet das Gehirn als zunehmende Entfernung.

„Unmögliche" Bilder: Das Gehirn versucht etwas räumlich Sinnvolles zu erkennen, was es so in der Wirklichkeit gar nicht gibt.

Täuschung durch Größenvergleich: Gleich große Figuren wirken unterschiedlich groß, je nachdem, ob direkt benachbarte Figuren größer oder kleiner sind.

Täuschung durch die Umgebung: Kreuzen sich gerade und gewölbte Linien, so erscheinen Geraden krumm.

1. Betrachte die Abbildungen aufmerksam. Beschreibe deine Wahrnehmungen.

2. Erkläre die gezeigten optischen Täuschungen mithilfe der Erläuterungen links.

1 Gasfeuerzeug

1. a) Betätige ein Gasfeuerzeug und beobachte.
b) In welcher Form ist die Energie vor dem Zünden im Feuerzeug gespeichert? In welche Form wird sie danach umgewandelt?

2. a) Erkläre den Begriff Glühlampe. Nenne dabei alle Energieformen, die bei der Lampe eine Rolle spielen.
b) Warum werden immer mehr Glühlampen durch LEDs ersetzt?

3. Nenne Energiewandler, die elektrische Energie in Licht umwandeln.

4. Welche Energie wird von einer Öllampe in Licht umgewandelt?

5. Überlege, was geschehen würde, wenn in der Sonne keine atomare Energie frei werden würde?

2 LED-Taschenlampe

Was geschieht in Lichtquellen?

Glühlampe – LED
Eine Lampe kann nur dann Licht aussenden, wenn ihr ▸ elektrische Energie beispielsweise aus einer Batterie zugeführt wird. Sie wandelt die elektrische Energie in ▸ Licht um. Wenn du schon einmal eine leuchtende ▸ Glühlampe berührt hast, weißt du, dass bei diesem Vorgang sehr viel ▸ Wärme frei wird. Jetzt wird dir klar, woher der Name Glühlampe kommt.

Da Glühlampen viel mehr Wärme als Licht abgegeben, werden diese heute immer mehr durch LEDs ersetzt. Eine LED (light emitting diode) ist eine Lichtquelle, die kaum Wärme abgibt und eine höhere Lebensdauer als die Glühlampe besitzt.

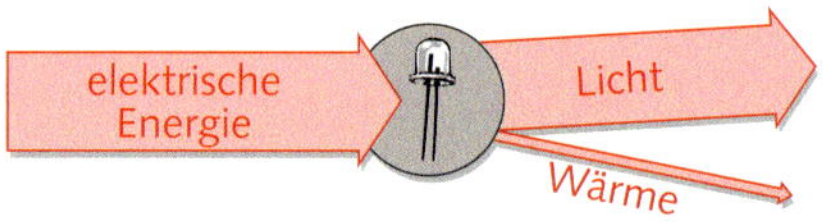

Wie erzeugt eine Kerze Licht?
Kerzen bestehen aus Bienenwachs, Paraffin oder Stearin. Durch das brennende Streichholz wird das Stearin flüssig, steigt im Docht auf und verdampft. Dabei verbrennt der Stearindampf und es entstehen Licht und Wärme.
Die ▸ chemische Energie, die im Stearin steckt, wird in Licht und Wärme umgewandelt. Dabei entsteht die leuchtende Kerzenflamme.

3 Kerze

Die Energie der Sonne
Das Leben auf der Erde ist von der ▸ Sonne abhängig. Sie ist die wichtigste Lichtquelle. Welche Form von Energie wird von ihr in Licht umgewandelt?
In der Sonne läuft ein Vorgang ab, bei dem ▸ kleinste Teilchen, die Atome, miteinander verschmolzen werden. Die Energie, die dabei frei wird, heißt **atomare Energie** oder **Kernenergie.** In der Sonne wird diese Energie in Licht und Wärme umgewandelt.

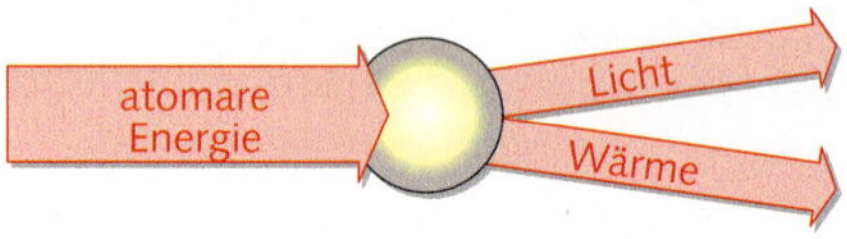

Absorption von Licht

1. Lege in einen Schuhkarton ein Thermometer und lies die Temperatur ab. Decke den Karton mit schwarzer Pappe ab und bestrahle ihn fünf Minuten mit einer starken Lampe aus geringer Entfernung. Welche Temperatur zeigt das Thermometer jetzt? Vergleiche.

2. Decke einen zweiten Karton mit weißer Pappe ab. Wiederhole Versuch 1. Vergleiche die Ergebnisse.

3. Was kannst du über die Innentemperatur eines weißen und eines schwarzen Autos sagen, wenn die Sonne darauf scheint?

4. Warum wird das Lenkrad in einem Auto bei Sonnenschein heiß?

Auf die Farbe kommt es an

Die Sonne scheint. Du hast ein dunkles T-Shirt an und dir wird warm. Deiner Freundin, die ein helles T-Shirt trägt, ist es nicht so warm. Der Unterschied liegt darin, dass das eine T-Shirt weiß, das andere schwarz ist. Das weiße T-Shirt verhält sich dem Licht gegenüber anders als das schwarze.
Schwarze Gegenstände nehmen das Licht auf und schlucken es. Sie **absorbieren** das Licht. Je dunkler ein Gegenstand ist, desto mehr Licht nimmt er auf. Das Licht wird durch einen dunklen Gegenstand in Wärme umgewandelt. Deshalb ist es dir in einem dunklen T-Shirt sehr warm.
Weiße Gegenstände werfen das Licht zurück. Je heller ein T-Shirt ist, desto weniger erwärmt es sich.

Wenn es warm werden soll

Die **Absorption** von Sonnenlicht ist oft sehr nützlich. So werden zum Beispiel manche Spargelfelder im Frühjahr mit schwarzer Folie abgedeckt, damit sich der Erdboden darunter auch bei geringer Sonneneinstrahlung erwärmt und die Spargelstangen früher die Erdoberfläche erreichen. Die schwarzen Rohre in **Sonnenkollektoren,** die auf Hausdächern zur Warmwasserbereitung installiert sind, nehmen viel Energie der Sonne auf und geben sie an das Wasser in den Kollektoren ab.

Wenn es nicht so warm werden soll

Doch nicht immer ist die Wärme erwünscht. Ein Wohnwagen sollte sich im sonnigen Süden möglichst nicht aufheizen. Deshalb ist er außen weiß. Zelte halten die gewünschte Innentemperatur, wenn sie von außen silbrig sind. In warmen Ländern sind viele Häuser weiß gestrichen. Sie absorbieren das Sonnenlicht nicht und bleiben auch bei starker Sonneneinstrahlung innen angenehm kühl.
Bei uns in Deutschland sind Hausdächer meistens mit dunklen Dachpfannen gedeckt. Deshalb erwärmen sich Dachböden an sonnigen Tagen. Liegt im Winter Schnee, beginnt bei Sonnenschein die Schneeschmelze zuerst an den dunklen Stellen, an denen Steine oder der Erdboden aus der weißen Fläche herausschauen. Gegenstände des täglichen Lebens, die sich nicht erwärmen sollen, sollten außen weiß sein. Ist eine Erwärmung des Gegenstandes erwünscht, ist es sinnvoll, dass er von außen schwarz ist.

1 Licht fällt auf einen schwarzen und weißen Karton.

2 Im sonnigen Süden sind die Häuser weiß.

Sinne und Wahrnehmung → S. 248/249

Der Weg des Lichtes

1. Beschreibe Bild 1.

2. Decke eine mit kleinen Löchern versehene Alufolie über eine leuchtende Taschenlampe. Bewege ein Stück Papier vor der Lampe. Verfolge die Ausbreitung des Lichtes. Beschreibe deine Beobachtungen.

3. Stelle vor eine Experimentierlampe verschiedene Spaltblenden. Verändere die Spaltanzahl, die Spaltbreite und die Spaltform. Beschreibe jeweils Form und Verlauf des Lichtbündels.

1 Sonnenlicht im Wald

4. Warum kannst du mit einem Scheinwerfer eine Kurve nicht vollständig ausleuchten?

5. Warum breitet sich Licht nicht bei allen Lampen allseitig aus?

Wie breitet sich Licht aus?
An einem Septembermorgen siehst du in einem Wald das Licht der Sonne durch die Bäume bis auf den Waldboden scheinen. Du kannst deutlich den Weg des Lichtes erkennen. Das Licht der Sonne wird durch die Bäume in Lichtbündel aufgefächert. Jedes einzelne Lichtbündel ist **geradlinig** begrenzt.

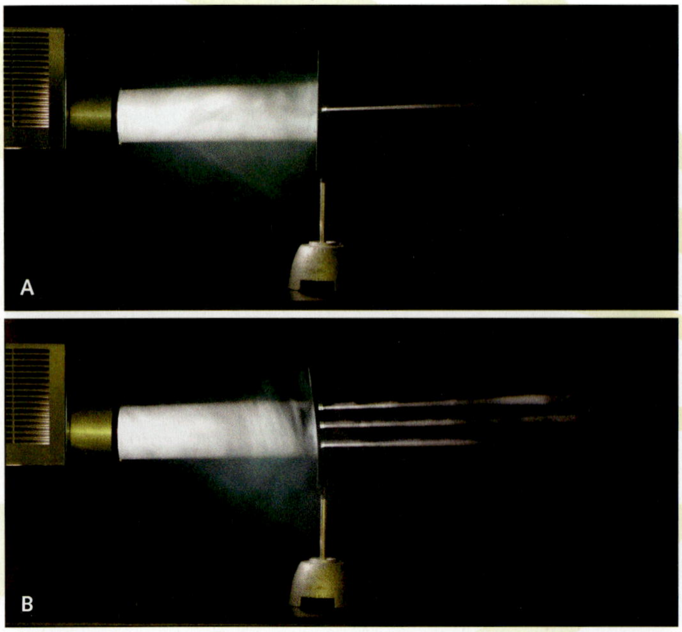

2 Licht fällt durch eine Blende. A *einspaltig;* **B** *dreispaltig*

Bei der mit Löchern versehenen Alufolie, wie im Bild unten, erzeugt jedes Loch ein schmales Lichtbündel. Alle Lichtbündel zusammen zeigen einen ähnlichen Verlauf.

Das Licht breitet sich nach **allen Seiten** geradlinig aus. Fällt Licht durch verschiedene Blenden, so kannst du verschieden geformte Lichtbündel beobachten. Die einzelnen Lichtbündel sind scharf abgegrenzt. An einer Lochblende entsteht ein Lichtbündel mit kreisförmigem Querschnitt.

Das Modell Lichtstrahl

1. Stelle wie in Bild 1 vier Pappscheiben als Blenden nacheinander zwischen eine Taschenlampe und einen Schirm. Dabei soll die Lochgröße der Blenden von der Lampe aus abnehmen. Beschreibe, wie sich der Lichtfleck auf dem Schirm jeweils verändert.

2. Wie würde der Lichtfleck in Versuch 1 aussehen, wenn du die Anzahl der Blenden verdoppeln würdest?

3. a) Suche aus deiner Umgebung verschiedene Beispiele für Modelle.
b) Stelle in deiner Klasse ein Modell vor und sprich über seine Eigenschaften.

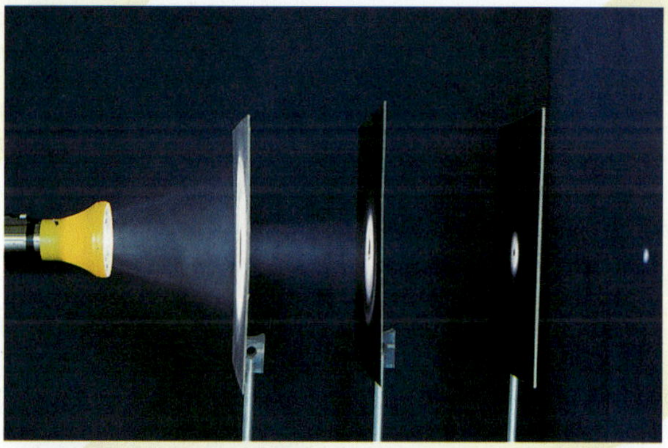

1 **Blenden engen das Licht ein.**

Modelle helfen die Wirklichkeit zu verstehen

Du kennst Modellbauten von Eisenbahnen, Autos oder Flugzeugen. In Erdkunde arbeitest du mit dem Globus, einem Modell der Erdkugel. Bei diesen Modellen werden Gegenstände verkleinert und mit ihren wesentlichen Eigenschaften dargestellt. Du kennst zum Beispiel das ▸ Modell der Wirbelsäule, ein Funktionsmodell.

In den Naturwissenschaften werden Modelle genutzt, um schwierige Sachverhalte anschaulich zu machen oder um die Eigenschaften und das Verhalten von Körpern zu erklären. Dabei werden sowohl Funktionsmodelle als auch theoretische Modelle verwendet.

Vom Lichtbündel zum Modell Lichtstrahl

Um den Verlauf und bestimmte Eigenschaften des Lichtes darstellen zu können, wird das Lichtbündel unter Verwendung wesentlicher Eigenschaften vereinfacht. Wird das Lichtbündel auf einer Unterlage sichtbar gemacht, so erkennst du eine klare Abgrenzung des Bündels durch gerade Linien. Für die Darstellung des Lichtbündels genügen diese Begrenzungslinien. Sie werden durch **Randstrahlen** dargestellt, die von der Lichtquelle ausgehen (Bild 2).

Soll nur der Verlauf des Lichtweges dargestellt werden, so wird das Lichtbündel innerhalb der Randstrahlen in Gedanken verkleinert, bis die Randstrahlen zu einem einzelnen **Lichtstrahl** zusammengeführt sind (Bild 3).

Das Modell Lichtstrahl dient beispielsweise zur Konstruktion von Schattenbildern. Damit kannst du Versuchsergebnisse nachzeichnen oder ausprobieren, welches Ergebnis ein Versuch haben könnte.

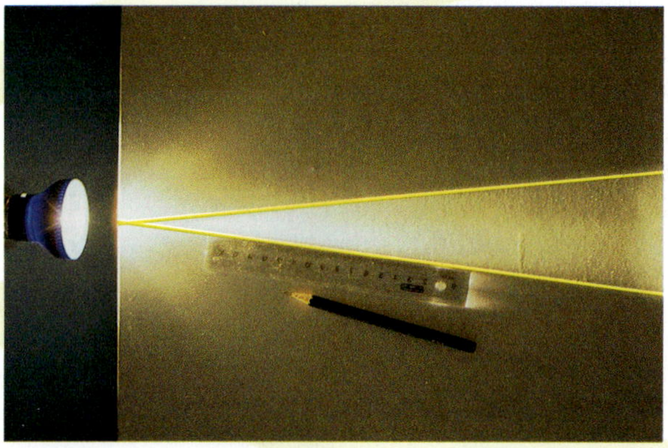

2 **Lichtbündel mit Randstrahlen**

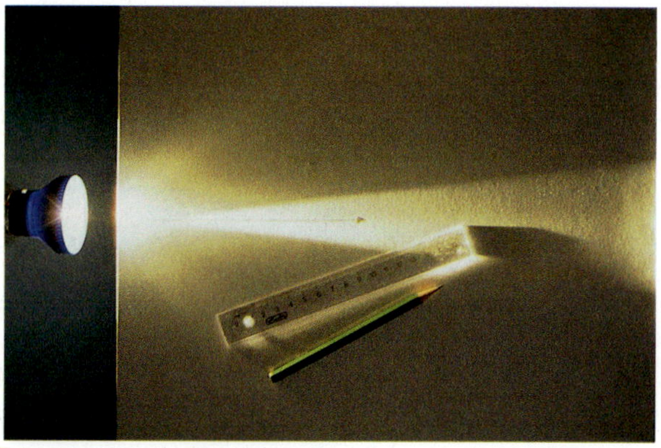

3 **Modell Lichtstrahl**

Selbst leuchtende und beleuchtete Körper

1. Erstelle eine Liste von Körpern, die sich in eurem Unterrichtsraum befinden. Entscheide, ob diese Körper Licht aussenden können oder nicht.

2. Ordne die in den Bildern 1 bis 3 gezeigten Körper in zwei Gruppen: Körper, die Licht aussenden, und Körper, die selbst kein Licht aussenden.

3. Beschreibe Situationen, in denen Lichtquellen die Aufgabe haben, auf etwas aufmerksam zu machen.

4. Welche Möglichkeiten der Beleuchtung gab es früher, welche gibt es heute?

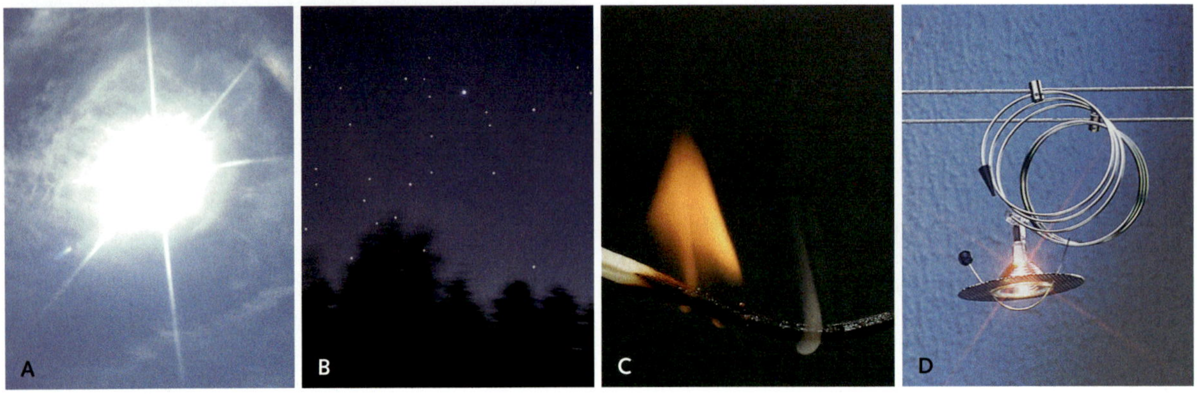

1 Verschiedene Lichtquellen

Selbst leuchtende Körper

Es gibt Körper, die unter bestimmten Bedingungen von selbst Licht abgeben können. Es sind **selbst leuchtende Körper.**

Alle selbst leuchtenden Körper sind **Lichtquellen.** Die Sonne oder eine Fackel senden wegen ihrer hohen Temperatur Licht aus. Die Glühwendel einer Glühlampe, Leuchtstofflampen oder Dioden werden durch elektrischen Strom zum Leuchten angeregt. Weitere Lichtquellen sind Kerzen und Gas- oder Petroleumlampen.

Beleuchtete Körper

Die Gegenstände in deinem Zimmer sind bei Dämmerung immer schlechter zu sehen, die Buchstaben verschwimmen vor deinen ▸ Augen. Weil sich im Zimmer keine Lichtquelle befindet, kann auch kein Licht bis zu deinem Auge gelangen. Dann schaltest du die Schreibtischlampe oder die Deckenbeleuchtung ein. Denn Tisch, Bett und Schrank müssen beleuchtet werden, damit du sie sehen kannst. Sie müssen das Licht in dein Auge umlenken. Es sind **beleuchtete Körper.**

Die meisten Körper können selbst kein Licht aussenden. Sie sind nur sichtbar, weil sie das Licht einer Lichtquelle weiterleiten.

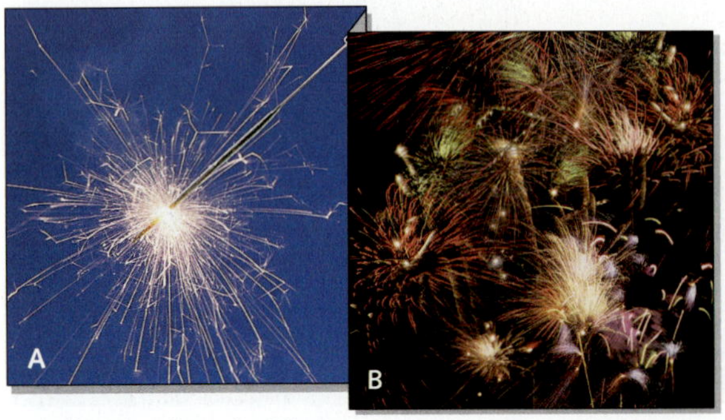

2 Selbst leuchtende Körper

3 Beleuchtete Körper

Sinne und Wahrnehmung → S. 248/249

Wer leuchtet denn da?

1 Weißt du wie viel Sternlein stehen ...

Sender und Empfänger

Bei klarem Wetter kannst du eine Vielzahl leuchtender Punkte am Nachthimmel beobachten. Alle Leuchtpunkte, die du siehst, geben Informationen in Form von Licht ab. Sie sind ▸ **Sender.** Dein Auge empfängt von jedem der Körper diese Informationen. Es ist der ▸ **Empfänger** der Informationen.

Du kannst den Mond und die Sterne erkennen. Einige der leuchtenden Punkte sind vielleicht Planeten wie Jupiter oder Venus. Manchmal zieht ein ▸ Komet über den Sternenhimmel. Auch die internationale Raumstation ISS (engl.: International Space Station) ist mit bloßem Auge als sich bewegendes Objekt zu erkennen. Plötzlich tauchen Leuchtpunkte auf, die sich sehr schnell über den Sternenhimmel bewegen. Das können nur eine Sternschnuppe oder die Lichter eines Flugzeugs sein, das sich in geringer Höhe bewegt.

Beleuchtete Körper

Einen Teil der Körper siehst du allerdings nur, weil sie das von Lichtquellen abgegebene Licht weiterleiten. Sie sind beleuchtete Körper. Der Mond ist nur sichtbar, weil er von der Sonne angestrahlt wird. Auch die Planeten werden von der Sonne beleuchtet. Die ISS leitet das auftreffende Licht der Sonne zur Erde weiter.

Selbst leuchtende Körper

Meteoriten leuchten erst auf, wenn sie in der Erdatmosphäre verglühen. Sie sind dann als Sternschnuppen zu sehen. Kometen leuchten in Sonnennähe von selbst. Jeder Stern ist wie die Sonne ein selbst leuchtender, sehr heißer Himmelskörper.

1. Ordne die Körper in Bild 2 in selbst leuchtende und beleuchtete Körper ein.

2 Astronomische Objekte – selbst leuchtende oder beleuchtete Körper?

Licht und Schatten

1 Schattenbild

1. Stelle mit den Händen Schattenfiguren auf einer weißen Wand dar. Überlege dir vorher, welche Hilfsmittel du dafür benötigst.

2. In welcher Reihenfolge müssen sich die Hilfsmittel aus Versuch 1 und die Hand befinden, damit ein Schatten zu beobachten ist?

3. a) Wiederhole Versuch 1 und führe ein Blatt Papier in dem Raum zwischen Hand und Schirm hin und her. Formuliere Aussagen über
- Größe des Schattens
- Abstände zwischen Gegenstand und Lampe sowie Lampe und Schirm.

b) An welchen Stellen kannst du überall den Schatten auffangen?

4. Fertige eine Zeichnung wie in Bild 3 an. Welche Eigenschaften des Schattens musst du beim Zeichnen beachten?

5. Formuliere Je-desto-Sätze über den Zusammenhang der Abstände zwischen Lichtquelle, Gegenstand und Schirm und der Größe der zugehörigen Schatten.

Wo Licht ist, kann Schatten entstehen

Licht und Schatten gehören zusammen. Fällt Licht auf ein undurchsichtiges Hindernis, entsteht hinter diesem ein **Schatten.** Der ganze Raum zwischen Gegenstand und Schirm ist lichtleer. Das Licht fällt an den äußeren Kanten des Gegenstandes vorbei. Die Schattenbegrenzung ist gerade, weil sich das Licht geradlinig ausbreitet. Der lichtlose Raum heißt **Schattenraum.**

Ein Bild aus Schatten

Fällt Licht auf einen Gegenstand, der vor einer hellen Fläche steht, kannst du auf der Fläche ein **Schattenbild** auffangen. Es hat die gleichen Umrisse wie der zugehörige Gegenstand.

Das Schattenbild lässt sich verändern

Für die Größe des Schattens sind die Entfernungen zwischen ▸ Lichtquelle, Gegenstand und Schirm entscheidend.

Verschiebst du den Gegenstand zwischen Lampe und Schirm, kannst du die Schattengröße beeinflussen. Je näher das Hindernis an der Lichtquelle steht, desto größer wird der Schatten. Bewegt sich der Gegenstand zum Schirm hin, wird der Schatten kleiner.

Auch durch Bewegen des Schirmes kann die Größe des Schattens verändert werden. Je weiter der Schirm vom Licht undurchlässigen Gegenstand entfernt ist, desto größer wird der Schatten.

2 Entstehung von Schattenraum und Schattenbild

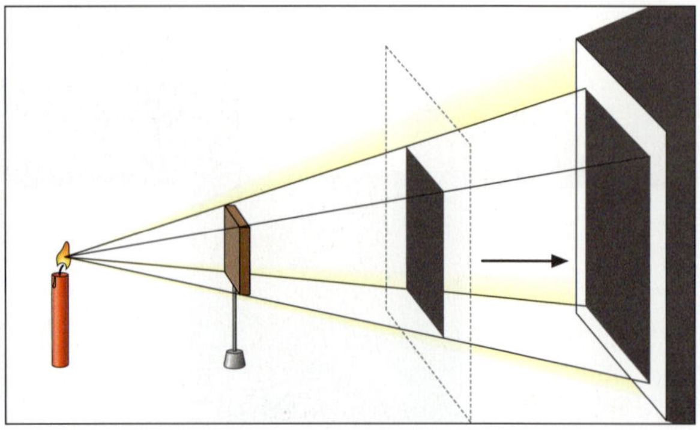

3 Der Schattenraum ist geradlinig begrenzt.

Sinne und Wahrnehmung → S. 248/249

Kernschatten und Halbschatten

1. a) Stelle einen Versuch wie in Bild 1 nach. Warum ist die Ausleuchtung des Arbeitsplatzes nicht zufrieden stellend?
b) Überlege, wie du die Ausleuchtung verbessern kannst.

2. Beschreibe die Schatten, wenn wie in Bild 2 ein beleuchteter Quader vor einem Schirm steht. Der Quader wird dabei beleuchtet
a) von einer einzelnen Lichtquelle,
b) von zwei Lichtquellen, die einen Abstand von mehr als 15 cm zueinander haben,
c) von zwei Lichtquellen, die einen Abstand von höchstens 5 cm zueinander haben.

3. Betrachte die Beleuchtung in deinem Klassenraum und erkläre die Anordnung der Leuchtstoffröhren. Was kannst du zur Schattenbildung sagen?

4. Achte beim nächsten Fußballspiel auf die Flutlichtanlage. Wie wird hier eine möglichst günstige Ausleuchtung der Spielfläche erreicht? Wie sehen die Schatten aus?

1 Der Schatten stört!

Kern- und Halbschatten

Wird ein Gegenstand von einer Lichtquelle beschienen, entsteht ein Schatten. Ein Gegenstand wirft manchmal mehrere Schatten. Das geschieht immer dann, wenn er von mehreren ▸ Lichtquellen beleuchtet wird.
In Bild 2 siehst du, dass jede Lampe den Holzquader und den Schirm beleuchtet. Hinter dem Quader entstehen so zwei Schattenräume. Aber in jeden der Schattenräume gelangt Licht von der jeweils anderen Lampe. Deshalb ist der Schatten nicht so dunkel, als wenn nur eine Lampe leuchten würde. Schattenraum und Schattenbild sind also aufgehellt. Solche Schatten heißen **Halbschatten.** Werden die Lampen zueinander geschoben, gibt es hinter dem Quader einen Raum, in den weder von der einen noch von der anderen Lampe Licht fällt. Er ist dunkler als die daneben liegenden Halbschatten und gegen diese scharf abgegrenzt. Dieser Raum heißt **Kernschatten.** Je dichter die beiden Lampen zusammenstehen, desto größer wird der Kernschatten.

Schattenfreie Beleuchtung

Stellst du drei oder mehr Lampen nebeneinander, wird der von einer Lampe erzeugte Schattenraum von jeder der anderen Lampen aufgehellt. Der Kernschatten kann nur noch direkt hinter dem Hindernis auftreten. Alle anderen Schattenbereiche sind Halbschatten. Sie werden umso heller, je mehr Lampen nebeneinanderstehen. Viele Lampen bilden ein leuchtendes Band. Eine solche ausgedehnte Lichtquelle ermöglicht eine fast **schattenfreie Beleuchtung.**

2 Zwei Lichtquellen beleuchten ein Hindernis.

3 Verschiedene Schattenarten

Schatten im Weltall

1. Beleuchte einen Globus von der Seite mit einer Experimentierleuchte (Bild 1). Suche deinen Wohnort und drehe den Globus. Wie kommt es zu Tag und Nacht?

2. a) Setze dich auf einen Drehhocker. Lass wie in Bild 2 eine weiße Kugel, die den Mond darstellt, von einer Lampe als Sonne beleuchten. Dreh dich mit der Kugel um dich selbst. Betrachte die helle Fläche der Kugel an den verschiedenen Positionen. An welcher Stelle ist Neumond?
b) Wie musst du die Kugel halten, damit du Vollmond siehst?
c) Vergleiche die Gestalt der beleuchteten Kugelfläche mit den Mondphasen in Bild 3b.

3. Erkläre, wieso Vollmond nur bei Nacht und Neumond nur am Tage auftreten können.

1 Tag und Nacht auf der Erde

2 Entstehung der Mondphasen

Schatten im Weltraum

Trifft das Licht der Sonne auf die Erde, so ist auf dieser Seite der Erdkugel **Tag.** Die andere Seite liegt im eigenen Schattenraum, hier ist **Nacht** (Bild 1). Weil sich die Erde um ihre eigene Achse dreht, wechseln sich für jeden Ort Tag und Nacht miteinander ab. Auch der Mond hat eine Tag- und Nachtseite. Er kann das auftreffende Licht der Sonne in unser Auge lenken. Du siehst ihn als hell leuchtenden Himmelskörper. Wenn du im Verlauf eines Monats den Mond betrachtest, kannst du die scheinbare Veränderung seiner Gestalt beobachten.
Etwas mehr als 12-mal im Jahr wechselt sie von Neumond über Vollmond wieder zu Neumond. Diese verschiedenen Erscheinungsbilder heißen **Mondphasen.** Die Ursache für ihre Entstehung liegt darin, dass der Mond die Erde in 29,5 Tagen einmal umkreist.

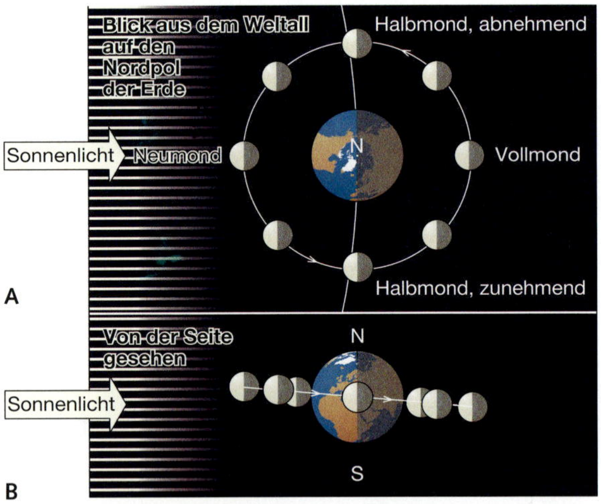

3 Die Stellung des Mondes im Weltraum

Vollmond und Halbmond

Schickt die voll beleuchtete Hälfte des Mondes das Licht zur Erde, siehst du den Mond als vollen Kreis. Für uns ist **Vollmond.** Ist die beleuchtete Mondhälfte nur teilweise der Erde zugewandt, erscheint uns der Mond je nach Stellung in der bekannten Sichelform oder als Halbkreis (Bild 3A). Dann ist für uns zum Beispiel **Halbmond.**

Neumond

Während einer gewissen Zeit entschwindet der Mond bei Nacht unseren Blicken ganz. Dann wendet er der Erde seine Nachtseite zu. Diese Stellung heißt **Neumond.**

Vollmond und Neumond kannst du nur beobachten, wenn Sonne, Erde und Mond nicht auf einer geraden Linie zueinander stehen. Vollmond kann nur nachts und Neumond kann nur am Tage auftreten (Bild 3B).

Sonnen- und Mondfinsternis

1. Setze dich als Erde auf einen Drehhocker vor eine Experimentierleuchte, die die Sonne darstellt. Halte eine weiße Kugel als Mond zwischen dich und die Leuchte. Wie musst du die Kugel halten, damit du eine Sonnenfinsternis erzeugst?

2. Überlege, wie eine partielle, also teilweise Sonnenfinsternis entsteht. Probiere aus.

3. Dreh dich mit dem Rücken zur Leuchte. Halte die weiße Kugel vor dich. Welche Finsternis ist jetzt entstanden?

4. Überlege, wie die Mondkugel für eine partielle Mondfinsternis gehalten werden muss. Probiere aus.

5. Überlege, ob Sonnen- und Mondfinsternis gleichzeitig stattfinden können.

Sonnenfinsternis

Die Finsternisse kommen dadurch zustande, dass sowohl die Erde als auch der Mond im Weltraum ▸ Kern- und Halbschatten bilden. Die Kernschatten sind kegelförmig (Bild 1A). Die Halbschatten ergeben sich, weil die Sonne für Erde und Mond eine ausgedehnte ▸ Lichtquelle ist.

Wenn der Mond auf seiner Bahn um die Erde gelegentlich genau zwischen Sonne und Erde steht, fällt sein Schatten auf die Erde. Der Mond verdeckt dann für die Bewohner im Schatten die Sonne. Dadurch kommt eine **Sonnenfinsternis** zustande (Bild 1B). Im Kernschatten des Mondes erleben sie eine **totale Sonnenfinsternis.** Für Beobachter im Halbschatten verdeckt der Mond nur einen Teil der Sonne. Sie erleben eine **partielle Sonnenfinsternis.**

Der Schatten des Mondes hat einen Durchmesser von ungefähr 300 km und wandert infolge der Erddrehung in einem schmalen Streifen über die Erde hinweg. Deshalb kann eine Sonnenfinsternis immer nur auf einem kleinen Teil der Erde beobachtet werden. In Deutschland fand die letzte totale Sonnenfinsternis am 11. August 1999 statt. Sie war in Süddeutschland wie auf dem Bild unten auf dieser Seite zu sehen.

Mondfinsternis

Steht der Mond im Kernschattenraum der Erde, fällt kein Licht auf ihn. Die Erdbewohner sehen dann eine **totale Mondfinsternis** (Bild 1C). Befindet sich der Mond nur teilweise im Kernschatten der Erde, ist er teilweise beleuchtet. Die Menschen sehen dann den Mond sichelförmig verdunkelt. Jetzt herrscht **partielle Mondfinsternis.**

Die Bahn des Mondes um die Erde ist gegen die Bahn der Erde um die Sonne etwas geneigt. Deshalb findet nicht bei jedem Vollmond eine Mondfinsternis statt. Auch bei Neumond ist nicht immer eine Sonnenfinsternis zu beobachten.

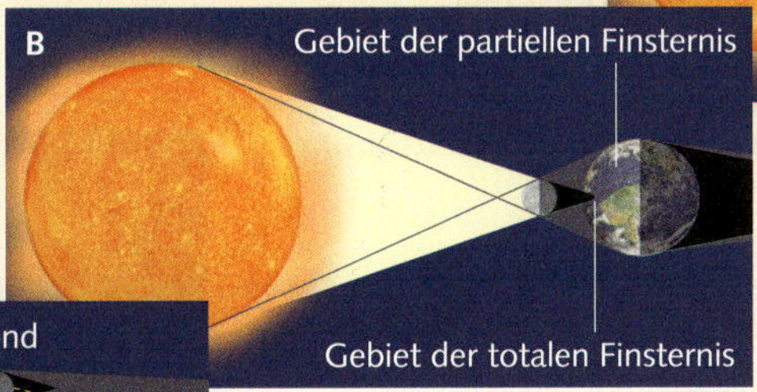

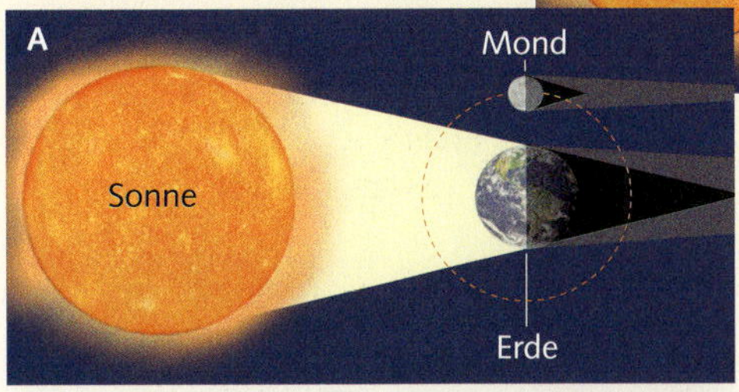

1 A *Schattenkegel im Weltraum;*
B *Partielle und totale Sonnenfinsternis;*
C *Entstehung einer Mondfinsternis*

Streuung und Reflexion

1. Erkläre die Bilder 1A und 1B. Worin besteht der Unterschied zwischen A und B?

1 Licht selbst ist nicht sichtbar.

2. Erhitze Wasser in einem Becherglas, bis Wasserdampf aufsteigt und sich Nebel bildet. Leuchte im verdunkelten Raum mit einer Taschenlampe in den Nebel. Was beobachtest du?

3. Lenke im verdunkelten Klassenraum das Licht einer Taschenlampe kurz auf das Gesicht einer Mitschülerin oder eines Mitschülers mithilfe
a) eines weißen Zeichenblocks,
b) eines Spiegels.
Schreibe deine Beobachtungen auf.

4. Warum ist es tagsüber hell, auch wenn du keine Sonne sehen kannst?

5. Nenne den Unterschied zwischen Streuung und Reflexion.

Licht ist unsichtbar

Du befindest dich im Kino. Es ist dunkel. Nur auf der Leinwand siehst du die hellen Bilder des Films. Der Projektor sendet sie mit dem ▸ Licht nach vorne. Die Luft im Kino enthält aber auch immer Staub. Dieser lenkt einen Teil des Lichtes aus dem Lichtbündel in dein Auge. Die Staubteilchen machen so den Weg des Lichtes sichtbar. Du siehst den Staub, das Licht selbst ist unsichtbar.

2 Licht wird gestreut.

Streuung

Soll ein Gesicht möglichst gut ausgeleuchtet werden, benutzt der Fotograf eine raue, helle Fläche, auf die er das Licht der Scheinwerfer fallen lässt. Die Fläche wird so gestellt, dass sie das Licht auf das Gesicht weiterleitet (Bild 2).
Das Licht wird von der unebenen Oberfläche in alle Richtungen in den Raum gelenkt. Dieser Vorgang heißt **Streuung.**

Reflexion

Soll alles Licht in eine bestimmte Richtung gelenkt werden, eignen sich dafür glatte, glänzende Oberflächen. Ein ▸ Spiegel hat eine solche Oberfläche. Er wirft das auffallende Lichtbündel vollständig in eine bestimmte Richtung (Bild 3).
Dieser Vorgang heißt ▸ **Reflexion.**

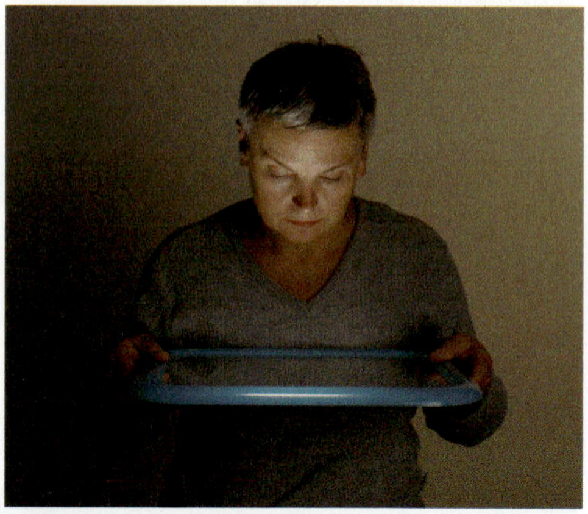

3 Licht wird reflektiert.

Mehr Sicherheit durch Reflektoren

Katzenaugen

Der Engländer Percy Shaw wurde 1934 durch die hell aufleuchtenden Augen einer Katze vor einem Unfall bewahrt. Dieses Erlebnis führte dazu, dass er noch im selben Jahr einen **Rückstrahler** erfand. Weil Rückstrahler in der Dunkelheit das einfallende Licht reflektieren, ähnlich wie die Augen einer Katze, heißen sie auch Katzenaugen. Von einem Rückstrahler, dem **Reflektor,** wird das einfallende Licht immer in Richtung der ▸ Lichtquelle reflektiert. Das geschieht durch eine besondere Spiegelanordnung. Jeweils drei zueinander senkrecht stehende Spiegelflächen bilden einen **Tripelspiegel** (Bild 2). In einem Reflektor sind viele dieser kleinen Tripelspiegel nebeneinander angeordnet.

1 Reflektierende Katzenaugen

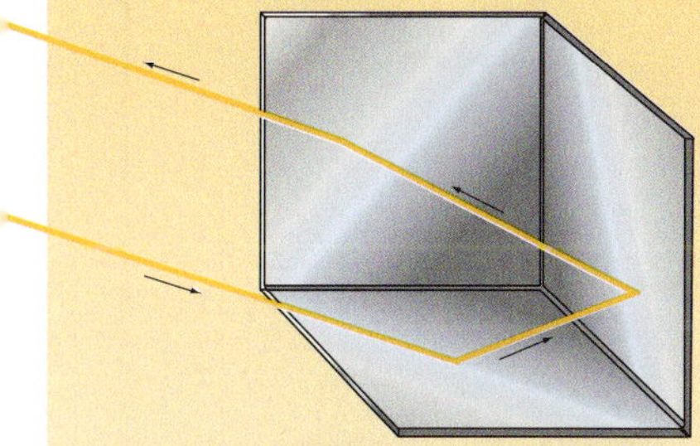

2 Tripelspiegel

Katzenaugen werden nicht nur als Rückstrahler für Anhänger, Fahrräder und Lkw genutzt. Sie dienen auch zur Markierung von Fahrbahnrändern. Dazu werden sie auf Schutzplanken und Leitpfosten montiert.

1. Informiere dich,
a) welche Bedeutung die Farben und Formen der Katzenaugen haben, die auf Leitpfosten montiert werden.
b) wo die verschiedenen farbigen Reflektoren für Fahrräder jeweils montiert sein müssen.

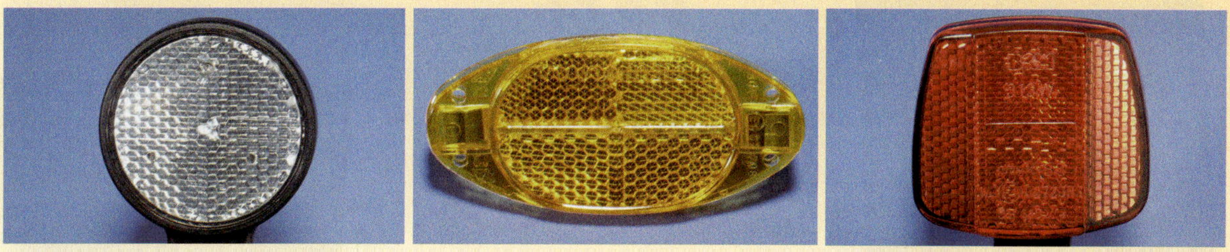

3 Reflektoren am Fahrrad

4 Gut sichtbar im Straßenverkehr

Reflexionsstreifen

Reflexionsstreifen sind so biegsam, dass sie in Kleidungsstücke eingearbeitet werden können. Sie bestehen aus einem spiegelnden Untergrund, auf dem sich winzige Kugeln aus Glas oder Kunststoff befinden. Durch diese Kugeln wird das einfallende Licht zurückgestreut. Über den Kugeln liegen eine durchscheinende, meist gelbe oder silbrige Folie und eine Schutzschicht.

Auch Autokennzeichen leuchten sehr hell, wenn in der Dunkelheit Licht auf sie fällt. Sie werden mit einem besonders stark reflektierenden Material beschichtet.

5 Gut sichtbar beim Einsatz

2. Suche nach weiteren Beispielen für die Erhöhung der Verkehrssicherheit durch Reflektoren oder reflektierende Beschichtungen.

Sehen und gesehen werden

Sehen und gesehen werden sind im Straßenverkehr sehr wichtig. Radfahrer und Fußgänger sind jedoch in der Dunkelheit besonders gefährdet. Immer wieder passieren Unfälle, wenn sie gar nicht oder zu spät gesehen werden. Wenn Radfahrer und Fußgänger darauf achten, dass sie im Dunkeln gut zu sehen sind, können viele Unfälle vermieden werden.

1. a) Auf den Bildern dieser Pinnwand siehst du verschiedene Verkehrssituationen. Finde zunächst heraus, auf welchen Bildern die Verkehrsteilnehmer die Regeln für ihre Sicherheit beachten. Begründe deine Entscheidungen.
b) Erkläre, wie die Verkehrsteilnehmer in den anderen Beispielen ihre eigene Sicherheit erhöhen können.

Sehen bei Dämmerung und Nebel

1. Betrachte ein farbiges Bild, während der Unterrichtsraum verdunkelt wird. Beschreibe, wie sich deine Wahrnehmung des Bildes dabei verändert.

2. a) Welche Sinneszellen befinden sich auf der Netzhaut des Auges?
b) Welche Aufgaben haben sie?

3. Erkundige dich, welche Auswirkungen eine Fehlfunktion der Zapfen haben kann.

4. Erzeuge mit siedendem Wasser Nebel. Beschreibe, was du beobachtest, wenn du mit einer Taschenlampe in den Nebel hinein leuchtest.

5. a) Erläutere das Sprichwort „Nachts sind alle Katzen grau".
b) Erläutere die Ansage: „Achtung Nebel! Sichtweite unter 50 m".

6. Worauf musst du achten, wenn du in der Dämmerung oder bei Nebel im Straßenverkehr unterwegs bist?

1 Nebel reduziert die Sichtweite.

Sehen bei Dämmerung

Zwischen Tageshelligkeit und völliger Dunkelheit gibt es den Zeitraum der Abenddämmerung. In dieser Zeit kannst du Farben immer schlechter erkennen. Zunehmend siehst du die Gegenstände deiner Umgebung in verschiedenen Grautönen.

Das Bild eines Gegenstandes wird auf der ▸ Netzhaut deines ▸ Auges erzeugt. Auf der Netzhaut befinden sich verschiedene ▸ Sinneszellen, die **Zapfen** und die **Stäbchen**. Die verschiedenen Farben des Gegenstandes werden von den Zapfen wahrgenommen. Dazu ist viel Licht notwendig. Während der Dämmerung fehlt das Licht und die Zapfen reagieren nicht mehr. Du kannst keine Farben mehr erkennen.

Die Stäbchen nehmen nur die Helligkeitsunterschiede der Umgebung wahr. Bei Dämmerung weiten sich die Pupillen deiner Augen. Dadurch fällt genug Licht für die Stäbchen auf die Netzhaut. Du kannst deine Umgebung dann gerade noch erkennen. Nimmt das Licht weiter ab, lässt auch das Sehen nach.

Geringe Sichtweite durch Nebel

Immer wieder kannst du in den Verkehrsnachrichten im Radio hören, dass vor Nebel gewarnt wird. Das geschieht immer dann, wenn in der Luft so viele fein verteilte Wassertröpfchen sind, dass die Sichtweite mindestens unter einem Kilometer liegt. In Bild 1 erkennst du, dass bereits leichter Nebel die Sichtweite im Vergleich zu sonnigem Wetter deutlich einschränkt.

Streuung des Lichtes

Wenn du mit dem Scheinwerfer deines Fahrrades in den Nebel hineinleuchtest, wirst du geblendet. Verantwortlich dafür sind die vielen kleinen Wassertropfen in der Luft, die das Licht zu dir zurückstreuen.

Das Reflexionsgesetz

1. Beschreibe Bild 1.

1 **Spiegelbilder an einer Wasseroberfläche**

2 **Schau mir in die Augen!**

2. a) Versuche wie in Bild 2 über einen Spiegel in die Augen einer Mitschülerin oder eines Mitschülers zu sehen. Bitte einen weiteren Schüler, den Weg des Lichtes nach deinen Anweisungen mithilfe eines Fadens zu markieren (Bild 2). Was vermutest du über die beiden am Spiegel entstandenen Winkel?
b) Überprüfe deine Vermutung. Stelle dazu einen Spiegel senkrecht auf den Durchmesser einer optischen Scheibe. Untersuche nun mithilfe der Experimentierleuchte, nach welcher Gesetzmäßigkeit Licht reflektiert wird.

3. Zeichne den reflektierten Lichtstrahl, der entsteht, wenn Licht mit einem Einfallswinkel von 30° auf einen Spiegel fällt.

4. Begründe, warum du in Bild 3 die Raumstation und die Astronauten sehen kannst, der Weltraum hinter ihnen dagegen tiefschwarz ist.

5. Ein Spiegel steht senkrecht auf einem anderen. Zeichne den Weg, den ein Lichtstrahl nimmt, der im Winkel von 45° auf einen der beiden Spiegel fällt.

6. Beschreibe jeweils dein Spiegelbild, wenn du dich in einem Spiegel, einer polierten Metallplatte, einer nicht glänzenden Metallplatte oder einer Plexiglasscheibe betrachtest.

3 **Astronauten im Weltall**

Reflexion an ebenen Flächen

Betrachtest du die Wasseroberfläche eines Sees, erkennst du Spiegelbilder seiner Umgebung. Sie entstehen durch ▸ Reflexion des Lichtes an der ebenen Oberfläche des Wassers.

Wenn du untersuchen willst, nach welchen Gesetzmäßigkeiten das Licht reflektiert wird, musst du den **Einfallswinkel** α und den **Reflexionswinkel** β messen. Für diese Messung benötigst du eine Hilfslinie, das **Lot.** Das Lot ist eine Senkrechte zum Spiegel im Auftreffpunkt des Lichtes (Bild 4). Die beiden Winkel befinden sich in derselben Ebene wie das Lot. Diese Ebene ist im Bild das Geodreieck. Zwischen dem Lot und dem einfallenden sowie dem reflektierten Lichtbündel kannst du nun die beiden Winkel messen. Vergleichst du die Größe der beiden Winkel, erkennst du das **Reflexionsgesetz.**

Reflexionsgesetz: Bei der Reflexion des Lichtes sind der Einfallswinkel α und der Reflexionswinkel β gleich groß. Dabei liegen einfallendes Lichtbündel, reflektiertes Lichtbündel und Lot in einer Ebene.

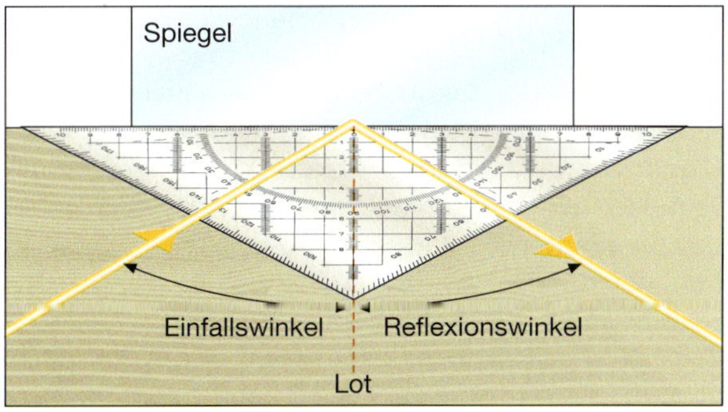

4 Das Geodreieck hilft bei der Winkelmessung.

5 Streuung an einer rauen Oberfläche

Reflexion an rauen Flächen

Auch bei der Streuung des Lichtes an rauen Flächen gilt das Reflexionsgesetz. Eine raue Fläche kannst du dir in viele kleine ebene Flächen zerlegt vorstellen. Betrachtest du eine solche Oberfläche durch ein ▸ Mikroskop, kannst du diese kleinen ebenen Flächen auch sehen.

An jeder dieser Flächen wird das Licht entsprechend dem Reflexionsgesetz reflektiert. Da diese Flächen unregelmäßig angeordnet sind, wird das Licht an ihnen in alle Richtungen reflektiert, es wird gestreut. Dadurch entsteht **diffuses Licht.** ▸ Schatten, die dabei auftreten, sind nicht scharf begrenzt. Dieses Licht benutzen Fotografen, um Schattenbildung zu ver-meiden.

6 Diffuses Licht

Bilder am ebenen Spiegel

1. Stell dich vor einen Spiegel und hebe den rechten Arm. Welchen Arm hebt dein Spiegelbild?

2. a) Wie muss ein Buchstabe stehen, damit du ihn im Spiegel richtig lesen kannst? Erkläre deine Beobachtungen und verwende die Begriffe Vorderseite und Rückseite.
b) Welche Unterschiede ergeben sich, wenn du den Buchstaben um 90° drehst oder wenn er vor dem Spiegel liegt?

3. Sind die Spielkarten Bube, Dame und König durch Spiegeln der beiden Bildhälften entstanden? Probiere aus und erkläre deine Beobachtung.

1 Der Buchstabe F und sein Spiegelbild

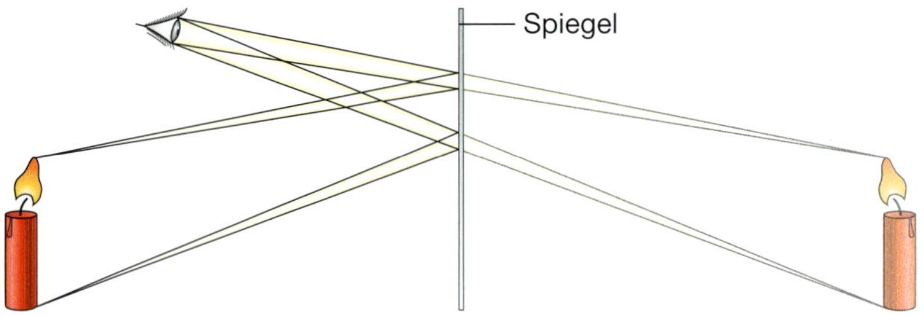

2 Konstruktion des Spiegelbildes einer Kerze

Eigenschaften von Spiegelbildern

Das Spiegelbild ist aufrecht. Die Eigenschaften von Spiegelbildern kannst du überprüfen, indem du die rechte Hand hebst. Das Spiegelbild hebt dann auf der gleichen Seite die Hand. In Bild 3 ist zu sehen, dass der Teddy den rechten Arm hebt. Aus der Sicht des Teddys im Spiegel wird jedoch der linke Arm gehoben.

Die Größenverhältnisse und Farben von Original und Bild stimmen überein. Dein Bild scheint sogar genauso weit hinter dem Spiegel zu stehen, wie du vor dem Spiegel stehst. In Bild 1 siehst du, dass Vorderseite und Rückseite vertauscht sind.

3 Original und Spiegelbild

Wie entsteht ein Spiegelbild?

Von jedem Punkt einer Kerze in Bild 2 geht Licht in alle Richtungen aus. Jeder ▸ Lichtstrahl, der von der Spitze der Flamme und vom unteren Ende der Kerze auf den Spiegel fällt, wird am Spiegel nach dem ▸ Reflexionsgesetz reflektiert.

Verlängerst du in der Zeichnung die reflektierten Strahlen hinter dem Spiegel, so erhältst du dort Schnittpunkte. Das sind die Bildpunkte von der Spitze und vom unteren Ende der Kerze.

Scheinbare Bilder

Das Bild entsteht also hinter dem Spiegel. Dort kann es natürlich nicht wirklich sein, denn der Spiegel ist undurchsichtig. Nur scheinbar befindet sich hinter dem Spiegel ein Bild. Ein solches Bild heißt **scheinbares** oder **virtuelles Bild.** Im Gegensatz zu **reellen Bildern,** die auf einem Schirm aufgefangen werden können, ist es nicht auffangbar.

Vergleichst du die Kerzenflamme und ihr Bild, so stellst du fest, dass sich das Aussehen der Flamme im Spiegel nicht verändert hat.

Reflexion an ebenen Spiegeln

1. Nenne Beispiele zur Reflexion an ebenen Spiegeln.

2. Zum Entspiegeln erhalten Brillengläser eine spezielle Beschichtung. Dadurch gelangt fast alles Licht durch das Glas, kaum etwas wird reflektiert. Welchen Vorteil haben diese Brillen im Gegensatz zu einer verspiegelten Sonnenbrille?

3. Wie solltest du ein Bild mit einer Schutzscheibe aus Glas aufhängen, damit du das Bild hinter der Glasscheibe gut erkennen kannst?

A

B

Schaufensterscheiben wirken wie ein Spiegel, deshalb kannst du häufig die Auslagen dahinter nicht sehen (Bild A). Um dieses Problem zu umgehen, werden die Schaufenster entweder durch eine Markise beschattet (Bild B) oder die Scheiben werden schräg eingebaut.

Gebäude mit großen Fensterfronten heizen sich bei intensiver Sonneneinstrahlung im Inneren stark auf. Die Glasindustrie hat dagegen **Sonnenschutzglas** entwickelt, das viel Licht, aber wenig Wärme durchlässt. Solche Spezialscheiben bestehen aus zwei Glasscheiben, zwischen denen ein besonderes Gas eingeschlossen ist. Licht und Wärme werden an der metallbedampften Außenseite der Innenscheibe reflektiert. Je dicker die Metallschicht ist, desto mehr wird reflektiert. Wegen dieser Spezialscheiben kannst du auch nicht in das Gebäude hineinsehen.

Spiegel bestehen aus Glas, das auf der Rückseite mit Silber oder Aluminium bedampft wurde. Dadurch wird das auftreffende Licht fast vollständig reflektiert.
Ähnlich werden Ski- und Bergsportbrillen beschichtet. Dadurch entsteht die spiegelnde Oberfläche, die einen Teil des Sonnenlichtes reflektiert und so das Auge vor ▸ UV-Strahlung oder zu hellem Licht schützt.

Mit Licht rufen?

1. Schließe langsam deine Augen. Wie verändert sich dabei die Wahrnehmung deiner Umwelt?

2. Beschreibe die Veränderung deiner Wahrnehmung, wenn du durch verschiedenfarbige Filter hindurch siehst.

3. Gib Sender, Empfänger und übertragene Information bei einem Schwerlasttransporter mit eingeschaltetem Warnlicht an.

4. a) Übersetze drei Worte in das Morsealphabet. Sende die Information im abgedunkelten Raum mit einer Taschenlampe an deine Mitschülerinnen und Mitschüler.
b) Wie gut und wie schnell ist die Signalübertragung?

Mit Licht Signale übertragen

Ein Wanderer hat sich im Gebirge verlaufen und es wird bereits dunkel. Mit seiner Taschenlampe sendet er Signale aus, die von einem Beobachter im Tal bemerkt werden. Die Taschenlampe des Wanderers ist eine ▸ Lichtquelle. Sie dient als **Sender** des Signals. Das Auge des Beobachters ist der **Empfänger** des Signals. Wenn Wanderer und Beobachter die Bedeutung bestimmter Signale vereinbart haben, kann der Beobachter den Inhalt der Botschaft erkennen. Er erhält eine **Information.**

Das Morsealphabet

Das Licht sorgt dafür, dass das Signal vom Sender zum Empfänger übertragen wird. Wenn Wanderer und Beobachter eine Signalsprache wie das **Morsealphabet** verwenden, können sogar längere Informationen übertragen werden.

1 Eine Taschenlampe hilft beim Rufen.

Sender-Empfänger

Seeleute verständigten sich von Schiff zu Schiff mit Lichtsignalen. Sender und Empfänger benutzten dieselbe Signalsprache.

Bei den Indianern wurden Signale durch Rauchzeichen übertragen. Sender und Empfänger mussten die Bedeutung der Signale vorher vereinbaren.

Bei der Ampel enthält jede Farbe eine bestimmte Information, die von allen Verkehrsteilnehmern und Fußgängern verstanden werden muss.

2 Signale in der Schifffahrt

3 Rauchsignale

4 Signale im Straßenverkehr

Andere Sender – andere Empfänger

Der Mensch kann Geräusche mit den ▸ Ohren empfangen. Bei Surroundanlagen sind die Lautsprecher als Sender so angeordnet, dass für den Zuhörer ein räumlicher Eindruck entsteht. Er nimmt die im Film zu hörenden Geräusche so wahr, als ob sie um ihn herum sind.

Die Sonne sendet Wärmestrahlung aus, die von den Sinneszellen der ▸ Haut als Empfänger registriert wird. Im Sommer kannst du mit geschlossenen ▸ Augen feststellen, ob die Sonne scheint oder ob es bewölkt ist.

Sollen wichtige Informationen als Warnhinweise gesendet und empfangen werden, so werden verschiedene ▸ Sinnesorgane des Menschen gleichzeitig als Empfänger genutzt. Das blinkende Blaulicht und das Geräusch des Martinshorns der Feuerwehr oder Polizei empfangen Augen und Ohren als Signal für „Vorsicht!".

1. Welche Methoden benutzten die Menschen in der Vergangenheit, um Informationen zu übertragen?

2. a) Formuliere einen Satz und übertrage diesen mit mehreren Mitschülerinnen und Mitschülern als Zwischenstationen zum Empfänger.
b) Bewerte diese Art der Übertragung.

3. a) Über welche Sinne verfügt der Mensch?
b) Mit welchem Sinnesorgan werden Informationen empfangen?
c) Womit kann der Mensch senden?

4. Welche Sinnesorgane sind bei Hunden, Greifvögeln (zum Beispiel Mäusebussard), Fledermäusen und Maulwürfen besonders ausgeprägt?

5. Setze dich auf einen Stuhl in die Mitte des Raumes. Mehrere Mitschülerinnen und Mitschüler verteilen sich im Raum und machen Geräusche. Versuche mit geschlossenen Augen, die Sender zu orten.

6. Ordne in einer Tabelle den auf der Seite gezeigten Beispielen die Begriffe Sender und Empfänger zu.

Schall und Schallquellen

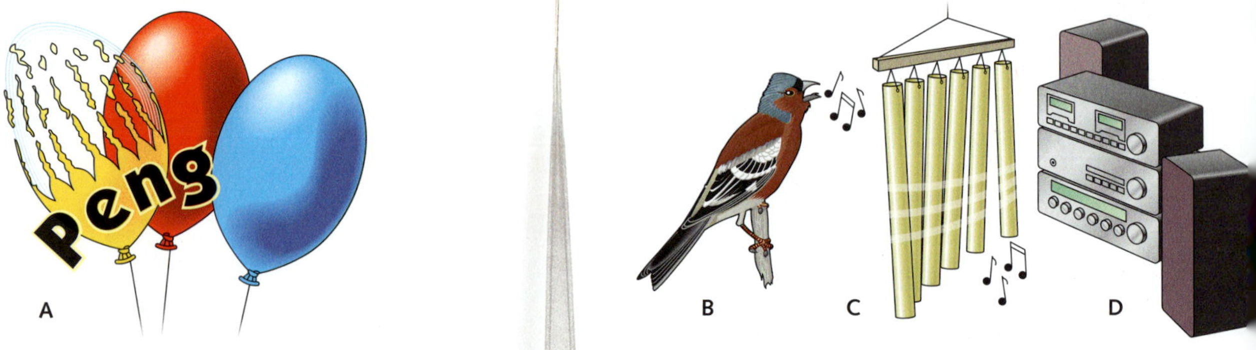

1 **Schallquellen erzeugen:** **A** *einen Knall;* **B** *einen Ton;* **C** *einen Klang;* **D** *ein Geräusch.*

1. Welche Arten von Schall hörst du in deiner Umgebung? Nenne die dazugehörigen Schallquellen. Fertige eine Übersicht in Form einer Tabelle an.

2. a) Zupfe an einer Gitarre eine Saite an.
b) Schließe langsam zwei Finger um die angezupfte Saite.
c) Beschreibe bei den Versuchen a) und b), was du beobachtest, was du hörst und was du spürst.

3. Halte ein 30 cm langes Lineal aus Plastik auf dem Tisch so fest, dass sein längeres Ende über die Tischkante hinausragt. Drücke dieses Ende kurz nach unten und lass es los. Beschreibe, was du hörst und was du siehst.

2 **Die Stimmgabel schwingt.**

4. Schlage eine Stimmgabel an und tauche die Zinken in Wasser (Bild 2). Was beobachtest du und wie erklärst du die Erscheinung?

Lehre vom Schall

Alles, was du hören kannst, Töne, Klänge, Geräusche oder einen Knall, erreicht als Schall deine ▸ Ohren. Wie **Schall** erzeugt wird, wie er an das Ohr kommt, was die verschiedenen Schallarten unterscheidet, erforscht die **Akustik.**

Schall braucht Schallquellen

Jede **Schallquelle** erzeugt eine bestimmte Schallart. Bei den Beispielen in Bild 1 ist das der **Knall** des platzenden Luftballons, der **Ton** des zwitschernden Vogels, der **Klang** des Windspieles, das vom Wind bewegt wird, und das **Geräusch** eines rauschenden Senders im Radio.

Wie Schall entsteht

Die Gitarrensaite erzeugt Töne, wenn sie angezupft wird. Sie schwingt dabei schnell hin und her. Du siehst das Schwingen und hörst einen Ton.
Bei der Stimmgabel können die **Schwingungen** mithilfe von Wasser sichtbar gemacht werden.
Wenn du auf einem hohlen Schlüssel pfeifst, bringst du die Luft im Rohr zum Schwingen. Beim Trommeln schwingt die Fläche des Trommelfells.

Die Frequenz

Werden die verschiedenen Saiten einer Gitarre angezupft, so schwingen sie mit einer unterschiedlichen Anzahl von Schwingungen pro Sekunde. Sie haben eine unterschiedliche **Frequenz.**
Die Frequenz wird in **Hertz (Hz)** gemessen. Führt eine Gitarrensaite 440 Schwingungen in einer Sekunde aus, so hat sie eine Frequenz von 440 Hz, führt sie 330 Schwingungen pro Sekunde aus, so hat sie eine Frequenz von 330 Hz.
Die Einheit Hz wurde zu Ehren des deutschen Physikers HEINRICH HERTZ (1857–1894) gewählt.

Hoch und tief – Laut und leise

1. a) Überlege dir einen Versuch, mit dem du mithilfe eines langen Lineals zeigen kannst, wie hohe und tiefe Töne entstehen. Stelle den Versuch vor.
b) Wie unterscheiden sich die Schwingungen des Lineals?

2. Wende deine Erkenntnisse aus Versuch 1 an, um an einer Gitarrensaite hohe und tiefe Töne zu erzeugen. Begründe deine Überlegung, bevor du sie ausprobierst

3. a) Zupfe eine Gitarrensaite verschieden stark an. Was hörst und siehst du?
b) Was vermutest du, wie die unterschiedliche Lautstärke entsteht?

4. Übertrage deine Beobachtungen aus Versuch 3 auf Versuch 1. Beschreibe, wie du laute und leise Töne erzeugst. Wovon hängt die Lautstärke ab?

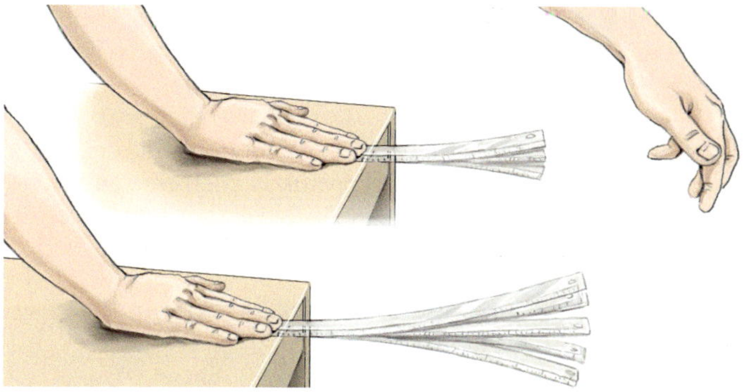

1 Hohe oder tiefe Töne – Laute oder leise Töne?

Ein Lineal erzeugt verschiedene Töne

Mit einem Lineal kannst du hohe und tiefe Töne erzeugen. Je länger der schwingende Teil des Lineals ist, desto langsamer schwingt das Lineal, desto niedriger ist seine ▸ Frequenz und desto tiefer ist der erzeugte Ton.
Je kürzer der schwingende Teil des Lineals ist, desto höher ist die Frequenz des Lineals, desto höher ist der Ton. Das Lineal schwingt dann deutlich schneller. Entscheidend für die **Tonhöhe** ist die Frequenz, mit der die Schallquelle schwingt.

Laut und leise

Die **Lautstärke,** die eine schwingende Gitarrensaite erzeugt, hängt davon ab, wie weit sie hin und her schwingt. Je weiter die Saite aus ihrer Ruhelage schwingt, desto lauter ist der Ton, den sie erzeugt. Je stärker ein eingespanntes Lineal auf und ab schwingt, desto weiter bewegt es sich aus seiner Ruhelage und desto lauter ist der Ton, den es erzeugt. Schwingen Saite oder Lineal nur wenig aus ihrer Ruhelage, dann ist auch der Ton, den sie erzeugen, leiser.

Streifzug

Hörbereiche

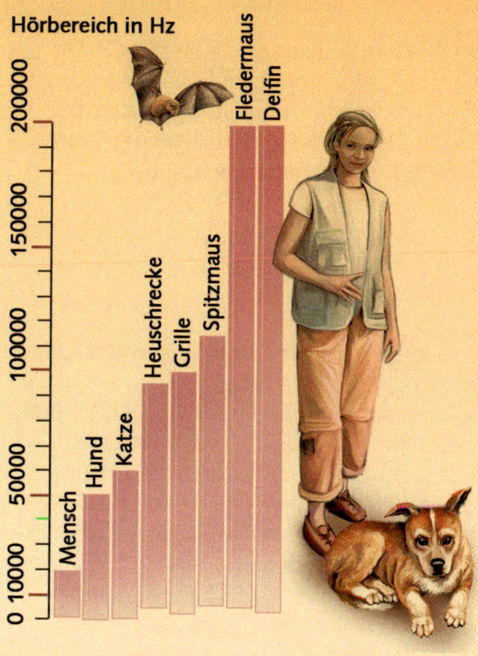

2 Verschiedene Hörbereiche

Besser und schlechter hören

Hund und Katze wird nachgesagt, dass sie ein feineres Gehör hätten als der Mensch. ▸ Fledermäuse hören aber noch besser als Hunde und Katzen. Ihr Gehör nimmt Frequenzen von 1 000 Hz bis 200 000 Hz wahr. In Bild 2 findest du verschiedene **Hörbereiche** im Vergleich.

Ulltraschall und Infraschall

Der Hörbereich eines jungen Menschen liegt zwischen 16 Hz und 20 000 Hz. Schall mit Frequenzen über 20 000 Hz kann er nicht mehr hören. Dieser Bereich wird als **Ultraschall** bezeichnet.
Schall mit Frequenzen unter 16 Hz kann der Mensch ebenfalls nicht mehr hören. Dieser Bereich heißt **Infraschall.** Wenn Töne dieser Frequenzen sehr laut sind, nimmt der Mensch sie wahr, allerdings nicht mit den Ohren. Solche Töne erzeugen beispielsweise tief brummende Motoren. Sie bereiten vielen Menschen Übelkeit oder Kopfschmerzen.

5. Recherchiere im Internet, welche Tiere Ultraschall hören können.

Wie wir hören

1. In Abbildung 1B ist das Ohr in Originalgröße abgebildet. Miss die Länge des Gehörgangs, den Durchmesser des Trommelfells und andere Teile des Ohres aus und erstelle eine Messtabelle.

2. Liste in einer Tabelle die Teile des Ohres und ihre Funktionen für den Hörvorgang auf.

3. Sammele Abbildungen der Ohrmuscheln verschiedener Tiere.
a) Berichte, was Größe, Form und Stellung der Ohren über die Lebensweise und Hörleistungen der Tiere verraten können.
b) Finde heraus, welche weiteren Funktionen große Ohrmuscheln haben können, zum Beispiel beim Elefanten.

4. Bevor es Hörgeräte gab, benutzten manche schwerhörigen Menschen Hörrohre. Bastele aus Papier oder Kunststofffolie Hörrohre verschiedener Formen und Größen. Wer kann mit seinem Hörrohr einen vorgelesenen Text noch aus der größten Entfernung verstehen?

5. Wozu brauchen wir zwei Ohren?
a) Kläre diese Frage im Experiment, indem du eine Testperson mit verbundenen Augen einen klingelnden Wecker finden lässt. Einmal soll sie ein Ohr mit einem Ohrstöpsel verschlossen haben und einmal sollen beide Ohren geöffnet sein. Miss jeweils die Zeit bis zum Berühren des Weckers.
b) Stelle im ▸ Versuchsprotokoll auch eine Erklärung für dein Ergebnis dar.

6. Mit folgendem Experiment könnt ihr in Teams das Richtungshören näher untersuchen:
a) Markiert einen etwa 1 m langen Wasserschlauch in der Mitte. Die Versuchsperson hält sich die beiden Schlauchenden an die Ohren. Eine Mitschülerin oder ein Mitschüler befindet sich dahinter und klopft mit einem Lineal in verschiedenen Abständen links oder rechts von der Markierung auf den Schlauch. Die Versuchsperson gibt jeweils an, von welcher Seite sie das Geräusch hört.
Ermittelt die beiden der Mitte am nächsten liegenden Punkte auf dem Schlauch, an denen die Versuchsperson gerade noch sicher angeben kann, woher das Geräusch kommt. Messt den Abstand zwischen beiden Punkten aus.
b) Beschreibt, wie das Richtungshören funktioniert und erläutert in diesem Zusammenhang das Versuchsergebnis.

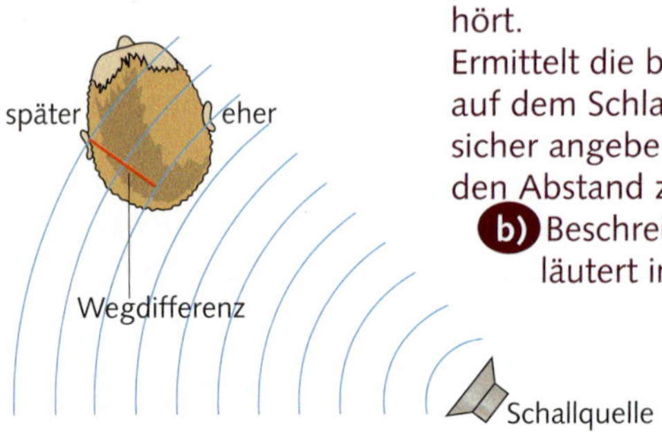

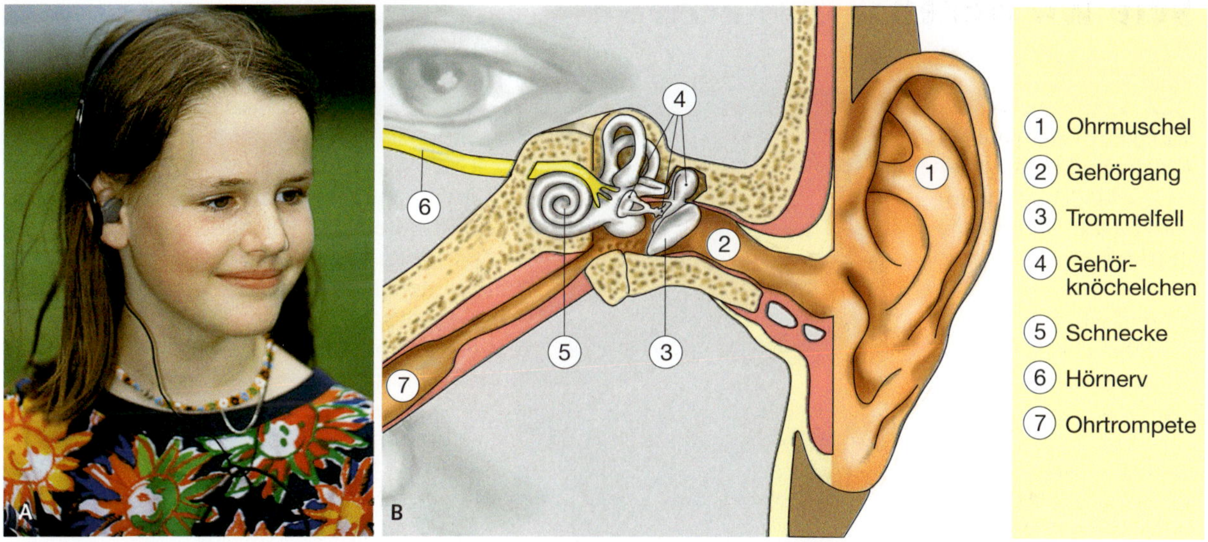

1 Das menschliche Ohr. A *beim Musikhören;* **B** *Bau des Ohres*

Schall

Unser **Hörsinn** reagiert auf Schall. Schwingt zum Beispiel die Saite einer Gitarre oder die Membran eines Kopfhörers beim Musikhören, so werden die Luftteilchen zu Schwingungen angeregt und der Schall gelangt als Schallwellen an unser Ohr. Je stärker die Schwingungen sind, desto größer ist die Lautstärke. Je schneller die Schwingungen aufeinanderfolgen, desto höher ist der Ton.

Das Außenohr

Die Ohrmuschel fängt die Schallwellen auf und leitet sie in den Gehörgang. Am Ende des Gehörganges befindet sich das **Trommelfell,** ein kleines, nur etwa einen Zehntel Millimeter dickes Häutchen. Es trennt das Außenohr vom Mittelohr. Die Schallwellen bringen das Trommelfell zum Schwingen.

Im Mittelohr

Das Trommelfell überträgt die Schwingungen auf die drei **Gehörknöchelchen.** Sie übertragen die Schwingung über ein Häutchen auf die Flüssigkeit im Innenohr.
Das Mittelohr ist mit Luft gefüllt. Es hat über die Ohrtrompete eine Verbindung zum Mundraum. Sie ist so eng, dass sie sich oft nur bei Bewegungen des Unterkiefers kurzzeitig öffnet und für einen Druckausgleich sorgen kann.

Im Innenohr

Im Innenohr befindet sich die **Hörschnecke.** Das ist ein kleines, schneckenhausförmiges Gebilde, das mit einer Flüssigkeit gefüllt ist. Die Flüssigkeit wird in Schwingungen versetzt. Dadurch werden Sinneszellen gereizt. Wenn die feinen Härchen einer Sinneszelle gebogen werden, sendet die Sinneszelle elektrische Signale aus, die der Hörnerv zum Gehirn leitet. Auf diese Weise können unterschiedliche Arten von Tönen, die Lautstärke und die Höhe der Töne wahrgenommen werden.

Hörwahrnehmung im Gehirn

Im Gehirn findet die eigentliche Hörwahrnehmung statt. Wir erkennen Stimmen wieder oder hören ein heranfahrendes Auto als mögliche Gefahr.

Für das **Richtungshören** vergleicht das Gehirn die leicht unterschiedlichen Informationen, die von den beiden Ohren ins Gehirn gemeldet werden. Die Geräusche kommen dort leicht zeitversetzt und mit etwas anderer Lautstärke an.

Das Ohr hört nicht nur

Im Innenohr liegt auch der **Gleichgewichtssinn.** Damit werden die Lage und Bewegungen des Kopfes festgestellt. Drei bogenförmige Gänge helfen, Drehungen in allen drei Richtungen des Raumes wahrzunehmen.

2 Balancieren

Schall – sichtbar gemacht

1. a) Beruße eine Glasplatte. Ziehe wie in Bild 1 gleichmäßig eine angeschlagene Schreibstimmgabel darüber.
b) Beschreibe die Spur, die die Feder im Ruß hinterlässt.
c) Erkläre, warum die Ausschläge immer kleiner werden.

2. Zeichne Tonspuren wie in Versuch 1 auf, indem du die Stimmgabel einmal leichter und einmal heftiger anschlägst. Beschreibe die Ergebnisse.

1 **Stimmgabel macht Töne sichtbar.**

3. a) An ein Oszilloskop wird wie in Bild 2 ein Mikrofon angeschlossen. Dieses Gerät kann auf einem Bildschirm Schwingungen sichtbar machen.
Betrachte und beschreibe nacheinander die Schwingungsbilder, die der jeweilige Schall auf dem Bildschirm erzeugt:
- ein leiser und lauter Ton,
- ein hoher und tiefer Ton,
- das Rasseln mit einem Schlüsselbund,
- Schritte im Klassenzimmer,
- Schülerinnen und Schüler unterhalten sich,
- ein platzender Luftballon.

b) Suche eigene Beispiele für Geräusche, Töne und für einen Knall.

4. Spiele bei gleichem Aufbau wie in Versuch 3 auf einem Instrument langsam eine Tonleiter. Vermute im Voraus, wie sich das Schwingungsbild verändern wird.

Schwingungsbilder

Die Schwingungen von Tönen, ihre Frequenz und ihre ▸ Lautstärke, kannst du sichtbar machen. Eine Schreibstimmgabel zeichnet die Schwingungen in eine Rußschicht (Bild 1). Die dabei entstehende gleichmäßige Wellenlinie heißt **Sinuskurve.**

Mit einem Oszilloskop, an das ein Mikrofon angeschlossen ist, kannst du Schall sichtbar machen. Verschiedene Töne, verschiedene Klänge und Geräusche ergeben auf dem Bildschirm des Oszilloskopes unterschiedliche Schwingungsbilder. Einige davon sind in Bild 2 dargestellt.

Laut oder leise – Hoch oder tief

Am Schwingungsbild kannst du die Art des Tones ablesen. Geräusche erzeugen unregelmäßige Schwingungsbilder. Die Höhe der dargestellten Schwingung gibt die **Amplitude** an. Je größer die Amplitude der Schwingung ist, desto höher ist das Schwingungsbild. Der Ton ist laut oder leise.

Von der Anzahl der Schwingungen auf dem Bildschirm kann auf die ▸ Frequenz des Tones geschlossen werden und somit auf einen hohen oder tiefen Ton. Je höher die Frequenz des Tones ist, desto größer ist die Anzahl der Schwingungen.

Rasseln mit Schlüsselbund
Schuss platzender Ballon platzende Tüte
Gitarre Kontrabass Stimmgabel

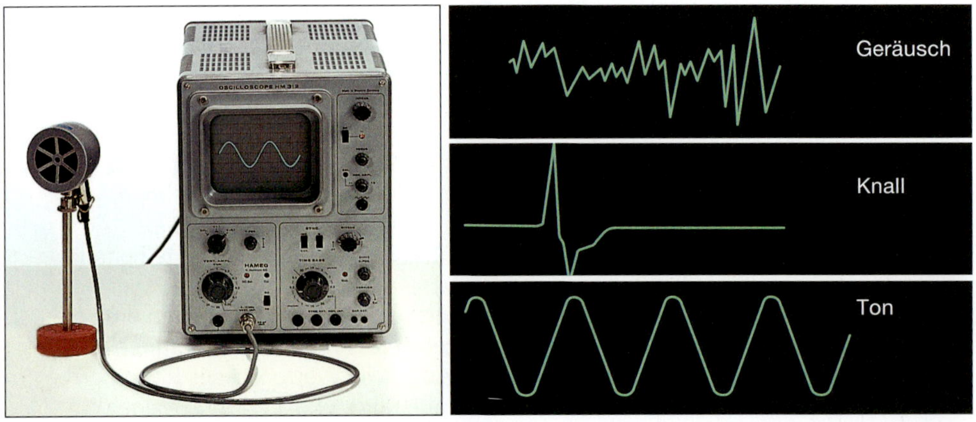

2 **Schwingungen werden mithilfe eines Oszilloskopes sichtbar gemacht.**

Sinne und Wahrnehmung → S. 248/249

Was schwingt denn da?

1. a) Fülle mehrere gleiche Wasserflaschen aus Glas unterschiedlich hoch mit Wasser. Erzeuge einen Ton, indem du über den Flaschenhals bläst. Was stellst du fest?
b) Sortiere die Flaschen nach der Tonhöhe und vergleiche.
c) Was schwingt bei diesem Versuch und erzeugt somit den Ton?
d) Beschreibe deine Feststellungen mit einem Je-desto-Satz und den Fachbegriffen Tonhöhe und Frequenz.

1 Anblasen einer Glasflasche

2. a) Fülle mehrere gleiche Weingläser unterschiedlich hoch mit Wasser. Überlege, an welchen Gläsern hohe und an welchen tiefe Töne erzeugt werden könnten und sortiere sie in der Reihenfolge einer Tonleiter.
b) Befeuchte einen Finger und streiche gleichmäßig über den Rand der Gläser. Achte auf die Tonhöhe. Sortiere nun eventuell neu und formuliere einen Je-desto-Satz.

2 Das Glas „singt".

3 Zwei Tamburine

3. a) Baue den Versuch wie in Bild 3 auf. Vermute, was passieren wird, wenn du das linke Tamburin anschlägst.
b) Führe den Versuch durch und halte das Ergebnis in einem Je-desto-Satz fest.
c) Baue den Versuch wie in Bild 4 auf. Vergleiche dein Ergebnis mit dem Ergebnis aus b) und erkläre deine Beobachtungen.

4 Ausbreitung des Schalls

Die Länge der Luftsäule
Bei der Erzeugung von Tönen in Flaschen schwingen Luftsäulen in einer bestimmten ▸ Frequenz. Durch das Anblasen wird die Luftsäule zwischen Öffnung und Wasserspiegel zum Schwingen gebracht. Je kürzer die Luftsäule ist, desto größer ist die Frequenz und desto höher ist der Ton.
Bei einer Flöte ist das ebenso. Die Luftsäule wird verändert, indem immer mehr Löcher mit den Fingern verschlossen werden.

Wenn ein Weinglas zum Schwingen angeregt wird, gibt es die Schwingungen an die Luft weiter. Je mehr Wasser eingefüllt ist, desto weniger Luft ist im Glas. Der Ton ist dann höher.

Je länger die Luftsäule ist, desto kleiner ist die Frequenz und desto tiefer ist der Ton.

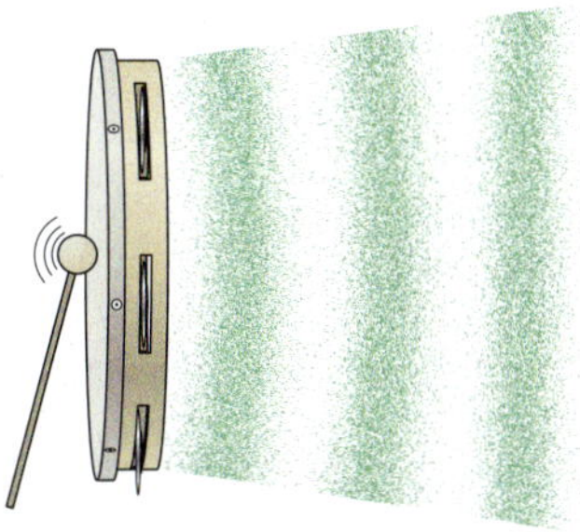

Wie kommt der Schall von der Schallquelle an dein Ohr?
Wenn du auf ein Tamburin schlägst, wölbt sich seine Fläche ein wenig. Dabei verdrängt sie die anliegenden Luftteilchen. Diese schieben sich zwischen die davor liegenden Luftteilchen, es entsteht eine **Luftverdichtung.**
Danach wird die Tamburinfläche wieder gerade. An dieser Stelle sind jetzt weniger Luftteilchen, es herrscht eine **Luftverdünnung.** Die Tamburinfläche wölbt sich erneut, es gibt wieder eine Luftverdichtung. Schallausbreitung in Luft ist also eine Aufeinanderfolge von Luftverdichtungen und Luftverdünnungen.

Sinne und Wahrnehmung → S. 248/249

Schallausbreitung

1. a) Hänge eine elektrische Klingel in ein Glasgefäß wie in Bild 1 und schalte sie an. Pumpe die Luft aus dem Gefäß. Was stellst du fest?
b) Lass langsam wieder Luft in das Gefäß strömen. Was passiert dabei?
c) Erkläre deine Beobachtungen.

1 Hier fehlt die Luft!

5. a) Stelle einen Reisewecker in eine senkrecht gestellte Papprolle und halte darüber einen Spiegel. Probiere aus, wo du das Klingeln des Weckers am besten hören kannst. Verändere dabei den Winkel des Spiegels.
b) Formuliere eine Regel für die Ablenkung des Schalls.

6. Halte die Papprolle aus Versuch 5 so über eine Tischkante, dass der Wecker nicht herausfällt. Beleuchte den Wecker von unten mit einer Taschenlampe. Lass das Licht dabei über den Spiegel fallen. Welches Gesetz für die Ablenkung des Schalls erkennst du aus diesem Versuch?

2. In Westernfilmen wird gezeigt, wie das Herannahen eines Zuges rechtzeitig festgestellt werden kann. Begründe, warum der Zug auf der Schiene viel früher zu hören ist als in der Luft.

3. Wale und Delfine haben ein gutes Gehör. Das Wasser hilft dabei, dass sie sogar kilometerweit hören können. Begründe, woran das liegt.

2 Wie schnell ist der Schall?

4. Ermittelt in Partnerarbeit die Schallgeschwindigkeit wie in Bild 2. Legt eine Strecke von 100 m fest.
Starte die Stoppuhr sobald du siehst, wie die Starterklappe zugeschlagen wird. Stoppe die Uhr, sobald du den Knall hörst.
Rechne dann aus, welche Strecke der Schall in einer Sekunde zurücklegt.

Schall in Luft

Schall kann sich nur ausbreiten, wenn ein **Schallleiter** vorhanden ist wie beispielsweise die Luft oder andere Stoffe. Astronauten könnten sich auf dem Mond ohne Mikrofon und Kopfhörer nicht unterhalten.

Schall braucht Zeit

Bei 100 m von der Starterklappe bis zum Zeitnehmer braucht Schall etwa 0,3 s. Der Schall legt in der Luft in einer Sekunde 340 m zurück. Dieser Wert heißt **Schallgeschwindigkeit.** Andere Stoffe leiten den Schall noch schneller.

■ Schall braucht zur Ausbreitung einen Schallleiter. In der Luft legt der Schall in einer Sekunde 340 m zurück.

Stoff	in 1 s zurückgelegter Weg
Luft	340 m
Wasser	1 480 m
Stahl	5 100 m
Glas	5 300 m
Eichenholz	5 500 m

3 Verschiedene Schallgeschwindigkeiten

Die Lichtgeschwindigkeit zum Vergleich

Licht breitet sich ohne Luft oder einen anderen Leiter im Raum aus. Die **Lichtgeschwindigkeit** in Luft oder im Weltraum beträgt ungefähr 300 000 $\frac{km}{s}$. In anderen lichtdurchlässigen Stoffen ist sie kleiner. Die Lichtgeschwindigkeit im Weltraum ist die größte Geschwindigkeit, die überhaupt möglich ist.

Schall kann umgeleitet werden

Wenn Schall auf ein Hindernis trifft, wird er wie Licht aus seiner Richtung abgelenkt. Für Schall wirkt eine Hauswand oder auch eine Felswand wie ein ▸ Spiegel für Licht. Auch für Schall gilt das ▸ **Reflexionsgesetz.**

Ultraschall und andere Besonderheiten

Trifft Schall senkrecht auf eine Wand, wird er in der gleichen Richtung zurückgeworfen. So entsteht ein **Echo.** Du hörst das Echo, wenn der reflektierte Schall erst dann an dein Ohr kommt, wenn du mit dem Rufen fertig bist. Wenn du 1 s brauchst, um das Wort „Otto" zu rufen und es dann als Echo hören möchtest, musst du mindestens 170 m von der Wand entfernt sein.

1. Begründe die Entfernungsangabe 170 m.

Auf Schiffen wird die Wassertiefe mit einem **Echolot** bestimmt. Am Schiffsrumpf wird Schall in Richtung Meeresboden ausgesendet. An einer anderen Stelle im Rumpf ist ein Empfänger eingebaut, der den reflektierten Schall registriert. Aus der Zeit, die zwischen dem Aussenden und dem Empfang vergangen ist, wird die Wassertiefe berechnet. Braucht der Schall 0,5 s, dann ist die Wassertiefe etwa 370 m.

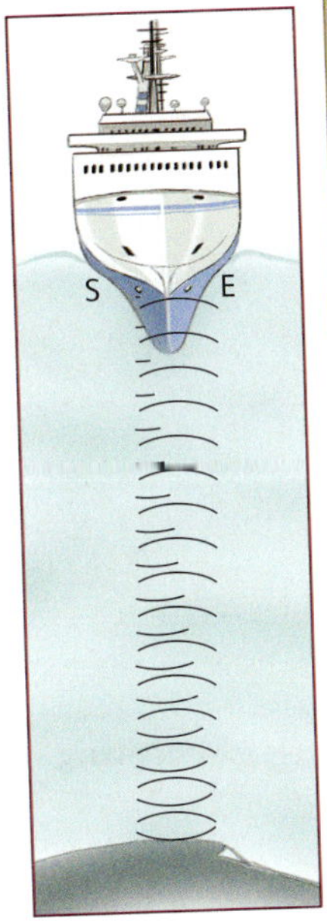

2. Wie lange braucht der Schall bei einer Wassertiefe von 740 m?

Bei einem Gewitter entstehen Blitz und Donner gleichzeitig. Den Blitz siehst du sofort, der Donner breitet sich mit Schallgeschwindigkeit aus. Es gibt die Regel: „Wenn du den Blitz siehst, zähle die Sekunden, bis du den Donner hörst, und teile den Wert durch 3. Dann weißt du, wie viele Kilometer das Gewitter ungefähr entfernt ist."

3. Wie weit ist das Gewitter entfernt, wenn du 5 s zählst, bis du den Donner hörst?

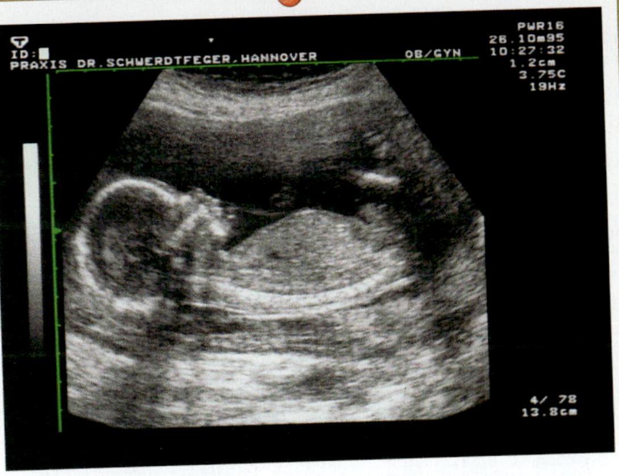

Zur Untersuchung von Schwangeren wird ▸ **Ultraschall** durch die Bauchhaut der Mutter geschickt. Die Schwingungen werden von den verschiedenen Gewebeschichten der Mutter und des Babys unterschiedlich reflektiert. Ein Mikrofon wandelt die Schallschwingungen in elektrische Ströme um. Diese werden von einem Computer in ein Bild umgesetzt.

4. Erkläre, warum Ultraschall-Untersuchungen vor Erfindung des Bildschirms nicht möglich waren.

▸ Fledermäuse senden beim Fliegen Ultraschall aus. Der wird an den Beutetieren wie Insekten, Fliegen oder an anderen Gegenständen reflektiert. Daran, wie die Ultraschalltöne zurückkommen, erkennen die Fledermäuse ihre Umgebung und ihre Beute.

5. Was könnte passieren, wenn alle Fledermäuse die gleichen Töne aussenden würden?

Sinne und Wahrnehmung → S. 248/249

Selbstbau von Musikinstrumenten

Gruppe 1: Trommeln
a) Baut mithilfe der aufgeführten Materialien verschiedene Trommeln.
b) Welchen Einfluss auf das Klangverhalten haben
- die Länge und der Durchmesser des Trommelkörpers,
- das Material der Bespannung,
- der Grad der Straffung der Bespannung?

Material
- Abwasserrohr mit $d \geq 200$ mm
- Trommelfell aus Kunststoff
- Endlosrohrschellen

1 Trommeln

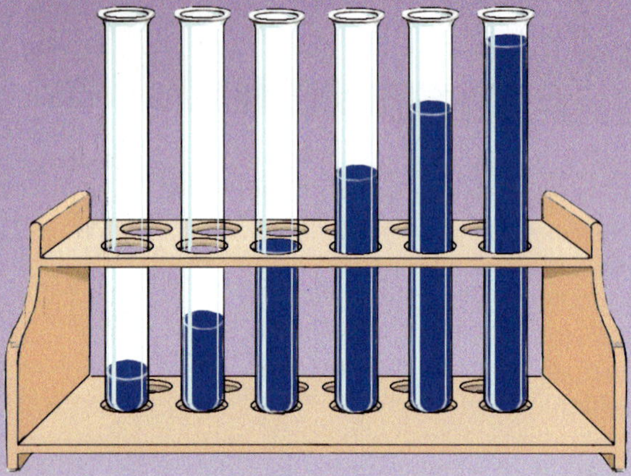

2 Glas-Panflöte

Gruppe 2: Glas-Panflöte
a) Baut anhand von Bild 2 eine Panflöte aus Reagenzgläsern.
b) Wie entstehen bei dieser Panflöte die Töne?
c) Welchen Einfluss haben unterschiedliche Füllhöhen auf den Klang?
d) Baut eine Panflöte aus Bambusrohr. Verschließt dabei die unteren Rohrenden mit Korken oder Knetmasse.

Gruppe 3: Trinkhalmbrummer und Flöten
a) Baut aus einem möglichst dicken Trinkhalm einen Trinkhalmbrummer.
b) Welchen Einfluss haben die Länge und die Dicke des Trinkhalms?
c) Wie verändert sich die Tonhöhe, wenn ihr Löcher bohrt und deren Lage verändert?
Tipp: Bohrt die Löcher mit einem heißen Nagel.
d) Sucht andere Materialien, aus denen ihr eine Flöte bauen könnt.

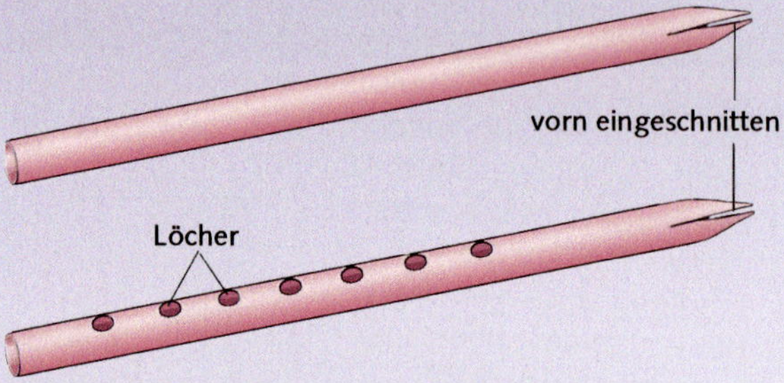

3 Trinkhalmbrummer

4 Glasharfe

Gruppe 4: Glasharfe
Welchen Einfluss haben die Form des Glases und die Füllhöhe auf den Klang?

Flaschenharfe
a) Hängt Flaschen aus gleichen Materialien an Bindfäden auf und schlagt sie mit einem Stab an.
b) Welchen Einfluss hat die Füllhöhe auf den Klang?
c) Wiederholt den Aufbau mit Flaschen aus unterschiedlichen Materialien und vergleicht jeweils den Klang.

5 Flaschenharfe

Schall beeinflusst den Menschen

1 Der MP3-Player als Schallquelle

Unsere ▸ Ohren nehmen den ankommenden Schall auf und geben ihn in Form elektrischer Ströme an unser Gehirn weiter. Dort werden sie verarbeitet. Das eigentliche Hören findet also im Gehirn statt. Das Hören ist einer unserer fünf Sinne. Es ist eine Hilfe, um uns mit Anderen zu verständigen. Damit ist die Schallwirkung aber nicht erschöpft. Schall kann viel mehr.

Schall kann schaden und zerstören
Viele Jugendliche stellen ihren MP3-Player so laut ein, dass trotz Kopfhörer andere die Musik mithören können. Solche „Lauthörer" werden nicht sehr lange Freude an der Musik ihrer Lieblingsband haben. Nach einer gewissen Zeit muss der „Lauthörer" die Lautstärke immer höher einstellen. Was ist passiert?

Das Gehör leidet unter zu großer Lautstärke. Die Gehörknöchelchen Hammer, Amboss und Steigbügel geben den Schall nur noch schlecht vom Trommelfell an das Innenohr weiter.
Viel schlimmer aber ist, dass sich die feinen Härchen in der Schnecke versteifen und plötzlich abknicken (Bild 2). Dieser Schaden lässt sich nicht mehr beheben. Der Mensch wird schwerhörig und muss ein Hörgerät tragen. So haben in Deutschland bereits 30% aller Jugendlichen bis zum Alter von 20 Jahren erste Hörprobleme.

Musik kann auch wie eine Droge wirken. Das kannst du in Diskotheken oder bei einem Livekonzert oft beobachten. Dann sind die Zuhörer so sehr von der Musik eingenommen, dass sie um sich herum nichts anderes mehr wahrnehmen.

Schall kann beruhigen und erfreuen
In vielen Zahnarztpraxen wird leise Musik gespielt, damit du dich entspannen kannst. Du empfindest bei der Behandlung weniger Schmerzen oder Unwohlsein. Die Musik wirkt unbewusst auf dich. Oft wird auch bei Operationen in Krankenhäusern Musik gespielt. Hierbei dient die Musik der Beruhigung und Entspannung des Patienten.

Du hast sicher schon oft das Radio eingeschaltet oder eine CD eingelegt, wenn du etwas Schönes hören wolltest. Du machst dir also mit der Musik eine Freude. Für viele ist es ein Genuss, dem Konzert einer Band zu lauschen oder in einer Diskothek nach Musik zu tanzen. Aber auch ein Instrument zu spielen, macht viel Spaß. Du kannst auch eine Band gründen. Dann habt nicht nur ihr selbst die Freude, sondern begeistert auch eure Zuhörer.

2 Die Härchen im Innenohr sind gefährdet.

Schall und Lärm

Schall kann angenehm sein wie beim Hören deiner Lieblingsmusik. Schall kann aber auch sehr unangenehm sein wie beispielsweise beim nächtlichen Zuschlagen einer Tür. Wird Schall als laut und unangenehm empfunden, wird er **Lärm** genannt.

Lärm kann krank machen
Fahren an deiner Schule ständig Autos vorbei, so kannst du dich nicht gut konzentrieren. Auch andere Geräusche beeinträchtigen die Konzentration.
Musik wird mit Kopfhörern oft so laut gehört, dass sogar der neben dir Sitzende die Musik deutlich mithören kann. Eine solche Einstellung führt bald zu Hörschäden wie Schwerhörigkeit oder sogar Taubheit.
Dauernder Lärm bewirkt eine Verengung der Blutgefäße. Dadurch erhöht sich der Blutdruck. Das kann zu einem Herzinfarkt oder Schlaganfall führen.

Schutz vor Lärm
Wenn es in deinem Zimmer durch den Straßenlärm zu laut ist, schließt du das Fenster. Schon ist es etwas ruhiger in deinem Zimmer. Das geschlossene Fenster verhindert, dass der Schall in seiner vollen Stärke in den Raum kommen kann. Der Schall wird **gedämmt.** Ähnlich wirken auch Außen- und Innenwände und Decken der Wohnräume. Auch sie sollen den Schall dämmen. Nur dann kannst du in Ruhe arbeiten, lesen, spielen, schlafen oder dich unterhalten.
Im Baumarkt findest du viele Stoffe, die für den Zweck der Schalldämmung eingesetzt werden können.

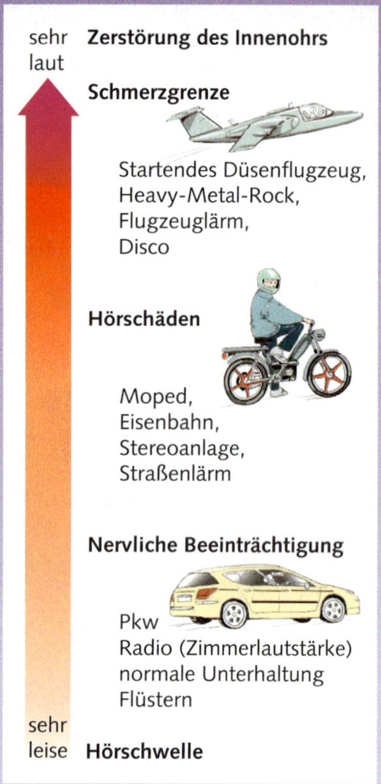

1 Auswirkungen von Schall auf den Körper

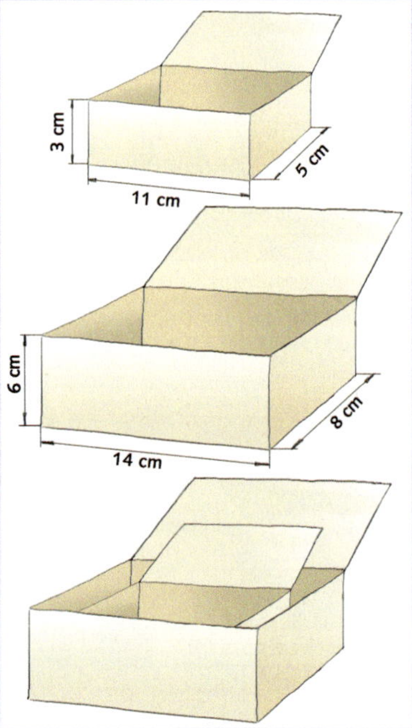

2 Schachtel in der Schachtel

Laut oder leise!
Bildet vier Gruppen, in denen ihr die Schall dämmende Wirkung der verschiedenen Stoffe untersucht.
Jede Gruppe stellt jeweils zwei große und zwei kleine Pappkisten nach den Maßen in Bild 2 her.
Es eignen sich auch fertige Kisten wie Schuhkartons.
Wichtig ist, dass die großen und die kleinen Kisten jeweils für alle Gruppen gleich groß sind.
Weiter braucht jede Gruppe zwei elektrische Klingeln mit Kabeln und Schalter, ein Stromversorgungsgerät und ein Lautstärke-Messgerät.

Achtet bei der Lautstärkemessung darauf, dass ihr immer den gleichen Abstand zwischen großer Kiste und Messgerät habt.

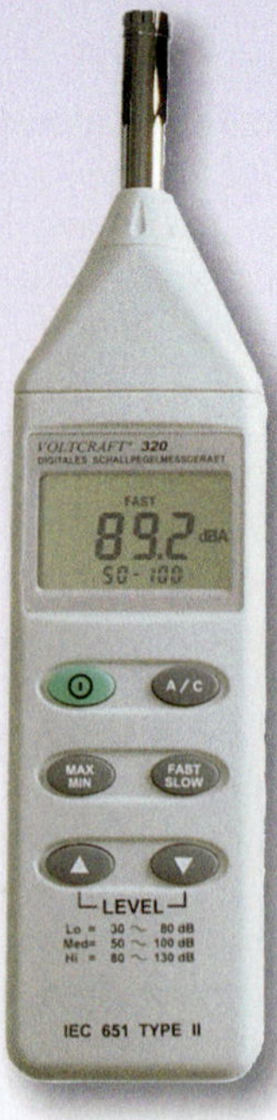

3 Lautstärke-Messgerät

4 Viele Füllstoffe zur Auswahl

Versuche für alle Gruppen

1. Schließt die elektrischen Klingeln an die ▸ Stromversorgungsgeräte an und regelt die Geräte so, dass alle Klingeln gleich laut sind.

2. Legt jeweils die Klingel in den kleinen Karton, führt die Kabel aus dem Karton und klebt ihn zu.

3. Wählt in jeder Gruppe drei Stoffe aus Bild 4 aus und einen weiteren Stoff nach eurer Wahl, der nicht aufgeführt ist.

4. Füllt das erste ausgewählte Material auf den Boden der großen Kiste. Setzt jeweils die kleine Kiste in die große Kiste. Achtet darauf, dass der Abstand der äußeren und inneren Wände, der Böden und auch der Deckel überall gleich ist. Füllt nun die Zwischenräume mit dem ausgewählten Stoff aus. Führt die Kabel aus der großen Kiste. Füllt den ausgewählten Stoff auch auf den Deckel der kleinen Kiste. Verschließt nun den Deckel der großen Kiste.

5. Wählt ein zweites Dämmmaterial und verfahrt entsprechend mit dem zweiten Kistensatz.

6. Betätigt jetzt nacheinander die Klingelknöpfe und messt dabei in einem Abstand von 10 cm jeweils die Lautstärke.

7. Notiert jeweils den eingefüllten Stoff und die gemessene Lautstärke.

8. Wiederholt die Versuche mit den beiden anderen Füllstoffen. Durch Vergleich der Messwerte ermittelt ihr den besten der von euch eingesetzten Füllstoffe. Das ist euer Dämmmeister!

9. Vergleicht eure Werte mit den Messungen der anderen Gruppen bei gleichem Füllstoff. Weichen die Messungen stark voneinander ab, müssen die Versuche wiederholt werden.

Füllstoff-Halbfinale
Jede Gruppe stellt in der Klasse ihren Dämmmeister vor.

Die Gruppensieger treten nun gegeneinander an. Durch Losverfahren werde zwei neue Gruppen aus jeweils zwei Gruppensiegern gebildet.

Jede neue Gruppe ermittelt durch Versuche mit Lautstärkemessungen den besseren Füllstoff.

Füllstoff-Finale
Die beiden Sieger treten zum Finale an. Die Siegergruppe erhält den goldenen Ohrstöpsel.

Schutz vor Lärm

Mithilfe von Druckluft wird der Meißel des Presslufthammers angetrieben. Das verursacht viel ▸ Lärm. Um den Arbeiter vor Gehörschäden zu schützen, sind bei solchen Arbeiten **Gehörschutzkapseln** vorgeschrieben. Sie sehen aus wie große Kopfhörer und schützen das Gehör des Arbeiters wirkungsvoll vor Schäden.

1. Nenne weitere Tätigkeiten, bei denen Gehörschutzkapseln getragen werden müssen.

Die Anlieger an verkehrsreichen Straßen und Eisenbahnlinien werden durch **Lärmschutzwände** oder **Lärmschutzwälle** vor dem Verkehrslärm geschützt.
Der Lärm wird an den Wänden gestreut oder nach oben reflektiert. Damit ist es hinter den Wänden oder Wällen etwas ruhiger.

2. Warum haben die Lärmschutzwände keine glatten Oberflächen?

Maschinen, die viel Lärm erzeugen, werden oft mit Schall dämmendem Material umgeben. Sie werden **gekapselt.**
Dadurch sind die Menschen, die mit den Maschinen arbeiten, nicht so großem Lärm ausgesetzt.

3. Welchen Vorteil haben die gekapselten Maschinen gegenüber den Gehörschutzkapseln für die Arbeiter?

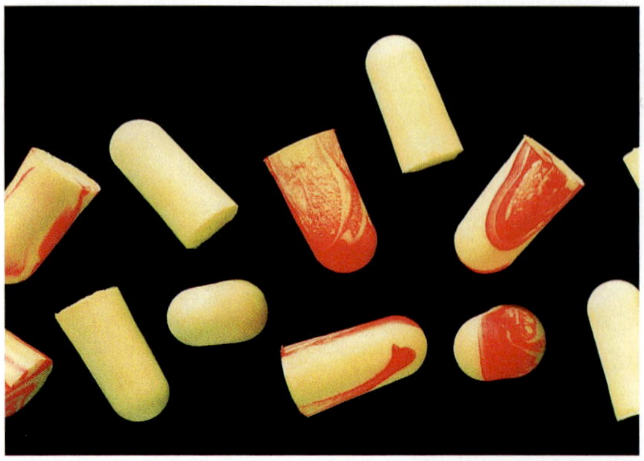

Gehörschutzstöpsel bestehen aus Schaumstoff. Sie werden zwischen den Fingern zusammengepresst und dann in den äußeren Gehörgang eingeführt. Dort passen sie sich von innen dem Gehörgang an und lassen so nur einen kleinen Teil des Lärms ins Innere des ▸ Ohres kommen.
Eine andere Art der Gehörschutzstöpsel besteht aus mit Wachs getränkter Watte. Auch sie werden ins Ohr gesteckt und passen sich dem Gehörgang an.

4. Warum dürfen die Gehörschutzstöpsel den Gehörgang nicht ganz abdichten?

In einer großen Werkshalle mit viel Lärm muss es einen Platz geben, an dem es ruhig ist. Deshalb werden oft **Schallschutzkabinen** in den Hallen aufgestellt. Hier können die Arbeiter in Ruhe ihre Pausen verbringen oder Besprechungen durchführen.

5. Die Steuerpulte von Maschinen werden oft von Lärmschutzkabinen aus bedient. Welchen Grund hat das?

Schallschutzfenster mit Mehrfachscheiben sollen verhindern, dass der Verkehrslärm von außen nach innen kommt. Sie bestehen in der Regel aus mehreren Glasscheiben von unterschiedlicher Dicke, die einen möglichst großen Abstand voneinander haben. Sie sind fest miteinander verbunden. Der Zwischenraum ist mit einem besonderen Gas gefüllt, das eine Schallübertragung noch weiter verringert.

6. Informiere dich über den Aufbau anderer Arten von Schallschutzfenstern.

Der meiste Verkehrslärm entsteht durch die Rollgeräusche der Fahrzeuge. Bei niedrigerer Geschwindigkeit sind diese Abrollgeräusche geringer. Deshalb werden an viel befahrenen Straßen, die an Wohngebieten vorbei führen, **Geschwindigkeitsbegrenzungen** erlassen.
Ein besonderer Straßenbelag, der **„Flüsterasphalt“**, senkt deutlich die Abrollgeräusche.
Durch **Kapselung** des Motorraums der Fahrzeuge wird der Verkehrslärm ebenfalls verringert.

7. Nenne weitere Maßnahmen, durch die die verkehrsbedingte Lärmbelästigung in Wohngebieten verringert werden soll.

8. Welche der Bilder auf den beiden Seiten beschäftigen sich mit dem Lärmschutz im
a) beruflichen Bereich,
b) privaten Bereich?

9. Bei welchen Beispielen wird versucht, die Lärmentstehung zu verhindern?

10. Bei welchen Beispielen wird versucht, den Menschen vor dem entstandenen Lärm zu schützen?

„Musik wird störend oft empfunden, weil sie mit Geräusch verbunden.“ (Wilhelm Busch)

Mit der Haut fühlen

1. Welche Sinneseindrücke kannst du mithilfe der Haut wahrnehmen? Denke zum Beispiel ans Barfußlaufen und nutze den Informationstext.

2. Steckt in eine große Kiste Gegenstände aus verschiedenen Materialien wie beispielsweise Watte, Moos, Alufolie oder Kork. Welche Materialien kann die Testperson ertasten und richtig benennen, bevor sie die Dinge aus der Kiste holt und zeigt?

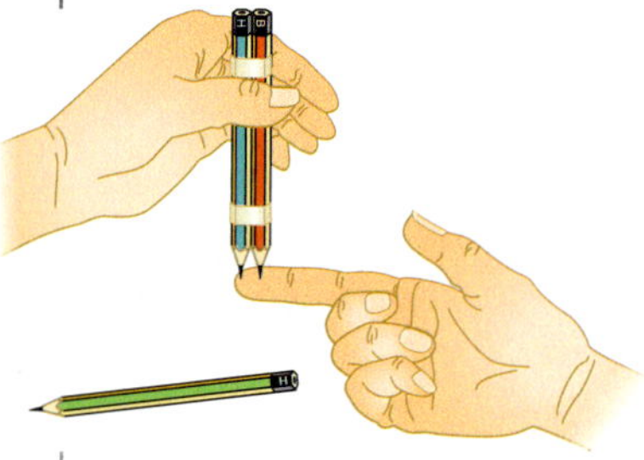

3. Testet die Tastempfindlichkeit verschiedener Hautstellen wie Fingerkuppen, Handrücken, Unterarm, Oberarm und Rücken. Ihr benötigt dazu drei Bleistifte, von denen ihr zwei wie abgebildet zusammenklebt. Verbindet nun einer Versuchsperson die Augen und tippt vorsichtig entweder mit der Spitze von einem Bleistift oder mit den beiden Spitzen auf die verschiedenen Körperstellen.

a) Notiert, wo die Versuchsperson nur eine Spitze fühlt und an welchen Hautstellen sie zwei spüren kann.

b) Erklärt das Versuchsergebnis.

Sinnesorgane der Haut

Mit der Haut fühlen und tasten wir. Durch verschiedene Sinneskörperchen spüren wir Reize wie Berührungen, Druck, Wärme, Kälte und Schmerz. Die meisten Sinneskörperchen liegen in der reich durchbluteten Lederhaut zwischen der schützenden Oberhaut und der dickeren Unterhaut.

Der Tastsinn

Die Verteilung der **Tastkörperchen** ist unterschiedlich. Sehr zahlreich sind sie auf den Fingerspitzen, den Lippen und der Zunge, die wenigsten befinden sich auf dem Rücken. Mit dem Tastsinn können wir die Oberfläche und Form von Gegenständen wahrnehmen. Mithilfe der Tastkörperchen in den Fingerkuppen sind Blinde in der Lage, die ▸ Blindenschrift zu lesen.

Kälte, Wärme oder Schmerzen?

Mit den etwa 30 000 **Wärmekörperchen** und 250 000 **Kältekörperchen** nehmen wir Reize wie „warm" oder „kalt" auf. Feine Nerven mit freien Nervenenden melden Schmerzen und warnen uns vor Gefahren.

Verarbeitung im Gehirn

Alle Reize werden in den Sinneszellen zu elektrischen Impulsen umgewandelt. Diese Erregungen werden über Nerven zum Gehirn geleitet und dort verarbeitet.

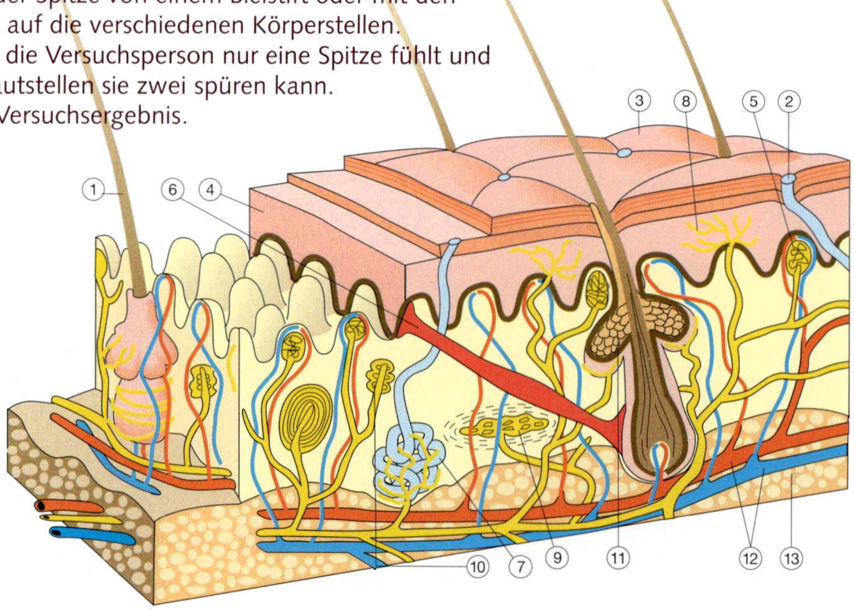

Oberhaut
1 Haar
2 Schweißpore
3 Hornschicht
4 Keimschicht

Lederhaut
5 Tastkörperchen
6 Haarmuskel
7 Schweißdrüse
8 freie Nervenenden
9 Wärmekörperchen
10 Kältekörperchen
11 Talgdrüse

Unterhaut
12 Blutgefäße
13 Fetteinlagerungen

1 Bau und Sinnesorgane der Haut

Sinne und Wahrnehmung → S. 248/249

Die Haut schützt und muss geschützt werden

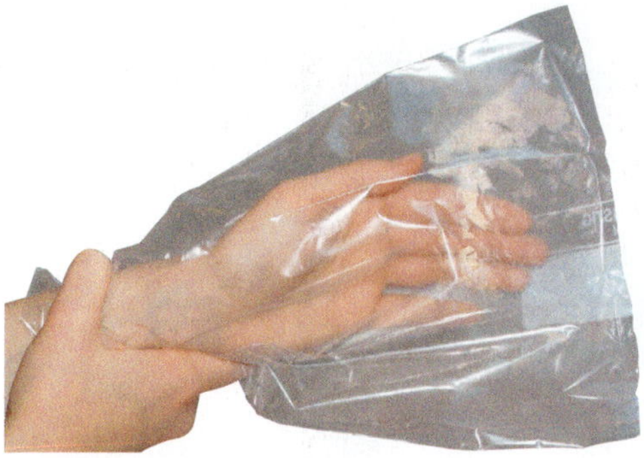

1. Erstelle eine zweispaltige Tabelle, in der du alle Aufgaben der Haut und die zugehörigen Bauteile auflistest.

2. Stecke deine Hand in eine Plastiktüte und verschließe die Tüte für einige Minuten. Beschreibe und erkläre die Veränderungen in der Plastiktüte.

3. Der Sonnenschutzfaktor zeigt an, um wie viel Mal länger man in der Sonne bleiben kann, ohne sich die Haut zu verbrennen. Rechne aus, wie lange du mit Lichtschutzfaktor 12, 20 und 30 in der Sonne bleiben kannst, wenn du ohne Creme zehn Minuten bleiben könntest.

4. Der Pinnzettel zum Hautschutz ist unvollständig. Durch welche Hygienetipps kannst du ihn ergänzen?

Schutzfunktion der Haut
Neben ihrer Funktion als Sinnesorgan erfüllt deine Haut weitere wichtige Aufgaben. Die dünne ▸ **Oberhaut** hat außen eine schützende ▸ **Hornschicht,** die aus abgestorbenen Zellen besteht. Die Hornschicht ist sehr widerstandsfähig und schützt unseren Körper vor Verletzungen und dem Austrocknen. So lange sie unverletzt ist, können weder Schmutz noch Krankheitserreger in den Körper eindringen. Abgestorbene Zellen der Hornschicht lösen sich im Laufe der Zeit als weiße Schuppen ab.

Die darunter liegende ▸ **Keimschicht** bildet ständig neue Zellen und erneuert so innerhalb von vier bis sechs Wochen die Hornschicht komplett.

Wenn im Sommer die Sonne stark brennt, werden wir braun. In der unteren Keimschicht werden jetzt mehr Pigmente gebildet. Diese Farbstoffe fangen einen Teil des schädlichen ultravioletten Lichtes der Sonne ab und verhindern so, dass es in tiefer gelegenen Hautschichten Schaden anrichtet. Ohne zusätzlichen Hautschutz kannst du normalerweise etwa zehn Minuten in der Sonne bleiben.

Temperaturregelung
Bei körperlicher Anstrengung beginnen wir zu schwitzen. Über Poren in der Oberhaut sondern wir eine Mischung aus Wasser, Salzen und anderen Stoffen ab. Dieser Schweiß verdunstet auf der Haut und kühlt dadurch unseren Körper.

Auch die Blutgefäße innerhalb der Haut sind für die Regulation der Körpertemperatur wichtig. Ist es sehr kalt, sieht unsere Haut oft blass aus. Dann haben sich die Blutgefäße zusammengezogen, es gelangt weniger Blut an die Hautoberfläche, sodass weniger Wärme abgegeben wird.
Auch das in der ▸ **Unterhaut** eingelagerte Fett dient unter anderem als Wärmeisolierung, aber auch als Energiereserve und Polster.

Pflege
In der ▸ **Lederhaut** befinden sich die Haarwurzeln mit ihren ▸ **Talgdrüsen.** Diese sondern ein fetthaltiges Gemisch, den Talg, ab. Er macht die Haare und die Hornhaut geschmeidig und weist das Wasser ab. Die Haut pflegt sich sozusagen selbst. Dennoch ist Körperhygiene und Hautpflege wichtig, damit die Haut ihre zahlreichen Aufgaben erfüllen kann.

Guter Hautschutz ist wichtig
Die Haut ist vielen Gefahren ausgesetzt. Schmutz und Staub bleiben in den Poren haften. Hautfett, Schweiß und Schuppen bilden einen idealen Nährboden für Bakterien. Wind trocknet die Haut aus. Zu viel Sonne kann zu Sonnenbrand führen.

Hygienetipps
1. Wasche deinen Körper einmal täglich gründlich.
2. Fette deine Haut nach der Reinigung mit einer einfachen Creme oder einem Körperöl ein.
3. Deine Haare ...

Wie sich Gehörlose unterhalten

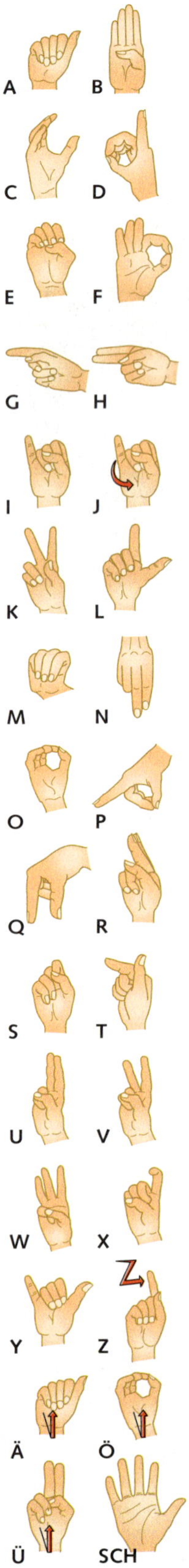

1 Fingeralphabet

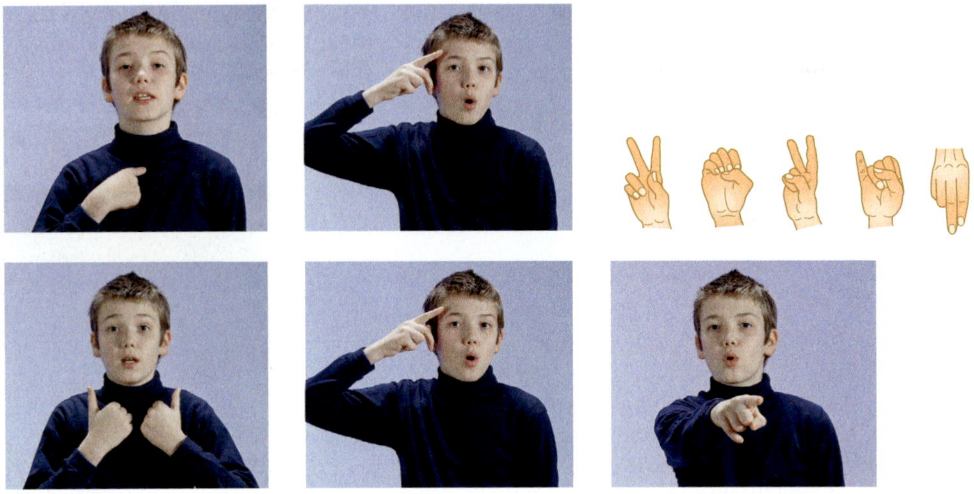

1. Finde heraus, was der gehörlose Junge sagt und fragt. Antworte ihm.

2. In dem gezeigten Beispiel wird eine Kombination aus Gebärdensprache und Fingeralphabet benutzt. Erläutere die Vor- und Nachteile der beiden Sprachmöglichkeiten.

3. Verfolge eine Fernsehsendung einmal bei abgeschaltetem Ton und ein anderes Mal, indem du nur zuhörst und dich vom Bild wegdrehst. Berichte, auf welche Weise du mehr von der Sendung mitbekommst.

Gebärdensprache und Fingeralphabet

Vielleicht hast du schon einmal gehörlose Menschen beobachtet, die sich in der Gebärdensprache unterhalten. Mit flinken Hand- und Gesichtsbewegungen verständigen sie sich mühelos. Nur für Namen oder spezielle Wörter muss das Fingeralphabet benutzt werden. Die Unterhaltung zwischen gehörlosen und hörenden Menschen ist da oft schwieriger. Die Hörenden können zumeist die Gebärdensprache nicht. Die Gehörlosen versuchen dann, die gesprochenen Wörter von den Lippen zu lesen und mit ihrer Stimme zu sprechen. Das ist nicht leicht, weil sie selbst nicht hören, was sie sprechen.

2 Ein CI-Gerät eröffnet eine neue Welt

Mit Implantaten hören und sprechen lernen

Manche Menschen werden gehörlos geboren. Andere ertauben durch eine Infektionskrankheit oder einen Unfall. In vielen Fällen kann durch ein CI (Cochlea Implantat) eine gewisse Hörfähigkeit wieder hergestellt werden. Ein CI ist ein Gerät, das Geräusche in elektrische Signale umwandelt. Ein „Draht", der durch eine Operation in die ▸ Schnecke im Ohr eingesetzt wird, erregt dann den Hörnerven elektrisch. Dies führt zur Geräuschwahrnehmung im Gehirn. Durch ein spezielles Training lernt das Gehirn, das anfängliche Geräuschechaos zu sortieren, bis die Gehörlosen sogar Sprache verstehen und auch selbst leichter sprechen lernen können.

Mit den Händen sehen

1. Sven beobachtet, wie ein junger Mann in eine Straßenbahn einsteigen will. Die Bahn hält jedoch nicht direkt vor dem blinden Mann.
a) Mache einen Vorschlag, wie sich Sven in dieser Situation verhalten könnte.
b) Beschreibe weitere Situationen, in denen du schon einmal einem behinderten Menschen geholfen hast oder beobachtet hast, wie jemand sinnvoll half.

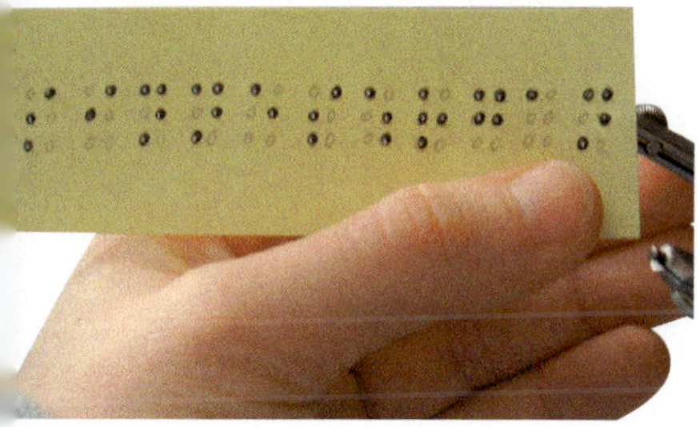

2. Entziffere das Wort, das auf der Karte in Blindenschrift dargestellt ist. Benutze dazu das Blindenschrift-Alphabet.

3. Versucht, selbst in Blindenschrift zu schreiben und zu lesen. Ihr braucht dazu eine Karteikarte, einen Zirkel und eine Augenbinde. Überlegt euch ein Wort und markiert mit einem Stift die Punkte, die in den Buchstaben erhöht sein müssen. Stecht dann mit dem Zirkel von hinten diese Punkte durch den Karton. Tauscht eure Karten mit einem Partner aus und versucht, mit verbundenen Augen die Buchstaben zu ertasten und das Wort zu lesen.

Orientierung trotz Blindheit

Blinden Menschen fehlt ein wichtiges Sinnesorgan zur Orientierung in ihrer Umwelt. Trotz dieser Behinderung meistern sie selbst schwierige Situationen durch erstaunliche Fähigkeiten. Sie haben gelernt, ihr Gehör und ihren Tastsinn viel stärker zu nutzen. In ihrer Wohnung finden sie sich meist gut zurecht. Außerhalb des Hauses benutzen sie oft einen Blindenstock. Ideal ist ein Blindenhund, der sich im Verkehr zurechtfindet und die Sicherheit erhöht.

1825 entwickelte Louis Braille (1809–1852), der selbst blind war, im Alter von 16 Jahren ein spezielles **Blindenschrift-Alphabet.** Die Buchstaben können über ein 6-Punkte-System mit den Fingern ertastet werden und ermöglichen Blinden das Lesen.

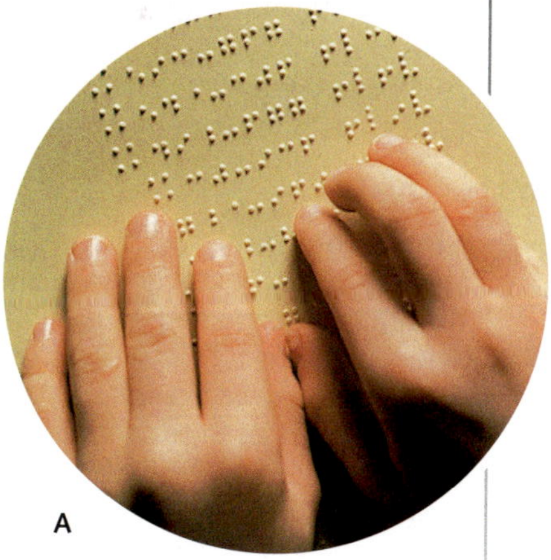
A

Behinderte Menschen einbeziehen

Für behinderte Menschen ist es wichtig, so weit wie möglich am „normalen" Leben teilnehmen zu können und nicht ausgegrenzt zu werden. Dabei können die Mitmenschen helfen oder Rücksicht nehmen, wo es nötig ist, aber auch die Selbstständigkeit des Behinderten fördern und respektieren. Dies fällt leichter, wenn sich alle Beteiligten gut kennen. So wird für manche behinderten Kinder auch der Besuch einer Realschule möglich.
Daneben unterstützen Hilfsmittel die Behinderten: Blinde können Computer mit Blindenschriftzeilen oder einer Sprachausgabe zum Schreiben und Lesen und sogar zum Surfen im Internet nutzen.

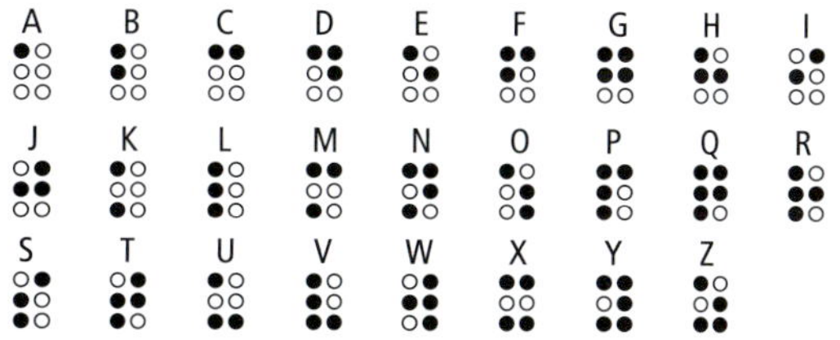

B

1 Braille-Blindenschrift. A *Ertasten mit den Fingerkuppen;* **B** *Blindenschrift-Alphabet*

Besondere Sinnesleistungen bei Tieren

1. a) Erläutere anhand der Grafiken, welche Baumerkmale die höhere Riechleistung des Hundes (B) gegenüber der eines Menschen (A) verständlich machen.

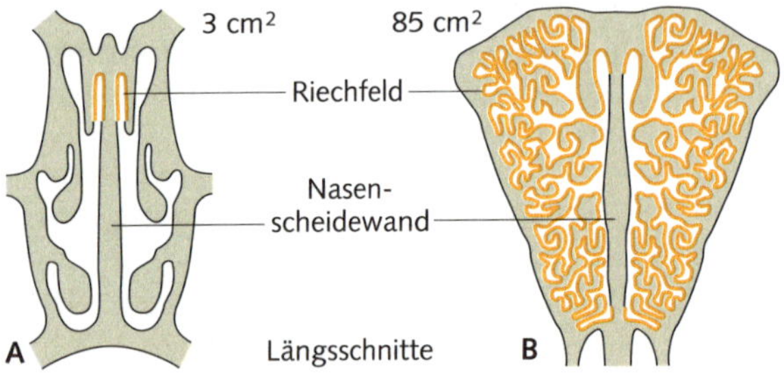

b) Nenne Beispiele, wo der Mensch die Riechleistung eines Hundes einsetzt.

Sinne der Tiere

Wie die Menschen nehmen auch Tiere über ▸ **Sinnesorgane** Informationen aus ihrer Umwelt auf. Oft sind diese aber aufgrund ihres Lebensraumes und ihrer Lebensweise besonders stark ausgeprägt oder funktionieren ganz anders. Manche Tierarten verfügen sogar über Sinne, die wir Menschen nicht besitzen.

Mit den Ohren „sehen"?

Fledermäuse sind in der Dämmerung und nachts aktiv. Sie jagen dann Mücken, Fliegen, Käfer und Nachtfalter. Wie aber können sie sich in der Dunkelheit orientieren und Insekten erbeuten? Ihre kleinen Augen sind dafür nicht geeignet.

Fledermäuse stoßen ständig kurze, sehr hohe Töne aus, die wir nicht hören können. Es sind Ultraschalllaute. Treffen die Schallaute auf ein Hindernis, so wird der Schall als Echo zurückgeworfen und mit den großen Ohren aufgefangen. Aus dem Zeitunterschied vom Aussenden des Signals bis zum Eintreffen des Echos kann die Fledermaus die Entfernung zum Hindernis erfassen.

2. a) Betrachte den Kopf der Fledermaus. Welches Sinnesorgan fällt besonders auf? Was kannst du daraus schließen?

b) Erläutere folgende Aussage: Fledermäuse „hören" die Beschaffenheit ihrer Umgebung.

c) Die meisten Fledermausarten stoßen ihre Laute durch den geöffneten Mund aus. Die Hufeisennasen dagegen benutzen ihre Nase als Schall aussendendes Organ. Welchen Vorteil haben diese dadurch gegenüber anderen Fledermausarten?

3. Ultraschall wird auch in der Technik verwendet. Nenne Beispiele und gib an, wozu diese dienen. Nutze auch das Internet.

4. Die starren Augen der Schleiereule begrenzen ihr Sehfeld. Wie gleicht sie diesen Nachteil aus? Berichte.

Mit dem Unterkiefer „sehen"?

Auch **Delfine** nutzen Ultraschalllaute zur Orientierung im Wasser und zur Ortung ihrer Beute. So können sie diese bei völliger Dunkelheit oder im trüben Wasser aufspüren. Sie erzeugen dabei bis zu 1000 Klick- und Pfeiftöne in der Sekunde. Dazu tauchen sie von Zeit zu Zeit auf und lassen Luft durch ihr Atemloch einströmen. Unter Wasser pressen sie die Luft durch ein Röhrensystem unterhalb des Atemloches, wodurch Töne entstehen. Diese werden in einem runden, höckerartigen Wulst auf dem Kopf gebündelt und über den Oberkiefer als Schallwellen ausgesendet. Der zum Beispiel von einem Fischschwarm reflektierte Schall wird über den Unterkiefer als Echo aufgefangen und über das Mittelohr zum Innenohr weitergeleitet.

1 Delfin

Akustische Ortung der Beute

Die **Schleiereule** hat ausgezeichnete, nach vorn gerichtete Augen, mit denen sie sich auch bei schwachem Mondlicht gut orientieren kann. Die Unbeweglichkeit der Augen kann sie aber durch eine enorme Drehbewegung des Kopfes bis zu 270° ausgleichen. In der Dunkelheit jedoch nutzen der Eule die Augen nicht. Hier hilft ihr das feine Gehör bei der Ortung der Beute. Schon das geringste Geräusch von Mäusen nimmt sie wahr. Der herzförmige Schleier im Gesicht lenkt die Geräusche zu den Ohröffnungen, die von Federn bedeckt sind. Sie kann die Federn aufrichten. Dadurch entsteht eine Art Federtrichter. Dieser wirkt wie ein Hörrohr und verstärkt die Geräusche für das Hörorgan. Hat die Eule die Beute geortet, gleitet sie lautlos zur Erde und schlägt die spitzen Krallen in das Beutetier.

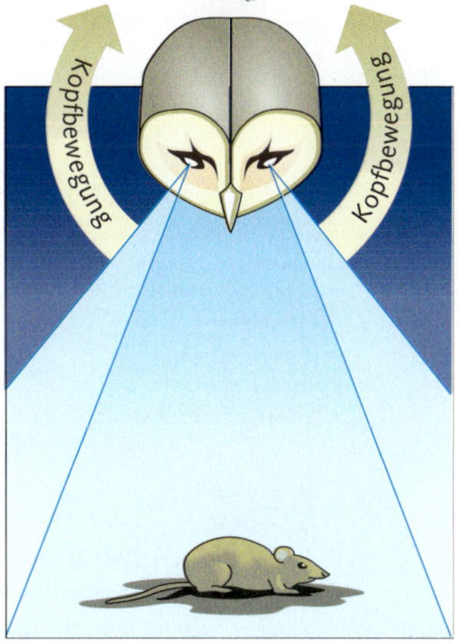

2 Schleiereule beim Beutefang

Die Riechwelt von Hunden

Es fällt auf, dass Hunde oft am Boden schnüffeln. Als „Nasentiere" orientieren sie sich auf diese Weise in ihrer Umwelt. Ein Hund kann mit seiner hochempfindlichen Nase sehr viel besser Duftstoffe aufnehmen als wir. Seine Riechleistung ist mehr als eine Million mal höher als die eines Menschen. Woran liegt das?

Die knöchernen Verästelungen der Hundenase sind von der Riechschleimhaut überzogen, beim Menschen findet sich diese nur im oberen Nasenraum. Beim Hund ist die Riechschleimhautfläche mit etwa 85 cm^2 sehr groß, beim Menschen sind es nur etwa 3 cm^2. Somit ist bei einem Hund auch die Anzahl der Riechsinneszellen mit etwa 230 Millionen deutlich größer als beim Menschen, der bis zu etwa 30 Millionen verfügt.

Die Sehwelt von Vögeln

Besonders Greifvögel wie der Mäusebussard besitzen ein ausgezeichnetes Sehvermögen. Dieser erblickt sogar hoch aus der Luft selbst eine kleine Maus und lässt sich im Sturzflug auf sie herabfallen. Seine Augenlinse kann sich blitzschnell scharf stellen. Die ▸ Netzhaut der Augen hat mehr Sinneszellen als die aller anderen Lebewesen. Auch kann der Vogel bis zu 150 Bilder pro Sekunde getrennt wahrnehmen, der Mensch jedoch nur 18 pro Sekunde. Dadurch kann der Mäusebussard selbst im Sturzflug kleinste Bewegungen der Maus zeitlupenartig erkennen.

Sehen mit „Wärmeaugen"

Ein Meister der Temperaturmessung ist die **Klapperschlange.** Sie besitzt zwischen Augen- und Nasenöffnungen auf jeder Seite jeweils ein so genanntes **Grubenorgan.**

In den nur wenige Millimeter breiten und tiefen Gruben drängen sich einige tausend temperaturempfindliche Sinneszellen. Mit diesen „Wärmeaugen" kann die Giftschlange Temperaturunterschiede von 0,005 °C unterscheiden und damit vor allem warmblütige Beutetiere selbst bei völliger Dunkelheit orten.

3 Mäusebussard beim Beutefang

4 Zollhund

5 Klapperschlange

Sinne und Wahrnehmung

LichtSinnesleistungen
Mit den **Sinnesorganen** Auge, Ohr, Nase, Zunge und Haut nehmen wir Reize aus unserer Umwelt auf. Sinneszellen in den Organen wandeln Reize in elektrische Impulse um.

Nerven leiten diese zum Gehirn. Dort findet die eigentliche **Wahrnehmung** statt. Falls nötig, gehen von dort Befehle an Muskeln oder Drüsen, um Reaktionen auf die Reize auszulösen.

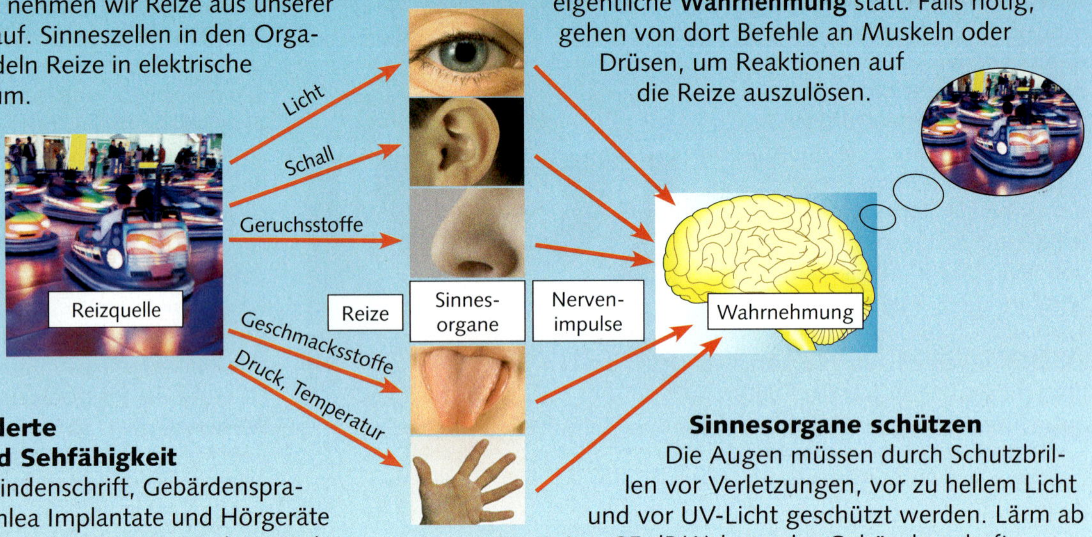

Verminderte Hör- und Sehfähigkeit
Brillen, Blindenschrift, Gebärdensprache, Cochlea Implantate und Hörgeräte stehen Menschen mit verminderter Seh- oder Hörfähigkeit zur Verfügung. Diese Menschen nutzen ihre anderen Sinnesorgane verstärkt in erstaunlicher Weise.

Sinnesorgane schützen
Die Augen müssen durch Schutzbrillen vor Verletzungen, vor zu hellem Licht und vor UV-Licht geschützt werden. Lärm ab etwa 85 dB(A) kann das Gehör dauerhaft schädigen. Lärmschutz ist nötig. Auch die Haut muss vor Verletzungen und zu intensiver Sonneneinstrahlung geschützt werden.

Lichtquellen
Lichtquellen sind selbst leuchtende Körper. Es sind **Energiewandler,** die chemische, elektrische und Kernenergie in Licht umwandeln. Dabei wird Wärme frei.

Lichtausbreitung
Licht breitet sich nach allen Seiten geradlinig aus.

Der **Lichtstrahl** ist ein physikalisches Modell.

Licht und Schatten
Wird ein Gegenstand von mehreren Lichtquellen beschienen, entstehen **Halb- und Kernschatten.**

Fällt der Schatten des Mondes auf die Erde, so entsteht eine **Sonnenfinsternis.**
Durchläuft der Mond den Kernschatten der Erde, so entsteht eine **Mondfinsternis.**

Streuung und Reflexion
Gegenstände sind nur sichtbar, wenn das von ihnen ausgehende oder zurückgeworfene Licht ins Auge des Betrachters fällt. Licht selbst ist unsichtbar.

Raue Oberflächen streuen das Licht in alle Richtungen. Glatte, ebene Oberflächen reflektieren das Licht in eine bestimmte Richtung.

Reflexionsgesetz: Einfallswinkel α und Reflexionswinkel β sind gleich groß. Dabei liegen einfallender Strahl, Lot und reflektierter Strahl in einer Ebene.

Ebene Spiegel erzeugen scheinbare, aufrechte und naturgetreue Bilder. Es sind **virtuelle Bilder.** **Reelle Bilder** können auf einem Schirm aufgefangen werden.

Schall
Schall entsteht durch das Schwingen eines Körpers. Der Schall ist als Ton, Klang, Geräusch oder Knall hörbar.

Die Schwingungen können sichtbar gemacht werden. Ein Ton erscheint dabei als gleichmäßige Wellenlinie, als **Sinuskurve.** Die Anzahl der Schwingungen in 1 s ist die **Frequenz.** Sie ergibt die Tonhöhe.
Die Höhe der Wellenlinie ist die **Amplitude** der Schwingung. Sie zeigt die Lautstärke an.

Schall braucht zur Ausbreitung einen **Schallleiter.** In Luft beträgt die **Schallgeschwindigkeit** 340 $\frac{m}{s}$.

Schall kann an Hindernissen reflektiert werden. Es gilt das **Reflexionsgesetz.**

Poröse Stoffe werden zur **Schalldämmung** eingesetzt.

Sinne und Wahrnehmung

1. Liste die mit Zahlen bezeichneten Teile des Auges auf und gib jeweils die Funktion an.

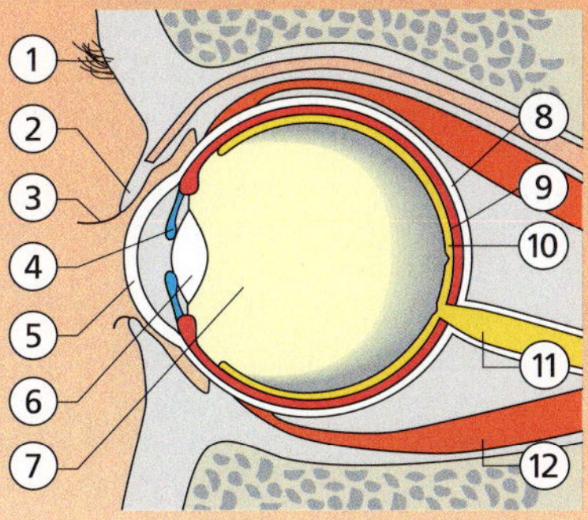

2. Liste die mit Zahlen bezeichneten Teile des Ohres auf und gib jeweils deren Funktion an.

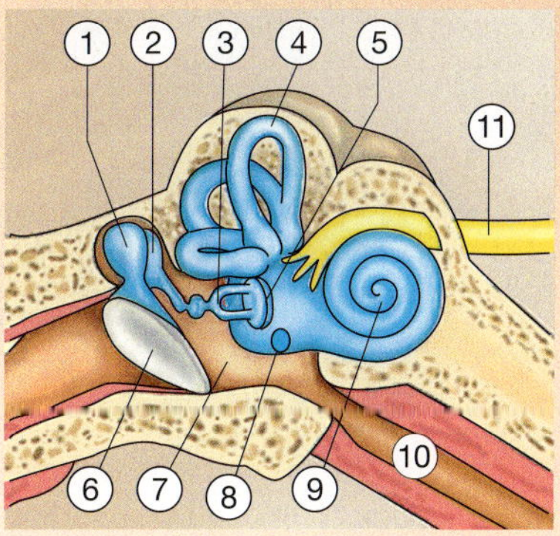

3. Benenne die bezeichneten Teile der Haut und gib deren jeweilige die Funktion an.

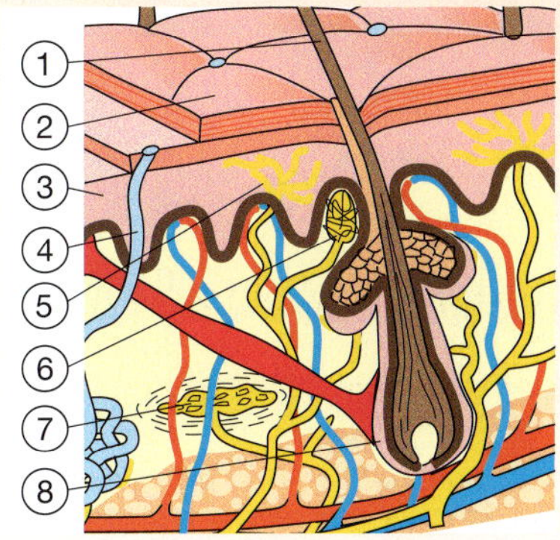

4. a) Notiere Situationen, in denen die Augen, das Gehör und die Haut besonders geschützt werden müssen.
b) Gib Schutzmöglichkeiten an.

5. Wenn du an einem Wintertag in den Keller gehst, kommt es dir angenehm warm vor. Im Sommer ist es angenehm kühl. Wie kommt das?

6. Welche Tiere können ultraviolettes Licht und welche infrarotes Licht (Wärmestrahlung) wahrnehmen? Recherchiere Beispiele und stelle die Tiere und ihre Sinnesleistungen vor.

7. Erkläre am Beispiel Lichtstrahl den Begriff Modell.

8. Zähle jeweils drei selbst leuchtende und beleuchtete astronomische Objekte auf.

9. Zeichne, welchen Einfluss der Abstand von Gegenstand und Lichtquelle auf die Schattengröße hat.

10. Erkläre mithilfe von Versuchen das Entstehen von Schatten. Dabei sollen entstehen
a) ein Kernschatten;
b) ein Kernschatten und zwei Halbschatten;
c) zwei Halbschatten.

11. Worin besteht der Unterschied zwischen Streuung und Reflexion?

12. Welche Sicherheitsregeln musst du im Straßenverkehr im Dunkeln und bei Nebel beachten?

13. a) Was besagt das Reflexionsgesetz?
b) Begründe, warum es auch für raue Oberflächen gilt.

14. Ein reflektiertes Lichtbündel bildet mit dem Lot einen Winkel $\beta = 37°$.
Wie groß ist der zugehörige Einfallswinkel α?

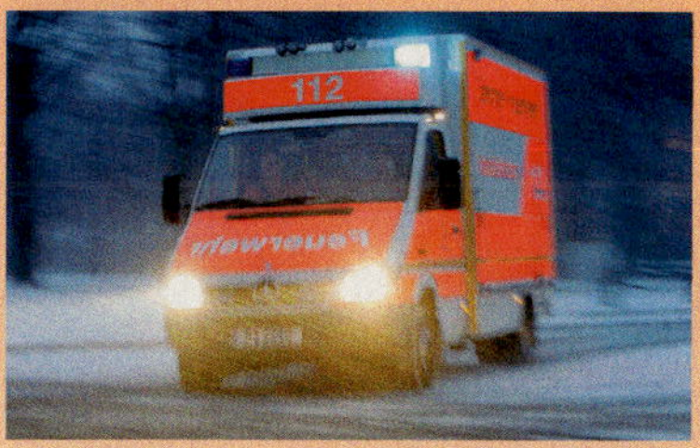

15. Begründe, warum es sinnvoll ist, Rettungsfahrzeuge auf der Vorderseite in Spiegelschrift zu beschriften.

16. Überlege dir zwei Sender-Empfänger-Modelle, mit denen du die gleichen Informationen übertragen kannst.

17. Ein Ton kann laut, leise, lang oder kurz sein. Wie verhält sich die Schallquelle jeweils?

18. Am Auto sind viele verschiedene Schallquellen. Nenne einige und beschreibe die Art des Schalls, den sie erzeugen.

19. In welchem Schallleiter legt ein Ton eine Strecke von 1000 m am schnellsten zurück?

20. a) Wo tritt Ultraschall in der Natur auf? Wozu dient er da?
b) Wo wird Ultraschall in der Technik und in der Medizin eingesetzt?

21. Bringe ein Glas „zum Singen". Wie gehst du vor?

22. Zähle Möglichkeiten auf, wie sich ein Mensch vor Schall schützen kann.

Entwicklung

Struktur der Materie

Sinne und

1. Wie sind Fledermäuse an ihren Lebensraum angepasst, sodass sie beispielsweise in totaler Finsternis nicht mit anderen Fledermäusen zusammenstoßen?

Schallausbreitung, Angepasstheit an den Lebensraum

2. Manche Tiere haben sehr große, andere eher kleine Augen. Wie unterscheiden sich die Augen der meisten nachaktiven Tiere von denen der am Tag aktiven Tiere? Stelle eine begründete Vermutung auf und finden passende Beispiele.

3. Manche Tiere leben am Grund der Tiefsee in ständiger Dunkelheit. Finde mehr darüber heraus, wie ihre Sinnesorgane daran angepasst sind. Beachte neben den Augen auch andere Sinnesorgane.

4. Beschreibe mithilfe des Teilchenmodells, wie sich Schall im System Luft ausbreitet.

5. a) Warum kann sich Schall nicht in Vakuum ausbreiten?
b) Warum erreicht Schall keine Lichtgeschwindigkeit?

Schallausbreitung, Schallgeschwindigkeit

6. Beschreibe zwei Systeme, mit denen du die Schwingungen des Schalls deutlich machen kannst.

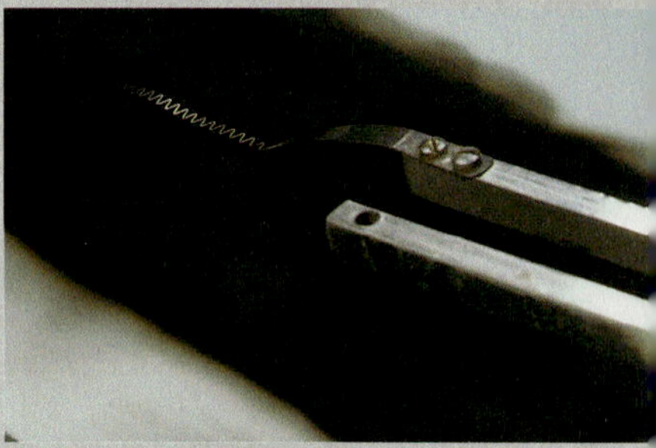

Schallschwingungen

Lichtquelle

Wahrnehmung

System

Wechselwirkung

Struktur und Funktion

7. Das Nervensystem leitet Reize weiter zum Gehirn. Dort werden sie verarbeitet und eine Reaktion erfolgt. Überlege dir Beispiele, wie unsere Haut gereizt werden kann und schreibe kurz auf, welche Reaktion darauf folgt.

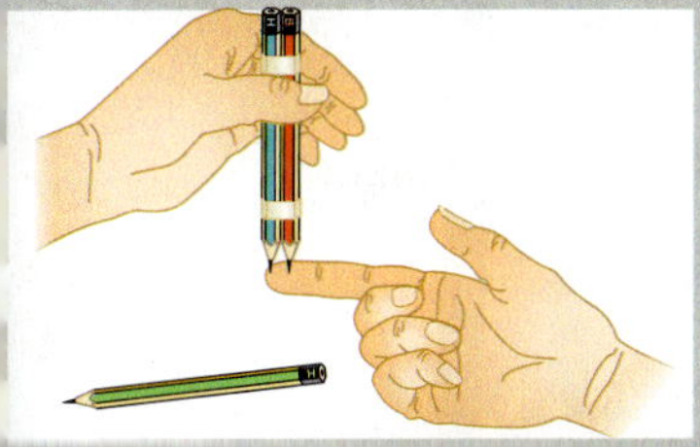

Reiz-Reaktion, Nervensystem

8. a) Erläutere, wie es im System Sonne-Erde-Mond zur Schattenbildung kommt.
b) Welche Arten von Schattenbildung kannst du in diesem System unterscheiden?

Schattenbildung

10. Zeige am Beispiel von Auge, Ohr oder Haut, wie der Bau eines Organs an seine Funktion angepasst ist. Nenne dazu jeweils Strukturmerkmale der Organe und erkläre die jeweiligen Vorteile für die Funktion.

11. Welche Rolle spielen die Sinnesorgane für den Organismus? Mit welchen anderen Organen arbeiten sie dabei besonders intensiv zusammen?

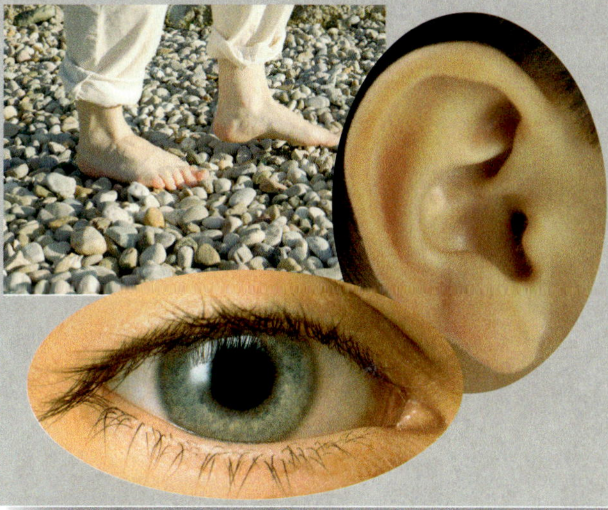

Sinnesorgan Haut,
Sinnesorgan Ohr als Schallempfänger,
Sinnesorgan Auge als Lichtempfänger

9. Beschreibe die Wechselwirkung zwischen der Lichtquelle und den Kartons.

Absorption und Reflexion

Weshalb muss ich nur beim schnellen Schwimmen immer tief Luft holen?

Manchmal brauche ich einfach Sport. Danach fühle ich mich so richtig wohl. Woran liegt das?

Volleyballspiel macht mir Spaß. Wie kann ich meinen Körper trainieren, dass ich noch mehr Leistung bringe?

Körper und Leistungsfähigkeit

Wie ernähre ich mich gesund?

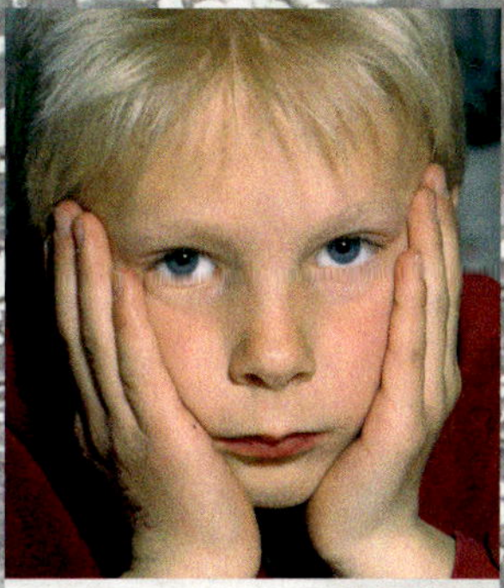

Gestern hat mir jemand eine Zigarette angeboten. Wie soll ich mich künftig verhalten?

Nach dem Training bin ich immer durstig und bekomme ordentlich Hunger. Woran liegt das?

Das Skelett gibt dem Körper Halt

1. Untersuche das Skelett aus der Biologiesammlung mithilfe des Notizzettels.

Forschungsaufträge am Skelett

- Gesamtzahl der Knochen des menschlichen Skeletts: ❍ 153, ❍ 211 oder ❍ 317?
- Länge der größten und der besonders kleinen Knochen bestimmen. Hinweis: Der mit nur 2,7 mm kleinste Knochen des Skeletts befindet sich im Mittelohr.
- Anzahl der Knochen, aus denen die Hand besteht, bestimmen. Beweglichkeit des Handgelenks und der Finger feststellen.
- Unterschiede zwischen Röhrenknochen und Plattenknochen bestimmen. Beispiele für beide Typen finden.
- Hohlräume des Skeletts nennen und die in ihnen geschützt liegenden Organe aufzählen.

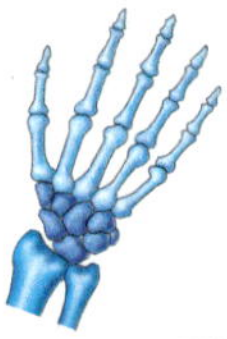

2. a) Versuche möglichst viele der in Abbildung 1 gezeigten Knochen an deinem Körper zu ertasten. Beginne mit Schlüsselbein und Brustbein.
b) Baue mit einem Partner ein „lebendes Skelett“. Beschrifte dazu Kreppbandstreifen mit den Namen der Knochen und klebe sie auf die Kleidung deines Partners. Präge dir die Namen der Knochen gut ein.

3. a) Vergleiche das Skelett der Arme und Beine. Erkennst du Gemeinsamkeiten im Aufbau? Stelle die einander entsprechenden Knochen in einer Tabelle gegenüber.
b) Begründe, warum die Knochen der Beine die kräftigsten des ganzen Körpers sein müssen.

Armskelett	Beinskelett
Oberarm	Oberschenkel
Elle	

4. a) Baue aus den abgebildeten Materialien ein einfaches Modell für Röhrenknochen.
b) Erkunde mithilfe von Büchern oder anderen Gewichten, welche Belastungsrichtung Röhrenknochen besonders gut verkraften.

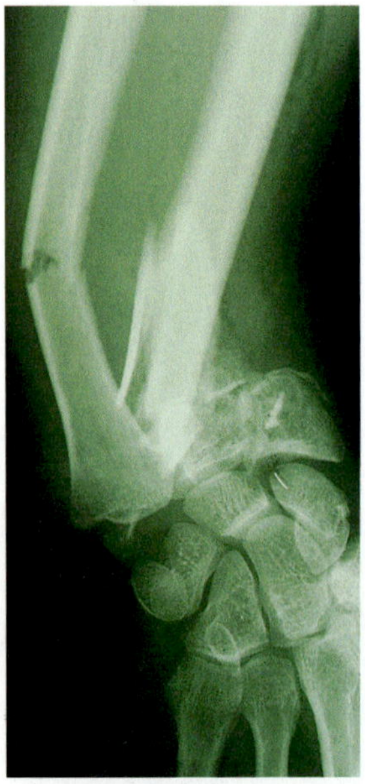

5. a) Erkennst du die Verletzung auf dem Röntgenbild? Welcher Knochen ist betroffen? Wie könnte der Schaden entstanden sein? Berichte auch von eigenen Verletzungen.
b) „Der Knochen lebt!“ Begründe diese Aussage mithilfe der Abbildung unten. Denke auch daran, wie sich Knochen beim Wachstum verändern und was nach einem Knochenbruch geschieht.

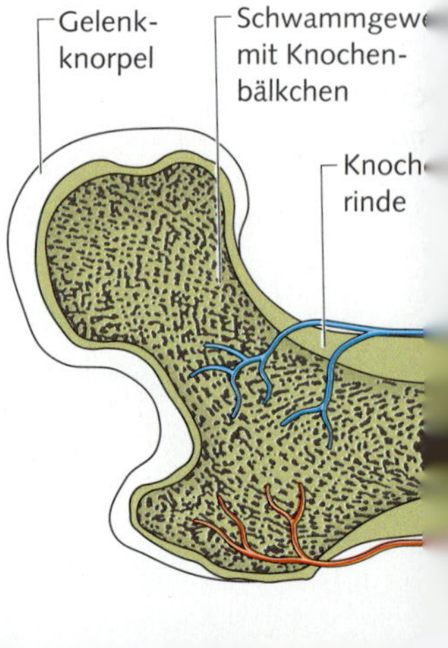

Körper und Leistungsfähigkeit → S. 308/309

Das Skelett stützt den Körper

Bewegungen bei Sport und Spiel werden erst möglich durch eine stabile innere Stütze: das **Skelett**.
Das **Armskelett** ermöglicht zum Beispiel das Schlagen des Balles mit dem Tennisschläger.
Das **Beinskelett** trägt das Gewicht des Körpers beim Laufen und Springen. Ober- und Unterschenkel sind deshalb besonders kräftig gebaut.
Damit der Sportler diese Bewegungen ausführen kann, müssen seine Gliedmaßen mit der **Wirbelsäule** beweglich verbunden sein. Diese Verbindungen werden durch **Schulter- und Beckengürtel** hergestellt. Die Wirbelsäule stützt das Skelett und hält es aufrecht. An ihr sind die übrigen Teile des Skeletts befestigt.

Das Skelett schützt den Körper

Kleine Stöße und Verletzungen lassen sich gerade beim Sport nicht vermeiden. Bekommt ein Spieler zum Beispiel einen Tennisball an den Kopf, so ist das Gehirn durch das **Kopfskelett** gut schützt. Ähnlich schützt der **Brustkorb** das Herz und die empfindliche Lunge. Die zwölf Rippenpaare des Brustkorbs sind hinten mit der Wirbelsäule und vorn zum Teil mit dem Brustbein verbunden und bilden so einen schützenden Korb.

Knochen sind stabil

Röhrenknochen sind innen markhaltig. Kalziumsalze („Kalk“) in den Knochen sorgen dafür, dass sie sehr fest sind, der Knochenknorpel macht sie elastisch. Der Oberschenkelknochen kann eine Last von 1,5 t tragen!

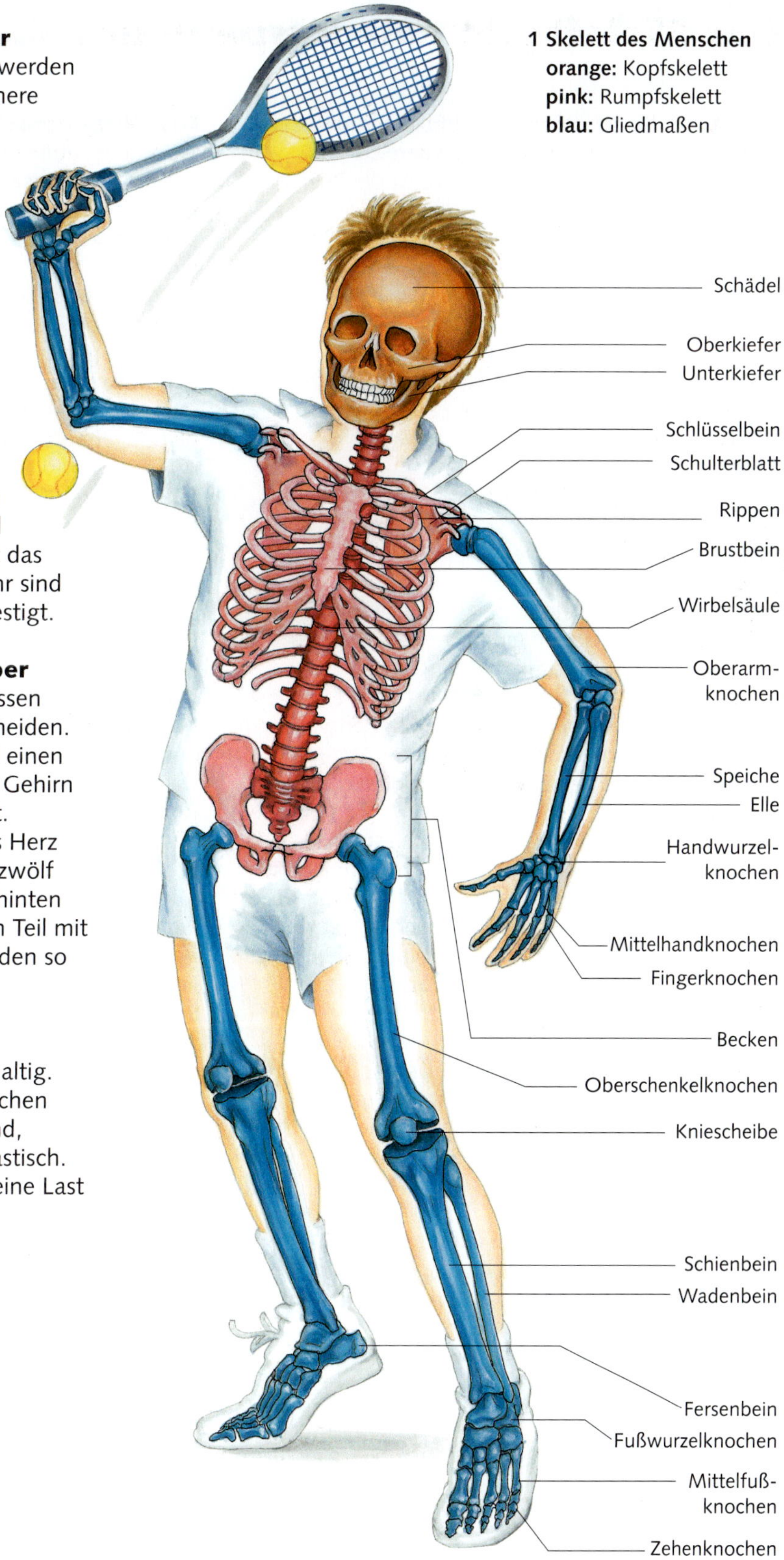

1 Skelett des Menschen
orange: Kopfskelett
pink: Rumpfskelett
blau: Gliedmaßen

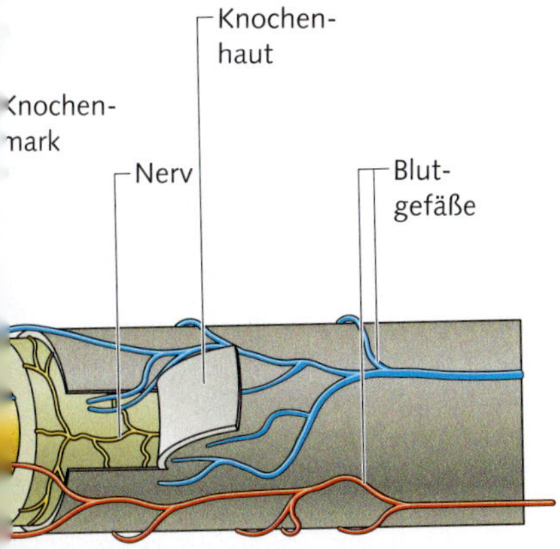

2 Röhrenknochen

Die Wirbelsäule – Hauptstütze des Skeletts

1. a) Beuge deinen Rumpf nach vorn, nach hinten und zur Seite. In welchem Bereich sind welche Bewegungen möglich? Wo ist die Beweglichkeit am größten?
b) Ertaste am Rücken deines Partners die Wirbelsäule. Welche der Teile in Abbildung 1C fühlst du dabei?

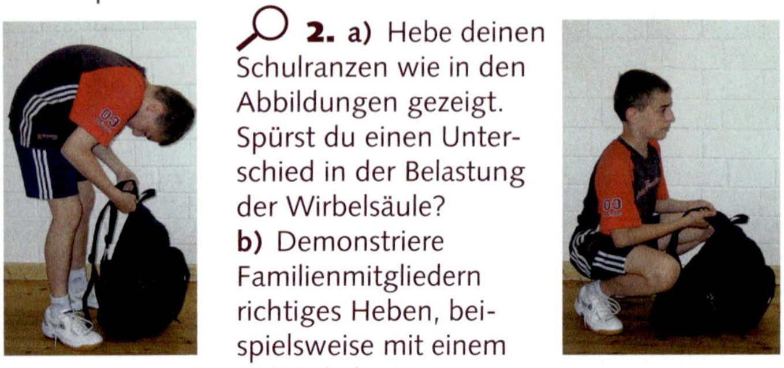

2. a) Hebe deinen Schulranzen wie in den Abbildungen gezeigt. Spürst du einen Unterschied in der Belastung der Wirbelsäule?
b) Demonstriere Familienmitgliedern richtiges Heben, beispielsweise mit einem Getränkekasten.

3. a) Biege mit 40 cm langen und etwa 2 mm dicken Drahtstücken die abgebildeten „Wirbelsäulen" nach. Achte auf die unterschiedliche Krümmung.

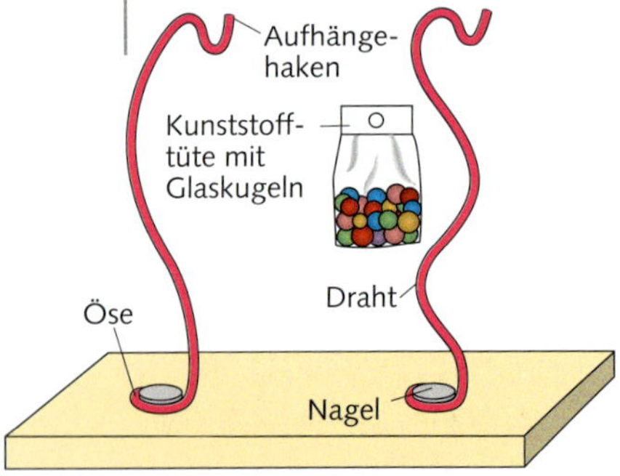

b) Belaste die Modelle zum Beispiel mit einem Murmelsäckchen. Wann beginnen die Drähte sich zu biegen? Welche Form verträgt die höhere Belastung? Welches Modell ähnelt der menschlichen Wirbelsäule?

4. Ermittelt durch eine Befragung die Zeit, die ihr täglich in sitzender Haltung verbringt. Berechnet den Durchschnittswert und beurteilt die Ergebnisse.

5. a) Wo können beim krummen Sitzen Schäden auftreten? Vergleiche dazu die Abbildung rechts mit Abbildung 1B.
b) Wie können solche Haltungsschäden vermieden werden? Bedenke auch die Bedeutung passender Sitzmöbel.

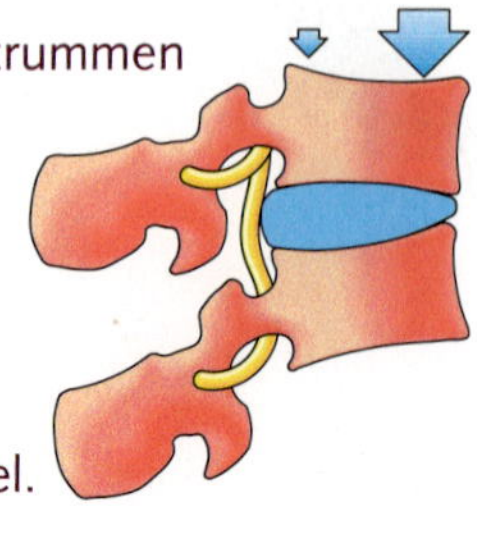

Die Wirbelsäule hält den Körper aufrecht
Als stabile, aber dennoch bewegliche Säule durchzieht die Wirbelsäule den Körper. Von der Seite betrachtet ist sie in Form eines „Doppel-S" gekrümmt. Dadurch kann sie beim Laufen und Springen Stöße abfedern.
Die Wirbelsäule besteht aus über 30 knöchernen **Wirbeln,** die durch elastische Knorpelscheiben voneinander getrennt sind. Diese **Bandscheiben** geben den notwendigen Spielraum für Bewegungen beim Drehen und Beugen. Außerdem wirken sie wie Stoßdämpfer. Die einzelnen Wirbel werden durch starke Bänder und Muskeln zu einer Einheit verspannt.
Kreuzbein und **Steißbein** bestehen aus miteinander verwachsenen Wirbeln. Sie sind nur wenig beweglich.
Zwischen Wirbelkörper und Wirbelbogen liegt das **Wirbelloch**. Übereinander gereiht bilden diese Öffnungen den Wirbelkanal. Hier verläuft gut geschützt das empfindliche Rückenmark, ein wichtiger Nervenstrang.

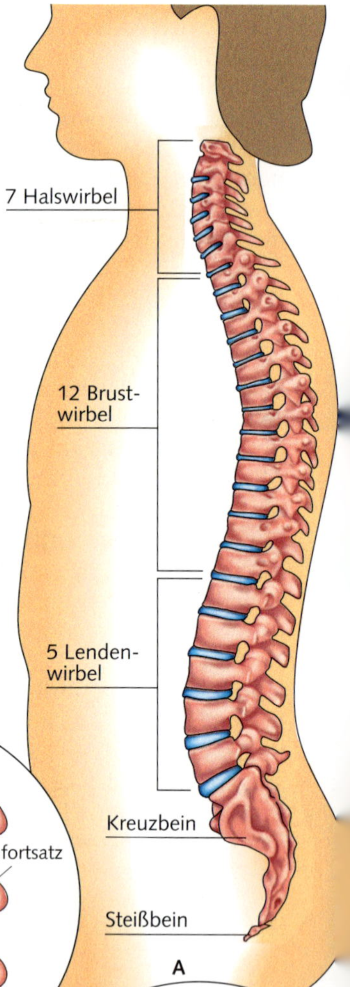

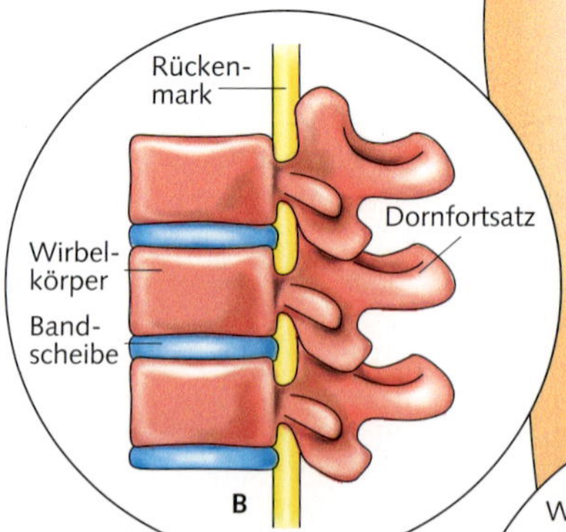

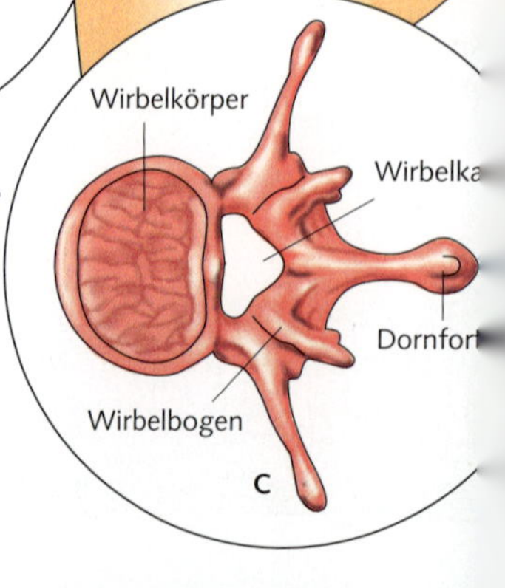

1 Wirbelsäule des Menschen.
A *Gesamtansicht;*
B *Ausschnitt aus der Lendenwirbelsäule;*
C *Lendenwirbel in der Ansicht von oben*

Arbeiten mit Modellen

Modelle veranschaulichen die Wirklichkeit und helfen, sie besser zu verstehen. Dabei werden nur bestimmte Eigenschaften und Merkmale des Originals dargestellt. Modelle werden immer dann eingesetzt, wenn komplizierte Sachverhalte besonders anschaulich gezeigt werden sollen.

Ein Beispiel: Das Modell der Wirbelsäule

Die Wirbelsäule ist ein kompliziert gebautes Gebilde. Die einzelnen Wirbel besitzen einen nur schwer verständlichen Bau mit verschiedenen Fortsätzen und Gelenkflächen. Zusammengehalten und stabilisiert wird das Ganze zusätzlich durch verschiedene Bänder und Muskeln.

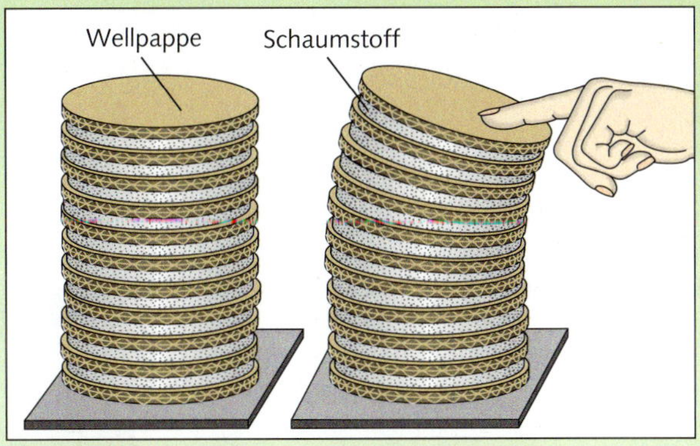

Bauanleitung:

- Schneide 11 runde Scheiben aus Wellpappe und 10 aus Schaumstoff (0,5 cm dick) heraus. Der Durchmesser sollte ca. 5 cm betragen.
- Verbinde die Teile mit Kunststoffkleber oder Silikon.

1 Einfaches Modell der Wirbelsäule

Modelle machen Kompliziertes einfach

Mit dem oben abgebildeten Modell kannst du den **Bau der Wirbelsäule** sehr viel leichter durchschauen. Auf Anhieb erkennst du, dass sie sich im Wesentlichen aus nur zwei Bestandteilen zusammensetzt. Dies zeigt folgende Tabelle:

Original	Modell
Wirbelkörper	Scheiben aus Wellpappe
Bandscheiben	Scheiben aus Schaumstoff

Das Modell veranschaulicht aber noch mehr. Mit einfachen Versuchen kannst du dir die **Funktion der Wirbelsäule** verdeutlichen:

- Drückst du das Modell von oben zusammen, verformt sich nur der Schaumstoff. Du erkennst daran, dass die Bandscheiben für die Stoßdämpferwirkung der Wirbelsäule verantwortlich sind.
- Belastest du das Modell seitlich, biegt es sich zur Seite. Auf diese Weise wird die seitliche Beweglichkeit der Wirbelsäule verdeutlicht.

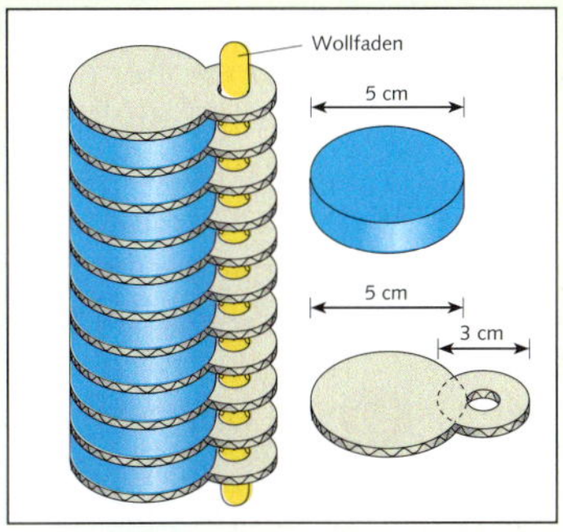

2 Anderes Modell der Wirbelsäule

Modelle zeigen nicht alles

Auch wenn das Modell den Bau und die Funktion der Wirbelsäule recht gut veranschaulicht, so hat es doch auch seine Grenzen:

- Der unterschiedliche Bau von Hals-, Brust- und Lendenwirbeln wird nicht gezeigt.
- Im Modell sind weder das Wirbelloch noch die Dornfortsätze zu erkennen. Das Gleiche gilt für die stabilisierenden Bänder und Muskeln.
- Es ist nicht erkennbar, dass die Wirbel im Brustbereich mit den Rippen verbunden sind.
- Im Bereich der Lendenwirbelsäule ist auch eine Drehbewegung möglich. In unserem Modell wird dies nicht deutlich.

1. Bild 2 zeigt ein anderes Modell der Wirbelsäule. Vergleiche es mit dem oben vorgestellten. Nenne Gemeinsamkeiten und Unterschiede.

2. Welches Modell ähnelt eher der „echten“ Wirbelsäule? Welche Merkmale werden zusätzlich dargestellt? Ergänze die Tabelle.

Gelenke machen uns beweglich

1. a) Der Flickflack rechts zeigt, wie beweglich unser Körper ist. Welche Gelenke sind bei dieser Übung beteiligt?
b) Suche an deinem Körper nach Gelenken und untersuche, in welche Richtung sie beweglich sind. Beginne bei den Armen und Beinen. Denke aber auch an den Kopf und die Wirbelsäule.

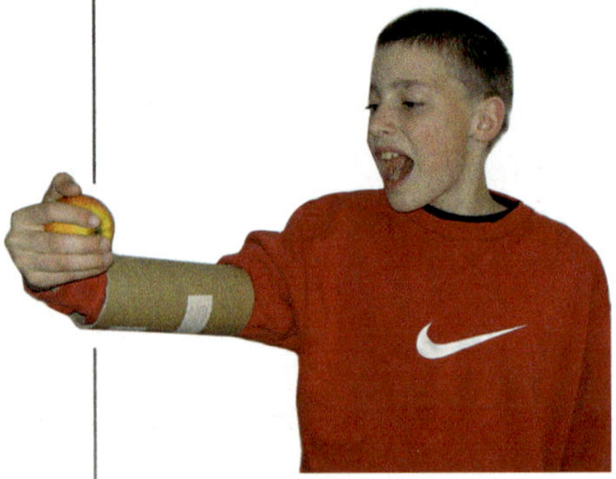

2. a) Stülpe ein 30 cm langes Stück einer Papp- oder Teppichbodenröhre über den Ellenbogen. Versuche nun, dich zu kämmen oder in einen Apfel zu beißen. Was stellst du fest?
b) Befestige mit Kreppband den Daumen an der Handfläche. Welche Tätigkeiten sind jetzt fast unmöglich? Erkläre den Satz: „Der Daumen macht die Hand zu unserem vielseitigsten Werkzeug."

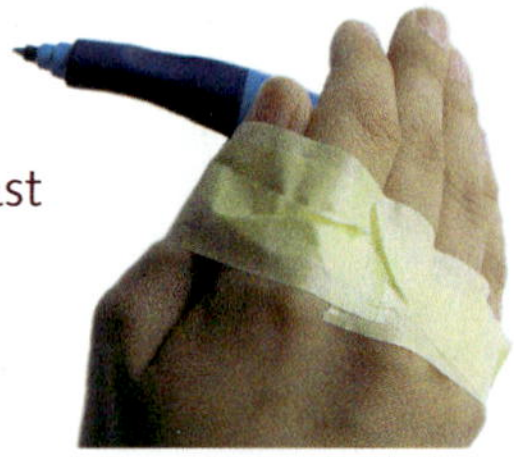

3. Untersuche am Skelett aus der Biologiesammlung die Beweglichkeit von Hüftgelenk, Knie, Ellenbogen und Handgelenk. Erstelle eine Tabelle der Kugel- und Scharniergelenke. Finde weitere Beispiele.

Kugelgelenke	Scharniergelenke
Hüftgelenk	

4. Mit welchen Gelenktypen lassen sich die abgebildeten Gegenstände vergleichen? Suche weitere technische Gelenke in deiner Umgebung.

5. a) Baut aus den abgebildeten Materialien das Modell eines Scharniergelenks.
- Schneidet aus einer der Papprollen seitlich einen etwa 3 cm breiten Steifen heraus.
- Klebt mit Heiß- oder 2-Komponenten-Kleber die Rundhölzer seitlich an die „Gelenkenden".
- Schiebt beide „Knochen" ineinander und überprüft die Bewegungsmöglichkeiten.

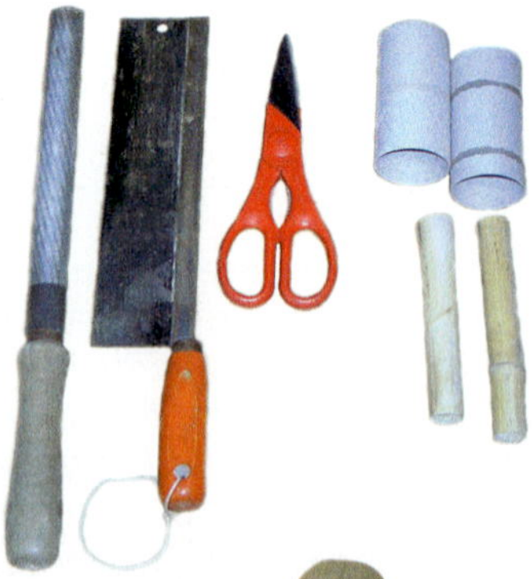

b) Wie könntet ihr das Modell eines Kugelgelenks bauen?
Tipp: Verwende aufgeschnittene Bälle verschiedener Größe, Holzkugeln und Rundhölzer.

Aufbau eines Gelenks

Gelenke verbinden Knochen beweglich miteinander. Alle Gelenke besitzen dabei einen gemeinsamen Bauplan: Immer passt das Ende des einen Knochens, der **Gelenkkopf,** genau in die Vertiefung des anderen Knochens, die **Gelenkpfanne.** Beide Knochenenden sind durch eine feste und elastische **Gelenkkapsel** miteinander verbunden, die durch Muskeln und Bänder zusätzlich verstärkt wird. Die Gelenkflächen sind vom glatten **Gelenkknorpel** überzogen. Er federt Stöße elastisch ab und schützt so bei Bewegungen vor Beschädigungen. Im Gelenkspalt befindet sich außerdem ein Gleitmittel, die **Gelenkschmiere.** Sie vermindert die Reibung im Gelenk zusätzlich.

Das Kugelgelenk

Obwohl der Oberschenkel fest mit dem Becken verbunden ist, kann sich das Bein in fast alle Richtungen frei bewegen. Das Hüftgelenk ist damit ein typisches **Kugelgelenk.**

Das Scharniergelenk

Das Ellenbogengelenk dagegen lässt sich nur in eine Richtung bewegen. Weil es damit an das Scharnier einer Tür erinnert, zählt man es zu den **Scharniergelenken.** Hierzu gehören auch das Knie- und die Fingergelenke.

Besondere Gelenktypen

Die Drehung des Kopfes ermöglichen die beiden oberen Halswirbel. Sie sind durch ein **Drehgelenk** miteinander verbunden. Der Daumen kann sich gegenüber der Handwurzel in zwei Richtungen bewegen, ähnlich einem Reiter auf seinem gesattelten Pferd: nach vorne und hinten sowie nach links und rechts. Man nennt dies ein **Sattelgelenk.**

Der Daumen erhält damit eine Sonderstellung unter den fünf Fingern der Hand: Er kann der Handfläche gegenübergestellt werden und erlaubt so das präzise Zugreifen.

Gelenkverletzungen

Im Kniegelenk kommen **Knorpelverletzungen** besonders häufig vor. Hier bilden zwei halbmondförmige Knorpelscheiben, die Menisken, den Rand der Gelenkpfanne. Werden sie bei seitlichen Drehbewegungen zwischen den Knochen eingeklemmt, können im Knorpel Risse entstehen. Diese Verletzungen nennt man Meniskusschäden.

Zu **Bandverletzungen** kommt es, wenn Gelenkbänder übermäßig gedehnt werden. Knickt man zum Beispiel im Sprunggelenk heftig um, reißen die seitlichen Gelenkbänder. Solche Bänderrisse sind typische Sportverletzungen.

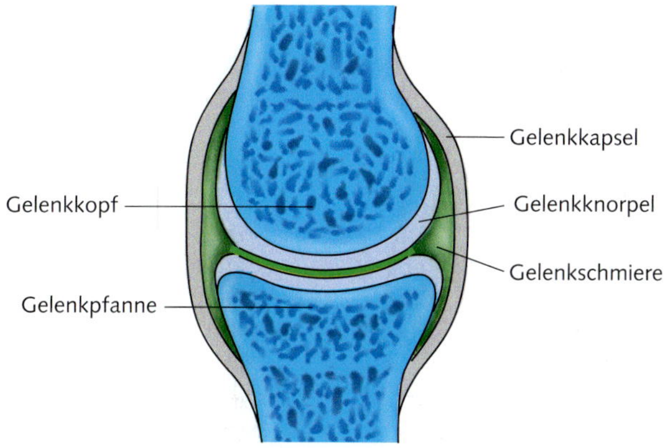

1 Bau eines Gelenks (Schema)

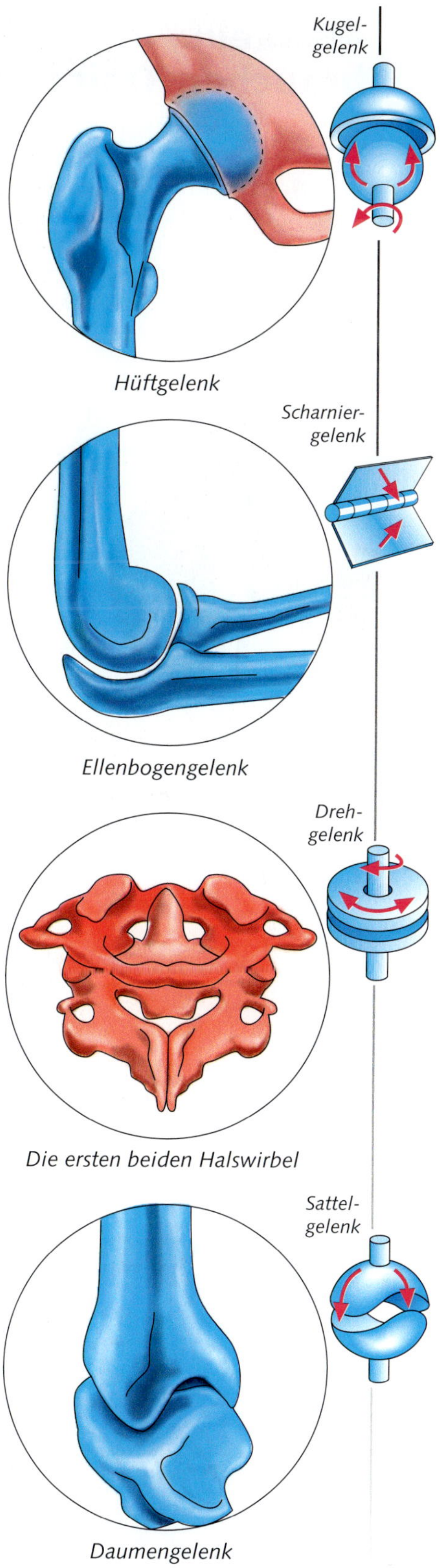

2 Gelenktypen

Muskeln brauchen Training

1. a) Lies die Aussage des Schülers. Stimmst du ihm zu? Begründe deine Meinung.
b) Frage deine Sportlehrkraft, warum es zu Beginn des Sportunterrichts erforderlich ist, sich aufzuwärmen. Welche Übungen werden empfohlen?

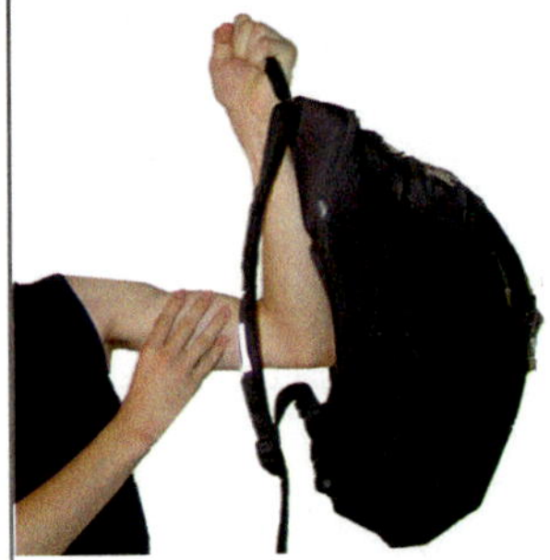

2. a) Nimm deine Schultasche in die Hand und hebe sie durch das Beugen des Unterarms. Umfasse dabei mit der freien Hand den Oberarm. Erfühle den arbeitenden Muskel und beschreibe seine Veränderung.
b) Lege die Hand auf den Tisch und drücke mit aller Kraft auf die Tischplatte. Umfasse mit der anderen Hand den Oberarm, diesmal von hinten. Beschreibe, wie sich der Muskel anfühlt.

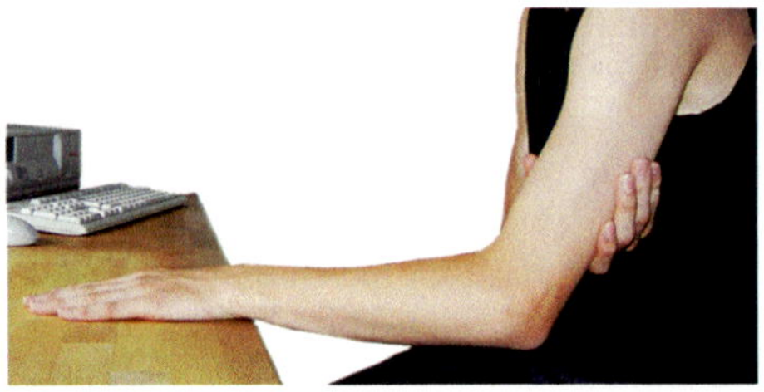

3. a) Spiele mit den Fingern einer Hand auf dem Tisch „Klavier". Was kannst du auf dem Handrücken beobachten? Nimm die Abbildung unten zu Hilfe.

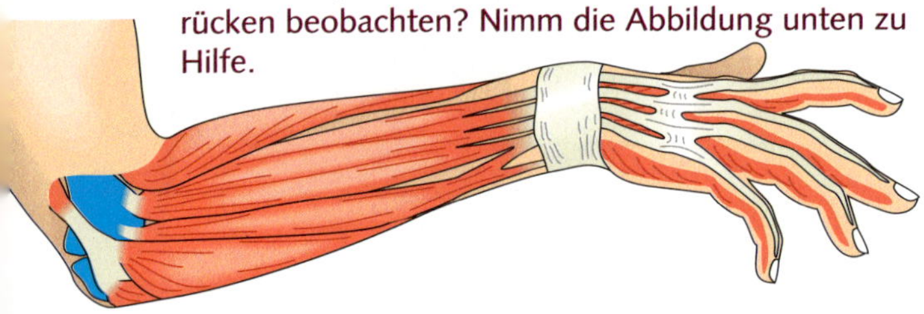

b) Finde durch Abtasten heraus, wo die Muskeln für die Bewegung der Finger sitzen.

4. a) Oberhalb der Ferse kannst du die stärkste Sehne deines Körpers ertasten. Wie heißt sie? Benenne auch die rechts gezeigten Knochen des ▸ Skeletts beim Menschen.
b) In der Kniekehle kann man deutlich zwei Sehnen ertasten. Welche Aufgabe haben die dazugehörigen Muskeln?

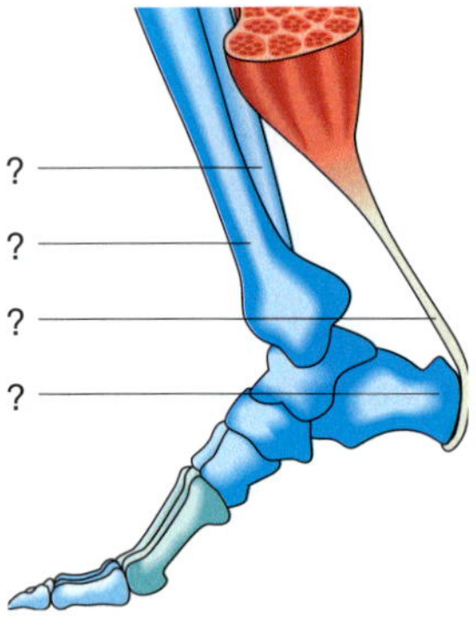

5. a) Welche Sportarten werden durch die Symbole dargestellt?
b) Demonstriere die für jede Sportart typischen Bewegungsabläufe. Nenne stark beanspruchte Muskelgruppen.

6. Erkundet das Sportangebot in eurer Umgebung. Berichtet auch von Sportarten, die ihr selbst ausübt. Welche Sportarten halten den ganzen Körper fit und beugen Haltungsschäden vor?

7. a) Vergleiche das von Schülern gebaute ▸ Modell mit der Realität. Vervollständige dazu die Tabelle.

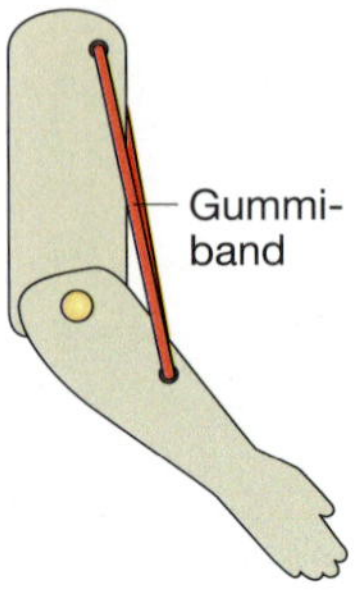

Modell	Realität
Gummiband	

b) Was stellt das Modell gut dar? Was stimmt mit der Funktionsweise der Armmuskeln nicht überein?

Muskeln arbeiten zusammen

Mehr als 600 Muskeln sorgen dafür, dass Menschen laufen und springen, sich strecken und bücken können. Allein daran, dass du einen fröhlichen oder traurigen Gesichtsausdruck machst, sind über 30 Gesichtsmuskeln beteiligt!

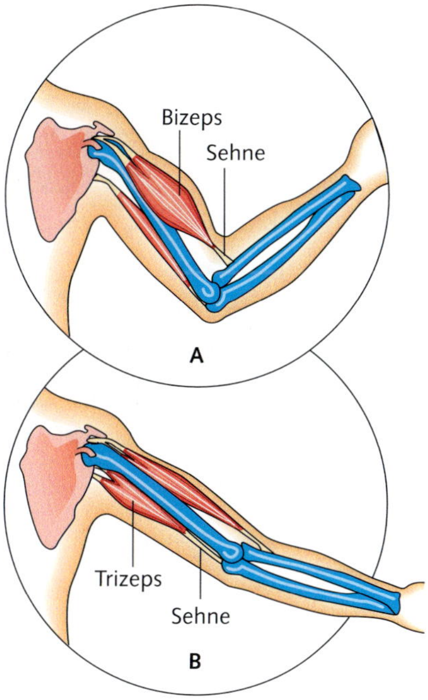

1 Muskeln des Oberarms.
A *Bizeps beim Armbeugen;*
B *Trizeps beim Armstrecken*

Vorn am Oberarm befindet sich ein besonders kräftiger Muskel, der Bizeps. Verkürzt er sich, so wird der Unterarm gebeugt. Den Bizeps nennt man deshalb auch **Beuger.** Um den Arm wieder zu strecken, muss sich der Muskel auf der Rückseite des Oberarms verkürzen. Hier liegt der **Strecker** des Unterarms, der Trizeps. Beuger und Strecker arbeiten abwechselnd und in entgegengesetzter Richtung, sie sind **Gegenspieler.** Zur Bewegung eines Gelenks leisten also immer mindestens zwei Muskeln „Teamarbeit". Verkürzt sich ein Muskel, wird er dicker und fühlt sich hart an.

Feinbau des Muskels

Jeder Muskel setzt sich aus vielen einzelnen, mikroskopisch dünnen **Muskelfasern** zusammen. Außen ist er von einer festen **Muskelhülle** umgeben, die dem Muskel die typische Form einer Spindel verleiht. An beiden Enden geht die Muskelhülle in ein reißfestes Band, die **Sehne,** über. Sehnen verbinden den Muskel mit den Knochen, mit denen sie fest verwachsen sind. Die stärkste Sehne unseres Körpers ist die Achillessehne, die vom Wadenmuskel zum Fersenbein führt. Seine volle Kraft entfaltet der Muskel nur dann, wenn sich alle Muskelfasern gleichzeitig zusammenziehen.

Bewegung hält fit

Regelmäßige sportliche Bewegung kräftigt die Muskeln. Sie nehmen an Umfang zu und werden leistungsfähiger. Wenig benutzte Muskeln werden mit der Zeit schwächer. Oft kommt dies vor, wenn Muskeln wegen einer Verletzung nicht benutzt werden können.
Sportverletzungen werden durch ein **Aufwärmtraining** und Dehnübungen vermieden.
Die Muskulatur wird dabei gut durchblutet und mit Sauerstoff versorgt. Die Muskeln werden elastisch und besser dehnbar.

Etwa zwölf Stunden nach einer ungewohnten Belastung können Muskelschmerzen auftreten. Dieser **„Muskelkater"** entsteht durch winzige Risse in den Muskelfasern. Die Beschwerden verschwinden nach wenigen Tagen.

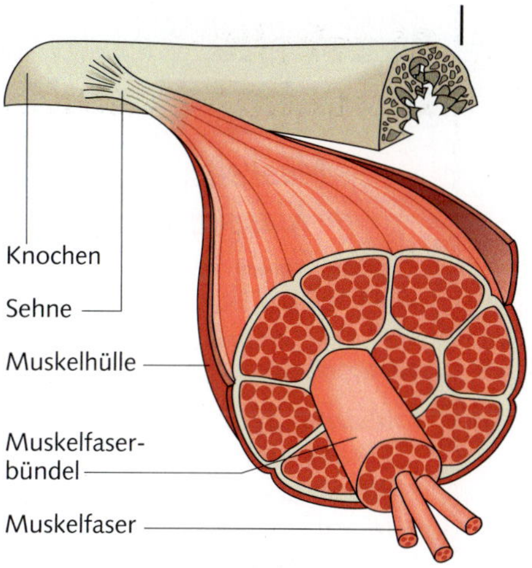

2 Feinbau des Muskels

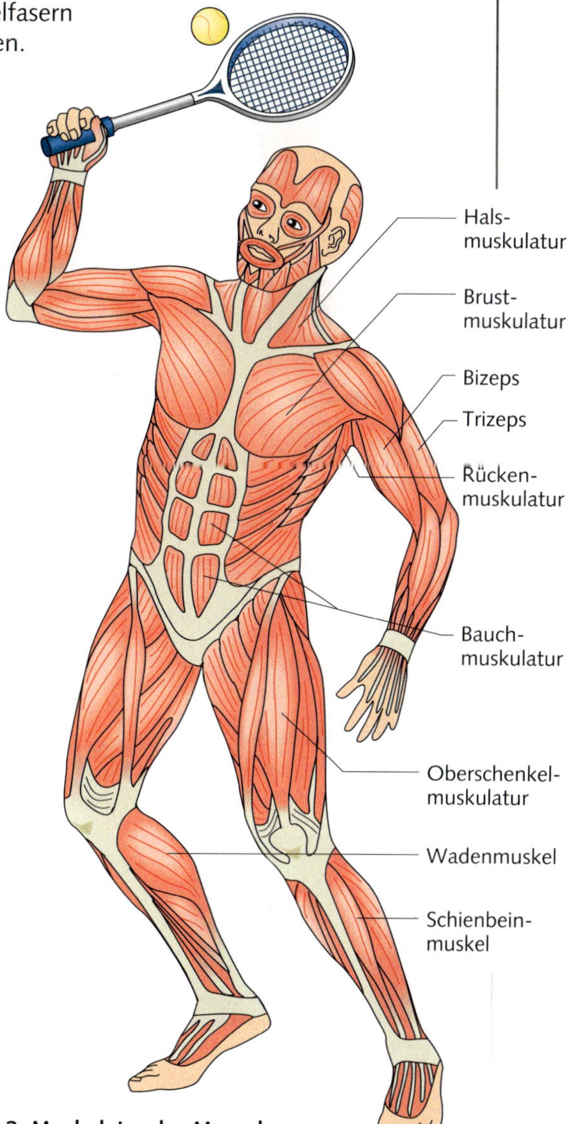

3 Muskulatur des Menschen

Körper und Leistungsfähigkeit → S. 308/309

Bewegte Schule

Muskeltraining im Klassenzimmer

Folgende Übungen verhindern, dass du durch zu langes Sitzen unbeweglich und steif wirst. Außerdem fördern sie die Konzentration!

- *Wiederhole jede Übung 5 x mit jeweils 2 Sekunden Pause.*
- *Halte die Muskelspannung 5 Sekunden aufrecht.*
- *Brich die Übung ab, wenn du Schmerzen spürst.*

Stärkung der Halsmuskeln:
Drücke den Kopf gegen die gefalteten Hände.

Stärkung der Rückenmuskeln:
Ziehe die Ellenbogen kräftig auseinander.

Stärkung der Brustmuskeln:
Presse die Handflächen fest aufeinander.

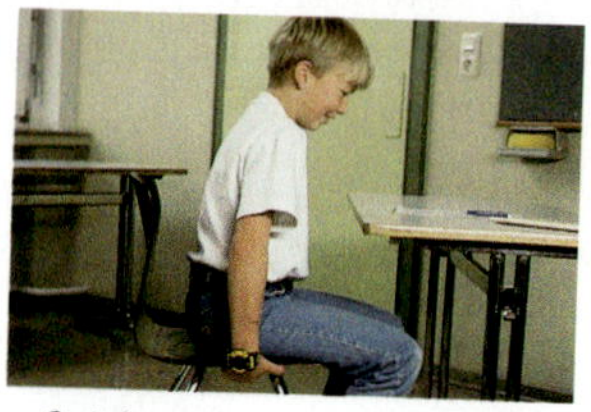

Stärkung des unteren Rückens:
Richte den Rücken gegen den Widerstand auf.

Fit durch die „aktive Pause“

hk Kassel – „Die aktive Pause ist nach Beschluss der Schulkonferenz zentraler Bestandteil unseres neuen Schulprogramms“ berichtet Henning Martens, Schulleiter der Kasseler Goetheschule.

Dabei geht es nicht nur um positive Auswirkungen auf die Gesundheit. „Wir beobachten, dass unsere Schüler ausgeglichener und konzentrationsfähiger werden, wenn sie sich in der Pause ausreichend bewegen. Bewegung wirkt sich also auch auf die schulischen Leistungen positiv aus“, ist Martens überzeugt. Als Grundausstattung hat jede Klasse eine Spielekiste erhalten. Der Verleih größerer Geräte – wie z. B. der Stelzen – wird von älteren Schülern organisiert. Ins Rollen kam die Aktion auf Initiative einiger Eltern: Sie wollten nicht länger hinnehmen, dass ihre Kinder den größten Teil des Vormittags mit „Stillsitzen“ verbringen. Gleiches gilt für das „Herumhängen“ in der Freizeit: Vor dem PC und dem Fernseher kommt eine ausreichende Bewegung oft zu kurz. Die Folgen sind bekannt: Haltungsschäden, Atembeschwerden, Kreislaufprobleme. In der Schule kommen Leistungsschwäche und Konzentrationsstörungen hinzu.

1. Hier findest du Beispiele für aktive Pausenspiele. Probiere sie aus und überlege dir weitere. Stelle sie in der Klasse vor.

2. Auf welche Weise tragen die Beispiele auf dieser Seite dazu bei, den Körper fit zu halten?

Dehnübungen zum Aufwärmen

Beim so genannten „Stretching“ werden die Muskeln vor dem Sport behutsam gedehnt und erwärmt. Halte die Spannung der Muskeln immer einige Sekunden lang an!

1 nach vorne neigen, Ferse auf den Boden drücken

2 Fuß ans Gesäß hochziehen, Becken vorschieben

3 seitliche Rumpfbeugen

4 Hüfte nach vorn abwärts drücken

Was dir dein Rücken krumm nimmt ...!
Richtiges Sitzen, Heben und Tragen will gelernt sein! Deshalb mahnen Eltern oft: „Sitz gerade!" oder „Geh' nicht so krumm!" Falsche Haltungen führen bereits bei vielen Kindern und Jugendlichen zu Verformungen der Wirbelsäule. Rückenschmerzen oder sogar ein Bandscheibenvorfall können die Folge sein.

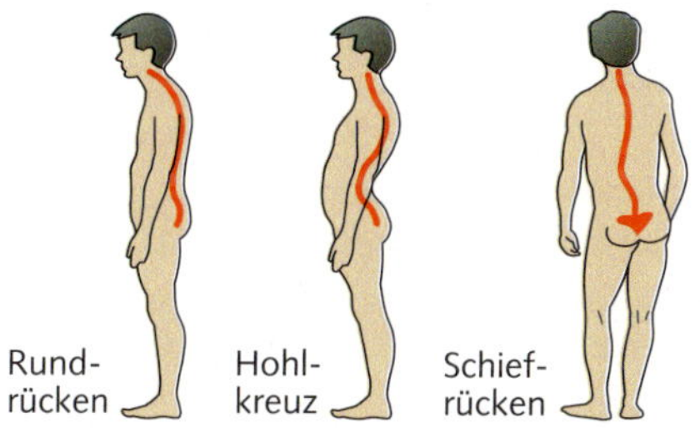

3. Vergleiche die Abbildungen oben mit der gesunden ▸ Wirbelsäule. Wodurch könnten die Verformungen entstanden sein?

4. Die drei Fotos rechts zeigen Fehlhaltungen, die die Wirbelsäule einseitig belasten. Nenne mögliche Folgen. Demonstriere, wie die richtige Haltung aussehen müsste.

„Sport ist Mord?"
Das Gegenteil ist richtig! Regelmäßige Bewegung hält fit, gesund und beweglich. Dennoch können Verletzungen auftreten. Um diese zu vermeiden, ist das Aufwärmen ein Muss! Sportverletzungen kommen viel seltener vor, wenn die Muskulatur durch das übliche „Einlaufen" oder Dehnübungen auf die Anstrengung vorbereitet wurde.

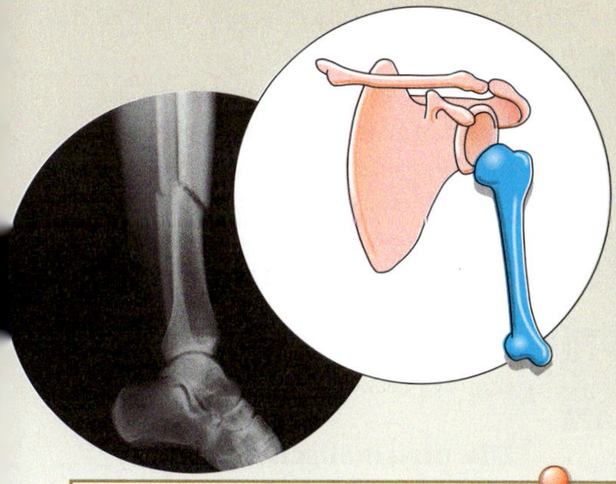

LEXIKON der Sportverletzungen

Bei einer **Prellung** werden Blutgefäße verletzt. Das austretende Blut lässt das Gewebe anschwellen. Es entsteht ein schmerzhafter Bluterguss.
Bei zu starker Dehnung der Gelenkkapsel springt der Gelenkkopf aus der Gelenkpfanne. Eine solche **Ausrenkung** muss vom Arzt umgehend wieder eingerenkt werden.

Ein **Knochenbruch** entsteht, wenn der Knochen bei einem Sturz überlastet wird. Durchstoßen die spitzen Knochenenden die Haut, spricht man von einem offenen Bruch.
Werden Gelenkbänder oder Sehnen überlastet, können sie reißen. Ein solcher **Bänderriss** muss manchmal operativ zusammengenäht werden.

5. Als Erstversorgung bei Sportverletzungen wird das betroffene Gelenk ruhig gestellt und gekühlt. Begründe diese Maßnahmen.

Kräfte bewirken Bewegungen und Verformungen

1. a) Fahre mit einem Fahrrad über Asphalt. Was stellst du dabei fest?
b) Beschreibe die gleiche Fahrt mit dem Fahrrad über Glatteis.

2. Eine Seilbahn fährt zur Bergstation. Plötzlich fällt der Strom aus. Was passiert?

3. Was bewirkt ein starker Wind, der auf das Segel eines Segelbootes trifft,
a) beim Segel,
b) beim Boot?

4. Drücke mit dem Daumen erst leicht, dann stärker auf einen Schwamm. Wie verändert sich der Schwamm dabei?

5. Schließe einen Gummischlauch mit einem Winkelrohr an einem Ende an den Wasserhahn an. Lege den Schlauch hin. Was geschieht, wenn der Wasserhahn aufgedreht wird?

6. Notiere Beispiele für weitere Kräfte, die Bewegungen oder Verformungen erzeugen.

1 Zwei Wirkungen der Windkraft

Bei einer Fahrradfahrt musst du **Muskelkraft** aufwenden. Willst du schneller fahren, musst du mehr Kraft einsetzen. Anstrengend wird die Fahrt bei Gegenwind. Hier spürst du deutlich, dass eine weitere Kraft wirkt, die **Windkraft.** Sie wirkt deiner Muskelkraft entgegen. Daher wird sie **Gegenkraft** genannt.

Gegenkraft ist notwendig

Eine Gegenkraft ist immer vorhanden. So kommst du beim Anfahren nur vorwärts, wenn du die Straße unter dir wegschiebst. Weil das natürlich nicht geht, bewegt sich dein Fahrrad nach vorne.
Auf einer Ölspur ist das Radfahren schwierig, weil fast keine Reibung auftritt. Deshalb kommst du hier kaum vorwärts.

Verschiedene Kräfte

Bewegungen können noch durch andere Kraftarten bewirkt werden. So wird durch Windkraft der Rotor eines Windrades bewegt. Eine Liftkabine wird durch die **elektrische Kraft** des Motors gegen die **Erdanziehungskraft** nach oben gezogen. Bei Stromausfall wirkt nur die Erdanziehungskraft. Jetzt müssen die Notbremsen mit ihrer Bremskraft die Kabine in ihrer Position halten.

2 Hier wirkt elektrische Kraft.

Der Rückstoß

Liegt ein Gartenschlauch mit offenem Ende ausgerollt auf dem Rasen, tanzt das Ende des Schlauches hin und her, wenn du den Wasserhahn öffnest. Hier wird durch die Kraft des ausströmenden Wassers eine Kraft auf den Schlauch ausgeübt, der sich dadurch in Gegenrichtung bewegt.

3 Wasser marsch!

Kraft kann noch mehr

Kraft kann außer Bewegung auch **Verformung** bewirken. Bei Sturm biegen sich die Bäume unter der Wirkung der Windkraft. Knetmasse nimmt eine andere Form ein, wenn du sie mithilfe deiner Muskelkraft knetest.

Die physikalische Größe

Physikalische Kräfte werden mit F bezeichnet. Dabei können durch einen Zusatz am Formelzeichen, den Index, die Kräfte unterschiedlich benannt werden. So könnte für elektrische Kraft F_E, für Muskelkraft F_M geschrieben werden.

Die Maßeinheit für Kräfte ist **Newton (N).** Dieser Name wurde zu Ehren des englischen Physikers SIR ISAAC NEWTON (1643–1727) gewählt.

Körper und Leistungsfähigkeit → S. 308/309

Kräfte ändern Bewegungen

1. Du näherst dich im Ruderboot einem Anlegesteg. Beschreibe, wie du das Boot abbremsen kannst.

2. Fahre mit dem Fahrrad eine Strecke mit gleichbleibender Geschwindigkeit. Wiederhole die Fahrt, bremse und beschleunige aber möglichst oft dabei. Erkläre, warum diese Fahrt für dich anstrengender ist als die erste.

2 Die Abkürzung – eine gute Idee?

5. a) Du siehst in Bild 3 die hell glühende Bremsscheibe eines Autos auf einem Prüfstand. Der Test entspricht einer Schnellbremsung bei 180 $\frac{km}{h}$. Die Scheibe wurde bis zum Stillstand abgebremst. Warum glüht die Scheibe?
b) Beschreibe den gesamten Test, verwende dabei die Begriffe Kraft, Reibung, steigende Geschwindigkeit, abnehmende Geschwindigkeit.

1 Zum Glück gab es das Kiesbett!

3. Dein Freund ist mit dem Rad vorausgefahren. Du versuchst ihn jetzt einzuholen. Begründe, warum du dich mehr anstrengen musst als dein Freund.

4. Warum sind an Autorennstrecken zwischen Piste und Zuschauerabgrenzungen große Kiesflächen angelegt worden?

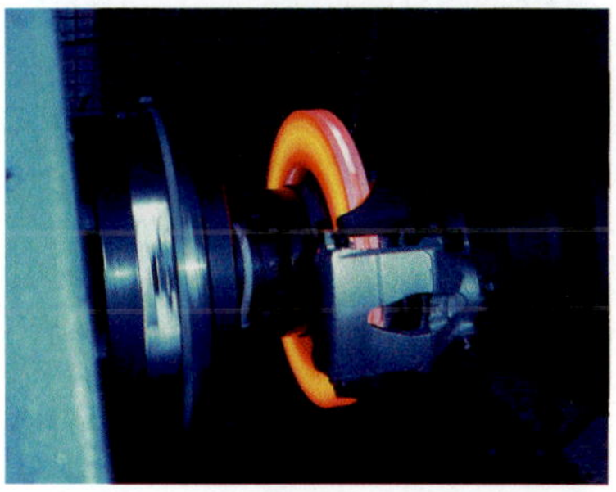

3 Bremsscheibe auf dem Prüfstand

Kraft und Bewegung

Die Rinder in Bild 4 rennen über die Weide. Will ein Tier von hinten an die Spitze, so muss es schneller laufen als die anderen Rinder. Es muss dafür auch mehr Kraft einsetzen. Hat es die Spitze erreicht, kann es mit konstanter Geschwindigkeit weiterlaufen und braucht dann dafür weniger Kraft.
Muss die Herde wegen eines Hindernisses plötzlich abbremsen, so müssen die Tiere wieder mehr Kraft aufwenden. Sie brauchen zusätzlich Kraft, wenn sie schneller werden oder wenn sie langsamer werden wollen. Eine Bewegung ändert sich nur, wenn eine Kraft wirkt.

Reibung ist eine Kraft

Wenn du über einen Sandweg wie in Bild 2 fährst, brauchst du eine größere Kraft als beim Fahren auf der Straße. Hier spürst du zusätzlich eine Kraft, die jede Bewegung hemmt. Es ist die **Reibung.**

Du musst Kraft einsetzen, um dein Fahrrad zu bewegen, und eine zusätzliche Kraft, um die größere Reibung auf dem Sand zu überwinden. Die Reibung behindert deine Bewegung. Du spürst sie schon, wenn du dein Fahrrad nur rollen lässt. Die Bewegung wird langsamer.

4 Eine wilde Herde

Der Kraftmesser

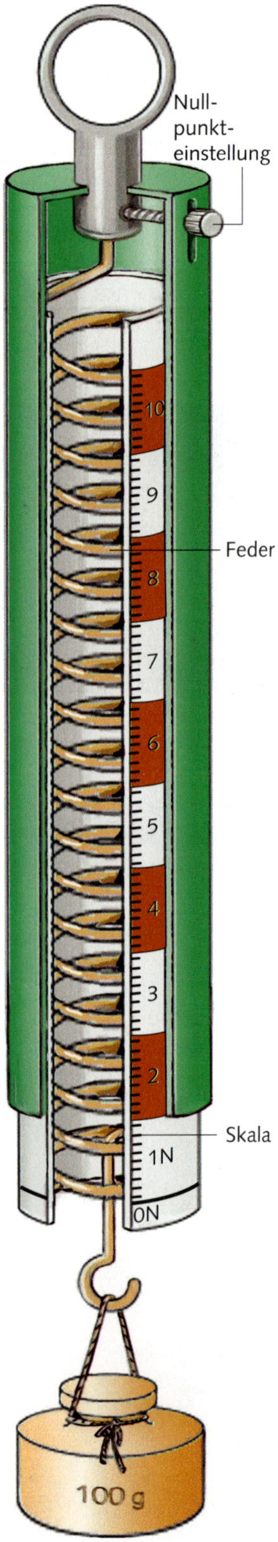

1 Kraftmesser

1. Beschreibe den Aufbau eines Kraftmessers.

2. Stelle am Kraftmesser die Nulllage ein. Belaste ihn nun nacheinander mit gleich schweren Wägestücken. Lies die Kraft ab. Erstelle eine Tabelle.

Wägestücke	1	2	
Masse in g	100		
Kraft in N			

3. Zeichne zu Versuch 2 ein Masse-Kraft-Diagramm wie in Bild 2. Beschreibe den Grafen.

4. a) Lies aus dem Diagramm aus Aufgabe 3 die zugehörige Masse für 7 N und 3 N ab.
b) Welche Kraft wirkt, wenn die Masse 150 g, 350 g oder 650 g am Kraftmesser hängt?

5. Begründe, warum Kraftmesser nur zum Messen von Kräften innerhalb ihres Messbereiches eingesetzt werden dürfen.

6. a) Welcher Gewichtskraft entsprechen 3,5 kg?
b) Welcher Masse entsprechen 7,2 N?

Aufbau eines Kraftmessers

In der Hülle eines Kraftmessers befindet sich eine Schraubenfeder, die von einer Skala umgeben ist. Das Ende der Feder schaut als Haken unten aus der Hülle heraus. Es gibt außerdem eine Schraube zur Nullpunkteinstellung.

Die Gewichtskraft

Hängst du an einen Kraftmesser einen Gegenstand, so kannst du beobachten, dass die Feder sich verlängert. Auf den Gegenstand wirkt eine **Gewichtskraft F_G**, die in Newton (N) gemessen wird.
Eine Gewichtskraft F_G erfahren alle Körper durch die Erdanziehungskraft, die in Richtung des Erdmittelpunktes wirkt.

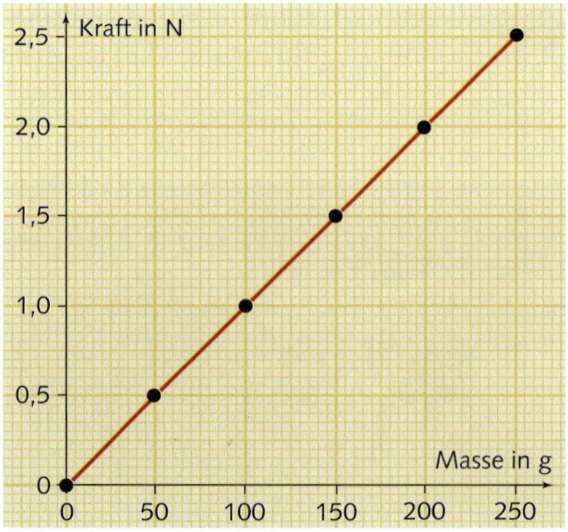

2 Masse-Kraft-Diagramm

Messen mit dem Kraftmesser

Ein angehängtes Wägestück mit einer Masse von 100 g wirkt auf einen Kraftmesser mit einer Gewichtskraft von ungefähr $F_G = 1$ N. Daraus folgt, dass eine Masse von 1 kg ungefähr einer Gewichtskraft von 10 N entspricht.

Der Messbereich

Der Bereich zwischen 0 N und der größten Kraft, die am Kraftmesser jeweils abgelesen werden kann, wird **Messbereich** genannt.

Wird der Kraftmesser zu stark belastet, so wird er überdehnt. Er zieht sich dann nach der Belastung nicht in seine ursprüngliche Länge zurück und ist anschließend unbrauchbar.

Kraftmesser – selbst gebaut

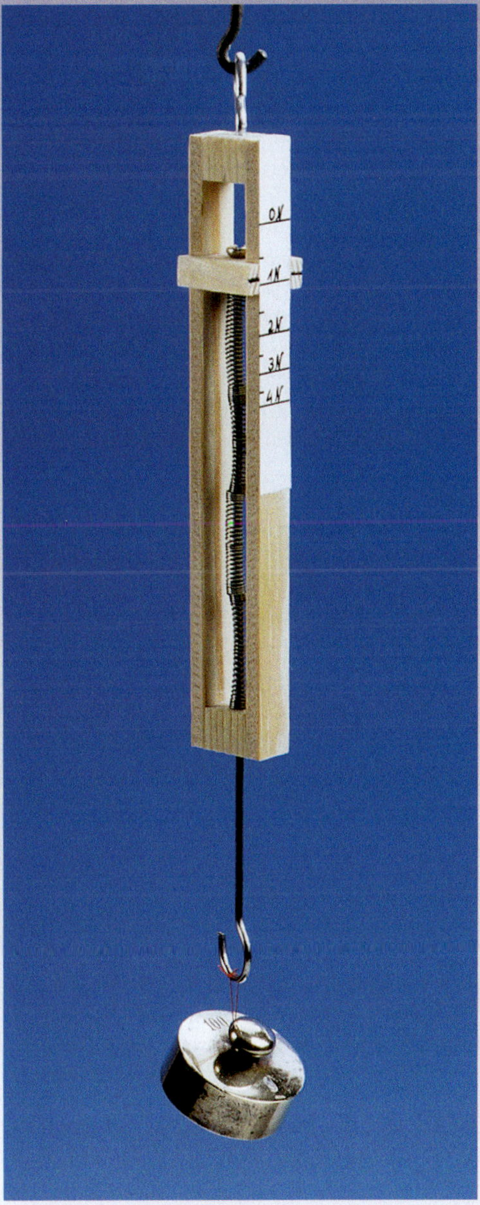

1 Der fertige Kraftmesser

Material
- 2 Sperrholzleisten 15 cm x 12 mm x 4 mm
- 2 Holzklötzchen 12 mm x 12 mm x 12 mm
- 1 Holzklötzchen 7 mm x 12 mm x 12 mm
- 2 Sperrholzleisten 7 mm x 20 mm x 4 mm
- 1 Fahrradspeiche mit Nippel
- 4 Stahlfedern aus Druckkugelschreibern
- 1 Schraubhaken

Bauanleitung
Kürze die Speiche vom Gewinde aus auf eine Länge von 19 cm und biege das Ende ohne Gewinde zu einem Haken. Durchbohre die 3 Klötzchen in der Mitte der Fläche von 12 mm x 12 mm.

Leime die beiden großen Leisten auf die 10 mm breiten Seitenflächen der größeren Klötzchen.

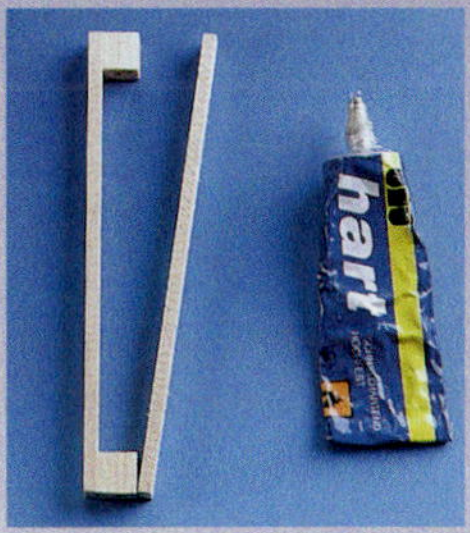

Leime die beiden kleinen Leisten auf die 10 mm breiten Seitenflächen des kleinen Klötzchens. Schiebe den Speichennippel in die Bohrung.

Schmirgele die inneren Flächen des kleineren Bauteils glatt. Setze es dann in das größere Bauteil ein. Es muss leicht auf- und abgleiten können.

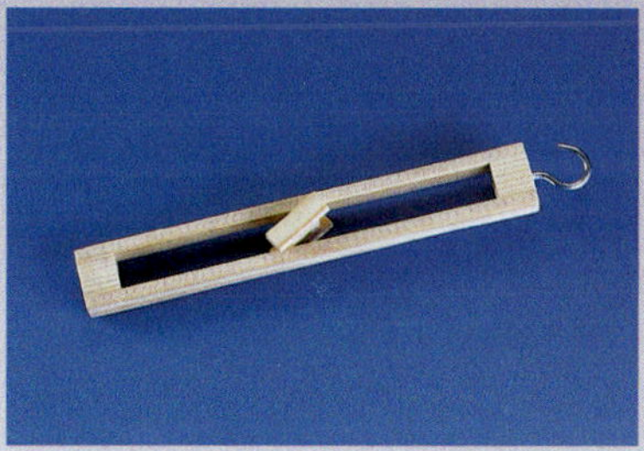

Schiebe die Speiche erst durch das untere Klötzchen, dann durch die Federn. Schraube das Speichenende in den Nippel. Schraube zum Abschluss den Haken in das obere Klötzchen.

Eichung des Kraftmessers
Markiere auf einer der großen Leisten, an welcher Stelle sich das verschiebbare Bauteil ohne Belastung des Kraftmessers befindet. Schreibe 0 N an diese Markierung.
Hänge nacheinander 1, 2, 3 … Wägestücke von jeweils 50 g an den unteren Draht, bis der Kraftmesser nicht mehr weiter messen kann. Markiere jeweils, an welcher Stelle sich das verschiebbare Bauteil befindet.
Schreibe nacheinander 0,5 N; 1 N; 1,5 N … an die Markierung.

Einsatz des Kraftmessers
Miss, mit welcher Kraft
- zwei Bananen zur Erde gezogen werden.
- du ein Buch über den Tisch ziehen kannst.

Suche weitere Beispiele, an denen du deinen Kraftmesser ausprobieren kannst.

Mit Hebeln geht es leichter

1 Können Anna und Jörg ins Gleichgewicht kommen?

1. Wie kann Anna trotz ihrer geringeren Gewichtskraft mit Jörg im Gleichgewicht sitzen?

2. a) In welche Richtung müssen die Steine verschoben werden, damit eine Kiste wie in Bild 2A noch leichter anzuheben ist?
b) Überlege, was du verändern kannst, damit eine Kiste wie in Bild 2B leichter angehoben werden kann.
c) Formuliere zu a) und b) jeweils einen Je-desto-Satz.

3 Wandern hält fit!

3. a) Um welche Hebelart handelt es sich in Bild 3?
b) Begründe, warum du dich anders verhalten würdest.
c) Um das Gleichgewicht herzustellen, gibt es mehrere Möglichkeiten. Bilde dazu Je-desto-Sätze.

Hebelarme im Gleichgewicht

Anna und Jörg wollen die Wippe ins Gleichgewicht bringen. Anna ist jedoch leichter als Jörg und sitzt schon ganz außen. Wenn Jörg aber den richtigen Sitzplatz auf seiner Seite wählt, dann kommt die Wippe ins Gleichgewicht (Bild 1).

Die Wippe ist ein **Hebel.** Dieser Hebel hat zwei Arme, auf denen jeweils Anna und Jörg sitzen. Die **Hebelarme** drehen sich um die Stütze der Wippe. Hier liegt der **Drehpunkt.**

Hebelarm und Kraft

Je weiter Jörg nach innen rutscht, also je kürzer der Hebelarm ist, desto mehr ▸ Kraft müsste er aufwenden, um Anna oben zu halten. Du kannst umgekehrt für Anna sagen: Je weiter sie nach außen rutscht, also je länger der Hebelarm ist, desto kleiner wäre die nötige Kraft, um die Wippe im Gleichgewicht zu halten.

So kann eine Kiste leichter angehoben werden

Eine stabile Holzleiste kann wie in Bild 2 als Hebel eingesetzt werden. Der Hebel besteht wie die Wippe aus zwei Armen mit einem Drehpunkt. Dieser befindet sich in Bild 2A am Auflagepunkt auf den Steinen. Der eine Hebelarm reicht vom Drehpunkt bis zu der Stelle, an der der Arbeiter seine Kraft einsetzt. Der zweite Hebelarm zeigt vom Drehpunkt bis zu der Stelle, an der die Kiste auf der Holzleiste aufliegt. Beide Hebelarme zeigen wie bei der Wippe vom Drehpunkt aus in verschiedene Richtungen. Diese Art von Hebel heißt **zweiseitiger Hebel.**

So lässt sich die Kiste auch anheben

In Bild 2B befindet sich der Drehpunkt unterhalb der Kiste am Ende der Holzleiste. Ein Hebelarm reicht vom Drehpunkt bis zu dem Punkt, in dem die Kraft des Arbeiters angreift. Der zweite Hebelarm reicht vom Drehpunkt bis zum Auflagepunkt der Kiste. Damit liegen beide Hebelarme auf derselben Seite des Drehpunktes. Dieser Hebel heißt **einseitiger Hebel.**

Mithilfe eines einseitigen oder zweiseitigen Hebels lassen sich schwere Gegenstände leichter anheben. Je länger der Hebelarm ist, desto kleiner ist die Kraft, die du einsetzen musst, um den Hebel im Gleichgewicht zu halten.

2 Hier wirken Hebel. **A** *zweiseitiger;* **B** *einseitiger*

Körper und Leistungsfähigkeit → S. 308/309

Hebel als Werkzeuge

Hebel helfen unterwegs

Hebel sind auch in Notfällen überaus nützlich, etwa bei einer Reifenpanne.

1. a) Welche Art von Schraubenschlüssel eignet sich am besten zum Lösen der Radschrauben? Begründe deine Wahl.
b) Welchen Trick kannst du anwenden, wenn sich die Schrauben erst nicht lösen lassen?

Hebel im Werkzeugkoffer

Werkzeugkoffer sind mit nützlichen Werkzeugen bestückt. Bei vielen davon handelt es sich um Hebel. Diese sind nicht immer gleich zu erkennen. Aber du erkennst die Hebel leichter, wenn du dir vorstellst, wie die Werkzeuge gehandhabt und wozu sie gebraucht werden.

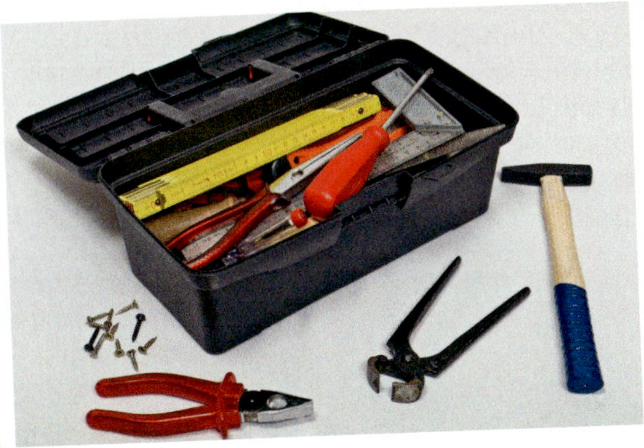

2. Suche die Werkzeuge heraus, die du für Hebel hältst. Ordne die gefundenen Hebel nach ihrer Art.

Hebel im Haushalt

Ohne die vielen kleinen Helfer im Haushalt wäre es schwieriger. Wie sonst könntest du beispielsweise eine Getränkeflasche öffnen?

3. Gib an, um welche Hebelart es sich bei den abgebildeten Flaschenöffnern handelt.

Tricks mit Hebeln

4. Auch noch so harte Nüsse lassen sich mit dem Nussknacker öffnen. Was musst du beachten, damit das auch klappt?

5. Die Deckel von Farbdosen sind nur schwer zu öffnen. Mit welchen Hebeln kannst du die Dosen öffnen? Beschreibe den Vorgang.

Die Luft zum Leben

1. Stelle fest, wie lange du den Atem anhalten kannst. Führe den Versuch zweimal durch. Zum ersten Mal, nachdem du etwa zehnmal tief ein- und ausgeatmet hast, zum zweiten Mal sofort nach 20 Kniebeugen. Notiere die Zeiten und suche eine Erklärung für das Ergebnis.

2. a) Stelle die Zahl deiner Atemzüge pro Minute fest. Zähle nur beim Einatmen. Notiere dir die Anzahl der Atemzüge bei ruhigem Sitzen und nach einem 50-m-Sprint über den Schulhof.
b) Stellt eine Tabelle mit den Ergebnissen aller Schülerinnen und Schüler eurer Klasse zusammen. Sucht eine Erklärung für die Unterschiede.

3. Auf dem Notizzettel findet ihr Angaben, welche Luftmenge pro Stunde ein Mensch bei unterschiedlichen Tätigkeiten braucht. Stellt diese Angaben als ▸ Säulendiagramm dar und bewertet das Ergebnis.

Benötigte Luftmenge pro Stunde:

Schlafen	280 l
Liegen	400 l
Stehen	450 l
Gehen	1000 l
Radfahren	1400 l
Schwimmen	2600 l
Bergsteigen	3100 l
Rudern	3600 l

4. a) Beobachte deine Atembewegungen im Liegen. Lege dabei deine Hände locker auf den Brustkorb und auf den Bauch. Atme tief ein und aus. Beschreibe deine Beobachtungen.
b) Lege ein Maßband um deinen Brustkorb. Atme tief ein und miss dann den Brustumfang. Miss erneut nach dem Ausatmen. Erkläre die Messergebnisse mithilfe der Abbildungen 2 und 3.

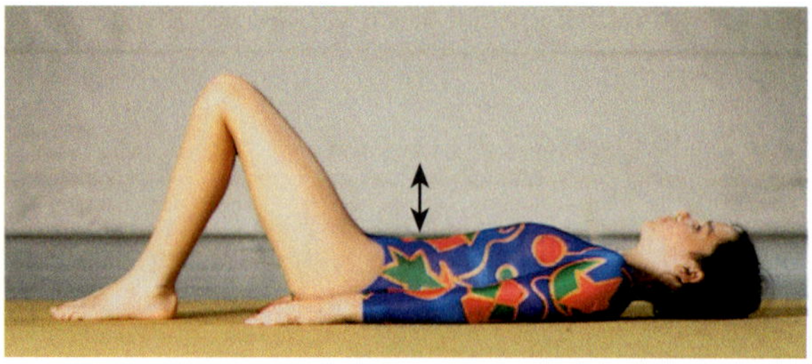

5. Untersucht, wie lange eine Kerzenflamme in frischer Luft und in ausgeatmeter Luft brennt. Die Abbildung zeigt euch, wie ihr die ausgeatmete Luft einfangen könnt. Messt die Brenndauer der Kerzenflamme mit einer Stoppuhr. Überlegt, warum unterschiedliche Ergebnisse zustande kommen.

6. Bringt ausgeatmete Luft in ein Reagenzglas. Gebt einige Milliliter Kalkwasser dazu. Verschließt das Reagenzglas mit einem Stopfen und schüttelt. Wiederholt den Versuch mit frischer Luft. Welche Hinweise ergeben sich für die Zusammensetzung von frischer Luft und ausgeatmeter Luft?
Tipp: Kohlenstoffdioxid trübt Kalkwasser.
Sicherheitshinweis: Kalkwasser ist ätzend. Schutzbrille tragen! Nicht trinken!

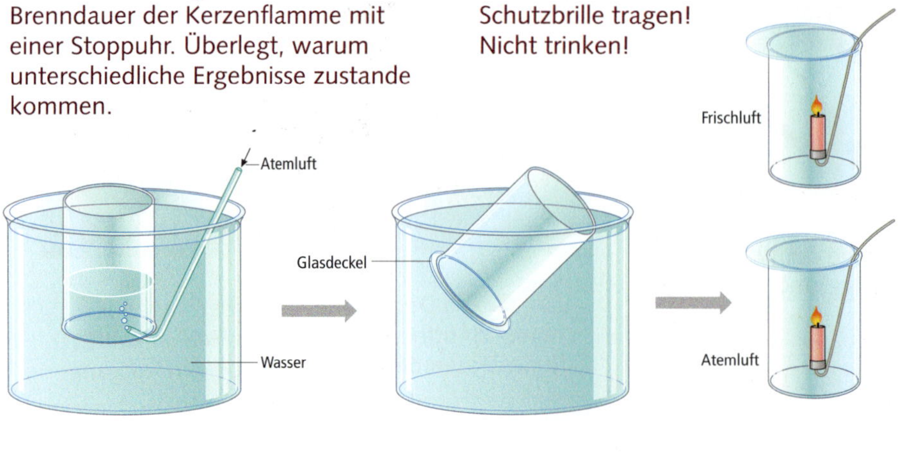

7. Fasse zusammen, was mit der eingeatmeten Luft im Körper passiert. Nutze den Informationstext.

8. Was haben der Bau und die Funktion von Lungenbläschen im Prinzip mit dem Bau und der Funktion ▸ Darmzotten gemeinsam?

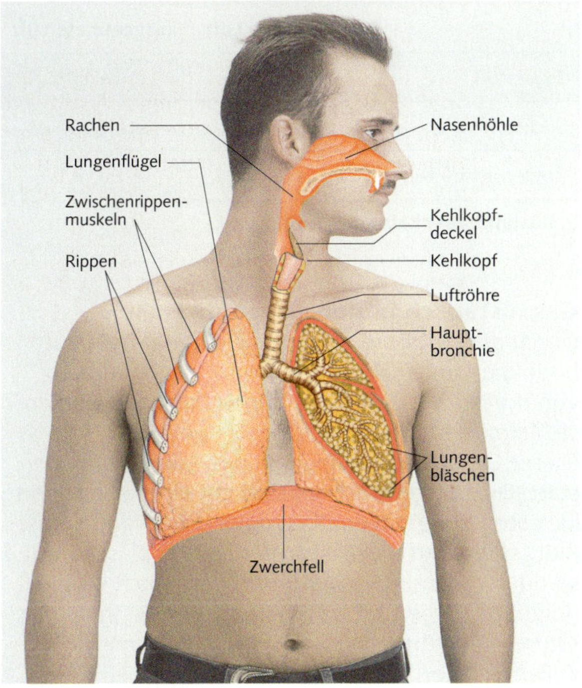

1 Atmungsorgane

Der Weg der Atemluft

Beim Einatmen strömt die Luft durch die beiden Nasenlöcher in die **Nasenhöhle.** Die Wände der Nasenhöhle sind mit einer Schleimhaut überzogen. Diese Schleimhaut erwärmt die eingeatmete Luft und befeuchtet sie. Außerdem sorgt sie dafür, dass Staub und Krankheitserreger am Schleim haften bleiben.

Durch den **Rachen** gelangt die Luft zum **Kehlkopf.** Hier trennen sich Luftröhre und Speiseröhre.
Die eingeatmete Luft strömt weiter in die Luftröhre. Diese wird durch Knorpelringe ständig offen gehalten. Beim Schlucken wird die Luftröhre durch den Kehlkopfdeckel verschlossen, damit keine Speiseteile eindringen können. Geschieht dies trotzdem einmal, so haben wir uns „verschluckt". Dann wird der Fremdkörper durch heftiges Husten wieder aus der Luftröhre entfernt.

Im Brustraum teilt sich die Luftröhre in zwei **Bronchien.** Diese führen zu den beiden Teilen der **Lunge,** den Lungenflügeln. In der Lunge verzweigen sich die Bronchien in immer kleinere Kanäle. Diese feinen Bronchienäste enden in den kugelförmigen ▸ **Lungenbläschen.** In der Lunge befinden sich etwa 500 Millionen Lungenbläschen. Sie bilden die Endstation für die eingeatmete Luft. Von hier aus wird sie auf demselben Wege wieder ausgeatmet.

Der Brustkorb arbeitet wie ein Blasebalg

Die Luft muss abwechselnd eingesogen und ausgestoßen werden. Beide Vorgänge kannst du gut an einem Blasebalg beobachten, den man beim Aufpumpen von Luftmatratzen benutzt. Genau so wirkt die Verkleinerung und die Vergrößerung des Brustraumes. Daran ist vor allem das **Zwerchfell** beteiligt, eine dünne Muskelhaut, die quer durch den Bauchraum gespannt ist. Zum Einatmen zieht sich das Zwerchfell nach unten. Der Brustraum vergrößert sich und mit ihm erweitern sich die Lungenflügel. Nun wird Luft in die Lunge gesogen. Wölbt sich das Zwerchfell anschließend wieder nach oben, wird die Lunge zusammengedrückt und presst die Atemluft nach außen. Durch die Bewegung des Zwerchfells wird auch die Bauchdecke leicht nach außen gedrückt. Man spricht deshalb von der **Bauchatmung.**
Bei tieferen Atembewegungen wird die Bauchatmung von der **Brustatmung** unterstützt. Dabei bewegen sich die Rippen schräg nach oben. Brustraum und Lunge erweitern sich und die Luft wird tief eingesogen. Kehren die Rippen in ihre Ausgangsstellung zurück, wird die Luft zum Ausatmen wieder herausgepresst.

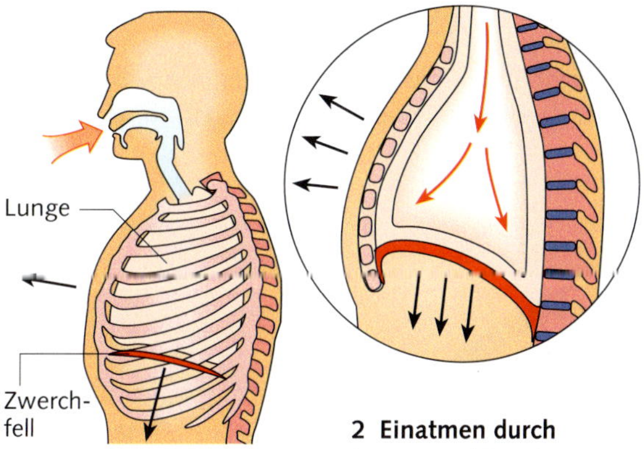

2 Einatmen durch Brust- und Bauchatmung

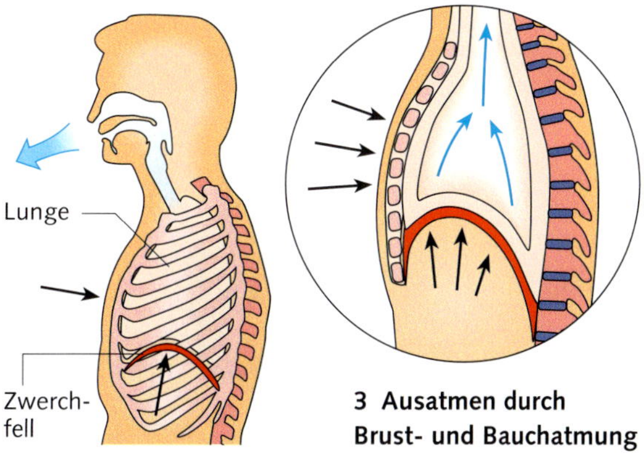

3 Ausatmen durch Brust- und Bauchatmung

Körper und Leistungsfähigkeit → S. 308/309

Warum wir atmen

Die Luft besteht aus einem Gemisch verschiedener Gase. Die wichtigsten sind Stickstoff (N_2), Sauerstoff (O_2) und Kohlenstoffdioxid (CO_2). Der Stickstoff spielt bei der Atmung keine Rolle.
Die Frischluft, die wir einatmen, enthält 21 % Sauerstoff und etwa 0,04 % Kohlenstoffdioxid. In der Ausatmungsluft sind nur noch 17 % Sauerstoff vorhanden, aber rund 4 % mehr Kohlenstoffdioxid. Unser Körper nimmt also Sauerstoff auf und gibt dafür Kohlenstoffdioxid ab. Diesen Vorgang nennt man **Gasaustausch.**

Mit Sauerstoff wird Energie freigesetzt

Nur mit Sauerstoff können wir aus den ▸ Lebensmitteln Energie für alle Lebensvorgänge gewinnen. Ein Teil dieser Energie ist gespeichert im ▸ Traubenzucker, der mit dem Blut zu allen Körperzellen transportiert wird.
Dort wird er aufgenommen und in den Zellen mithilfe des Sauerstoffs „verbrannt". Hierbei wird Energie freigesetzt und Kohlenstoffdioxid gebildet. Vor allem Muskel- und Gehirnzellen benötigen viel Energie. Je stärker die Muskeln beansprucht werden, desto mehr Sauerstoff benötigen sie. Wir atmen dann schneller und tiefer. „Gute" Luft mit dem vollen Sauerstoffanteil und einem geringen Kohlenstoffdioxidanteil, die außerdem frei von Schadstoffen ist, ist wichtig für eine gesunde Atmung.

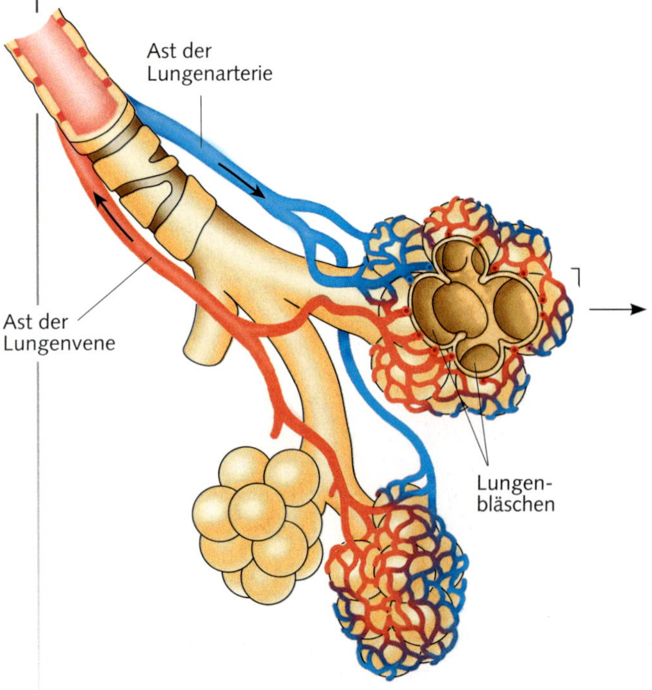

4 Bronchie mit Lungenbläschen

	eingeatmete Luft	ausgeatmete Luft
Sauerstoff	etwa 21 %	etwa 17 %
Stickstoff	etwa 78 %	etwa 78 %
Kohlenstoffdioxid	etwa 0,04%	etwa 4 %

5 Zusammensetzung der Luft

Gasaustausch in den Lungenbläschen

Durch die Luftröhre gelangt die eingeatmete Luft bis in die Lunge. Wie aber kommt der Sauerstoff von dort in alle Zellen des Körpers und das Kohlenstoffdioxid wieder heraus?
Dieser Gasaustausch findet in den Lungenbläschen statt. Die Lungenbläschen sind mit einem Netz von kleinsten Blutgefäßen überzogen. Die Wände dieser Blutgefäße und die Wände der Lungenbläschen sind so dünn, dass die Sauerstoffteilchen durch sie hindurch gelangen und ins Blut wandern. Mithilfe der roten ▸ Blutkörperchen werden sie dann in alle Zellen des Körpers transportiert.
Auf dem umgekehrten Wege kommen die Kohlenstoffdioxidteilchen aus den Körperzellen in die Lunge. Sie verlassen die Blutgefäße rund um die Lungenbläschen und gelangen in die Lunge. Von dort werden sie mit der Atemluft ausgeatmet.

Kleine Bläschen – große Oberfläche

Lungenbläschen sind klein, aber sehr zahlreich. So verfügen sie insgesamt über eine riesige Oberfläche: 100 m^2 bis 200 m^2 sind es bei einem Erwachsenen. Nur so kann genug Sauerstoff in den Körper hinein und genug Kohlenstoffdioxid aus dem Körper heraus gelangen.

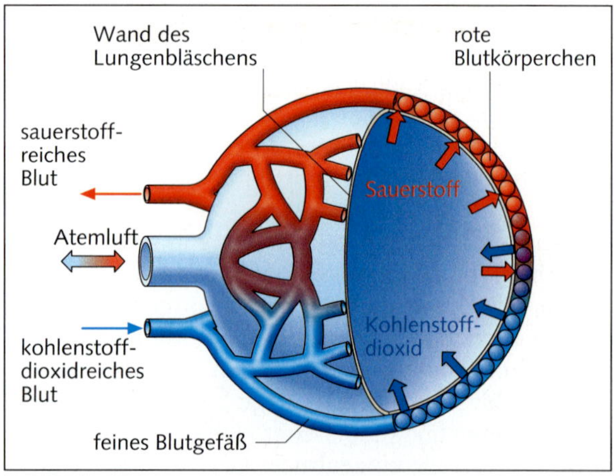

6 Gasaustausch in einem Lungenbläschen

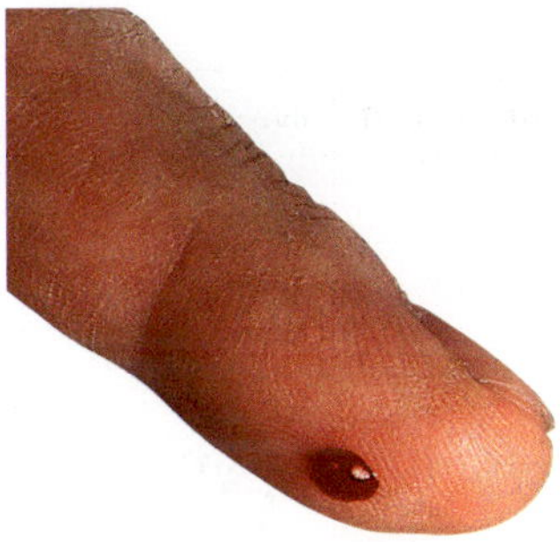

Rund ums Blut

1. Beschreibe die Zusammensetzung des Blutes und gib die Aufgaben der einzelnen Blutbestandteile an. Erstelle eine Tabelle.

2. Kleinere Wunden hören von selbst auf zu bluten. Beschreibe, wie dieser Vorgang abläuft.
Die Abbildungen und Texte auf dieser Seite helfen dir dabei.

Zusammensetzung des Blutes

Die Blutmenge eines Erwachsenen beträgt etwa 5 l bis 6 l. Das Blut besteht aus flüssigen und festen Bestandteilen. Die Blutflüssigkeit nennt man **Blutplasma.** Es besteht zum größten Teil aus Wasser. Das Blutplasma ist das wichtigste **Transportmittel** in unserem Körper. Es befördert Nährstoffe und andere lebenswichtige Stoffe in alle Zellen unseres Körpers und nimmt von dort Abfallstoffe wieder mit. Außerdem ist das Blutplasma für die gleichmäßige Verteilung der Körperwärme zuständig.

Unter dem Mikroskop werden die festen Bestandteile des Blutes sichtbar, die Blutzellen. Dazu zählen die **roten Blutkörperchen.** Ihre Farbe erhalten sie durch den roten Blutfarbstoff Hämoglobin. Die wichtigste Aufgabe der roten Blutkörperchen besteht im Transport von ▸ Sauerstoff und ▸ Kohlenstoffdioxid.
Die **weißen Blutkörperchen** bekämpfen Krankheitserreger, die durch Wunden in die Blutbahn eingedrungen sind. Die dritte Gruppe der Blutzellen bilden die **Blutplättchen.** Sie sind an der Blutgerinnung beteiligt.

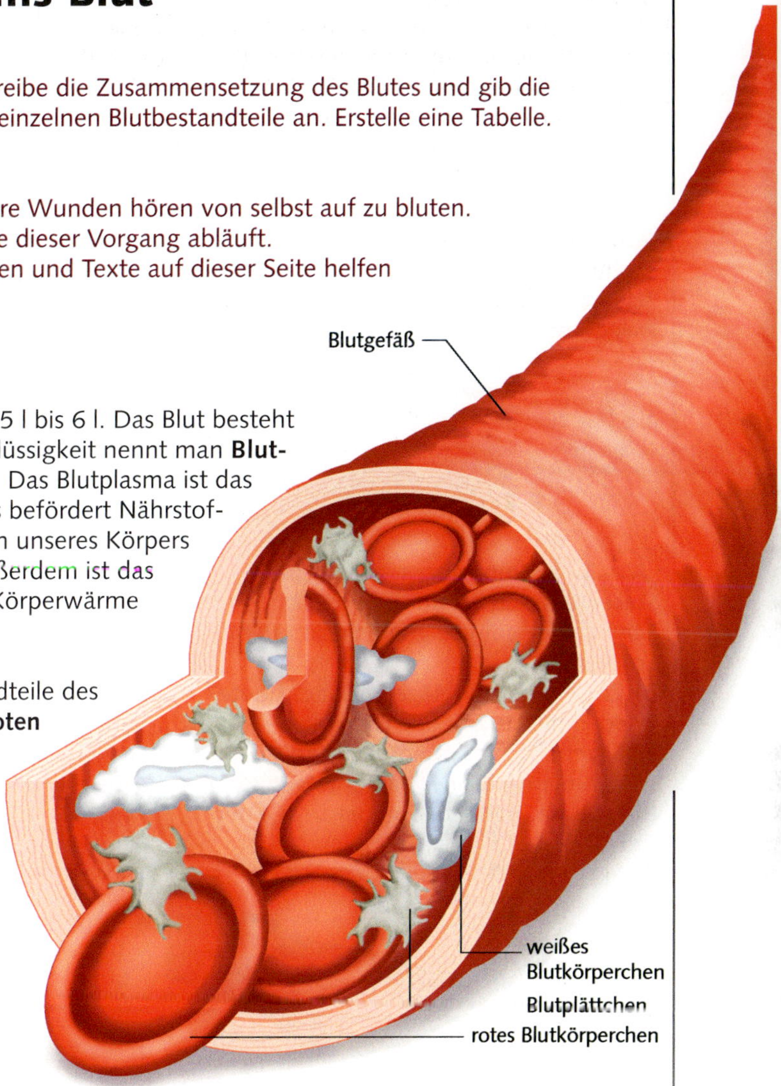

1 Blutgefäß mit Blutbestandteilen (Schema)

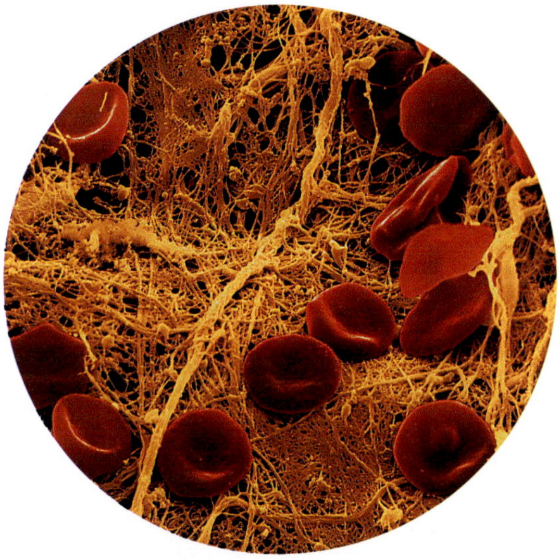

2 Fibrinnetz mit roten Blutkörperchen

Wie Blut gerinnt

Wenn Wunden bluten, werden die bei einer Verletzung eingedrungenen Fremdkörper aus der Wunde gespült. Kleine Wunden hören jedoch bereits nach wenigen Minuten auf zu bluten. Das Blut gerinnt, sobald es mit Luft in Berührung kommt.
An diesem Vorgang sind die Blutplättchen beteiligt. Sie sammeln sich an der Wundstelle und geben einen Stoff frei, der dafür sorgt, dass an dieser Stelle ein Netz aus langen Eiweißfäden entsteht. In diesem **Fibrinnetz** bleiben die Blutplättchen und die roten und weißen Blutkörperchen hängen und verschließen die Wunde. Nach einiger Zeit entsteht aus dem eingetrockneten Blut Schorf.

Unser Blut ist immer in Bewegung

1. Baue dir ein einfaches Stethoskop (Hörrohr), um die Herztöne deiner Mitschülerinnen und Mitschüler hören zu können.
Verwende dazu zwei Trichter und einen Schlauch. Beschreibe, was du hörst.

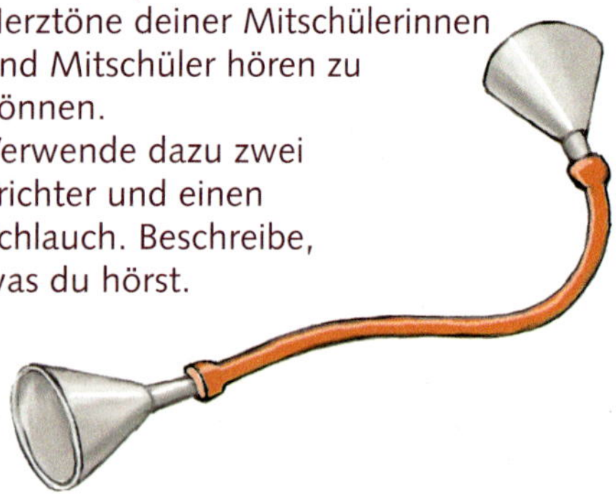

2. a) Finde heraus, was der Puls und der Herzschlag miteinander zu tun haben. Benutze dazu dein Hörrohr. Arbeitet wie auf dem Bild in Dreiergruppen zusammen.
b) Formuliere dein Ergebnis als Merksatz.

3. a) Probiere aus, an welchen Stellen des Körpers du deinen Puls fühlen kannst. Eine gut geeignete Stelle zeigt das Foto unten.
b) Zähle die Pulsschläge in einer Minute. Wiederhole die Zählung mehrmals – im Sitzen, nach einer körperlichen Anstrengung, nach einer darauf folgenden Ruhepause. Halte die Ergebnisse in einer Tabelle fest.

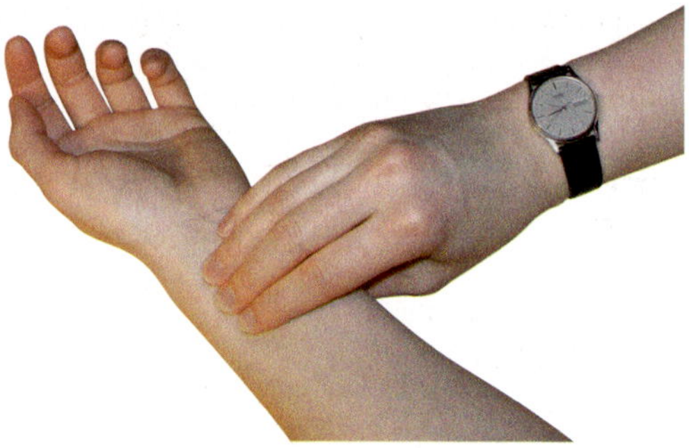

4. Untersuche, wie ein Blasebalg funktioniert. Verfolge den Weg der Luft. Suche nach Parallelen zur Arbeit des Herzens. Finde für beide einen gemeinsamen Begriff.

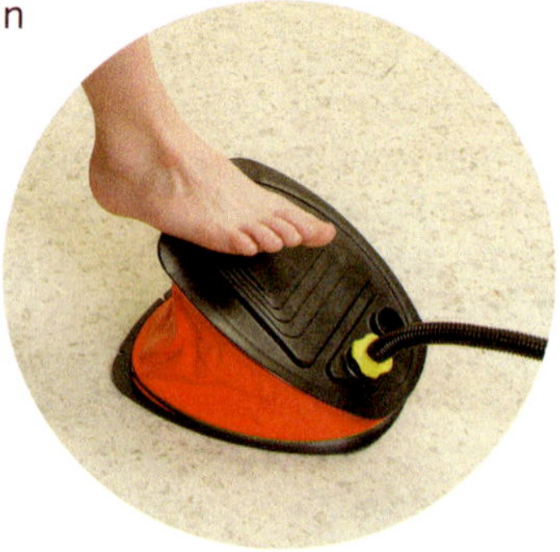

5. Erfindet ein Kreislaufspiel auf dem Schulhof. Die Zeichnung rechts hilft euch dabei.
a) Überlegt zunächst, welche Stationen des Blutkreislaufes in der Zeichnung dargestellt sind.
Sucht für die Positionen 1 bis 7 die passenden Bezeichnungen.
Dabei helfen euch die Abbildungen und der Informationstext.
b) Zum Ablauf des Spieles einige Anregungen:
- Der Weg des Blutes kann mit Kreide auf den Boden gezeichnet werden.
- Einige von euch stellen die roten Blutkörperchen dar, andere die wichtigsten Organe im Blutkreislauf.
- Die roten Blutkörperchen transportieren Sauerstoff und Kohlenstoffdioxid (bunte Karten). Macht euch Gedanken über die Farben der Karten und den Austausch.

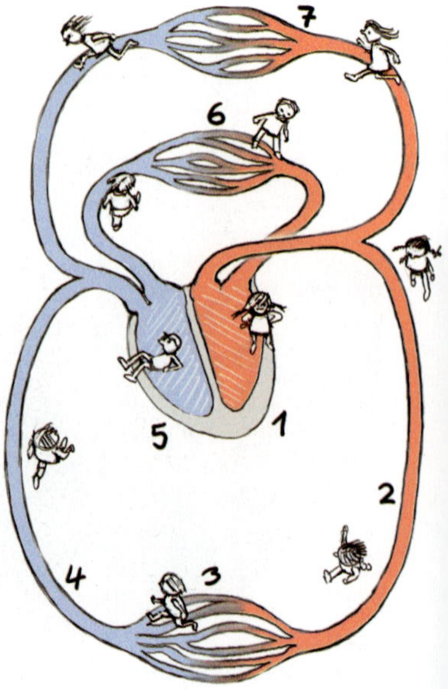

Körper und Leistungsfähigkeit → S. 308/309

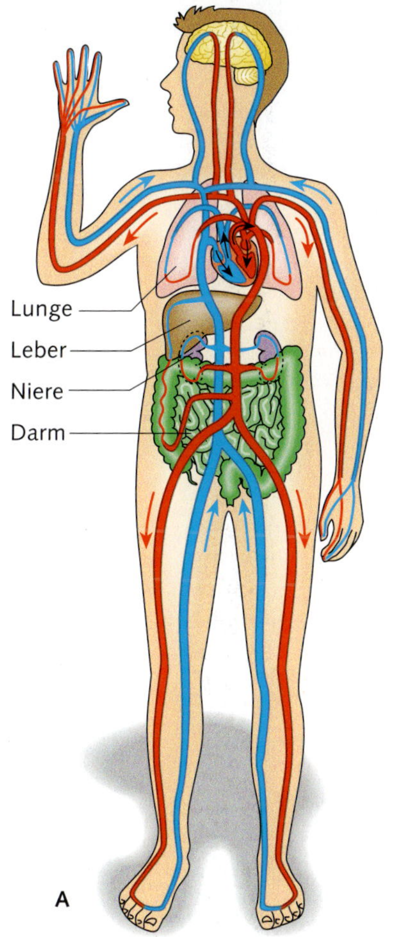

Blutgefäße transportieren Stoffe durch unseren Körper

Unser Körper braucht ständig Sauerstoff und Nährstoffe.
Das Blut transportiert diese Stoffe zu allen Körperzellen. Gleichzeitig werden Kohlenstoffdioxid und weitere Abfallprodukte von den Zellen abtransportiert. Das Blut fließt in „Röhren", die Gefäße oder **Adern** heißen. Diese Blutgefäße durchziehen den ganzen Körper in einem dichten Netz. Zusammen haben sie eine Länge von etwa 1400 km. Alle Blutgefäße, die das Blut vom Herzen wegführen, nennt man **Arterien**, und alle Blutgefäße, die zum Herzen hinführen, heißen **Venen**.

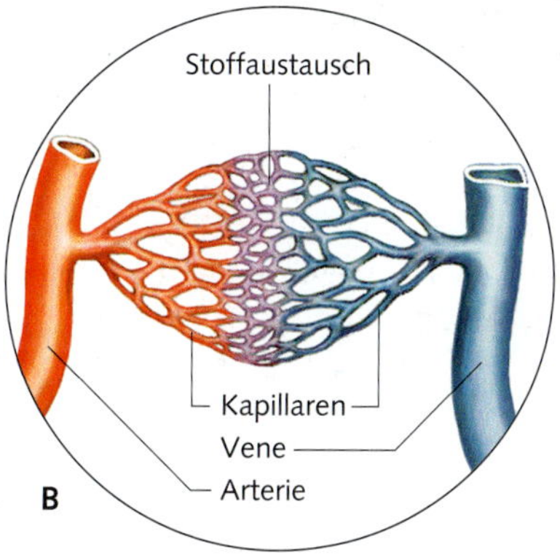

1 Blutgefäße. A *Kreissystem;* **B** *Kapillare*

Zwei Kreisläufe

Auf seinem Weg durch den Körper durchwandert das Blut zwei Kreisläufe. Verfolgen wir den Weg des Blutes genauer.

Körperkreislauf

Aus der linken Herzkammer gelangt das Blut zunächst in das größte Blutgefäß, die Körperarterie oder **Aorta.** Diese verästelt sich in viele kleinere Gefäße, die das Blut in alle Teile des Körpers transportieren. Die Verzweigungen sind schließlich so fein, dass sie nur noch mit dem Mikroskop zu sehen sind. Man nennt sie dann Haargefäße oder **Kapillaren**. Ihre Wände sind so dünn, dass durch sie der Sauerstoff und die Nährstoffe in die Zellen abgegeben und das Kohlenstoffdioxid sowie weitere Abfallstoffe aufgenommen werden können.

Durch die Venen fließt das Blut zurück in die rechte Hälfte des Herzens. Damit ist der **Körperkreislauf** beendet.

Lungenkreislauf

Nun schließt sich der **Lungenkreislauf** an. Das kohlenstoffdioxidreiche Blut wird von der rechten Herzkammer in die Lungenarterie gepresst.
Diese verzweigt sich und führt zu den beiden Lungenflügeln. Dort gibt das Blut über die Lungenbläschen das Kohlenstoffdioxid an die Atemluft ab und nimmt gleichzeitig Sauerstoff auf. Das sauerstoffreiche Blut strömt nun über die Lungenvene zurück in die linke Hälfte des Herzens. Damit ist der Lungenkreislauf beendet. Nun beginnt wieder der Körperkreislauf.

Das Herz, eine starke Pumpe

Das Herz treibt das Blut ständig durch den Körper. Es ist ein faustgroßer kräftiger Hohlmuskel, der im ▸ Brustkorb liegt.
Das Herz ist im Inneren durch die **Herzscheidewand** in zwei Hälften getrennt. Links und rechts befinden sich jeweils ein **Vorhof** und eine **Herzkammer.** Diese arbeiten beim Pumpen des Herzens zusammen. Wenn sie sich erweitern, saugen sie das Blut aus den Venen an, wenn sie sich zusammenziehen, drücken sie das Blut in die Arterien. Das Herz arbeitet somit wie eine Saug-Druck-Pumpe. Die Druckwelle des Blutes kann man als Pulsschlag spüren.

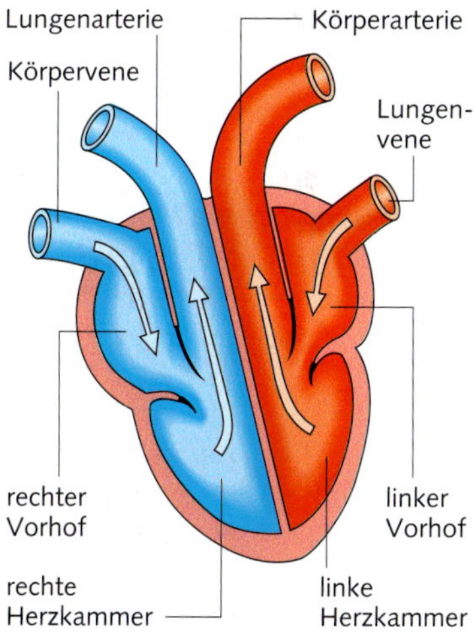

2 Das menschliche Herz (Schema)

Rauchen – gar nicht erst anfangen

In den letzten Jahren wird mehr und mehr über die Probleme des Rauchens gesprochen. Zudem gilt seit August 2007 in einigen Bundesländern Rauchverbot in Behörden, Krankenhäusern und Schulen. Knapp 20 Millionen Deutsche über 15 Jahre rauchen regelmäßig. Während jedoch die Zahl der erwachsenen Raucher in den letzten Jahren abgenommen hat, rauchen Jugendliche schon ab 12 Jahren heute mehr als früher. Dabei ist Rauchen extrem gesundheitsschädlich: Es gibt fast kein Organ des menschlichen Körpers, welches davon nicht geschädigt wird.

Außerdem ist Rauchen sehr teuer – was könnte sich ein Raucher alles leisten, wenn er zum Nichtraucher würde? Ist es wirklich so schwer, mit dem Rauchen aufzuhören? Sind die Raucher alle süchtig? Oder geht es eher darum, dass man den Freunden imponieren und nicht als Versager dastehen will? Mit den folgenden Anregungen könnt ihr die Antworten auf diese und viele weitere Fragen herausfinden.

www-Tipp

Geeignete Suchstichworte sind zum Beispiel „rauchen", „Kosten", „Nikotinsucht",„Tabakabhängikeit" und Kombinationen dieser Begriffe. Informative Seiten zum Thema sind „www.bzga.de" und „www.rauchfrei.de".

Gruppe 1: Wie kann ich „Nein" sagen?

Wieso fangen Jugendliche an zu rauchen, obwohl es teuer und schädlich ist? Kann man wirklich nicht „nein" sagen? Wie verhält sich eine Clique, wenn jemand nicht rauchen will? Ist Rauchen wirklich „cool"? Und: Was kann man tun, wenn man zwar nicht rauchen, seine Freunde aber auch nicht verlieren und zum Außenseiter werden will?

Viele dieser Fragen könnt ihr sicher aus eigener Erfahrung beantworten. Natürlich könnt ihr auch eine Umfrage durchführen und Jugendliche befragen, wie sie zu dem Thema stehen.

Um die Ergebnisse der Klasse vorzustellen, könntet ihr zum Beispiel eine ▸ Gesprächsrunde zum Thema organisieren, ein Rollenspiel vorbereiten oder einen „Ratgeber für beliebte Nichtraucher" schreiben.

Gruppe 2: Kosten

Sicher weißt du ungefähr, wie teuer eine Packung Zigaretten ist. Aber wie viel geben Raucher pro Tag, pro Monat, pro Jahr oder in zehn Jahren für das Rauchen aus?

Um diesen und ähnlichen Fragen nachzugehen, könnt ihr zum Beispiel eine Umfrage durchführen und Raucher zu den Kosten des Rauchens befragen. Wichtig ist, dass ihr euch gut überlegt, wie ihr eure Ergebnisse übersichtlich und interessant darstellen könnt. Ihr könnt die Daten in Tabellen zusammenstellen und ▸ Diagramme zeichnen. Ihr könnt aber auch eine Collage anfertigen, die zeigt, was ein Raucher sich alles hätte kaufen können, wenn er zum Beispiel fünf Jahre lang nicht geraucht hätte. Oder fällt euch eine bessere Methode ein, die Ergebnisse darzustellen?

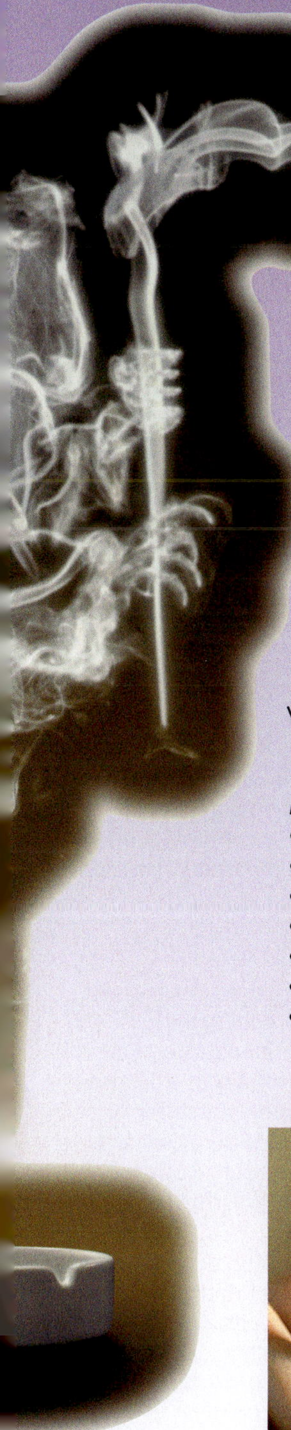

Gruppe 3: Gesundheitliche Risiken

Sicher hat jeder von euch schon oft gehört, dass Rauchen sehr gesundheitsschädlich ist. Aber stimmt das wirklich? Und wenn ja, warum ist das so und wo genau liegen die Risiken? Findet heraus, welche Krankheiten durch das Rauchen verursacht werden, wie viele Menschen in Deutschland (und auf der Welt) jedes Jahr an den Folgen des Rauchens sterben und wie viele Jahre ein Raucher durchschnittlich früher stirbt als ein Nichtraucher. Was genau ist Passivrauchen und welche Folgen hat es?

Zusätzlich könnt ihr den nebenstehenden Modellversuch durchführen. Er zeigt sehr anschaulich, was Zigarettenrauch in den feinen Strukturen der ▸ Bronchien und der Lunge bewirkt. Stellt eure Ergebnisse in einer Präsentation vor. Dazu könnt ihr eine kleine ▸ Ausstellung mit dem Versuch und ▸ Plakate erstellen.

Material

- Waschflasche
- Kolbenprober oder Blaseball
- passender Stopfen mit 2 Löchern
- 2 Glasröhrchen, davon 1 gewinkelt
- 2 kurze Schlauchstückchen
- angefeuchtete Watte
- Zigarette

Durchführung

Die Apparatur wird so zusammengebaut, dass man wie in der Abbildung gezeigt, Luft durch die Zigarette in die Flasche mit der feuchten Watte saugen kann. Auf diese Weise „raucht" die Maschine nun eine Zigarette (Abzug!). Danach holt man die Watte heraus und beschreibt, wie sie sich verändert hat.

Fragen zur Versuchsauswertung:

Für welches Körperteil steht die Watte in eurem Modell?

Was bedeutet eure Beobachtung für die Wirkung von Zigarettenrauch auf den Körper?

Gruppe 4: Süchtig?

Sind alle Raucher süchtig oder abhängig? Warum fällt es so schwer, mit dem Rauchen aufzuhören? Gibt es Hilfsprogramme?

Fragt hierzu gezielt Raucher, ob sie lieber aufhören würden zu rauchen, ob sie es schon einmal versucht haben und warum sie es vielleicht nicht geschafft haben. Haben sie Entzugserscheinungen gehabt und wie sahen die aus?

Sammelt eure Ergebnisse und überlegt euch, wie ihr sie am besten vorstellen könnt.

Lebensmittel – Mittel zum Leben

1. Du findest auf der Verpackung von Fruchtjogurtsorten eine Liste mit allen Zutaten dieses Lebensmittels.

a) Schreibe alle Zutaten des Jogurts auf.

b) Vergleicht eure Listen miteinander. Wo gibt es Übereinstimmungen?

c) Auf dem Etikett findest du auch „Nährwertangaben“. Welche Information erhälst du dadurch? Versuche, die Zutaten den verschiedenen Nährstoffgruppen zuzuordnen.

d) Vergleiche die Angaben zum Energiegehalt der Jogurtarten. Welchen Einfluss hat der Fettgehalt auf den Energiegehalt?

Nachweisreaktionen für Nährstoffe

Kohlenhydrat (Stärke)

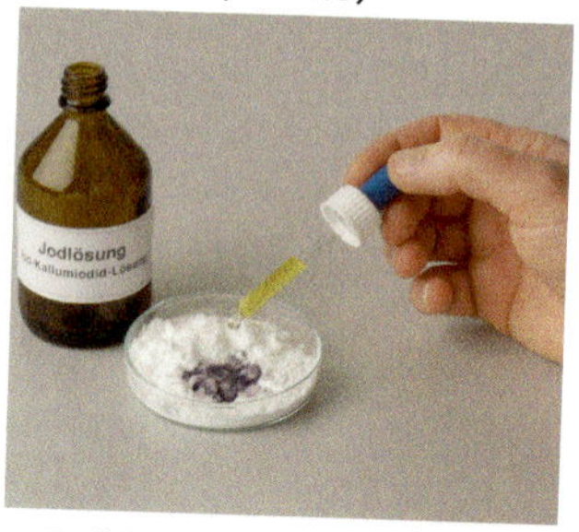

tiefblaue Verfärbung beim Auftropfen von Jodlösung

Kohlenhydrat (Traubenzucker)

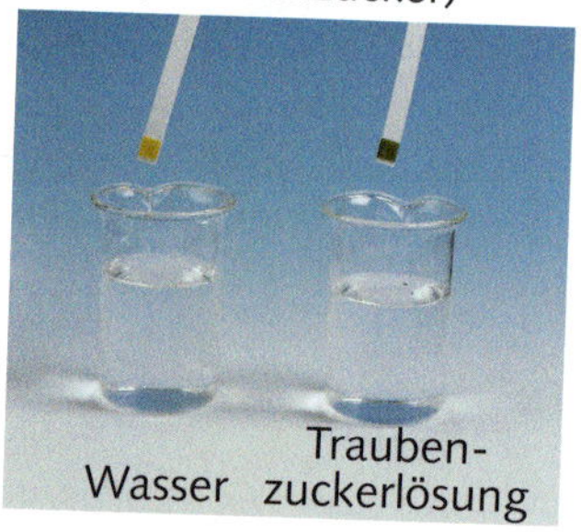

Grünfärbung auf dem Glucose-Teststreifen

Fett

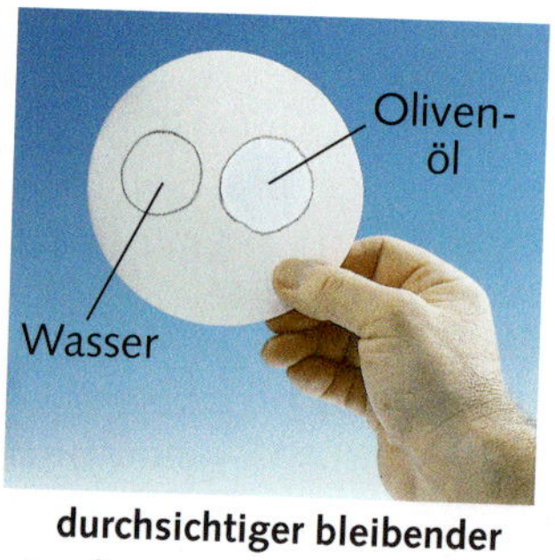

durchsichtiger bleibender Fettfleck auf dem Filterpapier

Eiweiß

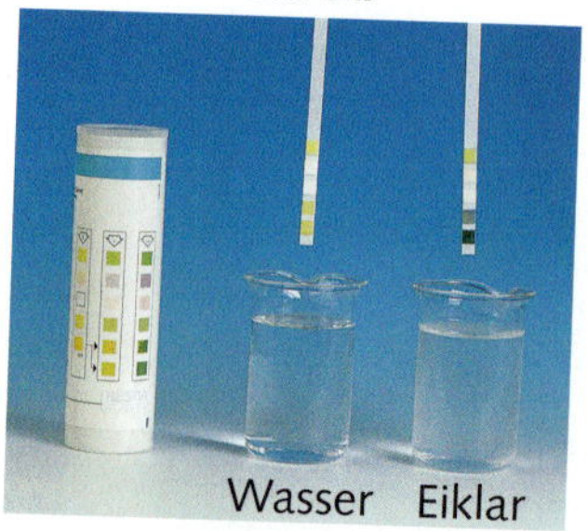

Grünfärbung auf dem Eiweiß-Teststreifen

Energiegehalt
Der Energiegehalt von Lebensmitteln wird in Kilojoule (kJ) angegeben.

2. Wie kannst du dir einen Fruchtjogurt selbst herstellen? Stelle eine Zutatenliste auf und vergleiche sie mit den gekauften Sorten.

3. Untersucht in Gruppen bei folgenden Lebensmitteln, ob sie Stärke, Traubenzucker, Fett oder Eiweiß enthalten: Vollkornbrot, Knäckebrot, Kartoffel, Milch, Eiklar, Eidotter, Obstsaft, zerkleinertes Fleisch, Butter, Kaffee, Mineralwasser, Tee.

Tipp: Wenn nötig, zerkleinert das Lebensmittel und gebt etwas Wasser hinzu. Legt eine Tabelle für alle untersuchten Lebensmittel an, sodass ihr alle Ergebnisse übersichtlich eintragen könnt. Vergleicht eure Ergebnisse mit denen eurer Klassenkameradinnen und Klassenkameraden.

4. „Am liebsten würde ich nur von Vollmilchschokolade leben“, sagt Julian.
a) Finde mithilfe der Angaben auf der Verpackung heraus, wie viel Kohlenhydrate, Fette und Eiweiße in 100 g Vollmilchschokolade enthalten sind.
b) Ein Jugendlicher sollte am Tag etwa 320 g Kohlenhydrate, 80 g Eiweiß und 60 g Fett zu sich nehmen. Wie viel Schokolade müsste Julian am Tag essen, um genügend Kohlenhydrate zu bekommen? Ist damit auch sein Bedarf an Eiweiß und Fett gedeckt? Welche lebenswichtigen Stoffe fehlen völlig in der Schokolade?
c) Beurteile abschließend, ob die „Schokoladendiät“ eine gute Alternative zu einer abwechslungsreichen Ernährung ist. Begründe deine Meinung.

5. Nach schweren Umweltkatastrophen wie Erdbeben oder Überschwemmungen drohen oft viele Menschen zu verhungern. In einer ersten Hilfsaktion werden die Einwohner zum Beispiel mit Mehl, Erbsen und Speiseöl versorgt. Begründe, warum gerade diese Lebensmittel für die Grundversorgung ausgewählt werden.

6. Schaue auf die Zutatenliste von Mineralwasser, Apfelschorle, Eistee und Cola-Getränken.
a) Liste die Zutaten auf.
b) Welche Getränke erscheinen dir als Durstlöscher besonders geeignet zu sein? Begründe deine Wahl.

7. Fettarme Wurst wird oft als besonders gesund bezeichnet und teuer verkauft.

Untersuche eine normale und eine fettarme Fleischwurst auf ihren Wasser- und Fettgehalt. Stelle die Ergebnisse in einem ▸ Diagramm dar und vergleiche sie. Beachte die ▸ Sicherheitsvorschriften.

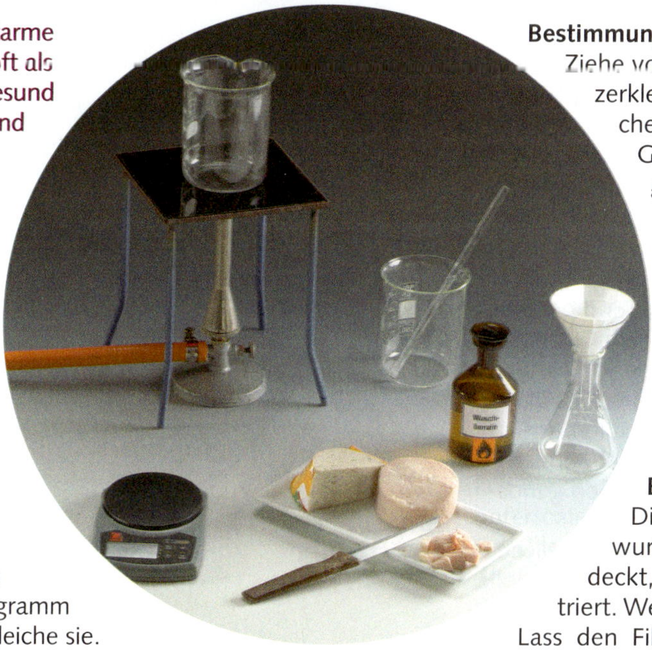

Bestimmung des Wassergehalts:
Ziehe von einer Fleischwurst die Pelle ab und zerkleinere die Wurstmasse. Wiege ein Becherglas und gib 20 g Wurstmasse in das Glas. Erhitze sie langsam unter ständigem Rühren, bis kein Wasser mehr verdampft. Die Masse sollte auf keinen Fall dabei anbrennen. Damit noch restliches Wasser verdunsten kann, stelle das Becherglas einen Tag lang an einen warmen Ort.
Was musst du anschließend tun, um den Wassergehalt in g angeben zu können?

Bestimmung des Fettgehalts:
Die entwässerte, gewogene Fleischwurstportion wird mit Waschbenzin bedeckt, gut vermengt und anschließend filtriert. Welche Wirkung hat das Waschbenzin?
Lass den Filterrückstand einen Tag lang unter dem Abzug stehen. Wie bestimmst du dann den Fettgehalt der Wurst?

Körper und Leistungsfähigkeit → S. 308/309

Fragebogenaktion „Meine Essgewohnheiten"

Frühstück
Kreuze an, was für dich jeweils gilt, wenn du an dein Frühstück eines Schultages denkst.

- Brot/Toast mit Marmelade oder Honig
- Brot/Toast mit Nussnugatcreme
- Brot/Toast mit Käse oder Wurst
- Müsli oder Cornflakes
- Obst
- Milch oder Kakao
- Obstsaft
- Kaffee oder Tee
- Wasser
- Ich trinke nichts.
- Ich esse nichts.
- Ich esse allein.
- Ich esse mit mindestens einem Familienmitglied zusammen.

Ausgewogene Ernährung

1. a) Entwickelt einen Fragebogen zu den Essgewohnheiten eurer Mitschülerinnen und Mitschüler. Rechts seht ihr einen Vorschlag für einen Frühstücksfragebogen. Denkt bei euren Fragebögen auch an mögliche Zwischenmahlzeiten, Mittagessen und Abendbrot.
b) Lasst die Befragung von möglichst vielen Schülerinnen und Schülern anonym durchführen. Wertet die Antworten aus.
c) Wertet danach die Umfrageergebnisse aus. Fallen bestimmte Ernährungsgewohnheiten auf? Welche?

2. Schreibe alle Lebensmittel auf, die du an einem Tag zu dir nimmst. Ordne sie den Gruppen der Abbildung 1 zu.

3. Im Text findest du Vorschläge für eine optimale Zusammenstellung der Nahrung. Prüfe anhand deiner Liste aus Aufgabe 2, ob du dich mit deinen Lebensmittelportionen in etwa daran gehalten hast. Wie kannst du deine Lebensmittelauswahl noch verbessern?

1 Ernährungspyramide als Stufenbild

Mineralwasser oder Früchtetee 1,5 l täglich

Die richtige Auswahl

Wenn wir Lebensmittel einkaufen, finden wir in den Regalen ein großes Angebot. Wie aber treffen wir die richtige Wahl?
Ernährungswissenschaftler sagen, dass es keine „supergesunden", aber auch keine „verbotenen" Lebensmittel gibt. Es kommt vielmehr darauf an, wie oft und in welcher Menge wir von einer bestimmten Lebensmittelgruppe essen. Wenn wir darauf achten, uns abwechslungsreich zu ernähren, haben wir die besten Voraussetzungen für eine gesunde Ernährung.

Die Ernährungspyramide

Lebensmittel aus der unteren Stufe wie Vollkornbrot, Kartoffeln, Nudeln, Müsli und Reis sollten wir reichlich mit vier bis fünf Portionen am Tag essen. Sie enthalten Kohlenhydrate, die uns über lange Zeit mit Energie versorgen. Unter einer Portion versteht man zum Beispiel eine Scheibe Brot oder zwei bis drei Kartoffeln.
Auch aus der Obst- und Gemüsegruppe sollte man vier bis fünf Mal am Tag etwas essen. So nimmt man genügend Vitamine und Mineralstoffe zu sich.
Bei Fleisch, Fisch, Milch und Milchprodukten reichen zwei bis drei Portionen.
Butter, Schmalz oder Wurst enthalten tierische Fette, die möglichst nicht zu oft auf den Tisch kommen sollten. Pflanzliche Öle wie Olivenöl, das man in der Salatsoße oder zum Braten verwenden kann, oder auch Nüsse sind gesund und lebenswichtig.
An der Spitze der Nahrungstreppe findest du alle stark zuckerhaltigen Lebensmittel wie Schokolade und andere Süßigkeiten. Wenn du diese Produkte nur hin und wieder genießt, ist das in Ordnung.

Gut durch den Tag

Wir Menschen sind im Laufe eines Tages nicht immer gleich leistungsstark. Nach der langen Nacht müssen wir unsere Energiereserven wieder auffüllen. Ein Frühstück mit ausreichend Kohlenhydraten hilft uns dabei. Auch kleine Zwischenmahlzeiten am Vormittag und Nachmittag können dazu beitragen, während des Tages leistungsfähiger zu bleiben.
Neben der richtigen Auswahl der Lebensmittel darf man die Zufuhr von Wasser nicht vergessen. Wer über den Tag verteilt 1,5 l bis 2 l trinkt, versorgt seinen Körper ausreichend mit Flüssigkeit.

Folgen einseitiger Ernährung

Übergewicht – Risiko für Zivilisationskrankheiten

In modernen Gesellschaften steigt die Zahl übergewichtiger Menschen dramatisch. Bereits bei Kindern und Jugendlichen führen falsche Ernährung und mangelnde Bewegung zu Fettleibigkeit.
Die ungesunde Lebensweise erhöht das Risiko für viele Zivilisationskrankheiten: neben Diabetes, Rückenschmerzen und anderen Problemen sind es vor allem **Herz-Kreislauf-Erkrankungen.**
Übergewicht und Bewegungsmangel führen zusammen mit anderen Faktoren zu erhöhtem Blutdruck. Dadurch werden die Blutgefäße belastet und können sich mit der Zeit verengen. Durchblutungsstörungen können alle Organe betreffen. Plötzlich auftretende Blutgerinnsel verstopfen Blutgefäße und führen im Herzmuskel zu einem **Herzinfarkt** oder im Gehirn zu einem **Schlaganfall.** Herz-Kreislauf-Erkrankungen stellen bei uns die häufigste Todesursache dar.

Übergewicht – nicht immer „angefuttert“!

Übergewicht kann viele Ursachen haben:
- erbliche Vorbelastung
- Stoffwechselkrankheiten
- Hormonstörungen
- falsche oder übermäßige Ernährung
- Bewegungsmangel

1. Nenne Beispiele und mögliche Ursachen für Zivilisationskrankheiten.

2. Bewerte die Mahlzeit des Kindes im Foto oben links unter den Gesichtspunkten „Energie“ und „ausgewogene oder einseitige Ernährung“.

3. Begründe, warum das Kind im Bild oben ein erhöhtes Risiko hat, später an Diabetes zu erkranken.

4. a) Womit beschäftigt sich das abgebildete Kind? Welche weiteren Freizeitbeschäftigungen fördern das Übergewicht bei Kindern?
b) Mache Vorschläge, womit du das Kind von seinem Sofa weglocken und zu einer „Aktivität“ ermuntern könntest.

Vitaminmangel – durch einseitige Ernährung

Vitamine und Mineralstoffe brauchen wir zwar nur in geringen Mengen, aber sie sind auch nur in geringen Mengen in bestimmten Lebensmitteln enthalten. Wenn man, zum Beispiel bei Diäten oder besonderen Ernährungsweisen, auf einige Lebensmittel ganz verzichtet, kann es zu Vitaminmangelerkrankungen kommen. Eine vielseitige, abwechslungsreiche Ernährung schützt am besten vor Vitaminmangel.

Zuckerkrankheit

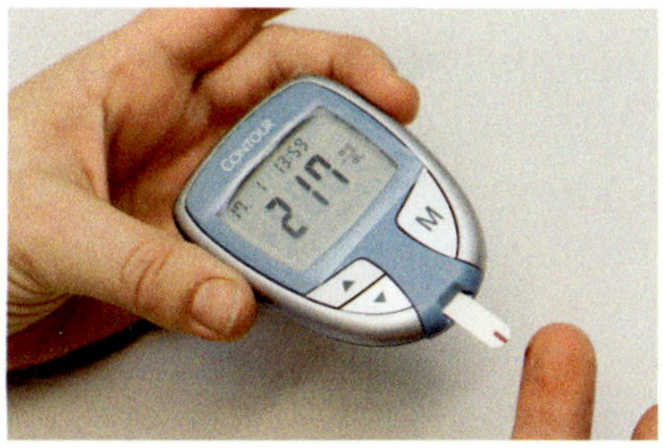

Immer mehr Menschen sind von der Zuckerkrankheit **Diabetes** betroffen. Sie haben eine zu hohe Traubenzuckerkonzentration im Blut. Dies führt unbehandelt zu schweren Organstörungen und bis zum Tod. Übergewicht erhöht das Risiko, im Erwachsenenalter an Diabetes zu erkranken. Wenn die Bauchspeicheldrüse jahrelang durch übermäßige Zufuhr an Kohlenhydraten überfordert wird, kann sie irgendwann nicht mehr genug Insulin bilden. Der vom Körper produzierte Stoff Insulin regelt normalerweise den Blutzuckerspiegel herunter. Zuckerkranke müssen daher Insulin spritzen oder strenge Diät halten. Das Bild links zeigt die regelmäßige Blutzuckermessung.

Welches Diagramm soll ich zeichnen?

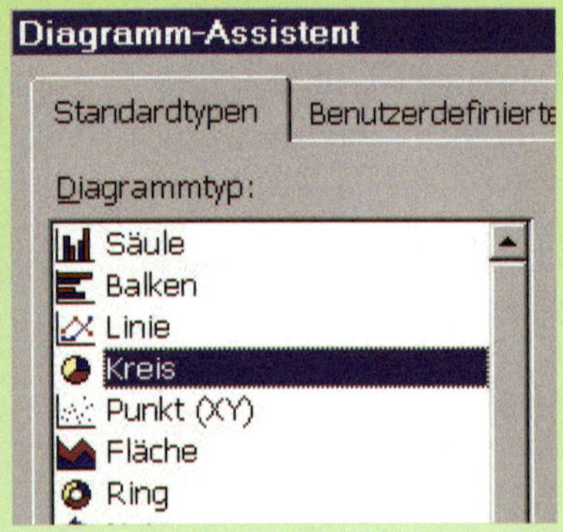

Habt ihr in Versuchen Messwerte aufgenommen oder sind Zahlenwerte in Tabellen notiert, dann stellt sich oft die Frage, wie sich dies in einem Diagramm anschaulich darstellen lässt.
Dafür gibt es verschiedene Diagrammtypen. Sie sind aber nicht beliebig wählbar, sondern jeder Typ ist für bestimmte Aufgaben nützlich und für andere ungeeignet. Wann aber ist welcher Diagrammtyp der richtige?

Achtung: Bei der Erstellung von Diagrammen mit dem Computer hilft ein „Diagramm-Assistent". Dieser erstellt aber auch ein falsches Diagramm, wenn man es ihm falsch „sagt".

Säulendiagramm

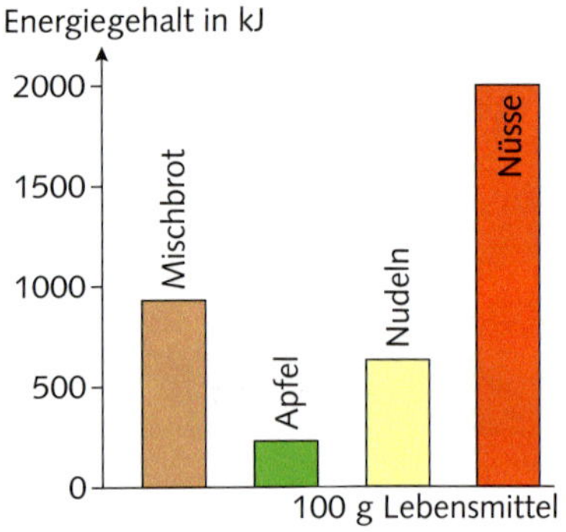

Energiegehalt in 100 g eines Lebensmittels

Mithilfe von Säulendiagrammen lassen sich verschiedene Dinge (hier Lebensmittel) in Bezug auf eine Eigenschaft (hier der Energiegehalt) vergleichen.
Balkendiagramme mit waagerechten Balken erfüllen dieselbe Aufgabe. Sie sind aus Platzgründen manchmal praktischer. Ansonsten sollte man ein Säulendiagramm bevorzugen.

Kreisdiagramm

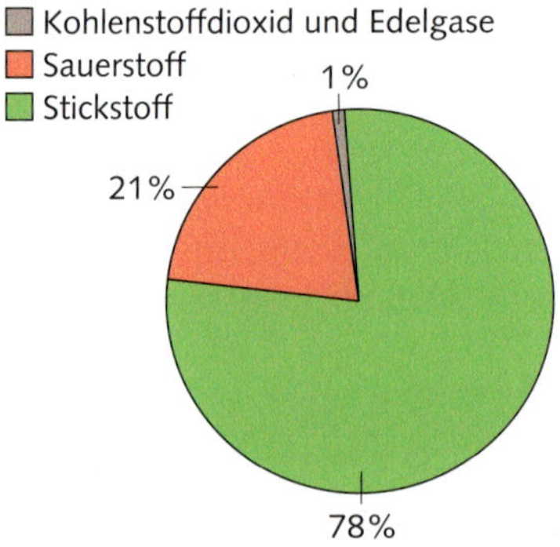

Zusammensetzung der Frischluft

Kreisdiagramme zeigen die Anteile, die einzelne Bestandteile (hier Gase) an einer Gesamtmenge (hier die Frischluft) haben. Sie lassen sich am leichtesten mit dem Computer erstellen.
Torten- oder Ringdiagramme erfüllen dieselbe Aufgabe.

Kurvendiagramm (Liniendiagramm)

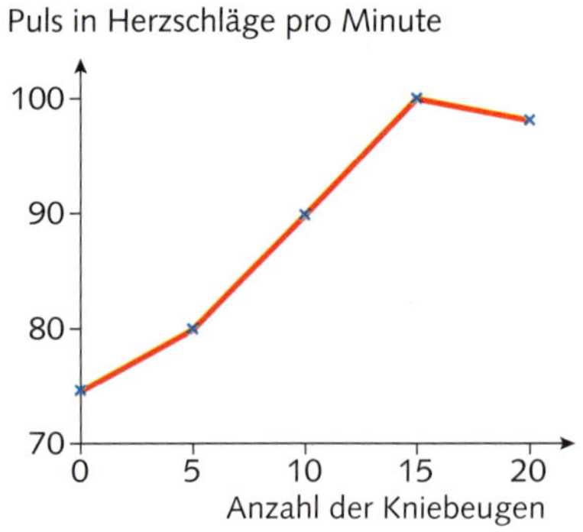

Abhängigkeit des Pulses von der Zahl der Kniebeugen

Kurvendiagramme zeigen, wie eine Größe (hier der Puls) von einer anderen Größe (hier der Zahl der Kniebeugen) abhängig ist.
Die Größe, von der etwas abhängt (hier die Kniebeugen), wird auf die waagerechte Achse gezeichnet, die andere, die man untersucht (hier der Puls), wird auf die senkrechte Achse aufgetragen.

1. Wähle für die Beispiele a) bis c) den Diagrammtyp. Begründe deine Entscheidung. Zeichne das Diagramm oder erstelle es am Computer. Gib dem Diagramm einen Titel. Achte auf die Beschriftung.

a) Bei Fröschen hängt die Atmung von der Umgebungstemperatur ab. Eine Messung ergab:

Temperatur in °C	0	5	10	20	25
Atembewegungen pro min	0	2	4	15	27

b) Der Eiweißgehalt je 100 g beträgt bei Hühnerfleisch 21 g, bei Linsen 23 g, bei Quark 17 g und bei Kartoffeln 2 g.

c) 100 g Bergkäse bestehen aus 40 g Wasser, 27 g Fett, 29 g Eiweiß und 4 g Mineralsalzen.

Gesund und lecker

Ein „Zwei-Gänge-Menü", das gesund ist und gut schmeckt, selbst herzustellen, ist gar nicht so schwer. Dazu findet ihr hier zwei Rezeptvorschläge, die ihr mit eigenen Ideen ergänzen könnt.

Gruppe 1: Einkauf der Lebensmittel
Lest die beiden Rezepte für die „Schnelle Pizza" und das „Früchtetiramisu" durch. Stellt eine Zutatenliste auf und berechnet die Einkaufsmengen für die gesamte Klasse. Organisiert den Einkauf.

Gruppe 2: Zubereitung des Menüs
Welche Geräte braucht ihr zur Herstellung beider Gerichte? Welche Arbeitsschritte sind nötig? Stellt die erforderlichen Zutaten zusammen und verteilt die einzelnen Aufgaben in eurer Gruppe.

Schnelle Pizza *(Rezept für eine Person)*

Bestreiche 2 Scheiben Vollkornbrot mit 40 g Tomatenmark und würze mit italienischen Kräutern. Würfele eine halbe rote Paprika und vermische sie mit 2 Esslöffeln Maiskörnern aus der Dose. Verteile die Gemüsemischung auf den bestrichenen Brotscheiben und bestreue sie mit 40 g geriebenem Käse. Überbacke die „Pizzen" 10 min bis 15 min im Ofen, bis der Käse geschmolzen ist.

Früchtetiramisu *(Rezept für eine Person)*

Wasche etwa 80 g frische Früchte (z. B. Erdbeeren, Himbeeren oder Pfirsiche) und schneide sie in Stücke. Gib sie zusammen mit 10 g Zucker oder Sirup in eine Schüssel und lasse sie 20 min ziehen. Zerbrösele 15 bis 20 g Löffelbiskuit möglichst fein. Rühre unter 150 g Naturjogurt (1.5 % Fett) ein Tütchen Vanillezucker.
Jetzt schichte die einzelnen Zutaten in ein hohes Glas: Zuerst kommt die Hälfte des Löffelbiskuit auf den Boden, dann die Hälfte der Früchte, dann die Hälfte des Jogurts. Schichte 3 weitere Lagen in gleicher Reihenfolge darüber.
Zum Schluss streue 5 g gehackte Mandeln darüber und lasse das Tiramisu durchziehen.

Zutaten	Energie in kJ	Eiweiß in g	Kohlenhydrate in g	Fett in g
100 g Vollkornbrot	1000	7	46	1
40 g Tomatenmark	90	1	3	0
100 g Paprika	140	1	6	0,4
50 g Mais	180	8	8	4
40 g Emmentaler	700	12	0	12
80 g Früchte	110	0,8	4	0,3
10 g Zucker/Sirup	65	0	10	0
15 g Löffelbiskuit	200	1,2	10	0,5
5 g Mandeln	130	1	0,5	2,7
150 g Jogurt	130	4	6	2

Gruppe 3: Berechnung der Nährwerte
Berechnet mit Hilfe der Tabelle, wie viel Energie, Kohlenhydrate, Eiweiß und Fett die Gerichte enthalten.

a) Ein Jugendlicher sollte etwa 9000 kJ am Tag zu sich nehmen. Wie groß ist die Energiemenge, die er mit Pizza und Tiramisu seinem Körper zuführt?

b) Bei einer ausgewogenen Ernährung sollte man etwa vier mal so viel Kohlenhydrate wie Eiweiß und Fett essen. Stellt das Mengenverhältnis dieser Nährstoffgruppen für die Pizza und das Tiramisu fest und vergleicht es mit den geforderten Angaben.
Berichtet euren Mitschülerinnen und Mitschülern, was ihr herausgefunden habt.

Gut gekaut ist halb verdaut

1. Beiß in einen Apfel und betrachte die Zahnabdrücke an der Bisskante. Welche Zähne sind beim Abbeißen, welche beim Kauen beteiligt? Wie „arbeitet" die Zunge?

2. Betrachte deine Zähne mit einem Taschenspiegel. Welche Zahntypen kannst du unterscheiden?

3. a) Überprüfe mit Färbetabletten aus der Apotheke oder dem Drogeriemarkt, ob du beim Zähneputzen den Zahnbelag vollständig entfernt hast. An welchen Stellen hält sich der Belag („Plaque") besonders hartnäckig?

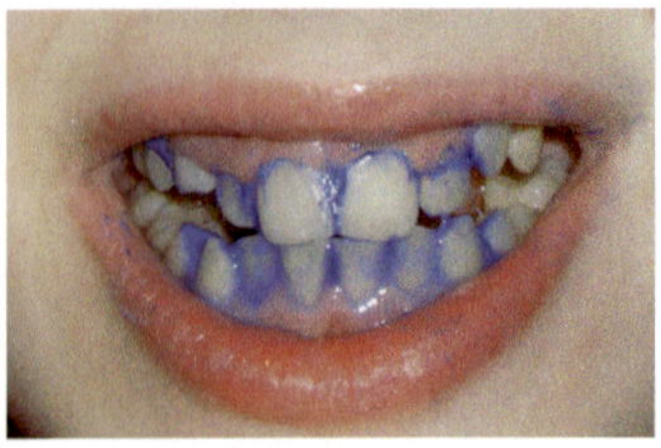

b) Beschreibe mithilfe von Abbildung 3 das richtige Putzen der Zähne. Korrigiere bei Bedarf deine gewohnte Technik.

Alarm im Zahn
Karies bleibt ein Problem

Düsseldorf: Schulzahnärzte schlagen Alarm: Bereits bei 75% der 12-Jährigen hat die Zahnfäule deutliche Spuren hinterlassen.

„Gründe für diesen Trend sind mangelnde Zahnpflege sowie Süßigkeiten und zuckerhaltige Getränke", erläutert Schulzahnarzt Peter Bohr. „Im klebrigen Zahnbelag können sich Bakterien hervorragend vermehren. Die Bakterien zersetzen zuckerhaltige Speisereste und bilden dabei Säuren. Wirken diese lang genug auf den Zahn ein, wird zuerst der Zahnschmelz, später auch das Zahnbein zerstört. Schmerzen treten leider erst dann auf, wenn sich Zahnhöhle und Wurzelhaut bereits entzündet haben." Verhindern, so Zahnarzt Bohr, lässt sich die Karies nur durch sorgfältige Zahnpflege und regelmäßige Besuche beim Zahnarzt.

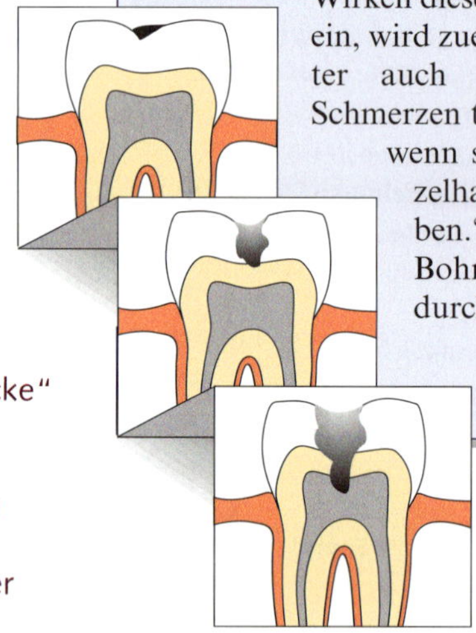

4. Erläutere mithilfe des Zeitungsartikels die Entstehung von Karies.

5. Stehen die Zähne schief oder „auf Lücke" im Kiefer, können sie durch eine Zahnspange korrigiert werden.
a) Welche Probleme können bei Fehlstellungen der Zähne auftreten?
b) Erkunde Genaueres über Art und Dauer einer kieferorthopädischen Behandlung.

6. a) Welche Zahnflächen lassen sich mit Zahnseide besonders gut reinigen? Lass dir die richtige Anwendung zeigen.
b) Fluoridhaltige Zahncremes schützen die Zähne besonders gut. Recherchiere, wie Fluorid auf die Zähne wirkt.
c) Sind Zahnpflege-Kaugummis ein Ersatz für das Zähneputzen? Begründe.
d) Warum sollte man Süßigkeiten mit dem rechts abgebildeten Zahnschutz-Symbol bevorzugen?

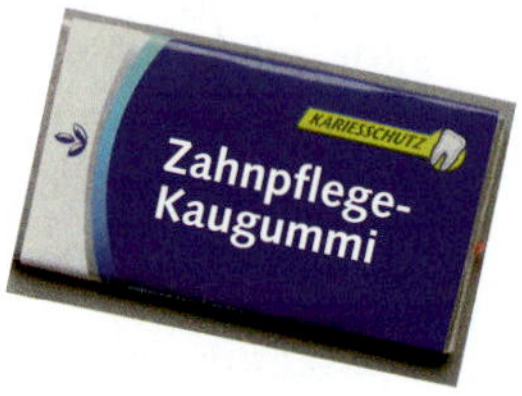

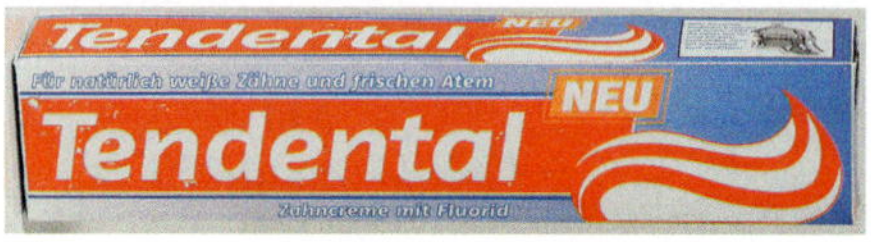

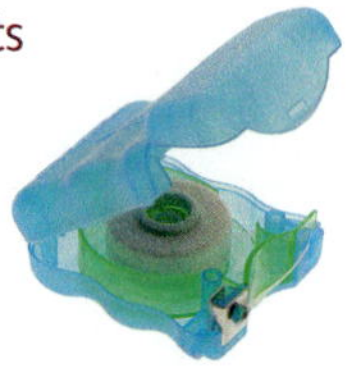

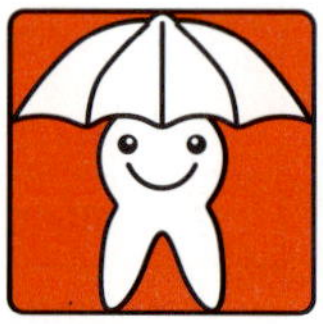

Zähne zerkleinern die Nahrung

Vorne im Kiefer sitzen die **Schneidezähne.** Mit ihren schmalen, fast scharfen Kanten sind sie zum Abbeißen gut geeignet. Unterstützt werden sie dabei von spitzen **Eckzähnen.** Sie halten zähe Teile der Nahrung fest. Beim Kauen werden die Nahrungsbrocken zwischen den breiten Kauflächen der **Backenzähne** zerquetscht und zermahlen, bevor sie schließlich heruntergeschluckt werden können.

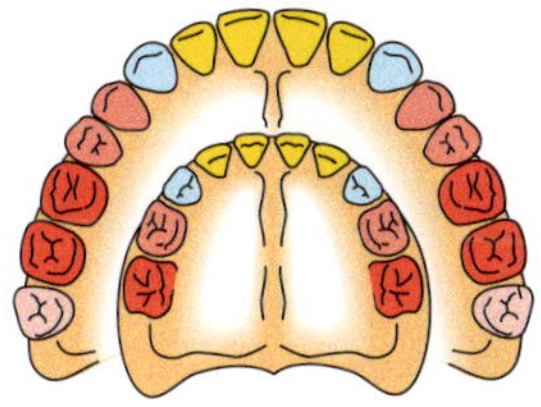

1 Milchgebiss (innen) und Dauergebiss (außen)

Milchgebiss und Dauergebiss

Bei Kleinkindern entwickelt sich bis zum Alter von zwei bis drei Jahren zunächst das **Milchgebiss** mit 20 Zähnen. Etwa vom 6. Lebensjahr an wachsen im Kiefer die Zähne des **Dauergebisses** heran. Sie schieben die Milchzähne vor sich her, bis diese schließlich locker werden und ausfallen. Das vollständige Dauergebiss des Erwachsenen besteht aus 32 großen, bleibenden Zähnen. Die hintersten Backenzähne, die oft erst nach dem 23. Lebensjahr erscheinen, nennt man **Weisheitszähne.**

Aufbau des Zahnes

Den sichtbaren Teil des Zahnes, die **Zahnkrone,** überzieht eine porzellanähnliche Schicht. Dieser Zahnschmelz ist die härteste Substanz des Körpers. Er schützt den Zahn lebenslang vor Abnutzung. Darunter befindet sich das knochenähnliche Zahnbein.
Die **Zahnwurzel** sitzt unsichtbar im Kieferknochen. Hier ist das Zahnbein von Zahnzement überzogen. Haltefasern der Wurzelhaut sorgen für eine feste Verankerung des Zahnes im Kiefer.
Die **Zahnhöhle** wird von Blutgefäßen durchzogen. Sie versorgen den Zahn mit Nährstoffen und Sauerstoff. Nerven machen ihn temperatur- und schmerzempfindlich. Zähne sind also keine toten Werkzeuge, sondern lebende Körperteile.

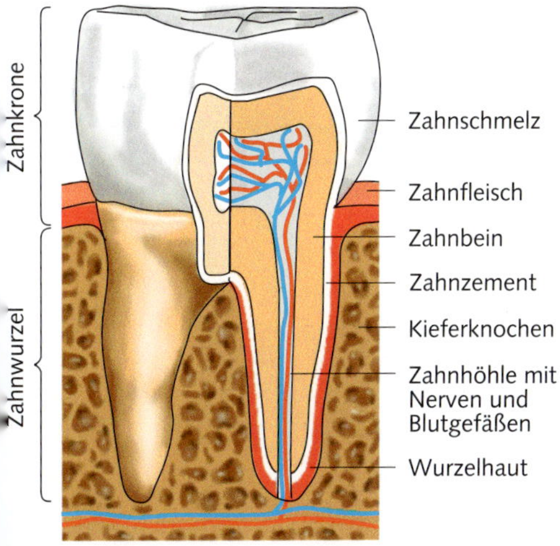

2 Bau eines Backenzahnes

Gesunde Zähne durch gute Pflege

Unsere Zähne werden täglich stark beansprucht. Trotz ihrer Härte bleiben sie deshalb nur bei sorgfältiger Pflege gesund. Nach jeder Mahlzeit sollten die Zähne drei Minuten lang gründlich gesäubert werden. Regelmäßige Vorsorgeuntersuchungen beim Zahnarzt sorgen dafür, dass bereits kleine kariöse Stellen erkannt und rechtzeitig behandelt werden. Mit dem Bohrer entfernt der Zahnarzt zunächst das kranke Zahnmaterial. Anschließend wird das Loch durch eine Füllung, die Plombe, verschlossen.

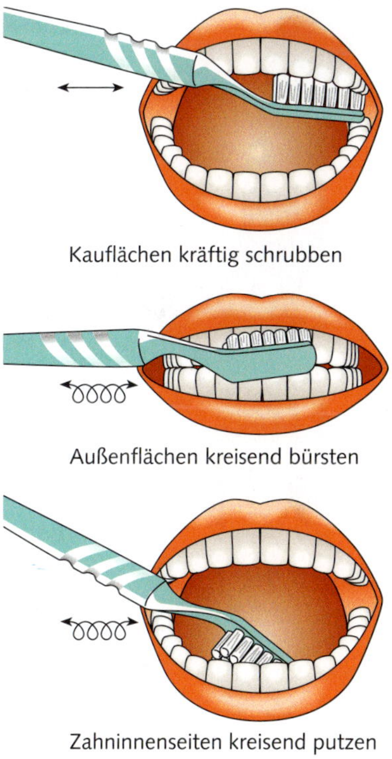

3 Richtige Putztechnik

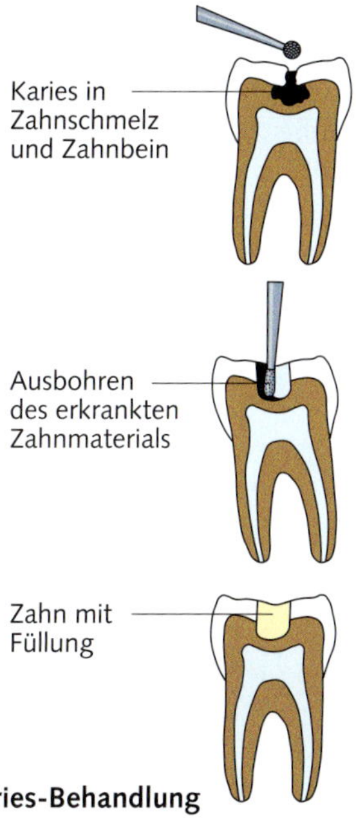

4 Karies-Behandlung

Der Weg der Nahrung durch den Körper

1. Versuche, im Handstand mit einem Strohhalm aus einem Becher zu trinken. Gelangt das Getränk entgegen der Schwerkraft in den Magen? Erkläre.

2. a) Nenne die Aufgaben aller im Text fett gedruckten Organe. Fertige dazu eine Tabelle der „Verdauungs-Stationen" an.
b) Der Text nennt vier verschiedene Verdauungsflüssigkeiten. Notiere auch deren Funktion.

3. Bei welchem Organ finden wir wie beim Darm eine Oberflächenvergrößerung? Wozu dient sie dort?

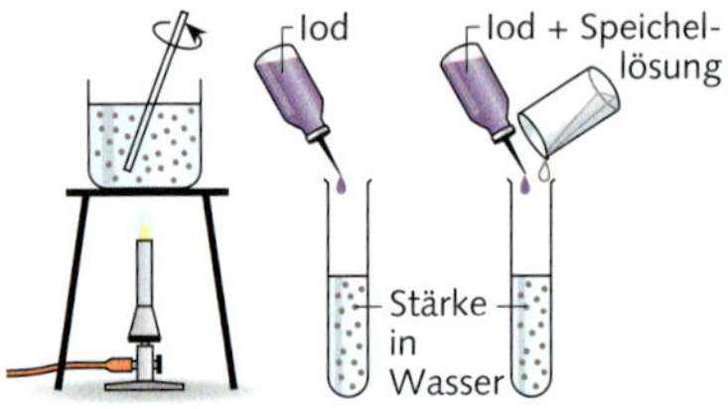

4. a) Gib eine Messerspitze Stärke in 300 ml Wasser. Koche die Aufschwemmung unter Rühren auf und lasse sie dann auf etwa 37 °C abkühlen.
b) Gieße 2 Reagenzgläser mit der Stärkeaufschwemmung halb voll. Gib je 3 Tropfen ▸ Jod-Kaliumiodidlösung hinzu.
c) Gib in ein Reagenzglas zusätzlich etwas Mundspeichel und schüttele vorsichtig. Beobachte die Veränderungen über 30 min.
d) Fertige ein Versuchsprotokoll an.

5. Verdauungsorgane machen sich oft erst dann bemerkbar, wenn sie nicht richtig „funktionieren". Recherchiere die Ursachen von Durchfall, Verstopfung und Erbrechen.

Verdauung bedeutet Zerkleinerung

Ein Käsebrötchen enthält wichtige ▸ Nährstoffe: das Kohlenhydrat Stärke, sowie Fette und Eiweiße. Damit diese vom Körper genutzt werden können, müssen sie schrittweise in ihre kleinsten Bestandteile zerlegt werden. Diesen Vorgang nennt man **Verdauung.**

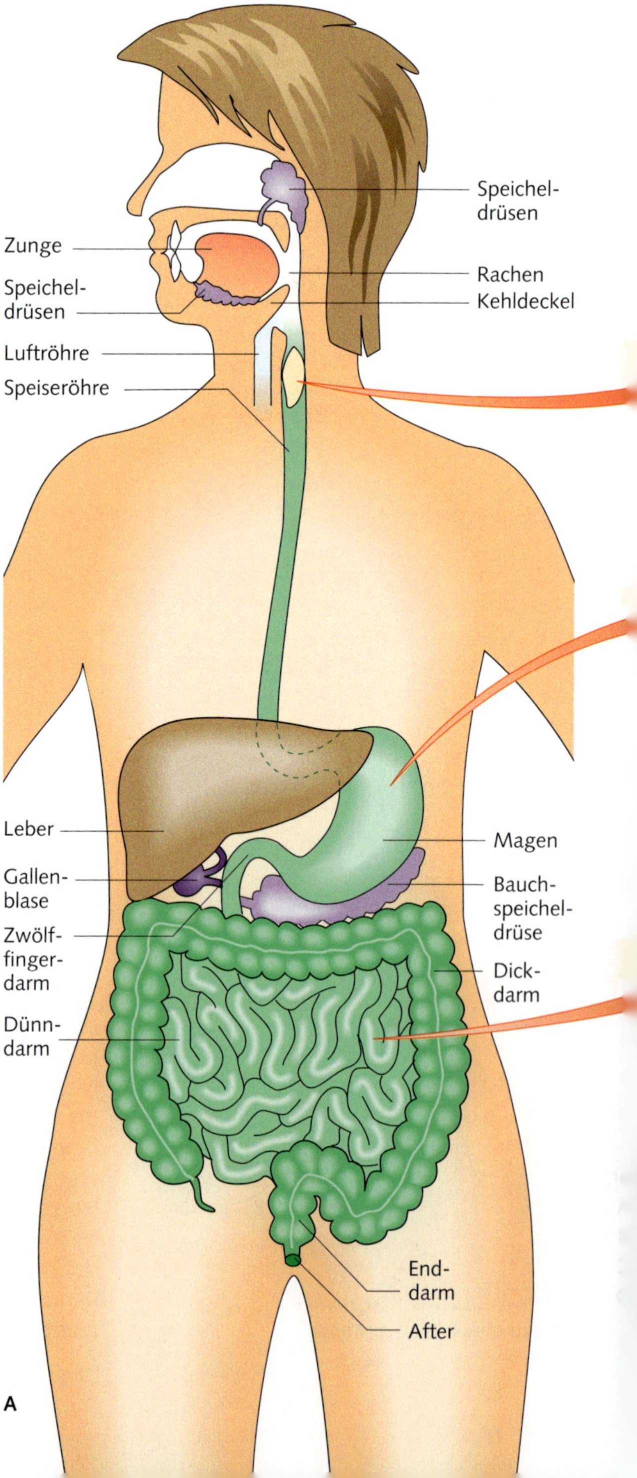

A

Körper und Leistungsfähigkeit → S. 308/309

Verdauung beginnt im Mund

Beim Kauen wird die Nahrung durch die Zähne mechanisch zerkleinert. **Speicheldrüsen** sondern täglich etwa 1,5 l Speichel ab, der den Bissen gleitfähig macht. Speichel enthält außerdem ein Verdauungsenzym, das Stärke in Zuckerbausteine zerlegt.

Von der Zunge wird der Bissen an den Gaumen gedrückt und dann geschluckt. So gelangt er in die 25 cm lange Speiseröhre. Ihre Muskeln ziehen sich hinter dem Speisebrocken wellenförmig zusammen und befördern ihn so schubweise in den Magen.

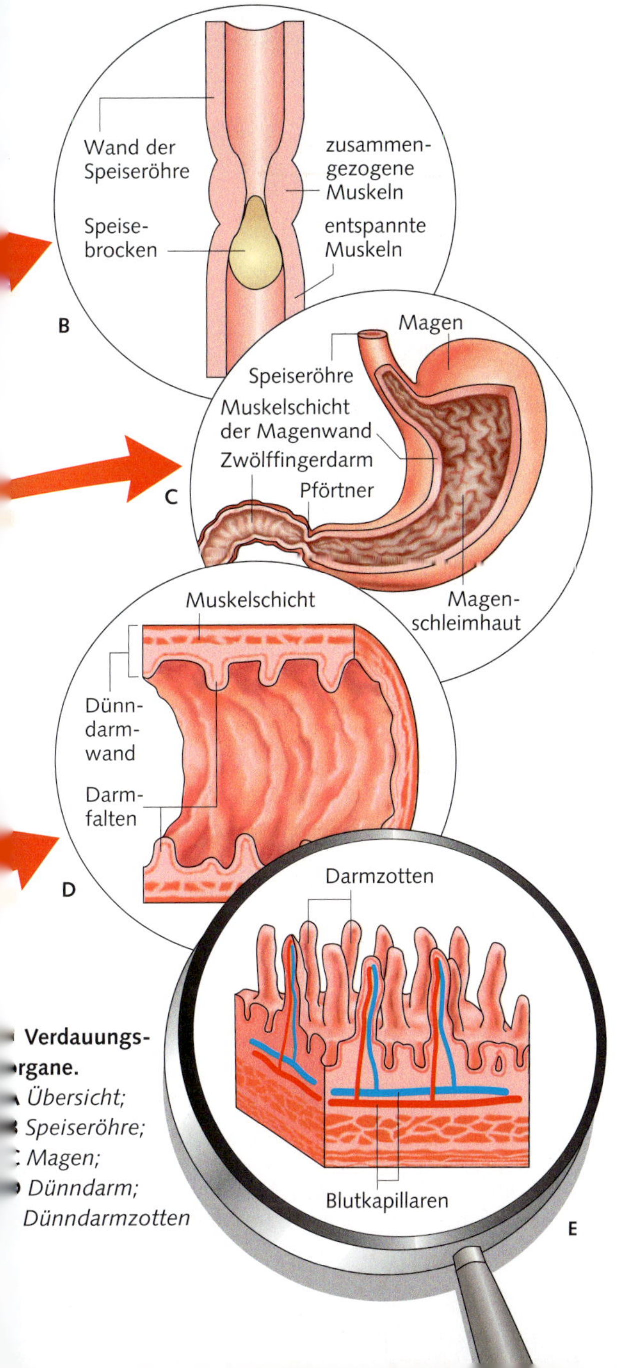

Verdauungs- rgane. *Übersicht; Speiseröhre; Magen; Dünndarm; Dünndarmzotten*

Nützliche Säure im Magen

Der sich im **Magen** sammelnde Speisebrei wird durch Bewegungen der Magenmuskulatur durchgeknetet. Dabei wird er mit Magensaft vermischt. Magensaft wird in den Drüsen der Magenschleimhaut produziert und enthält verdünnte Salzsäure. Sie tötet Bakterien und Keime ab, die mit der Nahrung aufgenommen werden. Magensaft trägt außerdem dazu bei, dass Eiweißstoffe in ihre Bausteine aufgespalten werden.

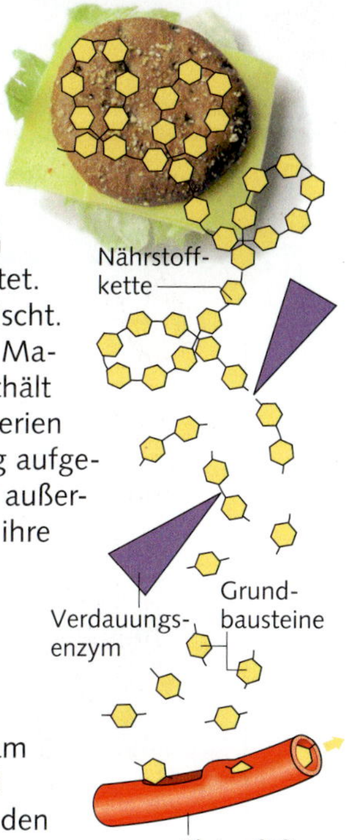

2 Zerlegung der Nährstoffe (Schema)

Zerlegung der Nährstoffe im Dünndarm

Durch einen ringförmiger Muskel am Magenausgang, den Pförtner, wird der Nahrungsbrei portionsweise in den 3 m bis 4 m langen **Dünndarm** abgegeben. Dort wird er von wellenförmigen Bewegungen der Darmwandmuskulatur langsam weitertransportiert.
In den ersten Abschnitt des Dünndarms, den Zwölffingerdarm, geben Gallenblase und Bauchspeicheldrüse Verdauungsflüssigkeiten mit Verdauungsenzymen ab. Die Gallenflüssigkeit wird in der Leber erzeugt. Sie zerlegt Fette in kleinste Tröpfchen und unterstützt so deren Verdauung. Die Verdauungssäfte der Bauchspeicheldrüse und weitere aus der Dünndarmwand sorgen dafür, dass bisher noch nicht vollständig verdaute Kohlenhydrate, Eiweiße und Fette in ihre Bestandteile zerlegt werden.

Ins Blut und auf die Reise

Die Oberfläche der Dünndarm-Innenwand wird durch viele Falten, auf denen winzige fingerförmige **Dünndarmzotten** sitzen, auf über 150 m² vergrößert. So kann der Darm eine große Menge Nährstoffbausteine gleichzeitig aufnehmen. Durch die dünne Wand der Darmzotten gelangen die zerlegten Nährstoffbausteine ins ▸ **Blut**. Über den ▸ Blutkreislauf werden sie dann zu allen Körperzellen transportiert und versorgen diese mit Energie und Baustoffen.

Im Dickdarm: Nur nichts verschwenden

Unverdauliche Reste, die ▸ Ballaststoffe, gelangen in den **Dickdarm.** Dort werden dem noch flüssigen Brei Wasser und Mineralstoffe entzogen, die der Körper noch verwenden kann. Die unverdaulichen Reste sammeln sich schließlich im Enddarm und werden als Kot durch den **After** ausgeschieden.

Körper und Leistungsfähigkeit → S. 308/309

Körper und Leistungsfähigkeit

Körperhaltung und Bewegung

Unser **Skelett** stützt den Körper und schützt die inneren Organe. Die **Wirbelsäule** mit mehr als 30 Wirbeln hält den Körper aufrecht und federt durch **Bandscheiben** zwischen den Wirbeln Stöße ab.
Die Bewegungen des Körpers werden durch **Gelenke** zwischen den Knochen ermöglicht. Man unterscheidet Kugelgelenke, Scharniergelenke, Sattelgelenke und Drehgelenke.

Bewegungen entstehen durch das Zusammenwirken von **Muskeln.** Beugemuskeln und Streckmuskeln arbeiten dabei als Gegenspieler. **Sehnen** verbinden Muskeln mit den Knochen.
Regelmäßige Bewegung gehört zur Gesunderhaltung des Körpers. Sie stärkt die Muskulatur, fördert die Durchblutung und stärkt das Herz-Kreislauf-System.

Ernährung und Verdauung

Nahrungsmittel enthalten die Nährstoffe **Kohlenhydrate, Fette** und **Eiweißstoffe.** Kohlenhydrate und Fette liefern Energie. Eiweißstoffe sind Baustoffe für unseren Körper. Viele Nahrungsmittel enthalten zusätzlich lebenswichtige **Vitamine, Mineralstoffe, Ballaststoffe** und **Wasser.** Zu einer gesunden Ernährung gehört ein ausgewogenes Verhältnis der einzelnen Nährstoffe.
Zähne zerkleinern die Nahrung. Bei der Verdauung werden die Nährstoffe in der Nahrung schrittweise in ihre Bausteine aufgespalten. Durch die **Dünndarmzotten** gelangen diese Stoffe ins Blut.

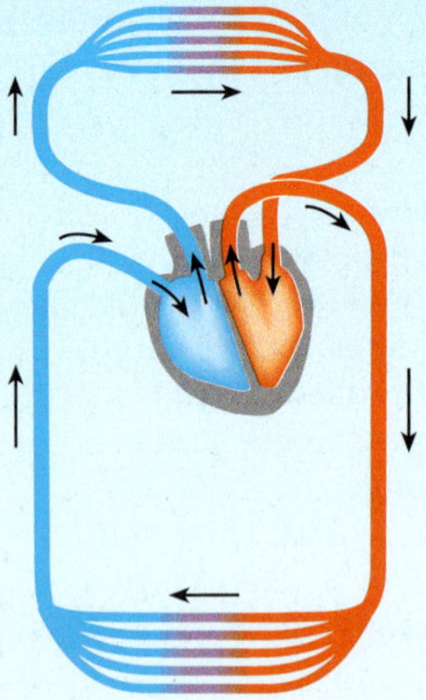

Blutkreislauf und Atmung

Das **Herz** pumpt das Blut in Adern durch den Körper. **Arterien** transportieren das Blut vom Herzen weg, **Venen** das Blut zum Herzen hin. Das Blut fließt in einem **Körperkreislauf** und in einem **Lungenkreislauf.**
Das Blut enthält **rote Blutkörperchen,** die den Sauerstoff und Kohlenstoffdioxid transportieren. **Weiße Blutkörperchen** schützen vor Krankheitserregern. Das **Blutplasma** transportiert vor allem Nähr- und Abfallstoffe. **Blutplättchen** sorgen für einen Wundverschluss.

Die Atemluft gelangt durch Nase, Rachen, Kehlkopf und Bronchien in die **Lunge. Zwerchfell** und **Zwischenrippenmuskeln** vergrößern und verkleinern Brustraum und Lunge und bewirken so das Ein- und Ausatmen.
Der Sauerstoff gelangt über die **Lungenbläschen** ins Blut und von dort in die Körperzellen. Hier bildet sich Kohlenstoffdioxid, das vom Blut in die Lunge transportiert und von dort ausgeatmet wird.

Kräfte

Kräfte können Bewegungen und Verformungen bewirken. Auch **Reibung** ist eine Kraft.
Zu jeder Kraft gibt es eine gleich große **Gegenkraft.** Eine besondere Gegenkraft ist der **Rückstoß.**

Messung der Kraft

Wird an einen **Kraftmesser** ein Körper angehängt, verlängert sich die Schraubenfeder. Die Skala zeigt an, wie groß die wirkende Kraft F ist. Die Kraft F wird in N (Newton) angegeben.

Hebel

Beim **zweiseitigen Hebel** wirken die beiden Kräfte in die gleiche Richtung, beim **einseitigen Hebel** in entgegengesetzte Richtungen.

Körper und Leistungsfähigkeit

1. Benenne die unterschiedlich gefärbten Bereiche des Skeletts.

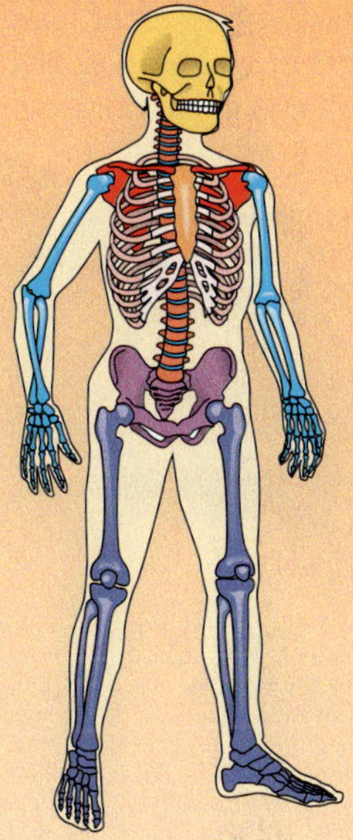

2. a) Die Wirbelsäule hat eine bestimmte Form. Benenne diese.
b) Nenne die Abschnitte der Wirbelsäule und die Anzahl der dort befindlichen Wirbel. Was befindet sich an den blau gekennzeichneten Stellen?

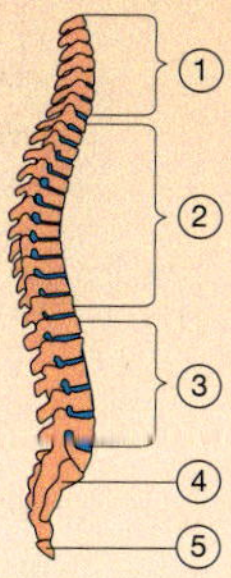

3. Die Abbildung zeigt Knochen und Muskeln.
a) Benenne die Knochen 1 bis 4 und die Gelenke G1 und G2.
b) Wie heißen die Muskeln bei M1 und M2?
c) Welche Aufgaben haben jeweils die Muskeln M1 und M2?

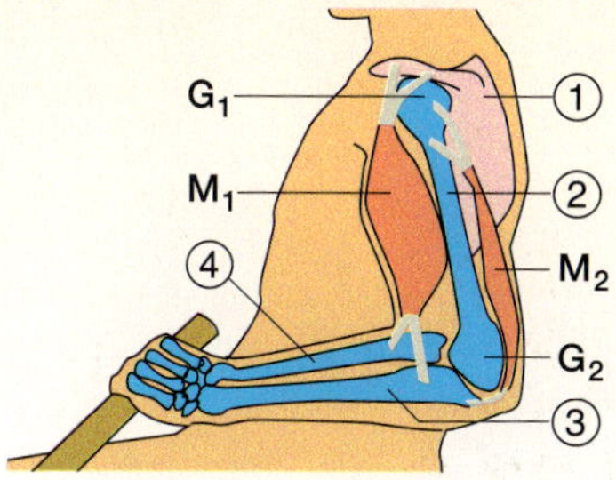

4. Benenne die nummerierten Teile des Gelenks.

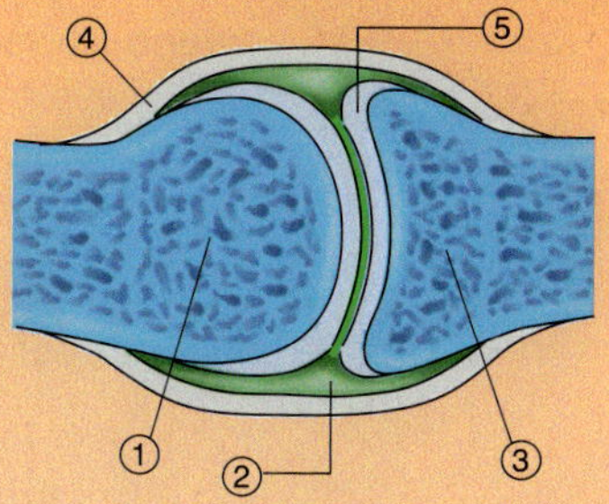

5. a) Wie heißt die häufigste Zahnerkrankung? Welche Zahnschicht wird dabei zerstört?
b) Mache zwei Vorschläge, wie der Zerstörung vorgebeugt wird.

6. a) Nenne die drei lebenswichtigen Nährstoffe unserer Nahrung.
b) Welche vier Bestandteile benötigt unser Körper noch?

7. Gib jeweils ein Beispiel für ein gesundes und ein ungesundes Mittagessen an und begründe deine Entscheidung.

8. Nenne die einzelnen Stationen, die die Nahrung in unserem Körper durchläuft, in der richtigen Reihenfolge.

9. Benenne die nummerierten Teile der Atmungsorgane.

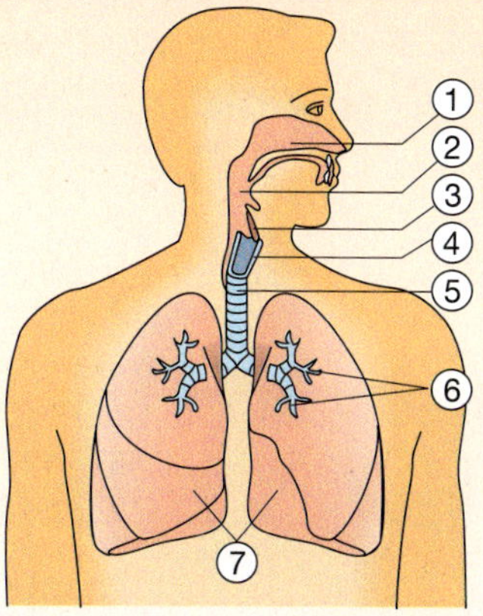

10. Beschreibe die Vorgänge in den Lungenbläschen bei der Atmung.

11. Ordne den jeweiligen Blutbestandteilen rote Blutkörperchen, weiße Blutkörperchen, Blutplättchen und Blutplasma ihre entsprechenden Aufgaben zu.

12. Folgende Abbildung zeigt schematisch den doppelten Blutkreislauf zusammen mit einigen inneren Organen.
a) Nenne die beiden Kreisläufe.

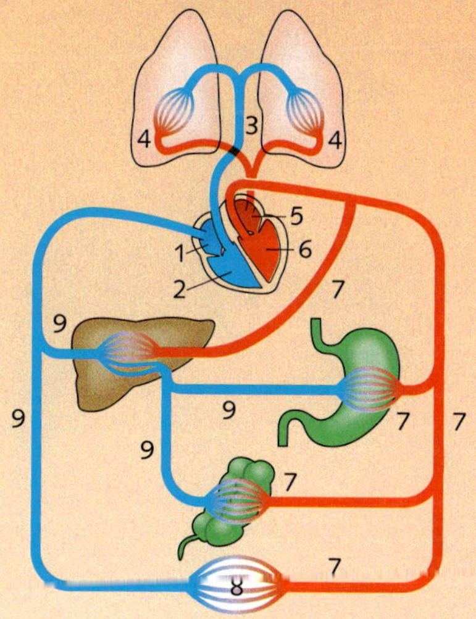

b) Ordne den Zahlen in der Abbildung die zutreffenden Begriffe zu.

13. Nenne drei verschiedene Arten von Kräften.

14. Was zeigt ein Kraftmesser an, wenn 150 g, 370 g oder 1,2 kg angehängt werden?

15. Ist das Tretlager des Fahrrades gut geschmiert, musst du weniger Kraft aufwenden als bei einem ungeschmierten Tretlager. Begründe diese Aussage.

16. Wieso schmerzen nach langem Stehen deine Füße, auch wenn du dich nicht bewegt hast?

Erwachsen werden

Woran denkt ihr, wenn ihr den Begriff
PUBERTÄT
hört?
Oh je! Hoffentlich werde ich nicht gleich gefragt! Darüber spricht man nicht, haben meine Eltern gesagt. Und schon gar nicht mit Kindern. Außerdem: Wenn ich was dazu sage, kichern sowieso alle nur.
Ich möchte mich gerne schminken und so lange auf Partys gehen, wie ich will, aber meine Eltern verbieten mir ja alles!
Das ist wieder so eine typische Lehrerfrage ... Pubertät bedeutet Sex – das weiß doch jeder! Na ja, immerhin machen wir jetzt endlich 'mal 'was zu dem Thema – da kenn' ich mich ja schon ziemlich gut aus. Man muss ja nur mal etwas später den Fernseher einschalten.

Wir entwickeln uns

1. Schau dir die Bildreihe genauer an und schätze das Alter der dargestellten Personen. Wie gehst du dabei vor? Worauf achtest du, wenn du das Alter eines Menschen schätzen sollst?
a) Fertige eine Liste an und erkläre.
b) Welche Veränderungen bringt das Altern eines Menschen mit sich, die man auf Fotos nicht sehen kann?

2. Mit Worten ist oft schwer zu beschreiben, wie sehr sich das Leben mit der Zeit verändert. Du kannst aber eine Collage anfertigen. Hier kannst du mit Bildern zeigen, wie dein Leben vor einigen Jahren aussah, was heute typisch für dich ist und wie du es dir in Zukunft vorstellst. Du kannst auch einfach Bilder von Sachen und Leuten aufkleben, die du früher toll fandest und die du heute toll findest.

3. Viele Jugendliche haben regelmäßig Streit mit den Eltern. Findet mehr darüber heraus. Entwerft einen Fragebogen, um zu klären, ob eure Klassenkameradinnen und -kameraden heute mehr mit den Eltern streiten als vor der Pubertät. Worum geht es bei solchen Streitereien und wie gehen diese meistens aus?
Was ist denn anders als bei kleineren Kindern, wenn man sich nun mehr streitet als früher? Gibt es hierbei Unterschiede zwischen Mädchen und Jungen?

4. Worüber könnten die Jugendlichen auf dem Bild gerade sprechen? Schreibe ein typisches Gespräch auf. Würden sie anders reden, wenn es nur Mädchen oder nur Jungen wären? Beschreibe und erkläre.

5. Beim Lesen von Jugendzeitschriften trifft man meist auf eine Seite, auf der die Leser einem Team von Experten alle möglichen Fragen zur Pubertät stellen. Sammelt solche Fragen. Stellt besonders häufige oder wichtige Fragen zusammen und findet mehr über mögliche Antworten heraus.

Körper und Leistungsfähigkeit → S. 308/309

Die Pubertät – Achterbahnfahrt durchs Leben

Die Pubertät ist eine aufregende, turbulente, aber auch anstrengende Zeit. Sie wird häufig mit einer Achterbahnfahrt verglichen: „Erst fühlst du dich bombig, gleich darauf bist du wieder ganz unten." Aber anders als bei einer Achterbahn endet die Pubertät nicht da, wo sie losgegangen ist. Am Ende steht man als Erwachsener da, hat einen veränderten Körper und auch die Gefühle und Ansichten haben sich teilweise grundlegend verändert.

1 Einmal ganz oben – einmal ganz unten

2 Cliquen auf dem Schulhof

Immer wieder anders

Die Pubertät verläuft bei jedem anders. Daher ist es schwer zu sagen, wie oder was die Pubertät genau ist, wie sie sich anfühlt und wie man am besten damit umgeht. Wichtig ist, mit guten Freunden oder Freundinnen über die Dinge zu reden, die einen beschäftigen. Sie verstehen meist am besten, wie man sich gerade fühlt. Außerdem sollte man andere und ihre Meinungen und Gefühle respektieren.

Auch der Beginn der Pubertät ist bei jedem unterschiedlich. Bei Mädchen liegt er meist zwischen dem 10. und 14. Lebensjahr, bei Jungen etwas später. Mädchen und Jungen, die früher noch gut zusammen spielen konnten, finden sich nun gegenseitig eher albern. Oft bilden sich reine Mädchen- und reine Jungencliquen. Hier tauschen sich die Jugendlichen über Probleme aus und diskutieren ihre Ansichten über Erwachsene, Musik, Kleidung und – ganz wichtig – über das andere Geschlecht.

Frisch verliebt

Auch die erste große Liebe kann jetzt kommen. Manche schwärmen für ein Idol, einen Sportler, einen Popstar oder einen Fernsehstar. Andere verlieben sich in ein Mädchen oder einen Jungen, zum Beispiel aus der Schule, dem Sportverein oder aus der Nachbarschaft. Manchmal ist der erste Partner älter, hat schon mehr Erfahrung als man selber und ist vielleicht auch etwas ungeduldig. Man sollte aber immer nur so viel Nähe zulassen, wie man selber möchte. Eine gute Beziehung hält es aus, wenn einer der beiden noch nicht so weit ist. Auf keinen Fall sollte man seinen Partner drängen, überreden oder gar zu Dingen zwingen, die er oder sie unangenehm findet.

3 Mein großer Schwarm

Jungen werden zu Männern

1. Bei Babys fällt es noch schwer, das Geschlecht zu erkennen. Woran liegt das? Welches ist der beste Weg, es sicher herauszufinden?

2. Zwar sind lange Haare bei uns eher für Frauen typisch, aber selbst langhaarige Männer erkennen wir als Männer. Wie hat sich der Körper des Mannes verändert, dass wir ihn jetzt so leicht als Mann erkennen? Schreibe eine Liste mit Stichpunkten und berichte.

3. Nutze für die folgenden Aufgaben die Abbildungen A und B rechts. Gehe dabei in folgenden Schritten vor:

a) Beschreibe zunächst, was in den Abbildungen A und B jeweils zu sehen ist.

b) Erkläre die Aussage der Abbildungen A und B. Beachte dabei auch den Pfeil in der Mitte.

c) Vielleicht ist dir aufgefallen, dass die Balken in Abbildung B links und rechts langsam heller werden und keine klaren Enden haben. Was könnte das zu bedeuten haben? Stelle eine Vermutung auf und begründe sie kurz.

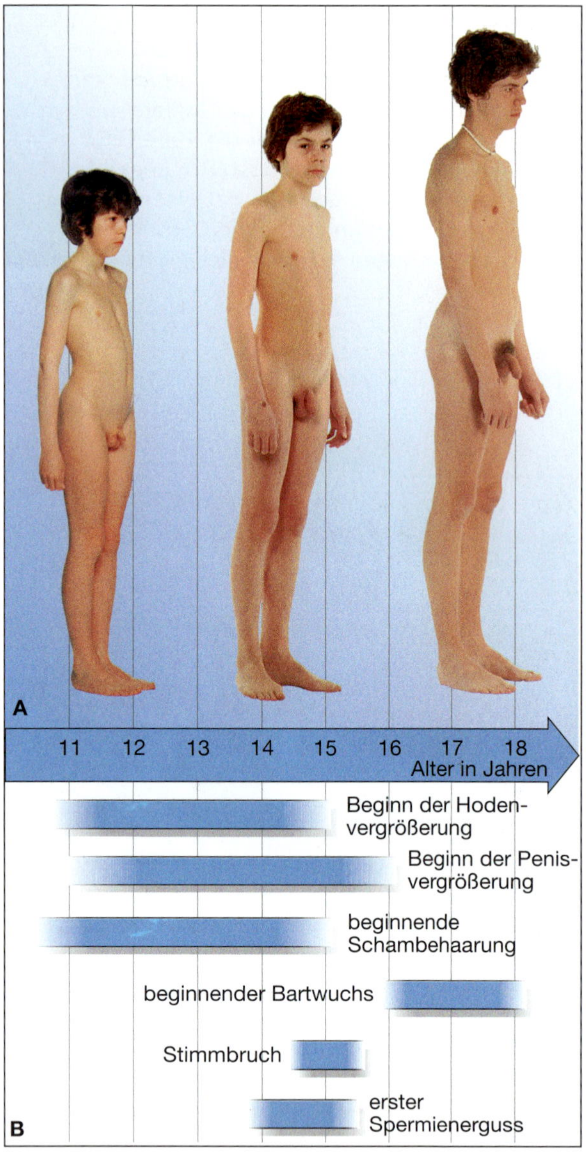

4. Nenne mögliche Ansprechpartner: An wen könnte man sich wenden, wenn man dringende Fragen zum Thema Sexualität hat? Und mit wem kann man „einfach 'mal so" über Sexualität reden?

5. Vielleicht kennst du das Spiel „Tabu". Dabei muss man gesuchte Begriffe umschreiben, ohne dabei bestimmte „Tabu"-Begriffe oder gar den gesuchten Begriff selbst zu benutzen. Wenn man über Sexualität spricht, sollten alle umgangssprachlichen Begriffe tabu sein. Umschreibe drei Begriffe von den Folgeseiten, ohne dabei Umgangssprache zu verwenden.

Hinweis

Die Aufgaben 4 und 5 betreffen Jungen und Mädchen gleichermaßen.

Primäre Geschlechtsmerkmale

Der Körperbau kleiner Kinder unterscheidet sich bei Mädchen und Jungen kaum. Man erkennt ihr Geschlecht daher meist nur an der Kleidung und an der Frisur. Nur die von außen sichtbaren Geschlechtsorgane, beim Jungen also **Penis** und **Hodensack,** ermöglichen eine wirklich sichere Unterscheidung. Da diese Merkmale von Geburt an vorhanden sind, nennt man sie auch **primäre Geschlechtsmerkmale.**

Geschlechtsorgane des Mannes

Zwar sind alle Geschlechtsorgane des Mannes von Geburt an vorhanden, aber sie entwickeln sich in der Pubertät entscheidend weiter. Jungen bemerken, dass ihr Penis länger und der Hodensack größer wird. Im Hodensack befinden sich die beiden **Hoden.** Während der Pubertät wachsen auch sie und beginnen damit täglich mehrere Millionen **Spermien** zu produzieren. Diese werden in den Nebenhoden gespeichert, bis es zum Spermienerguss kommt. Dabei werden sie zusammen mit verschiedenen Flüssigkeiten aus der Vorsteher- und der Bläschendrüse in die Spermienleiter und durch den Harn-Spermien-Leiter nach außen abgegeben. Der erste Spermienerguss ist ein Zeichen dafür, dass ein Junge geschlechtsreif wird.

Sekundäre Geschlechtsmerkmale

Der Körper eines Jungen verändert sich in der Pubertät deutlich: Ihm wächst ein Bart, er bekommt Brusthaare und auch die Achsel- und Schambehaarung erscheint. Darüber hinaus vergrößert sich sein Kehlkopf, sodass er in den Stimmbruch kommt und schließlich eine tiefere Stimme hat. Die Muskulatur wird kräftiger und zeichnet sich unter der Haut deutlich ab. Die Knochen im Schulterbereich wachsen, während das Becken schmal bleibt. Männer bekommen so eine eher kantige Körperform mit Schultern, die breiter als das Becken sind. Diese Merkmale prägen das männliche Erscheinungsbild. Anders als die primären Geschlechtsmerkmale entwickeln sie sich aber erst in der Pubertät. Man nennt sie daher **sekundäre Geschlechtsmerkmale.**

Erektion

Meist ist der Penis schlaff und weich. Durch sexuelle Reize kann es aber zur Versteifung kommen. Dann füllen sich die **Schwellkörper** im Inneren des Penis mit Blut. Der Penis wird dicker und länger und richtet sich auf. Eine solche Gliedversteifung nennt man Erektion. Sie tritt oft auch dann auf, wenn der Junge es gar nicht will, zum Beispiel im Schlaf. Die Erektion kann dann auch mit einem Spermienerguss verbunden sein. Dies sind natürliche Vorgänge, für die man sich nicht zu schämen braucht.

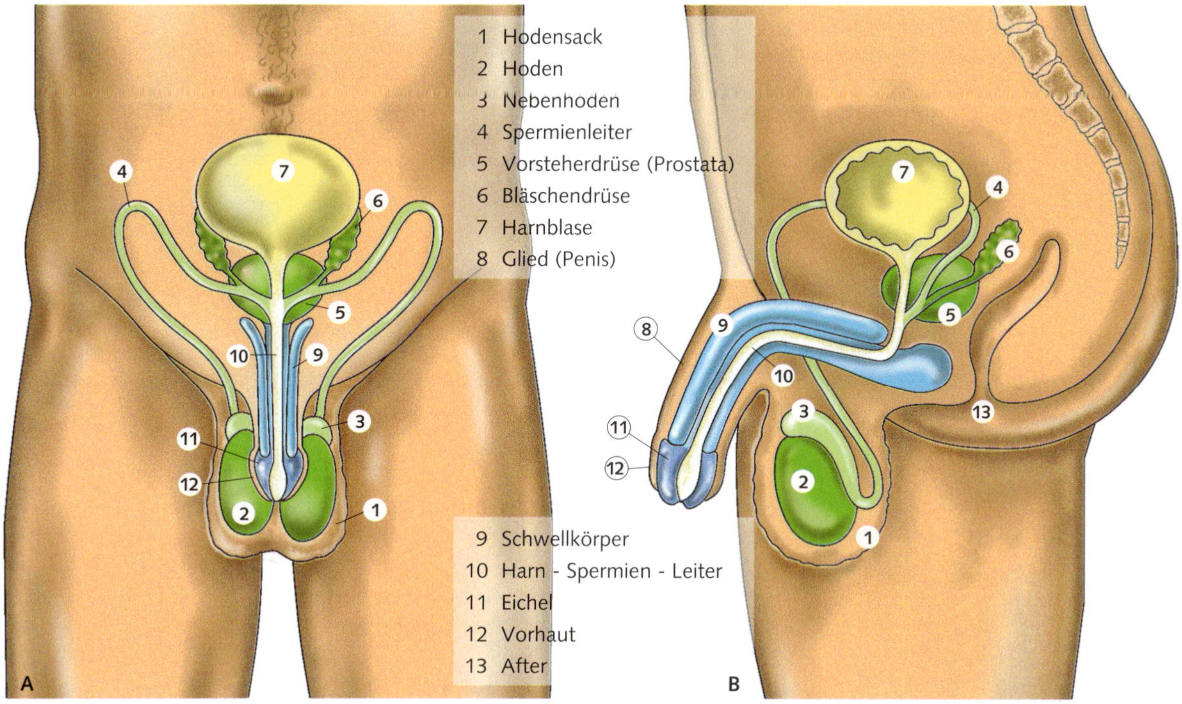

1 Geschlechtsorgane des Mannes. A *Aufsicht;* **B** *Längsschnitt*

Körper und Leistungsfähigkeit → S. 308/309

Mädchen werden zu Frauen

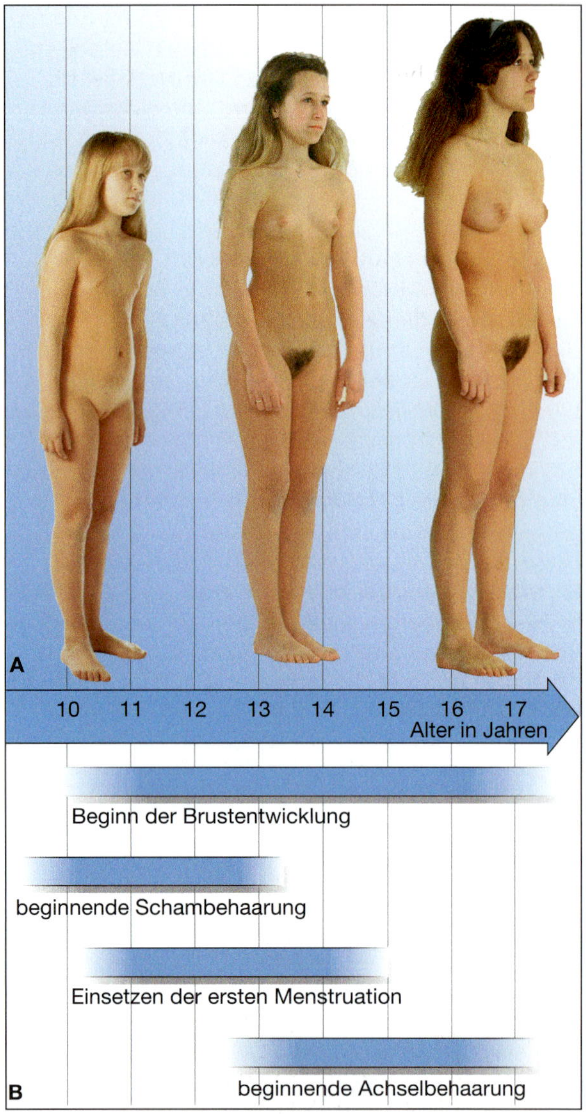

1. Beschreibe die Entwicklungsunterschiede, die du bei den Mädchen in der Abbildung oben erkennen kannst.

2. Viele Romane und Sachbücher befassen sich mit Problemen pubertierender Jugendlicher. Berichte in deiner Klasse über so ein Buch: Fasse kurz den Inhalt zusammen. Welche Rolle spielt die Pubertät dabei? Wie gefällt dir das Buch und warum? Am besten verwendest du ein Buch, welches du schon gelesen hast. Falls du noch kein entsprechendes Buch gelesen hast, gehe in einen Buchladen oder eine Bibliothek und lasse dich dort beraten. Berichte auch in diesem Fall deiner Klasse und gib an, ob du das empfohlene Buch nun lesen möchtest.

3. Beschreibe und erkläre die Abbildung oben. Gehe dabei so vor, wie bei Aufgabe 3 im Kapitel „Jungen werden zu Männern“.

4. Bei Werbefotos werden die sekundären Geschlechtsmerkmale der Models oft besonders hervorgehoben.
a) Welche Geschlechtsmerkmale werden im nebenstehenden Beispiel hervorgehoben? Erläutere kurz.
b) Was hältst du davon? Begründe deine Meinung.

Primäre Geschlechtsmerkmale

Mädchen verfügen schon bei der Geburt über alle Geschlechtsorgane. Nach außen sichtbar sind allerdings nur die **großen Schamlippen** und die Öffnung der **Scheide**. Alle anderen Geschlechtsorgane liegen bei Mädchen unsichtbar im Inneren des Körpers. So laufen auch viele Veränderungen während der Pubertät im Inneren des Körpers und zunächst eher unauffällig ab.

Sekundäre Geschlechtsmerkmale

Die Veränderung der Körperform ist recht auffällig: Die Brüste beginnen zu wachsen, das Becken und die Hüften werden breiter, die Oberschenkel rundlicher. Überall unter der Haut werden vermehrt Fette eingelagert, sodass sich eine insgesamt eher weiche, abgerundete Körperform entwickelt. Auch das Wachstum der Scham- und Achselbehaarung setzt während der Pubertät ein.

Geschlechtsorgane der Frau

Unter den großen Schamlippen liegen die **kleinen Schamlippen.** Sie umschließen den Kitzler, den man auch **Klitoris** nennt. Die Harnröhre endet zwischen den kleinen Schamlippen. Etwas dahinter befindet sich die Scheide, eine etwa 10 cm lange Röhre, die zur muskulösen **Gebärmutter** führt. Während der Schwangerschaft entwickelt sich hier das Kind. Damit eine Frau schwanger werden kann, muss aber erst eine **Eizelle** heranreifen und mit einem Spermium verschmelzen (Befruchtung).
In den beiden etwa walnussgroßen **Eierstöcken** liegen rund 200 000 unreife Eizellen in einer Art „Warteposition“. Erst in der Pubertät werden Vorgänge in Gang gesetzt, die zur regelmäßigen Reifung einzelner Eizellen führen. Sobald diese begonnen hat, ist eine Frau geschlechtsreif. Sie bekommt dann ihre Monatsblutung, die ▸ Menstruation.

Schwierige Zeit – nicht nur für Mädchen

Nicht alle Mädchen sind glücklich, wenn sie merken, wie sich ihr Körper entwickelt. Sie fühlen sich zu klein, zu groß, zu dick, zu dünn, zu rundlich oder zu wenig „fraulich“. Dies ist ein ganz normales Gefühl während der Pubertät. Mädchen müssen sich an ihren „neuen“ Körper erst gewöhnen.
Viele Jugendliche, Jungen und Mädchen, wünschen sich daher einen ungestörten Bereich, in den sie sich bei Bedarf zurückziehen können. Eltern, Geschwister, Freundinnen und Freunde sollten dies respektieren. Wichtig ist aber auch der Kontakt zu Menschen, mit denen man über seine Sorgen und Probleme sprechen kann. Auch dies sollten Eltern und Freunde bei Bedarf ermöglichen.

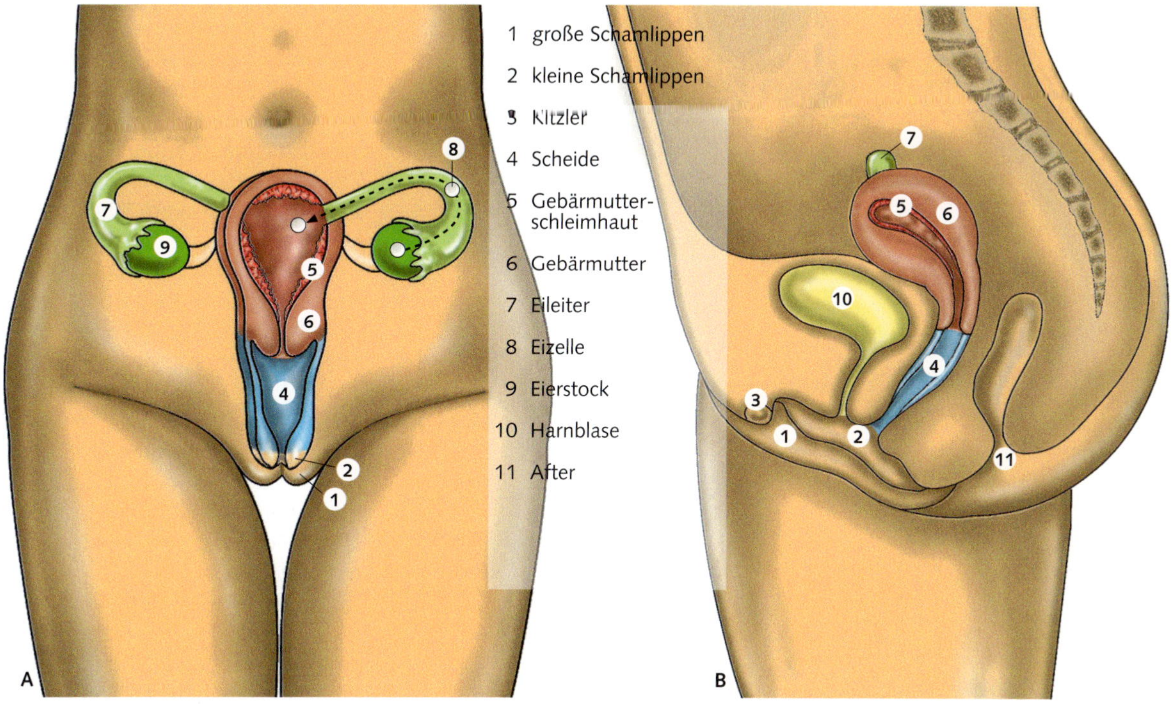

1 Geschlechtsorgane der Frau. A *Aufsicht;* **B** *Längsschnitt*

Körper und Leistungsfähigkeit → S. 308/309

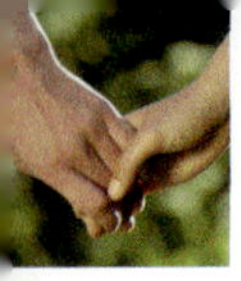

Tag X – die erste Periode

1. Stelle dir vor, dein kleiner Bruder fragt dich, was die „Menstruation" ist und wie sie zustande kommt. Schreibe eine kurze Erklärung für ihn und benutze dabei die wichtigen Begriffe auf diesen beiden Seiten.

2. Auf der Einstiegsseite fragt sich eine Schülerin, warum ihre Schwester ihren Tampon nicht herausnehmen muss, um auf die Toilette zu gehen. Erkläre ihr warum. Beachte dabei auch die Informationen zum Bau der weiblichen ▸ Geschlechtsorgane.

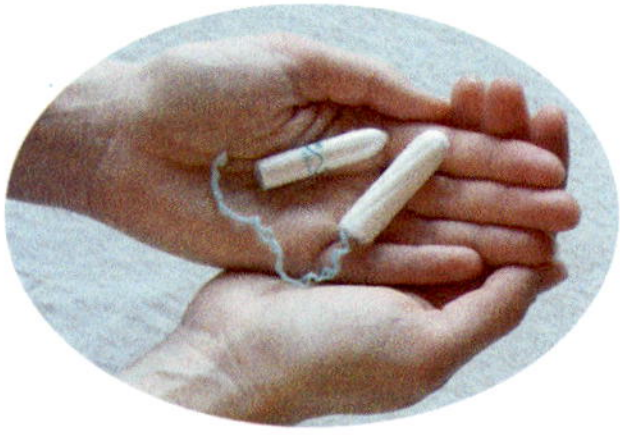

3. Untersuche einen Tampon und eine Binde näher. Wie sind sie aufgebaut und aus welchen Materialien bestehen sie? Fertige einen kurzen Bericht und je eine Zeichnung an.

4. Überlege dir, wie man herausfinden könnte, wie viel Flüssigkeit verschiedene Tampons und Binden jeweils aufnehmen können. Vergleiche verschiedene Produkte im Experiment und berichte.

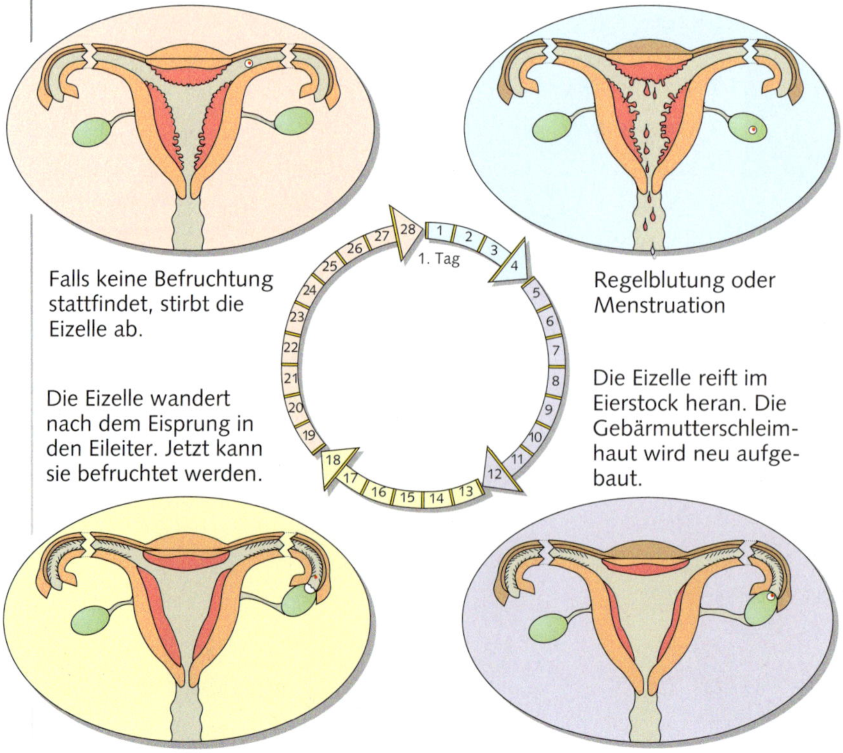

1 Ablauf von Eisprung und Regelblutung

Die Regelblutung

Für viele junge Frauen markiert die erste Regelblutung, auch Menstruation oder Periode genannt, einen besonderen Tag. Sie ist das nach außen sichtbare Zeichen dafür, dass die Frau nun geschlechtsreif wird. Wie aber kommt es dazu, dass die erwachsene Frau in regelmäßigen Abständen von etwa 28 Tagen jeweils eine kleine Menge Blut durch die Scheide verliert?

Jeden Monat reift in einem der beiden Eierstöcke eine Eizelle heran. Zunächst befindet sie sich noch in einem Eibläschen, aber schließlich platzt dieses auf und entlässt die Eizelle in die trichterförmige Öffnung des Eileiters. Man nennt dies den **Eisprung**. Im Laufe der folgenden Tage gelangt die reife Eizelle durch den Eileiter in die Gebärmutter.

Im Inneren der Gebärmutter hat sich zuvor eine dicke Schleimhautschicht gebildet. Sie ist schwammig und gut durchblutet. Hier könnte sich eine befruchtete Eizelle einnisten und sich zu einem Kind entwickeln. In der ersten Zeit der Schwangerschaft würde sie dabei über die Gebärmutterschleimhaut ernährt.

Ist die Eizelle jedoch unbefruchtet, stirbt sie ab und die schwammige Gebärmutterschleimhaut wird nicht mehr benötigt. Etwa zwei Wochen nach dem Eisprung beginnt sie sich von der Gebärmutter abzulösen. Dabei werden Blut und Schleimhautreste durch die Scheide abgegeben. Diesen Vorgang, der vier bis fünf Tage dauert, nennt man **Regelblutung, Periode** oder **Menstruation.**

Da direkt im Anschluss daran eine neue Eizelle heranreift, beginnt der ganze Kreislauf von Neuem. Man spricht deshalb vom **Menstruationszyklus**. Bei jungen Frauen kann er zunächst unregelmäßig sein – dies ist kein Grund zur Sorge, sondern völlig normal.

Krank oder nicht?

Die Regelblutung ist keine Krankheit und für viele Frauen unterscheiden sich die Tage der Menstruation kaum von allen anderen Tagen. Andere Frauen haben Bauchschmerzen, fühlen sich schlapp oder sind einfach nur schlecht gelaunt. Wenn du dich während deiner Periode unwohl fühlst, kannst du dich ruhig ein wenig zurückziehen und dich zum Beispiel mit einer Wärmflasche ins Bett legen. Aber wenn du Lust hast, etwas zu unternehmen, solltest du dir von deiner Menstruation den Spaß nicht verderben lassen.

Körperpflege

Während ihrer Regelblutung verliert die Frau etwa zwei Eierbecher voll Blut. Dieses kann mit einer Binde außerhalb oder mit einem Tampon innerhalb des Körpers aufgefangen werden. Jede junge Frau muss für sich selbst herausfinden, ob sie besser mit Tampons oder mit Binden zurechtkommt.
Viele Ärzte, Apotheken und Drogerien halten Informationsmaterial zur Menstruationshygiene bereit. Häufig kannst du sogar Produktproben zum Ausprobieren bekommen.

Unabhängig von der Menstruation benötigt der Körper viel Pflege: Ab der Pubertät arbeiten die Schweiß- und Talgdrüsen stärker als vorher. So kann es leicht zu Geruchsbildung kommen. Dies gilt besonders für den Schambereich und die Achselhöhlen. Man sollte sich regelmäßig mit milder Seife waschen und ein hautfreundliches Deo verwenden, um die Geruchsbildung zu verhindern. Dies gilt auch für Jungen.

2 Wie die „Tage" aussehen, bestimmst du.

3 Gut sortiertes Badezimmerregal

Pinnwand

Verhütungsmittel

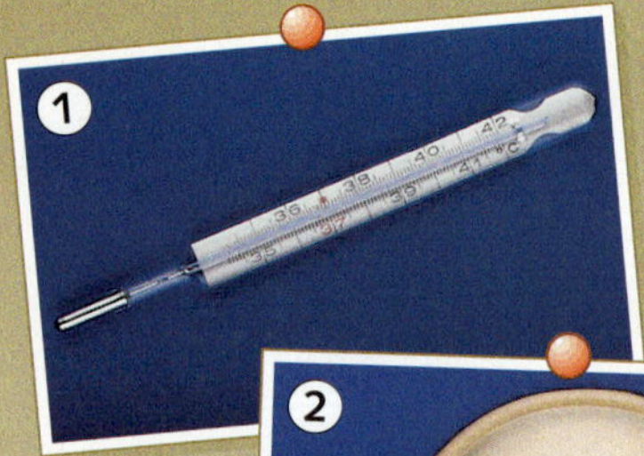
1

2

D Kondom
dünne Haut aus Naturkautschuk, einer gummiartigen Substanz – wird vor dem Geschlechtsverkehr über das steife Glied gezogen – verhindert, dass Sperma in die Scheide gelangt – mit etwas Übung sehr sicher – schützt als einziges Verhütungsmittel auch vor Geschlechtskrankheiten und AIDS

E Temperaturmessmethode
jeden Morgen, kurz nach dem Aufwachen misst die Frau ihre Körpertemperatur – da durch den Eisprung die Körpertemperatur der Frau leicht ansteigt, kann man anhand der Messwerte den Zeitpunkt abschätzen und dann auf Geschlechtsverkehr verzichten – unsicher

A Chemische Mittel
Gels, Cremes, Zäpfchen oder Sprays – werden kurz vor dem Geschlechtsverkehr verwendet – enthalten Substanzen, die Spermien abtöten oder an der Fortbewegung hindern sollen – unsicher

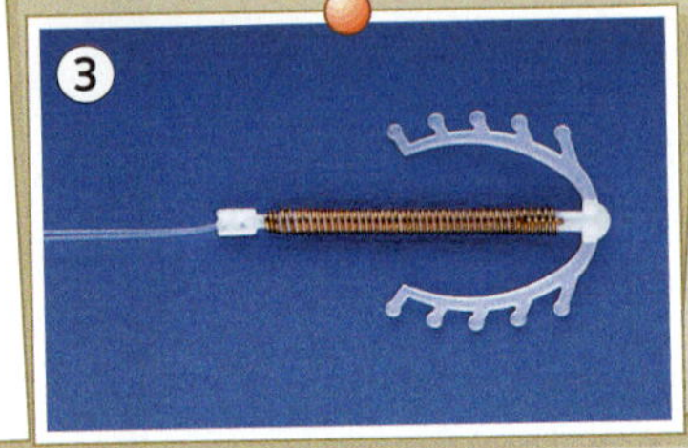
3

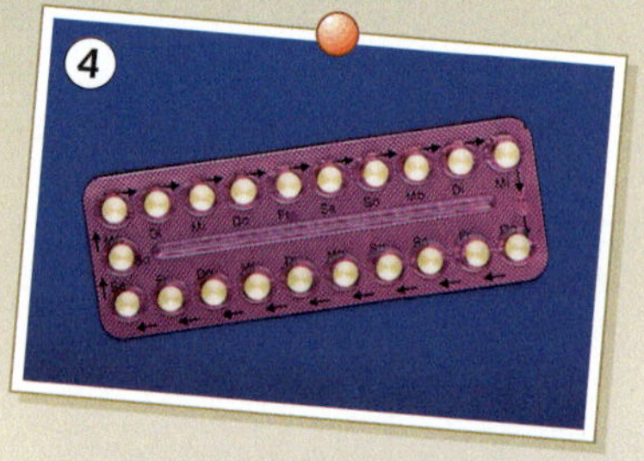
4

B Muttermundkappe
auch Pessar oder Diaphragma genannt – weiche Kappe aus Gummi – liegt vor dem Muttermund – verhindert das Eindringen von Spermien in die Gebärmutter – Beratung beim Arzt erforderlich – nur in Verbindung mit spermientötenden Gels – halbwegs sicher

F Spirale
kleines Plastikteil, umwickelt mit Kupferdraht – wird vom Arzt in die Gebärmutter eingesetzt – verhindert die Einnistung der befruchteten Eizelle – Blutungen und Entzündungen sind möglich – sicher

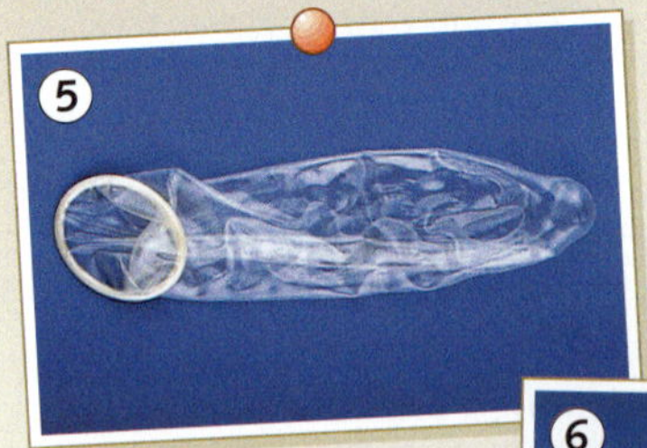
5

C Anti-Baby-Pille
Tablette für die Frau, die täglich eingenommen werden muss – enthält Hormone, die den Eisprung verhindern – Nebenwirkungen sind möglich, Beratung beim Frauenarzt erforderlich – sicherste Verhütungsmethode

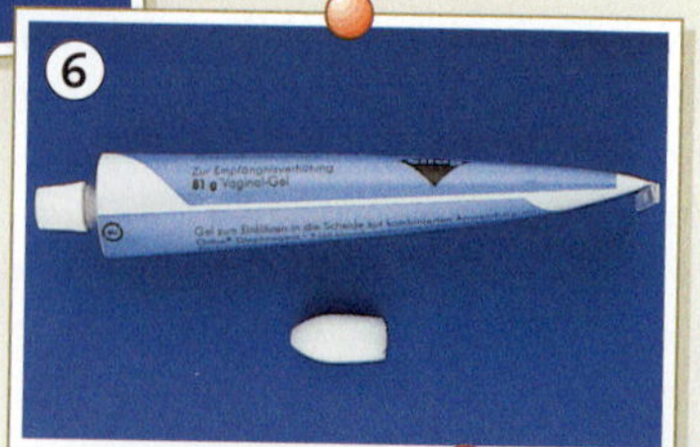
6

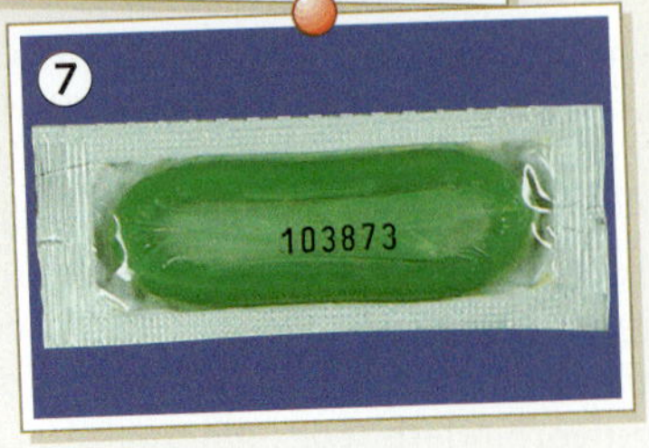

7

1. Ordne die Informationszettel (A–F) den Abbildungen (1–7) zu. Welches Verhütungsmittel taucht doppelt auf?

2. An wen könnte man sich wenden, wenn man zu einzelnen Verhütungsmitteln Fragen hat?

Opa war auch 'mal ein Baby

Lebensabschnitte
Wir entwickeln uns ein Leben lang und können so vom Baby zum Greis werden. Dabei gibt es verschiedene Lebensabschnitte. Jeder ist durch typische Entwicklungsschritte gekennzeichnet.

Kleinkinder
Zunächst muss man die grundlegenden Dinge des Lebens lernen: sitzen, krabbeln, laufen, essen - all das und vieles mehr kann ein Neugeborenes zunächst nicht. Man lernt es als Kleinkind. Dazu müssen sich sowohl der Körper als auch das Gehirn weiterentwickeln. Ein Kleinkind wächst schnell und lernt jeden Tag etwas Neues.

Schulkinder
Auch dieser Lebensabschnitt ist vom Lernen bestimmt. Allerdings geht es jetzt theoretischer zu. Man lernt zum Beispiel rechnen, lesen und schreiben. Die Entwicklung des Körpers verläuft jetzt viel langsamer. Dies betrifft vor allem das Wachstum: Schulkinder wachsen weniger schnell als Kleinkinder.

1. Frage deine Eltern oder Großeltern, wie sie die einzelnen Lebensabschnitte beschreiben würden. Mache dir Notizen und berichte.

Jugendliche
Man wächst wieder schneller und wird leistungsfähiger. Auch das Gehirn und die Art zu denken ändern sich. Nach der Pubertät steht man als Erwachsener da, kann eine Familie gründen und Verantwortung übernehmen.

Erwachsene
Das Wachstum ist abgeschlossen und auch das Aussehen verändert sich langsamer. Zu Beginn des Erwachsenenalters ist der Körper am leistungsfähigsten. Aber man wird nach wie vor älter. Erste Wehwehchen zeigen, dass man nicht mehr jung ist. Dafür kann man seine Unabhängigkeit genießen, hat vielleicht Kinder, einen interessanten Beruf und kann Entscheidungen eigenständig treffen.

Senioren
Der Körper kann sich nicht mehr so erholen wie früher. Viele ältere Menschen haben daher oft Schmerzen oder Krankheiten, die sie nicht richtig loswerden. Aber sie können aus einem reichen Erfahrungsschatz schöpfen. Ihr Wissen und ihre Erfahrung kann jüngeren Menschen helfen, ihren eigenen Weg zu finden.

Dein Körper gehört dir!

1. Was ist mit der Aufschrift auf dem T-Shirt des Mädchens gemeint? Würdest du so ein Shirt anziehen? Begründe.

2. Sagt ein Kind deutlich „NEIN!“, so kann dadurch eine Belästigung vermieden werden. „NEIN!“ sagen kann man üben. Übt zu zweit, wie man nachdrücklich „Nein!“ sagen kann, etwa in einer kleinen Spielszene mit verteilten Rollen. Berichtet anschließend von euren Erfahrungen.

3. a) Beschreibe die Aussage der nebenstehenden Abbildung.
b) Warum sind für die verschiedenen Aussagen wohl verschiedene Farben gewählt?
c) Was könnte im Zentrum stehen?
d) Was meinst du zu der Abbildung?

4. a) Beschreibe kurz mit deinen eigenen Worten, welcher Vorfall im nebenstehenden Zeitungsartikel geschildert wird.
b) Handelt es sich dabei um eine Art von Gewalt? Begründe deine Meinung.
c) Hast du schon von ähnlichen Fällen gehört? Wenn ja, berichte kurz.
d) Bildet Gruppen und erstellt gemeinsam einen Aktionsplan: Wie sollte man sich verhalten, wenn man Zeuge ähnlicher Vorfälle wird. Erstellt eine Liste und stellt eure Ideen der Klasse vor.

Handy-Skandal

Handy-Verbot an der Realschule

Der so genannte Handyskandal an der örtlichen Realschule zieht weitere Kreise. Nachdem ein Schüler während einer Klassenfahrt heimlich beim Umziehen gefilmt und das Video per MMS an andere Schüler verschickt wurde, sah sich der betroffene Schüler immer wieder mit sexistischen Äußerungen konfrontiert.

„Wir sind schockiert, dass so etwas an unserer Schule passieren konnte!“, sagte die Schulleiterin über das Video, welches den Schüler zwischenzeitlich nackt zeigt, worüber sich seine Kameraden deutlich hörbar belustigen. „Aber die Verbreitung des Videos können wir wohl nicht mehr stoppen.“ Das bestätigt auch eine Stichprobe unserer Zeitung: Auch mehrere Schüler der benachbarten Schulen kennen das Video oder haben es auf ihren Geräten gespeichert.

Die Eltern des betroffenen Schülers haben Anzeige erstattet und erwägen nun einen Schulwechsel ihres Kindes.

Die Schulleitung reagierte mit einem Verbot jeglicher Handys an der Schule, was nicht von allen Eltern begrüßt wurde: „Man kann sich auch künstlich aufregen …“, meinte ein Vater zu dem Vorfall. Er versteht nicht, warum

Sexualität – die andere Seite

Sexualität hat schöne und liebevolle Seiten. Aber es gibt auch eine andere Seite. Sie zeigt sich immer dann, wenn jemand mit Gewalt gezwungen wird, Dinge zu tun oder zu dulden, die er oder sie nicht will.
Die Täter sind fast immer Männer und nur selten Frauen, aber keineswegs immer „kranke Typen". Oft sind es Bekannte, Freunde oder Angehörige.

Die ganz persönliche Grenze

Was als „sexuelle Belästigung" empfunden wird, ist sehr unterschiedlich. Was für den einen völlig okay ist, mag für andere schlimm sein. Jeder hat seine persönliche Grenze und ein Recht darauf, dass diese von allen anderen Menschen respektiert wird.
Auch das Benutzen bestimmter Wörter, das Ansehen bestimmter Bilder oder das Reden über bestimmte Dinge kann eine Grenze überschreiten. Eine sexuelle Belästigung muss also nicht immer etwas mit „Anfassen" oder „Sex haben" zu tun haben.

Manchmal versuchen jedoch Erwachsene, Kinder so unter Druck zu setzen, dass sie sexuelle Handlungen mitmachen oder zulassen. Niemand hat das Recht, so etwas zu verlangen. Jeder Erwachsene weiß das, doch manche versuchen, Kinder zu erpressen oder unter Druck zu setzen. Sie sagen Dinge wie: „Stell dich mal nicht so an!" – „Das machst du doch gerne für mich!" oder „Du willst doch, dass ich dich lieb hab!". Auch das ist eine Form von Gewalt.

Du bist nicht schuld!

Oft reden die Täter dem Kind ein, es sei doch toll, so etwas mitmachen zu dürfen. Oder sie drehen es so hin, als hätte auch das Kind Spaß daran. Sie tun so, als wolle das Kind eigentlich mitmachen oder als habe es sogar darum gebeten.

Aber: Es ist immer der Erwachsene, der etwas falsch macht. Und weil er das weiß, verlangt er Geheimhaltung. Ein Weg, sich auch zu wehren, ist andere Menschen ins Vertrauen zu ziehen.

2 Ganz alleine?

„Nein!" sagen – ein Anfang

Es ist nicht leicht, sich gegen sexuelle Belästigungen zu schützen – aber auch nicht hoffnungslos. Ein Anfang ist, sehr deutlich „Nein!" zu sagen, wenn jemand in dieser Hinsicht etwas verlangt oder zu erzwingen versucht, was du nicht möchtest.

Neue Chancen und Gefahren

Im Internet kann man sich informieren und Hilfe holen. Unter **www.zartbitter.de** bekommt man Kontakt zu Beraterinnen, die Opfern sexueller Gewalt helfen können.

Aber auch Täter sind im Netz. Sie sprechen zum Beispiel in Chatrooms gezielt Kinder an, um sie „kennen zu lernen" und zu persönlichen Treffen zu bewegen. **Daher darf man im Chat nie seinen richtigen Namen, seine Telefonnummer oder andere persönliche Dinge preisgeben.**

Auch ein ganz normales Handy kann man benutzen, um sich Hilfe zu holen, aber auch um Gewalt auszuüben: Wenn jemand zum Beispiel einen anderen heimlich auf der Toilette filmt und das Video an seine Freunde schickt, dann ist dies kein harmloser Streich mehr: Wer so etwas tut, verletzt die unantastbaren Persönlichkeitsrechte des Opfers und macht sich strafbar.

Was ist eigentlich schön?

1. Die beiden Bilder zeigen Schönheitsideale aus unterschiedlichen Zeiten.
a) Beschreibe die Unterschiede.
b) Erkläre, warum früher ein anderes Schönheitsideal galt als heute.
c) Nenne mögliche Risiken, die mit dem jeweiligen Schönheitsideal verbunden sind.

2. Sonnenstudios werben mit Slogans wie „Gesunde Bräune!". Ärzte und Forscher sind aber skeptisch. In Deutschland wurde die Benutzung von Solarien für Kinder und Jugendliche sogar per Gesetz verboten.
a) Finde mehr darüber heraus und berichte, worin genau die Gefahren bestehen. Warum sollten gerade Kinder und Jugendliche nicht auf die Sonnenbank?
b) Erstelle einen Ratgeber „Bräunen ja – aber vernünftig".

3. Beschreibe und erläutere die Karikatur.

Der kritische Blick in den Spiegel

Vermutlich kennst du das: Du stehst vor dem Spiegel und betrachtest dich kritisch. Haare, Haut, Po – sehe ich gut aus? Spätestens mit Beginn der Pubertät entwickeln Jugendliche ein anderes Gefühl für ihren Körper und ihr Aussehen. Sie beurteilen ihr Äußeres jetzt kritisch und überprüfen ihre Wirkung auf Andere: Komme ich gut an, bin ich attraktiv und schön?

Schönheitsideale

Viele Menschen orientieren sich an Vorbildern. Sie eifern Idolen wie superschlanken Models, perfekt gestylten Popstars oder Sportlern nach. Mädchen wollen dann häufig möglichst schlank sein und beäugen jedes zusätzliche Gramm auf der Waage. So besteht die Gefahr, dass sie zu dünn werden und damit ihrer Gesundheit schaden. Viele Jungen möchten dagegen einen kräftigen, muskulösen Körper mit breiten Schultern und flachem Bauch haben. Einige Jugendliche gehen daher in Fitness-Studios oder treiben viel Sport. Unser Körperbau lässt sich jedoch nur begrenzt beeinflussen.

Manche Mädchen und Jungen wünschen sich ein Tattoo oder ein Piercing. Eine **Tätowierung** bleibt jedoch dauerhaft erhalten. Das spätere Entfernen eines unmodern gewordenen Tattoos ist nur schwer möglich. Und auch ein **Piercing** bringt Probleme mit sich: Die Entzündungsgefahr ist groß und beim Sport muss es abgeklebt werden, um ein Abreißen zu verhindern. Beim Entfernen bleiben Narben in der Haut zurück.

Schönheitsideale im Wandel

Das Idealbild von Schönheit hat sich immer wieder geändert. So galten im 17. Jahrhundert Frauen mit üppigen Körperformen und typisch weiblichen Rundungen als schön. Dick zu sein war ein Statussymbol, denn nur die Wohlhabenden konnten sich satt essen, Arme waren dagegen schlank. Vergleichbares galt für die Bräunung der Haut: Eine blasse Haut war Schönheitsmerkmal der Reichen. Arme Bauern, die draußen arbeiten mussten, hatten eine braune Haut. Heute dagegen gilt Bräune als attraktiv. Manche helfen deshalb ein wenig nach und gehen in Sonnenstudios. Aber: Zu viel **Sonnenbaden** lässt die Haut frühzeitig altern und kann sogar zu Hautkrebs führen.

Schönheitsideale orientieren sich nur an äußeren Körpermerkmalen. Wer den Vorbildern aus Mode, Musik und Sport übertrieben nacheifert, verliert leicht den Blick für das Wesentliche. Der Charakter eines Menschen und seine Persönlichkeit sind viel wichtiger. Schließlich will keiner nur die schlechte Kopie eines Idols oder Stars sein. Zudem ändert sich häufig unsere Einschätzung von Mitmenschen, wenn wir diese näher kennen lernen. Der erste Eindruck verblasst dann, und wir nehmen den Menschen als Ganzes wahr. Seine Schwächen, aber auch seine Stärken werden jetzt deutlich.

Methode

Gesprächsrunde

Bei schwierigen Themen gehen die Meinungen schnell auseinander. Will man dennoch darüber sprechen, ohne sich zu streiten, sollte man dabei bestimmte Regeln einhalten. Mit ihrer Hilfe kommt man auch bei Gesprächsrunden mit vielen Teilnehmern – wie in der Klasse – zu guten Ergebnissen. Aber die Regeln helfen auch, Probleme im kleinen Kreis – zum Beispiel in der Familie – zu diskutieren und aus der Welt zu schaffen. Wichtig ist, dass man sich vor dem Beginn des Gespräches auf die Regeln einigt. Nur wer den Regeln zustimmt und bereit ist, sie einzuhalten, darf sich an dem Gespräch beteiligen.

Insbesondere bei größeren Gesprächsrunden sollte man vorher bestimmen, wer das Gespräch leitet und auf die Einhaltung der Regeln achtet. Diese Gesprächsleitung sollte aber möglichst neutral erfolgen. Am Ende sollte man ein Ergebnis festhalten: Worauf konnte man sich einigen, was bleibt zu klären?

Vorschlag für Gesprächsregeln

1 Wir hören einander zu und lassen uns gegenseitig ausreden.
2 Wir melden uns ruhig zu Wort (z. B. Hand heben) oder warten eine Pause ab.
3 Wir bleiben beim Thema.
4 Wir reden im freundlichen Ton miteinander, benutzen keine Schimpfworte und machen den anderen nie lächerlich.
5 Wir respektieren andere Meinungen und lachen niemanden aus.

Die Klasse 6a plant ein Klassenfest. Aber es gibt Streit über das Programm: Die Jungen wollen fast alle nur Fußball spielen, während die meisten Mädchen eine Disco organisieren wollen. Da es an der Schule keinen Fußballplatz und am Sportgelände keine Räumlichkeiten für eine Disco gibt, scheint ein Kompromiss kaum möglich.

1. Diskutiert in einem Gesprächskreis, wie die Klasse den Streit beilegen kann. Formuliert einen gemeinsamen Lösungsvorschlag.

2. Diskutiert über Piercings und Tattoos. Welche Gefahren bestehen?

Typisch Junge – typisch Mädchen?

Klischee
(vom französischem cliché = Abklatsch)

Ein Klischee ist eine eingefahrene Vorstellung davon, wie etwas oder jemand ist oder sein sollte. Ähnlich wie bei einem Vorurteil nehmen viele Menschen solche eingefahrenen Vorstellungen als wahr hin, ohne sie genauer überprüft zu haben.
Manche Menschen entsprechen dem Klischee aber nicht. Sie müssen dann oft mit dem Vorwurf leben, nicht „normal" zu sein. Könnte es aber nicht sein, dass das Klischee falsch ist?

1. Schreibe für jedes Bild dieser Seite einen kurzen Kommentar. Was ist dargestellt? Ist das wirklich „typisch"?

2. Versuche mit eigenen Worten zu erklären, was ein Klischee ist. Welche der Bilder entsprechen einem Klischee, welche nicht?

3. Mit welchen Problemen muss man rechnen, wenn man sich entgegen einem gängigen Klischee verhält? Wie würde es in deiner Klasse zum Beispiel einem Jungen gehen, der lieber zum Ballett als zum Fußball geht?

4. Sicher kennst du auch Leute mit Eigenschaften, die den gängigen Klischees nicht entsprechen. Beschreibe kurz einige Fälle, ohne Namen zu nennen.

Erwachsen werden

Entwicklungsabschnitte
Das Jugendalter mit der Pubertät ist nur einer von vielen Entwicklungsabschnitten, die wir in unserem Leben durchlaufen. Kleinkinder, Erwachsene oder Senioren befinden sich in anderen Abschnitten.

Primäre und sekundäre Geschlechtsmerkmale
Von Geburt an lassen sich Mädchen und Jungen anhand ihrer primären Geschlechtsmerkmale unterscheiden. Dies sind vor allem die weiblichen oder männlichen Geschlechtsorgane. Im Laufe der Pubertät entwickeln sich weitere Unterschiede, die sekundären Geschlechtsmerkmale.

Der Menstruationszyklus
Bei geschlechtsreifen Frauen reift etwa alle 28 Tage eine Eizelle heran. Beim Eisprung gibt ein Eierstock eine reife Eizelle in den Eileiter ab. Innerhalb einiger Tage gelangt sie von dort in die Gebärmutter. Bleibt die Eizelle unbefruchtet, wird sie während der Menstruation zusammen mit etwas Blut und der dicken Gebärmutterschleimhaut durch die Scheide abgegeben. Die Menstruation wiederholt sich regelmäßig, man spricht daher auch von Regelblutung oder Menstruationszyklus.

Schönheitsideale
Gerade Jugendliche eifern oft prominenten Vorbildern nach. Übertreibt man es damit, kann man seine Gesundheit gefährden oder den Blick für die wesentlichen inneren Merkmale verlieren.

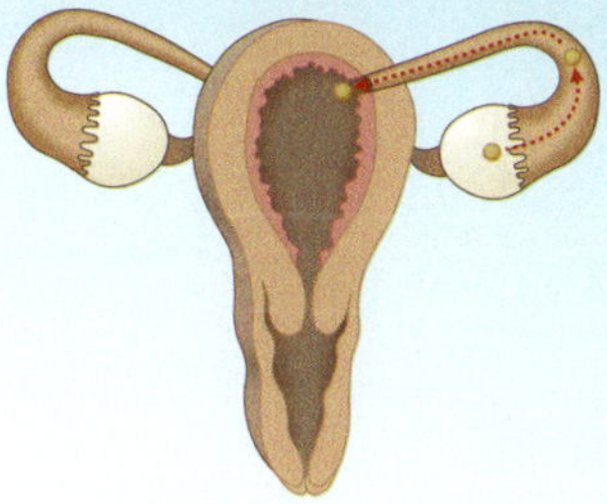

Sexuelle Gewalt
Sexualität hat auch dunkle Seiten, die sehr verschieden sein können. Allen gemeinsam ist, dass jemand etwas erdulden muss, was er oder sie nicht möchte.

Erwachsen werden

1. a) Finde für die beiden Abbildungen jeweils eine passende Überschrift.

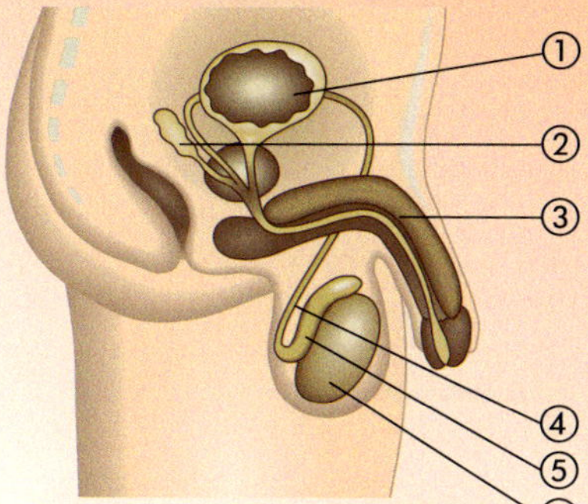

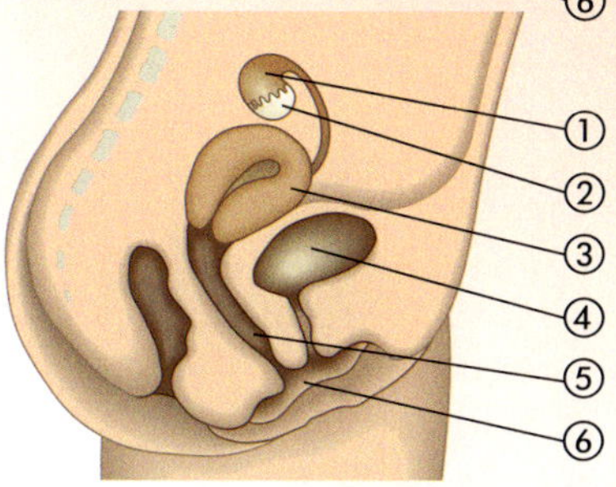

b) Ordne den Zahlen die korrekten Begriffe zu.

2. a) Schreibe die nebenstehenden Begriffe einzeln auf kleine Zettel oder Kärtchen.
b) Sortiere die Zettel dann zu einer sinnvollen Struktur, zum Beispiel wie eine Mindmap oder eine Tabelle. Erkläre, warum du so sortiert hast.
c) Ergänze das Ganze um sinnvolle weitere Begriffe.

3. Nenne die körperlichen Veränderungen während der Pubertät bei Jungen und bei Mädchen.

4. Stelle die Ereignisse, die zur regelmäßigen Monatsblutung einer Frau führen, grafisch dar. Arbeite mit Pfeilen und Kästchen, in denen kurze Texte die Vorgänge erklären.

Geschlechtsorgane, Geschlechtsmerkmale, Penis, Eierstöcke, Hoden, Scheide, Stimmbruch, Achselhaare, Brust, Schamhaare, kantige Körperform, Gebärmutter, Hodensack, Eileiter, runde Körperform

5. Fertige eine Mindmap „Verhütung" an. Stelle darin verschiedene Verhütungsmethoden, deren Anwendung sowie Vor- und Nachteile zusammen. Erläutere deine Mindmap.

6. Stelle eine Liste mit Personen oder Organisationen zusammen, an die man sich wenden könnte, falls man Opfer sexueller Gewalt wird. Berichte darüber, wie du an die Informationen gekommen bist.

Körper und Entwicklung

Struktur und Funktion

1. Der Mensch entwickelt sich sein Leben lang. Welche Entwicklungsschritte sind für die Pubertät typisch?

2. Benötigen Jugendliche in der Pubertät mehr, andere oder anders zusammengesetzte Nahrung als Erwachsene? Begründe deine Antwort.

Pubertät

Baustoffe

3. Welche Funktion haben die merkwürdig gefalteten Darmzotten und wieso sind sie mit den Lungenbläschen vergleichbar?

Verdauungsorgane

Prinzip der Oberflächenvergrößerung

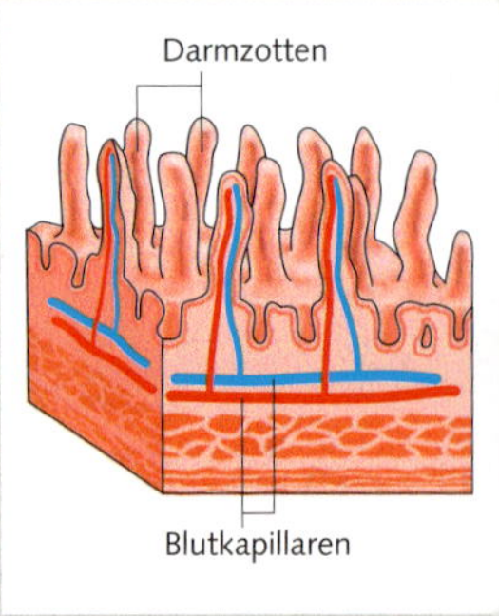

4. Warum gibt es im Körper wenige sehr dicke und viele sehr dünne Blutgefäße?

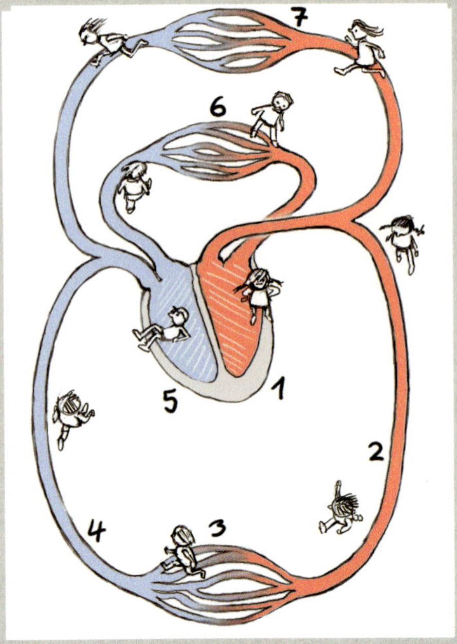

Blutkreislauf

5. An manchen Stellen hast du große, fest verwachsene Knochen. An anderen Stellen hast du sehr kleine, beweglich miteinander verbundene Knochen. Wo findet man solche Knochen jeweils und welche Funktion haben sie?

Menschliches Skelett

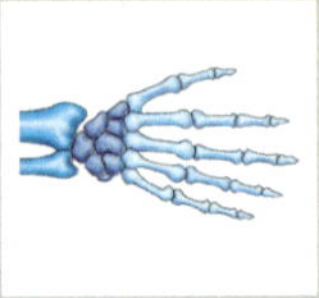

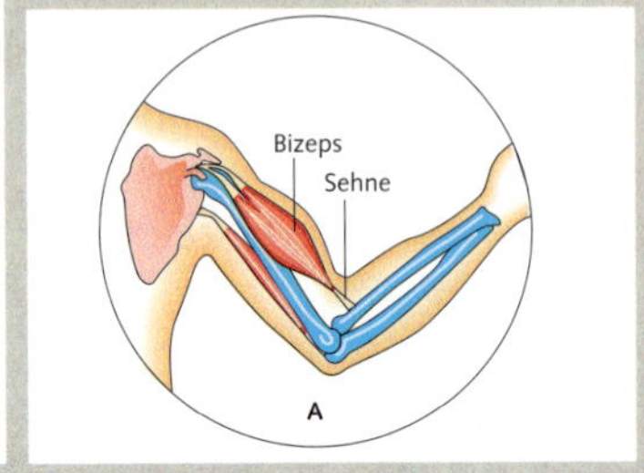

Gegenspielerprinzip

6. Was hat das Prinzip von Spieler und Gegenspieler mit den Basiskonzepten Struktur und Funktion und System zu tun?

7. Worin unterscheidet sich der Bau der weiblichen und männlichen Geschlechtsorgane?

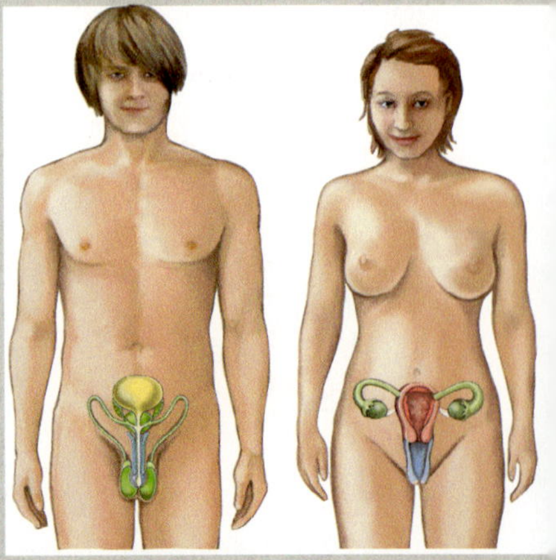

Geschlechtsorgane

Leistungsfähigkeit

System

Energie

Wechsel-
wirkung

10. Beschreibe die Wechsel - wirkung beim Wippen.

Gleichgewicht, Hebel, Hebelwirkung

11. Beschreibe die Wechselwirkung von Kraft und Gegenkraft beim Segeln.

Kraftwirkung

8. a) Wo kommt die Energie her, die du zum Leben brauchst?
b) Wie kommt sie in unseren Körper und wie macht er sie nutzbar?
c) Welche Organe sind daran beteiligt und was tun sie jeweils?

9. Erläutere den Gasaustausch in den Lungenbläschen aus dem Blickwinkel der Basiskonzepte Struktur und Funktion und System.

Gespeicherte Energie in Nahrungsmitteln

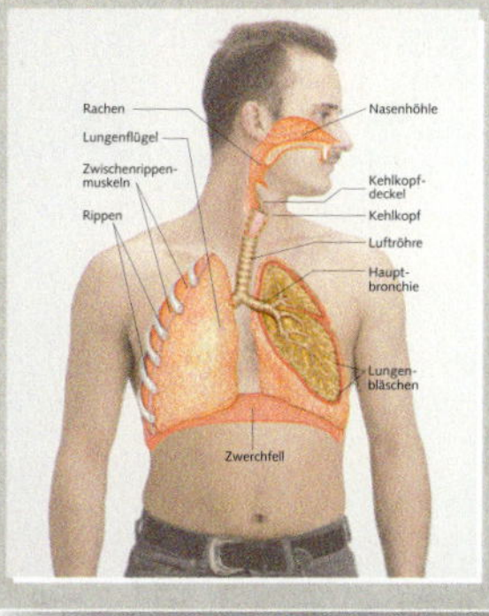

Gasaustausch

Betriebsstoffe

Warum erhalten Speisen erst dann ihren guten Geschmack, wenn mehrere Stoffe miteinander vermischt wurden?

Warum besteht das Gehäuse eines Elektroquirls aus Kunststoff, der Rührbesen aber aus Stahl?

Was geschieht, wenn Stoffe erhitzt werden? Wie verändern sie sich dabei?

Stoffe im Alltag

10. a) Prüfe mit einem Magneten, ob Körper aus Aluminium, Zink, Eisen, Glas, Kunststoff und Schwefel magnetisch sind.
b) Prüfe mit einem Magneten, ob sich Körper aus Aluminium, Zink, Eisen, Glas, Kunststoff und Schwefel magnetisieren lassen. Bestreiche dazu die Stoffe mit einem Magneten mehrmals in der gleichen Richtung.

11. Halte nacheinander kleine Stücke von Aluminium, Zink, Holz und Papier mithilfe einer Tiegelzange in die Brennerflamme. Prüfe, ob sich die Stoffe entzünden.

12. Fülle eine Glaswanne zu drei Vierteln mit Wasser. Prüfe, ob ein Zinkblech, ein Aluminiumblech, ein Glasstab, Stücke von Holz, Kunststoff und Schwefel im Wasser schwimmen oder ob sie untergehen.

13. Bild 9 zeigt einen vollständigen Steckbrief. Finde heraus, um welchen Stoff es sich handelt. Suche dir dazu Informationen aus einem Sachbuch oder Lexikon.

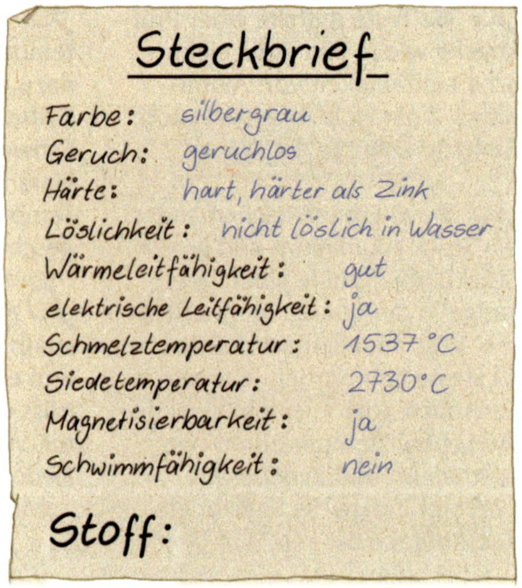

9 Vollständiger Steckbrief

Magnetische Wirkung

Mit einem Magneten kannst du überprüfen, ob ein Körper ▸ magnetisch ist oder ob er sich magnetisieren lässt. Körper, die Eisen, Nickel oder Cobalt enthalten, zeigen diese Eigenschaft. Für alle anderen Metalle trifft dies nicht zu.

Magnetisierbare Körper bleiben an einem Magneten hängen. An ihnen lässt sich die Magnetisierbarkeit auch dadurch überprüfen, dass sie durch Bestreichen mit einem Magneten selbst zum Magneten werden.

Brennbarkeit

Zur Prüfung, ob Körper **brennbar** sind, musst du sie in eine Brennerflamme halten. Glas und Gold sind **nicht brennbar,** Holz hingegen schon.

Bei den meisten Metallen hängt die Brennbarkeit auch davon ab, wie fein verteilt die Stoffe sind. Eisenwolle brennt. Ein kompaktes Stück Eisen brennt nicht. Deshalb bietet es sich nicht an, die Brennbarkeit als Stoffeigenschaft im Steckbrief aufzuführen.

Schwimmfähigkeit in Wasser

Um die **Schwimmfähigkeit** eines Körpers in Wasser zu bestimmen, musst du ihn auf eine Wasseroberfläche legen. Da die Schwimmfähigkeit auch von der Form der Körper abhängt, solltest du beim Vergleich verschiedener Stoffe stets gleich geformte Körper verwenden.

Neben Holz gibt es eine ganze Reihe von weiteren Stoffen, die auf Wasser schwimmen. Dazu gehören die meisten Kunststoffe, Pflanzen, Öl und Kork. Steine und Körper aus Porzellan, Glas und Eisen gehen unter. Sie sind nicht schwimmfähig.

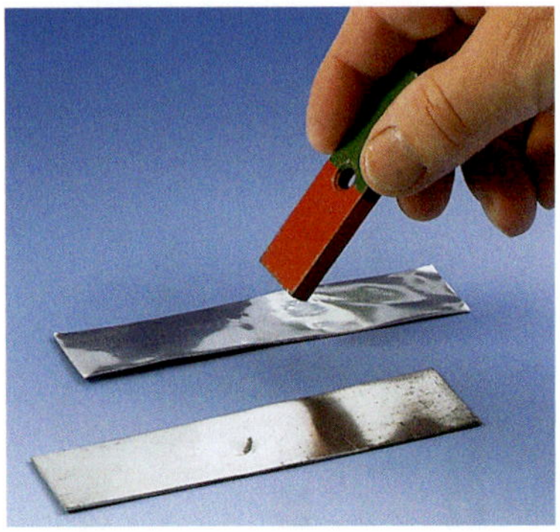

10 Magnetisierbarkeit

11 Brennbarkeit

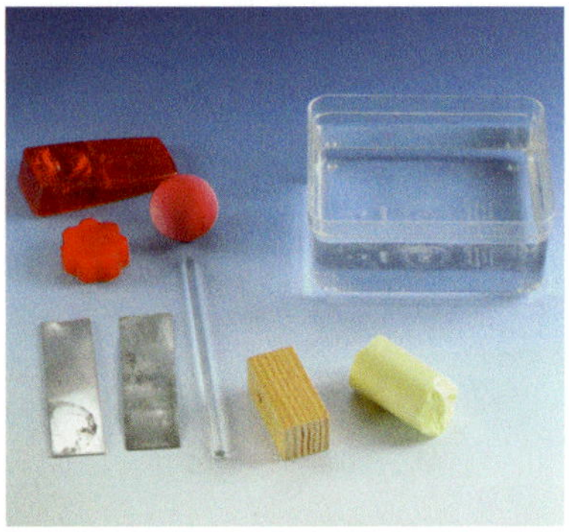

12 Schwimmfähigkeit

Stoffe im Alltag

Körper und Stoffe

1. Bringe unterschiedliche Gegenstände mit, die alle aus dem gleichen Stoff bestehen.

2. Nenne gleichartige Gegenstände, die aus verschiedenen Stoffen bestehen können.

3. Welche verschiedenen Bedeutungen kann der Begriff Stoff haben?

4. Für welche unterschiedlichen Dinge wird der Begriff Körper in der Alltagssprache benutzt?

5. **a)** Erstelle eine Tabelle mit Körpern und Stoffen. Ordne folgende Begriffe ein: Ball, Zink, Flasche, Eisen, Wasser, Fahrrad, Sauerstoff, Geodreieck.
b) Ergänze um fünf eigene Beispiele.

Alle Materialien sind Stoffe

Ob zu Hause, in der Schule oder beim Sport: Überall findest du Gegenstände aus vielen verschiedenen Materialien. Diese Materialien werden in den Naturwissenschaften **Stoffe** genannt. Damit sind grundsätzlich alle Materialien gemeint, die es gibt.

Gleiche Körper

Gegenstände werden in der Physik und Chemie als **Körper** bezeichnet. Körper können aus verschiedenen Stoffen bestehen. So kann eine Kugel aus Porzellan, Keramik, Glas, Holz, Metall oder Kunststoff bestehen. Der Stoff, aus dem ein Stuhl hergestellt wird, kann Holz, Kunststoff oder Metall sein.

Gleiche Stoffe

Umgekehrt können aus dem gleichen Stoff unterschiedliche Körper hergestellt werden. Blumenvasen, Milchflaschen, Spiegel, Fensterscheiben oder Glühlampen bestehen häufig aus dem gleichen Stoff, aus Glas. Aus dem Stoff Holz können Buntstifte, Bilderrahmen, Möbel, Gartenzäune oder Fußböden gefertigt werden.

Stoffe können fest, flüssig oder gasförmig sein

Im Chemielabor finden sich Behälter mit verschiedenen Stoffen: feste Stoffe wie Schwefel, Kochsalz, Zucker oder Holzkohle, Flüssigkeiten wie Säuren, Laugen, Alkohol, destilliertes Wasser und Gase wie Sauerstoff oder Kohlenstoffdioxid.

1 Körper aus unterschiedlichen Stoffen

2 Körper aus gleichen Stoffen

Eigenschaften mit den Sinnesorganen feststellen

1. Welche ▸ Sinnesorgane kennst du?

2. Nenne die Farben der Stoffe, aus denen die Körper in Bild 1 bestehen. Ergänze weitere Beispiele.

3. Bringe Lebensmittel mit besonderem Geschmack in die Schule. Lass eine Mitschülerin oder einen Mitschüler mit verbundenen Augen kosten und die Stoffe erraten. **Achtung:** Diesen Versuch müsst ihr in der Schulküche durchführen!

4. Bringe typisch riechende Lebensmittel mit in die Schule. Lass deine Nachbarin oder deinen Nachbarn die Stoffe mit verbundenen Augen erraten.

5. Schreibe je einen Steckbrief für drei verschiedene Stoffe dieser Seite. Orientiere dich dabei an Bild 4.

1 **Stoffe haben verschiedene Farben.**

2 **Stoffe haben unterschiedlichen Geruch.**

Mit den Sinnen erkennen

Um Stoffe unterscheiden zu können, musst du ihre Eigenschaften beschreiben. Das ist in vielen Fällen möglich, wenn du Augen, Nase oder Zunge, also deine ▸ **Sinnesorgane,** einsetzt. So kannst du einen einfachen ▸ **Steckbrief** für einen Stoff erstellen (Bild 4).

Achtung: Bei Stoffen aus dem Chemielabor darfst du den Geruch nur durch Zufächeln feststellen.

Farbe, Geruch und Geschmack

Die Eigenschaft Farbe ist einfach zu erkennen. Eine Zitrone ist gelb, Ruß ist schwarz, Schnee weiß, Blut rot und Gras grün.

Einige Stoffe kannst du auch sofort an ihrem Geruch erkennen. Andere, ähnlich riechende Stoffe sind jedoch kaum voneinander zu unterscheiden. Außerdem gibt es Stoffe, an denen du nicht riechen darfst, weil sie gesundheitsschädlich oder gar giftig sind.

Stoffe aus der Chemikaliensammlung dürfen nicht auf ihren Geschmack geprüft werden. Ungefährlicher ist das bei Lebensmitteln. Dort sind Geschmacksproben sogar sehr wichtig.

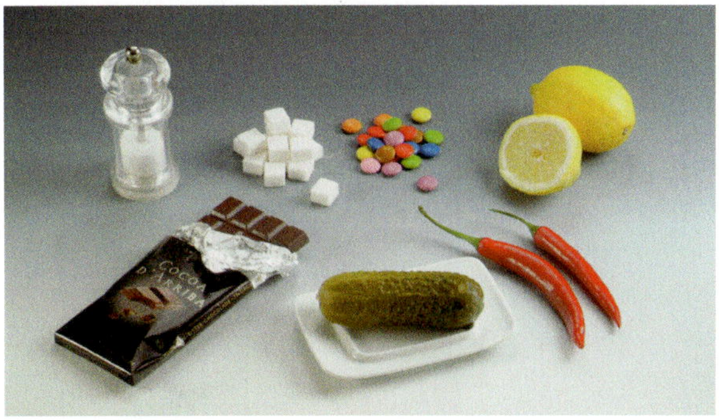

3 **Stoffe haben unterschiedlichen Geschmack.**

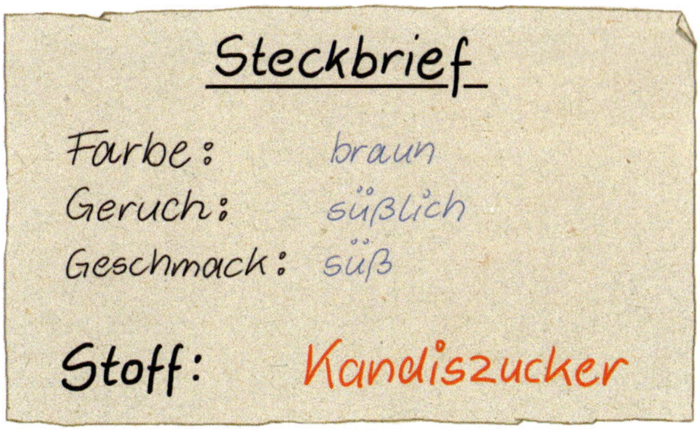

4 **Einfacher Steckbrief**

Stoffeigenschaften untersuchen

1. Vergleiche gleich große Stücke Aluminiumblech und Zinkblech. Lege für beide Stoffe Steckbriefe an. Beschreibe die Eigenschaften, die du mithilfe deiner Sinnesorgane feststellen kannst.

2. a) Ritze jedes Blech aus Versuch 1 mit dem anderen. Was schließt du aus deiner Beobachtung?
b) Ritze das Aluminiumblech und das Zinkblech jeweils mit einem Bleistift, einem Eisennagel und einem Stahlnagel. Vergleiche die Ergebnisse.

3. Finde heraus, welche der folgenden Stoffe sich in Wasser lösen: Kochsalz, Öl, Zucker, Natron, Aluminium, Zink.

4. Halte 15 cm lange Stäbe von Aluminium, Zink und Glas sowie ein Magnesiastäbchen mit der Hand 20 s in die Brennerflamme. Beschreibe die Unterschiede.

5. Erweitere die Steckbriefe für Aluminium und Zink aus Versuch 1 mit den Ergebnissen aus den Versuchen 2 bis 4.

1 Steckbrief Aluminium

Sinnesorgane reichen nicht aus
In unserem Alltag begegnen uns immer wieder Stoffe, die sich sehr ähnlich sind. In der Küche und im Labor kann es Probleme geben, wenn Stoffe gleich aussehen und die Aufbewahrungsgefäße nicht mehr richtig beschriftet sind.

Es gibt verschiedene Verfahren, mit denen die Eigenschaften von Stoffen genauer untersucht werden können. Sie lassen sich in einem erweiterten Steckbrief zusammenfassen.

Härte
Durch Ritzen ermittelst du, wie hart ein Stoff ist. Willst du Stoffe miteinander vergleichen, kannst du sie wechselseitig ritzen. Du kannst auch mit einem Bleistift oder einem Nagel Ritzversuche durchführen. An der Ritztiefe kannst du die Härte der Stoffe unterscheiden.

Löslichkeit
Eine weitere wichtige Eigenschaft von Stoffen ist die Löslichkeit in Wasser. Kochsalz, Alkohol oder Süßstoff lösen sich beispielsweise in Wasser. Öl, Eisen oder Schwefel lösen sich darin nicht. Neben Wasser gibt es noch andere Lösungsmittel wie Alkohol oder Benzin.

Wärmeleitfähigkeit
Hältst du Metalle mit der Hand in eine Brennerflamme, so stellst du fest, dass das Material sehr schnell heiß wird. Bei einem Kochtopf werden daher die Griffe oft aus Kunststoff gefertigt. Dieser wird nicht so heiß. An ihrer Fähigkeit, Wärme weiterzuleiten, unterscheidest du verschiedene Stoffe.

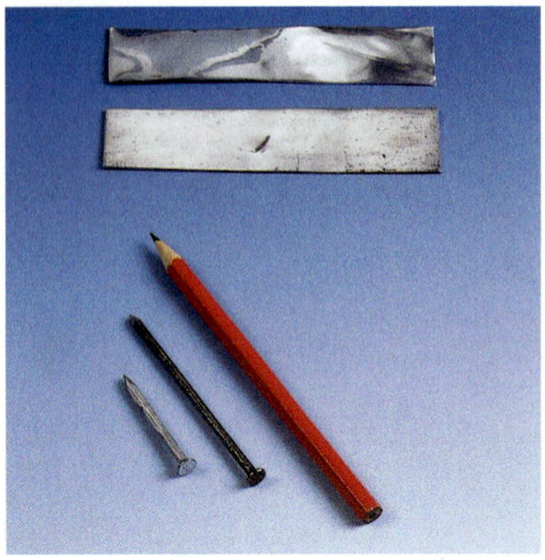
2 Härte

3 Löslichkeit

4 Wärmeleitfähigkeit

6. Teste mithilfe einer Prüfstrecke wie in Bild 6 die elektrische Leitfähigkeit von Aluminium, Zink, Holz und Kunststoff. Berichte über die Ergebnisse.

7. a) Erhitze nacheinander ein Stück Aluminium und ein Stück Zink mithilfe einer Tiegelzange in der blauen Brennerflamme. Was beobachtest du?
b) Suche im Internet, in einem Sachbuch oder in einem Lexikon die Schmelztemperaturen von Aluminium und Zink heraus. Vervollständige die Steckbriefe aus Aufgabe 5.

8. Bestimme die Schmelztemperatur von Schwefel. Fülle dazu ein Reagenzglas zu einem Drittel mit Schwefel. Erhitze den Schwefel vorsichtig mit kleiner Flamme und miss alle 30 s die Temperatur, bis der Schwefel geschmolzen ist.

9. Fülle 100 ml Wasser in einen 250 ml-Erlenmeyerkolben und erhitze es bis zum Sieden. Miss dabei alle 30 s die Temperatur. Was fällt auf? Welche Siedetemperatur hat Wasser?

5 Steckbrief Zink

Elektrische Leitfähigkeit
Mit einer Prüfstrecke wie in Bild 6 stellst du fest, ob ein Stoff den elektrischen Strom leitet oder nicht. Metalle leiten den Strom. Sie sind ▸ **elektrische Leiter.** Steine, Porzellan und die meisten Kunststoffe leiten den elektrischen Strom nicht. Sie sind Nichtleiter.

Schmelztemperatur
Wenn feste Stoffe erwärmt werden, können sie schmelzen. Sie werden flüssig. Du kannst die dazu notwendigen Temperaturen in Versuchen bestimmen. Dazu musst du einen festen Stoff langsam erwärmen, bis er vollständig geschmolzen ist. Die bei diesem Vorgang gemessene Temperatur ist die ▸ **Schmelztemperatur** des Stoffes.

Die Schmelztemperatur von Gold beträgt 1063 °C, die von Eisen ist 1535 °C. Diese Werte kannst du nicht im Experiment bestimmen. Du musst sie Tabellen entnehmen.

Siedetemperatur
Werden flüssige Stoffe erhitzt, fangen sie an zu sieden. Dies erkennst du daran, dass Gasblasen aus der Flüssigkeit heraussprudeln. Wenn die Temperatur beim weiteren Erhitzen nicht mehr ansteigt, hat die Flüssigkeit ihre ▸ **Siedetemperatur** erreicht. Das kannst du gut bei Wasser beobachten.

Die Siedetemperatur von Spiritus beträgt 78 °C, die von Glycerin beträgt 290 °C.

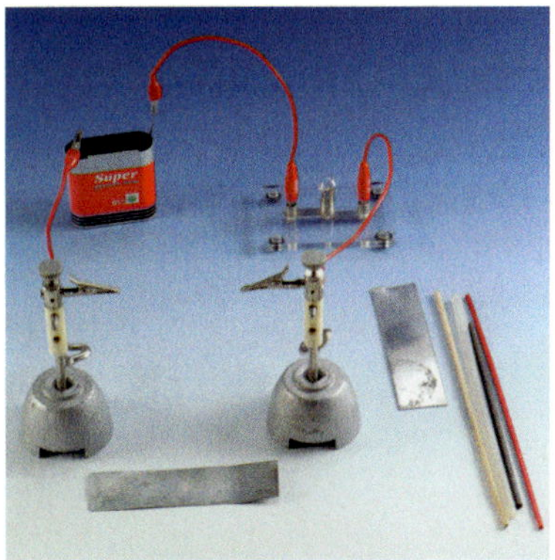

6 Elektrische Leitfähigkeit

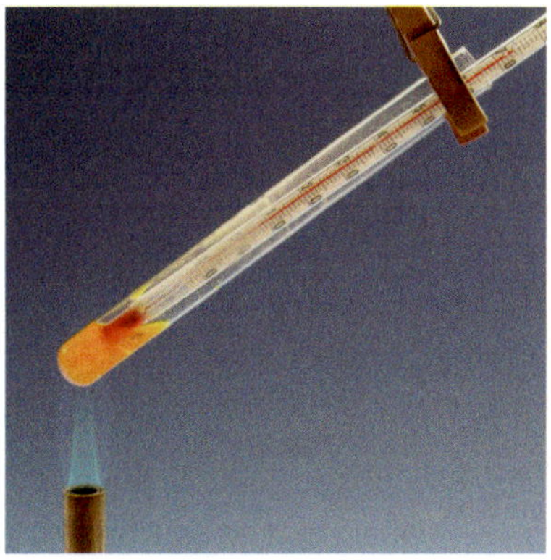

7 Schmelztemperatur

8 Siedetemperatur

Stoffe und Geräte des Alltags → S. 406/407

10. **a)** Prüfe mit einem Magneten, ob Körper aus Aluminium, Zink, Eisen, Glas, Kunststoff und Schwefel magnetisch sind.
b) Prüfe mit einem Magneten, ob sich Körper aus Aluminium, Zink, Eisen, Glas, Kunststoff und Schwefel magnetisieren lassen. Bestreiche dazu die Stoffe mit einem Magneten mehrmals in der gleichen Richtung.

11. Halte nacheinander kleine Stücke von Aluminium, Zink, Holz und Papier mithilfe einer Tiegelzange in die Brennerflamme. Prüfe, ob sich die Stoffe entzünden.

12. Fülle eine Glaswanne zu drei Vierteln mit Wasser. Prüfe, ob ein Zinkblech, ein Aluminiumblech, ein Glasstab, Stücke von Holz, Kunststoff und Schwefel im Wasser schwimmen oder ob sie untergehen.

13. Bild 9 zeigt einen vollständigen Steckbrief. Finde heraus, um welchen Stoff es sich handelt. Suche dir dazu Informationen aus einem Sachbuch oder Lexikon.

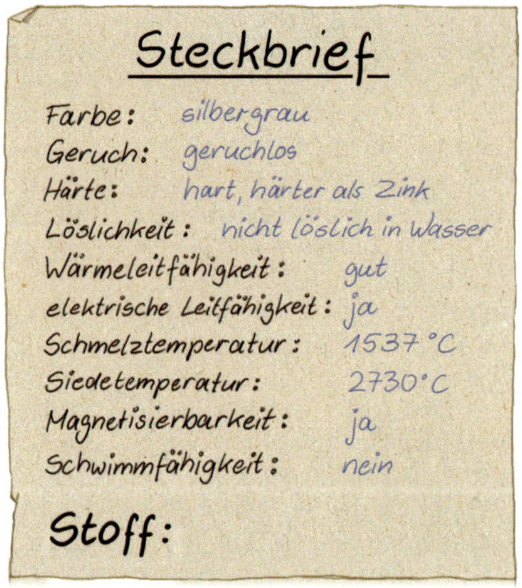

9 Vollständiger Steckbrief

Magnetische Wirkung

Mit einem Magneten kannst du überprüfen, ob ein Körper ▸ magnetisch ist oder ob er sich magnetisieren lässt. Körper, die Eisen, Nickel oder Cobalt enthalten, zeigen diese Eigenschaft. Für alle anderen Metalle trifft dies nicht zu.

Magnetisierbare Körper bleiben an einem Magneten hängen. An ihnen lässt sich die Magnetisierbarkeit auch dadurch überprüfen, dass sie durch Bestreichen mit einem Magneten selbst zum Magneten werden.

Brennbarkeit

Zur Prüfung, ob Körper **brennbar** sind, musst du sie in eine Brennerflamme halten. Glas und Gold sind **nicht brennbar,** Holz hingegen schon.

Bei den meisten Metallen hängt die Brennbarkeit auch davon ab, wie fein verteilt die Stoffe sind. Eisenwolle brennt. Ein kompaktes Stück Eisen brennt nicht. Deshalb bietet es sich nicht an, die Brennbarkeit als Stoffeigenschaft im Steckbrief aufzuführen.

Schwimmfähigkeit in Wasser

Um die **Schwimmfähigkeit** eines Körpers in Wasser zu bestimmen, musst du ihn auf eine Wasseroberfläche legen. Da die Schwimmfähigkeit auch von der Form der Körper abhängt, solltest du beim Vergleich verschiedener Stoffe stets gleich geformte Körper verwenden.

Neben Holz gibt es eine ganze Reihe von weiteren Stoffen, die auf Wasser schwimmen. Dazu gehören die meisten Kunststoffe, Pflanzen, Öl und Kork. Steine und Körper aus Porzellan, Glas und Eisen gehen unter. Sie sind nicht schwimmfähig.

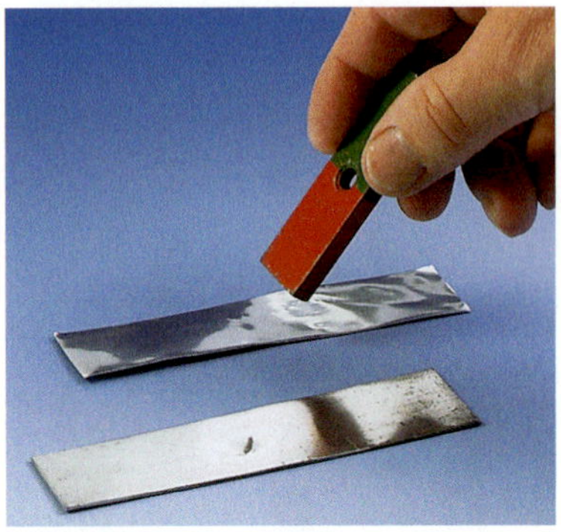

10 Magnetisierbarkeit

11 Brennbarkeit

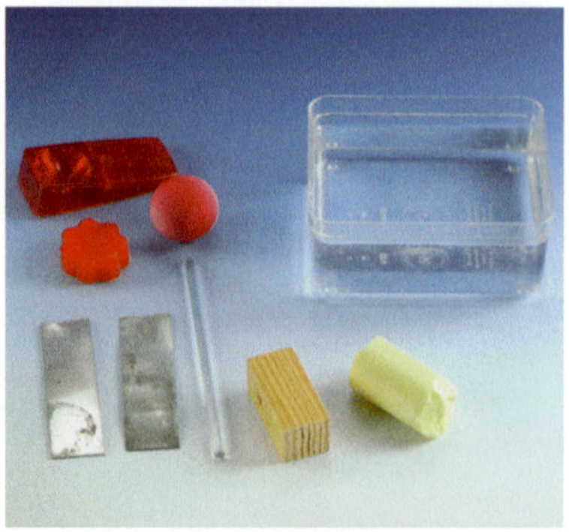

12 Schwimmfähigkeit

Steckbriefe von Stoffen

Steckbrief Helium

Aussehen: farblos, nicht sichtbar
Aggregatzustand: gasförmig
Dichte: leichter als Luft
Siedetemperatur: -268,96 °C
Verhalten an Luft: vermischt sich mit Luft

Besonderheiten/Verwendung: Helium ist geruchlos und nicht giftig; Helium wird zur Füllung von Luftballons und Luftschiffen benutzt; Helium leuchtet in Röhrenlampen gelb; Helium wurde 1868 als Element entdeckt.

1 Steckbrief von Helium

Steckbrief

Farbe:	weiß
Geruch:	geruchlos
Geschmack:	salzig
Härte:	hart
Löslichkeit:	wasserlöslich
Wärmeleitfähigkeit:	gering
elektrisch leitfähig:	nein
Schmelztemperatur:	808 °C
Siedetemperatur:	1465 °C
magnetisierbar:	nein
Brennbarkeit:	nicht brennbar
Schwimmfähigkeit:	schwimmt nicht auf Wasser

2 Steckbrief von Kochsalz

Tipp
Steckbriefe sind eine gute Hilfe, wenn du die Eigenschaften eines Stoffes lernen möchtest.

1. a) Erstelle Steckbriefe zu den Stoffen Wasser, Sauerstoff und Eisen. Nutze hierzu ein Fachbuch, Lexikon oder das Internet. Stelle die Steckbriefe wie in den Bildern 1 und 2 zusammen. Nutze die dort angegebenen Stichwörter, soweit sie sinnvoll sind. Nenne, wenn nötig, weitere Eigenschaften.
b) Gestalte die Steckbriefe auf einem DIN A3-Papier. Suche auch passende Bilder und klebe sie auf. Hänge sie im Unterrichtsraum aus.

2. Wähle selbst einen Stoff und gestalte einen Steckbrief zu diesem Stoff, ohne ihn auf dem Steckbrief zu nennen. Tausche dein Blatt mit deiner Nachbarin oder mit deinem Nachbarn. Versucht beide, den beschriebenen Stoff herauszufinden.

Stoffe gesucht
Du kennst schon **Steckbriefe** von Pflanzen oder Tieren. Auch für Stoffe gibt es Steckbriefe. Darin kannst du mit wenigen Worten Stoffe wie Wasser, Helium, Eisen oder Kochsalz genau beschreiben.

Einfacher Steckbrief
In einem **einfachen Steckbrief** finden sich nur Eigenschaften, die du mit deinen ▸ Sinnesorganen erfassen kannst. Dabei genügen einige wenige, wichtige Angaben, um den Stoff zu beschreiben.

Erweiterter Steckbrief
In einem **erweiterten Steckbrief** notierst du zusätzlich messbare Eigenschaften. So können Stoffe kurz und genau beschrieben werden. Sie sind dann eindeutig zu erkennen.

Stoffgemische und Reinstoffe im Haushalt

1. a) Schütte etwas Kräutersalz auf einen Bogen Papier, streiche es glatt und betrachte es mit einer Lupe. Wie viele unterschiedliche Bestandteile kannst du erkennen?
b) Sortiere mit einem Spatel oder einer Pinzette die Einzelteile zu kleinen Haufen. Benenne, woraus die einzelnen Haufen bestehen.

2. a) Lies die Inhaltsangaben auf den Verpackungen von Müsli, Kakaogetränkepulver, Jodsalz, Backmischungen, Fertigsuppen und Reinigungsmitteln. Aus wie vielen Bestandteilen bestehen diese Mischungen jeweils?
b) Lies die Inhaltsangaben von Getränken wie Mineralwasser, Cola und Fitnessgetränken. Gib jeweils an, ob es sich um Stoffgemische oder um einen einzelnen Stoff handelt.

3. a) Schütte auf ein Blatt Papier Häufchen mit Salz, Zucker, Vollkornmehl, Weizenmehl, Backpulver, Weinstein, Citronensäure und Waschpulver. Wie sehen diese Stoffe aus?
b) Betrachte die Stoffe mit einer Lupe. Welche Unterschiede kannst du erkennen? Entscheide, ob es sich um ein Stoffgemisch oder um einen einzelnen Stoff handelt.
c) Fasse die Ergebnisse in einer Tabelle zusammen.

Stoff	Einzelstoff oder Stoffgemisch?
Salz	

1 Mineralwasser

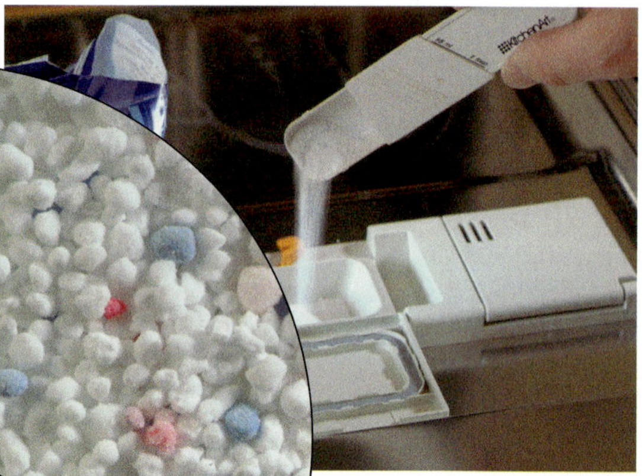

3 Geschirrspül-Pulver

2 Kräutersalz

Stoffgemische

In der Küche findest du viele **Stoffgemische.** Die Backmischung für den Nusskuchen beispielsweise besteht aus verschiedenen festen Bestandteilen. Einige davon, wie die Nüsse, kannst du leicht erkennen.

Reinigungsmittel wie das Pulver für die Geschirrspülmaschine sind ebenfalls aus mehreren festen Stoffen zusammengesetzt.

Im Orangensaft sind feste und flüssige Bestandteile gemischt. Im Fensterreiniger bilden Alkohol und Wasser mit weiteren Stoffen ein flüssiges Stoffgemisch.

Mineralwasser ist ein Stoffgemisch aus der Flüssigkeit Wasser und dem Gas Kohlenstoffdioxid.

4 Zucker ist ein Reinstoff.

Reinstoffe

Sind Stoffe einheitlich aufgebaut, werden sie als **Reinstoffe** bezeichnet. Sie haben überall die gleichen Eigenschaften. In der Natur enthalten Reinstoffe immer Verunreinigungen, die je nach Verwendung entfernt werden müssen.

Zucker ist ein typischer Reinstoff. Seine einzelnen Kristalle haben die gleiche Farbe und Härte. Sie unterscheiden sich nur geringfügig in ihrer Form und Größe.

Reiner Alkohol und destilliertes Wasser sind flüssige Reinstoffe. Gasförmige Reinstoffe wie Sauerstoff oder Kohlenstoffdioxid sind oft in Stahlflaschen abgefüllt.

Streifzug

Die Jagd nach dem reinen Stoff

Einen vollkommen reinen Stoff herzustellen ist fast unmöglich. Doch bestimmte Stoffe, die in der Industrie verwendet werden, dürfen nur sehr gering verunreinigt sein.

Besonders viel Aufwand wird zur Gewinnung von reinstem **Silicium** betrieben. Dieser Stoff spielt bei der Herstellung von Solarzellen und von Computer-Chips die entscheidende Rolle. Silicium kommt im Rohstoff Quarzsand in großen Mengen vor.

Das Silicium wird aus dem Quarzsand gewonnen. Danach muss es noch aufwändig gereinigt werden. Es wird geschmolzen und kristallisiert zu einem großen, zylinderförmigen Kristall. Er wird zur Weiterverarbeitung in hauchdünne Scheiben geschnitten.

Dieses reine Silicium enthält nur noch geringe Verunreinigungen – etwa so viel, als wäre auf einem Fußballfeld, das mit weißen Reiskörnern bedeckt ist, nur noch ein einziges schwarzes Korn zu finden.

5 Quarzsand als Rohstoff

6 Silicium-Kristall

7 Endprodukt Computer-Chip

Siedetemperaturen von Reinstoffen und Gemischen

Brennspiritus und Wasser sehen gleich aus. Beide Flüssigkeiten sind farblos. Nur durch Betrachten kannst du den Stoff nicht bestimmen. Dein Auge kann dir also nicht helfen. Stellst du weitere Eigenschaften im ▸ Steckbrief zusammen, wirst du feststellen, dass der Geruch auf unterschiedliche Flüssigkeiten hinweist.
Um Wasser und Brennspiritus eindeutig unterscheiden zu können, kannst du die ▸ Siedetemperatur bestimmen. Die Siedetemperatur ist eine messbare Eigenschaft von Stoffen.

1 Brennspiritus oder Wasser?

Material
- Schutzbrille, feuerfeste Unterlage, Gasbrenner
- Bechergläser (150 ml, 400 ml), Reagenzglas
- Siedesteinchen, Thermometer, Rührstab
- Wasser, Brennspiritus

1. Bestimmung der Siedetemperatur von Wasser

Gib 100 ml Wasser und zwei ▸ Siedesteinchen in ein 150 ml-Becherglas. Halte in die Mitte des Becherglases ein Thermometer und lies die Ausgangstemperatur ab. Erhitze das Wasser bis zum Sieden. Miss dabei ständig die Temperatur und trage die Werte in einem Abstand von 30 s in eine Tabelle ein. Beende den Versuch, wenn sich keine Veränderung mehr zeigt. Übertrage die Werte aus der Tabelle in ein Zeit-Temperatur-Diagramm.

2 Bestimmung der Siedetemperatur von Wasser

2. Bestimmung der Siedetemperatur von Brennspiritus

Fülle ein 400 ml-Becherglas zur Hälfte mit Wasser und erhitze es auf 90 °C. Stelle die Brennerflamme ab. Gib in ein Reagenzglas 10 ml Brennspiritus und ein Siedesteinchen. Halte es in das heiße Wasser. Miss die Temperatur im Abstand von 30 s, bis der Brennspiritus siedet. Beobachte die Temperatur noch weitere 2 min. Trage die Werte in eine Tabelle ein. Übertrage die Werte anschließend in das Zeit-Temperatur-Diagramm von Versuch 1.

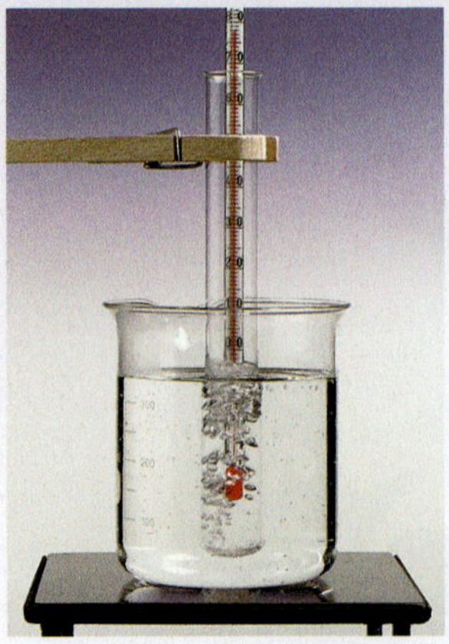

3 Bestimmung der Siedetemperatur von Brennspiritus

3. Bestimmung der Siedetemperatur eines Gemisches

Gib 20 ml Brennspiritus und zwei Siedesteinchen in ein 150 ml-Becherglas. Fülle 80 ml Wasser hinzu und mische beide Flüssigkeiten mit einem Rührstab. Halte in die Mitte des Becherglases ein Thermometer und lies die Ausgangstemperatur ab.
Erhitze das Gemisch und miss dabei im Abstand von 30 s die Temperatur. Setze den Versuch noch weitere 3 min fort, auch nachdem das Gemisch zu sieden begonnen hat. Trage die gemessenen Werte in eine Tabelle ein. Übertrage die Werte aus der Tabelle in das Zeit-Temperatur-Diagramm von Versuch 1 und Versuch 2.

1. a) Vergleiche die Temperaturkurven aus den Versuchen 1 bis 3 und stelle Unterschiede fest.
b) Woran erkennst du, dass es sich beim untersuchten Stoff um einen Reinstoff handelt?

Diagramme interpretieren

1. a) Erstelle zu folgendem Experiment ein Versuchsprotokoll. Fülle ein Reagenzglas etwa 2 cm hoch mit Stearinsäure. Erwärme es in einem Wasserbad und miss dabei die Temperatur des Stearins alle 30 s. Trage die Werte in eine Tabelle ein. Ist die Temperatur von 75 °C erreicht, nimm das Reagenzglas aus dem Wasserbad und lass die Stearinsäure an der Luft abkühlen. Miss auch hier die Temperatur und notiere die Werte. **Hinweis:** Bewege das Thermometer während des Versuches immer ein wenig.
b) Übertrage die Messwerte in ein Zeit-Temperatur-Diagramm. Verbinde die Punkte.
c) Lies aus dem Diagramm die Schmelz- und die Erstarrungstemperatur für Stearinsäure ab.

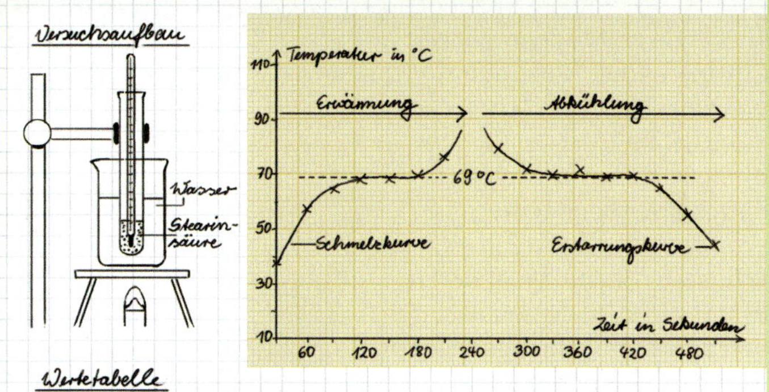

Wertetabelle

Zeit in s	0	30	60	90	120	150	180	210	240
Temp. in °C	15	38	58	65	69	69	70	77	90

Zeit in s	270	300	330	360	390	420	450	480	510
Temp. in °C	80	73	70	72	69	69	66	56	44

2 Erwärmen und Abkühlen von Stearinsäure

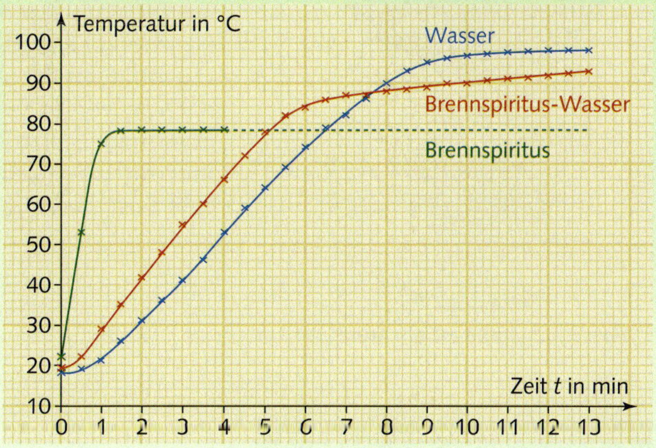

1 Zeit-Temperatur-Diagramm

2. Lies aus dem Zeit-Temperatur-Diagramm 1 alle Siedetemperaturen ab.

3. Erkläre, warum die Kurve in Diagramm 1 für das Brennspiritus-Wasser-Gemisch anders verläuft als die Temperaturkurven der beiden anderen Flüssigkeiten.

Schmelz- und Siedetemperatur

Ein fester Stoff wird beim Erreichen seiner ▸ Schmelztemperatur flüssig. Trotz Wärmezufuhr ändert sich die Temperatur nicht, solange der Stoff nicht vollständig geschmolzen ist. Erst danach erhöht sich die Temperatur des Stoffes weiter. Dasselbe passiert beim Erreichen der ▸ Siedetemperatur. Der flüssige Stoff verdampft und die Temperatur bleibt solange konstant, bis die Flüssigkeit vollständig verdampft ist, weil die zugeführte Energie zum Verdampfen benötigt wird. Erst danach steigt die Temperatur weiter.

Kondensations- und Erstarrungstemperatur

Auch beim Abkühlen eines Stoffes auf die ▸ Kondensationstemperatur bleibt die Temperatur zunächst gleich. Erst wenn das Gas vollständig kondensiert ist, sinkt die Temperatur weiter. Bei der ▸ Erstarrungstemperatur beginnt die Flüssigkeit, fest zu werden. Die Temperatur sinkt bei weiterem Abkühlen erst, wenn der gesamte Stoff fest geworden ist.

Interpretieren von Diagrammen

Aus einem Zeit-Temperatur-Diagramm lassen sich die Schmelz- und Siedetemperaturen sowie die Kondensations- und Erstarrungstemperaturen für **Reinstoffe** ablesen. Bleibt die Temperatur eines Stoffes beim Übergang zwischen zwei Aggregatzuständen für einige Zeit konstant, hat er seine Schmelz- und Erstarrungstemperatur oder seine Siede- und Kondensationstemperatur erreicht.

Bleibt beim Übergang zwischen zwei Aggregatzuständen die Temperatur nicht für einige Zeit gleich, handelt es sich um ein **Stoffgemisch.** Für ein Stoffgemisch lässt sich nur ein Schmelzbereich oder ein Siedebereich angeben.

Herstellen von Stoffgemischen

1. a) Probiere in der Schulküche kleine Mengen Zucker, Citronensäure, Natron und Vanillinzucker. Wie schmecken diese Stoffe?
b) Stelle daraus ein schmackhaftes Brausepulver her. Gib zwei Teelöffel Zucker in eine Schüssel. Mische die anderen Bestandteile in kleinen Mengen hinzu. Notiere die zugegebenen Mengen. Rühre gut um. Probiere zwischendurch die Mischung.
c) Vergleiche deine Mischung mit fertigem Brausepulver. Fehlt noch etwas?
d) Fasse dein Ergebnis zusammen. Schreibe dein Rezept für Brausepulver auf.
e) Vergleiche dein Rezept mit denen deiner Mitschülerinnen und Mitschüler.

2. a) Orangensaft kannst du auch selbst herstellen. Presse dazu zwei bis drei Orangen aus. Achte darauf, dass du auch Fruchtfleisch erhältst.
b) Was geschieht, wenn du den Orangensaft eine Weile stehen lässt?
c) Verdünne den Saft mit Wasser und wiederhole Versuch b). Vergleiche die Beobachtungen.

3. a) Gib etwas Speiseöl in ein Reagenzglas und füge Zitronensaft hinzu. Beschreibe das Aussehen des Gemisches. Verschließe die Öffnung mit dem Daumen und schüttle kräftig. Beschreibe nun das Gemisch. Lass es einige Minuten stehen und vergleiche.
b) Wiederhole Versuch a) und gib Eigelb dazu. Schüttle kräftig. Beschreibe das Gemisch. Lass es einige Minuten stehen.
c) Wiederhole Versuch b), füge aber Spülmittel statt Eigelb hinzu.
d) Fasse deine Ergebnisse zusammen.

1 Ein Milchshake ist ein Gemisch.

2 In der Salatsoße sind Öl und Essig klar getrennt.

Verrühren und Mischen

Speisen erhalten fast immer erst ihren typischen Geschmack, wenn mehrere Stoffe miteinander vermischt und verarbeitet werden.

Aus Obst, Zucker und Milch lässt sich ein leckerer Milchshake herstellen. Die einzelnen Bestandteile müssen erst zerkleinert und dann gut verrührt werden. Für die Zubereitung ist ein Mixer hilfreich.

Suspension

Bevor du dir Orangensaft in dein Glas schüttest, solltest du die Flasche gut schütteln. Das Fruchtfleisch hat sich nämlich nach längerem Stehen auf dem Boden abgesetzt. Saft und Fruchtfleisch zusammen ergeben eine **Suspension.**

Emulsion

Es gibt Flüssigkeiten, die sich nicht mischen lassen. Die Fettaugen auf der Hühnerbrühe verschwinden nur kurzzeitig, wenn du die Brühe umrührst. Nach einer Weile schwimmt das Fett wieder oben.

Wenn du Geschirr nur mit Wasser spülst, löst sich das Fett erst gar nicht richtig vom Geschirr ab. Hier hilft das Spülmittel. Es ist ein Stoff, mit dem sich Fett oder Öl mit Wasser dauerhaft mischen lassen. Er sorgt für die feine Verteilung der sonst nicht mischbaren Flüssigkeiten. Es entsteht eine **Emulsion.** Das Spülmittel ist der **Emulgator.**

Emulsionen selbst gemacht: Majonäse und Handcreme

Majonäse
Nicht nur auf Pommes frites schmeckt die Majonäse gut, sondern auch mit frischen Salaten und in Kartoffel- und Nudelsalat.

Zutaten

1		frisches Ei
1	Esslöffel	Zitronensaft
1	Teelöffel	Senf
¼	Teelöffel	Salz
¼	l	Pflanzenöl
1	Prise	Pfeffer
1	Prise	Zucker

Verrühre alle Zutaten bis auf das Öl mit einem Schneebesen zu einer glatten Masse. Gib das Öl unter ständigem und gleichmäßigem Rühren erst tropfenweise, dann esslöffelweise hinzu.

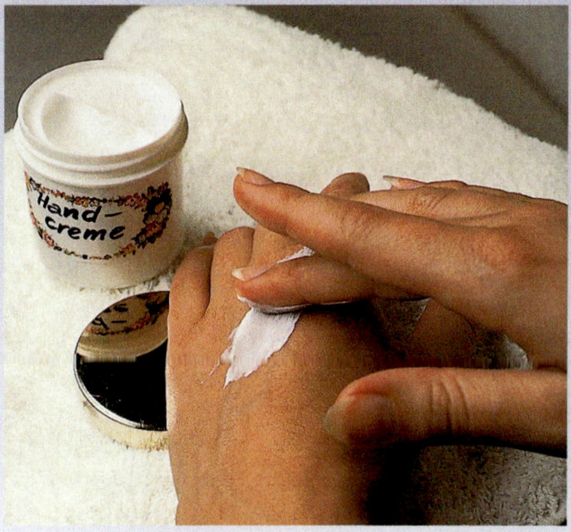

Handcreme
In der Kosmetik spielen Emulsionen eine große Rolle. Cremes sind meist Gemische aus Wasser und Öl, denn die Haut benötigt beides.
So lassen sich auch pflegende Stoffe auf die Haut und in die Haut übertragen.

Zutaten

6 g	Sesam- oder Sojaöl
1,5 g	Bienenwachs
30 ml	destilliertes Wasser
2,5 g	Tegomuls 90S (Emulgator)
1 g	Cetylalkohol

mögliche Zusätze

2 Tropfen	Parfümöl
20 Tropfen	Euxyl

Die Zutaten erhältst du in Apotheken. Gib Öl und Wachs zusammen mit dem Emulgator Tegomuls und dem Cetylalkohol in ein Becherglas. Erwärme es auf etwa 70 °C. Erhitze in einem zweiten Becherglas das destillierte Wasser auf die gleiche Temperatur. Gib nun unter ständigem Rühren in kleinen Portionen das Wasser in das Öl-Wachs-Gemisch.
Um den Alkohol hineinzurühren, muss die gut verrührte Emulsion auf 30 °C abgekühlt sein, sonst verfliegen die Stoffe zu schnell. Dies gilt auch für Parfümöl, falls dies gewünscht ist.

Ohne Konservierungsstoffe ist die Creme höchstens drei Monate haltbar. Deshalb solltest du unbedingt das Herstellungsdatum auf die Dose schreiben.
Du kannst auch 20 Tropfen Euxyl als Konservierungsstoff hinzufügen, um die Haltbarkeit zu verlängern.

Wasser als Lösungsmittel

1. Gib einige Kristalle Kaliumpermanganat in einen Standzylinder, der mit Wasser gefüllt ist. Beschreibe, was im Zylinder geschieht.

2. Warum lassen sich Lösungvorgänge bei Salz und Zucker nicht so gut beobachten wie beim Kaliumpermanganat?

3. Wie kannst du beweisen, dass Salz oder Zucker nicht verschwunden sind, nachdem sie sich in Wasser aufgelöst haben?

4. Finde möglichst viele Stoffe oder Stoffgemische, die sich in Wasser lösen. Stelle sie in einer Übersicht zusammen.

5. Warum müssen alle Lebewesen Wasser aufnehmen?

6. a) Wie nehmen Pflanzen Mineralsalze aus dem Boden auf? **b)** Welche Rolle spielt das Wasser dabei?

7. Informiere dich über den Wasserbedarf eines großen Getränkeherstellers.

8. Welche Rolle spielt das Wasser bei der Körperpflege, zum Beispiel beim Händewaschen?

9. Wozu dient das Wasser bei der Reinigung unserer Wohnungen?

1 Kaliumpermanganat in Wasser

Lösungen

Wasser löst Salz und Zucker und viele andere Stoffe. Es ist das wichtigste **Lösungsmittel** in der Natur, also für Menschen, Tiere und Pflanzen, und ebenso in der Technik.

Salz als **gelöster Stoff** und Wasser als Lösungsmittel bilden zusammen eine **Lösung.** Eine Lösung ist klar und durchsichtig.

Wasser in Industrie und Haushalt

In der Industrie werden bei der Herstellung von Getränken große Mengen Wasser gebraucht. Auch die Reinigung von Mehrwegflaschen erfordert viel Wasser. Es löst die Verschmutzungen und transportiert sie ab.

Auch in der chemischen Industrie, zum Beispiel bei der Herstellung von Wasch- und Spülmitteln, dient Wasser als Lösungsmittel. In der Kosmetikindustrie und bei der Herstellung von Arzneimitteln wird ebenfalls Wasser eingesetzt.

Beim Geschirrspülen und bei der Reinigung der Wohnung wird ebenfalls Wasser in großen Mengen als Lösungsmittel benötigt.

2 Reinigung von Mehrwegflaschen

3 Reinigung im Haushalt

Wasser wird satt

1. Finde heraus, wie viel Kupfersulfat sich in 50 ml Wasser löst. Gib dazu das Wasser in ein Becherglas und wiege das Becherglas mit dem Wasser. Füge dann unter ständigem Rühren so lange portionsweise kleine Mengen Kupfersulfat hinzu, bis sich nichts mehr auflöst. Wenn die ersten Kristalle am Boden liegen bleiben, bestimme erneut die Masse des Becherglases mit der Lösung. Berechne, wie viel Gramm Kupfersulfat sich gelöst haben.

2. Berechne aus Versuch 1, wie viel Gramm Kupfersulfat sich in 100 ml Wasser lösen würden.

3. Führe Versuch 1 mit Kochsalz (Natriumchlorid) durch und berechne danach auch hier die Menge Kochsalz, die sich in 100 ml Wasser löst.

4. Gib zu einer Salzlösung mit Bodensatz erneut etwas Wasser und rühre um. Was kannst du beobachten?

5. Wie kannst du aus einer Lösung mit Bodensatz wieder eine Lösung ohne Bodensatz machen?

1 Ungesättigte Lösung

Gesättigt und ungesättigte Lösungen

Kupfersulfat ist ein Salz. Es besteht aus blauen Kristallen. Wird etwas davon in Wasser gegeben, löst es sich. Es entsteht eine blasse, hellblaue Lösung. Sie ist klar und durchsichtig. Auch bei weiterer Zugabe löst sich das Kupfersulfat im Wasser auf. Dabei wird die blaue Farbe der Lösung kräftiger. Solange die Lösung noch weiteres Salz aufnimmt, wird sie als **ungesättigte Lösung** bezeichnet.

Wenn sich kein Kupfersulfat mehr lösen kann, bleiben die Kristalle auf dem Boden des Gefäßes liegen. Es bildet sich ein Bodensatz. Jetzt ist die Lösung satt. Sie wird **gesättigte Lösung** genannt.

Von unterschiedlichen Stoffen brauchst du unterschiedliche Mengen, um jeweils eine gesättigte Lösung herzustellen.

2 Gesättigte Lösung

Kupfersulfat

Kupferacetat

Saure und alkalische Lösungen

Achtung: Alle Versuche, bei denen du Lebensmittel probierst, müssen in der Schulküche durchgeführt werden!

1 Lebensmittel und Reinigungsmittel

2 Rotkohl oder Blaukraut?

1. Aus Zitronensäure, Zucker und Natron kannst du Brausepulver herstellen. Beschreibe den Geschmack von Zitronensäure und Natron.

2. Nenne Lebensmittel, die sauer schmecken, und finde heraus, welche Bestandteile jeweils für den sauren Geschmack sorgen.

3. Die Kohlsorte, die in Norddeutschland „Rotkohl" heißt, heißt in Süddeutschland „Blaukraut". Finde eine Erklärung für diese Farbverwirrung.

4. a) Gieße aus einer Rotkohlkonserve etwas Rotkohlsaft durch ein Sieb ab und fülle den Saft in eine Tropfflasche.
b) Fülle drei kleine Bechergläser zur Hälfte mit Leitungswasser. Gib in das erste $\frac{1}{2}$ Spatel Zitronensäure, in das dritte $\frac{1}{2}$ Spatel Natron, das zweite bleibt unverändert. Rühre gut um. Gib dann zu jedem Becherglas etwa 2 ml Rotkohlsaft. Vergleiche die entstandenen Farben und beschreibe sie.

5. Gib 1 Spatel Natron zur gefärbten Zitronensäurelösung aus Versuch 4 und $\frac{1}{2}$ Spatel Zitronensäure zur gefärbten Natronlösung. Beschreibe und erkläre das Versuchsergebnis.

6. Der violette Rotkohlfarbstoff ist ein Anzeiger (Indikator) für saure Lösungen (rot) und alkalische Lösungen wie die Natronlösung (blau).
a) Wie lässt sich das durch weitere Versuche bestätigen?
b) Welchen Vorteil hat ein solcher Farbstoff gegenüber einer Geschmacksprobe?

7. Untersucht im Team verschiedene Lebensmittelproben wie in Versuch 4 b). Gebt bei Getränken etwa 20 ml in ein kleines Becherglas oder Reagenzglas. Gießt bei anderen Proben wie Sauerkraut oder Joghurt etwas Flüssigkeit ab. Gebt zu jeder Probe die gleiche Menge Rotkohlsaft. Vergleicht die Versuchsergebnisse und stellt sie übersichtlich zusammen.

8. a) Untersucht auf die gleiche Weise wie in Versuch 4 b) Putz- und Waschmittel. Arbeitet auch hier in Teams. Gebt etwa 1 ml der Flüssigkeiten in kleine Bechergläser zu 20 ml Wasser. Nehmt von Feststoffen jeweils $\frac{1}{2}$ Spatel. Rührt gut um.
Achtung: Beachtet dabei unbedingt die Sicherheitshinweise auf den Verpackungen!

b) Stellt die Versuchsergebnisse übersichtlich in einer Tabelle zusammen. Nennt dabei auch den jeweiligen Verwendungszweck.

9. Verreibe nacheinander Wasser, Waschpulverlösung und Essig zwischen deinen Fingern. Wie fühlt sich deine Haut danach jeweils an? Welche Eigenschaft der jeweiligen Probe hast du erfühlt?

Saure und alkalische Lösungen
Zitronen schmecken sauer, denn sie enthalten Zitronensäure. Diese **Säure** gibt auch der Grapefruit und anderen Früchten den erfrischenden Geschmack. Brausepulver enthält neben Zitronensäure und Zucker noch Natron, und das ist keine Säure. Eine Natronlösung schmeckt nicht sauer, sondern eher unangenehm seifig. Natronlösung ist eine **alkalische Lösung,** auch **Base** oder **Lauge** genannt. Alkalische (basische) Lösungen sind „Gegenspieler" der Säuren. So wird Natron als Medikament gegen überschüssige Magensäure eingesetzt.

Säuren und Laugen als Putzmittel
Viel stärkere Säuren und Laugen als bei den Lebensmitteln sind bei Reinigungs- und Waschmitteln zu finden. Es sind Säuren gegen Kalkablagerungen, starke Laugen gegen fettige Verschmutzungen oder verstopfte Abflüsse und vieles andere. Sie sind teilweise stark ätzend, lebensgefährlich giftig und sie zersetzen die Haut. Wie bei allen Chemikalien dürfen davon keine Geschmacksproben genommen werden, deshalb wird ein anderer „Anzeiger" für die Säuren und Laugen benötigt.

3 Vorsicht beim Umgang mit ätzenden Stoffen!

Rotkohl und Blaukraut
Rotkohl wird regional unterschiedlich zubereitet. In Norddeutschland wird beim Kochen Essig hinzugefügt, dann erhält er eine schöne rote Farbe. In Bayern ist das nicht üblich. Hier wird dem Rotkohl manchmal etwas Natron hinzugefügt, damit er eine blaue Farbe bekommt. Er heißt deshalb in Bayern „Blaukraut".

Der Rotkohlfarbstoff ist also ein **Indikator** oder Anzeiger für Säuren und Laugen. Er ist in saurer Lösung rot, in schwach alkalischer Lösung (Natron) blau und in stark alkalischer Lösung (Abflussfrei) gelb. In neutralem Wasser, das weder sauer noch alkalisch ist, behält der Indikator seine Farbe.

Es gibt noch weitere pflanzliche Farbstoffe mit dieser Eigenschaft. Im Chemielabor werden meist chemisch hergestellte Indikatorfarbstoffe verwendet, da die pflanzlichen Farbstoffe meist nicht lange haltbar sind. Ein solcher Indikator ist der **Universalindikator.**

Der Radieschenindikator

Praktikum

4 Der Farbstoff wird ▸ extrahiert.

Ein Indikator aus Radieschen
Einen schönen Indikator kannst du aus Radieschenschalen herstellen. Schäle dazu 5 große Radieschen möglichst dünn. Gib die Schalen in ein Becherglas oder in eine Porzellanschale. Gieße dann soviel Propanol darüber, bis die Radieschenschalen gerade bedeckt sind.
Schwenke das Gefäß vorsichtig und gieße die Farbstofflösung nach 10 min in eine kleine Tropfflasche ab.

1. Teste den Indikatorfarbstoff mit sauren und alkalischen Lösungen und mit Wasser.

2. Vergleiche die Indikatorfarben mit dem Universalindikator aus dem Chemielabor.

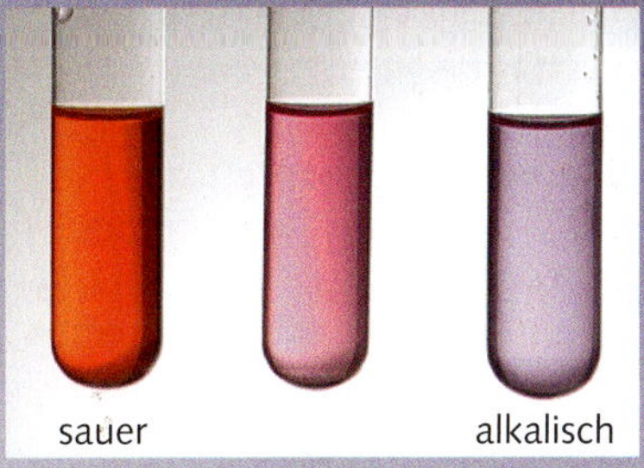

5 Der Radieschenindikator

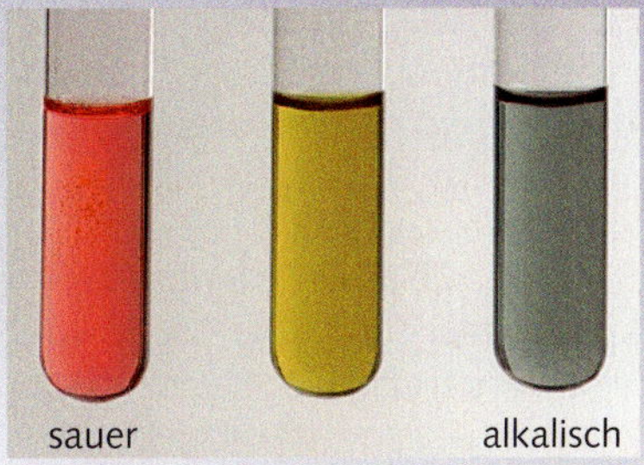

6 Universalindikator

Stoffe bestehen aus kleinsten Teilchen

1 Zucker löst sich in Wasser.
A *Vor dem Lösen*

1. Wodurch unterscheiden sich verschiedene Salzsorten wie in Bild 2?

2. Gib einen großen Salzkristall in ein Becherglas mit Wasser und beschreibe den Lösungsvorgang.

3. a) Wie kannst du nachweisen, dass das Salz nach dem Auflösen im Wasser noch vorhanden ist?
b) Wie kannst du aus der Lösung das Salz wiedergewinnen? Gib zwei Möglichkeiten an.

2 Verschiedene Formen des Salzes

Ein Stoff – verschiedene Formen

Zucker wird in verschiedenen Formen angeboten: als Kandiszucker, Würfelzucker oder Haushaltszucker.
Wird ein Kandiszuckerstück in Wasser gegeben, so scheint es nach einiger Zeit verschwunden zu sein. Der süße Geschmack der Lösung zeigt aber, dass der Zucker noch vorhanden ist. Lässt du das Wasser verdunsten, so erhältst du wieder Zucker.

Die Teilchenvorstellung

Das vollständige Auflösen des Zuckers im Wasser lässt sich mithilfe der Vorstellung beschreiben, dass alle Stoffe aus ganz ▸ **kleinen Teilchen** bestehen. Nach dieser Vorstellung sind bei Reinstoffen wie Zucker alle Teilchen, egal ob sie vom Kandiskristall oder feinem Puderzucker stammen, untereinander gleich. Auch die Teilchen des Reinstoffs Wasser, in dem sich der Zucker löst, sind untereinander alle gleich.
Sie unterscheiden sich aber beispielsweise durch ihre Größe von den Zuckerteilchen. Bei Stoffgemischen liegen unterschiedliche Teilchen vor.

B *Ein Teil ist gelöst.*

Jetzt geht's los!

Im Zuckerkristall liegen die Teilchen dicht nebeneinander und sind an ihre Plätze gebunden und regelmäßig (Bild 1A).
Die Wasserteilchen können sich dagegen frei bewegen. Nach und nach drängen sich die Wasserteilchen zwischen die Zuckerteilchen und lösen sie aus dem Zuckerkristall heraus (Bild 1B).
Ist der Kristall vollständig aufgelöst, haben sich die Zuckerteilchen zwischen den Wasserteilchen gleichmäßig verteilt (Bild 1C).

Teilchen in Bewegung

Die Teilchen eines Stoffes sind immer in Bewegung, mal mehr, mal weniger. Das hängt von der Temperatur des Stoffes ab.
Je höher seine Temperatur ist, desto schneller bewegen sich die Teilchen.

In heißem Wasser löst sich der Zuckerkristall schneller auf, da die Wasserteilchen in stärkerer Bewegung sind und sich heftiger zwischen die Zuckerteilchen drängen.

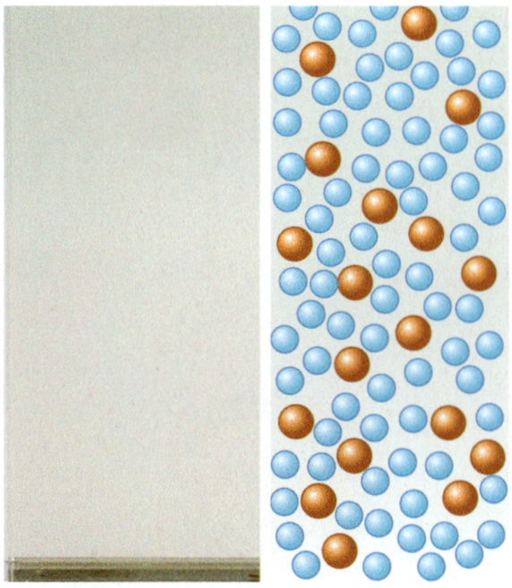

C *Alles ist gelöst.*

Stoffe und Geräte des Alltags → S. 406/407

Ein Ergebnis mithilfe des Teilchenmodells erklären

1. a) Fülle zwei 50 ml-Messzylinder jeweils mit 25 ml Wasser. Gieße beide Flüssigkeiten zusammen und miss das Gesamtvolumen.
b) Wiederhole den Versuch mit Spiritus.

2. Fülle einen 50 ml-Messzylinder mit 25 ml Wasser und einen zweiten 50 ml-Messzylinder mit 25 ml Spiritus. Gieße beide Flüssigkeiten zusammen, mische gründlich und stelle das Gesamtvolumen fest.

3. Vergleiche die Ergebnisse aus den Versuchen 1 a) und 1 b) mit dem Ergebnis aus Versuch 2. Was fällt dabei auf?

4. a) Fülle zwei Messzylinder jeweils mit 25 ml Senfkörnern als Modell für das Wasser. Gieße beides zusammen. Wie groß ist das Gesamtvolumen der Senfkörner?
b) Wiederhole den Versuch a) mit Erbsen als Modell für Spiritus.

5. Gib in einen Messzylinder 25 ml Senfkörner und in einen zweiten Messzylinder 25 ml Erbsen. Vermische beides zunächst gründlich in einem Becherglas und miss dann das Volumen der Mischung in einem Messzylinder.

6. Vergleiche und erkläre die Ergebnisse aus den Versuchen 4 a) und 4 b) mit dem Ergebnis aus Versuch 5.

7. Übertrage die Erklärung aus dem Modellversuch mit den Erbsen und Senfkörnern auf das Ergebnis des Versuchs mit Wasser und Spiritus.

8. Zeichne das Ergebnis von Versuch 2 im Teilchenmodell.

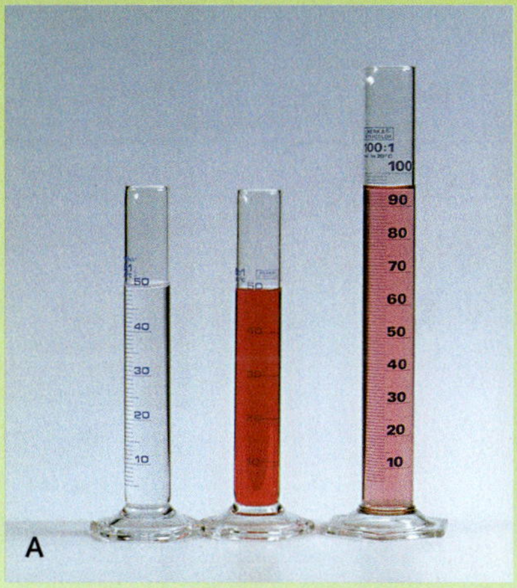

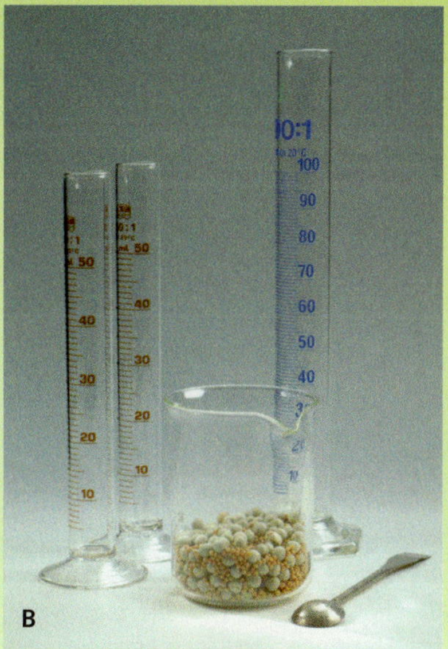

1 Mischversuche. A *mit Wasser und Spiritus;* **B** *mit Erbsen und Senfkörnern als Modellversuch*

Ein unerwartetes Ergebnis

Zwei Flüssigkeiten, Spiritus und Wasser, werden gemischt. Das Ergebnis ist überraschend: es verschwindet etwas. Das Volumen des Gemisches ist kleiner als die Summe der zuvor genau abgemessenen Einzelvolumen. Wie lässt sich dieser Schwund erklären?
In den Naturwissenschaften lassen sich Probleme oft nur mithilfe von Modellen lösen. So ist es auch in diesem Fall.

Modell der kugelförmigen Teilchen

Nach dem ▸Teilchenmodell sind die kleinsten Teilchen der Stoffe winzige Kugeln. Diese Kugeln sind unterschiedlich groß.
Mit diesem einfachen Modell lässt sich die Verringerung des Volumens beim Mischen von Wasser und Spiritus erklären. Im Beispiel in Versuch 5 sind die Senfkörner die stark vergrößerten Modelle für die Wasserteilchen. Die Erbsen stellen die Spiritusteilchen dar. Werden Wasser und Spiritus vermischt, so füllen die kleineren Wasserteilchen die Hohlräume zwischen den größeren Spiritusteilchen aus. Deshalb wird das Gesamtvolumen geringer. Das lässt sich am Modellversuch mit Erbsen und Senfkörnern leicht erkennen.

Modelle haben Grenzen

▸Modelle können helfen, bestimmte Beobachtungen zu verstehen. Sie haben aber ihre Grenzen. Das Modell vom Aufbau der Stoffe aus unterschiedlich großen Teilchen ist kein genaues Abbild der Wirklichkeit. Es ist nur eine vereinfachte Darstellung, die die Verringerung des Volumens verständlich macht.
Ein Modell gibt immer nur **einen Teil der Wirklichkeit** wieder. So lässt sich mit diesem Teilchenmodell nicht erklären, warum manche Stoffe bei einer bestimmten Temperatur fest, andere flüssig oder gasförmig sind.

Stoffgemische

Milch – kein Reinstoff

Milch sieht aus wie ein ▸Reinstoff. Tatsächlich ist die Milch von Natur aus ein Gemisch aus Wasser, Fett, Milchzucker, Eiweiß und Mineralstoffen wie Calcium. Die Bestandteile bilden eine ▸Emulsion. Die Milchsorten unterscheiden sich vor allem in ihrem Fettgehalt.

Staubige Luft

Beim Hervorholen alter Bücher oder Ausschütteln von Decken, die lange gelegen haben, staubt es sehr. Der Staub besteht vor allem aus Hautschuppen und Blütenstaub. Er mischt sich mit der Luft. Besonders gut ist der Staub im Sonnenlicht zu sehen. In der Technik spielt der Schutz vor Stäuben eine große Rolle. Sie können gesundheitsgefährdend sein.

Schaum

Mit Seife und Wasser kannst du Schaum herstellen. In dieser Mischung schließt die Flüssigkeit Luftblasen ein.

Rezept für haltbare Seifenblasen:
Verrühre 1 g Tapetenkleister in 40 ml warmem Wasser, bis du keine Klümpchen mehr siehst. Löse 40 g Neutralseife und 20 g Zucker in 360 ml Wasser auf. Gib die beiden Lösungen zusammen und verrühre sie gut. Lass das Gemisch anschließend einen Tag ruhen. Mit einem kleinen Drahtring kannst du Seifenblasen machen.

Granit

Granit ist ein Gemisch aus verschiedenen Gesteinsarten. Ein solches Gemisch wird Gemenge genannt. Granit bildet ganze Gebirgsmassive. Die Farben reichen von hellem Grau bis Blau, Rot und Gelb. Verwendet wird Granit unter anderem für Arbeitsplatten in der Küche.

1. Überlege bei jedem der vier Beispiele, ob es sich um Gemische aus Feststoffen, Gasen oder Flüssigkeiten handelt. Übertrage nebenstehende Tabelle in dein Heft und ergänze sie.

Gemisch	Aggregatzustand der Bestandteile	Beispiel
Gemenge		Granit, Erde
Lösung	fest in flüssig	Zuckerwasser
Lösung	flüssig in flüssig	Weinbrand
Lösung	gasförmig in flüssig	Mineralwasser
Suspension	fest in flüssig	Wasserfarbe
Rauch		staubige Luft
Emulsion		Milch
Nebel	flüssig in gasförmig	Nebel
Gasgemisch	gasförmig in gasförmig	Luft
Schaum		Badeschaum

Die Fachsprache benutzen

1. a) Welches Problem wird in dem Comic dargestellt?
b) Beschreibe ähnliche Situationen auch im Alltag. Spiele sie mit deinen Mitschülerinnen und Mitschülern nach.

2. Schreibe auf, wie du die Unterhaltung im Comic ändern kannst, sodass es kein Missverständnis gibt.

3. Schreibe vier Fachbegriffe aus den Naturwissenschaften und die dazu gehörenden kurzen Erklärungen heraus. Bastele mit den Begriffspaaren Karten. Sammelt die Karten für ein Memory-Spiel für die ganze Klasse.

Fachsprache – wozu?

Du hast im naturwissenschaftlichen Unterricht und bei der Benutzung dieses Buches schon einige Fachbegriffe gelernt. Manchmal wirst du dich gefragt haben, ob denn die Alltagssprache dafür nicht ausreicht. Wenn du dir aber die Bildergeschichte oben anschaust, siehst du, dass es sehr sinnvoll sein kann, sich mit einem Fachwort genau ausdrücken zu können.

Ein Wort statt vieler Sätze

Oft sparen Fachwörter auch Zeit, weil sie einen Vorgang in einem Wort benennen: Statt einfach ▸Sedimentation zu sagen, müsstest du erklären, dass ein Stoff, der sich im Wasser nicht löst, mit der Zeit auf den Boden sinkt. Wenn also alle wissen, was mit bestimmten Fachwörtern gemeint ist, können sie sich viel einfacher und ohne Missverständnisse unterhalten. So haben zum Beispiel die chemischen Stoffe festgelegte Symbole, die überall auf der Welt gleich sind. Sieht ein Chemiker in Japan die Abkürzung H_2O, weiß er sofort, dass es sich um den Stoff Wasser handelt.

Fachwort	Bedeutung
Emulsion	Stoffgemisch aus Flüssigkeiten wie Wasser und Öl, die nur durch Zusatz eines Emulgators mischbar sind.
100 ml-Erlenmeyerkolben	Glasgefäß, das nach oben hin schmaler wird und mit einem geraden Hals abschließt
Siedesteinchen	kleine, raue Steinchen, die beim Erhitzen einer Flüssigkeit verhindern, dass diese plötzlich herausschießt
Al	Symbol für Aluminium: ein silbrig glänzendes Leichtmetall

1 Beispiele für Fachbegriffe

2 Gläser für Experimente

Kristalle züchten

Kristalle
Kristalle, die du als Mineralien findest, sind in sehr langen Zeiträumen entstanden. Aus gesättigten Salzlösungen kannst du schneller schöne Kristalle züchten.

Materialien
Glasgefäße (Gurkengläser oder hohe Bechergläser), Holzstäbe, Wollfaden, mit einem kleinen Metallstück beschwert, Zwirnsfaden, Pappdeckel, Kochsalz, Alaun (Kaliumaluminiumsulfat), destilliertes Wasser, Natronwasserglas-Lösung (Natriumsilikat), Eisen (III)-chlorid, Kupfer(II)-chlorid, Eisensulfat und Calciumchlorid

1. Kristalle am Wollfaden
Gieße eine Lösung aus 35 g Kochsalz und 100 ml Wasser in ein Glasgefäß. Befestige den Wollfaden am Holzstab und hänge ihn in das Glas (Bild 1). Beobachte einige Tage.

1 Kristalle am Wollfaden

2. Ein Alaun-Kristall wächst
Löse Alaun (16 g pro 100 ml) in destilliertem Wasser von 50 °C. Filtriere die Lösung und gieße einen Teil davon in eine flache Schale, den Rest in ein Vorratsgefäß. Beim Abkühlen kristallisieren am Boden der Schale Alaun-Kristalle aus. Binde einen dünnen Faden um den schönsten Kristall.

2 Alaun-Kristall

Gieße nun Alaunlösung in ein Becherglas und hänge den Kristall in die Lösung (Bild 2). Stelle das Gefäß an einen Platz mit gleichbleibender Temperatur.
Beobachte das Wachsen des Kristalls über einige Wochen. Entferne zwischendurch die kleinen Kristalle, die sich am Faden bilden. Gieße bei Bedarf Alaunlösung von gleicher Temperatur nach.

3. Zuschauen beim Wachsen
Lege einen Objektträger unter das Mikroskop. Gib einen Tropfen Alaunlösung auf den Träger, beleuchte ihn von unten. Betrachte die Veränderungen.

3 „Chemischer Garten"

4. Ein chemischer Garten unter Wasser
Mische Natronwasserglas (Natriumsilikat) und Wasser im Verhältnis 1: 1 und fülle damit ein großes Glasgefäß. Lass nun Kristalle der Eisensalze, des Kupferchlorids und des Calciumchlorids mit einem Spatel an unterschiedlichen Stellen in das Glasgefäß gleiten. Die Kristalle sollten einen Durchmesser von etwa 1 mm bis 2 mm haben. Beobachte die Vorgänge im Glasgefäß etwa 5 min.

Du kannst auch die Reaktion weiterer Salze in einem neuen Versuch ausprobieren. Beachte jedoch dabei immer die Sicherheits- und Entsorgungshinweise. Als Salze eignen sich noch: Chrom(III)-chlorid, Kupfersulfat, Mangansulfat, Nickelnitrat und Calciumnitrat.

Entsorgungshinweis
Gieße das Gemisch aus Natronwasserglas und Wasser vorsichtig in den Ausguss ab und spüle mit viel Wasser nach. Die „Pflanzen" musst du in den Behälter B2 als Schwermetallabfall entsorgen.

Stoffe und Geräte des Alltags → S. 406/407

Kristalle, Kristalle

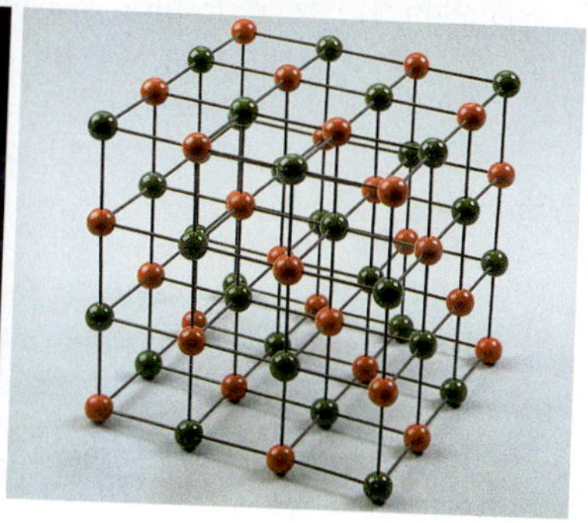

Kochsalz (chemischer Name **Natriumchlorid**) bildet würfelförmige ▸ Kristalle unterschiedlicher Größe. Kleinere Kristalle kannst du auch mit einer Lupe beim Kochsalz in der Küche entdecken. Die kleinsten ▸ Teilchen des Kochsalzes ordnen sich wie auch die kleinsten Teilchen anderer Kristalle in ganz bestimmten Formationen an. Diese Formation heißt **Kristallgitterstruktur.** Sie ist beim Kochsalz würfelförmig.

Gips (chemischer Name **Calciumsulfat**) bildet nadelförmige Kristalle. Du kennst Gips von der Behandlung eines Arm- oder Beinbruches oder von Reparaturen an Wänden im Hause.

Der Kristall des Marmors (chemischer Name **Calciumcarbonat**) sieht aus wie eine Doppelpyramide. Diese Kristalle können beim Marmor farblich verschieden sein.

1. a) Plane zusammen mit deinen Mitschülerinnen und Mitschülern einen Versuch, bei dem ihr mit dem Auge sichtbare Salzkristalle erhalten könnt.
b) Führt den Versuch anschließend durch.

2. Rühre Gipspulver in einem sauberen Jogurtbecher mit etwas Wasser an. Streiche eine ganz dünne Schicht des angerührten Gipses auf einen Objektträger und betrachte den noch weichen Gips unter dem ▸ Mikroskop.

3. a) Finde heraus, wo in Deutschland Marmor abgebaut wird.
b) Wozu wird Marmor heute verwendet?

Trennen von Stoffgemischen

1. Stelle dreimal das gleiche Gemisch her. Fülle dazu in drei Bechergläser je 100 ml Wasser und gib je einen Teelöffel Sand und Gartenerde dazu. Wie wird ein solches Gemisch genannt? Beschreibe das Aussehen des Gemisches.

2. Versuche die drei Gemische aus Aufgabe 1 auf unterschiedliche Weise zu trennen.
a) Verwende dazu nur ein zweites Becherglas.
b) Verwende dazu ein Teesieb.
c) Verwende dazu einen Trichter, einen Filter und einen 250 ml-Erlenmeyerkolben. Bereite den Filter wie in Bild 1 vor. Warum läuft die Flüssigkeit erst schnell und dann immer langsamer durch den Filter?
d) Beschreibe für alle Versuche, wie du vorgegangen bist.

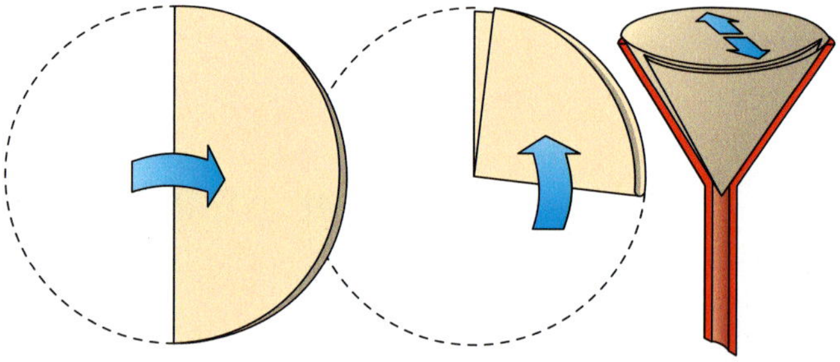

1 So wird das Filterpapier gefaltet.

3. Vergleiche die Ergebnisse von Versuch 2 a), b) und c) miteinander und lege eine Tabelle an.

Art der Stofftrennung	Beobachtung

4. Bei welchen Teezubereitungsarten wendest du die drei Methoden zur Stofftrennung aus Versuch 2 an?

5. Wasche für einen Salat die Salatblätter und trockne sie. Überlege dir dazu zwei einfache Methoden. Verwende auch ein sauberes Geschirrhandtuch.

6. Überlege, wie eine Wäscheschleuder funktioniert.

7. Fülle in die Gläser einer Handzentrifuge jeweils trüben Apfelsaft, Orangensaft, Kokosmilch und eine Emulsion aus Wasser, Öl und Eigelb. Drehe nun kräftig an der Kurbel. Beschreibe, wie die Flüssigkeiten nach dem Zentrifugieren aussehen.
Achtung! Du darfst während des Drehens auf keinen Fall in den Drehbereich der Gläser kommen!

8. Mische in einer Schale Eisennägel mit Messing- oder Kupfernägeln. Wie kannst du dieses Gemisch trennen? Plane einen Versuch und führe ihn durch.

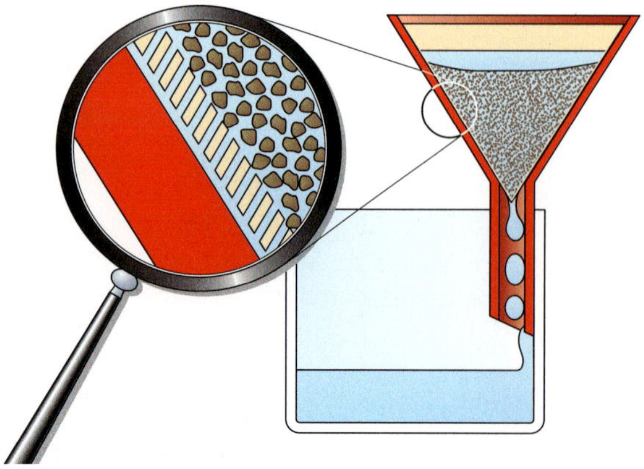

2 So funktioniert Filterpapier.

3 Zum Entsaften wird zerkleinertes Gemüse geschleudert.

Sedimentieren und Dekantieren

Viele Suspensionen lassen sich sehr einfach trennen. Du lässt das Gemisch ruhig stehen, sodass die Feststoffe auf den Grund sinken. Dieses Absetzen heißt **Sedimentieren.**
In großen Mengen findet dies in den Meeren statt, auf deren Grund sich verschiedene Feststoffe wie Sand ablagern. Diese Ablagerungen heißen **Sedimente.** In langen Zeiträumen verfestigen sie sich zu Sedimentgesteinen.
In manchen Ländern wird zur Zubereitung von Kaffee das Kaffeepulver direkt mit heißem Wasser übergossen. Das Pulver sinkt mit der Zeit nach unten und setzt sich als Sediment ab. Die Flüssigkeit, die darüber steht, wird getrunken. Du könntest sie auch vorsichtig abgießen. Dieser Vorgang heißt **Dekantieren.**

Sieben und Filtrieren

Sinken die Feststoffe in der Suspension nicht auf den Grund oder sind sie sehr fein verteilt, musst du das Gemisch **sieben** oder **filtrieren.**
Ein **Sieb** eignet sich nur bei groben Feststoffteilchen. In der Küche werden Siebe zum Waschen von Salat oder zum Abgießen von Nudeln verwendet.
Um kleine Feststoffteilchen von Flüssigkeiten zu trennen, ist **Filterpapier** notwendig. Der Kaffeefilter hält das Kaffeemehl zurück, es bildet den **Rückstand.** Die filtrierte Flüssigkeit, der trinkfertige Kaffee, ist das **Filtrat.**
Mit Papierfiltern werden auch Feststoffteilchen aus der Luft gefiltert. Du findest sie im Staubsauger oder im Motorraum des Autos als Luftfilter. Heimwerker sollten beim Abschleifen von Holz oder von Lackfarben wegen der Gesundheitsgefahren Staubmasken tragen.

Schleudern

Bestimmte Gemische lassen sich dadurch trennen, dass sie im Kreis **geschleudert** werden. Eine Wäscheschleuder erreicht etwa 2000 Umdrehungen in der Minute. Das Wasser und die Wäsche werden an den Rand gedrückt. Dort fließt das Wasser durch kleine Löcher nach draußen. Auch beim Obstentsaften wie in Bild 3 wird diese Methode verwendet.

Zentrifugieren

Wird der Behälter mit dem Gemisch sehr schnell gedreht, teilt sich das Gemisch darin auf. Dieser Vorgang heißt **Zentrifugieren.** Auf diese Weise wird in der Molkerei die leichtere Sahne von der Milch getrennt. Sie schwimmt oben.
Für medizinische oder chemische Zwecke gibt es Laborzentrifugen, die sich hunderttausendmal in der Minute drehen können. Darin sind Gläser aufgehängt. Durch die hohe Geschwindigkeit werden die schwereren Teilchen an den Boden des Gefäßes gedrückt.

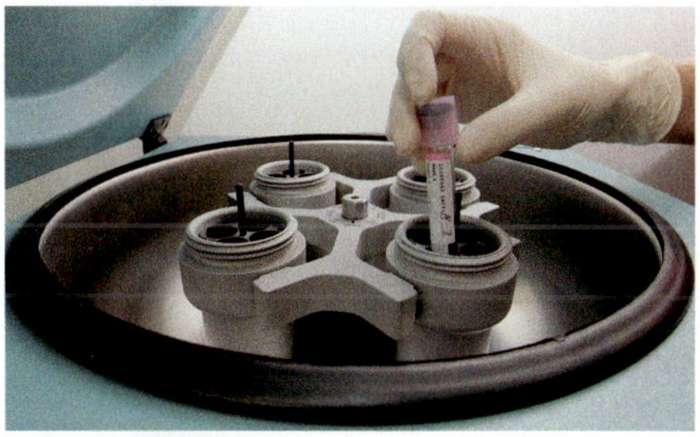

5 Laborzentrifuge

Magnetscheiden

Eisen ist ein häufig verwendeter Werkstoff. Seine Wiederverwertung spart Kosten. Auf einem Schrottplatz fallen bei der Verwertung von Altautos außer Eisen noch Metalle wie Aluminium und Kupfer an. Deshalb läuft der zerkleinerte Metallschrott über eine **Magnetscheidetrommel.** Die Eisenteile bleiben an der Trommel haften, während die anderen Metalle weiter transportiert werden.

4 Filter schützen vor gesundheitsschädlichen Stoffen.

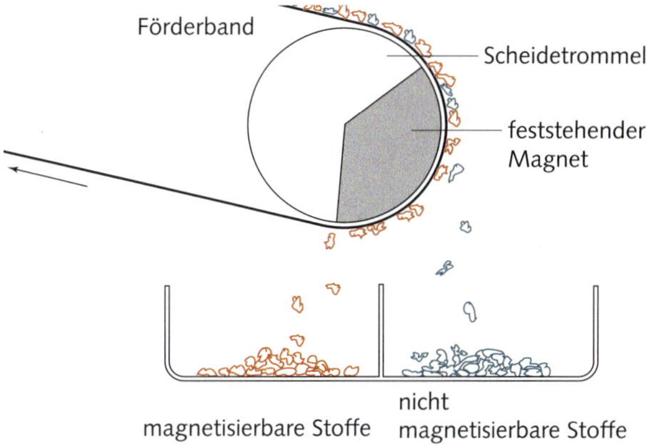

6 Magnetscheider in der Müllsortieranlage

Müll trennen und verwerten

1. In welche Müllsorten kann unser Abfall bereits zu Hause getrennt werden?

2. Wie ist das Sammeln von Biomüll, Altpapier, Altglas, Textilien und Sperrmüll in deiner Gemeinde organisiert?

Viele Abfälle und Reste sind wertvolle Rohstoffe und können mehrfach wiederverwendet werden. Dazu gehören Papier, Glas und der Inhalt der gelben Säcke oder Tonnen. Durch besondere Sammlungen können gut erhaltene Bekleidung und Schuhe Bedürftigen zur Verfügung gestellt werden. Des Weiteren können Textilien auch zerkleinert werden und als wertvoller Rohstoff bei der Papierherstellung dienen.
Auch nach der Sperrmüllabfuhr werden noch verwendbare Dinge auf Recyclinghöfen aussortiert, bevor die Reste zur Müllverbrennungsanlage gebracht werden.

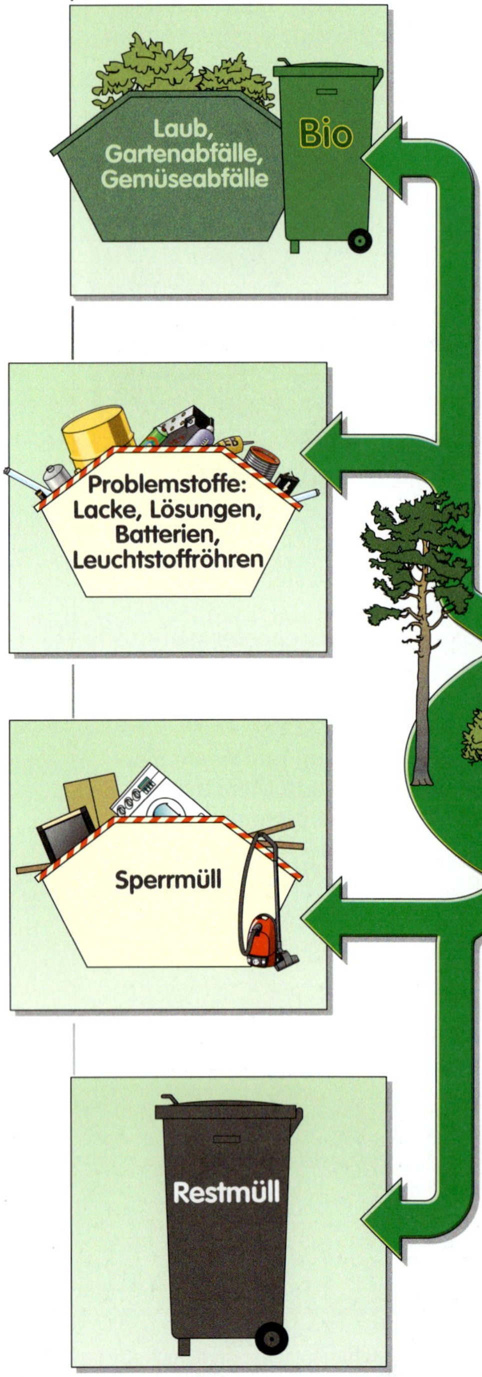

Der Inhalt der Biotonnen wird kompostiert und später als Gartenerde verwendet. Nur der Restmüll wird verbrannt.
Etwa ein Drittel des Restmülls besteht noch aus Papier, Kunststoffen und Metallen, weil nicht sorgfältig genug getrennt wurde. In besonderen Anlagen für die Restabfallbehandlung können auch diese wieder verwertbaren Stoffe zurückgewonnen werden. Die Problemstoffe werden auf Sondermülldeponien gelagert.

1 Mülltrennung in Deutschland

Die Wiederverwertung von Abfällen und Resten aus den Haushalten spart teure Rohstoffe und verringert die Müllmenge.

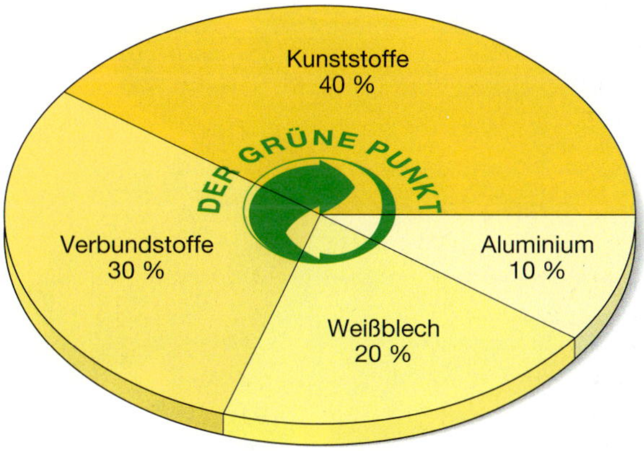

2 Inhalt der gelben Säcke oder Tonnen

Der Inhalt der gelben Säcke oder der gelben Tonnen besteht überwiegend aus **Kunststoffen** aller Art. Reine Kunststoffsorten können erneut zu Kunststoffgegenständen verarbeitet werden. Vermischte Kunststoffsorten können zum Beispiel als Erdölersatz in Hochöfen verbrannt werden.
Getränkekartons sind **Verbundverpackungen,** die aus Papier, Kunststoff und Aluminium bestehen. Das Papier wird abgetrennt und wiederverwertet. Der Rest wird bei der Zementherstellung verwendet.
Fast alle Konservendosen bestehen aus **Stahlblech.** Es kann zu neuem Stahl eingeschmolzen werden. Auch das **Aluminium** der Getränkedosen und anderer Verpackungen wird wiederverwendet. Es wird geschmolzen und zu neuen Produkten verarbeitet.

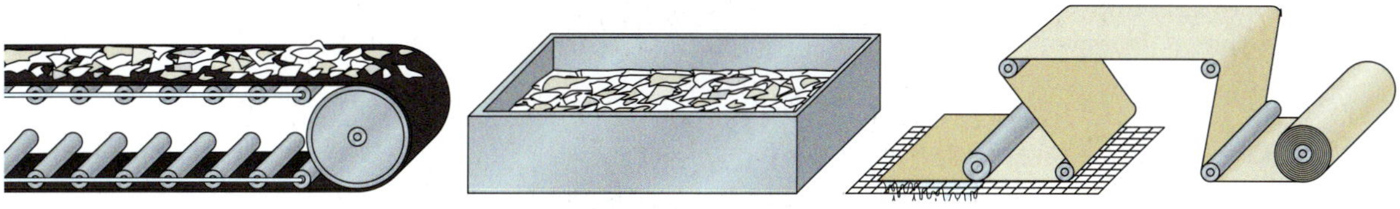

3 Papierrecycling

Altpapier und Kartons werden zerkleinert. Danach werden Fremdstoffe wie Metalle abgeschieden. Der Papierbrei wird entfärbt und zu Recyclingpapier verarbeitet. Daraus werden Briefumschläge, Zeitungspapier, Toilettenpapier und Kartons hergestellt.

Das Altglas, das nach Farben getrennt gesammelt wurde, wird zerkleinert. Metalle und Papierreste werden automatisch aussortiert. Dann wird das Glas geschmolzen und dient als Zusatz zur Herstellung neuer Flaschen und Gläser.

4 Glasrecycling

Extrahieren – ein besonderes Trennverfahren

1 Blattzellen

1. a) Zerschneide mit einer Schere einige frische grüne Laubblätter. Gib sie zusammen mit etwas Sand in einen Mörser und zerreibe sie mit einem Pistill. Übergieße das Blättermus mit 3 ml bis 5 ml Spiritus und reibe nochmals eine Minute. Dekantiere die Lösung und filtriere sie in einen Erlenmeyerkolben. Beschreibe das Filtrat. Wozu könnte es verwendet werden?
b) Fülle ein Reagenzglas etwa fingerbreit mit dem Filtrat aus a). Gib einige Tropfen Wasser und 6 ml Benzin dazu. Verschließe das Reagenzglas mit einem Stopfen und schüttele kräftig. Lass das Gemisch kurze Zeit ruhig stehen. Beschreibe das Ergebnis.

2. a) Plant in Teams einen Versuch zur Herstellung eines blau-violetten Gemüsesaftes.
b) Besprecht eure Planungen und führt den Versuch durch.

3. Hänge einen Teebeutel für roten Früchtetee in kaltes Wasser. Beobachte etwa 10 min und fertige eine Zeichnung an.

2 Herstellen einer Blattgrünlösung

Stoffe werden herausgelöst

Tee und Kaffee sind zwei Flüssigkeiten, die durch Herauslösen von Duft-, Farb- und Aromastoffen hergestellt werden. Das heiße Wasser löst diese Stoffe aus den trockenen Teeblättern oder aus den gemahlenen Kaffeebohnen heraus. Auch aus einigen Gemüsesorten kannst du mit Wasser Farbstoffe herauslösen.

Dieser Vorgang heißt **Extraktion.** Die Flüssigkeit, die die Stoffe herauslöst, ist das **Extraktionsmittel.**

Auf das Extraktionsmittel kommt es an

Manche Stoffe lösen sich nur in bestimmten Extraktionsmitteln. Mithilfe von Spiritus kannst du den grünen Farbstoff aus Blättern herauslösen. Die gelben Blattfarbstoffe dagegen lösen sich in Benzin. Dadurch lassen sie sich voneinander trennen.

Gelöste Stoffe zurückgewinnen

1. a) Stelle eine Salzlösung her und dampfe sie in einer Abdampfschale ein.
Vorsicht: Beim Erwärmen kann Salz herausspritzen!
Stelle den Brenner ab, bevor das letzte Wasser verdampft ist. Notiere die Beobachtungen, die du während des Versuches gemacht hast.
b) Betrachte den weißen Stoff auf dem Boden mit einer Lupe. Vergleiche ihn mit Kristallen von Speisesalz.

2 Salzlösungen einige Tage stehen lassen

1 Salzlösung eindampfen

2. Löse je einen Spatel Kochsalz, Alaun, Kupfersulfat und gelbes Blutlaugensalz unter leichtem Erwärmen in jeweils 5 ml destilliertem Wasser. Gieße die Salzlösungen in Uhrgläser und lass sie einige Tage ruhig stehen. Beschreibe deine Beobachtungen und fertige Zeichnungen an.

3. An welchen Küsten wird Salz in Salzgärten gewonnen? Markiere sie auf einer Europakarte.

4. Eindampfen ist ein Trennverfahren. Welche Art von Gemischen kann damit getrennt werden?

3 Salzgärten in der Algarve

Salz zurückgewinnen
Bleibt eine Salzlösung längere Zeit stehen, so verdunstet das Wasser. Salz bleibt zurück.

Die Salzbauern am Meer müssen lange warten, bis das Wasser aus den Becken verdunstet ist und sie das Salz zusammenschieben können. Bei diesem Verfahren entstehen große Salzkristalle.

Schneller geht es durch **Eindampfen.** Dabei wird das salzhaltige Wasser erhitzt. Das Wasser verdampft und zurück bleibt das weiße Kochsalz.

Destillation – reines Wasser aus Lösungen

1 Wasser verdampft.

2 Noch geht viel Wasser verloren.

1. a) Stelle eine Lösung aus 100 ml Wasser, einigen Tropfen blauer Tinte und zwei Spateln Salz her. Erhitze dieses Gemisch in einem Stehkolben bis zum Sieden. Beobachte dabei besonders den Hals des Kolbens (Bild 1). Fertige eine Zeichnung zu deinen Beobachtungen an.
b) Erhitze erneut und versuche den austretenden Wasserdampf mithilfe einer Glasscheibe aufzufangen (Bild 2).
Vorsicht: Der Wasserdampf ist heiß! Auch die Scheibe darf nur am Rand angefasst werden.
c) Wie gut ist dieses Verfahren geeignet, Wasser aus einer Lösung zurückzugewinnen?
d) Wie kannst du erkennen, dass das aufgefangene Wasser kein Salz mehr enthält? Plane dazu einen Versuch und führe ihn durch.

2. a) Verschließe den Kolben aus Versuch 1 mit einem Gummistopfen, in dem ein langes, gebogenes Glasrohr steckt (Bild 3). Stelle ein kleines Becherglas unter die Öffnung des Glasrohres. Erhitze erneut und beobachte die Vorgänge im Kolben sowie im Glasrohr.
b) Befeuchte Papierhandtücher oder anderes saugfähiges Papier. Umwickle damit das Glasrohr (Bild 4). Erhitze erneut bis zum Sieden. Beende den Versuch, wenn das feuchte Papier zu dampfen beginnt.
c) Zeige, dass das aufgefangene Wasser reines Wasser ist.
d) Vergleiche die Ergebnisse der Versuche 1 und 2.

3. a) Beschreibe die Destillation mit dem Liebigkühler (Bild 5).
b) Was passiert mit dem Kühlwasser, während es durch den Liebigkühler strömt?

4. Wodurch wird das Verfahren zur Gewinnung von destilliertem Wasser in den Bildern von 1 bis 5 verbessert?

Die Destillation

Beim **Destillieren** wird aus einer ▸Lösung eine Flüssigkeit verdampft und anschließend abgekühlt. Der Dampf kondensiert und wird als Flüssigkeit wieder aufgefangen.

Auf die Kühlung kommt es an

Je besser bei der Destillation gekühlt wird, desto größer ist die aufgefangene Flüssigkeitsmenge, das **Destillat.** Hierfür wird der Liebig-Kühler benutzt.

Wasser, das durch Destillation gewonnen wurde, heißt **destilliertes Wasser.** Es ist reines Wasser und enthält weder Salze noch andere Verunreinigungen.

Andere Lösungen trennen

Die Destillation ist eines der wichtigsten und ältesten ▸Trennverfahren der Chemie. Außer Salzwasser lassen sich auch andere Lösungen durch Destillieren trennen. In großen Industrieanlagen, den Erdöl-Raffinerien, wird Erdöl destilliert, um Benzin, Dieselkraftstoff und weitere Produkte zu erhalten.

3 Bringt das gebogene Rohr eine Verbesserung?

4 Ein gekühltes Rohr erhöht die Wassermenge.

Innen warm und außen kalt

Der **Liebig-Kühler** ist ein wichtiges Glasgerät im Chemielabor. Das kalte Wasser im äußeren Rohr kühlt den Dampf im inneren Rohr ab. Im Innenrohr strömt der Dampf dem Kühlwasser im äußeren Rohr entgegen. Der Dampf kondensiert und wird als Destillat aufgefangen. Das Kühlwasser erwärmt sich dabei. Der Liebig-Kühler ist ein **Gegenstromkühler.**

Information

JUSTUS FREIHERR VON LIEBIG (1803–1873) war schon mit 19 Jahren Professor für Chemie in Gießen. Er entdeckte viele neue Stoffe, zum Beispiel Chloroform. Viele seiner Entdeckungen fanden eine industrielle Anwendung, unter anderem der von ihm entwickelte Liebig-Kühler. LIEBIG gilt außerdem als Begründer der modernen Düngelehre.

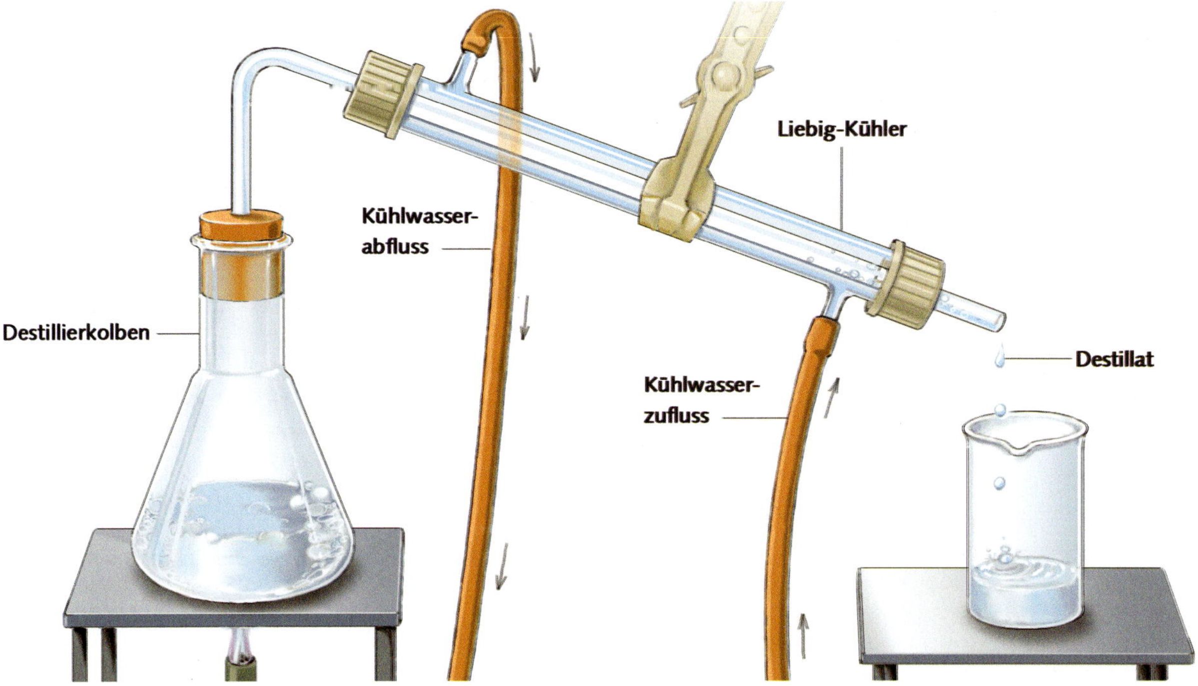

5 Destillation mit dem Liebig-Kühler

Ordnung für die Vielfalt der Stoffe

1. a) Arbeitet in Gruppen und versucht, möglichst viele Stoffe auf dem Bild zu erkennen. Schreibt die Namen der Stoffe auf kleine Zettel.
b) Schreibt auf ein großes Blatt die Namen folgender Stoffgruppen: Naturstoffe, Gefahrstoffe, Brennstoffe, Nährstoffe, Kunststoffe, Metalle. Ordnet die Zettel den entsprechenden Gruppen zu. Können einige Stoffe mehreren Gruppen zugeordnet werden, müsst ihr weitere Zettel schreiben.
c) Vergleicht eure Ergebnisse mit denen der anderen Gruppen.

2. a) Welche Stoffe können aufgrund ihrer Eigenschaften als Isolationsmaterial, Verpackungsmaterial oder Brennmaterial eingesetzt werden? Schreibt die Verwendungen wieder auf ein großes Blatt und ordnet auch hier die Zettel den entsprechenden Gruppen zu.
b) Vergleicht auch hier eure Ergebnisse mit den Ergebnissen der anderen Gruppen.

3. Erstellt zu vier Stoffen jeweils einen ▸ Steckbrief.

DÄMMS
DÄMMS
NEU-BAU

Vielseitiges Glas

1. Recherchiere in Büchern, Lexika oder im Internet, woraus Glas hergestellt wird.

2. Informiere dich, wie Glas verwendet wird.

3. a) Betrachte ein Becherglas und notiere Eigenschaften, die typisch für Glas sind.
b) Welche gemeinsamen und unterschiedlichen Eigenschaften haben ein Becherglas und Fensterglas?

4. Erhitze über dem Gasbrenner ein Glasrohr, bis es formbar ist. Probiere verschiedene Bearbeitungsmöglichkeiten wie Glasbiegen und Rundschmelzen aus.

5. a) Erhitze jeweils ein normales Reagenzglas und ein Duran-Reagenzglas. Vergleiche Schmelzbarkeit und Formbarkeit.
b) Warum wird bei Versuchen im Unterricht nicht immer Duranglas verwendet?

6. Warum werden Gläser zum Aufbewahren von Lebensmitteln benutzt?

7. a) Tauche einen Kupferblechstreifen in Essigessenz, spüle und trockne ihn ab. Verteile Emaillepulver als dünne Schicht auf dem Kupferblech und halte es in die rauschende Gasbrennerflamme. Lass das fertige Stück gut abkühlen.

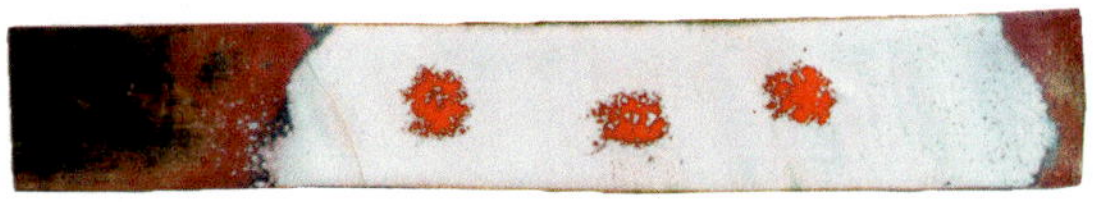

b) Um farbige Emaille zu bekommen, gibst du auf das Emaillepulver wenige kleine Körner Manganoxid oder Eisenoxid als Farbe. Bedecke diese wieder mit etwas Emaillepulver. Erhitze es erneut in der Brennerflamme. Verteile die Farbe mit einem Eisendraht, nachdem das Pulver geschmolzen ist.

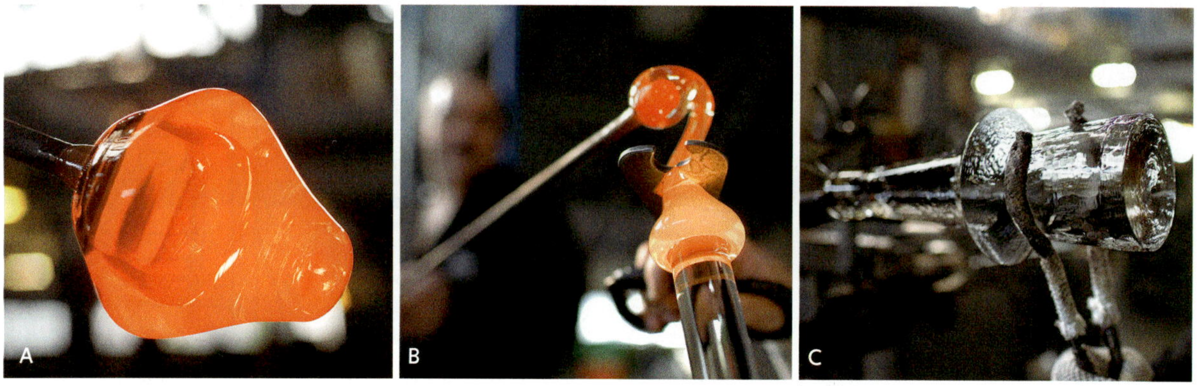

1 Glasherstellung

Glas als Werkstoff
Glas ist ein sehr vielseitiger Werkstoff, der schon seit mehreren tausend Jahren verwendet wird. Von Anfang an schätzten die Menschen die besonderen Eigenschaften des Glases. Es wird beim Erhitzen zähflüssig und ist in diesem Zustand sehr gut zu unterschiedlichen Formen zu verarbeiten.

Viele Glassorten
Im Laufe der Zeit entwickelten die Menschen immer neue Glassorten für sehr viele Verwendungen. Sie reichen vom einfachen Fensterglas über Ziergläser, optische Linsen und Lichtleiter bis hin zu hitzebeständigen Spezialgläsern. In Verbindung mit Kunststoffen oder Metalldrähten entstehen Sicherheits- und Panzergläser.

Oberflächenschutz aus Glas
Oft erkennst du Glas nicht sofort, weil es mit anderen Materialien verbunden ist. **Emaille** ist eine glasartige Schutzschicht auf Metall. Auch die Oberfläche von Keramik und Porzellan besteht aus Glas. Sie heißt **Glasur.** Die Oberflächen sind auf diese Weise besonders hart und wasserdicht.

Die Glasherstellung
Die Rohstoffe sind Sand, Soda und Kalkstein sowie je nach Sorte weitere Zutaten. Sie werden zusammen bei mindestens 1100 °C geschmolzen. Die Schmelze wird dann portionsweise mundgeblasen oder in Formen gegossen. So entstehen Flaschen, Trinkgläser und andere Glasgefäße sowie Kunstgegenstände oder Fensterscheiben.

Kunststoffe – modern und vielfältig

1. Überlege, woher der Name Kunststoff kommt. Recherchiere dazu auch in Lexika und im Internet.

2. a) Sammle unterschiedliche Kunststoffverpackungen. Sortiere sie nach ihrer Beschaffenheit.
b) Schneide die Verpackungen in kleine Stücke. Beschreibe ihre Eigenschaften. Untersuche ihre Schwimmfähigkeit.
c) Wenn du auf den Kunststoffen Abkürzungen oder Symbole findest, recherchiere ihre Namen und ihren Verwendungszweck.

3. a) Nimm ein Stück Styropor® und zerkleinere es mit der Hand. Wie sehen die zerkleinerten Stücke aus?
b) Zerschneide ein kleines Stück Styropor® und schau es dir unter der Lupe an. Was befindet sich im Inneren?
c) Überlege, welche besonderen Eigenschaften sich aus dem Aufbau des Styropors® ergeben. Recherchiere dazu auch in Lexika und im Internet.

4. Warum werden Getränkeflaschen und Geschirr für kleine Kinder heute häufig aus Kunststoff gefertigt?

5. Recherchiere in Lexika und im Internet, aus welchen Kunststoffen moderne Sportbekleidung und Sportgeräte hergestellt sein können. Schaue auch bei deiner eigenen Sportkleidung auf den Etiketten nach.

Kunststoffe sind überall

Erdöl ist der Ausgangsstoff für die Herstellung der meisten Kunststoffe. Der Name dieser Stoffgruppe zeigt, dass alle diese Stoffe nicht in der Natur vorkommen. Aus dem Alltag sind sie längst nicht mehr wegzudenken. Deine Schultasche, CDs, die Hülle eines Handys, die Wasserflasche, dein Fleece-Pulli, viele Verpackungen oder Spielzeug-Figuren – alles besteht aus Kunststoff.

Verschiedene Kunststoffarten

Für fast alle Zwecke gibt es spezielle Kunststoffarten, die besondere Eigenschaften haben.
Für Folien, Flaschen, Zahnräder oder Rohre werden verschiedene Arten von Polyethen – kurz **PE** – verwendet. Es ist zäh, dehnbar, leichter als Wasser und sehr preisgünstig herzustellen.

Aus dem leicht formbaren Kunststoff mit dem schwierigen Namen Polyethenterephthalat – kurz **PET** – bestehen Plastik-Getränkeflaschen. Auch Folien und Textilfasern für Fleece-Stoff werden aus PET hergestellt. Die Fasern sind sehr reißfest, knitterfrei und nehmen kaum Wasser auf.

Vor allem für Schaumstoffe werden Polyurethane – kurz **PUR** – verwendet. Auch Dichtungen bestehen aus Polyurethan. Selbst Fußbälle bestehen heute nicht mehr aus Leder, sondern unter anderem aus dem Kunststoff Polyurethan. Dieser Kunststoff lässt sich gut aufschäumen, ist zäh, strapazierfähig und gut Wärme isolierend.

Plexiglas® ist einerseits ähnlich durchsichtig wie Glas, andererseits ist es elastisch und schlagfest. Es dient zum Beispiel in Sporthallen als Glasersatz. Weil es sehr viel leichter ist als Glas, sind häufig auch Linsen für Brillen oder andere optische Geräte aus Plexiglas®.

1 Sportbekleidung und Sportgeräte sind heute ohne Kunststoffe undenkbar.

Einmal hart, einmal biegsam: Holz und Metall

1 Modellflugzeug aus Balsaholz

1. Erkundige dich im Baumarkt nach den verschiedenen angebotenen Holzarten. Für welche Zwecke werden sie empfohlen?

2. a) Untersuche die Eigenschaften von Balsaholz und Eichenholz. Schreibe Steckbriefe für die einzelnen Holzarten und vergleiche ihre Eigenschaften.
b) Was könntest du mit Balsaholz bauen? Für welche Konstruktionen eignet sich Eichenholz?
c) Spanne Stücke von Balsaholz und Stücke von Eichenholz ein und bearbeite sie mit Raspel, Feile und Schleifpapier. Wie lassen sie sich bearbeiten?

3. Suche in Fachbüchern, Lexika und im Internet nach Informationen über die Eigenschaften und Verwendungen verschiedener Metalle. Fasse die Ergebnisse deiner Recherche in einer Tabelle zusammen.

Metall	besondere Eigenschaften	Verwendung

4. Drücke mit einem großen gefrorenen Gummibärchen eine Form in feuchten Formsand. Lass den Sand trocknen. Erhitze über der Brennerflamme in einem Löffel etwas Zinn und gieße das geschmolzene Metall in die Form.

Nachwachsendes Holz

Holz wird schon seit Jahrtausenden mit einfachen Werkzeugen verarbeitet. Zudem dämmt es gut, es sieht angenehm aus und ist zum Teil sehr widerstandsfähig. Aus all diesen Gründen nutzen Menschen schon lange Holz als Werkstoff, beispielsweise für den Haus- und Möbelbau. Da der Rohstoff Holz nachwächst, wird er auch als Brennmaterial genutzt. Holz wird im Kamin oder als Holzpellets in Heizungen verbrannt.

Je nach Holzart unterscheiden sich die Eigenschaften dieses natürlichen Materials erheblich. Es gibt unter anderem hartes, widerstandsfähiges Eichenholz, biegsames Weidenholz oder sehr leichtes Balsaholz.

Metalle für alle Zwecke

Die kleine Büroklammer oder der viele tausend Tonnen schwere Ozeanriese bestehen beide aus Eisen. Es ist das am häufigsten genutzte Metall. Metalle sind als Werkstoffe wichtig, weil sie zäh, fest und hart sind. Sie lassen sich gut in Form gießen, sind formbar, elektrisch leitend und glänzend. Es gibt viele Verwendungsmöglichkeiten: Aus dem Leichtmetall Titan bestehen Flugzeugteile. Das sehr gut Strom leitende Kupfer ist für elektrische Schaltungen und Geräte wichtig. Das auch kalt gut formbare und sehr witterungsbeständige Blei findet beim Bau von Dächern Verwendung.

Werden verschiedene geschmolzene Metalle miteinander vermischt, bilden sie **Legierungen.** Diese haben andere Eigenschaften als die reinen Metalle. Nirosta-Stahl rostet nicht. Werkzeuge aus Chrom-Vanadium-Stahl sind besonders stabil.

2 Spielzeugkran aus Eisen.

Gebrauchsgegenstände werden hergestellt

Windspiel aus Kupferfischen

Du brauchst ein Kupferblech, eine Blechschere und Kupferdraht.

Zeichne auf Kupferblech einen großen und vier kleine Fische. Schneide sie mit einer Blechschere aus. Glätte die Kanten. Bohre dann in die kleinen Fische oben je ein Loch und in den großen Fisch unten vier Löcher. Befestige die kleinen Fische mit dünnem Kupferdraht am großen Fisch. Probiere aus, an welcher Stelle du im großen Fisch oben ein Loch bohren musst, um das Windspiel gerade aufzuhängen. Benutze zum Aufhängen einen dünnen Kupferdraht.

Poliere die Figuren vor dem Aufhängen. Für Verzierungen aller Art sind deiner Fantasie keine Grenzen gesetzt: Perlen, Federn, Spiegel und so weiter kannst du verwenden.

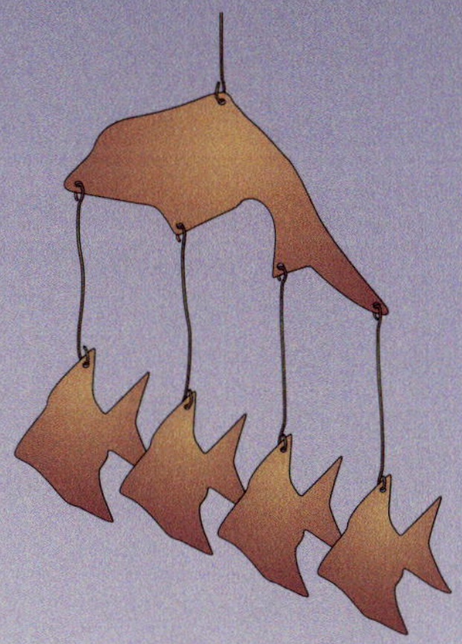

Papiertaschentücher im Spender aus Holz

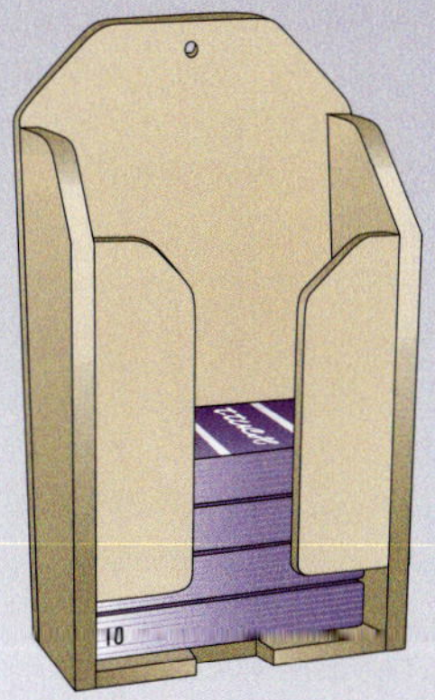

Material
Rückwand: 12 cm x 19 cm
Grundplatte: 7 cm x 14 cm
2 Seitenwände: 7 cm x 15 cm
2 vordere Bretter: 4 cm x 11 cm

Schräge die Brettchen an, wie es in der Abbildung zu sehen ist. Aus der Grundplatte wird vorne ein kleines Rechteck ausgesägt. Glätte alle Kanten. Bohre in die Rückwand oben ein Loch zum Aufhängen. Leime die Brettchen zusammen.

Falls du möchtest, kannst du deinen Taschentuchspender noch bemalen oder nach deinem Geschmack verzieren.

CD-Ständer aus Acryl-Glas

Material
Acrylglas-Platte: 17 cm x 50 cm (höchstens 8 mm stark)

Säge acht Schlitze der Höhe von 1,1 cm und der Breite von 13 cm in die Platte. Lass zwischen den Schlitzen einen Abstand von 2 cm. Säge die Schlitze so in die Platte, dass links und rechts ein gleicher Rand stehen bleibt. Glätte die Kanten.
Biege die Acryl-Glas-Platte so, dass ein Fuß entsteht. Spanne die Platte dazu ein und benutze einen Heißluft-Föhn.

Der CD-Ständer ist nicht auf diese Größe festgelegt. Du kannst ihn für weniger CDs bauen, aber ihn auch genauso gut für eine größere Anzahl von CDs herstellen. Du musst dann die Maße entsprechend ändern.

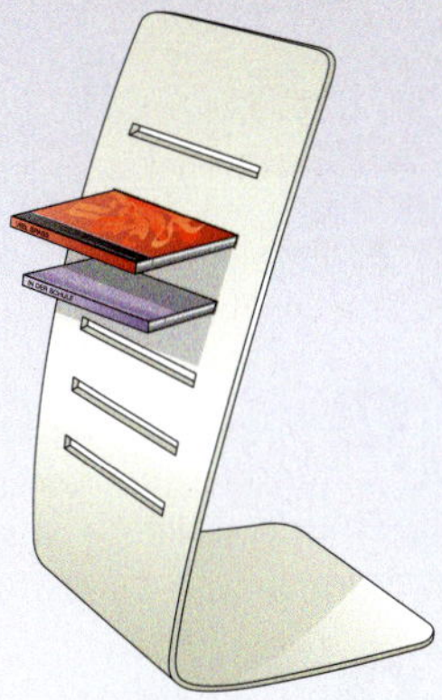

Besondere Stoffe

Eine ganz besondere Faser

Sie ist sehr fest, feuer- und hitzebeständig und beständig gegenüber Säuren und Laugen. Sie schmilzt nicht und beginnt erst ab etwa 400 °C zu verkohlen. Diese Kunststofffaser findet seit etwa 30 Jahren hauptsächlich unter dem Markennamen Kevlar™ eine immer größere Verbreitung.

1. a) Finde weitere Eigenschaften der Faser Kevlar™ heraus.
b) Wozu wird diese Faser verwendet?
c) Welche weiteren Handelsnamen gibt es für diese Faser?

Der häufigste Stoff der Erde

Sauerstoff kommt nicht nur als Bestandteil der Luft vor. Er ist auch in vielen chemischen Verbindungen enthalten. Wasser ist eine Verbindung aus Wasserstoff und Sauerstoff. Auch die meisten Gesteine sind Verbindungen mit Sauerstoff. Insgesamt besteht die Erdkruste einschließlich der Luft- und Wasserhülle zu mehr als der Hälfte aus Sauerstoff.

5. Welchen Anteil hat der Sauerstoff an der Luft?

6. Finde die Namen von Gesteinsarten, in denen Sauerstoff enthalten ist.

Ein sehr wertvoller Stoff

Gold wird vor allem zu Schmuckstücken verarbeitet und wird in großen Mengen überall auf der Welt als „Staatsschatz“ gehortet. Gold gehört zu den besten elektrischen Leitern und wird heutzutage auch im Bereich der Elektronik und Computertechnik eingesetzt.

2. Erstelle eine Übersicht zu den Verwendungsmöglichkeiten von Gold.

3. In welchen Ländern wird Gold abgebaut? Erkunde auch die entsprechenden Mengen und stelle sie in einer Übersicht zusammen.

4. Erkunde die Goldreserven von mindestens drei Industrienationen.

Ein sehr giftiger Stoff

Ein winziges Bakterium produziert ein Gift, das schon in geringen Mengen tödlich sein kann. Das Gift heißt Botulinum-Toxin. Es kann in verdorbenen Lebensmitteln und in Gemüse- und Fleischkonserven entstehen. Die Folgen sind Vergiftungen, die sogar zum Tod führen können.

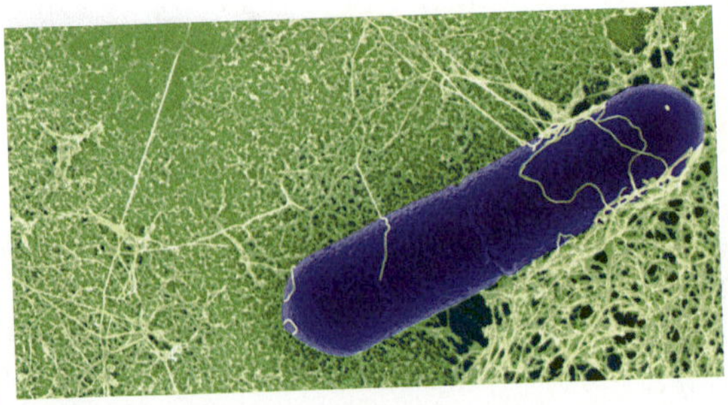

7. Finde heraus, wie der Name des Giftes in der Umgangssprache lautet.

8. Wie kannst du dich vor einer Vergiftung mit Botulinum-Toxin schützen?

Besondere Berufe

Schweißen von Metallen

Mit reinem Sauerstoff und dem Gas Acetylen erzeugt der Schweißbrenner eine Flamme mit einer Temperatur von bis zu 3000 °C. Augen und Körper müssen daher durch besondere Kleidung geschützt werden. Beim Schweißen von Metallen werden die geschmolzenen Stellen zusammengefügt. Erkalten sie, entsteht eine feste Verbindung.

1. Welche Schweißverfahren gibt es und wo werden sie benutzt?

Hosen und Schutzwesten

Beim Umgang mit der Kettensäge ist der Schutz der Beine die wichtigste Sicherheitsmaßnahme. Gewebe mit Kevlar™ bringen selbst eine laufende Kettensäge in Bruchteilen von Sekunden zum Stillstand. Solche Gewebe sind so belastbar, dass sie sogar vor Kugeln schützen. Schusssichere Westen enthalten eine Gewebeschicht aus diesem Material.

3. In welchen Berufen wird mit Schutzkleidung gearbeitet, die diesen Kunststoff enthält?

Umgang mit hochgiftigen Stoffen

Die Herstellung und die Verwendung hochgiftiger Stoffe geschieht in besonders geschützten Räumen. In diesen Räumen kann nur mit besonderer Schutzkleidung gearbeitet werden. Jeglicher Kontakt und besonders das Einatmen oder Verschlucken wird so verhindert.

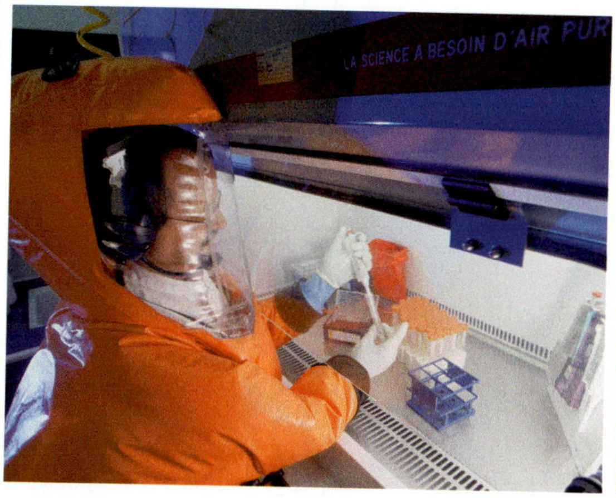

2. In welchen Berufen oder Arbeitsbereichen muss mit besonderer Schutzkleidung gearbeitet werden?

Am Barren ist es heiß

Gold wird in einem Ofen geschmolzen und dann als flüssiges Metall abgegossen. Es fließt in kastenförmige Behälter und kann nach dem Erkalten als Barren entnommen werden. Bei Temperaturen von über 1000 °C kann die Arbeit am Schmelzofen nur mit einer besonderen Schutzkleidung verrichtet werden.

Die Metallbeschichtung der Bekleidung reflektiert die Wärmestrahlung des flüssigen Goldes.

4. Warum ist eine Wärmeschutzkleidung silbrigglänzend?

5. In welchen Berufen wird mit einer Wärmeschutzkleidung gearbeitet?

Stoffumwandlungen in der Umwelt

1 Glänzende Schienen

2 Altes Eisen

1. a) Fülle drei Reagenzgläser je zur Hälfte mit etwas fettfreier Eisenwolle. Nimm einen Holzstab zur Hilfe. Drücke die Eisenwolle nicht zu fest zusammen. Das erste Glas bleibt unverändert stehen. Fülle in das zweite Reagenzglas soviel Wasser, dass die Eisenwolle zur Hälfte mit Wasser bedeckt ist. Im dritten Reagenzglas soll die Eisenwolle ganz in Wasser eintauchen.
b) Betrachte die Gläser nach einer Stunde, einem Tag und nach drei Tagen. Welche Veränderungen stellst du fest?

2. Was musst du mit einem Eisenblech machen, damit es auch im Freien blank bleibt?

3. Suche dir die Reste eines Laubblattes aus dem letzten Jahr und vergleiche es mit einem frischen Laubblatt. Welche Veränderungen kannst du feststellen?

4. a) Rühre einen Zwei-Komponenten-Kleber nach Gebrauchsanweisung an. Fülle damit den Schraubverschluss einer Mineralwasserflasche. Glätte die Oberfläche mit einem Holzspatel.
b) Beobachte die Kunststoffmasse. Wie lange dauert es, bis die Masse hart geworden ist?
c) Für welche Reparaturen könnte dieser Kunststoff eingesetzt werden?

5. a) Rühre in der Schulküche einen Teig aus folgenden Zutaten an:
400 g Weizenmehl, ein halber Teelöffel Salz, ein halber Würfel Hefe, 50 g Butter, 150 ml Milch.
b) Lass den Teig nach dem Durchkneten eine halbe Stunde warm und abgedeckt stehen.
c) Forme den Teig zu langen Schnüren und wickle diese um das saubere Ende eines Stockes. Backe ihn über der Glut knusprig. Wende ihn dabei immer hin und her, damit er nicht anbrennt.

6. Wie können unerwünschte Stoffumwandlungen vermieden werden? Zähle mehrere Beispiele auf.

3 Laub im Sommer

4 Laub im Herbst

5 Ein Schaden …

6 … schon behoben!

Eisen verändert sich …
Seit vielen Jahren sind keine Züge mehr über die Gleise in Bild 2 gerollt. Sie waren Wind und Wetter ausgesetzt und sind nun stark verrostet. Eisen rostet, wenn es Luft und Wasser ausgesetzt wird. Wird die Oberfläche ständig durch rollende Eisenbahnräder bearbeitet, setzt sich kein Rost fest (Bild 1).

… Laub aber auch …
Wie Eisen zersetzen sich viele Stoffe in der Natur, manche langsamer, manche schneller. Die Blätter der Laubbäume zersetzen sich im Laufe der Zeit. Riesige Mengen Laub bedecken jeden Herbst den Waldboden. In den meisten Gärten wird das Laub zusammengeharkt und kompostiert. Nach mehr als einem Jahr ist Komposterde daraus geworden. Auch im Wald volllzieht sich dieser Vorgang. Dort bilden sich jedes Jahr neue Schichten auf dem Waldboden.

… und auch Kunststoff
Ein Scharnier ist ausgebrochen und kann nicht mehr befestigt werden. Die runde Aussparung in der Spanplatte ist zerstört. Mit einer Zwei-Komponenten-Spachtelmasse kann hier Abhilfe geschaffen werden. Die Schadstelle wird mit dem Kunststoffgemisch fast gefüllt, das Scharnier wird eingesetzt. Nach dem Aushärten kann die Tür wieder eingebaut werden. Aus den beiden zähflüssigen Ausgangsstoffen ist ein harter, fester Werkstoff geworden.

Zur Umwandlung wird Wärme benötigt …
Aus einem Stockbrotteig wird durch das Erwärmen am Feuer aus der weichen Teigmasse ein festes Brot. Der Teig verändert sich beim Erwärmen: er bläht auf, er trocknet und wird an der Oberfläche goldbraun.
Damit aus dem Teig Brot wird, ist vorsichtiges Erwärmen erforderlich. Wird der Teig zu stark erwärmt, verkohlt die Außenschicht. Das Stockbrot ist verdorben. Lebensmittel, die so stark erwärmt wurden, dass sie schwarz sind, dürfen nicht mehr verzehrt werden.

… oder entsteht Wärme
Bei all diesen Beispielen spielten sich bei den Stoffumwandlungen **chemische Reaktionen** ab, teils gewollt wie beim Stockbrot, teils ungewollt wie beim Rosten der Schienen. Im Unterschied zu einem physikalischen Vorgang entstehen durch chemische Reaktionen neue Stoffe mit anderen Eigenschaften. Eines haben die Umwandlungsprozesse gemeinsam: bei ihnen wird ein Teil der chemischen Energie in **Wärme** umgewandelt. Es findet eine ▸ Energieumwandlung statt. Nun wirst du dir bei der rostenden Schiene, beim Laub oder bei der Zwei-Komponenten-Spachtelmasse nicht die Finger verbrennen. Es entsteht nur wenig Wärme. Du kannst sie beispielsweise spüren, wenn frisch gemähtes Gras auf einem Haufen gesammelt wird und sich zersetzt.

7 Lagerfeuer – auch zum Backen

8 Stockbrot

Herstellen von Stoffen mit gewünschten Eigenschaften

Durch chemische Umwandlung von Ausgangsstoffen können gezielt neue Stoffe gewonnen werden, die die gewünschten Eigenschaften haben. So können Farbstoffe und Aromastoffe hergestellt werden, wie sie in der Natur nicht vorkommen. Auch neue Werkstoffe lassen sich herstellen.

A) Herstellen von Farbstoffen, mit denen Lebensmittel gefärbt werden können
Heute werden viele Lebensmittel industriell hergestellt. Dabei werden den Produkten oft Farbstoffe beigegeben, um das Produkt frischer oder appetitlicher erscheinen zu lassen. Diese Farbstoffe müssen aber gesundheitlich unbedenklich sein.

1 Holunderbeeren

Materialien
Rote oder schwarze Holunderbeeren; Heidelbeeren (möglichst Waldheidelbeeren); tiefgekühlte Spinatblätter; 1 l farblose Limonade, 3 rohe Eier, Rührteig

Geräte
Teesieb, Teelöffel, 9 Bechergläser 500 ml, Trichter, Stativ, Stativklemme, Filterpapier, Trockentuch, 9 Reagenzgläser, Reagenzglasständer, Eierkocher, drei Backformen für Torteletts

2 Filtrieren des Holundersaftes

1. Herstellen der Farbstoffe
- Lege auf ein Becherglas das Teesieb und gib die von Stielen befreiten Holunderbeeren in das Sieb. Drücke nun mit dem Teelöffel die Beeren aus. Koche den Saft im Becherglas etwa 5 min lang.
  Baue das Stativ mit Klemme und Trichter wie in Bild 2 auf. Umwickle das heiße Becherglas mit dem Trockentuch und filtriere den Holundersaft vorsichtig in das Becherglas. Fülle den abgekühlten Holundersaft etwa 10 cm hoch in jeweils drei Reagenzgläser. Der Holundersaft dient als Grundfarbstoff, mit dem Lebensmittel und Getränke gefärbt werden können.
- Wiederhole das Verfahren mit den Heidelbeeren, ohne sie zu kochen.
- Taue tiefgekühlte Spinatblätter auf und fange das Tauwasser auf. Koche die Spinatblätter mit dem Auftauwasser aus, filtriere den Saft und fülle ihn ebenso in drei Reagenzgläser.

2. Verwendung der Farbstoffe
- Gib jeweils einen Teil eines Farbstoffes in ein Becherglas mit 200 ml farbloser Limonade.
- Koche die Eier hart und gib sie mit jeweils 200 ml Wasser und einem Teil jedes Farbstoffes in ein Becherglas. Drehe die Eier mehrmals um.
- Gib jeweils 20 ml des Farbstoffes zur ausreichenden Menge Rührteig in die Backformen, rühre sorgfältig um und backe den Teig im Backofen.
- Vergleiche jeweils die Ergebnisse bei der Verwendung der Farbstoffe.

Diese Vorgänge lassen sich in einem **Ablaufdiagramm** darstellen:

Holunderbeeren —auspressen→ Holundersaftsaft —kochen→ dunkelroter Farbstoff

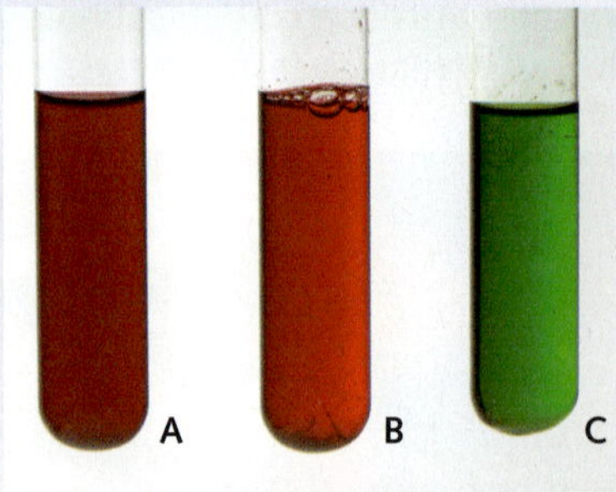

3 Lebensmittelfarbstoffe aus
A *Holunderbeeren,* **B** *Heidelbeeren und* **C** *Spinatblättern*

B) Herstellung eines Aromastoffes

In der Lebensmittelindustrie werden den Nahrungsmitteln oft Aromastoffe zugesetzt, um einen intensiveren Geschmack oder einen anderen Geschmack zu erreichen.

4 Herstellung von Karamell

Hinweis: Diese beiden Versuche müssen in der Schulküche durchgeführt werden!

Materialien
200 g Kristallzucker, 1 l Vollmilch

Geräte
Pfanne, Holzlöffel, Topflappen, Trinkgläser

1. Herstellung von Karamell
Gib in eine Pfanne 150 g Kristallzucker, erhitze die Pfanne. Rühre ständig den Zucker um, bis er flüssig und leicht braun wird. Dann nimm sofort die Pfanne vom Herd, gieße den Inhalt auf ein Backpapier und lass ihn erkalten. Du erhältst eine durchscheinende, gelbbraune Masse. Das ist der Aromastoff Karamell. Du kennst ihn von Bonbons her. Der Zucker hat sich durch die Wärmezufuhr zu Karamell umgewandelt.

2. Herstellung von Karamellmilch
Brich ein Stück von der Karamellmasse ab und gib es in ein Glas mit Milch und rühre so lange um, bis sich der Karamell aufgelöst hat.

Ablaufdiagramm:

$$\text{Zucker} \xrightarrow{\text{Wärme, ständiges Rühren}} \text{Karamell}$$

C) Herstellung von Kunststoff

Kunststoffe sind Werkstoffe, die in der Natur nicht vorkommen. Sie werden künstlich hergestellt. Es gibt eine Vielzahl von Kunststoffen mit unterschiedlichen Eigenschaften.

5 Ein künstlicher Stoff entsteht.

Materialien
200 g Epoxidharz, 80 g Härter L , 50 g Glasfaserschnitzel (6 mm), Wachstrennmittel

Geräte
Schutzhandschuhe, Sicherheitsbrille, Holzstab zum Umrühren, zwei leere Margarinebecher, zwei leere Joghurtbecher

Herstellung eines Kunststoffes
Trage das Trennmittel dünn auf den Boden und die Seitenwände der sauberen Margarineschalen auf. Rühre nach Vorschrift in beiden Jogurtbechern je 100 g Epoxidharz mit der entsprechenden Menge Härter an, gib zum zweiten Becher noch vier Teelöffel Glasfaserschnitzel, rühre gut um und fülle die Masse jeweils in die Margarinenschale. Lasse die Masse 48 Stunden lang aushärten und löse sie jeweils aus der Schale. Überprüfe die Biegebeständigkeit und das Verhalten beim Erwärmen.

Ablaufdiagramm:

$$\text{Epoxidharz} \overset{\text{mischen}}{+} \text{Härter} \xrightarrow{\text{aushärten}} \text{Kunststoff}$$

Stoffe und Geräte des Alltags → S. 406/407

Was so alles in der Flasche ist!

1. Erstelle ein ▸ Säulendiagramm zur Beliebtheit verschiedener Getränke. Lass dazu deine Mitschülerinnen und Mitschüler jeweils ihre drei Lieblingsgetränke auf einen Zettel schreiben.

2. Informiere dich über die Menge an Flüssigkeit, die ein Kind, ein Jugendlicher und ein Erwachsener pro Tag zu sich nehmen sollten.

Tipp
Falls du kein weißes Kupfersulfat hast, stelle es durch vorsichtiges Erhitzen von blauem Kupfersulfat her.

3. a) Gib eine Spatelspitze weißes Kupfersulfat auf ein Uhrglas. Füge einen Tropfen Wasser hinzu. Was beobachtest du?

b) Wiederhole den Versuch mit Speiseöl und Orangensaft statt mit Wasser. Welchen Unterschied stellst du fest?
c) Welchen Stoff kannst du mit weißem Kupfersulfat nachweisen?

4. Plane einen Versuch, mit dem du dem Orangensaft Wasser entziehen kannst. Besprich die Versuchsplanung mit deinen Mitschülerinnen und Mitschülern. Führe dann den Versuch durch.

5. Informiere dich über die verschiedenen Arten der Fruchtsaftherstellung.

6. Ermittle den Unterschied zwischen Direktsaft, Fruchtsaft, Fruchtsaftgetränk und Nektar.

Tipp
Informiere dich vor den folgenden Versuchen über den richtigen Gebrauch von Teststreifen.

7. Untersuche Mineralwasser und Traubensaft mit einem Teststreifen für ▸ Traubenzucker. Beschreibe, was du beobachtest hast und deute es.

8. a) Überprüfe Milch und Mineralwasser mit einem Teststreifen für Fett. Was stellst du fest?
b) Gib auf ein Löschblatt jeweils einen Tropfen Wasser, Speiseöl, Milch und Spiritus. Was stellst du nach dem Trocknen der Flüssigkeiten fest? Welchen Stoff kannst du so nachweisen?

9. Überprüfe Cola und Apfelsaft jeweils mit einem Teststreifen für Vitamin C. Welches Getränk enthält Vitamin C?

10. Halte jeweils einen Testreifen für Eiweiß in eine Probe von Kefir und Limonade. Was beobachtest du?

11. ▸ Stärke in Lebensmitteln und Getränken kannst du mithilfe einer Iod-Kaliumiodid-Lösung nachweisen. Gib mit einer Pipette jeweils einige Tropfen der Lösung in eine Probe Frühstückstrunk und in eine Probe Pfefferminztee. Woran erkennst du das stärkehaltige Getränk?

12. Untersuche die Lieblingsgetränke aus Aufgabe 1 auf Wasser, Traubenzucker, Vitamin C, Eiweiß und Stärke.

13. In industriell hergestellten Getränken sind oft viele Zusatzstoffe enthalten, die den Getränken eine bestimmte Farbe oder eine bestimmte Geschmacksrichtung geben. Auf den Etiketten sind die Zusatzstoffe meistens verschlüsselt mit E-Nummern angegeben. Schreibe von verschiedenen Etiketten die Zusatzstoffe in E-Nummern ab. Suche den entsprechenden Stoff und beschreibe ihn.

1 Eine große Auswahl an Getränken

2 Was da so alles drin ist!

Es ist für jeden Menschen sehr wichtig, dass er ausreichend Flüssigkeit zu sich nimmt. Du kannst bedeutend länger ohne Essen auskommen als ohne Trinken. Das Angebot an Getränken ist riesig.
Ob süß, ob sauer, jeder wird etwas Passendes finden.

Der Getränkedetektiv
In den Getränken sind viele Stoffe enthalten, die du nicht direkt erkennen kannst. Mit Teststreifen als Hilfsmittel kannst du aber auch diesen versteckten Stoffen auf die Spur kommen.
Die Teststreifen reagieren auf Stoffe wie Traubenzucker, Fett, Eiweiß oder andere Bestandteile des Getränks. Dabei verfärbt sich der untere Teil des Streifens, die Testzone. Die Verfärbung der Testzone ist der Nachweis für den betreffenden Stoff.

Der Grad der Verfärbung ist ein Maß für die Konzentration des gesuchten Stoffes.

Anhand des Beipackzettels kannst du die dort abgedruckte Farbskala mit der Verfärbung der Testzone vergleichen und so beispielsweise feststellen, in welchen Getränken mehr Eiweiß ist.

Wasser kann mit weißem Kupfersulfat, Stärke mit Iod-Kaliumiodid-Lösung nachgewiesen werden.

Alles klar mit den E-Nummern?
Oft werden industriell hergestellten Getränken noch Zusatzstoffe wie Farbstoffe, Stoffe zur längeren Haltbarkeit oder Geschmacksstoffe zugegeben.
Diese Stoffe werden mit einer E-Nummer bezeichnet und auf dem Etikett der Getränkeflasche angegeben. Eine Auswahl von E-Nummern findest du in Bild 3.

E-Nummer	Name des Stoffes	Art des Zusatzstoffes	Aufgabe
E 140 E 150d E 160a	Chlorophyll Zuckerkulör Beta-Carotin	Farbstoff	Sie verleihen den Getränken eine typische Farbe.
E 300 E 330 E 338	Ascorbinsäure Citronensäure Phosphorsäure	Säuerungsmittel	Sie machen Getränke und Lebensmittel länger haltbar und verändern den Geschmack.
E 420 E 951 E 952	Sorbit Aspartam Cyclamat	Süßungsmittel	Sie süßen ohne Zucker.

3 Eine Auswahl von E-Nummern

Was so alles auf dem Teller ist!

Mittags habt ihr bestimmt großen Hunger und freut euch auf ein Mittagessen. Es ist ja schon toll, wenn das Essen lecker aussieht, viel besser ist aber, wenn es dann auch noch schmeckt!
Wisst ihr aber auch, was in den Lebensmitteln, die ihr zu euch nehmt, alles enthalten ist?

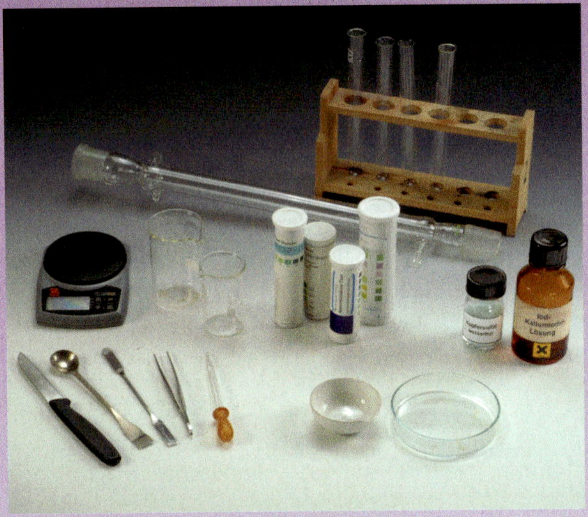

1 Eine Auswahl von Arbeitsgeräten

Gruppe 1: Bestandteil Wasser
Führt einen Versuch durch, mit dem ihr feststellen könnt, in welchem der Lebensmittel der Wasseranteil am größten ist.
Begründet, ob den Lebensmitteln Wasser entzogen werden kann.

Aufgaben für alle Gruppen

1. Überprüft einige Lebensmittel auf Wasser, ▸Traubenzucker, ▸Fett, ▸Eiweiß, Vitamin C oder ▸Stärke. Jede Gruppe untersucht das Fruchtfleisch eines Apfels, einen Schokoladenkeks und zwei weitere Lebensmittel ihrer Wahl.

2. Besprecht in eurer Gruppe, welche Arbeitsgeräte ihr aus Bild 1 braucht. Benennt die Arbeitsgeräte. Solltet ihr noch weitere Geräte benötigen, wendet euch an eure Lehrerin oder euren Lehrer.

3. Informiert euch über die ▸Sicherheitsvorschriften und über die Entsorgung der eingesetzten Stoffe. Die untersuchten Lebensmittel dürfen nicht probiert werden.

4. Erstellt zu euren Untersuchungen ein ▸Versuchsprotokoll.

5. Tragt die Versuchsergebnisse der Klasse vor. Ihr könnt alle Protokolle dann zusammen mit Zeichnungen oder Fotos zu einer Wandzeitung zusammenstellen. Nennt alle Informationsquellen, die ihr benutzt habt.

Gruppe 2: Bestandteil Eiweiß
Erarbeitet eine Methode, mit der auch der Keks untersucht werden kann.
Stellt eine Rangfolge des Eiweißgehaltes bei den von euch untersuchten Lebensmitteln auf.
Warum braucht der Mensch Eiweiß?

Gruppe 3: Bestandteil Fett
Untersucht das Gebäck und die Schokolade des Schokoladenkekses getrennt.
Stellt vor der Untersuchung eine Rangfolge zu euren Vermutungen über den Fettgehalt der Lebensmittel auf. Überprüft die Rangfolge mithilfe der Versuche und korrigiert danach eure Liste.
Welche Fettarten werden unterschieden? Nennt Beispiele.

Gruppe 4: Bestandteil Traubenzucker
In welchen der untersuchten Lebensmitteln ist Traubenzucker?
Informiert euch über die Verwendung von Traubenzucker.
Sucht weitere Lebensmittel, in denen Traubenzucker (Glucose) enthalten ist.

Gruppe 5: Bestandteil Vitamin C
Untersucht die Lebensmittel auf ihren Vitamin C-Gehalt. Stellt danach eine Rangfolge des Vitamin C-Gehalts der untersuchten Lebensmittel auf.
Informiert euch über die Bedeutung des Vitamin C.
Welche Lebensmittel sind besonders Vitamin C-haltig?

Gruppe 6: Bestandteil Stärke
In welchem der von euch untersuchten Lebensmitteln vermutet ihr den höchsten, in welchem den geringsten Stärkegehalt?
Überprüft eure Vermutungen durch Versuche.
Informiert euch über die Bedeutung der Stärke für die Ernährung.

Lebensmittel haltbar machen

1 Aus Obst wird Marmelade.

2 Weintrauben werden zu Rosinen.

3 Eingelegte Gurken

1. Schneide Obst in kleine Stücke. Lege diese in eine Petrischale und lass alles mehrere Tage an einem warmen Ort stehen. Kontrolliere die Schale jeden Tag. Protokolliere deine Beobachtungen.

2. a) Entferne aus einem Apfel das Kerngehäuse. Es gelingt dir am besten mit einem Apfelausstecher. Schneide den Apfel in dünne Ringe und fädele sie auf eine Schnur. Lass die Apfelringe auf der Schnur einige Tage an einem luftigen und schattigen Platz trocknen.
b) Trockne Apfelringe im Ofen. Entferne dazu aus einem zweiten Apfel wieder das Kerngehäuse und schneide den Apfel in dünne Ringe. Lege die Ringe auf ein Gitter und trockne sie bei 50 °C Umluft im Backofen.
c) Vergleiche den Geschmack der getrockneten Apfelringe mit dem von frischen Apfelringen.

4. Wasche 500 g kleine Gurken und stich mit einer Nadel Löcher in die Gurken. Lege sie über Nacht in Salzwasser ein. Gib sie am nächsten Tag mit einem Esslöffel Gurkengewürz und 100 g Perlzwiebeln in ein Glas.
Stelle aus 250 ml Weinessig, 100 ml Wasser, 50 g Zucker und einem Teelöffel Salz die Essig-Zucker-Lösung zum Übergießen der Gurken her. Gib alle Zutaten in einen Topf und lass sie aufkochen. Gieße die heiße Lösung über die Gurken. Verschließe das Glas mit einem Deckel und bewahre es kühl auf.

5. Informiere dich darüber, aus welcher Fischart und seit wann auf den Lofoten der Stockfisch hergestellt wird.

4 Apfelringe auf der Leine

3. Stelle Marmelade her. Dafür sind nahezu alle Früchte geeignet. Beachte, dass Früchte und Gelierzucker immer im richtigen Verhältnis verwendet werden. Zunächst musst du die Früchte gut waschen und dann leicht abtrocknen. In einem Topf können sie mit dem Pürierstab zerkleinert werden. Dann wird der Gelierzucker mit etwas Zitronensaft hinzugegeben. Lass die Mischung vier Minuten kochen und fülle die fertige Marmelade in heiß ausgespülte Gläser. Verschließe diese gut mit einem Deckel.

6. Nenne weitere Lebensmittel, die durch Trocknen haltbar gemacht wurden.

7. Was verhindert das Wachstum von Bakterien und Schimmelpilzen?

Konservieren – früher und heute

Schon die Menschen der Urzeit haben versucht, Jagdbeute oder geerntete Lebensmittel haltbar zu machen. Sie brauchten Nahrungsreserven für den Winter oder für ihre Wanderungen. So entwickelten sie die ersten Konservierungsverfahren.

Trocknen

Das Haltbarmachen von Lebensmitteln durch Trocknen ist wahrscheinlich das älteste Verfahren. Ohne Wasser fehlt Schimmelpilzen und Bakterien die Lebensgrundlage.
Noch heute wird auf diese Weise getrockneter Fisch, der Stockfisch, hergestellt. Auf den Lofoten, einer Inselgruppe in Norwegen, hängen im Frühjahr viele Tausend Fische an langen Holzgestellen und trocknen langsam an der Luft (Bild 5).

Einsalzen

Auch das Einsalzen von Fisch und Fleisch mit Kochsalz ist ein sehr altes Konservierungsverfahren. Das Salz entzieht dabei den Nahrungsmitteln das Wasser.

Sauer einlegen

Gurken, Zwiebeln und andere Gemüse werden in Essig eingelegt und dadurch haltbar gemacht.

5 Stockfisch

Räuchern

Wurst, Schinken oder Fisch werden über einem schwelenden Holzfeuer geräuchert. Bestandteile des Rauchs dringen in das Fleisch ein und machen es haltbar. Dabei verändert sich auch der Geschmack.

6 Schinken

Kühlen und Gefrieren

Früher lagerten die Menschen ihre Lebensmittel bei niedrigen Temperaturen in Kühlkellern. Heute ist diese Art der Aufbewahrung nicht mehr gebräuchlich. Lebensmittel werden heute nach der Ernte eingefroren und dann tiefgekühlt aufbewahrt.

7 Tiefkühlkost

Erhitzen

Frischmilch wird durch kurzzeitiges Erhitzen für mehrere Tage haltbar. Dieser Vorgang wird **Pasteurisieren** genannt. H-Milch ist durch eine kurze Ultrahocherhitzung sogar für mehrere Wochen haltbar.
Auch andere Nahrungsmittel wie Fruchtsaft oder Wein werden pasteurisiert.

Konservieren mit Zucker

Zum Konservieren von Lebensmitteln eignet sich auch Zucker. Damit werden hauptsächlich Früchte in Form von Marmelade oder Gelee haltbar gemacht. Zucker hat eine ähnlich Wasser entziehende Wirkung wie Salz.

Luftdicht verschließen

Mit der Erfindung der Konservendose im Jahre 1810 gelang es, Lebensmittel sehr lange haltbar zu machen. Bei dieser Methode werden die Lebensmittel in die Konservendosen gefüllt. Anschließend werden diese luftdicht verschlossen. Die Konservendosen kommen dann in eine Apparatur, in der sie kurzzeitig erhitzt werden. So werden eventuell vorhandene Bakterien und Schimmelpilze abgetötet.

8 Konservenherstellung

Stoffe im Alltag

Stoffe und Stoffeigenschaften
Stoffe erkennst du an ihren Eigenschaften. In einem **Steckbrief** werden die Stoffeigenschaften zusammengefasst.

Reinstoffe und Stoffgemische
Ein Stoff kann ein **Stoffgemisch** oder ein **Reinstoff** sein. Stoffgemische bestehen aus mindestens zwei verschiedenen Stoffen. Ein Reinstoff ist einheitlich aufgebaut.

Name des Gemisch	Aggregatzustand der Bestandteile	Beispiel
Gemenge	fest in fest	Müsli, Granit
Lösung	fest in flüssig	gesüßter Tee
Lösung	flüssig in flüssig	Apfelsaft
Lösung	gasförmig in flüssig	Mineralwasser
Suspension	fest in flüssig	Orangensaft
Rauch	fest in gasförmig	staubige Luft
Emulsion	flüssig in flüssig	Milch, Handcreme
Schaum	gasförmig in flüssig	Badeschaum
Nebel	flüssig in gasförmig	Nebel
Gasgemisch	gasförmig in gasförmig	Luft

Trennung von Stoffgemischen
Für Stoffgemische gibt es verschiedene **Trennverfahren.** Die Trennung erfolgt aufgrund unterschiedlicher Eigenschaften der Stoffe.
Müll besteht aus verschiedenen Müllsorten. Getrennte Müllsammlungen sind die Voraussetzung für die **Wiederverwertung** wertvoller Wertstoff.

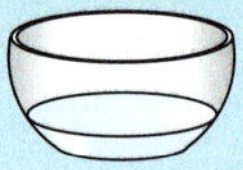

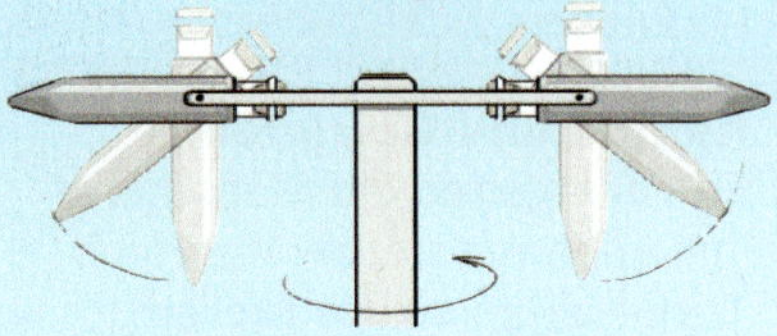

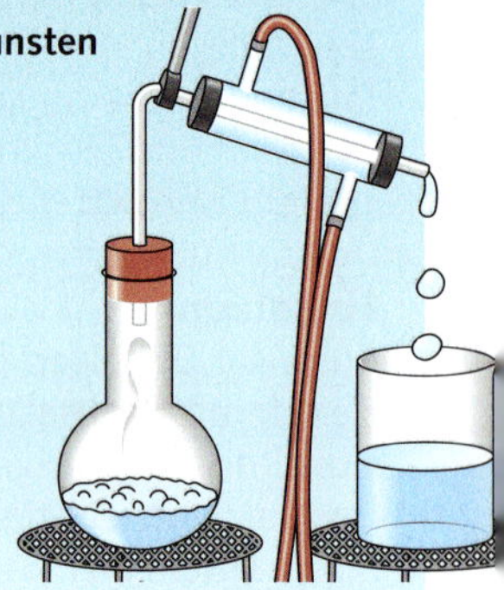

Saure und alkalische Lösungen
Säuren und Laugen lassen sich durch **Indikatoren** unterscheiden.

Teilchenmodell
Nach dem Teilchenmodell bestehen Stoffe aus **kleinen Teilchen.** Mithilfe dieser Modellvorstellung lässt sich beispielsweise das Lösen von Zucker in Wasser beschreiben.

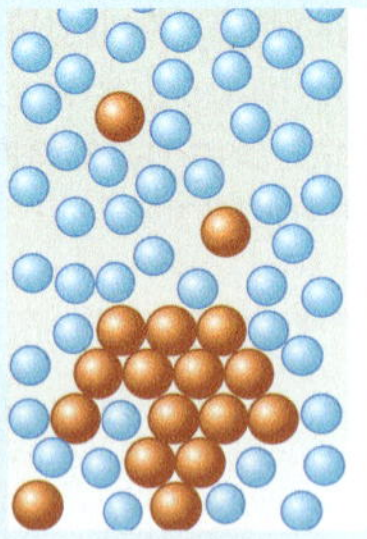

Eine Ordnung für Stoffe
Stoffe lassen sich nach ihren **Eigenschaften** und ihrer **Verwendung** ordnen. Häufig verwendete **Werkstoffe** sind Glas, Kunststoffe, Holz und Metall.

Stoffumwandlungen
Chemische Reaktionen sind Stoffumwandlungen. Dabei entstehen aus Ausgangsstoffen neue Stoffe mit neuen Eigenschaften. Bei solchen Umwandlungsprozessen wird **Wärme** frei.

Lebensmittel
Mithilfe von **Teststreifen** können viele Stoffe in Lebensmitteln nachgewiesen werden. Wasser wird mit **weißem Kupfersulfat** und Stärke wird mit **Iod-Kaliumiodid-Lösung** nachgewiesen.
Lebensmittel lassen sich durch verschiedene **Konservierungsverfahren** vor Schimmel und Bakterien schützen. Durch Trocknen, Räuchern, Einsalzen, Kühlen, Gefrieren, Einkochen oder luftdichtes Verschließen lassen sich Lebensmittel haltbar machen.

1. a) Welche Stoffeigenschaften kannst du mit deinen Sinnesorganen feststellen?
b) Nenne Stoffeigenschaften, für deren Bestimmung du weitere Hilfsmittel benötigst. Nenne die Hilfsmittel.

2. Erstelle die Steckbriefe zweier Stoffe. Lass deine Nachbarin oder deinen Nachbarn herausfinden, um welchen Stoff es sich jeweils handelt.

3. Erkläre den Unterschied zwischen Stoffgemisch und Reinstoff an je drei Beispielen.

4. Was kennzeichnet eine Suspension? Nenne drei Beispiele.

5. Wo begegnen dir im Alltag Emulsionen? Nenne drei Beispiele.

6. Ordne die richtigen Fachbegriffe zu:
a) vorsichtig abgießen
b) absetzen lassen.

7. Du bist in eine Pfütze getreten. Das Wasser ist nun trüb geworden. Bald wird es wieder klar. Schreibe in der richtigen Reihenfolge alle Vorgänge auf, die hier eine Rolle gespielt haben. Verwende dabei die Fachbegriffe.

8. Ein Gemisch aus Wasser, Sand und Eisen soll getrennt werden. Beschreibe, wie du vorgehen würdest.

9. Beschreibe die Verfahren, mit denen du eine Suspension in ihre Bestandteile auftrennen kannst.

10. Woran erkennst du eine Lösung?

11. Warum kannst du eine Lösung nicht durch Filtrieren trennen?

12. Wie heißt eine Lösung, in der sich ein Bodensatz gebildet hat?

13. Wie kannst du einen Bodensatz in einer Lösung wieder auflösen?

14. Nenne Beispiele, wie du Müll vermeiden kannst.

15. a) Welche der folgenden Stoffe gehören in den Sondermüll: Medikamente, Leuchtstoffröhren, Ölfarben, Küchenabfälle, Batterien?
b) Nenne weitere Beispiele für Sondermüll und beschreibe, wie solche Stoffe entsorgt werden.

16. a) Beschreibe drei Verfahren, wie du aus einer Salzlösung das Salz zurückgewinnen kannst.
b) Führe einen Versuch davon durch.

17. Dampfe von folgenden Wasserproben jeweils die gleiche Menge ein: Leitungswasser, Regenwasser, destilliertes Wasser und Mineralwasser. Bei welcher Wasserprobe bleibt nach dem Eindampfen der geringste Rückstand?

18. Zeichne eine Destillationsanlage und beschrifte sie.

19. Bei welchen der folgenden Verfahren handelt es sich um eine Extraktion: Tee zubereiten, Zucker auflösen, Rotkohl kochen, Filterkaffee zubereiten, Butter schmelzen, Wasser erwärmen, Tomaten zerquetschen, Kakaogetränk herstellen?

20. Schaue dich zuhause in deinem Zimmer um und fertige eine Liste mit Werkstoffen an. Sortiere sie in einer Tabelle nach Stoffgruppen.

21. Beschreibe die Herstellung von Glas in kurzen Sätzen.

22. Nenne Bereiche in deiner Umwelt, in denen Kunststoffe eingesetzt werden. Fertige dazu eine Tabelle an.

Kunststoffe	Eigenschaften	Verwendung

23. Nenne Gründe, warum bei dir zuhause viele Gegenstände aus Holz gefertigt sind.

24. Nenne drei Gruppen von Zusatzstoffen, die Lebensmitteln zugesetzt werden.

25. Nenne je zwei Lebensmittel, die von dem folgenden Bestandteil besonders viel enthalten: Wasser, Eiweiß, Fett, Traubenzucker, Vitamin C, Stärke.

26. Zähle sechs Konservierungsmethoden aus dem Haushalt und aus der Lebensmittelindustrie auf und erläutere sie.

Ein Kabel enthält viele Leitungen. Sie verbinden die elektrischen Geräte mit der Stromquelle.
Warum haben das Kabel und die Leitungen einen Kunststoffmantel? Warum wird als Leitungsmaterial meistens Kupfer gewählt?

Geräte im Alltag

Der Scheibe Brot ist wohl recht warm geworden. Aber ohne elektrischen Strom wäre sie nicht so knusprig. Wie kommt es zu der Wärme?

Bauteile in elektrischen Geräten

1. a) In Bild 1 siehst du verschiedene Elektrogeräte, die aus vielen Bauteilen zusammengesetzt sind. Dabei haben einige Geräte mehrere unterschiedliche Bauteile. Übertrage die Tabelle in dein Heft. Trage die Elektrogeräte ein und kreuze an, wenn sich die angegebenen Bauteile in dem jeweiligen Gerät befinden.

Bauteil / Gerät	Schalter	Motor	Getriebe	Gehäuse	Speicher
Flachbildschirm					

b) Nenne die Bauteile, die alle hier abgebildeten Geräte gemeinsam haben.
c) Begründe, warum diese Bauteile eingebaut wurden.
d) Begründe, warum einige Bauteile nicht in alle Geräte eingebaut worden sind.
e) Was ist entscheidend dafür, welche Bauteile für ein Gerät verwendet werden?

1 Verschiedene Geräte – verschiedene Bauteile?

Bauteile in Geräten

Es gibt eine Vielzahl verschiedener elektrischer Geräte. Sie werden aus Einzelteilen, den **Bauteilen,** zusammengesetzt. Dabei können Bauteile, die die gleiche Funktion haben, unterschiedlich aussehen. Du kennst etwas Ähnliches von deinen Stiften. So können Bleistifte unterschiedlich aussehen, haben aber die gleiche Funktion.
Ein ▸ Schalter kann beispielsweise ein ▸ Wippschalter sein, wie du ihn von der Wohnungsbeleuchtung her kennst, es kann ein Drehschalter sein wie bei einem Elektroherd oder auch ein Druckschalter wie bei einem Handy.

2 Lauter Druckschalter

Unterschiedliche Bauteile in unterschiedlichen Geräten

Beim Zusammensetzen einer Waschmaschine können nicht all die Bauteile eingesetzt werden, die in einem Handy vorhanden sind. Eine Waschmaschine braucht eine Laugenpumpe, dafür aber kein Mikrofon und keinen Lautsprecher. Eine Laugenpumpe im Handy ist völlig sinnlos. Es werden also nur die Bauteile eingesetzt, die zum Betrieb des Gerätes notwendig und sinnvoll sind.

Beide Geräte haben aber auch gleiche Bauteile. So kann der Benutzer über einen ▸ Schalter die Geräte ein- oder ausschalten.

Elektrische Geräte erleichtern die Arbeit

1. a) In Bild 1 siehst du verschiedene elektrische Geräte, wie sie heute in vielen Haushalten zu finden sind. Übertrage die Tabelle in dein Heft. Trage in die erste Spalte die Namen der Elektrogeräte aus Bild 1 ein.

b) Trage in die zweite Spalte ein, welche Arbeit durch den Einsatz der jeweiligen elektrischen Geräte vereinfacht wird.

c) Beschreibe in der dritten Spalte, wie die Arbeiten vor Erfindung der Geräte verrichtet wurden.

Gerät	Welche Arbeit wird damit erleichtert?	Wie wurde früher die Arbeit verrichtet?
Waschmaschine		

1 **Elektrische Geräte erleichtern den Alltag.**

2. Suche in Geschichtsbüchern, Lexika oder im Internet nach Abbildungen aus dem 19. Jahrhundert, die Folgendes zeigen:
a) das Arbeitsleben in der Landwirtschaft, im Handwerk und in der Industrie,
b) die Arbeit im Haushalt.
c) Vergleiche die Arbeitssituationen aus a) und b) mit den Arbeitssituationen heute.

Körperliche Arbeit wird ersetzt

Viele Tätigkeiten im täglichen Leben, bei denen früher körperliche Arbeit eingesetzt werden musste, werden heute mithilfe elektrischer Geräte ohne große körperliche Anstrengung erledigt. So ist das Herstellen von Schlagsahne heute mit dem elektrischen Handmixer weniger anstrengend als früher mit dem Handquirl.
Der Schreiner hobelt und schleift die Bretter, die er zur Herstellung einer Tür braucht, heute mit einem elektrischen Hobel und einem elektrischen Schleifer. Das ist nicht so anstrengend für ihn und geht auch schneller als früher. Damals musste er seine körperliche Kraft einsetzen, um zu hobeln und zu schleifen.

Pferde, Wind und Wasser

Aber nicht nur die menschliche Arbeit wird durch die elektrischen Geräte ersetzt oder erleichtert. So werden heute Mühlen elektrisch betrieben, die das Getreide zu Mehl mahlen. Ein Knopfdruck, und schon drehen sich die Mühlsteine. Ein weiterer Knopfdruck, und die Mühlsteine halten an.

Früher wurden die Mühlen mit Wasser oder Wind angetrieben. Das hatte zur Folge, dass bei Windstille oder längerer Trockenheit kein Korn gemahlen werden konnte. Manchmal wurden auch Tiere wie Esel und Pferd eingespannt, die die Arbeit verrichteten, um die Mühlsteine zu drehen.

Entstehung eines Stromkreises

1 Was strömt denn hier?

1. a) Suche nach Begriffen, die das Wort Strom enthalten, und beschreibe deren Bedeutung.
b) Beschreibe, was in den Bildern 1A bis 1C strömt.

2. Vergleiche die Schülerbewegungen auf dem Pausenhof mit den Strömen aus Aufgabe 1.

3. Vergleiche die Funktionsweise des Zimmerspringbrunnens mit der des elektrischen Stromkreises. Finde Gemeinsamkeiten und Unterschiede.

4. a) Begründe, warum ein strömender Bach ein Teil des Wasserkreislaufes ist.
b) Beschreibe den vollständigen Wasserkreislauf.

Strömende Teilchen

Das Wort Strom hat eine vielfältige Bedeutung. Du spürst das strömende Wasser eines Baches, wenn du die Hand hineinhältst. Ebenso spürst du die strömende Luft auf der Haut, wenn der Wind weht. Du hast sicher schon andere Ströme, wie Verkehrsströme oder Menschenströme, beobachtet.
Alle diese Ströme haben Gemeinsamkeiten und Unterschiede. Wasser wird nicht nur in Flüssen und Bächen transportiert, sondern wie andere Flüssigkeiten auch in geschlossenen Rohrleitungen. Dabei ist eine Pumpe notwendig, um das Wasser strömen zu lassen.

Hinweis
Oft wird gesagt, dass ▸ elektrischer Strom fließt. Dieser umgangssprachliche Ausdruck ist physikalisch falsch. In einem Stromkreis fließen Elektronen. Es entsteht ein ▸ Elektronenfluss.

Der elektrische Strom

Doch was ist der elektrische Strom, der sogar in festen Stoffen, wie in Metalldrähten, auftritt? Was fließt dabei? In den elektrischen Bauteilen und Leitungen bewegen sich ▸ kleinste Teilchen, die **Elektronen.** Sie sind die Träger der Elektrizität und bilden den **elektrischen Strom.**

Der elektrische Stromkreis

Ähnlich wie die Wasserteilchen im Springbrunnen brauchen die Elektronen einen Antrieb, um sich zu bewegen. Sie werden durch Batterien oder andere Stromquellen angetrieben.
Durch die elektrische Leitung von der Batterie zur Lampe können die Elektronen zur Lampe hinfließen und über die Rückleitung wieder zur Batterie zurück. Es entsteht ein Kreislauf der Elektronen, der **elektrische Stromkreis.**

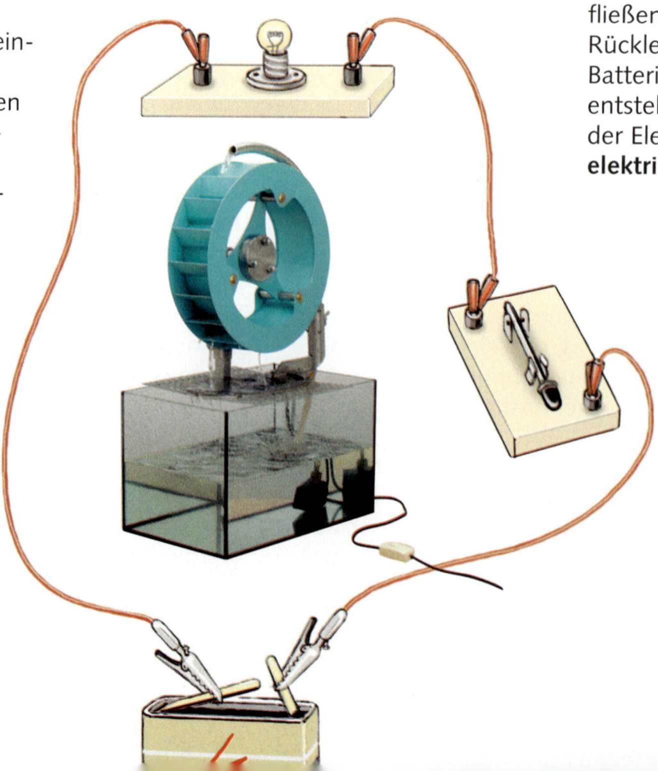

2 Ein Wasserkreislauf und ein elektrischer Kreislauf

Elemente des Stromkreises

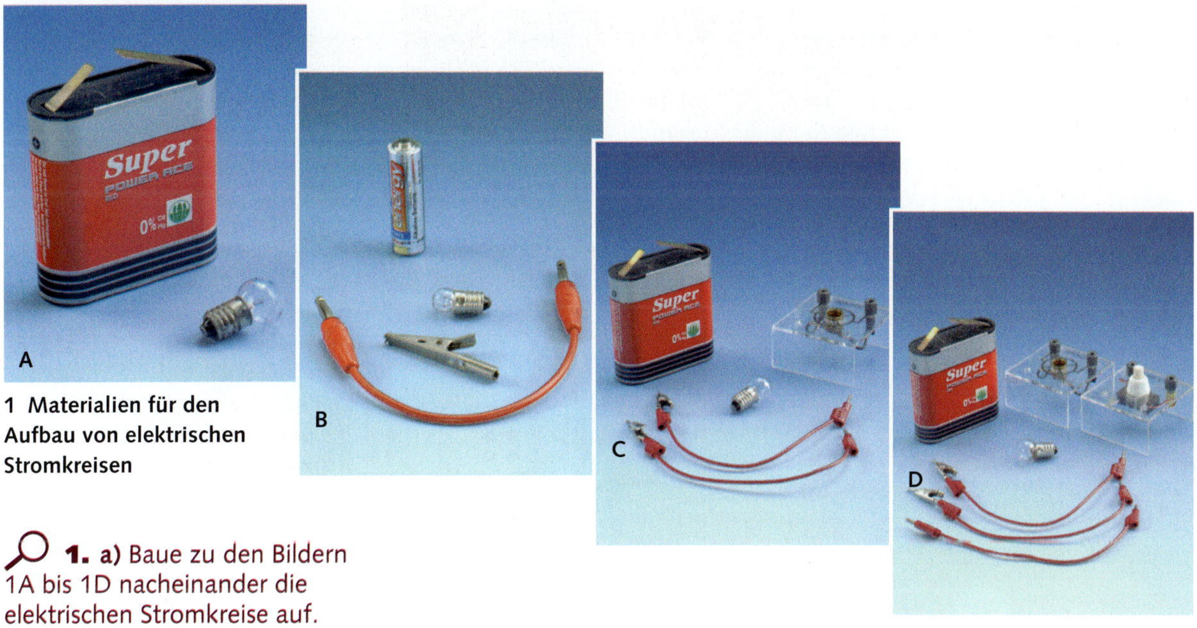

1 Materialien für den Aufbau von elektrischen Stromkreisen

1. a) Baue zu den Bildern 1A bis 1D nacheinander die elektrischen Stromkreise auf.
b) Woran erkennst du, dass Elektronen fließen?
c) Beschreibe die Gemeinsamkeiten und Unterschiede der verschiedenen Stromkreise.

2. a) Verwende den elektrischen Stromkreis nach Bild 1D. Vertausche die Pole der Batterie. Was stellst du fest?
b) Vertausche die Reihenfolge von Lampe und Schalter. Was stellst du fest?

Aufbau von Stromkreisen

Der einfachste Aufbau eines Stromkreises besteht aus einer Batterie als **Stromquelle** und einer Lampe als **Stromanzeiger.** Damit das Experimentieren einfacher wird, wird die Lampe in eine Fassung geschraubt. Mit **Leitungen** wird die Fassung mit der Batterie verbunden.

Mit einem Schalter geht es einfacher

Um den Stromkreis nach Bedarf öffnen oder schließen zu können, wird ein **Schalter** eingefügt. Damit dieser in den Stromkreis eingebaut werden kann, muss der Stromkreis an einer beliebigen Stelle unterbrochen werden.

Die Glühlampe

Pinnwand

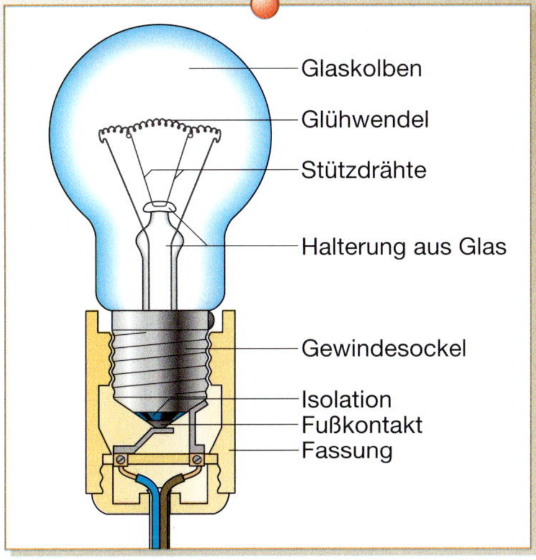

3. a) Beschreibe den Aufbau einer Glühlampe.
b) Zeichne das linke Bild ab und trage den Weg der Elektronen mit Farbe ein.

4. Erarbeite einen Kurzvortrag zur geschichtlichen Entwicklung der Glühlampe. Gehe dabei auch auf die Erfinder HEINRICH GOEBEL und THOMAS ALVA EDISON ein.

5. Nenne andere Leuchtmittel.

Stromkreise

Hier könnt ihr verschiedene Bauteile zu einem ▸ Stromkreis zusammenfügen. Dabei müssen die gewählten Bauteile zusammenpassen.
Bildet Gruppen und überlegt innerhalb der Gruppe sorgfältig, wie die Schaltungen aussehen sollen, bevor ihr mit dem Versuchsaufbau beginnt.

Alle Bauteile des Stromkreises lassen sich jeweils durch andere ersetzen, welche die gleiche Aufgabe erfüllen. Beispiele dafür findet ihr im Bild.

Führt die Versuche durch und fertigt zu allen Versuchsaufbauten eine Skizze an.

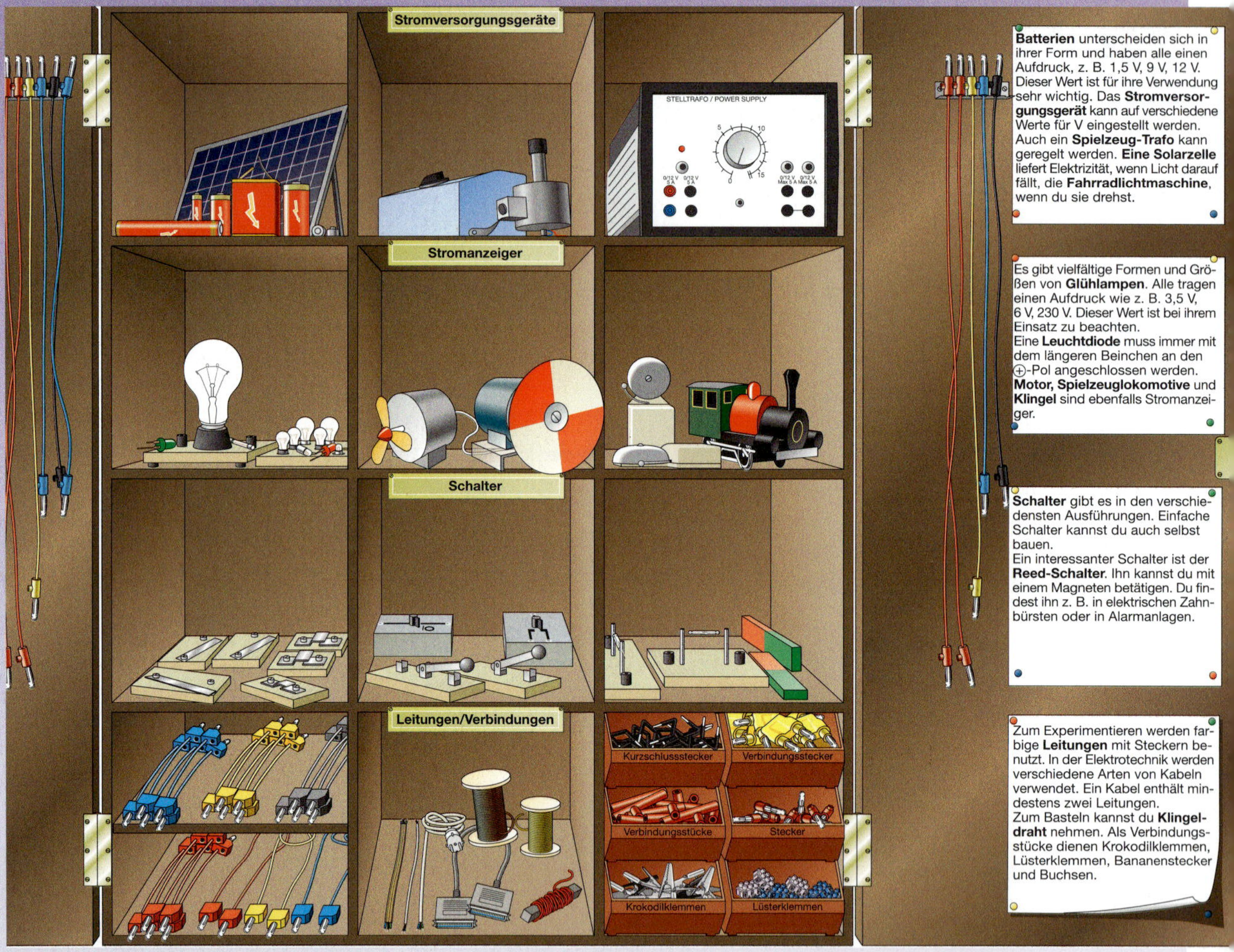

Versuche für alle Gruppen

1. Baut einen elektrischen Stromkreis mit einer Flachbatterie, einer Lampe mit Fassung und einem Schalter auf.

2. a) Ersetzt die Lampe in Versuch 1 durch eine Klingel.
b) Tauscht die elektrische Stromquelle aus. Wählt beispielsweise die Fahrradlichtmaschine statt der Flachbatterie.

3. a) Baut jeweils aus Geräten für die Stromversorgung und die Stromanzeige sowie aus Schaltern und Leitungen elektrische Stromkreise auf und überprüft, ob die Bauteile zusammenpassen.
b) Beschreibt eure Beobachtungen, die ihr nach dem Austauschen der Bauteile gemacht habt.

4. Tauscht eure Skizzen gruppenweise untereinander aus, baut diese nach und vergleicht.

Schaltzeichen – international verständlich

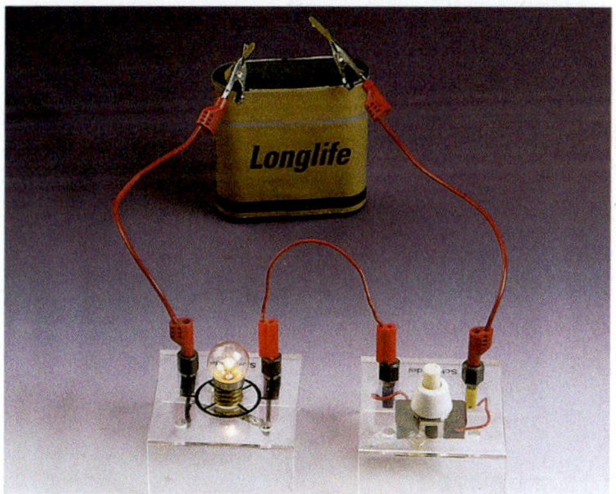

1 Einfacher Stromkreis

1. Zeichne den Schaltplan zu Bild 1 mit den internationalen Schaltzeichen. Vergleiche deine bisherigen Aufbauskizzen mit diesem Schaltplan.

2. Ersetze die Stromquelle in Aufgabe 1 durch einen Spielzeugtransformator und die Lampe durch einen Kleinstmotor. Zeichne den neuen Schaltplan.

3. Baue einen Stromkreis mithilfe des Schaltplans aus Bild 3 auf und überprüfe den Versuchsaufbau.

4. a) Zeichne den Schaltplan zu Bild 3, wenn du die Klingel durch einen Motor ersetzt.
b) Baue den Stromkreis von a) auf und überprüfe ihn.

5. Begründe, warum es sinnvoll ist, Schaltzeichen unabhängig von einer Sprache festzulegen.

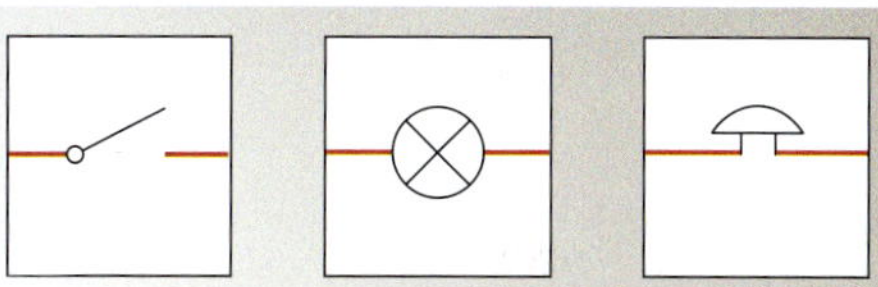

switch	lamp	bell
interrupteur	lampe	sonnette
interruptor	lampara	campanilla
dügmesi	lamba	zil
выключатель	лампа	звонок

Stromkreise – schnell gezeichnet

Würdest du alle Bauteile von Stromkreisen so zeichnen wie sie aussehen, würde das sehr lange dauern und zu sehr unterschiedlichen Ergebnissen führen.
Daher sind in der Physik und in der Technik schon früh einfache Zeichen für elektrische Bauteile eingeführt worden. Es sind die **Schaltzeichen**. Sie werden weltweit verstanden.

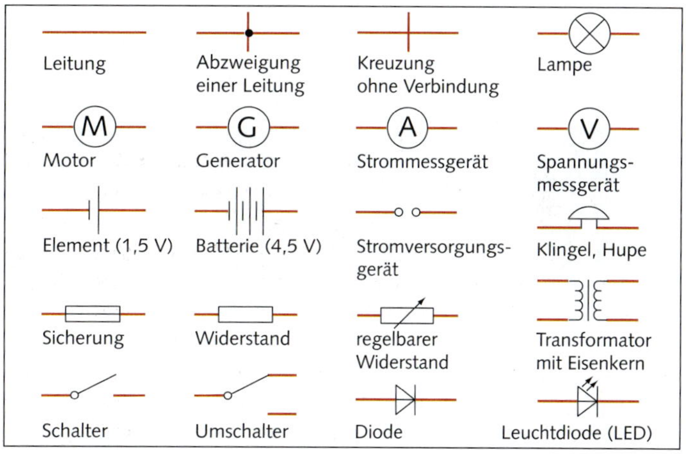

2 Internationale Schaltzeichen

Der Schaltplan

Du kannst einen Stromkreis jetzt mit den Schaltzeichen für die einzelnen Bauteile und Geräte einfach und schnell zeichnen. Eine solche Zeichnung heißt **Schaltplan**.
Eine solche Darstellung ist stets sauber und vor allem übersichtlich, selbst wenn viele Bauteile gezeichnet werden müssen.

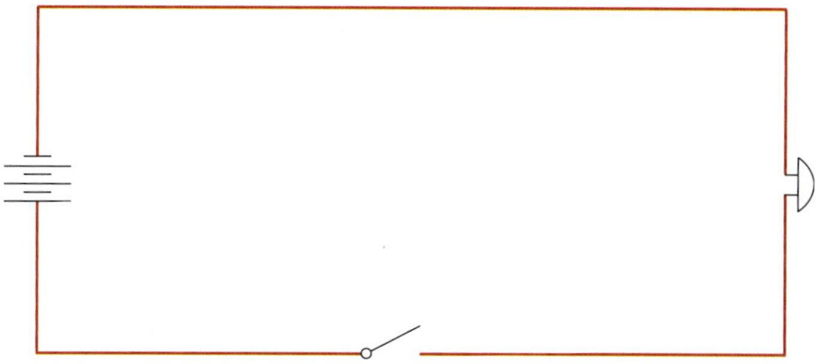

3 Der Schaltplan eines einfaches Stromkreises

Beginne beim Zeichnen des Schaltplans an einem Anschluss der Stromquelle. Die Leitungen zwischen den einzelnen Bauteilen werden mit einem Lineal gezeichnet. Der Stromkreis wird immer als Rechteck dargestellt.

Stoffe und Geräte des Alltags → S. 406/407

Lampen und Batterien in Schaltungen

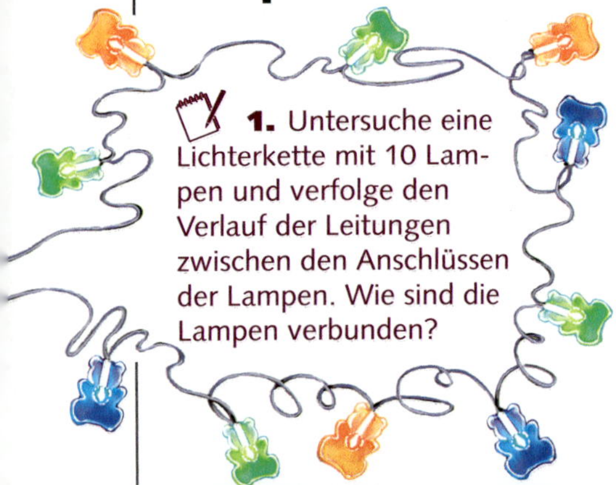

1. Untersuche eine Lichterkette mit 10 Lampen und verfolge den Verlauf der Leitungen zwischen den Anschlüssen der Lampen. Wie sind die Lampen verbunden?

2. a) Verbinde zwei Lampen in Fassung hintereinander mit einer Flachbatterie. Drehe eine der Lampen locker. Beobachte, was geschieht.
b) Schalte eine dritte Lampe in den Stromkreis. Lockere ebenfalls eine der Lampen. Erkläre deine Beobachtung.
c) Zeichne den Schaltplan zu b).

3. Warum werden mehrere elektrische Geräte im Haushalt nicht in Reihe geschaltet?

4. a) Schalte zwei gleiche Flachbatterien und eine Glühlampe (6 V|3 W) hintereinander.
b) Wiederhole a) mit zwei Lampen und vergleiche.
c) Zeichne den Schaltplan zu b).

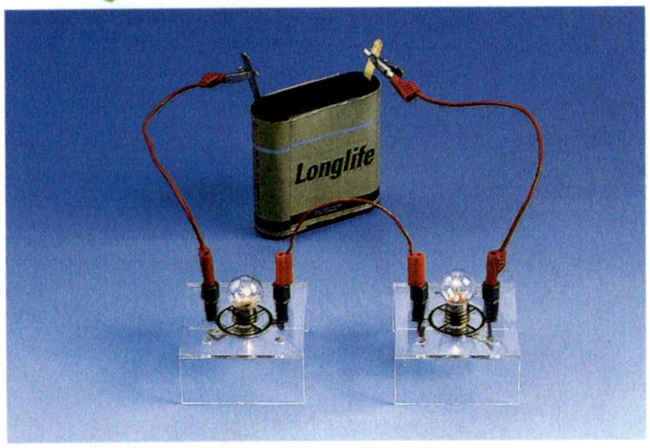

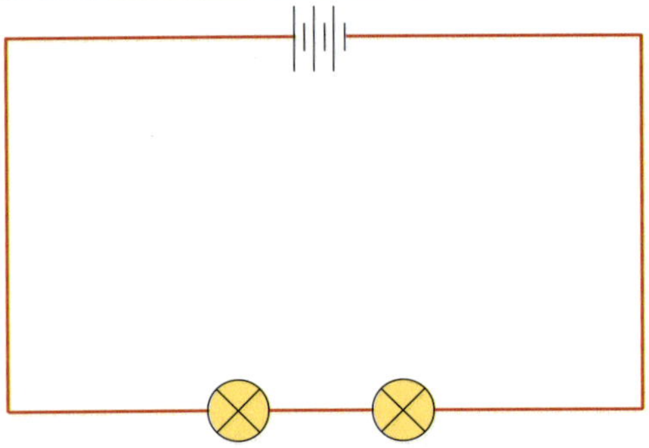

1 Lampen in Reihe geschaltet

Reihenschaltung von Lampen
In einer Lichterkette wird die Verbindung zwischen den Lampen über jeweils nur einen einzelnen Leiter hergestellt. Der Stromkreis beginnt an einem Kontakt am Anschlussstecker. Er führt dann von Lampe zu Lampe und von dort zu dem zweiten Steckerkontakt zurück. Die Lampen sind hintereinander geschaltet. Diese Schaltung heißt **Reihenschaltung.**
Wenn eine Lampe herausgedreht wird, wird der ▸ Stromkreis geöffnet und alle Lampen erlöschen.

Reihenschaltung von Stromquellen
Auch Batterien können hintereinander in einen Stromkreis geschaltet werden. Dabei muss der Minuspol der ersten mit dem Pluspol der zweiten Batterie verbunden werden.

Eine solche Anordnung von Batterien kennst du zum Beispiel von einer Stabtaschenlampe. Auch wenn für ein Gerät vier Batterien gebraucht werden, müssen sie in dieser Anordnung eingesetzt werden.

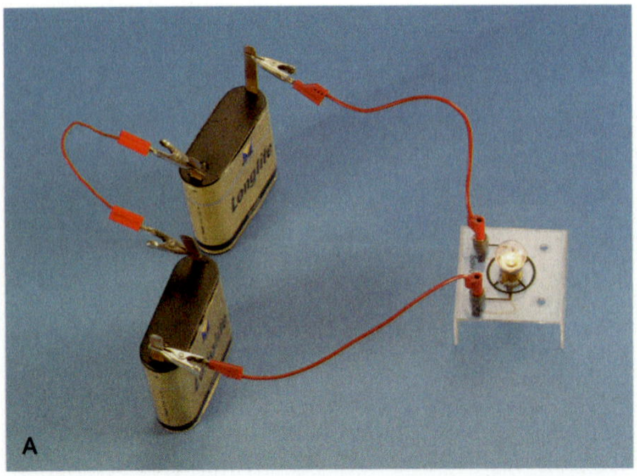

2 Batterien in Reihenschaltung. **A** *Aufbau;* **B** *Schaltplan*

3 **Halogenbeleuchtung**

5. Verfolge bei einer Halogenbeleuchtung mit mehreren Lampen den Verlauf der Leitungen. Kläre die Art der Anschlüsse zwischen den Lampen.

6. a) Stelle zwei Lampen nebeneinander und schließe jede für sich an dieselbe Flachbatterie an. Drehe eine Lampe locker. Wie verhält sich die andere?
b) Zeichne den Schaltplan.

7. a) Schalte mehrere Glühlampen parallel an eine Flachbatterie. Beobachte die Helligkeit.
b) Schalte nun eine zweite Flachbatterie zur ersten parallel. Was beobachtest du jetzt?
c) Zeichne die Schaltpläne.

8. Woran kannst du erkennen, dass alle elektrischen Haushaltsgeräte in einer Parallelschaltung betrieben werden?

Parallelschaltung von Lampen

Bei der Halogenbeleuchtung sind ebenfalls mehrere Lampen zusammengeschaltet. Der Pluspol der Stromquelle wird vom Anschluss einer Lampe zum gleichen Anschluss der nächsten Lampe geschaltet, ebenso der Minuspol. Die Leitungen verlaufen also parallel. Diese Schaltung ist eine **Parallelschaltung.**

Nicht nur die Halogenlampen, sondern alle elektrischen Haushaltsgeräte sind parallel geschaltet.

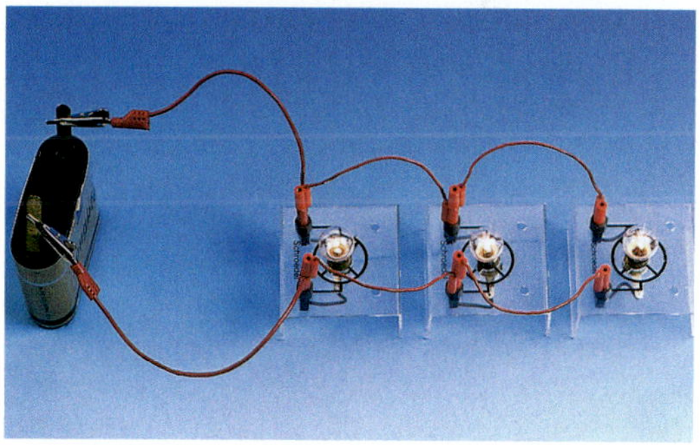

Parallelschaltung von Stromquellen

In einem Ladegerät werden wiederaufladbare Batterien neu geladen. Der Pluspol des Ladegerätes ist mit dem Pluspol jeder Batterie verbunden. Entsprechendes gilt für den Minuspol.

Auch bei der Nutzung können Batterien parallel geschaltet werden. Dadurch erhöht sich die Nutzungsdauer oder es können mehrere Geräte gleichzeitig angeschlossen werden.

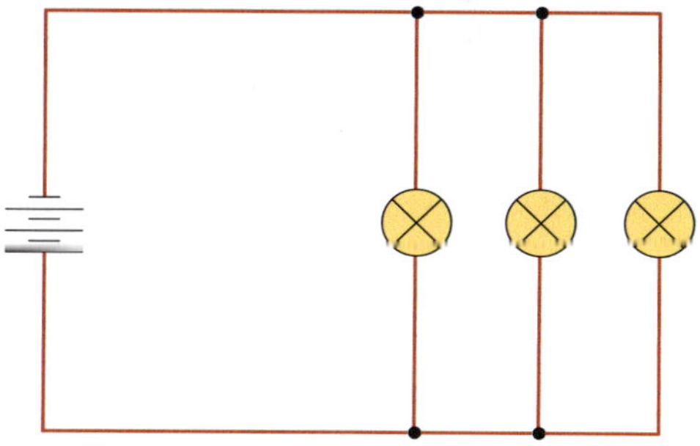

4 **Lampen parallel geschaltet**

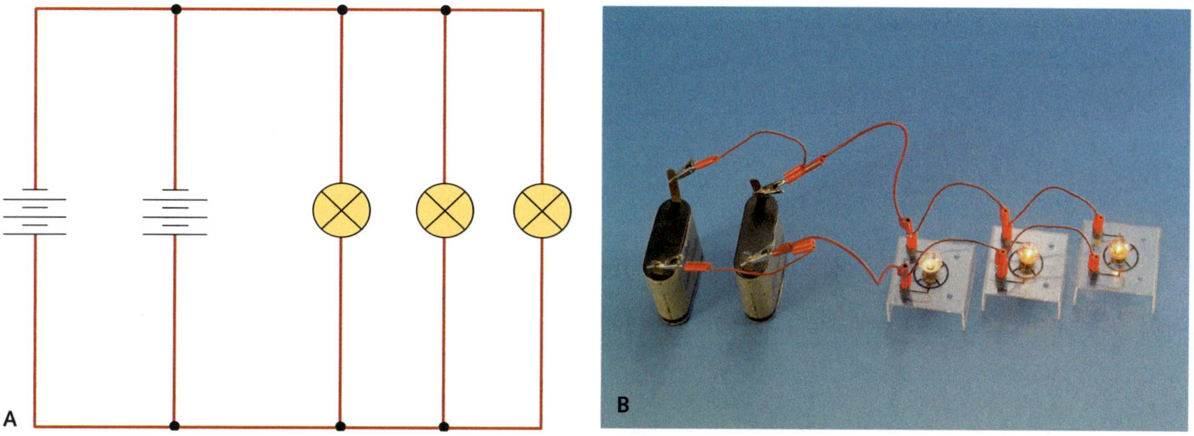

5 **Batterien und Lampen in Parallelschaltung. A** *Schaltplan;* **B** *Aufbau*

Verschiedene Schaltungen

1. a) Warum ist eine elektrische Heckenschere so gebaut, dass sie nur läuft, wenn zwei Schalter gleichzeitig betätigt werden?
b) Zeichne den Schaltplan.

2. a) Zähle weitere elektrische Geräte auf, die nur dann anlaufen, wenn zwei oder mehrere Schalter geschlossen sind.
b) Begründe jeweils, warum diese Sicherheitsschaltung sinnvoll ist.

3. a) Erstelle eine Übersicht, an welchen Stellen in deiner Schule elektrische Schalter als Feuermelder angebracht sind.
b) Überlege, wie diese Schalter verbunden sein müssen, damit von unterschiedlichen Stellen aus die gleiche Meldung gegeben werden kann.

4. Untersuche in eurer Wohnung oder in eurem Haus, wie die Flurbeleuchtung ein- und ausgeschaltet werden kann.

Schalter 1 und Schalter 2

Mit einer Heckenschere muss sorgfältig umgegangen werden. Wenn sie nicht richtig benutzt wird, kann es zu Verletzungen kommen.

Bei der Führung der Heckenschere umfasst die rechte Hand den Griff mit Einschalter. Beim Drücken des ▸ Schalters läuft die Schere jedoch noch nicht an. Dazu muss der Benutzer erst mit der linken Hand den Haltebügel greifen. Er dient zur Führung der Schere und enthält einen zweiten Schalter. Erst wenn dieser ebenfalls gedrückt wird, schaltet sich der Motor ein und das Messer bewegt sich.

Für den Betrieb müssen also die Schalter am Griff und am Haltebügel eingeschaltet sein. Die Schalteranordnung heißt deshalb **UND-Schaltung.** In dieser Sicherheitsschaltung wird der ▸ Stromkreis durch zwei in Reihe geschaltete Schalter geschlossen. Diese Schaltung wird bei vielen Geräten und Maschinen angewandt.

Praktikum

Bau von Schaltungen I

1. UND-Schaltung
a) Übertrage den Schaltplan aus Bild 1 auf das Sperrholzbrett. Drücke an den Stellen, an denen ein elektrischer Kontakt hergestellt werden muss, eine Reißzwecke in das Holz. Befestige auch die Fassung mit Reißzwecken. Die Verbindungen werden mit Schaltdraht ausgeführt. Die Schalter kannst du aus Bronzeband herstellen.
Erwärme zuerst die Lötstelle auf der Reißzwecke und halte dann das Lötzinn daran. Es schmilzt sofort. Verbinde mit dem flüssigen Zinn die Schaltdrähte.
b) Überprüfe, ob die Schaltung funktioniert.

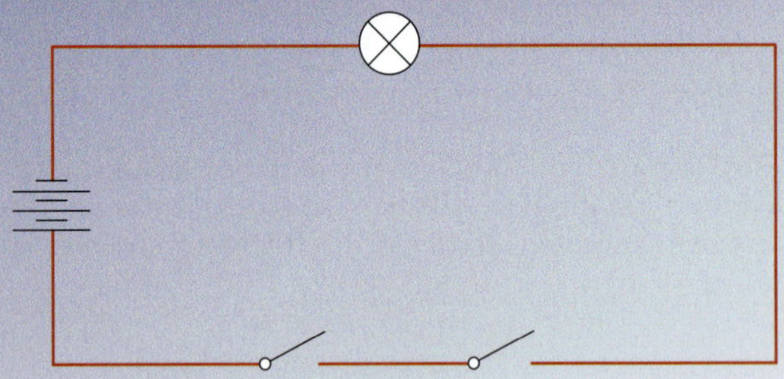

1 Schaltplan der UND-Schaltung

Hinweis
Ein Lötkolben hat an seiner Spitze eine Temperatur von etwa 350 °C.
Arbeite damit vorsichtig und achte darauf, dass du dich oder andere damit nicht verbrennst.

2 UND-Schaltung

Material
Glühlampe 3,7 V mit Fassung E 10, Flachbatterie, Sperrholzbrettchen 10 mm stark, Reißzwecken, Schaltdraht, Bronzeband, Lötkolben, Lötzinn, Seitenschneider, Spitzzange

1 Hier müssen zwei Schalter gleichzeitig betätigt werden.

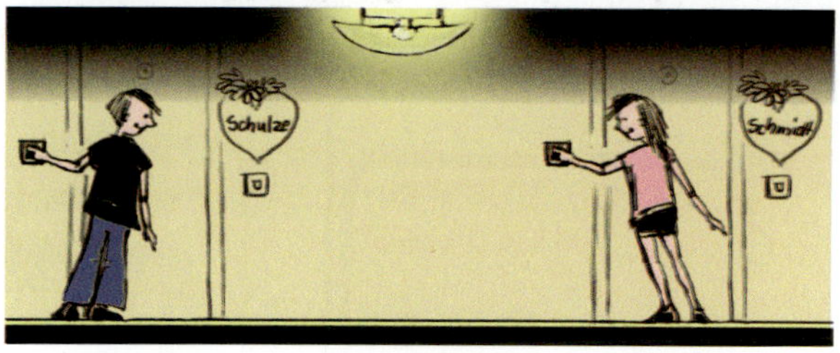

2 Zwei Schalter schalten eine Lampe.

Schalter 1 oder Schalter 2

Wenn bei einem Auto die Fahrertür geöffnet wird, schaltet sich die Innenbeleuchtung ein. Dies geschieht auch beim Öffnen der Beifahrertür. An beiden Türen ist in den Fahrzeugrahmen jeweils ein ▸ Schalter eingesetzt. Über ihn wird das Innenlicht eingeschaltet.

Dies kann also durch den Schalter auf der linken oder auf der rechten Seite erfolgen. Die Schaltung heißt **ODER-Schaltung.** Bei der ODER-Schaltung werden zwei oder mehr Schalter parallel geschaltet.

Schalter 1 oder Schalter 2 im Wechsel

Eine Flurbeleuchtung kann häufig von zwei Stellen aus bedient werden. Es ist möglich, die Lampe am ersten Schalter einzuschalten und am zweiten wieder auszuschalten. Diese Schalter sind **Umschalter.**

Ein Umschalter hat einen Eingang und zwei Ausgänge. Die beiden Ausgänge werden jeweils miteinander verbunden. Dazu ist eine zweite Leitung notwendig. Diese Schaltung ist eine **Wechselschaltung.** Jetzt lässt sich eine Lampe von zwei Stellen aus ein- und ausschalten.

Bau von Schaltungen II

Praktikum

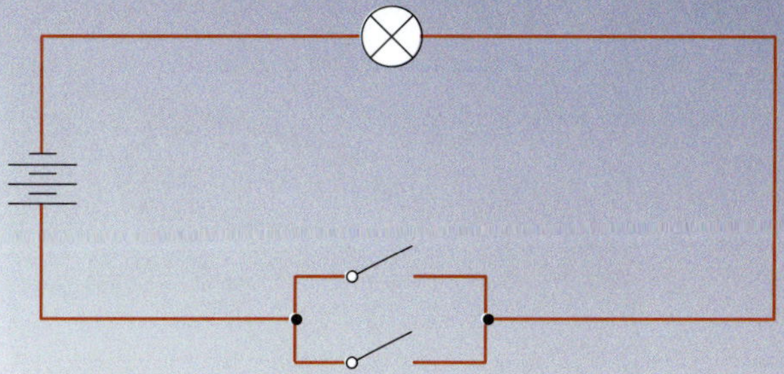

3 Schaltplan der ODER-Schaltung

1. ODER-Schaltung

a) Montiere die Schalter als ODER-Schaltung. Die Eingänge und die Ausgänge müssen jeweils miteinander verbunden werden.

b) Überprüfe, ob die Schaltung funktioniert.

2. Wechselschaltung

a) Für eine Wechselschaltung benötigst du zwei Umschalter. Vervollständige den Schaltplan in Bild 5 so, dass die Schalter wechselseitig miteinander funktionieren.

b) Baue die Wechselschaltung auf.

c) Überprüfe, ob die Schaltung funktioniert.

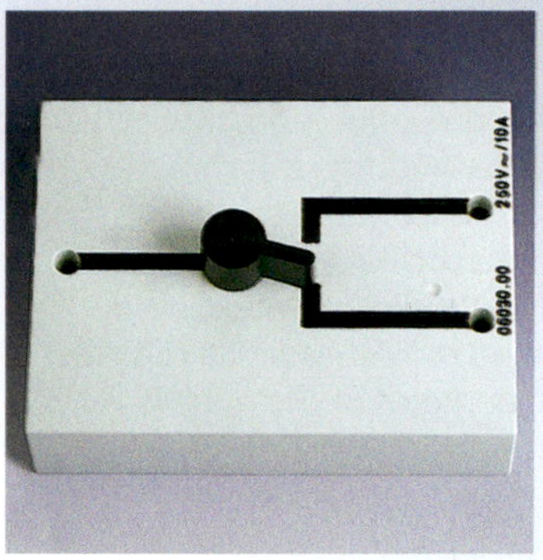

4 Umschalter

Material

Glühlampen 3,7 V mit Fassung E 10, Flachbatterie, Sperrholzbrettchen 10 mm stark, Reißzwecken, Schaltdraht, Bronzeband, Umschalter, Lötkolben, Lötzinn, Seitenschneider, Spitzzange

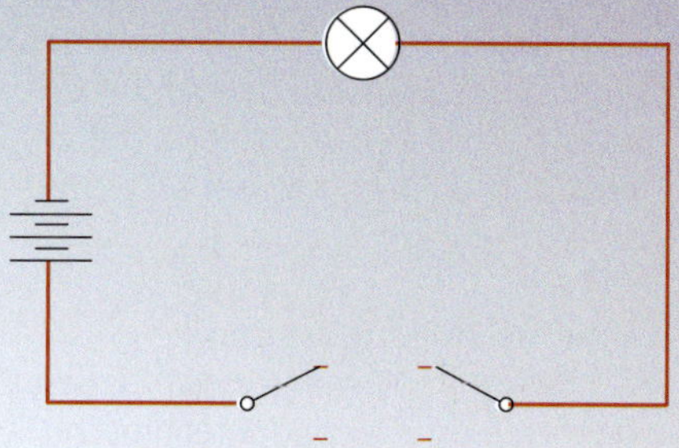

5 Wechselschaltung

Schalter in der Technik

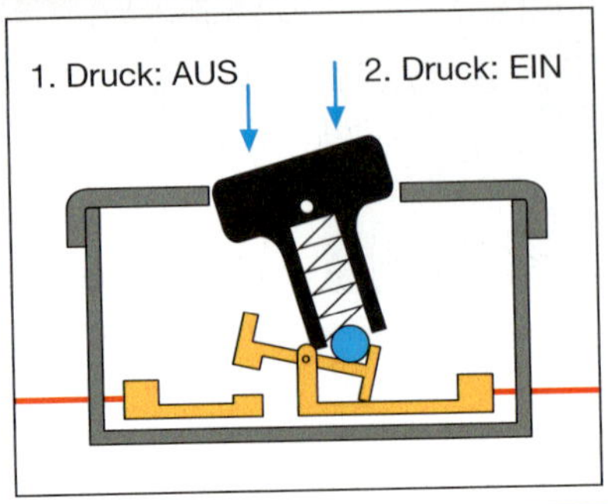

In der Elektroinstallation eines Wohnhauses werden die Stromkreise häufig über **Wippschalter** geschlossen oder geöffnet. Im Inneren des Schalters klappt dabei eine Wippe, die von einer Feder angedrückt wird, zur einen oder anderen Seite. Dabei wird mit nur einem Kontakt ein Stromkreis geöffnet oder geschlossen.

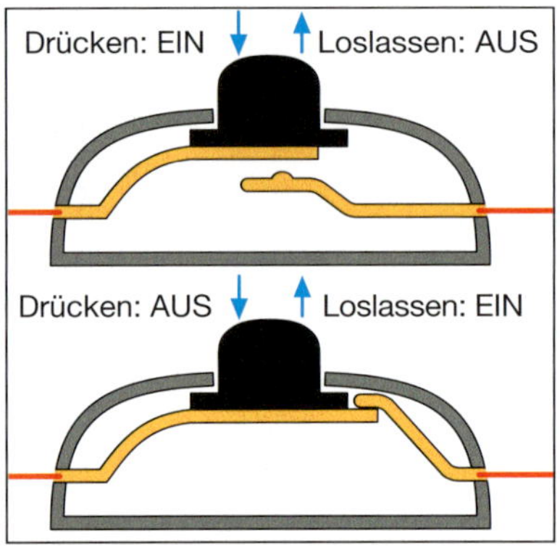

Drucktaster gibt es in zwei unterschiedlichen Ausführungen. Beim Betätigen eines Klingelschalters wird ein Kontakt geschlossen und damit auch ein Stromkreis. Die Innenbeleuchtung eines Kühlschrankes wird ausgeschaltet, wenn der Schaltknopf gedrückt wird. Hier öffnet sich ein Kontakt und unterbricht den Stromkreis.

Streifzug

Beruf: Elektroniker

Wenn in der Elektroinstallation eines Hauses etwas repariert werden muss, dann wird der Elektriker gerufen. Diese Bezeichnung wurde 2003 geändert. Sie lautet jetzt Elektroniker, aufgeteilt in den Handwerks- und Industriebereich. Insgesamt gibt es über 150 verschiedene Fachrichtungen, die jeweils ein anderes Berufsbild haben. Sie teilen sich in drei Hauptrichtungen auf.

Energie- und Gebäudetechnik
Elektroniker in diesem Bereich befassen sich mit der Installation, Reparatur und Wartung von Elektroanlagen in Gebäuden, wie der Verlegung von elektrischen Leitungen in Wohnungen. Sie arbeiten vorwiegend in Handwerksbetrieben.

Informations- und Telekommunikationstechnik
Elektroniker in diesem Bereich beschäftigen sich mit Telefonanlagen und deren Anschluss, mit der Anbindung von Computern an das Internet sowie mit Alarmanlagen und Überwachungssystemen.

Automatisierungstechnik
Elektroniker in diesem Bereich bauen und betreuen Verkehrsleitsysteme oder gebäudetechnische Anlagen wie Heizungs- und Lüftungssysteme.

Ausbildung
Die Ausbildung zum Elektroniker kann in einem Handwerks- oder Industriebetrieb erfolgen. Die Ausbildungszeit dauert dreieinhalb Jahre. Als Voraussetzungen gelten der Hauptschulabschluss oder die Fachoberschulreife. Parallel zur praktischen Ausbildung im Betrieb besuchen die Auszubildenden ein Berufskolleg, in dem theoretische Inhalte vermittelt werden. Die Ausbildung schließt mit einer Prüfung vor der Handwerkskammer oder der Industrie- und Handelskammer ab.

Schalter steuern ein Discolicht

1 Materialien

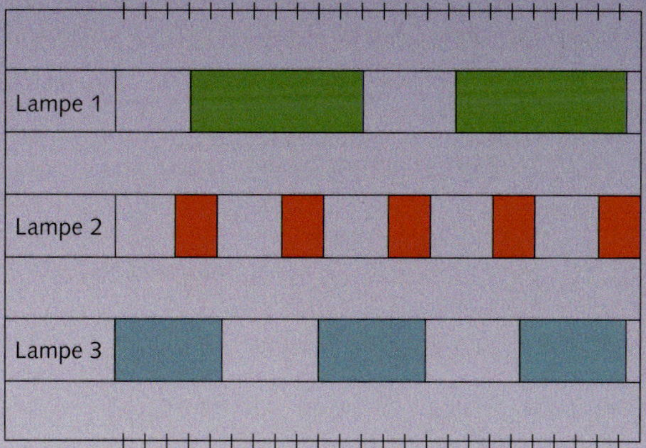

3 Programm der Zeitschalter

Material

- gereinigte Kondensmilchdose ohne Etikett,
- farbige Glühlampen mit Fassung E 10,
- Sperrholz, Lüsterklemmen, Flachbatterie, Gewindestange 4 mm, Stoppmuttern,
- Klebeband, Schaltdraht, Bronzeband, Schraubendreher, Schraubenschlüssel, Hammer

Bauanleitung

Die Lampen eines Discolichtes leuchten im Rhythmus der Musik oder nach einem Zeitplan auf. In diesem Praktikum baust du eine Schaltung, die das Aufleuchten der Lampen zeitabhängig steuert.

Jede der Lampen wird über einen separaten Schalter geschaltet. Die Schaltzungen schleifen dabei über die Metalldose. Ein weiterer Kontakt verbindet die Batterie mit der Dose und schließt den Stromkreis. Der Kontakt zwischen Batterie und Lampe kann mit Klebeband abgedeckt werden.

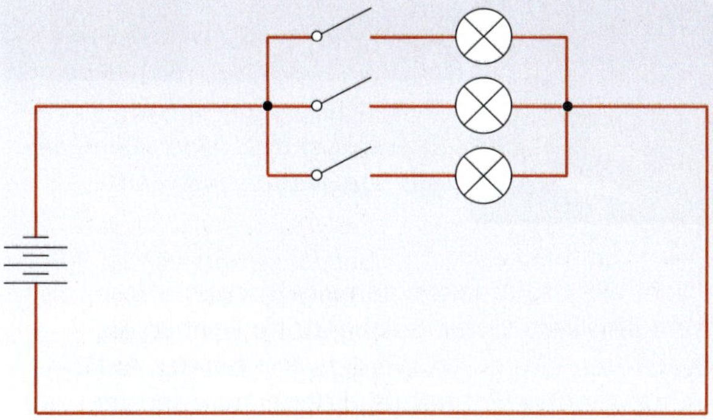

2 Schaltplan

Programm

Übertrage die Dauer des Aufleuchtens der Lampen auf die Länge des Dosenumfanges. Wickle dafür die Dose auf einem Blatt Papier ab. Zeichne für den Kontakt jeder Lampe eine Bahn. Teile die Bahnen in Abschnitte als die Zeit ein, während derer die jeweilige Lampe leuchten oder nicht leuchten soll. Übertrage diesen Entwurf mit einem wasserfesten Stift auf die Dose. Belege die Abschnitte, in denen kein Kontakt bestehen soll, mit Klebeband.

4 Discolicht

Welche festen Stoffe leiten den elektrischen Strom?

1. a) Baue einen Versuch wie in Bild 1 auf. Spanne in die Prüfstrecke Körper aus verschiedenen Stoffen ein:
- verschiedene Metalle
- Holz
- Glas
- Gummi
- verschiedene Kunststoffe

b) Lege eine Tabelle an, in der du deine Beobachtungen aus Versuch a) festhältst.
c) Zeichne zum Versuch a) einen Schaltplan.

Material	Lampe leuchtet	Lampe leuchtet nicht
Kupfer		
Holz		

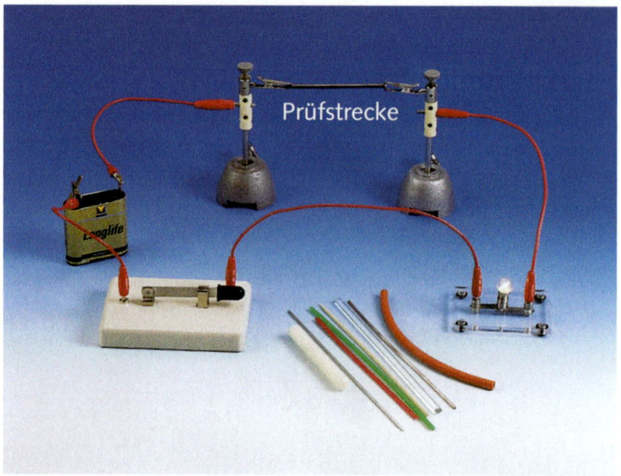

1 **Stromkreis mit Prüfstrecke und Lampe als Anzeige**

2. a) Spitze einen Bleistift an beiden Enden an. Spanne ihn in die Prüfstrecke aus Versuch 1. Was beobachtest du?
b) Aus welchem Stoff besteht die Bleistiftmine?

3. Zu welchen Stoffgruppen gehören die Materialien, bei denen die Lampe in den Versuchen 1 und 2 leuchtet?

4. Zähle weitere Stoffe auf, die den elektrischen Strom leiten, und solche, die ihn nicht leiten.

Ein Elektrozaun hilft!
Eine Weide wird eingezäunt, damit die Tiere nicht weglaufen können. Einen Zaun aus Drähten könnten die Tiere leicht umreißen, an einem Stacheldraht könnten sie sich verletzen. Hier hilft ein Elektrozaun. Das ist ein Metalldraht, an dem die Tiere bei Berührung einen schmerzhaften, aber ungefährlichen elektrischen Schlag erhalten. Nach dieser Erfahrung halten sie Abstand.

Der Elektrozaun wird von einer Batterie mit Elektrizität versorgt. Die Zuleitungen von der Batterie zum Zaun sind mit Kunststoff überzogen. Hier ist das Berühren der Leitungen ungefährlich. Es ist also ein Unterschied, ob der blanke oder der geschützte Draht berührt wird.

2 **A** *Pferde auf der Weide;*
B *Anschluss des Elektrozaunes an das Stromversorgungsgerät*

Leiter und Nichtleiter
Stoffe, die den elektrischen Strom leiten, heißen **Leiter.** Sie besitzen eine **elektrische Leitfähigkeit.** Je besser ein Material den Strom leitet, desto größer ist seine elektrische Leitfähigkeit.
Der Draht des Elektrozaunes besteht aus Metall. Alle Metalle sind Leiter. Der Kunststoff um die Zuleitung leitet den elektrischen Strom nicht. Solche Stoffe heißen **Nichtleiter** oder **Isolatoren.**

Nicht alle Stoffe leiten den elektrischen Strom, sie sind also kein Leiter. Solche Stoffe können als Isolatoren eingesetzt werden, wie bei der Aufhängung der Oberleitung der Eisenbahn oder der Drähte der Überlandleitung.

Stoffe und Geräte des Alltags → S. 406/407

Welche Flüssigkeiten leiten den elektrischen Strom?

1. a) Baue einen Versuch wie in Bild 1 auf. Fülle in das Becherglas unterschiedliche Flüssigkeiten:
- destilliertes Wasser
- Leitungswasser
- Salatöl
- Spiritus
- Essig

b) Lege eine Tabelle an und trage deine Beobachtungen aus Versuch a) ein.
c) Zeichne zum Versuch a) einen Schaltplan.

Flüssigkeit	Messwert	guter Leiter	schlechter Leiter
destilliertes Wasser			
Leitungswasser			

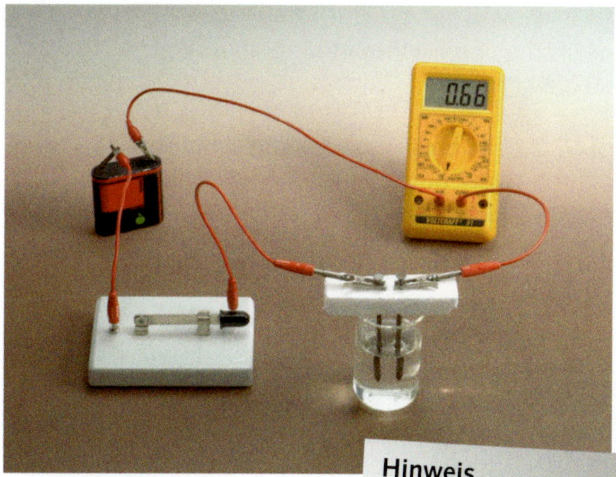

1 Flüssigkeiten leiten den elektrischen Strom.

Hinweis
Das Messgerät zeigt durch die Größe der Zahl an, ob die Flüssigkeit Strom gut leitet oder nicht.

2. a) Wiederhole Versuch 1 mit 200 ml destilliertem Wasser. Was zeigt das Messgerät?

b) Füge nun 0,5 g Kochsalz, dann 2 g, 4 g und 8 g Salz hinzu. Lies jeweils das Messgerät ab. Vervollständige die Tabelle aus Versuch 1.

c) Welche Schlussfolgerungen kannst du für destilliertes Wasser, Trinkwasser und Meerwasser ziehen?

Badewasser schließt den Stromkreis!
Beim Baden Musik zu hören, kann sehr entspannend sein. Dabei darf der CD-Player, der an der Steckdose angeschlossen ist, nicht auf den Wannenrand gestellt werden. Falls der CD-Player in das Badewasser fällt, könnte dies gefährliche Folgen haben.

Wenn der CD-Player in das Wasser fällt, ist der ▸ Stromkreis über das Wasser geschlossen. Du würdest einen elektrischen Schlag erhalten, denn das Badewasser leitet den ▸ elektrischen Strom.

2 Elektrogeräte im Bad können lebensgefährlich sein!

Achtung!
Benutze im Badezimmer auf keinen Fall Verlängerungskabel oder bewegliche Steckerleisten.

Leitfähigkeit flüssiger Stoffe
Die Versuche zeigen, dass manche Flüssigkeiten den elektrischen Strom leiten können. Gute ▸ Leiter sind Salzwasser und Essig. Sie besitzen eine hohe elektrische Leitfähigkeit. Eine geringere elektrische Leitfähigkeit besitzt Leitungswasser. Öl und destilliertes Wasser sind ▸ Nichtleiter.

Leitfähigkeit des Menschen

1. Warum darfst du Drachen nicht in der Nähe von Hochspannungsleitungen steigen lassen?

2. a) Demonstrationsversuch: Die Lehrerin oder der Lehrer befindet sich mit einem Messgerät in einem geschlossenen Stromkreis (Bild 1).
b) Beachte die Anzeige des Messgerätes, wenn die Versuchsperson
- die beiden Metallstäbe fest in beide Hände nimmt.
- die Hände zusätzlich befeuchtet.

Vergleiche die abgelesenen Zahlen.
c) Was schließt du aus den Ergebnissen?

Windburg. **Gestern ließen einige Jugendliche auf den Feldern Drachen steigen. Dabei kam es zu einem folgenschweren Unfall. Ein Junge musste mit schweren Verbrennungen ins Krankenhaus eingeliefert werden. Sein Drachen hatte sich in einer Hochspannungsleitung verfangen. So bekam der Junge einen lebensgefährlichen Stromschlag.**

1 Der Mensch im Stromkreis

Elektrizität kann gefährlich werden

Ein Unfall beim Drachensteigen. Wie ist das möglich? Die Schnur kann in feuchter Luft nass werden. Gerät sie dann in eine Hochspannungsleitung, so leitet sie den elektrischen Strom weiter zu dem Menschen, der die Schnur hält. Bild 1 zeigt, dass der menschliche Körper Strom leiten kann. Unvorsichtiger Umgang mit elektrischem Strom kann also lebensgefährlich sein.

Elektrischer Strom im menschlichen Körper

Der menschliche Körper besteht zum großen Teil aus Wasser, in dem ▸ Salze gelöst sind. Der Körper leitet dadurch elektrischen Strom.

Es gibt körpereigene Stromkreise. Körperfunktionen werden durch ▸ Nerven gesteuert und die Nervenbahnen befördern die ▸ Reize mithilfe schwacher elektrischer Ströme.
Wird zusätzlich von außen ein stärkerer Strom durch den Körper geleitet, so können die Signale der Nervenbahnen nicht mehr richtig verarbeitet werden. Sie werden durch den körperfremden Strom überlagert. Besonders kritisch ist diese Wirkung für den Herzmuskel. Bekommt dieser nicht die richtigen Signale, so kann das Herz aus dem Takt geraten.

Durch ▸ Elektrizität kann auch das Blut zersetzt werden. Dabei entstehen giftige Stoffe. Des Weiteren führt Elektrizität häufig zu Verbrennungen. Körperorgane können so sehr geschädigt werden, dass sie nicht mehr richtig arbeiten.
Durch elektrischen Strom verursachte Unfälle sind gesundheitsgefährdend und können sogar tödlich sein.

Beim Umgang mit elektrischen Geräten musst du zu deiner Sicherheit Folgendes beachten.
- Bei Experimenten darfst du nur Batterien oder Stromversorgungsgeräte bis 24 V benutzen!
- Elektrisches Spielzeug darfst du nur mit höchstens 24 V betreiben!
- Elektrogeräte darfst du nie mit nassen Händen, barfuß oder auf feuchtem Boden stehend betreiben!
- Geräte mit Isolationsschäden an der Zuleitung darfst du nicht mehr in Betrieb setzen. Sie müssen sofort zur Reparatur!
- Es gibt Warnzeichen, die auf Gefahren beim Umgang mit elektrischen Geräten hinweisen.

Richtiges Verhalten beim Umgang mit elektrischem Strom

1

3

2

4

Elektrisches Spielzeug mit diesem Zeichen kannst du unbesorgt verwenden.

5

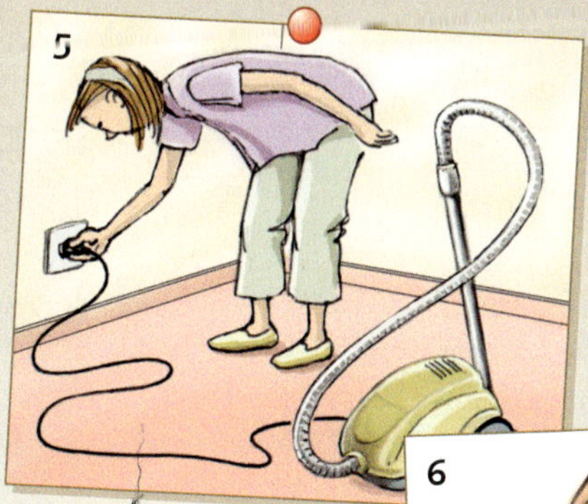

6

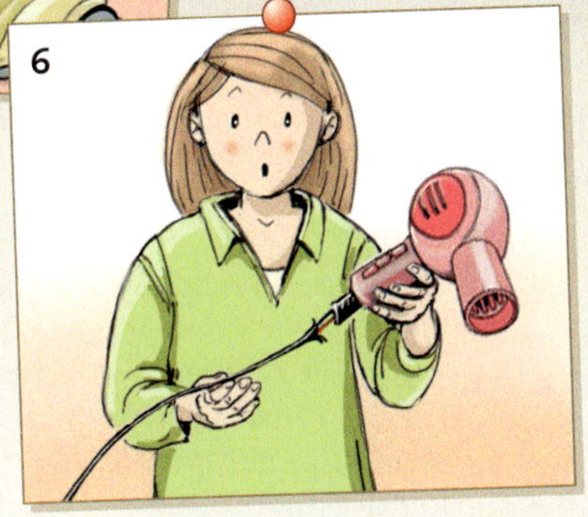

1. Beschreibe jedes der Bilder und erkläre, durch welche Schutzvorrichtung oder durch welche Schutzmaßnahme Gefahren vermieden werden.

2. Suche in deinem Umfeld Schilder, die vor Gefahren im Zusammenhang mit elektrischem Strom warnen.

Bau von Stromkreisen

In diesem Projekt könnt ihr Geräte oder Anlagen bauen, für die unterschiedliche Schaltungen entwickelt werden müssen. Bevor ihr mit dem Bau beginnt, überlegt genau, wie die Schaltung aussehen soll. Zeichnet jeweils einen Schaltplan. Wenn die Gruppen fertig sind, werden die Schaltungen vorgestellt und erläutert.

1 Hier gibt es beim Öffnen der Tür Alarm!

Gruppe 1: Die Alarmanlage

Bei einer Alarmanlage wird an der Zimmertür ein Schalter angebracht, der den Stromkreis bei geschlossener Tür unterbricht. Er schließt ihn, sobald die Tür geöffnet wird. Mit einem solchen Schalter wird die Kühlschrankbeleuchtung ein- und ausgeschaltet. Der Stromkreis besteht neben dem Schalter aus einer Klingel oder einem Summer und einem Stromversorgungsgerät, zum Beispiel einer 4,5 V-Flachbatterie.

Material für die Tür

- Grundplatte (30 cm x 20 cm)
- 2 Holzlatten (30 cm lang), 1 Holzlatte (15 cm lang) als Türrahmen
- 1 Holzplatte mit entsprechender Größe als Tür
- 2 Türscharniere
- 2 Winkeleisen
- Nägel, Holzschrauben, Holzleim
- Hammer, Schraubendreher

1. Baut an dieses Türmodell eure Alarmanlage an.
2. Überlegt, wie die Alarmanlage geschaltet sein müsste, wenn ein Zimmer zwei Türen hat, oder wenn auch das Fenster gesichert werden soll. Dabei soll der Alarm ausgelöst werden, wenn die Tür oder das Fenster geöffnet werden.

Gruppe 2: Ein elektrischer Würfel

Ein Würfel hat sechs Flächen mit 1 bis 6 Punkten. Ihr könnt hier einen ganz anderen „Würfel" bauen. Er ist elektrisch gesteuert und Glühlampen zeigen die „gewürfelte" Zahl an. Jede Lampe ist über einen Schleifkontakt mit der Batterie verbunden. Zum Würfeln müsst ihr das Holzrad in Schwung setzen.

Material

- 1 Grundplatte aus Holz
- 2 Holzleisten als Ständer
- 1 Holzscheibe als Schwungrad
- 1 leere und gereinigte Milchdose
- 1 großer Zimmermannsnagel als Achse
- 7 Chrom-Nickel-Drähte als Schleifer (Ø 0,4 mm)
- 6 Lampenfassungen mit Lampen (3,5 V)
- 7 Lüsterklemmen
- Klingeldraht als Zuleitung
- 4,5 V-Flachbatterie
- Schrauben, Nägel, Klebestreifen, Holzleim
- Hammer, Schraubendreher, Cutter

Damit immer nur eine Lampe leuchtet, werden zur Isolation sechs Klebestreifen um die Dose geklebt. Jeder Streifen hat als Kontaktstelle eine gleich große Lücke. Diese Lücken liegen gleichmäßig versetzt auf der Dose. Sie wird dann mittig auf die Schwungscheibe geklebt und auf der Achse befestigt.

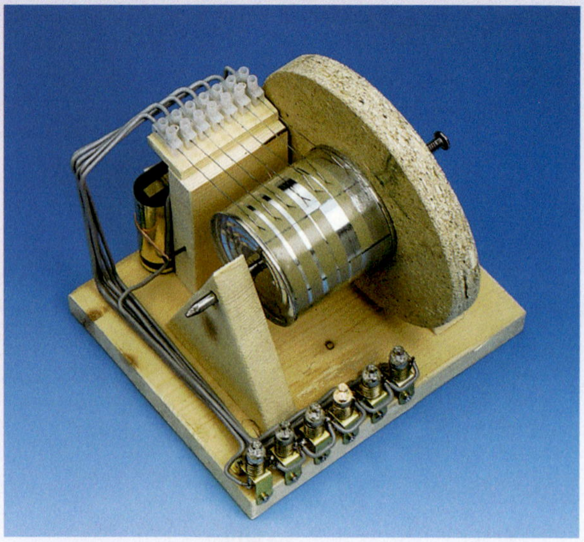

2 Ein elektrischer „Würfel"

Die Suche nach Stromkreisen

A

1. Suche den geschlossenen elektrischen Stromkreis in den Bildern A bis F und beschreibe ihn.

C

E

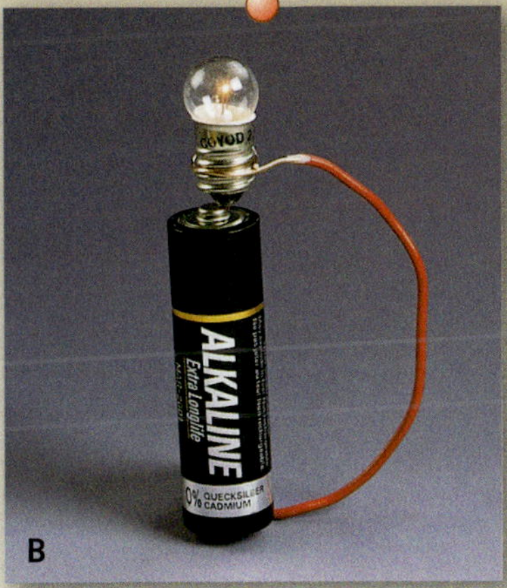

B

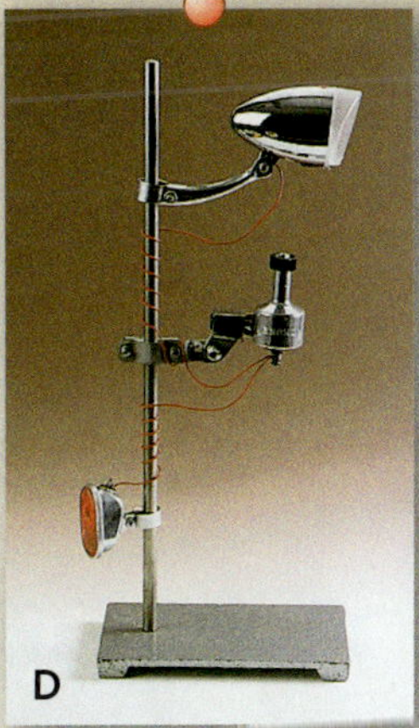
D

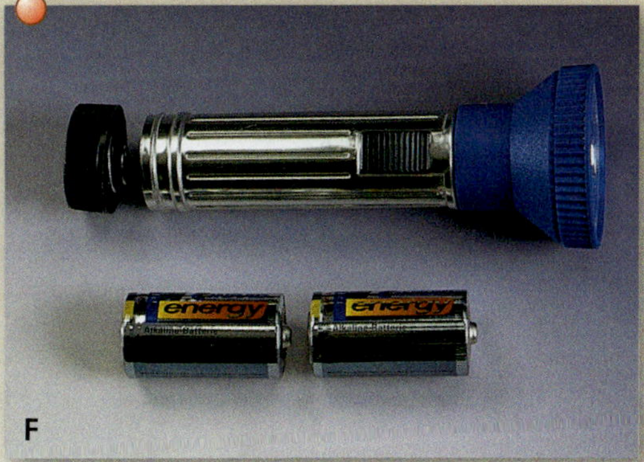

F

2. Begründe, dass bei den aufgeführten Beispielen von einer gesparten Rückleitung gesprochen werden kann.

Fehlersuche an der Fahrradbeleuchtung

3. Beschreibe den geschlossenen Stromkreis bei einer Fahrradbeleuchtung.

4. Überlege, wie du schrittweise einen Fehler im Stromkreis auffinden kannst.

5. Durch welches Bauteil kann die Fahrradlichtmaschine während der Fehlersuche ausgetauscht werden?

Mögliche Fehlerquellen:
- Glühlampe defekt
- Glühlampenfassung verrostet
- Lichtmaschine defekt
- Kabel defekt
- Isolierung am Kabel defekt
- Kontakte an der Lichtmaschine verschmutzt oder abgerissen
- Schutzblech gelockert oder verschmutzt
- Vorder- und Rücklicht gelockert

Elektronen – Träger der elektrischen Energie

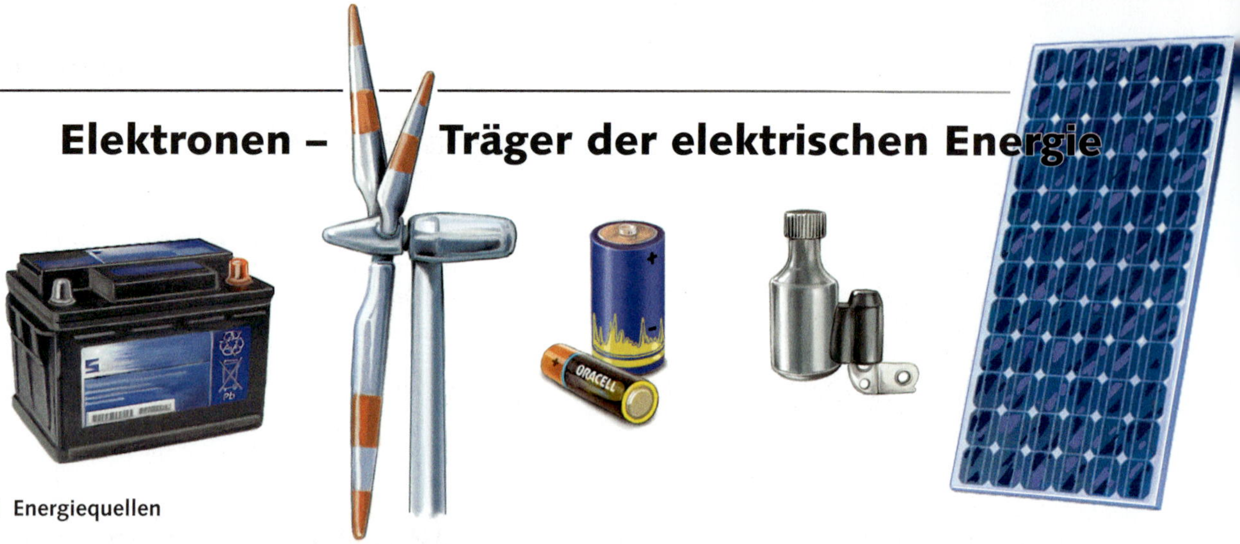

1 Energiequellen

1. Ordne die elektrischen Geräte in Bild 2 den elektrischen Energiequellen in Bild 1 zu.

2. a) Wie gelangt die elektrische Energie von den elektrischen Energiequellen in die elektrischen Geräte in Bild 2?
b) Welche Bedingungen müssen erfüllt sein, damit elektrische Energie transportiert werden kann?

3. Beschreibe den Unterschied zwischen dem Transport der elektrischen Energie und dem Transport der Energieträger.

4. a) Wie verteilt sich die elektrische Energie auf die verschiedenen Geräte, die in einer Wohnung benötigt werden? Stelle deine Vermutungen in einem Kreisdiagramm dar. Fasse dabei die Geräte in Gruppen zusammen.
b) Überprüfe deine Vermutungen durch Befragung von Experten oder durch Recherche im Internet.
c) Erstelle mit diesen Angaben ein zweites Kreisdiagramm und vergleiche mit deinem ersten.
d) Welche Vermutungen musst du korrigieren?

2 Hier wird elektrische Energie benötigt.

Energiefluss und Energiequellen

Ob ein Handy in Betrieb ist oder ein MP3-Player Musik abspielt, ob der Starter im Auto betätigt wird oder die Fahrradbeleuchtung angeschaltet ist, immer wird in diesen Geräten ▸ **elektrische Energie** benötigt. Erst wenn elektrische Energie fließt, entstehen in elektrischen Geräten ▸ Schall, ▸ Bewegung, ▸ Licht und ▸ Wärme.

Die elektrische Energie kommt aus unterschiedlichen Stromquellen. Batterien, Akkumulatoren, Solarzellen, Elektrizitätswerke oder Windkraftanlagen stellen für die unterschiedlichen Geräte die erforderliche elektrische Energie zur Verfügung. In der Wohnung kannst du sie dann über viele verzweigte Leitungen an den Steckdosen nutzen.

Energiefluss bei Elektronenfluss

Nur wenn der ▸ Stromkreis geschlossen ist, können sich Elektronen bewegen. Erst dann transportieren sie die elektrische Energie zu den Geräten. Während sich die ▸ Elektronen im Kreis bewegen, fließt die elektrische Energie immer nur in einer Richtung, von der ▸ Stromquelle zum ▸ elektrischen Gerät, aber nicht zurück. Der **Energiefluss** ist nicht umkehrbar.

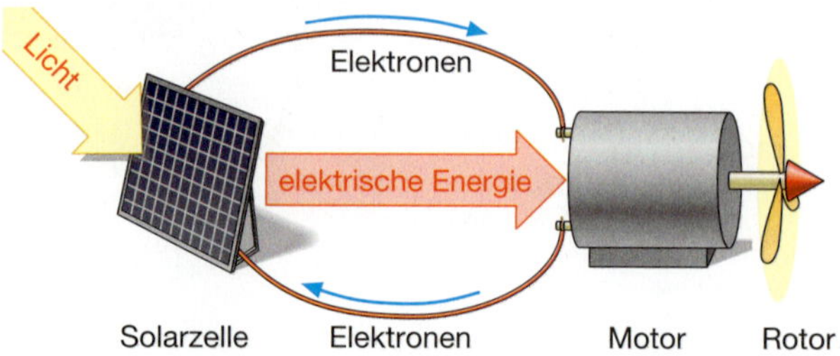

Stoffe und Geräte des Alltags → S. 406/407

Fließende Elektronen als Ladungsausgleich

1 Ladungstrennung durch Reibung

1. Reibe einen Hartgummistab mit einem Fell. Halte ihn danach über kleine Papierschnipsel. Was beobachtest du?

2. Mische Salz und frisch gemahlenen Pfeffer auf einem Teller. Reibe einen Hartgummistab mit einem Fell. Halte ihn dicht über das Gemisch. Was kannst du beobachten?

3. a) Demonstrationsversuch: Zwei leichte Kugeln mit elektrisch leitfähiger Oberfläche werden nebeneinander aufgehängt. Sie werden an einem Hochspannungsgerät aufgeladen.
b) Wie verhalten sich die Kugeln, wenn sie
- elektrisch gleich geladen,
- elektrisch ungleich geladen werden?

c) Erkläre das Verhalten der Kugeln.

Die elektrische Ladung

Sicher hast du schon einmal einen elektrischen Schlag bekommen, wenn du nach einer Autofahrt bei trockenem Wetter beim Aussteigen an die Autotür gefasst hast. Dabei spürst du **elektrische Ladung**, die durch Reibung erzeugt wurde. Dafür gibt es im Alltag viele weitere Beispiele.

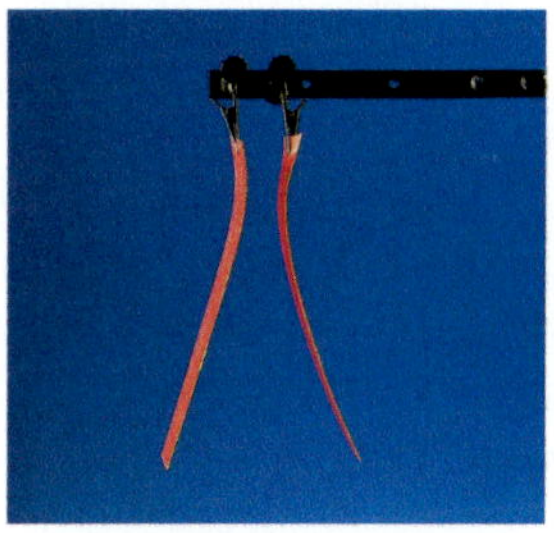

2 Abstoßung elektrisch gleich geladener Körper

Ladungstrennung

Wenn du bei trockener Luft über einen Kunststoffteppich gehst, wirst du möglicherweise bei der Berührung einer Türklinke einen elektrischen Schlag bekommen (Bild 1). Wenn deine Schuhsohlen über den Teppich reiben, wandern ▸ Elektronen vom Teppich zu den Sohlen. Die Sohlen und damit deine gesamte Oberfläche sind **elektrisch negativ** geladen, weil sich zusätzliche Elektronen darauf befinden. Es herrscht ein **Elektronenüberschuss.** Der Teppich ist danach **elektrisch positiv** geladen, weil er weniger Elektronen, einen **Elektronenmangel,** hat.
Diese Reibungselektrizität lässt sich so erklären: Alle Körper enthalten elektrische Ladungen, und zwar genau gleich viele positive und negative Ladungen. Deshalb sind die Stoffe normalerweise ungeladen. Sie sind **elektrisch neutral.** Die Träger der negativen Ladung sind die Elektronen. Durch Reiben lassen sich Elektronen von der Oberfläche mancher Stoffe abnehmen. Es kommt zu einer **Ladungstrennung.**

Verhalten elektrisch geladener Körper

Reibst du einen Luftballon an deinen Haaren, kannst du beobachten, dass die Haare vom Ballon angezogen werden. Hier sorgt die Ladungstrennung für Anziehung. Auf Ballon und Haaren sind unterschiedliche elektrische Ladungen, die sich gegenseitig anziehen.
Gleiche elektrische Ladungen stoßen sich dagegen ab. Dies kannst du bei elektrisch gleich geladenen Metallkugeln beobachten. Hängen sie nebeneinander, entfernen sie sich voneinander.

Für elektrisch geladene Körper gilt also eine wichtige Regel: Elektrisch gleichartig geladene Körper stoßen sich ab, elektrisch ungleichartig geladene Körper ziehen sich an.

Ladungsausgleich

Näherst du wie in Bild 1 nach einer Ladungstrennung deine Hand einer Türklinke aus Metall, kommt es zu einem blitzartigen **Ladungsausgleich.** Dabei entsteht ein gerichteter ▸ Elektronenfluss.
Der Überschuss an Elektronen auf deiner Körperoberfläche gleicht sich mit dem Elektronenmangel an der Oberfläche der Türklinke aus. Dieser Ladungsausgleich ist ▸ **elektrischer Strom.** Dies spürst du als elektrischen Schlag.

Stoffe und Geräte des Alltags → S. 406/407

Magnete haben zwei Pole

1. Bringe von zu Hause etwas Magnetisches mit. Begründe, woher du weißt, dass es sich bei deinem Gegenstand um einen Magneten handelt.

2. Arbeitet zu zweit und führt vor, welche Beobachtungen ihr mit den Magneten gemacht habt. Erzählt dabei von der Verwendung der magnetischen Gegenstände zu Hause.

3. Sucht im Unterrichtsraum und in euren Schulsachen nach Gegenständen, an denen ihr eure Kenntnisse über Magnete den Mitschülerinnen und Mitschülern vorführen könnt.

4. Was spürst du, wenn du wie in Bild 2 mit einem großen Nagel an einem Stabmagneten entlang tastest?

5. a) Bewege dich mit einem Kompass langsam im Raum und beschreibe, wie der Zeiger im Kompass reagiert.
b) Formuliere dazu eine Regel.

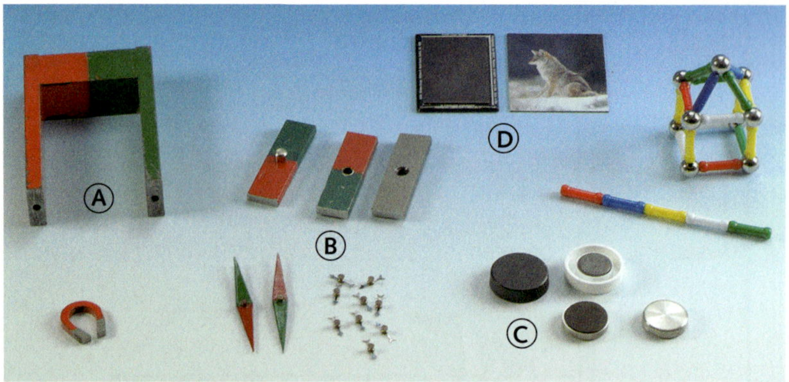

1 Verschiedene Magnete

Magnete gibt es in vielen Formen

Magnete können sehr unterschiedlich sein. In Bild 1 sind unter anderem Bügelmagnete (A), Stabmagnete (B), Scheibenmagnete (C) und Magnetfolien (D) abgebildet. Auch Gegenstände, in die Magnete in unterschiedlicher Form eingebaut sind, kannst du auf dem Bild sehen. Die kleinen Kompassnadeln zählen zu den Stabmagneten. Alle diese Magnete sind **Dauermagnete.**

Magnete sind nicht überall gleich stark

An jedem Magneten gibt es Stellen, die einen Eisennagel besonders stark anziehen. Bei einem Stabmagneten, einem Hufeisen- und einem Bügelmagneten sind das die Enden. Diese besonders starken Stellen eines Magneten werden **Pole** genannt.

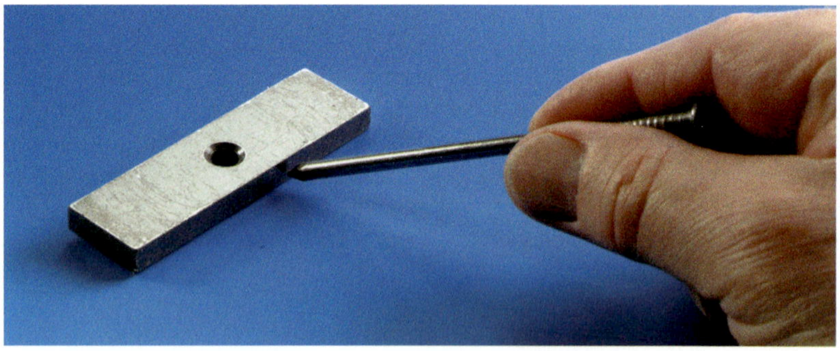

2 Abtasten von Magneten

Wenn sich eine Kompassnadel oder ein anderer Magnet frei bewegen kann, zeigt immer das gleiche Ende nach Norden. Dieser Pol des Magneten heißt deshalb **Nordpol** und der andere, der nach Süden zeigt, **Südpol.** In der Nähe von Gegenständen aus Eisen gerät die Nadel aus der Nord-Süd-Richtung.

Pole in Wechselwirkung

1. Bewege einen Spielzeughund aus unterschiedlichen Richtungen auf den anderen Hund zu. Spiele verschiedene Möglichkeiten durch und beschreibe deine Beobachtungen.

2. Lege einen Stabmagneten, dessen Pole gekennzeichnet sind, auf zwei runde Bleistifte. Nähere dem Magneten den Pol eines zweiten Stabmagneten. Beobachte und beschreibe, was du siehst. Verwende dabei Wenn-dann-Formulierungen.

3. Wie könntest du herausfinden, welches der Nordpol und welches der Südpol der beiden Stabmagnete in Versuch 2 ist? Plane einen Versuch und überprüfe deine Vermutungen.

4. a) Wiederhole Versuch 2 mit allen möglichen Anordnungen. Lege eine Tabelle an und halte deine Ergebnisse fest.
b) Formuliere eine Regel zu den Ergebnissen.

5. a) Zeichne auf und begründe, wie die Magnete in den Hunden aus Versuch 1 angeordnet sein könnten.
b) Stelle wie in Versuch 3 fest, wo sich jeweils ein Nord- und ein Südpol im Spielzeug befindet und überprüfe deine Vermutungen aus a).

6. Erkläre, warum ein Nagel, den du an einem Stabmagneten entlangführst, in der Mitte des Magneten nicht angezogen wird.

Untersuchung von magnetischen Spielsachen
Wie Magnete in Spielsachen eingebaut sind und wie sie aufeinander wirken, findest du mit den Versuchen 2 bis 4 heraus. Deine Ergebnisse kannst du besser beschreiben, wenn du weißt, welches der Nord- und welches der Südpol der eingesetzten Magnete ist. Wenn du die Pole ermittelt hast, verwende sie bei der Beschreibung der Versuche und Ergebnisse.
Um die Pole von Magneten unterscheiden zu können, sind sie in diesem Buch meist farbig gekennzeichnet. Der Nordpol ist rot und der Südpol ist grün markiert.

Magnetpole wirken aufeinander
Wenn du die Magnete mit ihren Polen aufeinander zu bewegst, reagieren sie ganz unterschiedlich, je nachdem, welche Pole sich gegenüber liegen. Entweder stoßen sie sich ab oder sie ziehen sich an.

Die Polregel
Die gegenseitige Beeinflussung der Pole zweier Magnete heißt **magnetische Wechselwirkung.** Aus ihr lässt sich die **Polregel** ableiten:
Gleichnamige Pole stoßen sich ab. Ungleichnamige Pole ziehen sich an.

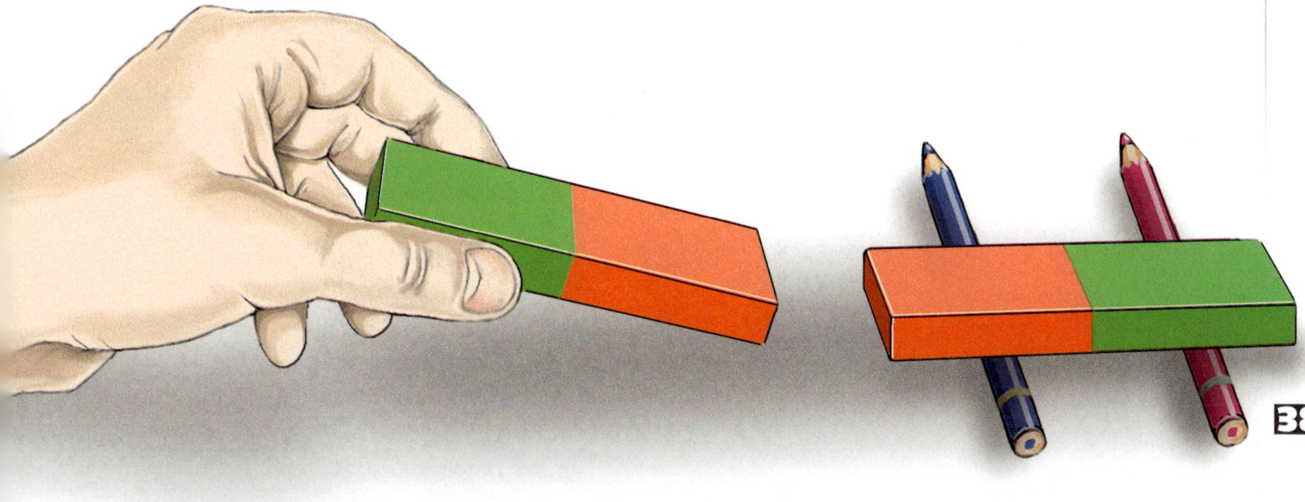

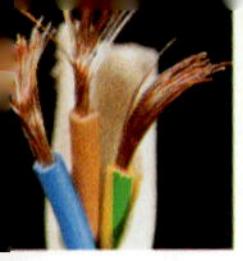

Nicht alles ist magnetisch!

1. Schau dir die Gegenstände an, die unter dem Gitterrost liegen. Welche Geldstücke und Gegenstände kann der Junge mit dem Magneten herausziehen und welche nicht? Fertige eine Tabelle an und trage deine Vermutungen ein.

2. a) Halte einen Magneten an verschiedene Gegenstände und stelle fest, welche angezogen werden und welche nicht. Welche Vermutung aus Aufgabe 1 musst du korrigieren?
b) Woraus bestehen die Gegenstände, die vom Magneten angezogen werden oder nicht angezogen werden? Ergänze die Tabelle aus Aufgabe 1 um eine Spalte. Trage dort das jeweilige Material ein.

3. Benutze Gegenstände, die jeweils aus nur einem Metall bestehen, zum Beispiel Kupferdraht oder Eisennägel. Untersuche die Metalle mit einem Magneten. Welche Metalle werden angezogen?

4. Stell dir vor, beim Herausziehen der Angel würde sich der Magnet lösen und von der Schnur abfallen. Wie könnte der Junge seinen Magneten retten und ihn unter dem Rost auch ohne zweiten Magneten herausfischen?

5 a) Lege einen Stabmagneten auf 2 runde Bleistifte und nähere langsam ein Eisenstück zuerst dem einen, dann dem anderen Pol.
b) Lege nun das Eisenstück auf die Bleistifte und nähere langsam den Stabmagneten erst mit dem einen, dann mit dem anderen Pol.
c) Beschreibe deine Beobachtungen.

Angeln mit Magneten
Magnus ist ein Missgeschick passiert. Beim Öffnen seines Geldbeutels fielen alle Geldstücke heraus, direkt durch den Gitterrost unter ihm. An das Geld kommt er nicht mehr heran, der Rost ist gesichert. Aber er weiß sich zu helfen. In seiner Hosentasche hat er einen kleinen Magneten. Er befestigt ihn an einer Schnur und lässt ihn durch das Gitter gleiten. Er macht aber eine enttäuschende Entdeckung. Mit dem Magneten kann er nicht alle Geldstücke heraufholen. Dafür angelt er andere Gegenstände, die er gar nicht haben wollte. Woran kann das liegen?

Alle geangelten Gegenstände bestehen aus Metall. Magnus hat unter anderem Nägel und eine Büroklammer heraufgeholt. Glasscherben und Papier bleiben unten liegen – aber auch viele Geldstücke.

Das Material ist entscheidend
Was unten liegen bleibt, hängt davon ab, aus welchem Material ein Gegenstand besteht. Der Magnet wirkt beispielsweise nicht auf Holz, Papier, Plastik oder Gummi.

Die **magnetische Anziehung** wirkt nicht einmal auf alle Metalle, sondern nur auf Eisen, Nickel und Cobalt oder auf Gegenstände, die diese Metalle enthalten. Gegenstände aus diesen Materialien wirken auf den Magneten ebenso mit magnetischer Anziehung wie der Magnet auf diese Gegenstände. Es ist gleichgültig, welcher ▸ Pol des Magneten verwendet wird.

Durchdringung und Abschirmung

1. Baue den Versuch wie in Bild 1 auf. Nähere die Büroklammer dem Bügelmagneten so, dass sie den Magneten nicht berührt. Was beobachtest du? Erkläre deine Beobachtung.

2. Schiebe bei gleichem Aufbau wie in Versuch 1 zwischen den Magneten und die Büroklammer nacheinander Platten aus Metall und aus verschiedenen anderen Materialien. Was passiert jeweils mit der Büroklammer?

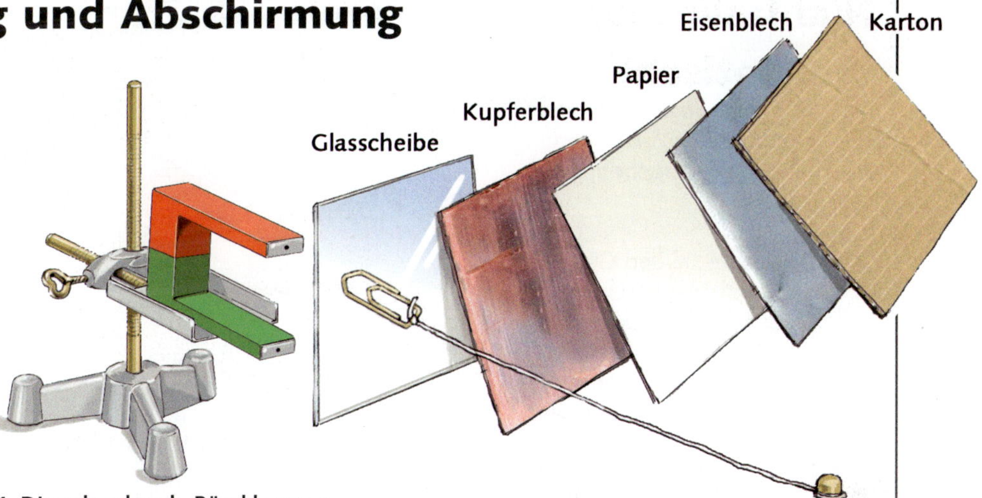

1 Die schwebende Büroklammer

3. Stelle vor den Magneten in Versuch 1 ein Eisenblech. Achte darauf, dass es den Magneten nicht berührt. Führe die Büroklammer im Halbkreis um das Blech herum. Beschreibe deine Beobachtung.

4. Welche Ergebnisse würdest du erhalten, wenn du Versuch 3 mit einer Platte aus Cobalt oder Nickel durchführst? Begründe deine Antwort.

5. a) Erkunde, an welchen Stellen oder Gegenständen in deiner Umgebung die Fähigkeit der magnetischen Wirkung, Stoffe zu durchdringen, genutzt wird.
b) Beschreibe die Wirkungsweise eines Scheibenwischers für ein Aquarium wie in Bild 2.

2 Ein Scheibenwischer für das Aquarium

6. Überlege dir Spiele, bei denen die magnetische Wirkung, Materialien zu durchdringen, genutzt werden kann.

Durchdringung
Die Wirkung eines Magneten überbrückt Abstände und reicht in die Umgebung des Magneten. Eine beweglich angebrachte Büroklammer richtet sich an dieser magnetischen Wirkung im Raum aus.

Platten aus Kupfer oder Glas, aus Holz, Plastik oder Pappe, die zwischen den Magneten und die Büroklammer geschoben werden, ändern nichts an der Ausrichtung der Büroklammer. Die magnetische Wirkung **durchdringt** diese Stoffe. Sie dringt aber nicht durch ein Eisenblech, das zwischen den Magneten und die Büroklammer gehalten wird.

Abschirmung
Neben dem Eisenblech wird die magnetische Wirkung wieder im ganzen Raum spürbar. Durch das Eisen, ein Material, das vom Magneten angezogen wird, wird die magnetische Wirkung **abgeschirmt.** Auch Nickel und Cobalt, die vom Magneten angezogen werden, schirmen die magnetische Wirkung ab.

Wie lässt sich Magnetismus erklären?

1. Prüfe, ob ein Glaserstift eine magnetische Wirkung hat. Beschreibe dein Vorgehen und dein Ergebnis.

2. Bestreiche den Glaserstift mit einem Magneten gleichmäßig immer in der gleichen Richtung. Tauche den Stift anschließend in Eisenfeilspäne. Beschreibe und deute das Ergebnis.

3. a) Zerteile den magnetisierten Glaserstift in der Mitte und lege ihn wieder in Eisenfeilspäne. Was stellst du fest?
b) Wiederhole den Vorgang mit den jeweils entstandenen Teilen noch zweimal. Was stellst du fest und wie deutest du das Ergebnis?

B

A

1 A *Magnetisierte Glaserstifte;* **B** *Elementarmagnete*

4. a) Fülle ein Reagenzglas teilweise mit Eisenfeilspänen. Bestreiche das Glas wie in Versuch 2 mehrmals mit einem Magneten. Überprüfe mit einer Kompassnadel die magnetische Wirkung.
b) Schüttle das Glas und überprüfe erneut. Beschreibe deine Beobachtung.

5. a) Lege einen magnetisierten Eisennagel auf eine feste Unterlage und schlage mehrmals mit einem Hammer darauf. Überprüfe danach die magnetische Wirkung des Nagels.
b) Halte einen magnetisierten Eisennagel in eine nicht rauschende, blaue Brennerflamme und überprüfe nach dem Abkühlen erneut. Berichte und erkläre.

Trotz Teilung zwei Pole
Ein unmagnetischer Glaserstift kann mithilfe eines Magneten magnetisiert werden. Der Glaserstift hat dann zwei ▸ magnetische Pole. Wird der Glaserstift geteilt, bleibt jedes Stück magnetisch und hat wieder zwei Pole. Zerteilst du die kleineren Stifte erneut, ist jedes Stück wieder ein Magnet. Magnet und Teilmagnet haben immer zwei Pole.

Elementarmagnete
Der Zerteilungsvorgang kann in Gedanken immer weitergeführt werden, bis die kleinsten Teile auch unter dem Mikroskop nicht mehr zu erkennen wären. Es würden immer Magnete mit zwei Polen entstehen. Diese kleinsten Teile heißen **Elementarmagnete.**

Beim **Magnetisieren** werden die kleinen, ungeordneten Magnete im Material geordnet und ausgerichtet. Du kannst dir die Elementarmagnete wie unzählige Eisenfeilspäne vorstellen, nur sehr viel kleiner.

B

A

C

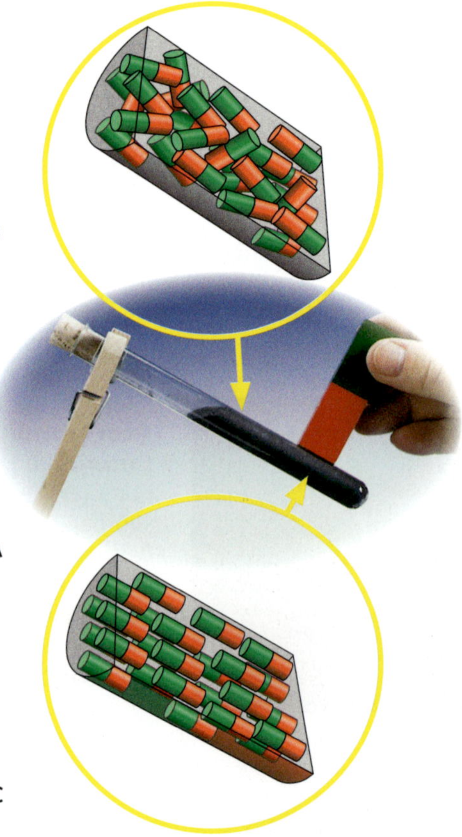

2 A *Eisenpulver;* **B** *ungeordnete Elementarmagnete;* **C** *geordnete Elementarmagnete*

Beim **Entmagnetisieren** werden die Elementarmagnete wieder in Unordnung gebracht. Das kann durch Klopfen, Erhitzen oder ungeordnetes Bestreichen mit einem Magneten geschehen.

Besondere Stoffe
Eisen, Nickel und Cobalt sind aus Elementarmagneten aufgebaut. Diese können geordnet sein, dann ist der Gegenstand magnetisch. Wenn sie ungeordnet sind, ist der Gegenstand unmagnetisch.

Stoffe und Geräte des Alltags → S. 406/407

Einen kurzen Vortrag halten

1. a) Überlege dir ein Thema für einen ▸ Kurzvortrag, bei dem du das untere Bild verwenden kannst.
b) Vergleiche deinen Vorschlag mit anderen Vorschlägen aus deiner Klasse.
c) Gestalte einen Kurzvortrag zum formulierten Thema. Beachte dazu die Anleitung.

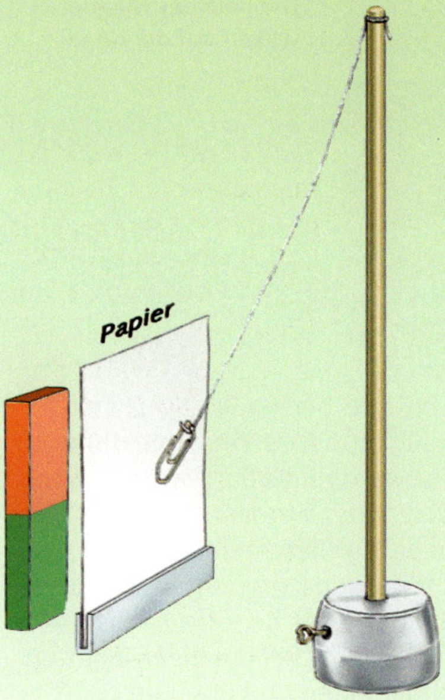

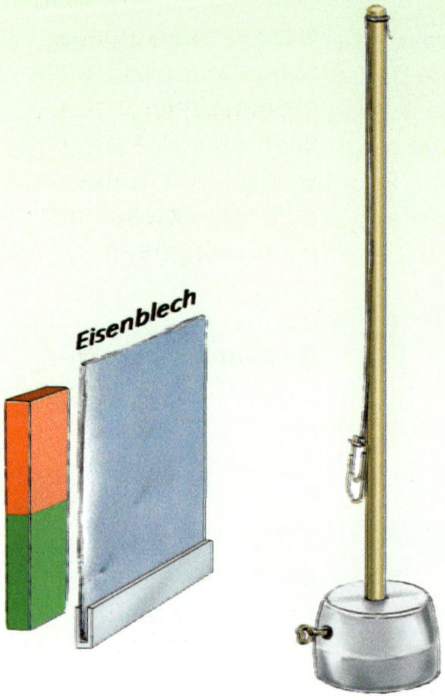

In folgenden Schritten kannst du einen Vortrag vorbereiten, der nicht länger als 5 min bis 10 min dauern sollte.

1. Thema erfassen: Sammle Ideen zum Thema für den Kurzvortrag. Halte deine Einfälle in Stichworten fest und formuliere Fragen.
– Worum geht es?
– Was gehört zum Thema?

2. Informationen sammeln: Suche Informationen dazu und werte sie aus. Frage dich dabei, was für dich sowie deine Mitschülerinnen und Mitschüler interessant, wichtig und neu ist. Suche nach geeigneten Abbildungen und anderen Materialien.
– Wo findest du Informationen?
– Wozu und wie kannst du sie nutzen?

3. Kurzvortrag gliedern:
– Wie kannst du den Einstieg spannend gestalten?
– Gibt es einen geeigneten Schluss?

4. Genaue Vorbereitung: Überlege, an welchen Stellen du etwas zeigen möchtest, ob du ein Experiment vorführen kannst und welche Materialien und Geräte du dafür benötigst.
– Welche technischen Hilfsmittel willst du einsetzen?
– Was machst du, wenn ein Hilfsmittel ausfällt?

5. Materialien: Bereite die Materialien zur Veranschaulichung vor.
– Welche Geräte brauchst du für dein Experiment?
– Soll ein Plakat entworfen werden? Wie groß soll es sein?
– Welche Zeichnung für die Wandtafel kannst du vorbereiten?
– Müssen Folien für den Overhead-Projektor gezeichnet werden?
– Gibt es Videos, CDs oder DVDs, die du einsetzen kannst?
– Kannst du einen Beamer und den Computer mit den vorzuführenden Dateien einsetzen?

6. Ablaufplan: Schreibe Stichwortzettel oder Karteikarten. Gestalte sie übersichtlich und gut lesbar. Auf jeden Fall muss die Reihenfolge deiner Gliederung gut erkennbar sein. Entscheide dich, ob du den Vortrag genau ausformulierst oder ob dir Stichworte reichen.
– Welche Hinweise helfen dir, damit alle Teile zum richtigen Zeitpunkt und an der richtigen Stelle vorgetragen werden?
– Welche wichtigen Inhalte können mit Unterstreichungen, fetterer Schrift, Symbolen oder farbiger Markierung hervorgehoben werden?

7. Der Vortrag: Der Vortrag soll möglichst nicht abgelesen, sondern frei gehalten werden. Beachte die Zeitvorgabe von 5 min bis 10 min. Übe deinen Kurzvortrag, in dem du ihn laut sprichst. Kürze ihn, wenn er zu lange dauern würde.

8. Tipps: Atme tief ein, wenn du aufgeregt sein solltest. Halte Blickkontakt zu den Zuhörern. Überlege, welche Fragen von den Zuhörern gestellt werden könnten und suche schon vorher nach Antworten.

Beobachten und Beschreiben in der Fachsprache

Jedem Fach seine Sprache

In jedem Fach verwendest du festgelegte Begriffe, um bestimmte Sachverhalte zu beschreiben. In der Mathematik bezeichnest du Rechenoperationen und ihre Ergebnisse oder die Winkelarten mit besonderen Worten. Im Fach Deutsch haben Satzglieder oder Zeitformen Namen. Jeder Begriff ist mit einer ganz bestimmten Bedeutung verbunden. Mithilfe dieser Begriffe kannst du dich mit anderen über Inhalte des Faches verständigen.

Addition

1	+	5	=	6
Summand	+	Summand	=	Summe

Division

18	:	6	=	3
Dividend	:	Divisor	=	Quotient

1 **Mathematische Fachsprache**

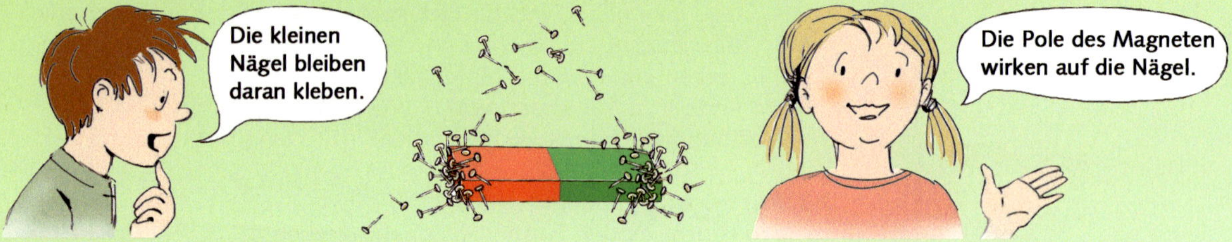

2 **Naturwissenschaftliche Fachsprache**

1. Nenne Fachbegriffe aus dem Unterricht. Notiere ihre Bedeutung.

2. a) Erinnere dich an die bisher durchgeführten Versuche. Beschreibe sie umgangssprachlich.
b) Beschreibe danach die Versuche mithilfe der Fachsprache.

3. a) Finde zu verschiedenen Unterrichtsfächern Fachbegriffe.
b) Warum ist es notwendig, die jeweilige Fachsprache zu verwenden?

4. a) Befrage deine Eltern, welche Fachbegriffe sie im Beruf verwenden.
b) Stelle die ermittelten Fachbegriffe deinen Mitschülerinnen und Mitschülern vor. Lass die ausgeübten Tätigkeiten erraten.

Fachsprache für Anfänger

In den Naturwissenschaften hast du bereits Fachbegriffe kennen gelernt. Mit deren Hilfe kannst du Beobachtungen beschreiben und erklären. Eine Batterie besitzt einen Pluspol und einen Minuspol, beim Magneten werden die Enden als Nordpol und Südpol bezeichnet. Zur Beschreibung der Wirkungen eines Magneten sprichst du von Anziehung und Abstoßung. Schon bei der Nennung der Begriffe kannst du dir den beschriebenen Gegenstand mit seinen Eigenschaften vorstellen. Jede deiner Mitschülerinnen und jeder deiner Mitschüler ordnet den Begriffen die gleiche Bedeutung zu.

Umgangssprachlich denken – fachsprachlich reden

Um mit der Fachsprache umgehen zu können, musst du die Begriffe mit ihren Bedeutungen lernen. Solange dir nur wenige Begriffe der Fachsprache zur Verfügung stehen, wirst du vieles umschreiben müssen. Bemühe dich im naturwissenschaftlichen Unterricht von Anfang an, genaue Beschreibungen zu geben und die Fachbegriffe zu verwenden.

Der Eisennagel haftet am Nordpol des Magneten.

Subjekt: zusammengesetztes Substantiv mit Artikel, Nominativ, Einzahl
Prädikat: 3. Person, Einzahl
1. Objekt: Dativ, Substantiv, Fragewort: wo
2. Objekt: Genitiv, Substantiv, Fragewort: wessen

3 **Grammatikalische Fachsprache**

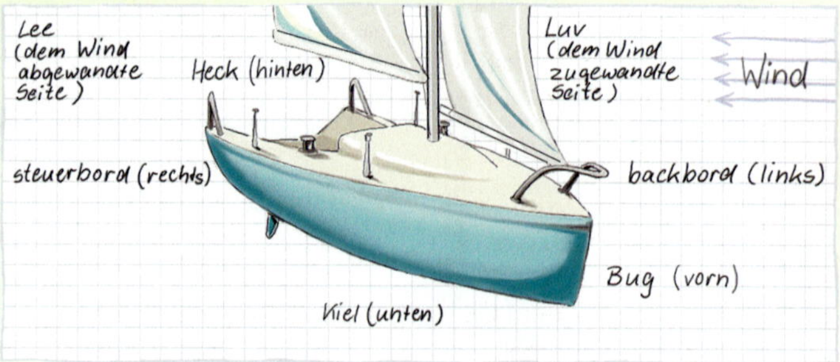

4 **Maritime Fachsprache**

Der Kompass

Die Teile eines Kompasses

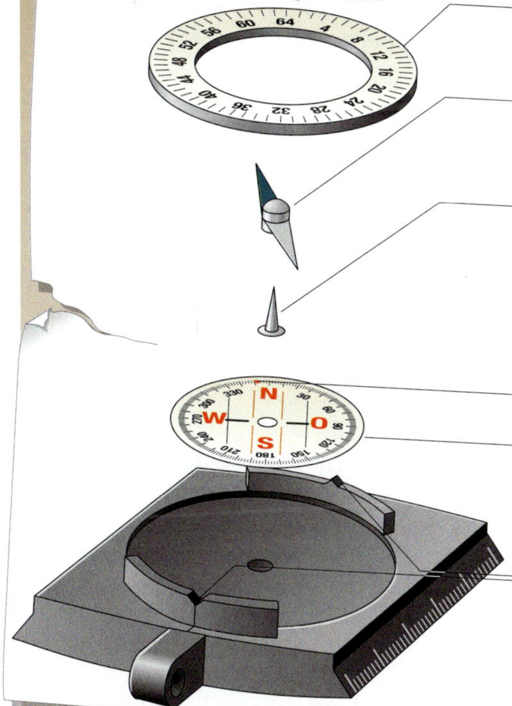

Einstellring: Auf ihm sind die *Marschzahlen* eingraviert.

Kompassnadel: Der Nordpol ist meistens eingefärbt

Lagerung der Kompassnadel: Sie ruht oft auf einem spitzen Stift. Bei manchen Instrumenten schwimmt die Nadel in einer Flüssigkeit.

Marke: Missweisung

Windrose: Das ist eine Scheibe, auf der die Himmelsrichtungen eingezeichnet sind.

Kimme und Korn: Das sind zwei Markierungen, mit denen ein Ziel in der Landschaft anvisiert werden kann.

alte chinesische Windrose

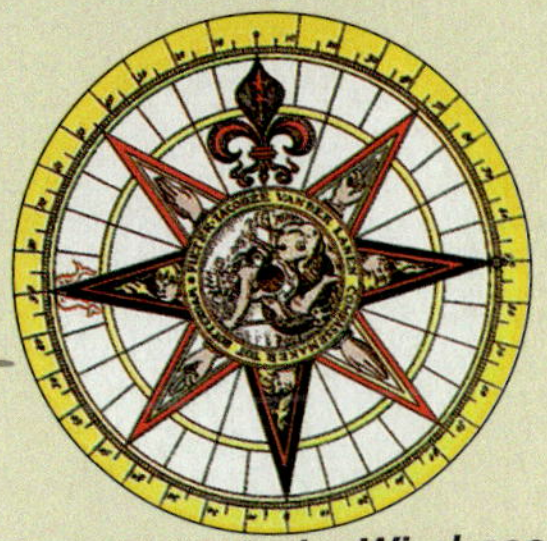

alte italienische Windrose

moderne englische Windrose

Nord- und Südpol in Geografie und Physik

Die Geografie

Nord- und Südpol sind auf einer Weltkarte schnell zu finden. Der Nordpol liegt in der Arktis, auf einer Weltkarte ganz oben. Der Südpol liegt in der Antarktis, auf der Karte ganz unten.

Auf vielen Karten ist im Norden von Amerika – abseits vom Nordpol – der „arktische Magnetpol" eingezeichnet. Im Süden findest du auf der Karte südlich von Australien – abseits vom Südpol – den „antarktischen Magnetpol".

Die Physik

Der Nordpol der Kompassnadel zeigt nach Norden, weil er vom arktischen Magnetpol angezogen wird. Nach der Polregel muss dieser also ein magnetischer Südpol sein. Die Abweichung von der Richtung zum geografischen Nordpol wird **Missweisung** genannt.

Der Südpol der Kompassnadel zeigt nach Süden, zum antarktischen Magnetpol. Nach der Polregel muss der antarktische Magnetpol also ein magnetischer Nordpol sein.

1. Suche auf dem Globus den arktischen und den antarktischen Magnetpol.

Bau eines Kompasses

Ein ▸ Kompass kann unterschiedlich gebaut sein. Wichtig ist nur, dass er eine frei drehbare Kompassnadel und eine Windrose hat. Die Bilder unten zeigen drei Möglichkeiten, wie ein Kompass aussehen könnte. Sicher habt ihr noch eigene Ideen, einen Kompass herzustellen.
Es ist sinnvoll, dass ihr in mindestens 3 Gruppen arbeitet. Jede Gruppe wählt sich ein Modell und baut dieses. Am Ende der Arbeit erklärt jede Gruppe den Mitschülern, wie sie ihren Kompass gebaut und welche Einzelteile und welches Werkzeug sie verwendet hat. Wenn jeder von euch einen eigenen Kompass mit nach Hause nehmen möchte, solltet ihr in eurer Gruppe gleich die notwendige Anzahl von Geräten basteln.

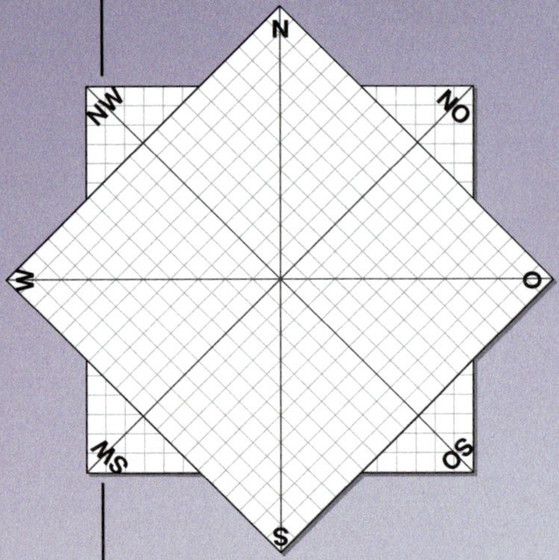

Herstellung einer Windrose
Schneidet aus Papier zwei Quadrate mit 10 cm Seitenlänge aus. Faltet diese längs ihrer Mittellinien und längs ihrer Diagonalen. Legt sie dann so aufeinander, dass die Mittellinien eines Quadrates auf den Diagonalen des anderen liegen. Die Mittelpunkte beider Quadrate liegen dann genau übereinander. Klebt die Quadrate in dieser Lage zusammen. Ihr habt jetzt die Windrose als achteckigen Stern. Es fehlen nur noch die Himmelsrichtungen. Schreibt sie auf die Spitzen der Windrose. Erstellt einen genau gleichen zweiten Stern. Klebt ihn so auf den ersten, dass seine Spitzen genau zwischen den Spitzen des ersten liegen. Ergänzt die noch fehlenden Himmelsrichtungen.

Material
- für den **Nadelfuß** oder für den **Schwimmkörper:**
  Korken, Holzbrettchen, Styroporscheibe, Kerzen, Schraubverschlüsse von Flaschen oder Gläsern
- für die **Trägernadel:**
  Stopf- oder Nähnadeln; dünne, lange Nägel; Reißnägel

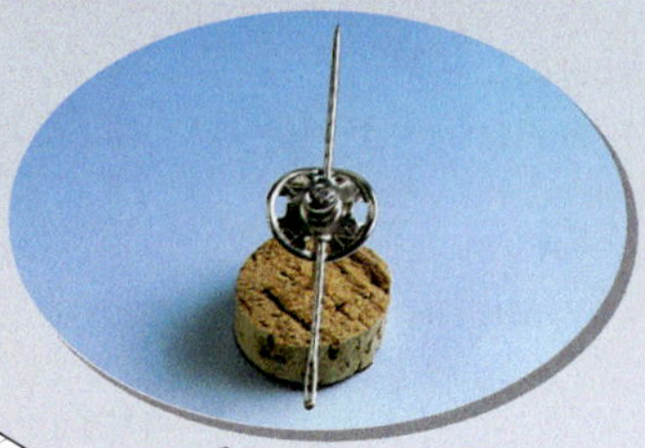

Achtung: Nadelspitzen bei Nichtgebrauch mit einem Korken schützen.

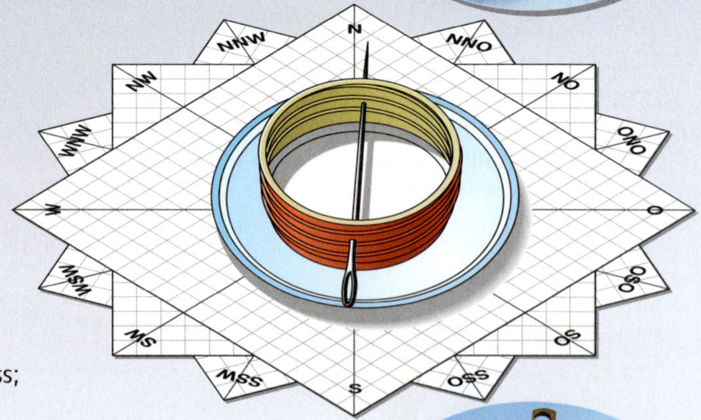

- für die **Flüssigkeit:**
  Wasser, Speiseöl, Glycerin
- für die **Kompassnadel:**
  aufgebogene Briefklammer; Nähnadel, die durch einen Druckknopf gesteckt wird; Stahlnagel; Lasche eines Schnellhefters, die in der Mitte eine Vertiefung haben muss; eine stumpf gemachte Rasierklinge

Achtung: Vergesst das Magnetisieren nicht!

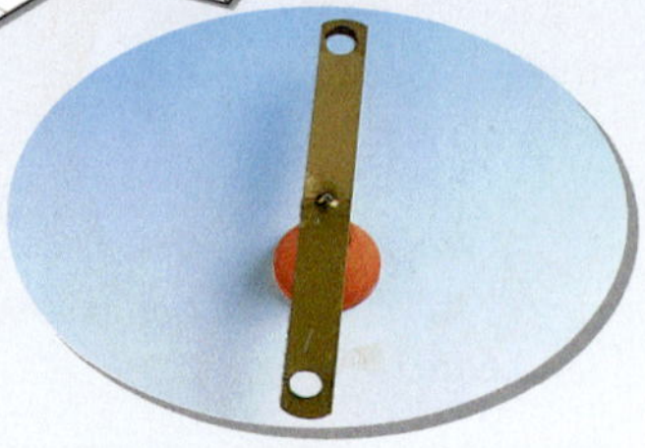

Gefahren bei der Anwendung von Magneten

1. Zum Transport oder zur Verbreitung müssen Informationen wie Texte, Bilder oder Musik gespeichert werden. Informiere dich, welche Informationen wie gespeichert werden.

2. Informiere dich, bei welchen Anwendungen Informationen auf Magnetstreifen gespeichert sind.

3. **a)** Bei welchen Speicherarten kann eine Gefährdung der Daten durch Magnete auftreten?
b) Bei welchen Speicherarten tritt keine Gefährdung auf?

4. Suche Verbots- und Hinweiszeichen, die auf die Gefährdung durch Magnetismus hinweisen.

5. Warum dürfen in einigen Läden Geldkarten nicht auf die Kassentische gelegt werden?

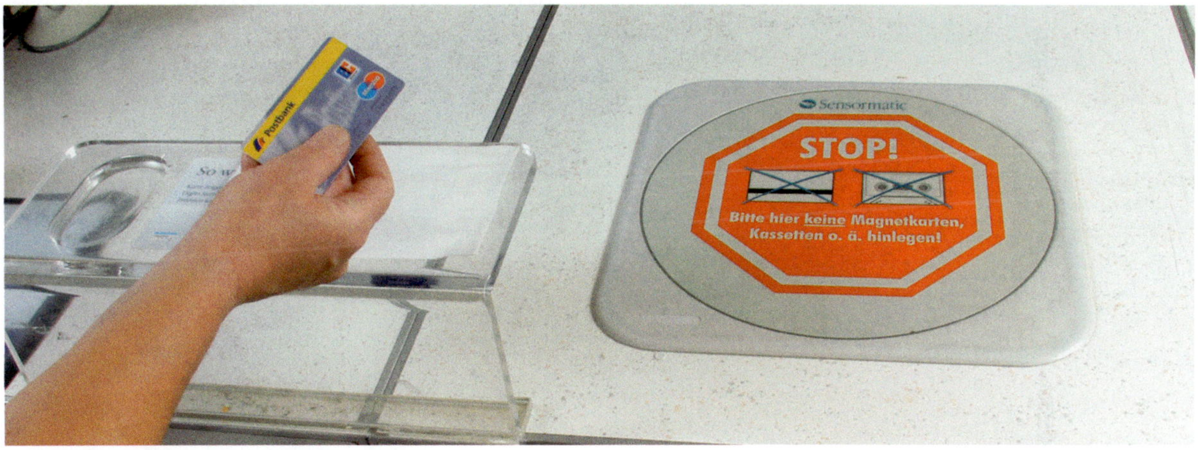

1 EC-Karten dürfen nicht überall hingelegt werden.

Magnetische Speicherung

Auf dem Magnetstreifen von Geldkarten werden der Name des Kontoinhabers, die Bank und die Kontonummer gespeichert. Im Geschäft oder am Automaten wird der Magnetstreifen an einem Lesegerät vorbeigeführt. Dabei werden die enthaltenen Informationen ausgelesen.

Gefahr von Datenverlust

Wird die Geldkarte in die Nähe eines starken Magneten gebracht, so wirkt er auf die magnetisch gespeicherten Informationen. Diese können dadurch beschädigt oder vernichtet werden. Daher findest du auf den Kassentischen oft Hinweise, dass dort keine Karten mit Magnetstreifen abgelegt werden sollen.

Wirkung auf technische Geräte

Auch technische Geräte können durch Magnete beeinflusst werden. Eine Kompassnadel wird in der Nähe eines Magneten abgelenkt. Personen mit Herzschrittmacher müssen starke Magnete meiden. Empfindliche Geräte werden daher gegen die Wirkung von Magneten abgeschirmt.

Eisenfeilspäne zeigen die magnetische Wirkung

1. Ordne den Bildern A bis D die passenden Magnete zu.

2. a) Führe einen Versuch nach Bild D durch.
b) Drehe dann beide Magnete um. Klopfe vorsichtig auf den dünnen Karton mit den Eisenfeilspänen und vergleiche das entstandene Bild mit dem Bild D.

3. a) Suche weitere Magnete. Lege die Magnete unter einen dünnen Karton und streue Eisenfeilspäne darauf. Zeichne die entstehenden Bilder in dein Heft. Vergleiche mit den Bildern A bis D.
b) Beschreibe den jeweiligen Linienverlauf auf deinen Bildern.

Magnete haben ein Magnetfeld

Jeder Magnet ist in der Lage, Gegenstände aus Eisen anzuziehen. Der Mensch besitzt kein ▸ Sinnesorgan, um diese Wirkung wahrzunehmen. Mithilfe der Eisenfeilspäne kann sie jedoch sicht-bar gemacht werden.
Die Späne ordnen sich in Linien an. Diese Linien werden **Feldlinien** genannt. Alle Feldlinien zusammen stellen das **Magnetfeld** dar.
Der Verlauf der Linien gibt Auskunft, wie die magnetischen Kräfte in den Raum hinein wirken. Ihre Wirkung lässt mit der Entfernung vom Magneten nach.

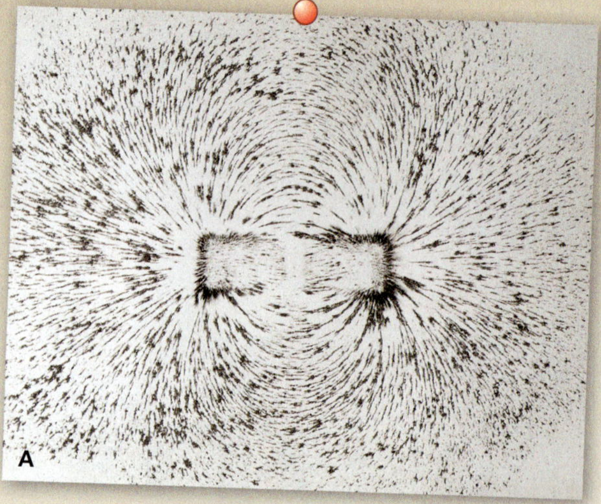
A

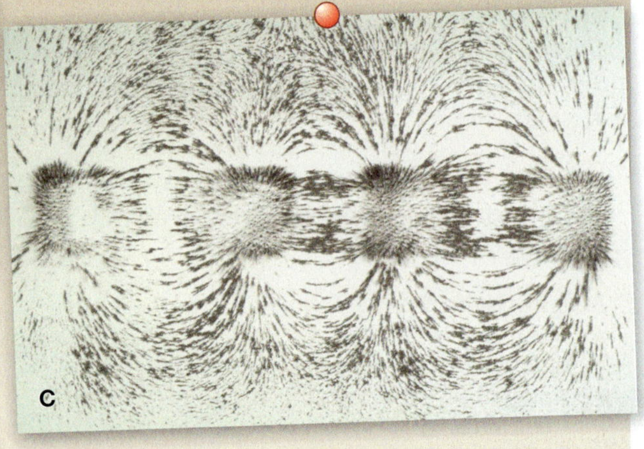
C

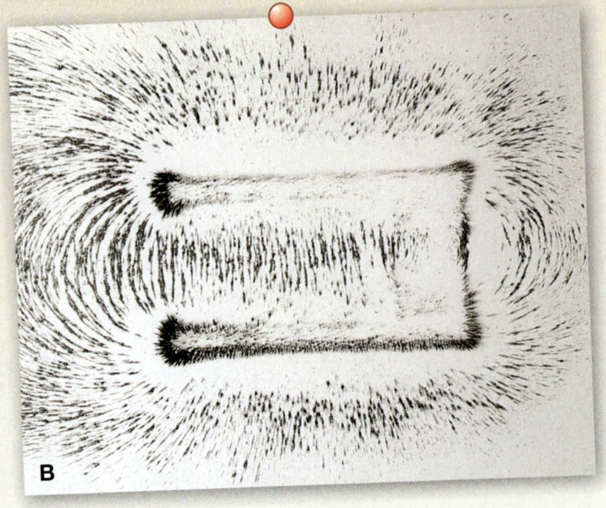
B

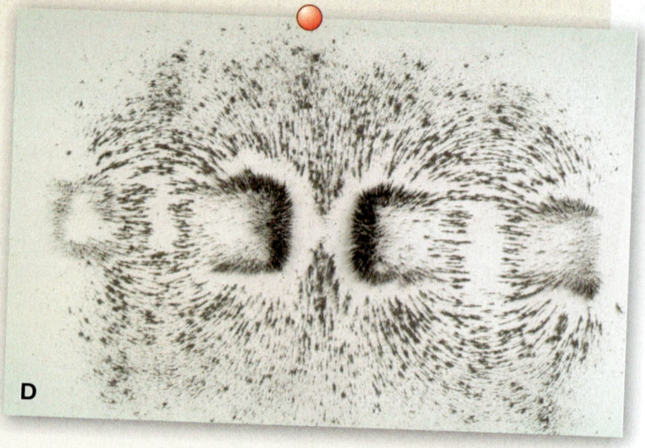
D

Stoffe und Geräte des Alltags → S. 406/407

Die Erde hat ein Magnetfeld

1. Beschreibe das Bild des magnetischen Feldes der Erde. Vergleiche es mit anderen Magnetfeldern.

2. a) Lege einen Stabmagneten auf einen Karton. Decke ihn mit einer passenden Halbkugel aus Kunststoff so ab, dass der Rand der Halbkugel mit den Polen des Magneten abschließt. Streue vorsichtig Eisenfeilspäne um die Halbkugel herum.
Beschreibe das entstandene Bild des magnetischen Feldes.
b) Begründe, warum das magnetische Feld der Erde mit dem Feld eines Stabmagneten verglichen werden kann.

3. Warum richten sich alle Kompasse auf der Erde in Nord-Süd-Richtung aus?

4. Informiere dich, ob ein Kompass auch auf dem Mond in Nord-Süd-Richtung zeigt.

Die Erde ist ein Magnet
Unsere Erde ist ein riesengroßer Magnet mit zwei ▸ Magnetpolen. Wie bei jedem Magneten ist an den Polen die magnetische Wirkung am stärksten.

Das Erdmagnetfeld
Das magnetische Feld der Erde ähnelt dem Feld eines ▸ Stabmagneten. Es wirkt sehr weit in den Weltraum hinaus und konnte von den Astronauten sogar noch auf dem Mond gemessen werden.

Die Feldlinien des Magneten Erde geben die Richtung vor, in der sich frei bewegliche Stabmagnete ausrichten. Deshalb lässt sich überall auf der Erde mit frei beweglichen Stabmagneten die Nord-Süd-Richtung feststellen.

1 Modell: Die Erde als Magnet

William Gilbert

Streifzug

Die Griechen kannten schon vor 2000 Jahren Magneteisensteine, die sich in Nord-Süd-Richtung drehten, wenn sie auf einem Holzbrett schwammen. Sie vermuteten, dass im Norden ein riesengroßer Berg aus Eisen sein müsste, nach dem sich der Magneteisenstein ausrichtete.
Ganz gestimmt hat diese Überlegung nicht, denn immer wies die gleiche Stelle eines Magneteisensteins nach Norden. Also war im Norden vielleicht nicht ein Berg aus Eisen, sondern möglicherweise ein riesiger Magnetberg? Oder gab es noch eine andere Erklärung?

Die Erde muss ein Magnet sein
Die Frage ließ auch William Gilbert (1544–1603) nicht los. Er war Arzt bei Königin Elizabeth I. von England. Als erster Mensch hat er nachzuweisen versucht, dass die ganze Erde ein großer Magnet ist.
Er ließ sich einen kugelförmigen Magneten herstellen. Das sollte ein Modell der Erde sein. An diesem Kugelmagneten machte er seine Messungen mit einem Instrument ähnlich einem Kompass und verglich die Werte immer wieder mit Messungen, die auf der Erde gemacht wurden. Dann schrieb er über seine Versuche ein Buch. Es heißt „Von den Magneten". Darin stand damals schon alles, was du auf dieser Seite über die Erde als Magnet gelernt hast.

Der elektrische Gong meldet sich

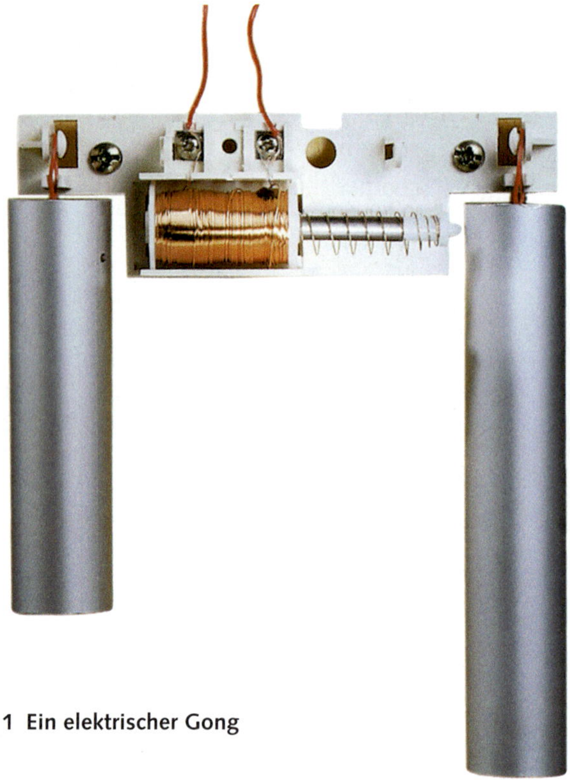

1 Ein elektrischer Gong

1. Beschreibe, welche Teile du im Gong in Bild 1 erkennen kannst. Vermute, wozu sie dienen.

2. a) Umwickle eine leere Garnrolle mit lackisoliertem Kupferdraht. Die Spule sollte insgesamt etwa 200 Windungen haben. Lege einige kleine Nägel um die Spule herum. Stelle ein Stromversorgungsgerät auf 5 V und schließe die Spule wie in Bild 2 an. Beschreibe, was du beobachtest.
b) Baue in den Stromkreis einen Schalter ein. Öffne und schließe den Stromkreis mehrfach. Beobachte die Nägel und deute das Versuchsergebnis.

3. a) Verwende den Aufbau von Versuch 2b). Lege einen Nagel in die Öffnung der Spule.
b) Was geschieht, wenn du den Schalter mehrmals öffnest und schließt?

4. a) Wodurch wird die Bewegung der Eisennägel in den Versuchen 2 und 3 hervorgerufen?
b) Welcher Bestandteil des Gongs verhält sich wie der Nagel in Versuch 3?

5. a) Erkläre die physikalischen Vorgänge im elektrischen Gong, wenn der Klingelknopf gedrückt wird und wenn er losgelassen wird.
b) Welche Aufgabe hat die Feder um den Klöppel?

6. a) Warum klingt der Gong nicht öfter, wenn der Klingelknopf gedrückt bleibt?
b) Was musst du tun, um den Gong mehrmals erklingen zu lassen?

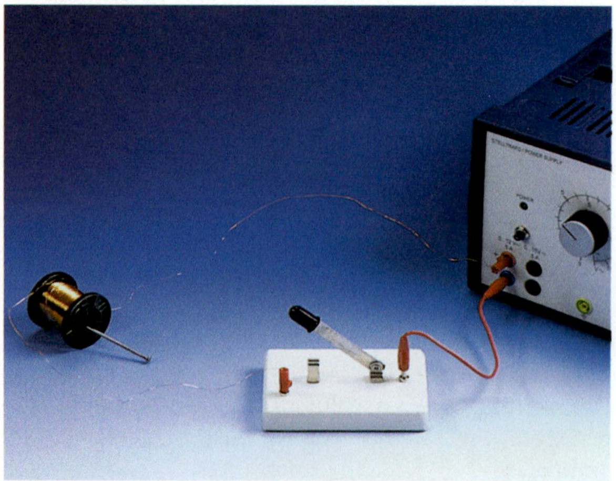

2 Was geschieht mit dem Nagel?

Wie funktioniert der Gong?
Zwischen den beiden Metallstangen eines elektrischen Gongs ist eine Kupferdrahtspule angebracht. Die ▸ Spule ist mit einer Papier- oder Kunststoffhülle geschützt. Sie liegt mit einer ▸ Stromquelle und dem Klingelknopf in einem ▸ Stromkreis.

In der Spule befindet sich ein Eisenstab, der sich im Spuleninnern leicht hin und her bewegen kann. Das ist der Klöppel, mit dem die beiden Metallstangen angeschlagen werden. Wenn der Klöppel gegen die kurze Metallstange stößt, hörst du ein helles „Ding", und wenn er gegen die lange Metallstange schlägt, ein dunkles „Dong". Mit dem Klingelknopf wird der Stromkreis geschlossen oder geöffnet.

Elektrizität erzeugt magnetische Wirkung
Wenn der Stromkreis geschlossen wird, wirkt die Spule wie ein Stabmagnet. Der Vorteil der Spule gegenüber einem Stabmagneten besteht darin, dass die magnetische Wirkung an- und abgeschaltet werden kann.
Abschaltbare Magnete können Schrott sortieren, Alarmanlagen auslösen, Bewegungen in Maschinen oder Sperrungen an Türen ein- und ausschalten.

Ein Gerät, das Strom durch Magnetismus anzeigt

Ein Eisenstab, der in einer Strom führenden Spule liegt, wird zum Magneten. Er hat einen Nordpol und einen Südpol. Legst du zwei Eisenstäbe in die Spule, so werden beide auf die gleiche Art magnetisiert.

Bei beiden Stäben entsteht an den gleichen Enden ein Nord- und ein Südpol. Da sich gleiche Pole abstoßen, werden die beiden Eisenstäbe durch die magnetische Wirkung auseinander gedrückt. Das kannst du für die Anzeige von Strom nutzen.

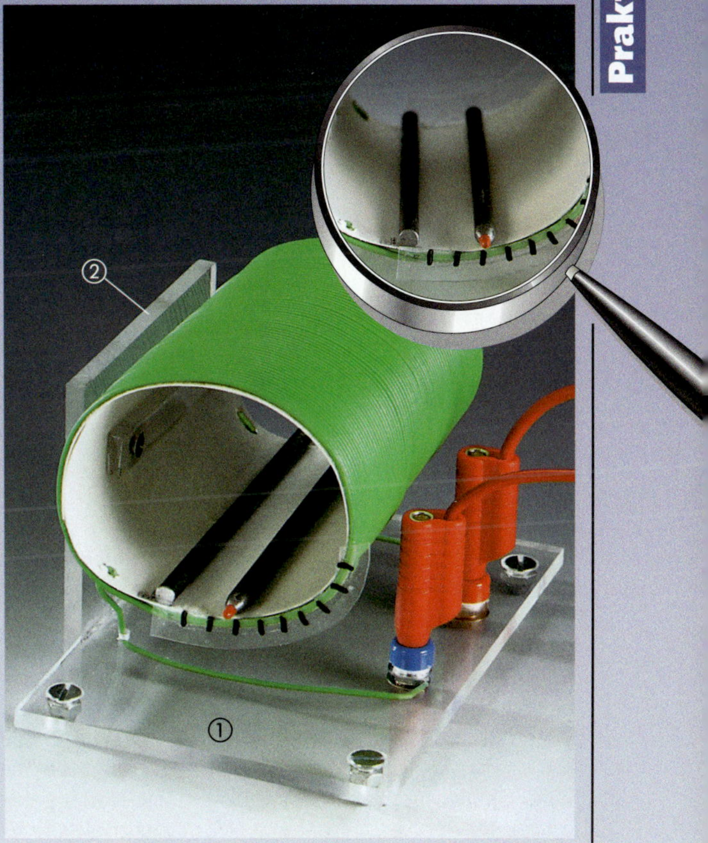

1 Anzeigegerät

Material
12 m Klingeldraht
stabile Plastikfolie 20 cm x 9 cm
2 Zimmermannsnägel, 5 mm dick
2 Steckbuchsen
1 Brett aus Sperrholz oder Acrylglas ①
9 cm x 12 cm x 1 cm
1 Brett aus Sperrholz oder Acrylglas ②
8 cm x 7 cm x 1 cm
4 Holzklötzchen
1 cm x 1 cm x 1 cm
2 Schrauben M3 x 15 mm
mit Hutmuttern
Kleber, rote Farbe
Schraubendreher,
Maulschlüssel oder Flachzange

Bauanleitung
Forme die Plastikfolie zu einem Rohr mit einem Durchmesser von 6 cm und klebe sie zusammen. Wickle den Klingeldraht auf das Rohr. So erhältst du eine Spule mit sechzig Windungen. Dann bleibt an jedem Ende genügend Draht für die Anschlüsse übrig.

Befestige das Sperrholzbrett ② senkrecht am Rand der Grundplatte ①. Schraube die Spule so an das Sperrholzbrett ②, dass sie über der Grundplatte ① hängt. Bohre für die Anschlussbuchsen zwei Löcher in die Grundplatte. Stecke die Buchsen hindurch und befestige sie.

Durchbohre die Grundplatte ① an den Spulenenden und verbinde die Anschlussdrähte mit den Steckbuchsen. Klebe an die vier Ecken je ein Holzklötzchen als Fuß.

Säge von einem Zimmermannsnagel den Kopf und die Spitze ab. Der verbleibende Eisenstab soll so lang werden wie die Spule. Er wird an der tiefsten Stelle in die Spule geklebt. Säge von dem zweiten Nagel das Kopfende so weit ab, dass der Eisenstab so lang wird wie die Spule. Die Spitze soll etwas aus der Spule herausragen. Streiche die Spitze rot an. Sie wird als Zeiger benutzt.

Klebe an den vorderen Spulenrand eine Skala in Form eines Viertelkreises. An das hintere Ende der Spule klebst du als Begrenzung für den beweglichen Stab einen schmalen Folienstreifen.

Schließe die Spule an verschiedene Batterien an und beobachte jeweils die Spitze des Nagels. Schließe sie danach an ein regelbares Stromversorgungsgerät an und beobachte erneut dein Anzeigegerät.

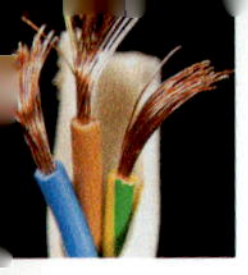

Die magnetische Wirkung lässt sich verstärken

1. a) Stelle eine Kompassnadel auf und warte, bis sie sich in Nord-Süd-Richtung eingependelt hat. Baue dann den Versuch wie im Bild 1A auf. Schalte das Stromversorgungsgerät ein und aus. Was beobachtest du?
b) Schreibe auf, wie du das Versuchsergebnis erklären würdest.

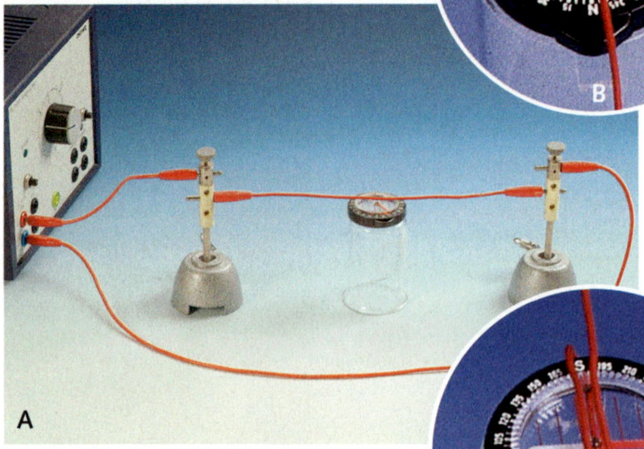

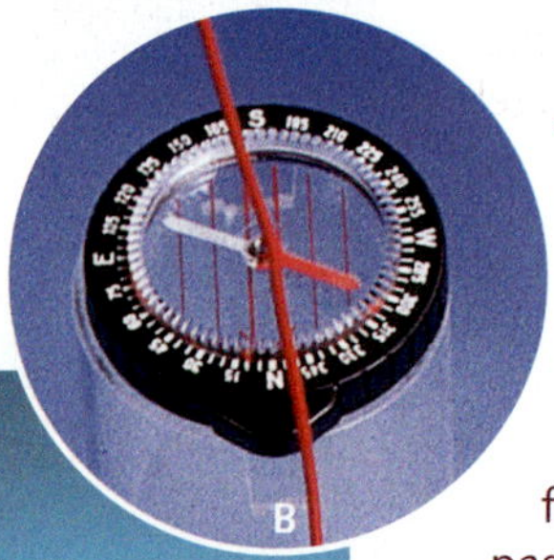

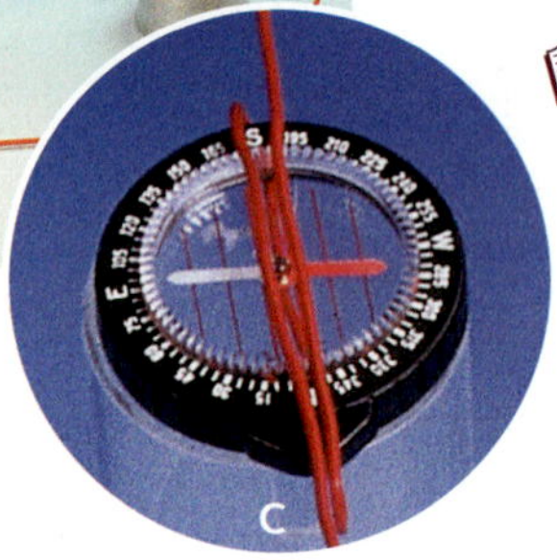

1 Ein Strom führender Leiter

2. Wiederhole Versuch 1. Lege den Draht zunächst in einer Schleife und dann wie in Bild 1C in immer mehr Schleifen um die Kompassnadel. Öffne und schließe den Stromkreis jeweils. Beschreibe deine Beobachtungen mit einer Je-desto-Formulierung.

3. Erkläre, warum du bei den Versuchen 1 und 2 einen Draht verwenden musst, der isoliert ist.

Ein Magnet aus nur einem Draht

Kupfer ist nicht magnetisierbar. Hältst du aber einen Strom führenden Kupferdraht über eine ▸ Kompassnadel, dann wird sie aus der Nord-Süd-Richtung abgelenkt. Sobald ▸ Elektronen durch den Draht fließen, kannst du eine magnetische Wirkung beobachten.
Wenn der Leiter in einer Schleife um die Magnetnadel geführt wird, dann wirkt der Draht über und unter der Magnetnadel gleichzeitig auf die Nadel ein. Deshalb wird die Magnetnadel noch stärker aus ihrer Richtung abgelenkt.

Wird der Leiter in vielen Windungen wie bei einer Spule um die Nadel gelegt, so wird die magnetische Wirkung weiter verstärkt. Die Nadel wird noch stärker abgelenkt.

Daraus kannst du schließen: Eine Spule in einem geschlossenen Stromkreis ist ein **Elektromagnet.** Je mehr Windungen die Spule hat, desto stärker wirkt sie als Elektromagnet.

Streifzug

Christian Oersted

Als der dänische Physiker Christian Oersted (1777–1851) seinen Studenten im Jahr 1820 einen Versuch vorführen wollte, entdeckte er, dass eine Kompassnadel auf dem Labortisch nicht die Nord-Süd-Richtung anzeigte. Erst an einem anderen Platz verhielt sie sich wieder wie erwartet. Oersted versuchte die Ursache dafür herauszufinden. Er stellte fest, dass die Nadel abgelenkt wurde, weil in ihrer Nähe ein Strom führender Leiter verlegt war.
Über die Versuche, die er daraufhin anstellte, berichtete er: „... ein gerader, von Norden nach Süden gerichteter Draht, gleich welcher Art, wird über eine ruhende Magnetnadel gehalten und mit einer Spannungsquelle verbunden. Sobald der Strom durch diesen Leiter fließt, wird die Kompassnadel aus der Nord-Süd-Richtung abgelenkt, ohne dass sie dabei vom Draht berührt wird ...!"

4. a) Fertige eine symmetrische Flügelform aus Papier an, die du an einem Eisennagel befestigst. Baue anschließend den Versuch nach Bild 2 auf.
b) Nähere dem Schmetterling eine Spule mit 1000 Windungen, die an eine Spannung von 6 V angeschlossen ist. Vermute zuerst, was du beobachten wirst.
c) Schiebe einen Eisenkern in die Spule und führe den Versuch b) erneut durch. Worin besteht der Unterschied zum Versuchsergebnis von Versuch b)?

2 Was passiert mit dem Schmetterling?

5. a) Baue wie in Bild 3 einen Stromkreis mit Schalter auf. Halte eine Hand voll kleiner Nägel unten an die Spule. Vermute zunächst, was mit den Nägeln geschieht
- beim Schließen des Schalters,
- beim Öffnen des Schalters.

b) Führe den Versuch entsprechend durch. Verändere dabei auch den Abstand zwischen Hand und Spule. Notiere das Versuchsergebnis.

6. Befestige einen Eisenkern im Innern der Spule. Wiederhole Versuch 5 und vergleiche die Beobachtungen.

7. a) Schließe zwei Spulen mit 1000 Windungen und Eisenkern an je eine 4,5 V-Batterie an. Schiebe das Ende des einen Eisenkerns auf das Ende des anderen Eisenkerns zu. Notiere deine Beobachtungen.
b) Drehe eine der beiden Spulen um und wiederhole den Versuch. Schreibe auf, was du jetzt beobachten konntest.
c) Wiederhole Versuch a), vertausche aber an einer Spule die Pole der Batterie. Beschreibe, was nun mit den Eisenkernen geschieht.
d) Vergleiche das Verhalten der Elektromagnete mit dem von Stabmagneten.

Eisenkerne verstärken die magnetische Wirkung
Eine Spule aus Kupferdraht ist zunächst unmagnetisch. Erst wenn ▸ Elektronen durch den Draht fließen, wirkt die Spule wie ein Magnet. Es entsteht ein Elektromagnet. Steckst du einen Eisenkern in die Spule, dann wird die magnetische Wirkung verstärkt.

Elektromagnete haben Pole
Wie bei Dauermagneten können sich die Enden zweier Elektromagnete anziehen oder abstoßen. Elektromagnete haben also ebenfalls zwei ▸ unterschiedliche Pole. Wenn die Anschlüsse an der Stromquelle vertauscht werden, dann werden auch die Pole des Elektromagneten vertauscht.

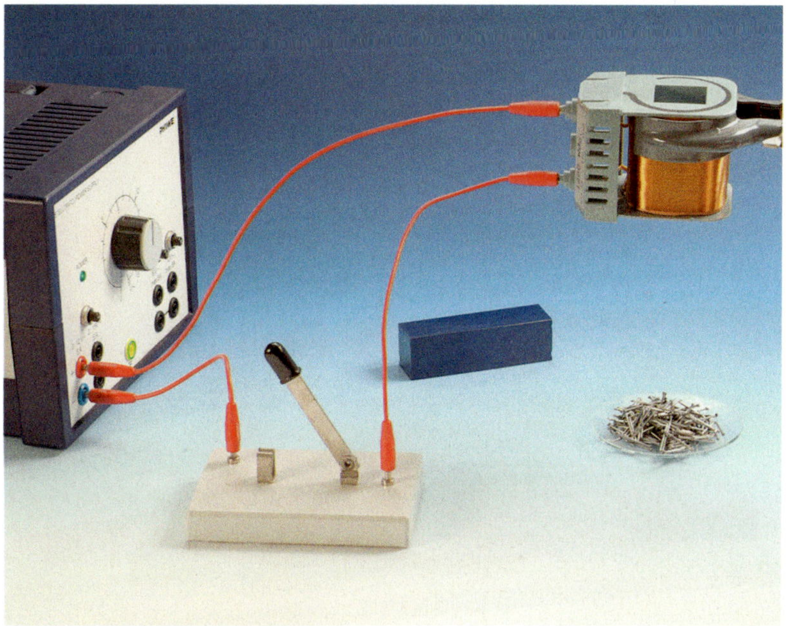

3 Spule ohne und mit Eisenkern

Magnetkran – selbst gebaut

1 Auf dem Schrottplatz

Auf dem Schrottplatz werden schwere Eisenteile oder Autos durch einen Magnetkran zur Schrottpresse transportiert.

Solch einen Magnetkran kannst du selbst bauen. Die Teile, die du zum Bau des Kranes brauchst, stehen in der Materialliste. Bild 2 zeigt, wie du die Teile zusammenbauen musst.

Hinweis: Die Garnrolle darf sich nicht auf der Achse drehen. Du kannst sie festkleben oder an der Achse festschrauben.

Material

1	Holzbrett	20 cm x 10,0 cm x 0,5 cm
3	Holzleisten	6 cm x 1,5 cm x 0,5 cm
2	Holzleisten	25 cm x 1,5 cm x 0,5 cm
	Enden schräg abgesägt	
1	Holzleiste	2 cm x 0,9 cm x 0,5 cm
2	Holzleisten	8 cm x 1,5 cm x 0,5 cm
	Enden schräg abgesägt	
1	Rundholz	2,5 cm, Durchmesser 6 mm
1	Rundholz	6 cm, Durchmesser 6 mm
1	Rundholz	1,5 cm, Durchmesser 6 mm
1	leere Garnrolle mit 1 m Kunststofffaden	
2	Kunststoffspulen einer Nähmaschine	
1	Schraube M6 (15 mm lang) mit Mutter	
15 m	lackisolierter Kupferdraht	
70 cm	dünner, flexibler Leitungsdraht	
3 cm	Eisendraht	

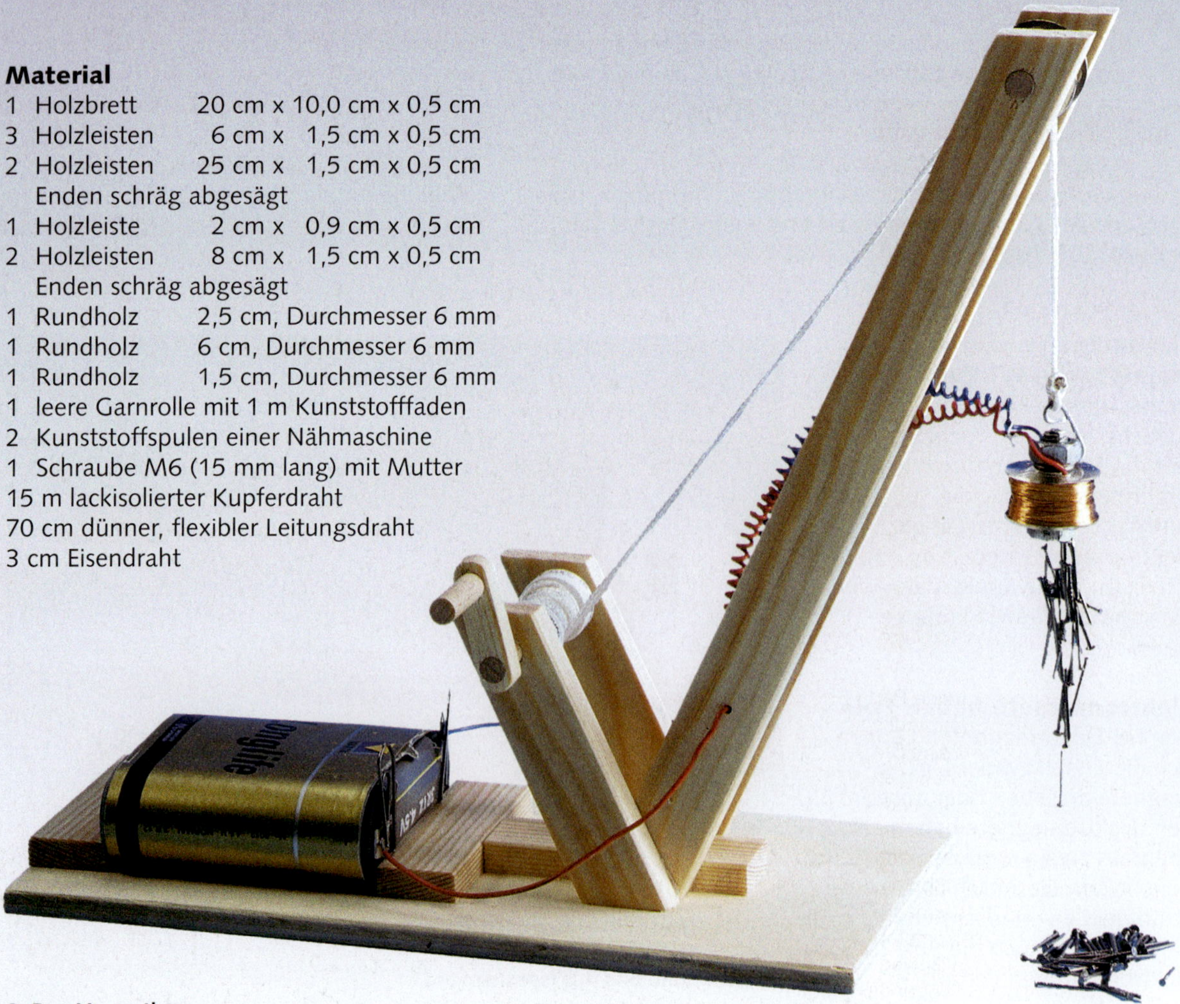

2 Der Magnetkran

Elektromagnete im Einsatz

Ein Elektromagnet als Schalter – das Relais

Mit einem Elektromagneten können elektrische Kontakte geschlossen und geöffnet werden. Solch ein magnetisch gesteuerter Schalter wird **Relais** genannt.

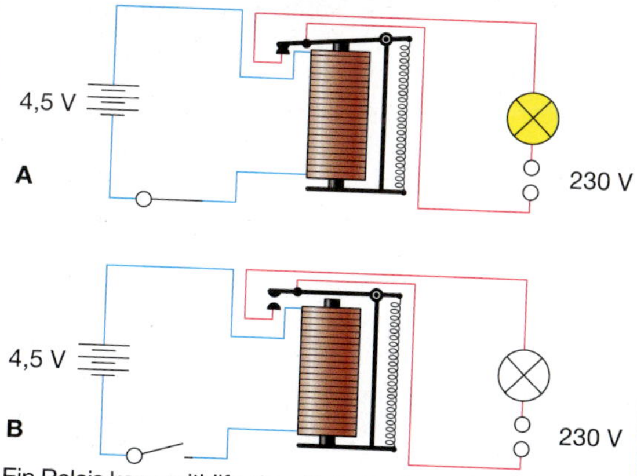

Ein Relais kann mithilfe einer Batterie eine 230 V-Glühlampe einschalten (Bild A) oder ausschalten (Bild B). Mit einem kleinen Strom kann ein starker Strom geschaltet werden.

Der Lautsprecher

Beim Lautsprecher ist eine Pappmembran am äußeren Rand mit dem Lautsprechergehäuse verbunden. In ihrer Mitte ist eine kleine Spule eingeklebt. Wenn das Radio eingeschaltet ist, erzeugt beispielsweise Musik je nach Lautstärke und Melodie unterschiedlich starke Ströme in der Spule des Lautsprechers. Diese Ströme erzeugen dann unterschiedlich starke magnetische Wirkungen. Die Spule selbst befindet sich im Magnetfeld eines Dauermagneten. Deshalb schwingt sie im Wechsel der Stromstärke hin und her und setzt dabei die Membran in Bewegung. Die Kugeln veranschaulichen diese Bewegungen.

Die elektrische Klingel

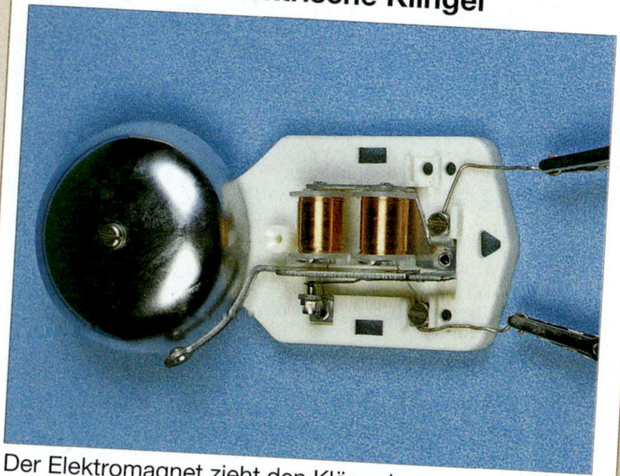

Der Elektromagnet zieht den Klöppel gegen die Glocke. Dadurch wird der Kontakt am Klöppel geöffnet und der Stromkreis wird unterbrochen. Die Spule ist nicht mehr magnetisch und der Klöppel schnellt zurück. Jetzt wird der Kontakt erneut geschlossen und alles beginnt wieder von vorn.

1. Beschreibe, wie eine elektrische Klingel für Batteriebetrieb arbeitet.

2. Zähle Vorteile auf, die ein Relais gegenüber einem Hebelschalter haben kann.

3. Nenne einen Nachteil des Relais gegenüber einem handbetätigten Schalter.

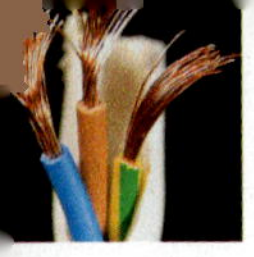

Wirkungen des elektrischen Stromes

1. Baue einen einfachen Stromkreis auf. Lege auf die Lampe ein kleines Stück Kerzenwachs. Schließe den Stromkreis und beobachte das Wachs. Beschreibe und erkläre deine Beobachtung.

2. Ersetze die Lampe aus Versuch 1 durch eine Kupferleitung, die mehrfach um einen Nagel gewickelt ist. Schließe den Stromkreis und nähere einen Kompass erst dem einen und dann dem anderen Ende des Nagels. Beschreibe und deute deine Beobachtungen.

3. a) Baue einen Versuch wie im Bild B auf. Fülle das Becherglas mit einer gesättigten Salzlösung. Schließe den Stromkreis. Was beobachtest du in der Lösung?
b) Was geschieht, wenn der Stromkreis unterbrochen wird? Beschreibe und deute deine Beobachtungen.

4. Welche Wirkungen des elektrischen Stromes werden in den Bildern A bis D dargestellt? Schreibe auf, was du siehst, und benenne die Wirkungen.

5. Schau dich in eurer Wohnung, auf der Straße und beim Einkaufen um. Notiere Beispiele für den Einsatz von Elektrizität. Ordne die Wirkungen, die dabei genutzt werden.

Einsatz	Wirkung
Leuchtreklame	Licht
Türklingel	

6. Welche Auswirkungen hätte ein längerer Stromausfall in eurer Wohnung und in eurer Umgebung? Wie müsstest du in dieser Zeit deine Lebensgewohnheiten ändern?

Lichtwirkung
Die **Lichtwirkung** des elektrischen Stromes ist dir selbstverständlich. Sowohl die Beleuchtung im Haus als auch das Flutlicht im Stadion, die Stand-by-Anzeige eines Gerätes und das Leuchten des Displays am Handy beruhen auf der Lichtwirkung des ▸ elektrischen Stromes. Immer ist damit auch ▸ Wärme verbunden.

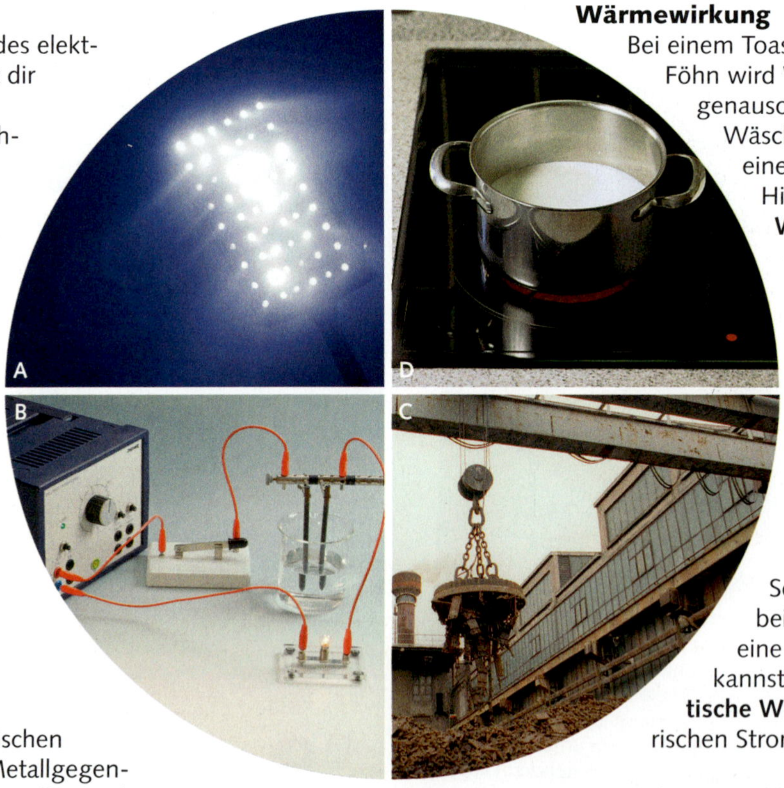

Wärmewirkung
Bei einem Toaster und einem Föhn wird Wärme erzeugt genauso wie bei einem Wäschetrockner und einem Elektroherd. Hier wird die **Wärmewirkung** des elektrischen Stromes genutzt.

Magnetische Wirkung
Ein Stück mit Kupferdraht umwickeltes Eisen wird zur ▸ Spule.

Schließt du an die beiden Drahtenden eine Batterie an, kannst du die ▸ **magnetische Wirkung** des elektrischen Stromes erfahren.

Diese Wirkung wird beispielsweise genutzt, um Eisenschrott mit einem Magnetkran zu heben oder auszusortieren. Aber auch Lautsprecher und Kopfhörer funktionieren mithilfe der magnetischen Wirkung des elektrischen Stromes.

Chemische Wirkung
Mithilfe des elektrischen Stromes können Metallgegenstände dauerhaft versilbert oder vergoldet werden. Dabei wird die **chemische Wirkung** des elektrischen Stromes genutzt. Der elektrische Strom kann chemische Reaktionen auslösen, bei denen Stoffe zusammengefügt oder in ihre Bestandteile zerlegt werden.

Stoffe und Geräte des Alltags → S. 406/407

Ein Kupfer-Schlüssel aus Eisen

Gegenstände aus Eisen rosten schnell. Um sie zu schützen, werden sie mit einer dünnen Schicht haltbarer Metalle überzogen. Dazu eignen sich Zink und Kupfer, aber auch Chrom, Nickel, Silber und Gold.

Eine solche Beschichtung wird mithilfe des elektrischen Stromes hergestellt. Der Gegenstand, der überzogen werden soll, taucht dazu in eine ▸ Salzlösung, das galvanische Bad.

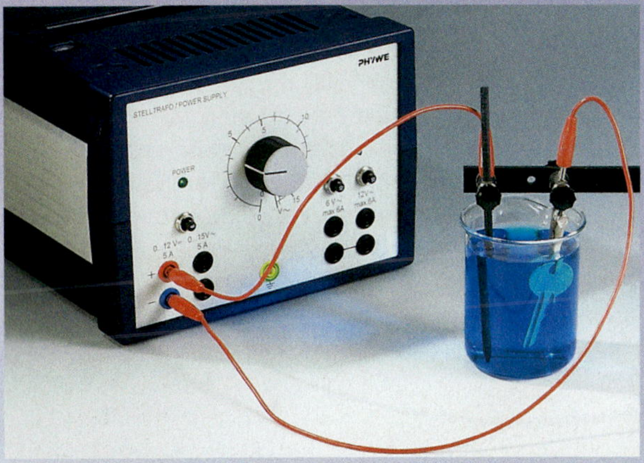

1 Galvanisieren

Ein Gegenstand, der zum Beispiel verkupfert werden soll, taucht in eine Kupfersalzlösung und ist mit dem Minuspol einer Stromquelle verbunden. An den Pluspol wird eine Kohleelektrode angeschlossen und ebenfalls in die Lösung eingetaucht. Wenn der Stromkreis geschlossen wird, entsteht auf dem Gegenstand eine sichtbare Kupferschicht. Dieses Verfahren heißt **Galvanisieren.**

1. Verkupfern eines Schlüssels

Reinige und entfette einen Schlüssel aus Eisen gründlich. Baue dann den Versuch zum Galvanisieren nach Bild 1 auf. Verbinde den Schlüssel mit dem Minuspol der Stromquelle und die Kohleelektrode mit dem Pluspol. Tauche den Schlüssel und die Kohleelektrode in ein galvanisches Bad. Stelle am Stromversorgungsgerät eine Gleichspannung von 3 V ein und schließe den Stromkreis.

Beende den Versuch nach etwa 15 min und spüle den Schlüssel mit klarem Wasser ab. Nachdem er getrocknet ist, kannst du ihn mit einem Poliertuch auf Hochglanz bringen.

2. Ein besonderer Schmuck

Schneide aus fester Kunststofffolie, zum Beispiel aus einem alten Schnellhefter, eine Figur wie in Bild 2 aus. Um diese Figur zu galvanisieren, musst du sie zuvor elektrisch leitend machen. Dazu trägst du eine Schicht Silberleitlack auf.

Wenn du ein Muster auf der Puppe haben willst, klebe die Stellen, die nicht verkupfert werden sollen, mit Klarsichtfolie ab. Tauche die Puppe dann in ein galvanisches Bad ein und verbinde sie mit dem Minuspol einer Gleichstromquelle. Ein Kupferblech wird ebenfalls eingetaucht und mit dem Pluspol verbunden.

Stelle am Stromversorgungsgerät eine Gleichspannung von 3 V ein und schließe den Stromkreis.

Beende das Galvanisieren nach 5 min. Spüle die Puppe erst mit klarem Wasser und dann mit Spiritus ab und lass sie trocknen. Poliere mit einem weichen Wolltuch anschließend die Puppe auf Hochglanz.

Klebe zum Schluss eine Anstecknadel aus einem Bastelladen auf und dein ganz persönliches Schmuckstück ist fertig.

Auch andere Gegenstände, wie zum Beispiel Steine, Blätter, kleine Zweige, Muschelschalen und leere Schneckengehäuse lassen sich mit diesem Verfahren verkupfern oder mit einem Edelmetall überziehen.

2 Puppe mit Metallüberzug

Geräte im Alltag

Der Stromkreis
Der einfache Stromkreis besteht aus einer **Stromquelle,** einem **Stromanzeiger,** einem **Schalter** und **Leitungen.**

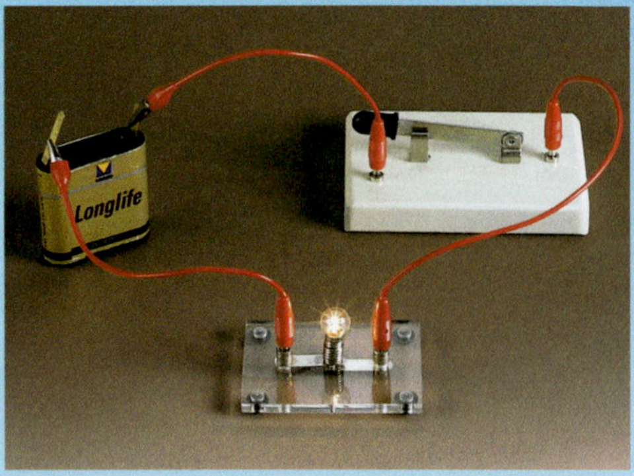

Elektronen – Träger der elektrischen Energie
In einem geschlossenen Stromkreis strömen **Elektronen** im Kreis, wenn sie durch eine Stromquelle angetrieben werden. Sie bilden den elektrischen Strom. Dabei transportieren sie die **elektrische Energie** von der Stromquelle zum Wandler.

Leitfähigkeit
Die **elektrische Leitfähigkeit** eines Stoffes gibt an, wie gut er den elektrischen Strom leitet.

Stoffe, die den elektrischen Strom nicht leiten, heißen **Nichtleiter** oder **Isolatoren.** Stoffe wie Metalle, die den elektrischen Strom leiten, sind **Leiter.**

Mensch und Elektrizität
Auch der menschliche Körper leitet elektrischen Strom. Durch elektrischen Strom verursachte Unfälle können tödlich sein!

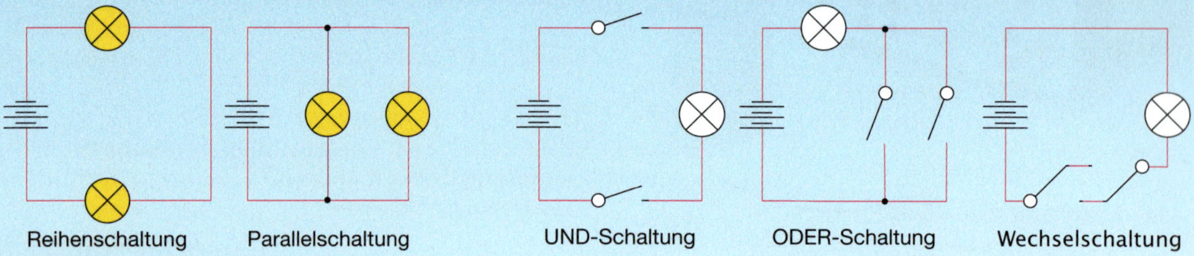

Reihenschaltung
Lampen in einer **Reihenschaltung** liegen alle hintereinander in demselben Stromkreis. Ist eine Lampe defekt, so ist der Stromkreis unterbrochen. Die anderen Lampen leuchten ebenfalls nicht mehr.

Parallelschaltung
Alle Lampen einer **Parallelschaltung** liegen jeweils in einem eigenen Stromkreis. Fällt eine Lampe aus, so leuchten die anderen Lampen weiter.

Wirkungen des elektrischen Stromes
Der elektrische Strom zeigt verschiedene Wirkungen: Licht, Wärme sowie chemische und magnetische Wirkung.

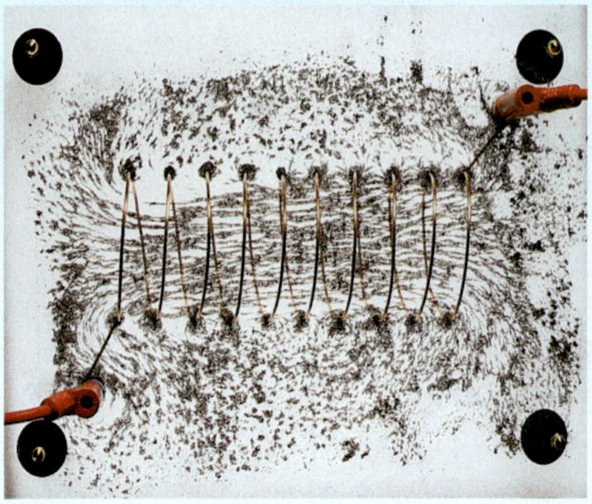

Magnetische Wirkung
Eine Strom führende Spule wird als **Elektromagnet** bezeichnet. Die magnetische Wirkung eines Elektromagneten kann durch einen Eisenkern in der Spule verstärkt werden.

Die Stellen mit der stärksten magnetischen Wirkung heißen **Pole.** Jeder Magnet hat einen **Nordpol** und einen **Südpol.** **Polregel**: Gleichnamige Pole stoßen sich ab, ungleichnamige Pole ziehen sich an.

Ein Magnet ist von einem **Magnetfeld** umgeben. Damit wirkt er in den Raum.

Gegenstände aus Eisen, Nickel oder Cobalt können von einem Magneten angezogen werden. Sie enthalten kleinste Magnete, die **Elementarmagnete.** Beim **Magnetisieren** richten sich die Elementarmagnete in einer Richtung aus. Beim **Entmagnetisieren** werden sie durcheinander gebracht.

Geräte im Alltag

1. Aus welchen Teilen besteht ein einfacher Stromkreis?
b) Nenne jeweils fünf Stromquellen und Stromanzeiger.

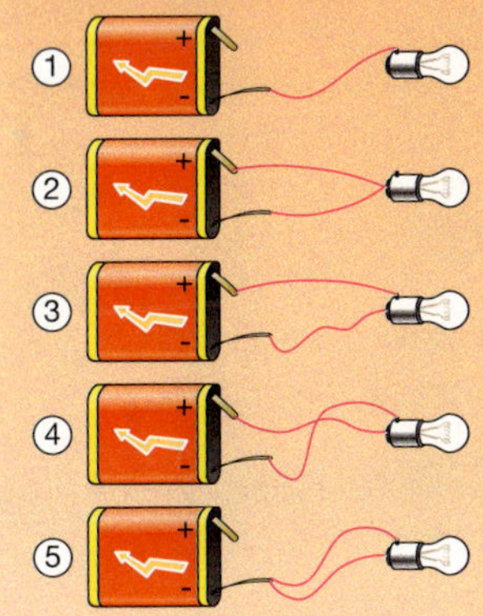

2. Entscheide, ob in den Fällen ① bis ⑤ die Lampe leuchtet. Begründe deine Entscheidung.

3. Zeichne einen Schaltplan für eine Lampe, wenn sie
a) leuchtet,
b) ausgeschaltet ist.

4. Zeichne den Schaltplan mit Schalter:
Ein Motor wird mit einer 4,5 V-Batterie betrieben.

5. a) Zeichne einen Schaltplan mit sieben Lampen, die in Reihe geschaltet sind.
b) Zeichne einen Schaltplan mit vier Lampen, die parallel liegen.

6. a) Warum erlöschen in einer Reihenschaltung alle Lampen, wenn eine Lampe defekt ist?
b) Was würde in dieser Situation bei einer Parallelschaltung der Lampen passieren?

7. Welche der Stoffe sind Nichtleiter: Kupfer, Kunststoff, Aluminium, Glas, Öl, Meerwasser, destilliertes Wasser, Apfelsaft?

8. Nenne jeweils drei feste und flüssige Stoffe, die den elektrischen Strom leiten.

9. Vor welchen Gefahren wird mit diesem Schild gewarnt?

10. Zähle auf, was du beim Umgang mit elektrischen Geräten beachten musst.

11. Bei der Fahrradbeleuchtung sind Vorder- und Rücklicht mit jeweils nur einer Leitung an die Fahrradlichtmaschine angeschlossen. Wieso ist der Stromkreis trotzdem geschlossen?

12. a) Manche Taschenlampen sind zur Halterung mit einem Magneten versehen. Wo kannst du diese überall anheften?
b) Warum haften sie nicht an allen Gegenständen?

13. a) Baue den obigen Versuch auf. Was beobachtest du?
b) Drehe den oberen Stabmagneten um. Was stellst du nun fest?
c) Erkläre deine Beobachtungen.

14. Warum zeigt der Südpol der Kompassnadel nach Süden? Begründe deine Antwort.

15. Wenn du einen Eisennagel lange Zeit in Nord-Süd-Richtung liegen lässt, ist er danach magnetisch. Wie ist das zu erklären? Benutze dabei den Fachbegriff Elementarmagnete.

16. Manche Schraubendreher sind magnetisch. Überlege dir einen Versuch, mit dem du klären kannst, ob an der Spitze ein Süd- oder ein Nordpol ist.

17. Angenommen, du lässt einen Stabmagneten fallen und er zerbricht.
a) Wie viele Pole hat jedes Teil?
b) Zeichne die Bruchstücke und kennzeichne die Pole.

18. Wie kannst du die magnetische Wirkung eines Magneten sichtbar machen?

19. Zähle die Teile eines Elektromagneten auf.

20. Beschreibe einen Versuch, mit dem du nachweisen kannst, dass eine Spule in einem geschlossenen Stromkreis zu einem Magneten wird.

21. Zeichne den Schaltplan eines einfachen Stromkreises mit Batterie und Klingel. Markiere darin den Elektronenstrom mit blau und den Energiestrom mit rot.

22. Ist die Behauptung: „Elektronen strömen im Kreis, Energie strömt nur in eine Richtung." richtig? Begründe deine Aussage.

23. Welche Auswirkungen hätte der Ausfall elektrischer Energie bei dir zu Hause?

Stoffe und Geräte

Wechselwirkung

Struktur der Materie

Magnetische Kräfte und Felder

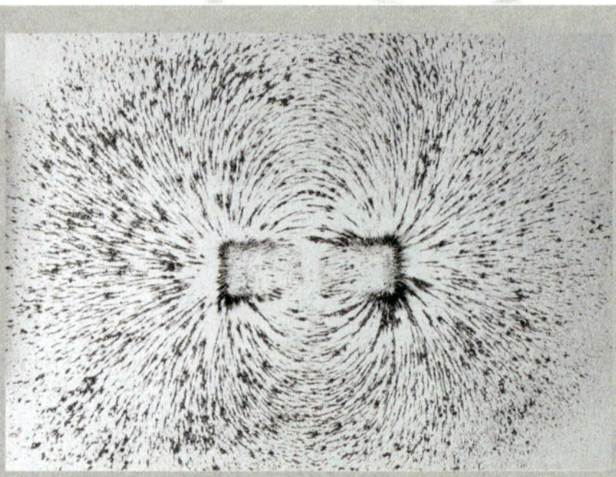

1. Ein frei beweglicher Stabmagnet richtet sich in Nord-Süd-Richtung aus. Welches Basiskonzept hilft bei der Erklärung dieses Verhaltens?

2. a) Beschreibe die Wechselwirkung der magnetischen Kräfte zweier Stabmagnete.
b) Wie kannst du die magnetische Wechselwirkung sichtbar machen?

3. Im Bild sind vier Beispiele für die Nutzung des elektrischen Stromes zu sehen. Erläutere an diesen Beispielen die Wechselwirkung zwischen elektrischem Strom und seiner Wirkung.

Stromwirkungen

4. a) Werden Stoffe magnetisiert, wird die Struktur des Stoffes beeinflusst. Beschreibe die Veränderung in der Struktur des Stoffes.
b) Beschreibe die Struktur des Stoffes, wenn er entmagnetisiert wird.

Magnetische Stoffe

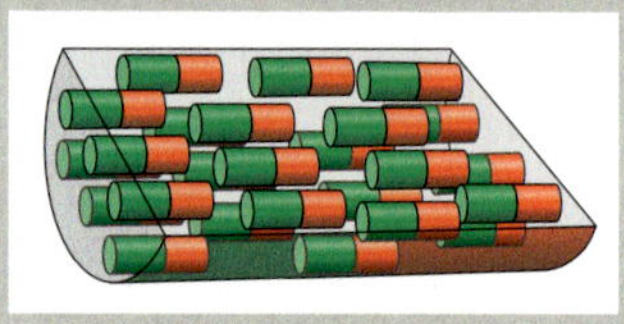

5. Erkläre den Unterschied zwischen Leiter und Nichtleiter mithilfe der unterschiedlichen Struktur der Stoffe.

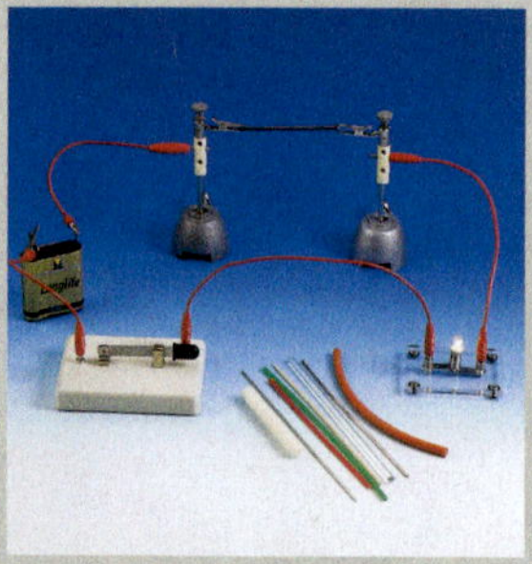

Leiter, Nichtleiter

6. Das linke Bild zeigt das Wachsen eines Kristalls am Wollfaden in einer Lösung. Im rechten Bild wird gezeigt, wie sich ein Zuckerkristall in Wasser löst.
a) Erkläre die geordnete Struktur des Kristalls mithilfe des Teilchenmodells.
b) Beschreibe mithilfe des Teilchenmodells, wie sich beim Auflösen die Struktur des Zuckerkristalls ändert.

Kristalle

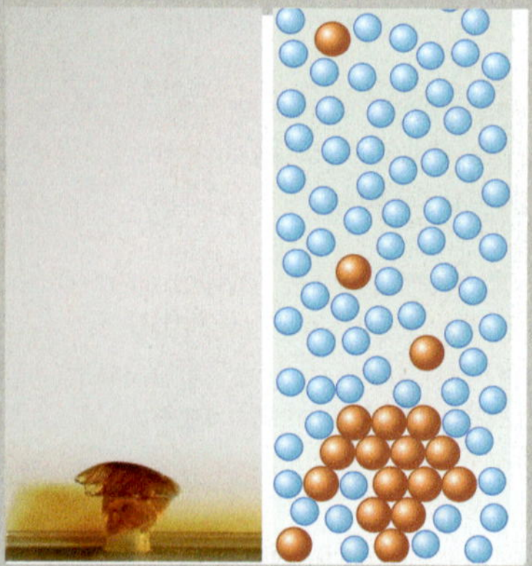

Lösungsvorgänge

des Alltags

Energie

System

Chemische Reaktion

Elektrische Energiequellen, Energieumwandlung

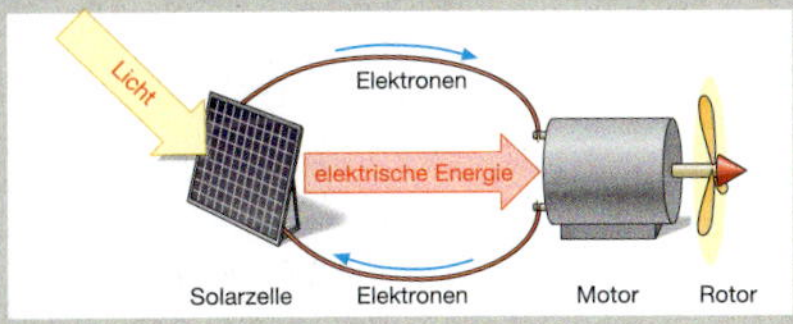

7. Beschreibe, wie in diesem System elektrische Energie zum Antrieb des Motors übertragen wird.

8. Bei der Berührung der Türklinke erhält der Junge einen elektrischen Schlag. Erläutere in diesem System den elektrischen Strom als Ladungsausgleich.

Strom als Ladungsausgleich

10. a) Warum stellt der geschlossene Stromkreis ein System dar?
b) Beschreibe die Vorgänge im elektrischen Stromkreis. Nimm zur Beantwortung die Basiskonzepte Energie und System zu Hilfe.
c) Auch der Wasserkreislauf ist ein System. Woraus besteht es?

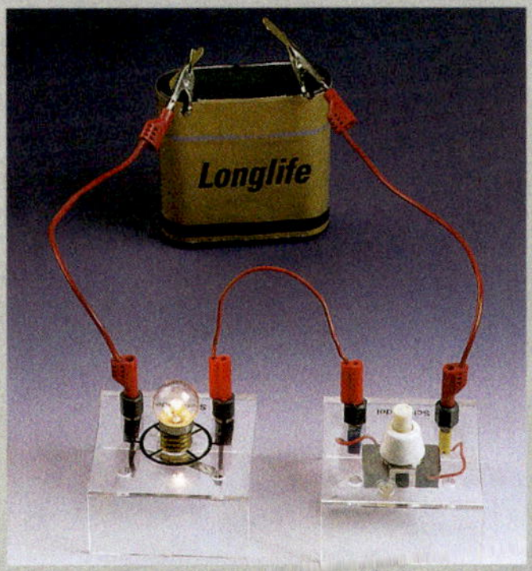

Stromkreis, Schaltung und Funktion einfacher Geräte

11. a) Wird Zucker erhitzt, so wird er zu Karamell. Warum handelt es sich dabei um eine chemische Reaktion?
b) Begründe, warum es sich bei einer Stofftrennung nicht um eine chemische Reaktion handelt.

Dauerhafte Eigenschaftsänderungen von Stoffen

9. Stoffe lassen sich schmelzen oder zum Sieden bringen. Dazu muss Energie zugeführt werden. Überlege und begründe, ob beim Erstarren eines Stoffes Energie zugeführt oder abgeben wird.

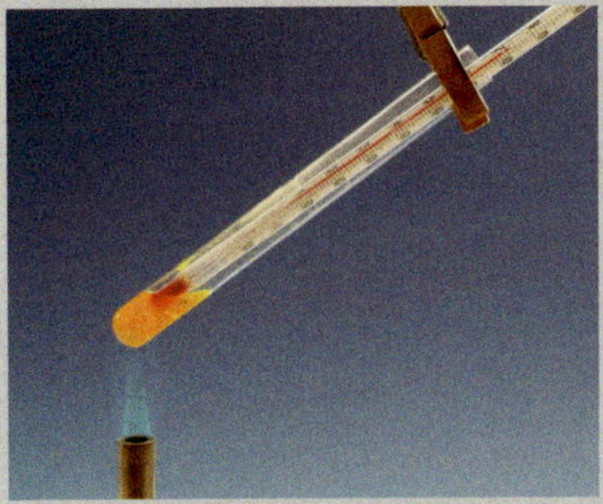

Schmelz- und Siedetemperatur

Stichwortverzeichnis

Fette Seitenzahlen weisen auf ausführliche Behandlung im Text oder auf Abbildungen hin.
f. = die folgende Seite
ff. = die folgenden Seiten

A

B

C

D

E

F

G

H

I, J

K

L

M

N

O

P

Q, R

Namensverzeichnis

Übersicht

Methoden

Lernen im Team

Namensverzeichnis

Übersicht

Methoden

Lernen im Team

Bildquellenverzeichnis

3.1: mauritius images, Mittenwald (Thonig); 3.2: mauritius images, Mittenwald (Manfred Mehlig); 3.3: Picture-Alliance, Frankfurt/M. (Bildagentur Huber/R. Schmid); 4.1: agenda, Hamburg (Jörg Böthling); 4.2: mauritius images, Mittenwald (imagebroker/Martin Moxter); 5.1: Picture-Alliance, Frankfurt/M. (dpa/Ingo Wagner); 5.2: Minkus IMAGES, Isernhagen; 6.1: Kohn, Klaus G., Braunschweig; 6.2: Avenue Images GmbH, Hamburg (Henryk T. Kaiser); 8/9: Getty Images, München (John Giustina); 11.5: Minimax GmbH, Bad Oldesloe; 18/19: mauritius images, Mittenwald (Thonig); 18.2: Picture-Alliance, Frankfurt/M. (Okapia KG/ Hans Reinhard); 18.3: OKAPIA KG Michael Grzimek & Co., Frankfurt (Klein & Hubert); 19.1: Arco Images GmbH, Lünen (D. Usher); 19.2: Still Pictures, Berlin (Malcolm Schuyl); 19.3: Tierbildarchiv Angermayer, Holzkirchen (Reinhard); 20-58.ICON: TopicMedia Service, Ottobrunn; 20.1a: OKAPIA KG Michael Grzimek & Co., Frankfurt (R. Maier); 20.1b: Wegler, Monika, München; 20.1c: Juniors Bildarchiv, Ruhpolding; 20.2: OKAPIA KG Michael Grzimek & Co., Frankfurt (Klein & Hubert); 21.1 (beide): Vitakraft-Werke, Bremen; 21.2 (beide): Juniors Bildarchiv, Ruhpolding (Chr. Steimer); 21.3: Hangebrauck, Hamm; 22.1: Schroedel Archiv; 22.2: mauritius images, Mittenwald (Rosenfeld); 22.3: OKAPIA KG Michael Grzimek & Co., Frankfurt (Klein&Hubert); 22.4: Keil, Manfred Dr./Lichtbild-Archiv, Neckargemünd; 22.5: Zollkriminalamt, Köln; 22.6: OKAPIA KG Michael Grzimek & Co., Frankfurt (Hermeline); 22.7: mauritius images, Mittenwald (Markus Mitterer); 22.8: OKAPIA KG Michael Grzimek & Co., Frankfurt (J-L Klein & M-L Hubert); 23.1: OKAPIA KG Michael Grzimek & Co., Frankfurt (Dr. Eric Dragesco); 23.2: Pferdefotoarchiv Lothar Lenz, Dohr; 23.3: TopicMedia Service, Ottobrunn (Hoffmann); 24.1: Tierbildarchiv Angermayer, Holzkirchen (Pfletschinger); 24.2: Tierbildarchiv Angermayer, Holzkirchen; 24.3: Tierbildarchiv Angermayer, Holzkirchen; 25.1: Blinde Kuh e.V.; 25.2: Blinde Kuh e.V.; 25.3: Blinde Kuh e.V.; 25.4: Blinde Kuh e.V.; 27.1a: OKAPIA KG Michael Grzimek & Co., Frankfurt (Oswald Eckstein); 27.1b: imago stock&people/sportfotodienst GmbH, Berlin (Sven Simon); 27.1c: TopicMedia Service, Ottobrunn (Siegfried Kerscher); 27.2: Tierbildarchiv Angermayer, Holzkirchen; 28.3: mauritius images, Mittenwald (Frank Lukasseck); 28.4: Caro Fotoagentur GmbH, Berlin (Frank Sorge); 28.5: F1online digitale Bildagentur GmbH, Frankfurt/Main (Reporters); 29.1: LKA Niedersachsen, Hannover (Scheerle); 29.2: fotolia.com , New York (pictureperfect); 30A: Oster, Karlheinz, Mettmann; 30B: Corbis, Düsseldorf (Owen Franken); 30C: Schroedel Archiv; 30D: Avenue Images GmbH, Hamburg; 31.1: akg-images GmbH, Berlin; 31.2: Arco Images GmbH, Lünen (M. Delpho); 32.1: Minkus IMAGES, Isernhagen; 33.1a: OKAPIA KG Michael Grzimek & Co., Frankfurt (Berg); 33.1b: i.m.a - information.medien.agrar e.V., Bonn; 33.1c: OKAPIA KG Michael Grzimek & Co., Frankfurt (Berg); 33.1d: Picture-Alliance, Frankfurt/M. (Schilling/ dpa); 34.1: Minkus IMAGES, Isernhagen; 35.1: Minkus IMAGES, Isernhagen; 35.2: Minkus IMAGES, Isernhagen; 36A: OKAPIA KG Michael Grzimek & Co., Frankfurt (Reinhard); 36B: Keystone Pressedienst, Hamburg (Jochen Zick); 36C: Verlagsunion Agrar; 36D: mauritius images, Mittenwald (Beck); 37.1: Tierbildarchiv Angermayer, Holzkirchen (Reinhard); 37.2: i.m.a - information.medien.agrar e.V., Bonn; 37.3: Picture-Alliance, Frankfurt/M. (ZB); 39C-F: Lichtbild-Archiv Dr. Keil, Neckargemünd; 39G-H: Reinhard-Tierfoto, Heiligkreuzsteinach; 39:I: Roth/Okapia, Frankfurt; 39J: Parks/Okapia, Frankfurt); 40.1: mauritius images, Mittenwald (Photonenstop); 42.1a-c: Tierbildarchiv Angermayer, Holzkirchen (Pfletschinger); 43.1: Tierbildarchiv Angermayer, Holzkirchen (Pfletschinger); 43.2a: Keil, Manfred Dr./Lichtbild-Archiv, Neckargemünd; 43.2b: Tierbildarchiv Angermayer, Holzkirchen; 44A: Greiner, Alois, Braunschweig (Schrempp); 44B: Greiner, Alois, Braunschweig (Schrempp); 45.1: mauritius images, Mittenwald (Reinhard); 45.2: Tierbildarchiv Angermayer, Holzkirchen (Pfletschinger); 45.3: OKAPIA KG Michael Grzimek & Co., Frankfurt (Soder); 45.4: OKAPIA KG Michael Grzimek & Co., Frankfurt (Martinez); 45.5: OKAPIA KG Michael Grzimek & Co., Frankfurt (Reinhard); 46.1: TopicMedia Service, Ottobrunn (Wegner); 46.2: Wellinghorst, Rolf , Quakenbrück; 47.2: Corbis, Düsseldorf; 48.1a: Thielscher/TopicMedia Service, Ottobrunn; 38.1b-e: Pfletschinger/Tierbildarchiv Angermayer, Holzkirchen); 49.1: TopicMedia Service, Ottobrunn (H. Pratsch); 49.3: Wellinghorst, Rolf , Quakenbrück; 49.4: Tierbildarchiv Angermayer, Holzkirchen (Pfletschinger); 49.5: Tierbildarchiv Angermayer, Holzkirchen (Pfletschinger); 51.1: OKAPIA KG Michael Grzimek & Co., Frankfurt (Reinhard); 51.3b: OKAPIA KG Michael Grzimek & Co., Frankfurt (Schwind); 52.1: Picture-Alliance, Frankfurt/M. (Okapia KG/ Hans Hartl); 52oben: TopicMedia Service, Ottobrunn (Koch); 53.1a: Tierbildarchiv Angermayer, Holzkirchen (Reinhard); 53.1b: OKAPIA KG Michael Grzimek & Co., Frankfurt (Hartl); 53.1c: TopicMedia Service, Ottobrunn (Heppner); 53.1d: OKAPIA KG Michael Grzimek & Co., Frankfurt (Hartl); 53.1e: OKAPIA KG Michael Grzimek & Co., Frankfurt (NAS/ Clutter); 53.2: mauritius images, Mittenwald (corbis); 56a: Reinhard/Tierbildarchiv Angermayer, Holzkirchen; 56b: Pfletschinger/Tierbildarchiv Angermayer, Holzkirchen; 57c: Foott/Okapia, Frankfurt; 57d: Dalton/TopicMedia Service, Ottobrunn; 57e: Pferdefotoarchiv Lothar Lenz, Dohr); 58.1: picturemaxx AG , München (KPA); 58.2: Tierbildarchiv Angermayer, Holzkirchen; 58.3: sinopictures, Berlin (CNS); 58.4: OKAPIA KG Michael Grzimek & Co., Frankfurt (M. Danegger); 58.5: Reinhard-Tierfoto, Heiligkreuzsteinach; 58.6: OKAPIA KG Michael Grzimek & Co., Frankfurt (Barrett & MacKay); 58.7: Schroedel Archiv; 59.1: Reinhard-Tierfoto, Heiligkreuzsteinach; 60/61: mauritius images, Mittenwald (Manfred Mehlig); 60.2: TopicMedia Service, Ottobrunn (Bruckner); 60.3: StockFood GmbH , München (Foodcollektion); 60.5: Minkus IMAGES, Isernhagen; 61.3: Dobers, Joachim, Walsrode/Krelingen; 63.1: Schroedel Archiv; 63.2: Schroedel Archiv; 63.3: OKAPIA KG Michael Grzimek & Co., Frankfurt (Jens-Peter Laub); 63.4: Wellinghorst, Rolf, Quakenbrück; 63.5: Schroedel Archiv; 63.6: Getty Images Sportredaktion, Hamburg (Frank Krahmer); 64.2: Schroedel Archiv; 64.3: Schroedel Archiv; 64.4: Schroedel Archiv; 65.1a: TopicMedia Service, Ottobrunn (Lughofer); 65.1b: Schroedel Archiv; 65.1c: TopicMedia Service, Ottobrunn; 66.1: go digitalpro!, Wietze; 66.2a: Lyß, Wolfenbüttel; 66.2b: Lyß, Wolfenbüttel; 66.3: OKAPIA KG Michael Grzimek & Co., Frankfurt (Geduldig/Naturbild); 66.4: Wellinghorst, Rolf, Quakenbrück; 66.5: Dobers, Joachim , Walsrode/Krelingen; 67.1: OKAPIA KG Michael Grzimek & Co., Frankfurt (Shay/ OSF); 67.2: Tierbildarchiv Angermayer, Holzkirchen; 68.1: TopicMedia Service, Ottobrunn (Nill); 68.2: CMA, Bonn (keine Angaben); 68.3: Lyß, Wolfenbüttel; 68.4: Lyß, Wolfenbüttel; 69.1: Getty images/IFA-Bilderteam, München (Ostgathe); 69.2: Schroedel Archiv; 69.3: Tönnies, Uwe , Laatzen; 71.1: mauritius images, Mittenwald (Rosenfeld); 71.2: Picture-Alliance, Frankfurt/M.; 71.3: Bilderberg, Hamburg (David Trood); 71.4: Bildarchiv Sammer, Neuenkirchen (Teruka Sammer); 71.5: Arco Images GmbH, Lünen (Reinhard, H.); 71.6: Getty images/IFA-Bilderteam, München (Ostgathe); 73.1: Schroedel Archiv; 73.2: Bildarchiv Sammer, Neuenkirchen (Sammer); 73.3: Bildarchiv Sammer, Neuenkirchen (Sammer); 74.1a: Dobers, Joachim, Walsrode/Krelingen; 74.1b: OKAPIA KG Michael Grzimek & Co., Frankfurt (Reinhard); 74A: Arco Images GmbH, Lünen (C. Hütter); 74B: Tönnies, Uwe , Laatzen; 74C: Bildagentur Geduldig, Maulbronn; 75.1: mauritius images, Mittenwald (Schmidt); 75.2: Tierbildarchiv Angermayer, Holzkirchen (Pfletschinger); 75.3: Wildlife Bildagentur GmbH, Hamburg (J. Freund); 76.1: Corbis, Düsseldorf (Adam Woolfit); 76.2: Minkus IMAGES, Isernhagen; 77.1: Lyß, Guido, Wolfenbüttel; 78A: Dobers, Joachim, Walsrode/Krelingen; 78B: Dobers, Joachim, Walsrode/Krelingen; 78C: Dobers, Joachim, Walsrode/Krelingen; 78D: Dobers, Joachim, Walsrode/Krelingen; 79.2a: OKAPIA KG Michael Grzimek & Co., Frankfurt (Hapo); 79.2a: Dobers, Joachim, Walsrode/Krelingen; 79.2b: mauritius images, Mittenwald (Rosenfeld); 79.2b: Dobers, Joachim, Walsrode/Krelingen; 79.2c: OKAPIA KG Michael Grzimek & Co., Frankfurt (Dr. Bieri, Naturbild); 79.2c: Dobers, Joachim, Walsrode/Krelingen; 79.2d: Dobers, Joachim , Walsrode/Krelingen; 79.2d: Dobers, Joachim, Walsrode/Krelingen; 81.1: OKAPIA KG Michael Grzimek & Co., Frankfurt (G.Büttner/Naturbild); 82.1: CMA, Bonn; 82.2: BilderBox Bildagentur GmbH, A-Thening (Erwin Wodicka); 82.3: Keystone Pressedienst, Hamburg (Volkmar Schulz); 83.1: Ernst, Beat, Basel; 83.1a: CMA, Bonn; 83.1b: CMA, Bonn; 83.1c: CMA, Bonn; 83.1d: CMA, Bonn; 84.2: Jupiterimages/getty images, München (Lederer); 86/87: Picture-Alliance, Frankfurt/M. (Bildagentur Huber/R. Schmid); 86.2: OKAPIA KG Michael Grzimek & Co., Frankfurt (Rainer Schaefer); 86.3: Blickwinkel, Witten (fotototo); 86.4: Blickwinkel, Witten (J. Kottmann); 87.2: Jaenicke, Joachim Dr., Rodenberg; 87.3: Corbis, Düsseldorf (Herbert Kehrer); 88.1: Tierbildarchiv Angermayer, Holzkirchen (Pfletschinger); 88.2: Kruse, Wankendorf; 88.3: TopicMedia Service, Ottobrunn (Gross); 88.4: OKAPIA KG Michael Grzimek & Co., Frankfurt (Hans Reinhard); 88.5: Freundner-Huneke, Imme, Neckargemünd; 89.1: Picture-Alliance, Frankfurt/M. (Patrick Lux); 89.3: Georg-August-Universität Göttingen, Göttingen (Dr. G. Kriete); 90.1: Georg-August-Universität Göttingen, Göttingen (Dr. G. Kriete); 92.1: OKAPIA KG Michael Grzimek & Co., Frankfurt (West/OSF); 92.2: Reinhard-Tierfoto, Heiligkreuzsteinach (Reinhard); 94.1: Arco Images GmbH, Lünen (C. Hütter); 95.1: OKAPIA KG Michael Grzimek & Co., Frankfurt (Reinhard); 95.2: Philipp, E. Dr., Berlin; 95.3: Schroedel Archiv; 95.4: Tönnies, Uwe , Laatzen; 95 .5: Tönnies, Uwe , Laatzen; 95.6: Kruse, Wankendorf; 96 .1: Reinhard-Tierfoto, Heiligkreuzsteinach; 96.2: Picture-Alliance, Frankfurt/M. (InoWolfgang Zabel); 96.3: Reinhard-Tierfoto, Heiligkreuzsteinach; 96.4: Picture-Alliance, Frankfurt/M. (Paul van Gaalen); 97.1: Kruse, Wankendorf; 97.10: Pferdefotoarchiv Lothar Lenz, Dohr; 97.2: TopicMedia Service, Ottobrunn (Fischer); 97.3: vario images GmbH & Co. KG, Bonn (Alfred Schauhuber); 97.4: Reinhard-Tierfoto, Heiligkreuzsteinach; 97.5: Reinhard-Tierfoto, Heiligkreuzsteinach; 97.6: Tierbildarchiv Angermayer, Holzkirchen (Pfletschinger); 97.7: Wildlife Bildagentur GmbH, Hamburg (P.Hartmann); 97.8: Tierbildarchiv Angermayer, Holzkirchen (Schmidt); 97.9: Jupiterimages/getty images, München (Maier); 98.1: transit - Fotografie und -Archiv, Leipzig (Thomas Haertrich); 98.3: Biosphoto, Berlin (J.-L. Klein & M.-L. Hubert); 98A: OKAPIA KG Michael Grzimek & Co., Frankfurt; 98B: TopicMedia Service, Ottobrunn (Walz); 100.1: TopicMedia Service, Ottobrunn; 100.2: Kruse, Wankendorf; 100.3: OKAPIA KG Michael Grzimek & Co., Frankfurt (Danegger); 101.1a: Tierbildarchiv Angermayer, Holzkirchen (Pfletschinger); 101.1b: Tierbildarchiv Angermayer, Holzkirchen (Pfletschinger); 101.1c: Tierbildarchiv Angermayer, Holzkirchen (Pfletschinger); 101.1d: Tierbildarchiv Angermayer, Holzkirchen (Pfletschinger); 102A: TopicMedia Service, Ottobrunn (Pieper); 102B: Pferdefotoarchiv Lothar Lenz, Dohr; 102C: OKAPIA KG Michael Grzimek & Co., Frankfurt (Manfred Danegger); 102D: TopicMedia Service, Ottobrunn (Wothe); 102E: OKAPIA KG Michael Grzimek & Co., Frankfurt; 102F: OKAPIA KG Michael Grzimek & Co., Frankfurt (Jens-Peter Laub); 102G: Lonely Planet Images, Berlin (ROOT-UNEP/Still Pictures); 103.1d: Picture-Alliance, Frankfurt/M. (OKAPIA KG); 104.1: Minkus IMAGES, Isernhagen; 104.2: mauritius images, Mittenwald (Mehlig); 108.3: Outdoor Archiv, Hamburg; 110.1: FLIR Systems GmbH, Frankfurt/Main; 111.1: OKAPIA KG Michael Grzimek & Co., Frankfurt (Allan/OSF); 111.2: Picture-Alliance, Frankfurt am Main (KPA); 112.1: Picture-Alliance, Frankfurt/M. (ZB); 113.1: Reinhard-Tierfoto, Heiligkreuzsteinach; 113.1a: Reinhard-Tierfoto, Heiligkreuzsteinach; 113.2: TopicMedia Service, Ottobrunn (Hosking); 113.3a: mauritius images, Mittenwald (Lindner); 113.3b: Blickwinkel, Witten (R. Koenig); 114A: Reinhard-Tierfoto, Heiligkreuzsteinach; 114B: TopicMedia Service, Ottobrunn (Wothe); 114C: Blickwinkel, Witten (H. Pieper); 114D: Tierbildarchiv Angermayer, Holzkirchen (Ziesler); 115.1: TopicMedia Service, Ottobrunn (K. H. Eckardt); 115.2: OKAPIA KG Michael Grzimek & Co., Frankfurt (H. Reinhard); 118.1: Tierbildarchiv Angermayer, Holzkirchen (Pfletschinger); 118.2: Picture-Alliance, Frankfurt/M. (dpa-Bildfung/Matthias Bein); 118.3: OKAPIA KG Michael Grzimek & Co., Frankfurt (Dr. E. Pott); 119.1: OKAPIA KG Michael Grzimek & Co., Frankfurt (Jef Meul); 119.2: OKAPIA KG Michael Grzimek & Co., Frankfurt (Hans Reinhard); 119.2a: Schroedel Archiv; 120.1: Wildlife Bildagentur GmbH, Hamburg; 120.2: mauritius images, Mittenwald; 120.3: Keystone Pressedienst, Hamburg (digitalma, Wiese); 120.4: OKAPIA KG Michael Grzimek & Co., Frankfurt (Diemar Nill); 120.4: Visum Foto GmbH, Hamburg (Fritz Poelking); 122.2: Outdoor Archiv, Hamburg; 122.3b: Picture-Alliance, Frankfurt/M. (KPA); 122.5: TopicMedia Service, Ottobrunn (Gerhard); 123.6a: OKAPIA KG Michael Grzimek & Co., Frankfurt (Hans Reinhard); 123.6b: Lyß, Wolfenbüttel; 123.7a-c: Tierbildarchiv Angermayer, Holzkirchen (Pfletschinger); 123.7d: Bilderberg, Hamburg (David Trood); 123.8a: TopicMedia Service, Ottobrunn (Bruckner); 123.8b: Getty Images, München (Ostgathe); 124/125: agenda, Hamburg (Jörg Böthling); 124.2: Astrofoto, Sörth; 124.3: BilderBox Bildagentur GmbH, Thening (Erwin Wodicka); 124.4: OKAPIA KG Michael Grzimek & Co., Frankfurt (Per-Olov Eriksson); 124.5: OKAPIA KG Michael Grzimek & Co., Frankfurt (Dr. Pott); 124.6: Keystone Pressedienst, Hamburg (Horst-Jürgen Schunk); 124.7: Wildlife Bildagentur GmbH, Hamburg (C. Gomersall); 126-194.ICON: Astrofoto, Sörth; 129.1: Deutsches Museum, München; 133.1: Deutsches Museum, München; 137A: Phywe Systeme GmbH & Co. KG, Göttingen; 137B: Phywe Systeme GmbH & Co. KG, Göttingen; 137C: Phywe Systeme GmbH & Co. KG, Göttingen; 140.1: argus Fotoarchiv GmbH, Hamburg (Markus Scholz); 140.2: Gouasé, Willi, Speyer; 140.3: Picture-Alliance, Frankfurt/M. (Zentralbild); 140.4: Helga Lade Fotoagentur GmbH, Frankfurt/Main (Keres); 142.2: Rapp, Ulrich Dipl.-Ing., Rümmingen; 143.1: Evonik Industries AG , Essen; 143.2: Willbrandt & Co., Hamburg; 144.3: Phywe Systeme GmbH & Co. KG, Göttingen; 146.1: Astrofoto , Sörth; 146.2: Astrofoto , Sörth; 147.5: Bildmaschine.de, Berlin; 147.6: mauritius images, Mittenwald; 147.7: A1PIX /Your Photo Today, Taufkirchen; 155.1: Astrofoto, Sörth (Keller/Schmidbauer); 155.2: Deutsche Extrakt Kaffee/Markcreation/Lederbogen, Hamburg; 155.3: Wildlife Bildagentur GmbH, Hamburg (G. Delpho); 155.4: Helga Lade Fotoagentur GmbH, Frankfurt/Main (Rainer Binder); 157.4: die bildstelle, Hamburg; 158.1: Deutscher Wetterdienst DWD, Offenbach; 159.1: mauritius images, Mittenwald; 164.1: Philipp, E. Dr., Berlin; 164A: Dobers, Joachim , Walsrode/Krelingen; 164B: Biosphoto, Berlin (Simon André); 164C: Arco Images GmbH, Lünen (NPL); 164D: Blickwinkel, Witten (McPhoto); 165.2: mauritius images, Mittenwald (imagebroker/Dieter Hopf); 165.3: Wildlife Bildagentur GmbH, Hamburg; 166.1: Schroedel Archiv; 168.1: Schroedel Archiv; 168.2: Kohn, Klaus G., Braunschweig; 169.3b: Minkus IMAGES, Isernhagen; 169.3c: Mathias, Erhard, Reutlingen; 169.5: Kohn, Klaus G., Braunschweig; 170.1: Kriete, Guido Dr., Göttingen; 171.1: Mathias, Erhard, Reutlingen; 172.1: Schroedel Archiv; 172.2: Lyß, Wolfenbüttel; 172.3: Minkus IMAGES, Isernhagen; 173.1a: Freundner-Huneke, Imme, Neckargemünd; 173.1b: OKAPIA KG Michael Grzimek & Co., Frankfurt (Günter Knabben); 173.2a: Schroedel Archiv; 173.2b: Focus Photo- u. Presseagentur, Hamburg (CNRI/SPL); 174.2: Storchenhof, Loburg (Dr. Michel Kaatz); 175.3: Picture-Alliance, Frankfurt/M. (KPA); 176.1: OKAPIA KG Michael Grzimek & Co., Frankfurt (R. Groß); 176.2: TopicMedia Service, Ottobrunn (Brandl); 176.3: mauritius images, Mittenwald (Reinhard); 176.4: Blickwinkel, Witten (G. Stahlbauer); 176.5: Tierbildarchiv Angermayer, Holzkirchen (Reinhard); 176.6: TopicMedia Service, Ottobrunn (Danegger); 177.1: Reinhard-Tierfoto, Heiligkreuzsteinach; 177.2: mauritius images, Mittenwald (Liedtke); 177.3: OKAPIA KG Michael Grzimek & Co., Frankfurt (S. Danegger); 178.1: TopicMedia Service, Ottobrunn (Wothe); 178.2: Tierbildarchiv Angermayer, Holzkirchen (Pfletschinger); 178.3: Reinhard-Tierfoto, Heiligkreuzsteinach; 179.1: Tierbildarchiv Angermayer, Holzkirchen (Reinhard); 179.2: Reinhard-Tierfoto, Heiligkreuzsteinach; 179.3: Tierbildarchiv Angermayer, Holzkirchen; 180C: Küppersbusch GmbH, Gelsenkirchen; 180 D: Buderus Deutschland, Wetzlar; 182.2a: Miele & Cie. KG, Gütersloh; 186.1: FREELENS Pool, Hamburg (Joerg Boethling); 186.2: Caro Fotoagentur GmbH, Berlin (Ruffer); 186.3: Uhrenfabrik Junghans GmbH & Co.KG; 187.1: CRIMEX GmbH, Osnabrück; 187.2: Intelli Solar GmbH, Köln; 187.3: SCOTTEVEST INC., Ketchum, Idaho; 187.4: Koch, Lars; 189.1a: Beiersdorf AG, Hamburg; 189.1b: Dermapharm AG, Grünwald; 189 .2a: Laudanna, Saba , Berlin; 189.2b: vario images GmbH & Co. KG, Bonn; 191.4b: Reinhard-Tierfoto, Heiligkreuzsteinach; 191.4c: Juniors Bildarchiv, Ruhpolding (Manfred Danegger); 192.4: Reinhard-Tierfoto, Heiligkreuzsteinach; 193.5: TopicMedia Service, Ottobrunn (Buchhorn); 193A: Jaenicke, Joachim Dr., Rodenberg; 193B: Jaenicke, Joachim Dr., Rodenberg; 193C: Jaenicke, Joachim Dr., Rodenberg; 193D: Jaenicke, Joachim Dr., Rodenberg; 194.3: Caro Fotoagentur GmbH, Berlin (Ruffer); 195.11a: mauritius images, Mittenwald (Reinhard); 196/197: mauritius images, Mittenwald (imagebroker/Martin Moxter); 196.2: Lyß, Wolfenbüttel; 197.2: Picture-Alliance, Frankfurt/M. (ZB); 198.1: Picture-Alliance, Frankfurt/M.; 198.2: mauritius images, Mittenwald; 198.3: Krenz, Michael, Lippstadt; 199.1a: OKAPIA KG Michael Grzimek & Co., Frankfurt; 199.1b: vario images GmbH & Co. KG, Bonn; 199.1c: mediacolors Bildagentur & -Produktion, Zürich (Firofoto); 199.1d: Keystone Pressedienst, Hamburg (Volkmar Schulz); 199.1e: mauritius images, Mittenwald (foodpix); 200.1: Minkus IMAGES, Isernhagen; 200.2: Minkus IMAGES, Isernhagen; 200.3: Kruse, Wankendorf; 202.1: Helga Lade Fotoagentur GmbH, Frankfurt/Main; 202.2: Freundner-Huneke, Imme, Neckargemünd; 203.1: Minkus IMAGES, Isernhagen; 203.2: Project Photos GmbH & Co. KG, Walchensee (Reinhard Eisele); 203A: OKAPIA KG Michael Grzimek & Co., Frankfurt; 203B: mauritius images, Mittenwald (Nikky); 203C: Hama GmbH & Co. KG, Monheim; 203D: OKAPIA KG Michael Grzimek & Co., Frankfurt (Reinhard Kleinschmidt); 204.1: Kruse, Wankendorf; 204.2: Kruse, Wankendorf; 206.1: mauritius images, Mittenwald; 206.2: alimdi.net, Deisenhofen (obr); 206.3: creativ collection Verlag GmbH, Freiburg; 207.2: Getty images/IFA-Bilderteam, München (Harris); 208.1: mauritius images, Mittenwald (Thonig); 210.1a: Astrofoto, Sörth; 210.1b: Astrofoto, Sörth; 210.1d: Conrad Electronic SE, Hirschau; 211.1: Astrofoto, Sörth; 211.1a: Astrofoto, Sörth; 211.1b: Astrofoto, Sörth; 211.1c: mauritius images, Mittenwald (Oxford Scientific); 211.1d: Astrofoto, Sörth; 211.1e: Astrofoto, Sörth; 211 .1f: Astrofoto, Sörth; 212.2: Visum Foto GmbH, Hamburg (Wolfgang Steche); 215.1: Astrofoto, Sörth (Van Ravenswaay); 217.1: Helga Lade Fotoagentur GmbH, Frankfurt/Main; 217.4: Helga Lade Fotoagentur GmbH, Frankfurt/Main (N. Fischer); 217.5: Berliner Feuerwehr, Berlin; 218.5: 3M Deutschland GmbH, Neuss; 219.1a: OKAPIA KG Michael Grzimek & Co., Frankfurt (Manfred Uselmann); 219.1b: OKAPIA KG Michael Grzimek & Co., Frankfurt (Manfred Uselmann); 220.1: Helga Lade Fotoagentur GmbH, Frankfurt/Main; 220.3: OKAPIA KG Michael Grzimek & Co., Frankfurt; 221.6: mauritius images, Mittenwald; 223.4: mauritius images, Mittenwald; 224.2: PIZ Marine (Florian Draxler); 224.4: Picture-Alliance, Frankfurt/M.; 225.1: Onkyo; 225.2: Astrofoto, Sörth; 228.2: TV-yesterday, München (Wolfgang Maria Weber); 228.3: Minkus IMAGES, Isernhagen; 233.1: Praxis Dr. Robin Schwerdtfeger, Dr. Max Wüstemann, Prof. Dr. Dr. Mühlhaus; 234.1a: Steinkamp, Albert, Reken; 234.1b: Steinkamp, Albert, Reken; 234.4: Steinkamp, Albert, Reken; 234.5: Steinkamp, Albert, Reken; 235.1: vario images GmbH & Co. KG, Bonn; 235.2a: AEARO GmbH, Ettlingen; 235.2b: AEARO GmbH, Ettlingen; 238: mauritius images, Mittenwald (imagebroker.net/Klaus-Peter Wolf); 238.1: Helga Lade Fotoagentur GmbH, Frankfurt/Main; 238.2: EUROVIA Beton GmbH, Peine; 238.3: Atlas Copco, Essen; 238.4: AEARO GmbH, Ettlingen; 239 .1: RRG Industrietechnik GmbH, Mülheim; 239.3: mauritius images, Mittenwald (imagebroker); 240.1: alimdi.net, Deisenhofen (Heiner Heine); 240.2: Kohn, Klaus G., Braunschweig; 241.1: Lyß, Wolfenbüttel; 241.2: BilderBox Bildagentur GmbH, A-Thening; 242.2: Picture-Alliance, Frankfurt/M. (Fotoreport/ Andreas Wrede); 242A: Minkus IMAGES, Isernhagen; 242B: Minkus IMAGES, Isernhagen; 242C: Minkus IMAGES, Isernhagen; 242E: Minkus IMAGES, Isernhagen; 243.1: JOKER : Fotojournalismus, Bonn (Katharina Eglau); 243.2: Freundner-Huneke, Imme, Neckargemünd; 243A: OKAPIA KG Michael Grzimek & Co., Frankfurt; 244.1: die bildstelle, Hamburg; 244A: Premium Stock Photography GmbH, Düsseldorf (Delphoto); 245.2: TopicMedia Service, Ottobrunn (Danegger); 245.3: OKAPIA KG Michael Grzimek & Co., Frankfurt (Robert Gross); 245.4: Kurt Fuchs Presse Foto Design, Erlangen; 245.5: Arnold, Peter, Berlin (John Cancalosi); 246.1: mauritius images, Mittenwald (Kunst & Scheidulin/age); 246.2: OKAPIA KG Michael Grzimek & Co., Frankfurt (G. I. Bernard/OSF); 246.3: vario images GmbH & Co. KG, Bonn; 246.4: vario images GmbH & Co. KG, Bonn (Tetra images); 246.5: A1PIX /Your Photo Today, Taufkirchen (BIS); 246.6: F1online digitale Bildagentur GmbH, Frankfurt/Main (Johnér RF); 247.1: Picture-Alliance, Frankfurt/M. (Zentralbild); 248.6b: Astrofoto, Sörth; 249.8: Visum Foto GmbH, Hamburg (Wolfgang Steche); 249.11a: alimdi.net, Deisenhofen (Heiner Heine); 249.11b: vario images GmbH & Co. KG, Bonn; 249.11c: OKAPIA KG Michael Grzimek & Co., Frankfurt; 250-286.ICON: Picture-Alliance, Frankfurt/M. (dpa/Ingo Wagner); 250/251: Picture-Alliance, Frankfurt/M. (dpa/Ingo Wagner); 250.2: mauritius images, Mittenwald (Sporting Pictures); 250.3: Helga Lade Fotoagentur GmbH, Frankfurt/Main; 250.4: mauritius images, Mittenwald (Kerscher); 251.2: Minkus IMAGES, Isernhagen; 251.3: OKAPIA KG Michael Grzimek & Co., Frankfurt (picturemaxx); 251.4: Minkus IMAGES, Isernhagen; 252.1: Kruse, Wankendorf; 252.2: Reinbacher, Lothar Dr. med., Kempten; 256.1: Minkus IMAGES, Isernhagen; 256.2: Kruse, Wankendorf; 256.3: Kruse, Wankendorf; 256.4: Lyß, Wolfenbüttel; 256.5: Lyß, Wolfenbüttel; 256.6: Kruse, Wankendorf; 256.7: Kruse, Wankendorf; 258.1: Kruse, Wankendorf; 258.2: Kruse, Wankendorf; 260.1: Minkus IMAGES, Isernhagen; 260.2: Minkus IMAGES, Isernhagen; 260.3: Minkus IMAGES, Isernhagen; 260.4: Minkus IMAGES, Isernhagen; 261.1: Minkus IMAGES, Isernhagen; 261.2: Minkus IMAGES, Isernhagen; 261.3: Minkus IMAGES, Isernhagen; 261.4: Focus Photo- u. Presseagentur, Hamburg (SPL); 262.1: mauritius images, Mittenwald (age); 262.2: ullstein bild, Berlin (ullstein-JOKER/Ausserhofer); 263.1: auto motor und sport, Stuttgart; 263.3: Volkswagen AG, Wolfsburg; 263.4: Gruner + Jahr AG & Co KG, Hamburg (Peter Thomann); 267.3: Blume Bild, Celle-Osterloh (Gunter Kirsch); 267.4: Oster, Karlheinz, Mettmann; 267.5: die bildstelle, Hamburg (MCPHOTO); 268.1: Minkus IMAGES, Isernhagen; 268.1: mauritius images, Mittenwald (Nonstock); 271.2: Focus Photo- u. Presseagentur, Hamburg (eos); 271A: OKAPIA KG Michael Grzimek & Co., Frankfurt (Telner); 272.1: Lyß, Wolfenbüttel; 274.1: Picture-Alliance, Frankfurt/M.; 274.1: mauritius images, Mittenwald; 275.2: Focus Photo- u. Presseagentur, Hamburg (SPL/ Saturn Stills); 274/275: mauritius images, Mittenwald (Workbookstock.com); 276.1a: Lyß, Wolfenbüttel; 276.1b: Lyß, Wolfenbüttel; 277.1: Minkus IMAGES, Isernhagen; 277.2: Picture-Alliance, Frankfurt/M.; 278/279: Minkus IMAGES, Isernhagen; 281.1: Getty Images, München (Donna Day); 281.3: altro - die fotoagentur, Regensburg; 283.1: Lyß, Wolfenbüttel; 283.2: Lyß, Wolfenbüttel; 284.1: Kruse, Wankendorf; 284.2: Kruse, Wankendorf; 284.3: Lyß, Wolfenbüttel; 284.4: Picture-Alliance, Frankfurt/M. (ZB); 284.5: mauritius images, Mittenwald (Busse); 286.1: Kruse, Wankendorf; 287.2a: Kruse, Wankendorf; 288.1: Corbis, Düsseldorf; 288.2: Deutsche Gesellschaft für Ernährung e. V., Bonn; 290/291: Minkus IMAGES, Isernhagen; 292-308.ICON: Minkus IMAGES, Isernhagen; 292.1: OKAPIA KG Michael Grzimek & Co., Frankfurt (Wolfgang Weinhupl); 292.3: Minkus IMAGES, Isernhagen; 292.4: Picture-Alliance, Frankfurt/M. (Heiko Wolfraum); 292.5: Minkus IMAGES, Isernhagen; 292.6: Minkus IMAGES, Isernhagen; 293.1: Europapark Freizeit- und Familienpark Mack KG , Rust bei Freiburg ; 293.3: Picture-Alliance, Frankfurt/M. (Marja Airio/Lehtikuva); 294.1: Picture-Alliance, Frankfurt/M. (epa); 294.2: OKAPIA KG Michael Grzimek & Co., Frankfurt (Ulrich Sapountsis); 296.1: Minkus IMAGES, Isernhagen; 296.3: Picture-Alliance, Frankfurt/M. (photoshot); 298.1: Lyß, Wolfenbüttel; 299.2b: mauritius images, Mittenwald (age); 300.1: Minkus IMAGES, Isernhagen; 300.2: Minkus IMAGES, Isernhagen; 300.3: Minkus IMAGES, Isernhagen; 300.4: Minkus IMAGES, Isernhagen; 300.5: Minkus IMAGES, Isernhagen; 300.6: Minkus IMAGES, Isernhagen; 301.1: Tönnies, Uwe , Laatzen; 301.2: mauritius images, Mittenwald (Photononstop); 301.3: ddp images GmbH, Hamburg; 301.4: mauritius images, Mittenwald; 301.5: Picture-Alliance, Frankfurt/M.; 302.1: Dunkelziffer e.V., Hamburg; 302.2: Getty Images, München (Photodisc); 302.3: Picture-Alliance, Frankfurt/M. (Sander); 303.2: Avenue Images GmbH, Hamburg; 304.1: mauritius images, Mittenwald (SST); 304.2: mauritius images, Mittenwald; 306.1: Picture-Alliance, Frankfurt/M. (Zentralbild); 306.2: mauritius images, Mittenwald (Photononstop); 306.3: mauritius images, Mittenwald; 306.4: mauritius images, Mittenwald; 306.5: Picture-Alliance, Frankfurt/M. (KPA); 308.2: Minkus Images, Isernhagen; 309.8: Minkus IMAGES, Isernhagen; 309.11: mauritius images, Mittenwald (age); 310/311: Kohn, Klaus G., Braunschweig; 312-360.ICON: Kohn, Klaus G., Braunschweig; 317.1: OKAPIA KG Michael Grzimek & Co., Frankfurt (Geduldig); 317.2: deutsche presse agentur, Frankfurt/Main; 319.5: Wacker Chemie GmbH, München; 319.6: Wacker Chemie GmbH, München; 319.7: Mathias, Erhard, Reutlingen; 322 .1: mauritius images, Mittenwald (foodpix); 323.2: vgs verlagsgesellschaft mbH & Co. KG, Köln; 323.3: vgs verlagsgesellschaft mbH & Co. KG, Köln; 324.2: Picture-Alliance, Frankfurt/M. (Zentralbild); 330.2: Picture-Alliance, Frankfurt/M. (chromorange); 330.4: Simper, Manfred , Wennigsen; 333.1: Seilnacht, Thomas, Bern; 333.4: Medenbach, Olaf Dr., Witten; 333.5: Medenbach, Olaf Dr., Witten; 335 .4: Picture-Alliance, Frankfurt/M. (Zentralbild); 335.5: Picture-Alliance, Frankfurt/M. (Zentralbild); 339.3: Fotodesign, Dortmund (Gerhard P. Müller); 344.1a: Picture-Alliance, Frankfurt/M. (Keystone); 344.1b: Picture-Alliance, Frankfurt/M. (Keystone); 344.1c: Picture-Alliance, Frankfurt/M. (Keystone); 345.1: mauritius images, Mittenwald (PURELINE); 346.1: mauritius images, Mittenwald; 346.2: Sieper GmbH, Lüdenscheid; 348.1: Focus Photo- u. Presseagentur, Hamburg (SINCLAIR STAMMERS); 348.2: Astrofoto, Sörth (van Ravenswaay); 348.3: Picture-Alliance, Frankfurt/M.; 348.4: Picture-Alliance, Frankfurt/M. (Dr.Gary Gaugler/OKAPIA); 349.2: laif, Köln (Kruell); 349.3: Focus Photo- u. Presseagentur, Hamburg (PHILIPPE PSAILA/SPL); 349.4: Picture-Alliance, Frankfurt/M.; 350.1: TopicMedia Service, Ottobrunn (Bühler); 350.2: mauritius images, Mittenwald (Josef Kuchlbauer); 350.3: Tönnies, Uwe, Laatzen; 350.4a: Philipp, E. Dr., Berlin; 354.1: Picture-Alliance, Frankfurt/M. (epa Keystone Eddy Risch); 359.5: OKAPIA KG Michael Grzimek & Co., Frankfurt (R. Förster); 359.6: Picture-Alliance, Frankfurt/M. (SPOTPHOT/MAXPP); 359.8: Picture-Alliance, Frankfurt/M. (Zentralbild); 362/363: Avenue Images GmbH, Hamburg (Henryk T. Kaiser); 362.2: F1online digitale Bildagentur GmbH, Frankfurt/Main (mm-images); 363.2: Weisflog, Rainer, Cottbus; 364-406.ICON: F1online digitale Bildagentur GmbH, Frankfurt/Main (mm-images); 364.2: CASIO Europe GmbH, Norderstedt; 366.1a: Picture-Alliance, Frankfurt/M. (Zentralbild/Patrick Pleul); 366.1b: Getty images/IFA-Bilderteam, München; 366.1c: mauritius images, Mittenwald (David R. Frazier / Photo Researchers, Inc.); 371.3: Conrad Electronic SE, Hirschau; 372.2: Steinkamp, Albert, Reken; 373.1: OKAPIA KG Michael Grzimek & Co., Frankfurt (J.Telner); 374 .1: Busch-Jaeger Elektro GmbH, Lüdenscheid; 374.2: Busch-Jaeger Elektro GmbH, Lüdenscheid; 374.3: Bildarchiv Werner Bachmeier, Ebersberg; 375.1: Steinkamp, Albert, Reken; 375.2: Steinkamp, Albert, Reken; 375.2: Steinkamp, Albert, Reken; 381A: OKAPIA KG Michael Grzimek & Co., Frankfurt (Tina Graumann); 381C: mauritius images, Mittenwald; 381 E: DB AG, Berlin; 384A: mauritius images, Mittenwald (imagebroker); 395.2: Mary Evans Picture Library, London; 398.2: Deutsches Museum, München; 400.1: Demag Cranes & Components GmbH, Wetter; 402A: vario images GmbH & Co. KG, Bonn; 402C: Picture-Alliance, Frankfurt/M. (Zentralbild); 405.1: van Eupen, Hemmingen; 405.2: Phywe Systeme GmbH & Co. KG, Göttingen; 406.3a: vario images GmbH & Co. KG, Bonn; 406.3d: Picture-Alliance, Frankfurt/M. (Zentralbild).

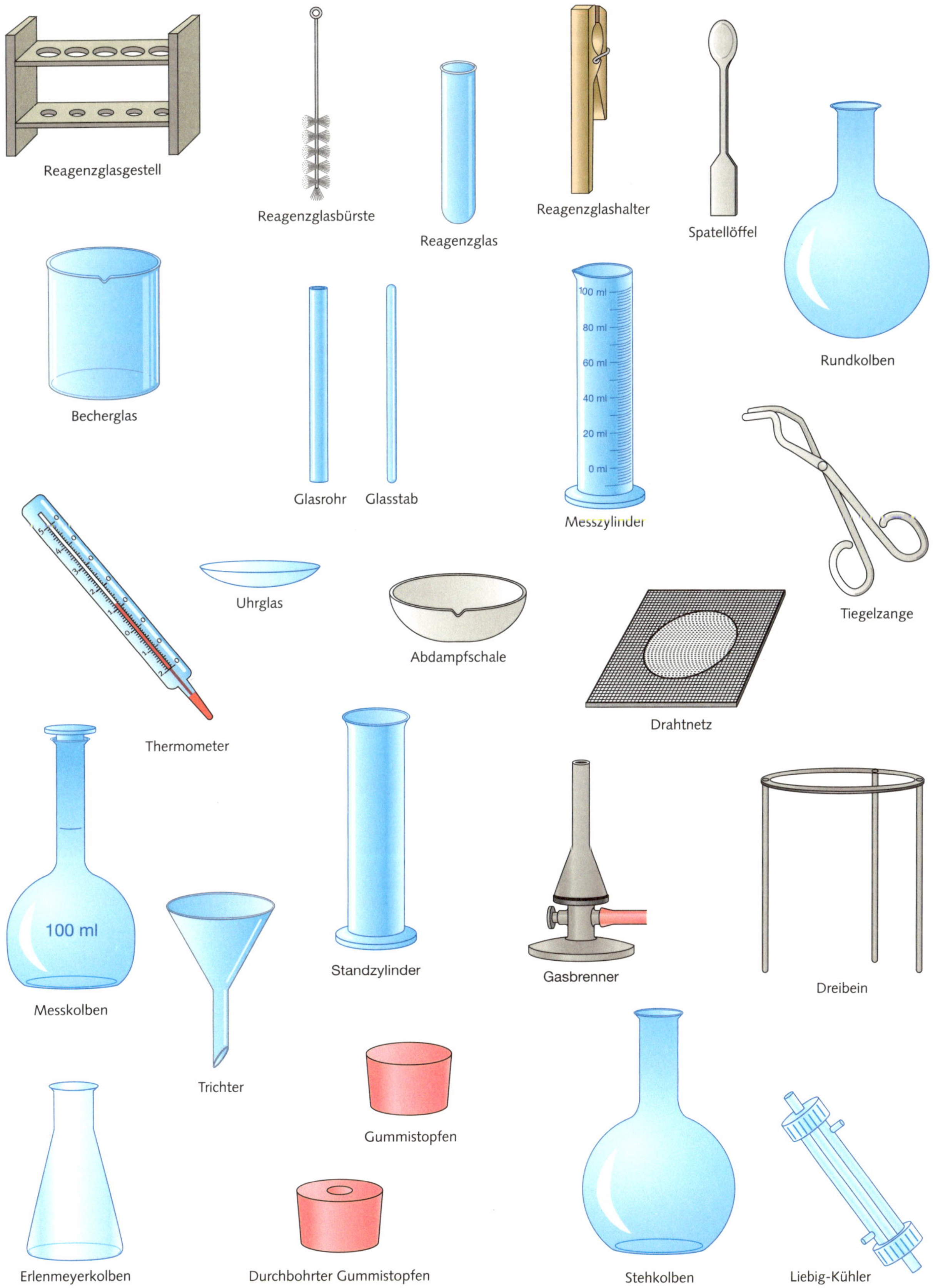
Reagenzglasgestell
Reagenzglasbürste
Reagenzglas
Reagenzglashalter
Spatellöffel
Rundkolben
Becherglas
Glasrohr
Glasstab
100 ml
80 ml
60 ml
40 ml
20 ml
0 ml
Messzylinder
Tiegelzange
Uhrglas
Abdampfschale
Drahtnetz
Thermometer
100 ml
Messkolben
Trichter
Standzylinder
Gasbrenner
Dreibein
Gummistopfen
Erlenmeyerkolben
Durchbohrter Gummistopfen
Stehkolben
Liebig-Kühler

Gefahrensymbole – neu und alt

Einfache Bildsymbole geben Hinweise auf Gefahren, die von Chemikalien ausgehen. Gab es bislang national verschiedene Symbole, wird seit 2009 weltweit das global harmonisierte System (GHS) eingeführt.
Die neun Gefahrenklassen werden nochmals unterteilt in bis zu fünf Gefahrenkategorien. So entfällt das bisherige Symbol des Kreuzes mit der Kennzeichnung für gesundheitsschädliche oder reizende Stoffe. Je nach Gefahrenpotential ist das Symbol für Ätzwirkung, Gesundheitsgefahr oder das Ausrufezeichen einzusetzen und auf dem Etikett die Kategorie anzugeben.
Neu sind die Bildsymbole mit Gasflasche, Ausrufezeichen und die Gesundheitsgefahr – ein Mensch mit Stern.

Das Ausrufezeichen wird weiter aufgeschlüsselt. Hierbei spielt die Stärke der Gefährdung eine größere Rolle als die Art der Gefahr. Ebenso muss die Gesundheitsgefahr durch weitere Angaben genauer beschreiben werden. So kann eine Substanz toxisch, krebserregend oder Allergie auslösend sein.
Das Ausrufezeichen entfällt, wenn schon stärkere gesundheitliche Gefahren wie Giftigkeit angeführt wurden.
Auf Etiketten gibt es zusätzliche Signalwörter, die den Grad der Gefährdung anzeigen.

Gefahr für schwerwiegende Gefahrenkategorien
Achtung für weniger schwerwiegende Gefahrenkategorien

neues Symbol	Bezeichnung	Erläuterungstext	altes Symbol	Gefahrenbezeichnung
	explosiv	Stoffe, die explodieren können.		explosionsgefährlich
	entzündbar, Kategorie 1	Stoffe, die sich an der Luft von allein entzünden können.		hochentzündlich
	entzündbar, Kategorie 2	Stoffe, die schon durch kurzzeitige Einwirkung einer Zündquelle entzündet werden können.		leichtentzündlich
	entzündbar, Kategorie 3	Stoffe, die sich beim Erwärmen selbst entzünden können.	–	–
	oxidierend, Kategorie 1, 2, 3	Stoffe, die einen Brand oder eine Explosion verursachen oder verstärken.		brandfördernd
	komprimierte Gase	Komprimierte Gase stehen unter Druck. Vor direkter Sonneneinstrahlung schützen.	–	–
	ätzend, Kategorie 1	Stoffe, die das Hautgewebe an der betroffenen Stelle innerhalb weniger Minuten vollständig zerstören können oder bei Kontakt mit den Augen Schäden verursachen.		ätzend
	ätzend, Kategorie 2	Stoffe, die auf der Haut nach mehrstündiger Einwirkung deutliche Entzündungen hervorrufen können.		reizend
	akute Toxizität, Kategorie 1	Stoffe, die beim Verschlucken oder Einatmen oder bei Aufnahme durch die Haut schwere Gesundheitsschäden oder gar den Tod bewirken können.		sehr giftig
	akute Toxizität, Kategorie 2	Stoffe, die beim Verschlucken oder Einatmen oder bei Aufnahme durch die Haut schwere Gesundheitsschäden bewirken können.		sehr giftig oder giftig
	akute Toxizität, Kategorie 3	Stoffe, die beim Verschlucken oder Einatmen oder bei Aufnahme durch die Haut beschränkte Gesundheitsschäden hervorrufen können.		giftig oder gesundheitsschädlich
	akute Toxizität, Kategorie 4	Stoffe, die beim Verschlucken oder Einatmen oder bei Aufnahme durch die Haut chronische Gesundheitsschäden hervorrufen können.		gesundheitsschädlich
	Gesundheitsgefahr, Kategorie 1A, 1B, 2	Stoffe, die beim Verschlucken oder Einatmen oder bei Aufnahme durch die Haut krebsauslösend sind.	–	–
	Gesundheitsgefahr gezielte Organtoxizität, Kategorie 1, 2	Stoffe, die beim Verschlucken oder Einatmen oder bei Aufnahme durch die Haut krebsauslösend sind.	–	–
	gezielte Organtoxizität, Kategorie 3	Stoffe, die bei Aufnahme Unwohlsein oder leichte Beschwerden bewirken können.	–	–
	Gesundheitsgefahr Atemwegssensibilisierend, Kategorie 1	Stoffe, die beim Einatmen allergische Reaktionen bewirken können.	–	–
	Hautsensibilisierend, Kategorie 1	Stoffe, die auf der Haut allergische Reaktionen bewirken können.	–	–
	umweltgefährlich, Kategorie 1, 2, 3	Stoffe, die selbst oder in Form ihrer Umwandlungsprodukte geeignet sind, sofort oder später Gefahren für die Umwelt herbeizuführen.		umweltgefährlich